Pour l'American historical Review
un essai sur l'un des principaux
artisans d'une amitié de plus
de deux siècles.

En cordial hommage

Pierre Tailleandy

# LA FAYETTE

# DU MÊME AUTEUR

*Inventaire des archives de la Marine. Sous-série B 7 (pays étrangers, commerce, consulats)*, 1964.

*Inventaire des archives de la Marine. Sous-série B 7 (pays étrangers, commerce, consulats)*, 1982.

*Inventaire des archives de la Marine. Sous-série B 7 (pays étrangers, commerce, consulats)*, 1966.

*Inventaire des archives de la Marine. Sous-série B 7 (pays étrangers, commerce, consulats)*, 1966.

*Les Journaux de navigation de Bourgainville et ses compagnons autour du monde (1766-1769)* [en 2 vol.], 1978.

*Dictionnaire des marins français*, 1982.

*Guide des sources de l'histoire des États-Unis dans les Archives françaises*, 1976.

*Inventaire analytique de la correspondance générale avec les colonies. Série B 1 (1654-1715)*, 1983.

*Inventaire de la correspondance à l'arrivée en provenance de la Martinique, 2*, 1971.

*Bougainville à Tahiti* (Société des Océanistes), 1972.

*Histoire ignorée de la Marine française*, 1988.


*En collaboration :*

Avec Marie-Antoinette MENIER, *Correspondance à l'arrivée en provenance de la Louisiane, 1*, 1976.

Avec Marie-Antoinette MENIER et Gilberte de FORGES, *Inventaire des archives coloniales. Correspondance à l'arrivée en provenance de la Louisiane, 2*, 1983.

Avec Odile KRAKOVITCH et Michèle BIMBENET, *Inventaire de la série Colonie C 8, 3. Martinique (correspondance à l'arrivée). Articles Colonies*, 1984.

Édition de MOREAU DE SAINT-MÉRY, avec Blanche MAUREL, *Description topographique, physique, civile, politique et historique de la partie française de l'isle Saint-Dominique* (en 3 vol.). Réimpression de l'édition de 1958, 1984.

Avec Roseline DOUSSET-LEENHARDT, *Le Grand Livre du Pacifique*, 1976.

Étienne Taillemite

# LA FAYETTE

Fayard

Ouvrage publié avec le soutien
de la Fondation franco-américaine
et de la Fondation Florence Gould

# Avant-propos

Plus de cent cinquante ans après sa mort, La Fayette demeure, comme il le fut pendant toute sa vie, un personnage controversé. Rarement homme public attira une telle adulation des uns, une telle haine des autres. S'il fut à la fois le plus populaire et le plus détesté de ses contemporains, il semble que, dans la mémoire collective, les ombres ont presque disparu pour ne laisser place qu'à un souvenir lumineux. Plusieurs enquêtes d'opinion effectuées ces dernières années montrent que le général au cheval blanc arrive largement en tête de tous les hommes de la Révolution dans la sympathie de ceux du XX$^e$ siècle finissant. Si une majorité très nette le place aujourd'hui au premier rang des acteurs dont le rôle fut positif, l'hostilité, au contraire, s'est amenuisée au fil du temps pour tomber à des chiffres dérisoires : 57 % d'un côté, 8 % de l'autre...

Étrange triomphe et étrange revanche ! Sacré « Héros des deux mondes » à son retour d'Amérique, La Fayette était aussitôt traité de « Gilles César » par Choiseul dont le jugement, il est vrai, n'était pas toujours excellent. Immortalisé par Watteau, « Gilles », faut-il le rappeler, jouait traditionnellement, au théâtre de foire, les rôles de niais...

Si son action en faveur de l'indépendance américaine n'appela guère de contestation et valut même à celui qu'un admirateur surnomma « Scipion l'Américain » des concerts de louanges, ceux-ci se nuancèrent dès les approches de 1789. Certes, il fut un temps, finalement assez bref, l'idole des Parisiens qui virent en lui « l'homme unique », le « fils aîné de la liberté », « un vrai patriote, défenseur intrépide des droits du peuple, fidèle et incorruptible citoyen ». La Fédération de 1790 donna lieu à des scènes d'idolâtrie assez étonnantes, mais, en regard de ces hommages, que d'attaques et d'insultes ! Il est vrai que sa démagogie, pourtant largement calculée, connaissait des limites qu'il se refusa toujours à franchir. « Âme de boue, petit ambitieux, avide courtisan, tripoteur perfide, vil suppôt du despote », tel le voit Marat. « L'homme aux indécisions, baudruche incapable et néfaste, [...] impuissant capitan », tel le dépeint Mirabeau, qui stigmatise « l'imbécillité de son caractère, l'inertie de sa pensée et la nullité de son talent ». Fut-il vraiment « un scélérat et un factieux fanatique », un enthousiaste et un fou, comme le décrivaient certains pamphlets royalistes, ou, comme le prétendait Sieyès, « un intrigant borné », ou encore, comme le voit le comte d'Allonville, « un grand nigaud aussi pâle d'esprit que de figure » ?

Rarement carrière aura été plus remplie de contrastes. Major général à vingt ans dans l'armée américaine, La Fayette connaîtra alors une période faste au cours de laquelle tout lui réussit. Objet de l'indulgence de Louis XVI, familier des ministres, il a su s'attirer l'amitié indéfectible de Washington qui aimait en lui le fils qu'il n'avait pas eu. Dans cette guerre d'un type nouveau, il révéla de réelles qualités de chef et d'homme de décision, à la fois audacieux et prudent, analysant bien une situation stratégique peu familière à l'époque aux officiers de l'armée de terre. En un mot, il a déployé aux armées des talents dont il se montrera presque totalement dépourvu lorsqu'il abordera la vie politique. C'est cependant cette voie qu'il choisira, mettant fin très tôt à une carrière militaire qui s'annonçait sous les meilleurs auspices.

Après l'Amérique, son parcours ne sera plus qu'une longue suite d'échecs et de déceptions. A la suite des fragiles triomphes populaires qui le mirent en situation d'oser bien des choses, il ne sut ni s'imposer ni contracter les alliances indispensables. Tel Kerenski en 1917, il était animé d'une inépuisable confiance en lui, mais le cheval blanc se dérobait toujours devant l'obstacle. Échec dans la défense d'une Constitution aussitôt violée que votée, échec dans ses relations avec la famille royale, échec dans le sauvetage de la monarchie, échec dans le fugace retour aux armées, cette cascade d'entreprises manquées s'acheva par une captivité de cinq ans qui, du fait de la maladresse de ses geôliers, lui procura l'auréole de la persécution.

A peine sortait-il de prisons autrichiennes que Brumaire mit fin au Directoire et facilita un retour que personne, dans le *monde politique, ne souhaitait vraiment. Le système autoritaire et centralisateur mis en place par Bonaparte se situait aux antipodes des vœux et des conceptions de La Fayette, qui se drapa dans une opposition irréductible. Exilé de l'intérieur, il parviendra à ne pas se faire oublier mais lorsqu'il tentera de réapparaître sur la scène en 1815, ce sera pour être joué comme un enfant par Fouché. Opposant plus actif encore sous la Restauration qu'il fera tous ses efforts pour abattre, il retrouva une popularité plus exaltante que jamais pour ce grand vaniteux. Porté à nouveau un instant au pinacle par la révolution de Juillet, placé une seconde fois en position d'arbitre dans une situation confuse où plusieurs solutions pouvaient être envisagées, il se déroba à nouveau en se refusant à proclamer cette république dont, selon le mot de Chateaubriand, il « rêvassait », et se retrouva berné par Louis-Philippe. Ultime échec qui le rejeta une fois de plus dans l'opposition.*

*Fondateur, dans les circonstances les plus contraires, de l'amitié franco-américaine, La Fayette, en dehors de ce succès durable, a donc tout manqué. Tout, sauf sa statue.*

*Quel fut véritablement cet homme, avec ses grandeurs et ses faiblesses ? Quels furent ses idées, ses conceptions politiques, ses rêves, ses chimères ? Les accusations portées contre lui par ses ennemis de tous bords sont-elles fondées ? A cheval sur deux siècles, ayant vu, comme Talleyrand, tout et le contraire de tout, était-il un homme des Lumières ou un prophète de la démocratie triomphante ? Ce livre tentera de répondre à ces questions.*

*Je tiens à remercier ceux qui ont été à l'origine de cet ouvrage : M. Jean Favier, membre de l'Institut, directeur général des Archives de France, aux amicales pressions duquel il m'a été impossible de résister ; M. Denis Maraval, dont l'obligeance et la compréhension ne m'ont jamais fait défaut.*

*Ma gratitude va également à ceux qui m'ont apporté un précieux concours. Mes collègues des Archives de France : Michel Duchein, inspecteur général, Suzanne d'Huart, Monique Pouliquen, conservateurs en chef ; Michèle Bimbenet, Philippe Henrat, Danielle Gallet conservateurs, Henri Hours, directeur des services d'archives du Jura, ont beaucoup facilité mon* travail. Je dois un remerciement tout spécial à *Chantal de Tourtier-Bonazzi*, éminente spécialiste de *La Fayette*, dont les travaux font autorité et qui m'a guidé avec autant de compétence que d'amabilité.

Le comte *Christian de La Jonquière*, le baron *Michon-Coster*, descendant du général *Mathieu Dumas*, membres de l'ordre des *Cincinnati*, *Mlle Anne Bessand-Massenet* m'ont ouvert avec libéralité les trésors de leurs bibliothèques. Le général *Jean Delmas* a bien voulu me communiquer l'excellente thèse, encore inédite, de *Mme Planchot-Mazel*, sur le général *Simon Bernard* qui apporte d'intéressants éléments sur les activités de *La Fayette* après 1815 et sur son triomphal voyage en Amérique. Je remercie également *Mlle Nelly Lacrocq*, du Service historique de l'armée de terre, *Mme Raymonde Litalien*, attachée à l'ambassade du Canada à Paris, l'amiral *Maurice Dupont*, *MM. Jacques Pitou* et *Philippe Guéritault* qui m'ont fourni de très utiles renseignements.

Enfin, je n'aurai garde d'oublier ma femme et mes enfants qui ont participé de manière très active à la préparation de cet ouvrage.

A mon grand regret, il ne m'a pas été possible d'avoir accès aux archives du château de *La Grange*, leur propriétaire, *M. de Chambrun*, ayant refusé tout contact. Il a donc fallu se contenter des pièces citées par *André Maurois* dans son excellente biographie d'*Adrienne de Noailles-La Fayette*.

E. T.

# Un orphelin
# très choyé

La branche principale de la famille de La Fayette appartient à l'ancienne noblesse d'Auvergne, puisque son existence est attestée depuis la fin du XIII<sup>e</sup> siècle avec un Gilbert Motier, seigneur de La Fayette. Le prénom deviendra traditionnel et sera illustré au XV<sup>e</sup> siècle par Gilbert, seigneur de La Fayette et de Pontgibaud, conseiller, chambellan du roi et sénéchal de Bourbonnais. Nommé en 1417 par le dauphin Charles (futur Charles VII) capitaine général en Lyonnais et Mâconnais, gouverneur du Dauphiné en 1420, maréchal de France l'année suivante, il devint sénéchal de Beaucaire et de Nîmes en 1439, et mourut en 1463.

La famille, prolifique, ne connut pas d'illustrations particulières au XVI<sup>e</sup> siècle mais certains de ses membres contractèrent de belles alliances avec les Polignac, les Bourbon-Busset, les Bouillé. Tous les hommes firent naturellement des carrières militaires, mais c'est une femme qui devait donner un lustre durable au nom : Marie-Madeleine Pioche de La Vergne, épouse de François, comte de La Fayette, auteur de *La Princesse de Clèves*, morte en 1693. Mme de La Fayette eut deux fils, dont l'un entra dans les ordres et le second, René-Armand, brigadier d'infanterie, n'eut qu'une fille de son mariage avec Jeanne-Madeleine de Marillac. Cette jeune Marie-Madeleine épousa, le 13 avril 1706, Charles de La Trémoïlle, pair de France, premier gentilhomme de la Chambre, mais mourut sans postérité à vingt-neuf ans, le 6 juillet 1717. La branche aînée des La Fayette était ainsi éteinte mais, avant de mourir, le 12 août 1694, René-Armand avait légué ses biens par testament du 11 mai 1692 à un parent d'une branche cadette, Charles du Motier de Champetières, baron de Vissac et de Saint-Romain, qui prit alors le nom de La Fayette. Il fut le grand-père du général. Son fils aîné, Édouard, eut de Marie-Catherine de Chavaniac, épousée le 9 janvier 1708, cinq enfants dont le dernier, Gilbert-Michel-Louis-Christophe-Roch du Motier, marquis de La Fayette, sera le père du futur commandant de la Garde nationale[1].

Né en 1732, Gilbert-Michel avait fait ses études à Paris mais restait très attaché à l'Auvergne. Il devait s'exprimer en patois dans sa jeunesse puisqu'il écrit à sa mère, en 1743 : « Je vous prie de dire à mes sœurs que je n'ai pas oublié la bourrée d'Auvergne. Mon préfet trouve que je fais des progrès dans la langue française[2]. » Il venait alors d'entrer à la deuxième compagnie de mousquetaires. En 1748, à seize ans, il était nommé capitaine au régiment de La Rochefoucauld-Cavalerie et réformé à la fin de la même année, peu après la signature de la paix d'Aix-la-Chapelle.

Le 22 mai 1754, Gilbert de La Fayette faisait un beau mariage qui assura la fortune de son fils. Ce jeune provincial sans fortune, mais qui disposait de protections efficaces, épousait une riche héritière, Marie-Louise-Julie de La Rivière, issue d'une famille de bonne noblesse bretonne. Cette union, négociée par l'intermédiaire de la maréchale de Maillebois, avait donné lieu à de difficiles, voire sordides tractations d'intérêts, et il est évident que le jeune officier comptait sur les relations de sa belle-famille pour faire avancer sa carrière. Le grand-père de Julie, Charles-Yves de La Rivière, avait été gouverneur de Saint-Brieuc, lieutenant général des armées en 1745 et capitaine-lieutenant de la deuxième compagnie de mousquetaires. Alliés aux Rohan, aux Gouyon-Matignon, les La Rivière possédaient de grands biens dans la région de Saint-Brieuc.

La grand-mère de la future épouse faisait partie de l'entourage de Madame Adélaïde, fille du roi Louis XV, et se faisait fort d'obtenir pour son petit-gendre un brevet d'officier aux grenadiers de France. Ce corps d'élite, commandé par un lieutenant général, comprenait quatre brigades de douze compagnies à encadrement renforcé puisqu'un colonel commandait seulement deux compagnies. Il était évidemment fort recherché. Gilbert écrivait alors à sa mère : « Un homme de mon nom n'est pas obligé d'être riche, mais il est décent qu'il soit placé comme il doit être et la place aux grenadiers lui ouvre le chemin[3]. » On voit qu'il faisait preuve d'un souci aigu de ses intérêts de carrière. A la différence de son fils, toujours d'une générosité inépuisable, le père semble très intéressé, voire pingre, car il lésine au maximum sur les frais du mariage.

Malgré la guerre, dite « de Sept Ans », commencée depuis 1756, Gilbert de La Fayette dut attendre le 28 novembre 1757 pour se voir effectivement promu colonel aux grenadiers de France.

Quelques mois plus tôt, le 6 septembre, était né au château de Chavaniac, non loin du Puy, Marie-Joseph-Yves-Roch-Gilbert du Motier, marquis de La Fayette. Contrairement à ce qui a été écrit et recopié à maintes reprises et encore récemment, La Fayette ne fut pas un enfant posthume. Son père ne participa guère aux opérations militaires de l'année 1758, mais partit pour l'armée d'Allemagne en 1759. Le 1er août, frappé par un boulet anglais à la bataille de Minden, il mourait dans les bras du comte de Broglie, ce qui explique la protection que celui-ci ne cessa d'accorder au fils de son ami[4].

Orphelin de père dès l'âge de deux ans à peine, La Fayette connaîtra une enfance rurale et choyée par trois femmes : sa grand-mère et ses deux tantes paternelles, Marguerite-Madeleine du Motier et Louise-Charlotte de Chavaniac, l'une célibataire, l'autre veuve. Nous savons peu de choses sur son enfance ; dans ses *Mémoires*, il ne fait que de brèves allusions à son « éducation en Auvergne auprès de parents tendres et vénérés », dont il dut garder un heureux souvenir. Fier de ses origines auvergnates, il aime à se proclamer « gaulois », alors qu'il n'évoque presque jamais son ascendance maternelle bretonne. Il écrira un jour : « J'espère être gaulois, parce que très peu de Francs s'établirent dans les montagnes d'Auvergne. J'aime mieux Vercingétorix défendant ses montagnes que le brigand Clovis et ses abominables successeurs[5]. »

De son enfance, La Fayette gardera sa vie durant une nostalgie certaine du monde rural et un goût prononcé pour l'agriculture. Le désir de retraite qui le poursuivra toute son existence sera toujours lié pour lui à la campagne. Ainsi, sortant de captivité en janvier 1798, il exprime le souhait de se retirer « dans une ferme française ».

Sa première éducation lui fut donc donnée par sa grand-mère, personne « du plus haut mérite, respectée de toute la province », et par sa tante, Madeleine du Motier, « personne d'un mérite extraordinaire ». La seconde tante, Charlotte de Chavaniac, énergique et autoritaire, aimait beaucoup son neveu, seul héritier mâle de la famille. Quant à sa mère, elle vivait la plus grande partie du temps à Paris, au Luxembourg, où habitaient son père et son grand-père La Rivière, et ne venait à Chavaniac que pour l'été. La Fayette ne fut en aucune manière un enfant mal-aimé. Il atteste que sa mère avait beaucoup d'affection pour lui, mais qu'elle le laissait à Chavaniac car elle répugnait à l'enlever à sa grand-mère.

La famille vivait assez petitement. Le roi avait accordé, à la suite de la mort du colonel, une modeste pension de 780 livres, et, si les La Rivière étaient riches, leur générosité restait symbolique...

Comme tous les jeunes nobles de son rang, La Fayette eut un précepteur, l'abbé Fayon. Sur les qualités et les défauts de cet ecclésiastique, les avis divergent. Son élève le dira plus tard excellent homme mais avec beaucoup de préjugés et peu d'esprit. Il ajoute aussitôt : « La véritable éducation se trouve surtout dans les sentiments de la famille qui environne un enfant, et jamais, à cet égard, on ne fut plus heureusement situé que je l'ai été[6]. »

Un autre témoignage, le seul sur cette époque de la vie de La Fayette, nous est donné par son cousin le marquis de Bouillé, venu en 1767 en visite à Chavaniac : « Je trouvai le jeune La Fayette singulièrement instruit pour son âge, étonnamment avancé dans la raison et le raisonnement et extraordinaire par ses réflexions, sa sagesse, sa mesure, son sang-froid et son discernement. Cependant, je découvris dans cet enfant un genre d'amour-propre et même d'ambition qui a causé depuis la ruine de son pays. Son précepteur, ancien jésuite, homme de beaucoup d'esprit, qui employait une méthode excellente pour l'élever, me demanda ce que j'en pensais. Je lui dis que je jugeais que cet enfant avait le genre d'esprit qui appartenait aux grands hommes et sans lequel on ne peut être ni un homme d'État ni un grand homme de guerre, celui de la réflexion et du jugement[7]. » Bouillé concluait que le jeune garçon ferait de très grandes choses s'il était servi par les circonstances. Dès cette époque, l'enfant fait preuve d'audace et d'initiative, puisqu'il prétend prendre part à la lutte contre la fameuse bête du Gévaudan...

*<br>* *

Cette enfance heureuse en Auvergne, qui n'était guère de
nature à lui inculquer une discipline à laquelle il se déclare
avoir été rebelle, ne pouvait trop se prolonger à une époque
où l'on entrait fort jeune dans la vie active. En 1768, à onze
ans, La Fayette quitta, avec chagrin, Chavaniac pour la
première fois. Il fallait se séparer de ces trois femmes qui le
dorlotaient et avaient fait de lui le centre de leur monde. Ce
changement radical de vie lui fut certainement pénible : « La
curiosité de voir la capitale ne me toucha point. Je me rappelle
mon étonnement de ce que, sur la route, tout le monde ne
m'ôtait point son chapeau comme on le faisait à Chavaniac
pour le petit seigneur du village. » Réaction caractéristique
d'un sens aristocratique dont il ne se défera jamais totalement.

A Paris, La Fayette entra au collège du Plessis, rue Saint-
Jacques, où il poursuivit d'assez bonnes études. Il se révéla
excellent latiniste et le resta : lors de sa captivité à Olmütz, il
s'entretenait en latin avec le médecin qui lui était affecté. Au
cours de ses quatre années dans ce collège, certains traits de
son caractère s'accusèrent déjà : l'esprit de révolte contre
l'autorité le possédait, et il n'aurait pas, dit-il, supporté un
châtiment. On a souvent cité ce trait caractéristique : ayant à
décrire, dans un devoir, un cheval parfait, il choisit celui qui
ne se laisse pas dompter et se débarrasse sans ménagement
de son cavalier. « Je ne fus distrait de l'étude, écrit-il, que
par le désir d'étudier sans contrainte. »

Il acquit un certain ascendant sur ses condisciples et voulut,
un jour, « faire une émeute pour empêcher l'injuste punition
d'un de mes camarades : je ne fus pas aussi bien soutenu que
je l'aurais souhaité ». Ce ne fut pas la dernière fois qu'il se
trouva lâché par ce qu'il croyait être ses troupes...

L'année 1770 marqua un nouveau bouleversement dans la
vie de La Fayette. Sa mère mourut le 3 avril, à trente-trois
ans ; quelques jours plus tard, il perdait son grand-père
La Rivière. A l'âge de treize ans, il se trouvait donc totalement
orphelin, sans appui familial immédiat, et, du fait de l'héritage
La Rivière, riche de 120 000 livres de rentes. Il a prétendu
être resté assez indifférent devant ce pactole, car il ne s'était
« jamais trouvé dans aucun besoin d'argent ». Son indifférence
à l'égard des questions financières sera en effet une des
constantes de son caractère. Cette immense fortune fut alors

gérée par son bisaïeul, le comte de La Rivière, et par sa tante, Madeleine du Motier.

Comme tout jeune noble, La Fayette ne rêvait que de vie militaire. Aussi est-ce avec une grande joie qu'il fut admis, le 9 avril 1771, aux mousquetaires noirs dont le comte de La Rivière était ancien capitaine. Il commença son éducation de soldat à l'académie de Versailles où il rencontra le comte d'Artois. De ces relations de jeunesse, le futur Charles X conserva pour La Fayette, malgré leurs divergences politiques, estime et sympathie.

En plus de cette fréquentation d'une académie où l'on apprenait surtout à monter à cheval, le tout jeune mousquetaire reçut, à partir d'une date impossible à préciser, des leçons particulières d'un officier, Antoine-Joseph-Gilbert-Nicolas Fourreton de Margelay, maréchal des logis à la compagnie écossaise des gardes du corps, commandée par le duc d'Ayen (on peut penser que c'est au moment où d'Ayen souhaita marier sa fille Adrienne avec La Fayette qu'il confia celui-ci à un de ses protégés). La compagnie écossaise des gardes du corps portait ce nom car elle avait, au temps de Charles VII, compté quelques Écossais. Elle se recrutait dans la noblesse pauvre, surtout celle des provinces méridionales, et « ces places étaient très recherchées, tant à cause du grade que pour la facilité qu'elles donnaient de se faire connaître en approchant souvent du roi... Si c'était une des plus braves troupes de l'armée, c'en était aussi la plus orgueilleuse et la plus indisciplinée[8] ». Nous ne savons qu'assez peu de chose sur Fourreton de Margelay. Né à Montluçon le 29 janvier 1740, ce fils d'un capitaine d'infanterie, chevalier de Saint-Louis, appartenait à une famille de la région d'Aubusson. Il fit apparemment toute sa carrière aux gardes du corps dans la compagnie du duc d'Ayen, avant de quitter le service pour raison de santé avec une pension de 1 000 livres, le 24 mai 1789[9]. La Fayette garda un bon souvenir de lui puisque, dans une lettre du 22 octobre 1781, quelques jours après la bataille de Yorktown, il demandait à sa femme de transmettre « mille compliments [...] à l'abbé Fayon, à M. de Margelay[10] ».

Devenu soudain très riche, le jeune mousquetaire constituait un très beau parti, et c'est sans aucun doute pour cette raison que Jean-Paul-François de Noailles, duc d'Ayen, jeta les yeux sur La Fayette pour lui faire épouser l'une des cinq filles qu'il avait eues de son épouse, Henriette d'Aguesseau, petite-fille du célèbre chancelier. Les négociations entre le duc et le comte de La Rivière durent commencer au début de 1773 et n'allèrent pas sans difficultés. La deuxième demoiselle de Noailles, née le 2 novembre 1759, n'avait que douze ans, et sa mère considérait qu'il importait d'attendre. Il fut décidé que le mariage serait différé de deux ans et que le jeune ménage s'installerait alors à l'hôtel de Noailles. Mais le duc d'Ayen n'attendit pas pour pousser la carrière militaire de son futur gendre puisqu'il lui obtenait, le 7 avril 1773, un brevet de sous-lieutenant au régiment de Noailles. La Fayette réussit dans le même temps à séduire la duchesse, laquelle se prit d'une vive amitié pour lui et le considéra comme son fils ; toutes les réticences se dissipèrent alors.

Le 11 avril 1774, dans la chapelle de l'hôtel de Noailles, rue Saint-Honoré — « un Versailles à l'échelle d'une grande famille », comme l'écrit André Maurois —, Gilbert de La Fayette épousait Marie-Adrienne-Françoise de Noailles. Il avait seize ans et demi et elle quatorze ans et cinq mois. Contrairement aux apparences, ce ne fut pas seulement un mariage arrangé : la jeune Adrienne était tombée éperdument amoureuse de son mari. « L'attrait de mon cœur avait prévenu ce sentiment si profond qui nous a unis tous les jours de manière plus étroite et plus tendre au milieu de toutes les vicissitudes de cette vie[11]. » Marié par l'abbé Paul de Murat, vicaire général de Paris, La Fayette eut pour témoins le comte de Lusignan, maréchal de camp, son grand-oncle, et le marquis de Bouillé, son cousin, alors brigadier des armées. Ceux d'Adrienne étaient sa grand-tante la duchesse de Mouchy, épouse du lieutenant général, et son oncle, le comte de Tessé, maréchal de camp. La duchesse de Mouchy était première dame d'honneur de la reine, et Marie-Antoinette la surnommait « Madame l'Étiquette » en raison de la rigueur de ses principes.

Ce brillant mariage introduisait La Fayette dans l'une des familles les plus puissantes de la Cour et les plus proches du roi, ce qui lui valut bien des jalousies et des critiques : « Leur histoire offrirait aux courtisans une leçon pernicieuse sur les moyens par lesquels la médiocrité héréditaire peut triompher des talents, des qualités les plus recommandables et de la fidélité même. » Les Noailles avaient fort bien su s'insinuer dans les faveurs royales en s'assurant toujours la présence d'un des leurs dans les différentes factions, et ce jusqu'à la

veille de la Révolution puisqu'ils réunissaient en 1789, « outre
des traitements pécuniaires immenses, deux duchés, deux
bâtons de maréchal, deux des quatre compagnies de gardes du
corps, deux cordons du Saint-Esprit [...], une grandesse, un
régiment propriétaire, des gouvernements, ambassades et
places de Cour[12] ».

Comment le provincial qu'était La Fayette fut-il accueilli
dans ce monde qui lui restait largement étranger ? Il est plus
que probable qu'on lui fit subir quelques avanies, et il en sera
de même à la Cour. Le duc d'Ayen fit cependant preuve à
son égard des meilleures dispositions. Dès mai 1774, il obtint
du roi une compagnie au régiment des dragons de Noailles
dont La Fayette prendrait le commandement dès qu'il aurait
dix-huit ans.

Il alla à cette époque passer quelques temps à Metz où
cette unité était en garnison sous le commandement du prince
de Poix, fils du maréchal-duc de Mouchy. De retour à Paris
en septembre 1774, il s'installa à Chaillot et décida de se faire
« inoculer » (c'est-à-dire vacciner) contre la petite vérole, ce
qui était alors une preuve d'inclination vers les idées nouvelles.
Mme d'Ayen, qui passait pour un peu janséniste, vint
s'installer avec lui pour le soigner.

Rétabli, le jeune homme partit pour un rapide voyage à
Chavaniac sans sa femme, qui était enceinte. Dès qu'il fut de
retour à Paris, le jeune couple se mit à mener la vie mondaine
propre à sa caste en fréquentant les bals de la Cour, celui de
la reine en particulier, car La Fayette avait été admis, dès le
26 mars 1774, aux honneurs de la Cour, grâce naturellement
à l'influence des Noailles. Tous les témoignages concordent,
à commencer par celui de l'intéressé lui-même, sur ses faibles
talents pour la vie mondaine. Il évoque dans ses *Mémoires*,
où il est d'une extrême discrétion sur son enfance et sa
jeunesse, « la gaucherie de mes manières qui, sans être
déplacées dans les grandes circonstances, ne se pliaient jamais
aux grâces de la Cour ni aux agréments d'un souper de la
capitale ». Le comte de La Marck le trouvait « gauche dans
toutes ses manières ; sa taille était très élevée, ses cheveux
très roux, il dansait sans grâce, montait mal à cheval ». Admis
aux quadrilles de la reine, « il s'y montra si maladroit et si
gauche que la reine ne put s'empêcher d'en rire », et, bien
entendu, toute la Cour avec elle[13].

Ces avanies mondaines furent certainement très pénibles à

son âme ombrageuse, orgueilleuse, et contribuèrent sans aucun doute à l'ancrer dans l'esprit d'opposition qui lui était naturel. Son ami Ségur trace de lui ce portrait : « La Fayette eut de tout temps, et surtout quand il était jeune, un maintien froid, grave, et qui annonçait même très faussement une apparence d'embarras et de timidité. Ce froid extérieur et son peu d'empressement à parler faisaient un contraste singulier avec la pétulance, la légèreté et la loquacité brillante des personnes de son âge ; mais cette enveloppe, si froide aux regards, cachait l'esprit le plus actif, le caractère le plus ferme et l'âme la plus brûlante[14]. » La Fayette ne se montrait pas brillant, dans une société où tous ou presque l'étaient...

Il se fit cependant de nombreux amis dans la fleur des jeunes aristocrates : son beau-frère Noailles, La Rochefoucauld, Guéménée, Ségur, Coigny, Durfort, Dillon avec lesquels il fréquentait l'auberge de *L'Épée de Bois*. On s'y livrait à beaucoup d'espiègleries et aussi à la contestation politique. Le comte de Ségur raconte des parodies de séances du Parlement de Paris au cours desquelles La Fayette tint le rôle de procureur général et affirme les avoir racontées lui-même à Louis XVI, qui « en rit beaucoup ». Ces manques de respect pour les institutions choquaient fort les vieillards de la Cour, mais le roi eut l'esprit de ne pas leur accorder plus d'importance qu'il ne convenait[15].

Ces jeunes nobles se distinguaient souvent par un esprit d'indépendance qui les poussait à refuser d'entrer dans le système de la vie de Cour. « Les relations républicaines me charmaient, écrit La Fayette, et lorsque mes nouveaux parents me ménagèrent une place à la Cour, je ne balançai pas à déplaire pour sauver mon indépendance. » Il s'agissait d'une charge dans la maison du comte de Provence que le maréchal de Noailles désirait lui faire attribuer. Mais le jeune homme s'arrangea pour « déplaire par un mot au prince à la personne duquel on voulait l'attacher ». Il semble bien que le futur Louis XVIII ne le lui pardonna jamais. Ce genre de réaction n'était nullement exceptionnel. Ségur refusa, de même, la place que son père lui obtint dans une maison royale : « Je préférais ma liberté à un servage brillant mais gênant[16]. » Quelques années plus tard, Mme de Chastenay refusera de même une place de dame d'atour de Madame Élisabeth, « par exaltation presque républicaine [...]. Je ne pus supporter l'idée de m'enchaîner au service des princes, dans la nécessité d'y vivre de mes gages. Fonder son pot-au-feu enfin sur un regard de faveur me paraissait une chose ignoble[17] ».

Cet esprit républicain — mesurait-il d'ailleurs toute l'ampleur des changements qu'impliquait ce terme ? — n'empêchait pas La Fayette de donner dans les snobismes en vigueur. Il se mit en tête d'avoir une maîtresse et se lança dans une tentative fort téméraire dont l'objet était la belle Aglaé d'Hunolstein, attachée à la duchesse de Chartres et, paraît-il, maîtresse du duc. Ce fut un échec certainement pénible pour son orgueil[18]. Dans un passage de ses *Mémoires* supprimé par ses enfants et rétabli par Stanley Idzerda, La Fayette écrivait : « Je vous épargne aussi la confession d'une jeunesse peu édifiante et même l'histoire de deux romans dédiés à des beautés alors célèbres où ma tête eut plus de part que mon cœur. [...] Il me sera plus doux de parler du tendre et solide attachement que je ne cessai d'éprouver pour la femme que j'ai eu le bonheur d'épouser[19]. » Est-ce la conséquence de ces déceptions et du fait que, mauvais courtisan, il ne se plaisait pas à Versailles ?

Pendant l'été 1775, La Fayette repart pour Metz où il rejoint son régiment. Deux événements importants allaient le marquer à cette période : le fameux dîner de Metz qui, semble-t-il, déclenchera sa passion pour les Insurgents américains et son initiation à la franc-maçonnerie qui va jouer un si grand rôle tout au long de sa vie.

On a beaucoup discuté sur la date à laquelle La Fayette fut initié. Il semble aujourd'hui certain qu'il fut admis dès décembre 1775 à Paris dans la loge « la Candeur », dont le recrutement était fort aristocratique puisqu'on y rencontrait des noms comme ceux de Custine, Lameth, Broglie, Choiseul[20]. Cette initiation précoce (il a dix-huit ans) va faciliter dans une large mesure son épopée américaine et sa participation à une guerre éminement maçonnique. Il semble, selon Jacques Brengues, que cette loge joua un rôle appréciable « dans le recrutement militaire par cooptation pour l'Amérique, réalisant ainsi une sorte d'amalgame opérationnel et idéologique des hommes et des esprits ». Si La Fayette fut accueilli si chaleureusement par Washington, le 1er août 1777, c'est bien évidemment en raison de leur fraternité maçonnique : « Je suis établi chez lui, nous vivons comme deux frères bien unis dans une intimité et une confiance réciproques[21]. » Admis pendant l'hiver 1777-1778 à la loge

« Union américaine » lors d'une tenue présidée par Washington, La Fayette vit alors tous les obstacles s'aplanir devant lui.

Il évoqua lui-même ce souvenir lors de son triomphal voyage de 1825, quand il fut reçu à la loge de Wilmington : « Auparavant, je ne pouvais arracher de mon esprit le soupçon que le général commandant l'armée américaine avait des doutes sur mon cas ; ce soupçon était confirmé par le fait que je n'avais jamais reçu un commandement en chef. Cette pensée m'obsédait et parfois me rendait bien malheureux. Après que je fus entré dans la maçonnerie américaine, le général Washington sembla avoir reçu une illumination. Depuis ce moment, je n'eus plus jamais l'occasion de douter de son entière confiance[22]. »

# CHAPITRE II

# La passion américaine

A Metz, la vie de garnison ne manquait pas de charmes pour un jeune capitaine de dix-sept ans jouissant des plus belles protections et dînant chez son général, le maréchal de Broglie, avec « les belles de la ville ». L'un de ces dîners allait avoir sur sa carrière une influence décisive. En effet, le 8 août 1775[1], Charles-François, comte de Broglie, frère du maréchal, recevait le duc de Gloucester, frère du roi d'Angleterre George III, et avait convié la fine fleur des officiers présents à Metz. Le duc parla avec beaucoup de liberté des affaires d'Amérique, critiqua avec vigueur la politique suivie par le gouvernement britannique, puis fit l'éloge du courage et de la détermination des Américains auxquels il prédit victoire et indépendance.

Dans ses *Mémoires*, La Fayette prétend s'être aussitôt enflammé en faveur des Insurgents : « Jamais si belle cause n'avait attiré l'attention des hommes, c'était le dernier combat de la liberté. [...] A la première connaissance de cette querelle, mon cœur fut enrôlé, et je ne songeai qu'à joindre mes drapeaux[2]. » En fait, les choses n'allèrent pas aussi vite puisque ce n'est qu'au cours de l'année suivante que La Fayette entreprit de partir pour l'Amérique. Dans ses *Mémoires*, il donne de ce départ et des tractations complexes qui l'ont précédé un récit très sommaire et très arrangé. Sculptant sa statue, il veut persuader son lecteur que tout le monde s'opposa à son projet et qu'il ne réussit qu'en passant outre à toutes sortes de persécutions[3], ce qui est totalement inexact. En second lieu, il donne de la politique du gouvernement français à ce moment-là une vision non moins fausse en l'accusant de contrarier par tous les moyens l'aide apportée aux Insurgents. La Fayette cherche à se donner le monopole de cette assistance, alors que ce fut bien loin d'être le cas. Un certain nombre d'officiers, comme par exemple le marquis de La Rouërie, s'étaient engagés bien avant lui dans l'armée américaine. Dès avril 1776, le chevalier de Barazer de Kermovan était passé outre-Atlantique où il avait obtenu une commission d'ingénieur et de lieutenant-colonel[4]. En avril 1777, Bouillé, alors gouverneur général des Îles du Vent, à la Martinique, avait envoyé son aide de camp, Fagan, à New York pour négocier la libération de matelots français capturés par les Anglais sur des navires marchands. Dans son rapport, Fagan expliquait qu'environ 250 officiers français ou canadiens servaient « avec autant d'intelligence que de valeur ». Cet avis n'était pas unanimement partagé[5].

Les circonstances du départ de La Fayette ont donné lieu à des interprétations diverses chez les mémorialistes et dans la presse de l'époque. Certains l'attribuèrent à des influences féminines. Condorcet, par exemple, prétend que Mme de Simiane « l'engagea à la quitter pour aller en Amérique », ce qui est tout à fait invraisemblable, car celle qui passait pour l'une des plus belles femmes de la Cour ne devint la maîtresse de La Fayette qu'après son retour d'Amérique[6]. Le comte d'Allonville en tient, lui aussi, pour le dépit amoureux, mais il ajoute une seconde raison : les Noailles, toujours soucieux d'avoir un des leurs dans tous les camps, « voyant des opinions pour et contre se manifester relativement à une rupture avec l'Angleterre, crurent utile de jeter un des leurs vers les Insurgents américains. Nuls ne se souciant d'encourir des hasards, ils fixèrent les yeux sur le jeune La Fayette [...] dont la faible tête avait été enivrée par Franklin. [...] Le rôle d'aventurier qu'il adoptait, hautement désapprouvé, mais secrètement conseillé et protégé par le comte de Broglie et par le marquis de Castries, était sans inconvénient pour son avenir et pouvait même devenir avantageux[7] ». Le clan Noailles aurait donc joué, comme on le verra plus loin, un double jeu caractérisé.

Quant à la presse, elle attribua ce départ tantôt au dépit provoqué par ses tentatives malheureuses auprès de la comtesse d'Hunolstein, tantôt à l'ennui que ressentaient les officiers d'une vie de garnison monotone. La *Correspondance secrète* du 2 avril 1777 rapporte ainsi : « Le mécontentement presque général de notre militaire et les offres que les agents des Américains font ou vont faire engagent nombre de nos officiers à passer en Amérique avec congé si on le leur accorde, et sans congé si on le leur refuse[8]. » Quant à *L'Espion anglais* du 26 mai 1777, il écrit : « Je veux croire que le marquis de La Fayette, entraîné par une louable ambition, ait conçu de lui-même le hardi projet d'aller servir la cause des Insurgents ; il n'y a là rien d'extraordinaire, mais s'il est enflammé de l'ardeur de la gloire, il est en même temps très jeune et d'un caractère modeste et timide. Est-il vraisemblable qu'il ait osé ou pu l'exécuter sans que sa famille en ait connaissance[9] ? »

Une chose est certaine, La Fayette n'a ni conçu ni exécuté son projet seul. Il a, au contraire, bénéficié de complicités et d'appuis très importants, mais dans des conditions quelquefois ambiguës qui ont pu donner lieu à des interprétations diverses. Bien que certains aspects de cette affaire demeurent mystérieux, il semble que l'on puisse reconstituer ainsi l'organisation du départ. Un personnage clé a joué un rôle déterminant : le comte Charles-François de Broglie qui, en qualité d'ancien chef de la diplomatie secrète de Louis XV, disposait de tout un réseau d'officiers chargés de missions variées[10]. Deux d'entre eux vont mener à bien la préparation du voyage : Guy-Martin du Boismartin et Johannes Kalb.

Originaire de Barbezieux et fils d'un homme d'affaires lié à Broglie, après un séjour à Pondichéry comme employé de la Compagnie des Indes de 1753 à 1760, du Boismartin, secrétaire du comte de Broglie, avait conservé ses fonctions jusqu'à la mort de celui-ci en 1781. Il était alors passé au service du marquis de Castries, secrétaire d'État de la Marine, en qualité de premier secrétaire[11]. Homme de confiance de Broglie, du Boismartin avait un frère, François-Augustin, officier au régiment du Port-au-Prince à Saint-Domingue, qui, selon toute apparence, faisait aussi partie du réseau. C'est François-Augustin qui, en mai 1776, accueillera le premier envoyé américain en France, Silas Deane, et le conduira à Ruffec, chez Broglie, lequel lui fera visiter ses fonderies de canons. C'est aussi par l'intermédiaire de Guy du Boismartin que Deane, arrivé à Paris le 5 juin, sera reçu par Vergennes le 17 juillet.

Quant à Johannes Kalb, né à Hüttendorf en Bavière le 29 juin 1721, il était passé très jeune au service de la France et avait combattu pendant les guerres de Succession d'Autriche, à Fontenoy, puis de Sept Ans avec le maréchal et le comte de Broglie. Lieutenant-colonel en mai 1761, il était devenu, lui aussi, un homme de confiance du comte qui, préoccupé de l'évolution de la situation en Amérique du Nord, le recommanda en 1766 à Choiseul. Celui-ci l'avait envoyé en mission secrète outre-Atlantique pour s'y informer de la situation politique et économique, et pour évaluer les forces en présence. Arrivé en janvier 1767, Kalb était revenu en France le 12 juin 1768, persuadé du caractère inéluctable de l'indépendance américaine, car cette nation était devenue trop puissante pour demeurer sous tutelle. Il avait épousé en 1764 Anne Van Robais, de la riche famille des filateurs d'Abbeville, dont la fortune allait être mise à contribution pour financer le départ de La Fayette[12].

Fort des renseignements rapportés par Kalb, le comte de Broglie conçut alors un plan d'aide aux Insurgents. Il est évidemment absurde de prétendre, comme l'ont fait certains auteurs, que le comte souhaitait devenir « roi » en Amérique. Il s'expliqua très clairement sur ses intentions dans une lettre à Kalb du 11 décembre 1776 : partant du principe que, si les Américains veulent réussir dans leur entreprise, « il faut un directeur politique et militaire » apte à attirer à lui un nombre important de bons officiers, Broglie projetait de renvoyer Kalb en Amérique, avec mission « de faire connaître l'utilité, on peut dire l'indispensable nécessité du choix du personnage à qui il faut donner le pouvoir d'amener avec lui ses instruments et de leur donner des grades relativement à ce qu'ils font pour vous ».

Ce personnage, qui serait évidemment Broglie lui-même, ne disposerait que de pouvoirs militaires : « Seulement pour l'armée, rien pour le civil, dire seulement qu'il serait aussi en état de diriger la partie politique avec les puissances étrangères. » Il ne s'agirait que d'un commandement temporaire et il faudrait prévoir « un traitement assuré, après la retraite au bout de trois ans, qui serait le temps au plus qu'il pourrait sacrifier, étant certain que l'homme ne veut point s'expatrier pour toujours. C'est un point sur lequel il faut insister, pour la raison que cette assurance que l'homme veut revenir au plus tard au bout de trois ans ôtera toute inquiétude sur l'autorité qu'il voudrait avoir et l'ambition qu'il aurait d'être le souverain de la nouvelle république ». Broglie ne souhaitait donc exercer que les fonctions de « général et président du conseil de guerre », sans négliger « les grands avantages pécuniaires ». Il estimait que, si ses propositions étaient acceptées, son arrivée attirerait de nombreux officiers et insistait sur l'importance du chef : « Même dans une bonne armée d'Europe, le choix du chef décide de tout et, dans une affaire à former, à créer, il n'est pas facile en même temps de trouver un homme qui sache, qui veuille et puisse les faire[13]. »

Broglie eut-il conscience du caractère parfaitement irréaliste de sa démarche, inacceptable pour les Insurgents ? Il est certain que, sans attendre, il facilita l'engagement d'officiers français au service des États-Unis. C'est lui qui, avec l'aide de ses hommes de confiance, va organiser et, au moins en partie, financer le départ de La Fayette.

Le 11 juin 1776, celui-ci est mis en réforme, c'est-à-dire placé dans une sorte de cadre de réserve. L'a-t-il demandé lui-même pour être libre de ses mouvements et partir sans déserter son corps, ou a-t-il été victime d'une mesure générale prise par le secrétaire d'État de la Guerre, qui souhaitait dégager des cadres un certain nombre d'officiers de parade pour laisser le champ libre à ceux qui le méritaient par leurs services ? Il semble que la première hypothèse soit à retenir.

Quelques mois plus tard, le 6 novembre, c'est Kalb qui présenta à Silas Deane La Fayette, son beau-frère Noailles et son ami Ségur. Ces trois officiers signèrent le 7 décembre un engagement rédigé par Kalb « de partir quant et comment M. Deane le jugera convenable pour servir les États-Unis avec tout le zèle possible sans aucune pension ni indemnité particulière, me réservant la liberté de revenir en Europe quand ma famille et mon roi me rappelleront[14] ». Les familles allaient intervenir avant même le départ pour Noailles et pour Ségur, qui renoncèrent aussitôt. La Fayette ne fit pas l'objet d'une semblable démarche et persista donc, d'autant plus que Deane lui promit le grade de major général dans l'armée américaine, promesse imprudente et par laquelle il outrepassait ses pouvoirs.

Kalb aurait dû, dans ces moments, partir pour l'Amérique afin de tenter d'y faire aboutir les propositions de Broglie, mais l'ambassadeur d'Angleterre, Lord Stormont — qui surveillait attentivement toutes ces tractations —, informé, obtint que le départ de la *Seine*, qui devait quitter Le Havre avec Kalb, fût annulé. Il fallait donc trouver une autre solution, et ce sont les hommes de confiance de Broglie qui prirent l'affaire en main.

En février 1777, François-Augustin du Boismartin fut chargé à Bordeaux des tractations relatives à l'achat d'un navire de 278 tonneaux, la *Clary*, appartenant à l'armateur Lanoise et rebaptisé la *Victoire*. C'est également du Boismartin qui engagea le capitaine Le Boursier pour un voyage qui devait être de commerce à destination de Saint-Domingue — car on fit aussitôt l'acquisition d'une cargaison de denrées diverses et de vêtements. Tous ces achats furent financés par Broglie, du Boismartin, son beau-frère Larquier, Mme de Kalb et son mari, et c'est Broglie qui dressa avec Guy du Boismartin la liste des officiers à embarquer[15]. Quelle fut la part prise par La Fayette à toute cette manœuvre, il est difficile de le préciser. Pendant ce temps il voyageait et, en compagnie de son cousin le prince de Poix, rendait visite à son nouvel oncle Noailles, ambassadeur à Londres. Présenté au roi George III, il afficha très ouvertement sa sympathie pour les Insurgents. C'est de Londres qu'il écrivit le 9 mars 1777 à son beau-père, le duc d'Ayen, pour lui faire part de sa résolution de passer en Amérique. Il revint ensuite brusquement à Paris, resta trois jours à Chaillot chez Kalb, rencontra Franklin, Lee, Deane et son ami Ségur, à qui il annonça son départ. Le 16, il prenait la route de Bordeaux avec son hôte sans avoir vu ni prévenu sa femme, « sous prétexte d'éviter une scène d'attendrissement ». Si l'on en croit son propre témoignage, Kalb fut très surpris d'apprendre de La Fayette, en arrivant à Bordeaux, que son projet de départ était « ignoré de toute sa famille et qu'il venait d'envoyer un courrier à Paris pour connaître les réactions »[16].

Le 25 mars, Kalb et La Fayette se s'apprêtaient à rejoindre la *Victoire* à Pauillac lorsque arriva une lettre de Coigny annonçant que le roi interdisait à ce dernier de partir. Refusant de suivre les conseils de prudence de son ami et protecteur, La Fayette décida de faire appareiller le navire pour le port espagnol de Pasajes où il faudrait l'attendre « parce qu'il ferait les derniers efforts pour avoir la permission de partir ». Kalb ajoute : « Je ne pus me refuser à une demande si raisonnable, d'autant plus que le vaisseau lui appartenait en propre et qu'on permettait tacitement son entreprise[17]. » Que signifie exactement cet accord tacite ? (Il faut noter que La Fayette lui-même emploie cette expression dans une lettre à d'Estaing du 31 août 1778.) Il précisait qu'il allait informer le prince de Montbarrey, secrétaire d'État de la Guerre, de son intention de prolonger son séjour en Amérique : « Cette formule me paraît d'autant plus nécessaire que je ne puis me prévaloir en venant ici que d'un consentement tacite, et même si tacite qu'il m'était présenté sans dessous de cartes sous la forme d'une défense fort expresse[18]. »

Mais il y avait un dessous de cartes. Le fait que le gouvernement ait, pour le moins, fermé les yeux est aussi confirmé par Mathieu Dumas, plus tard aide de camp de La Fayette après avoir été celui de Rochambeau. Selon lui, le jeune capitaine partit, « sinon avec l'autorisation, du moins avec l'approbation du roi et de ses ministres, qui n'avaient pu ignorer une démarche si éclatante. M. le maréchal de Castries me fit proposer d'accompagner M. de La Fayette avec quelques autres officiers ; j'acceptai avec empressement mais c'était déjà trop tard. Le gouvernement, qui avait encore intérêt à dissimuler ses secours, arrêta pour quelque temps cette espèce d'émigration ». Témoignage important, car il confirme la complicité de Castries dans toute cette affaire[19].

Que savait exactement La Fayette des intentions du roi et de ses ministres ? Il décida de partir. Le 26 mars, la *Victoire* appareillait pour Pasajes où elle arrivait le 28. Sur le séjour dans ce port, la correspondance échangée entre Kalb et sa femme donne de nombreux détails[20] : Le 31, arrivèrent, paraît-il, des ordres du roi perscrivant à La Fayette de partir pour Marseille où il rejoindrait le duc d'Ayen qui l'emmènerait en Italie. Encore une fois, Kalb prétend lui avoir donné des conseils de soumission. Le 1er avril, La Fayette partait pour Bordeaux. Qu'y fit-il exactement, quel rôle joua son oncle par alliance, le maréchal-duc de Mouchy, gouverneur de Guyenne, nous l'ignorons. Kalb écrit seulement à sa femme : « Il espère encore gagner M. le duc d'Ayen pour pouvoir me rejoindre. » La Fayette aurait alors appris qu'une lettre de cachet avait été lancée contre lui, ce qui l'aurait décidé à s'enfuir et à passer la frontière espagnole, déguisé en courrier. Cette lettre de cachet, ces ordres du roi ont-ils réellement existé ? Aucun des biographes de La Fayette ne semble avoir cherché à le savoir. Or il faut bien constater qu'il n'existe aucune trace de ces documents dans les Archives[21]. On peut donc supposer qu'il ne s'agissait que de rumeurs soigneusement entretenues pour camoufler les complicités gouvernementales.

Le 1<sup>er</sup> avril, Kalb annonçait à sa femme l'arrivée de La Fayette à Pasajes : « Il part enfin avec nous dans peu de jours. » Le 19, dans sa dernière lettre écrite d'Europe, il complétait ses informations, expliquant qu'il s'était résolu au départ « après les assurances qu'il a reçues de toutes parts que M. le duc d'Ayen, seul, avait sollicité l'ordre du roi, que tout le monde a approuvé son entreprise et blâmé son beau-père pour vouloir l'en empêcher, que les ministres, lorsqu'on leur a demandé leur vraie disposition sur cela, ont répondu que, sans les plaintes de M. le duc d'Ayen, ils n'auraient rien dit[22] ». Broglie avait surveillé de très près tous ces mouvements puisque, dans les premiers jours d'avril, il reçut La Fayette et F.-A. du Boismartin à Ruffec ; de plus, il s'était rendu à Pasajes avec Guy du Boismartin pour donner au capitaine Le Boursier ses instructions : la *Victoire* devait aller non pas à Saint-Domingue, mais à Charlestown, par « ordre secret du roi[23] ». Louis XVI aurait donc été informé de tout ce montage. Il semble en effet difficile qu'une telle opération ait pu être réalisée sans l'avis favorable, ou au moins tacite, du roi... Le 20 avril, la *Victoire* appareilla pour l'Amérique.

Il est évident aussi que les du Boismartin jouèrent un rôle décisif. François-Augustin n'hésita pas à écrire : « Tout ce qui eut lieu et fut fait en 1777 relativement au passage de M. le marquis de La Fayette aux États-Unis m'est dû. Le projet et l'exécution furent le fruit de mon énergie et de mon imagination. [...] Tout ce qu'a fait M. de La Fayette depuis son débarquement dans ce pays lui appartient, mais, je le répète, il n'eût jamais été à portée de rien faire pour la cause de la liberté, puisque, sans moi, il ne serait jamais venu dans ce pays[24]. »

La Fayette, dans une lettre du 23 octobre 1777 à Guy du Boismartin, reconnaissait d'ailleurs les services rendus et l'assurait de son amitié : « Ce sentiment, que je conserverai toute ma vie pour vous, n'avait pas besoin ni des peines que je vous ai données, ni des marques d'intérêt que j'ai reçues de vous, ni enfin de toutes les obligations pour être bien vif et bien sincère. » Quant à Broglie : « Je compte tant sur ses bontés, ma confiance est si entière, que je n'ose pas douter qu'il ne s'intéresse à moi dans cette affaire comme dans l'autre[25]. » Il s'agissait alors d'un projet d'expédition aux Antilles. La Fayette était donc bien conscient de l'aide essentielle qu'il avait reçue. Il s'acharnera ensuite à la nier pour créer la légende d'un départ solitaire semé d'embûches et d'oppositions. Mais celles-ci n'étaient destinées qu'à tenter de tromper l'ambassadeur d'Angleterre...

En tout cas, le départ de La Fayette fit grand bruit à Versailles et à Paris. Adrienne, qui était de nouveau enceinte après la naissance de sa fille Henriette le 15 décembre 1775, en fut informée par sa mère : « Elle m'apprit elle-même le cruel départ et s'occupa de me consoler en cherchant les moyens de servir M. de La Fayette avec cette tendresse généreuse, cette supériorité de vues et de caractère qui la développaient tout entière[26]. »

Deane et Franklin, qui se partageaient maintenant le soin des affaires des Insurgents à Paris, étaient évidemment enchantés de cette recrue de marque et la recommandèrent chaleureusement au Congrès le 25 mais 1777 : « Le marquis de La Fayette, jeune gentilhomme de grand entourage de famille ici et de grande fortune, est parti pour l'Amérique sur un vaisseau à lui, accompagné par quelques officiers de distinction afin de servir dans nos armées. Il est extrêmement aimé, et les vœux de tout le monde le suivent. Nous ne pouvons qu'espérer qu'il trouvera une réception qui lui rende le pays et son entreprise agréables. Ceux qui la censurent comme une légèreté de sa part applaudiront néanmoins à l'esprit qui l'anime, et nous serions heureux que les préve-nances et les respects qui lui seront montrés soient utiles à nos affaires ici en faisant plaisir, non seulement à ses puissantes relations à la Cour, mais à toute la nation fran-çaise[27]. »

C'est donc entouré de tout un réseau de complicités actives, y compris familiales, que La Fayette partit pour l'Amérique. Il y avait en effet à l'affaire de la *Victoire* des arrière-plans commerciaux : le navire devait revenir en France avec une cargaison, et c'est Mme d'Ayen qui s'était occupée des assurances. Malheureusement, le navire fit naufrage le 14 avril 1777 en sortant de Charlestown, et des conflits surgirent entre les assureurs qui, selon leurs habitudes, cherchaient toutes les raisons pour ne pas payer. Selon André Maurois, les familles d'Ayen et de Chavaniac durent acquitter des lettres de change que La Fayette, mineur, avait imprudem-ment signées[28].

# CHAPITRE III

# Faut-il aider les Insurgents ?

Les affaires d'Amérique ont joué dans la politique française de cette époque un rôle déterminant, et il est nécessaire de rappeler la genèse d'événements qui allaient aboutir à un engagement grandissant de la France dans ce conflit.

La guerre de Sept Ans avait permis à l'Angleterre, par le traité de Paris en 1763, de chasser les Français d'Amérique du Nord où leur présence et leurs activités dans la vallée du Mississippi inquiétaient beaucoup les colonies anglaises, celles-ci se sentant encerclées par la jonction entre Canada et Louisiane. Mais cette victoire allait se révéler lourde de conséquences imprévues, car elle accéléra le processus qui allait aboutir à l'indépendance des « Treize Colonies ». La guerre avait coûté très cher et mené la Grande-Bretagne au bord d'une faillite financière qu'il fallut combattre par des impôts levés outre-Atlantique.

Les difficultés avaient commencé lors de la guerre précédente lorsque, en 1745, l'assemblée provinciale de Pennsylvanie, dominée par les quakers pacifistes, avait refusé tout crédit pour la défense. Quelques années plus tard, en juin 1754, le gouvernement anglais avait provoqué la réunion à Albany d'un congrès des représentants des colonies pour inciter celles-ci à prendre en charge leur propre défense, et l'on commença à parler d'un projet, ardemment soutenu par Franklin, qui imaginait une union anglophone dirigée par un gouvernement nommé par la Couronne. La politique ambitieuse et agressive menée par les Français dans la vallée de l'Ohio stimula ces projets et incita Franklin à préparer le Plan d'union d'Albany prévoyant une structure fédérale avec un président nommé par le roi d'Angleterre et un Grand Conseil, sorte de Parlement choisi par les assemblées de chaque colonie. Ce projet audacieux, s'il avait été adopté, eût sans doute évité la guerre d'Indépendance, mais il se heurta à l'opposition générale aussi bien en Amérique qu'en Angleterre : les colonies se déclarèrent hostiles à tout pouvoir fédéral et, à Londres, le Premier ministre Newcastle le rejeta sans même l'étudier sérieusement. Bel exemple du conservatisme et de l'aveuglement des gouvernements métropolitains à l'égard de leurs colonies[1]...

La guerre de Sept Ans eut de notables conséquences en montrant aux Américains que l'armée anglaise n'était pas invincible. La déroute du général Braddock en juin 1755 devant les Français et les Indiens frappa beaucoup l'opinion. Elle provoqua aussi le développement des milices, et, lors des discussions en vue du traité de Paris, Franklin prit énergiquement parti en faveur de la conservation du Canada, persuadé qu'il était que « les fondements de la grandeur et de la stabilité futures de l'Empire britannique résident en Amérique ». Avec une vision prophétique, il avait deviné l'accroissement de puissance que représentaient pour l'Angleterre ces acquisitions territoriales : « L'océan Atlantique sera couvert de vos navires marchands, et votre puissance navale, ne cessant dès lors de s'accroître, étendra votre influence tout autour du globe, et gare au monde. »

A cette époque, la possibilité d'une révolte des colonies contre l'Angleterre semble tout à fait exclue. Celles-ci ont été incapables de s'unir pour assurer leur propre défense contre les Français et les Indiens ; comment supposer qu'elles puissent se révolter contre la mère patrie qui les protège contre leurs ennemis ? « Je ne crains pas de dire, écrit Franklin, qu'une union entre elles dans ce but n'est pas seulement improbable, elle est impossible. » C'est pourtant ce qui va se produire à la suite de l'accumulation, par le gouvernement britannique, d'un extraordinaire ensemble de maladresses et d'erreurs.

En 1765, le chancelier de l'Échiquier, George Grenville, décida, pour financer en partie les dépenses provoquées par la défense de l'Amérique, d'instituer un droit de timbre sur tous les documents officiels, journaux, cartes à jouer, etc.

Cette mesure souleva une très vive opposition de principe sur le droit du Parlement anglais d'imposer les colonies qui n'avaient été conquises « ni par le roi ni par le Parlement ». La loi fut cependant votée par la Chambre des communes le 27 février 1765. C'était gravement méconnaître la psychologie américaine et aussi la faculté de riposte des colonies qui, pour échapper au timbre, s'efforcèrent de développer leur industrie et de pourvoir elles-mêmes à leurs besoins. La loi fut alors abrogée, le 18 mars 1766, et Franklin développa de grands efforts de conciliation, mais ceux-ci se trouvèrent « anéantis par l'arrogante stupidité des gouvernements britanniques[2] » qui persistaient à vouloir créer de nouvelles taxes. Londres ne semble pas non plus avoir saisi que, dès ce moment, les Cours européennes commençaient à s'intéresser de près aux événements d'Amérique, inquiètes de l'accroissement de la puissance anglaise.

Franklin poursuivait sa politique d'apaisement par des articles dans la presse anglaise. Toujours foncièrement loyaliste, il était aussi conscient des faiblesses des colonies. Celles-ci étant dépourvues de forces navales, toutes les grandes villes américaines situées sur les côtes se trouvaient exposées à un bombardement dévastateur.

En 1766, l'inventeur du paratonnerre vint à Paris où il fut reçu à bras ouverts, ce qui ne désarma pas sa méfiance. « Je crois, écrit-il à son fils, que cette nation intrigante serait ravie de s'en mêler à l'occasion et de mettre le feu aux poudres entre l'Angleterre et ses colonies, mais j'espère que nous ne lui en donnerons pas la possibilité[3]. » Était-il au courant des intrigues de Choiseul qui se renseignait activement sur la situation en Amérique ?

Le gouvernement de Londres continuant sa politique d'aveuglement et d'incompréhension, la tension ne fit que monter. Le 15 mai 1770, Franklin devait constater que le système des droits de douane imposés à l'Amérique risquait d'aboutir à une « désunion totale entre les deux pays, même si, pour l'instant, cet événement semble encore lointain ». Le 16 décembre 1773, c'était la célèbre *Boston Tea Party* au cours de laquelle, pour protester contre les droits, 342 caisses de thé furent jetées à la mer par les Fils de la Liberté déguisés en Indiens Mohawks. Avec la même maladresse obstinée, le gouvernement anglais sembla s'ingénier à se mettre Franklin à dos, ce qui déclencha chez lui une évolution accélérée vers

l'indépendantisme. Le 7 juillet 1774, il souhaitait ouvertement
la réunion d'un congrès général des colonies qui proclamerait
leurs droits et s'engagerait à refuser toute aide à la Couronne
jusqu'à ce que ceux-ci soient reconnus par le roi et par les
deux Chambres du Parlement. Une guerre de pamphlets se
déchaîna, les propos tenus débordaient de violence de part et
d'autre, ce qui désolait Franklin, décidé à faire l'impossible
pour éviter une rupture et donc une guerre. Il ne cessa de
prêcher la patience, espérant toujours un accommodement.
Selon son biographe Clark, « l'idée que les deux pays couraient
à l'affrontement lui était un supplice ».

Il lui fallut cependant se résigner à l'inévitable. Le 19 avril
1775, avait lieu à Bunker Hill le premier engagement entre le
corps anglais du général Gage et les milices américaines, ce
qui détruisit tout espoir d'éviter une guerre ouverte. Le parti
de l'indépendance était encore loin d'être majoritaire dans les
colonies et se heurtait même à l'hostilité véhémente de
certains. Le 30 mai 1775, Jonathan Sewell, procureur général
du Massachusetts, proclamait que les révoltés n'étaient que
des intrigants ambitieux, se refusant à voir la situation réelle
d'un pays qui bénéficiait « des plus grandes libertés civiles et
religieuses qu'une société humaine puisse admettre et qui est
sous l'égide de la seule puissance du globe capable de procurer
une telle protection[4] ». Comme de nombreux loyalistes, Sewell
devait d'ailleurs émigrer au Canada.

Mais le mouvement pour l'indépendance était lancé, et la
publication, en janvier 1776, du *Common Sense* de Thomas
Paine, qui soutenait avec vigueur la cause de l'indépendance,
eut un impact considérable puisque 120 000 exemplaires furent
vendus en quelques mois.

Le 4 juillet suivant, la Déclaration d'indépendance fut
publiée à Philadelphie après de longues discussions. L'expression « États-Unis d'Amérique » apparaissait pour la première
fois. Toujours plein d'illusions, le gouvernement de Londres
envoya l'escadre de l'amiral Howe, avec l'espoir que son
arrivée suffirait à rétablir la paix. Proposant une amnistie
générale, Howe tenta d'ouvrir des pourparlers avec Franklin
qui, tout modéré qu'il était, répondit vertement : « Il est
inconcevable que nous envisagions de nous soumettre à un
gouvernement qui a, avec la barbarie la plus cruelle, incendié
nos villes sans défense en plein cœur de l'hiver, incité les
sauvages à massacrer nos paysans et nos esclaves à tuer leurs

maîtres, et qui, en ce moment même, envoie des mercenaires étrangers inonder de sang nos colonies[5]. » L'armée « anglaise » du général Howe, frère de l'amiral, comprenait en effet surtout des recrues hessoises.

La tentative de négociation tourna court. Du côté américain, Franklin, John Adams et Edward Rutledge se montrèrent intraitables et déclarèrent qu'aucune paix ne pourrait être acceptée sans la reconnaissance préalable de l'indépendance totale des colonies. Lors de l'été 1776, la rupture était donc consommée, Howe ayant estimé de son côté que les arguments américains ne méritaient pas même d'être discutés.

La situation militaire des « Insurgents » — comme on allait bientôt les appeler — n'était pourtant guère brillante. Ils ne disposaient d'aucune infrastructure industrielle permettant de soutenir une guerre qui risquait d'être longue, et la marine anglaise avait encore la réputation de dominer les mers. Une grosse déception était déjà venue du Canada. En septembre 1775, le général américain Richard Montgomery avait attaqué le fort Saint-Jean, sur la rivière Richelieu, et, après avoir occupé Ticonderoga, Crownpoint et le fort Chambly, s'était avancé vers Montréal, que les Anglais évacuèrent en novembre pour se replier vers Québec. Cette ville fut bombardée en décembre par Benedict Arnold, mais l'attaque fut repoussée le 31.

Le 24 janvier 1776, John Hancock, président du Congrès américain, lança un appel aux habitants du Canada pour tenter de les rallier à la cause américaine et les invita à saisir « avec zèle et empressement l'instant favorable de coopérer au succès d'une entreprise aussi glorieuse[6] ». Il exhortait les Canadiens à élire des députés pour former une assemblée provinciale qui enverrait des délégués siéger au Congrès américain[6]. Cet appel n'eut pratiquement aucun écho, ce qui s'explique aisément du côté des Canadiens français. Trop de rancunes s'étaient accumulées depuis plus d'un siècle au cours de conflits presque ininterrompus, et ce peuple catholique se sentait peu tenté sans doute de faire cause commune avec une nation protestante. Une autre tentative menée par Franklin ne connut pas davantage de succès.

Au printemps de 1776, les Anglais ayant amené des renforts, les Américains durent évacuer Montréal le 9 mai. Le Canada resta fermement loyaliste et allait constituer pour l'armée et la flotte britanniques une très précieuse base arrière[7]. La

Fayette, toujours plein d'illusions, aurait eu intérêt à méditer cet échec lorsqu'il fut tenté, quelques mois plus tard, de reprendre un projet qui n'avait aucune chance de réussir...

A l'automne de 1776, l'avenir des nouveaux États-Unis s'annonçait donc difficile, et il leur fallait absolument trouver des appuis extérieurs capables de leur fournir ce qui leur manquait, en premier lieu des armes, des équipements et des forces navales pour assurer la liberté de leurs communications maritimes. Seule la France pouvait être en mesure d'offrir ses services, mais beaucoup de réticences et de répugnances devaient, de part et d'autre, être surmontées. Du côté américain, le Congrès n'envisageait qu'à contrecœur une telle alliance, en raison, encore une fois, des énormes rancunes accumulées. Pour les colons de la Nouvelle-Angleterre, les Français ne pouvaient être que les ennemis héréditaires qui n'avaient cessé de guerroyer contre eux et d'exciter les Indiens à commettre à leur endroit les pires atrocités. Pour les puritains de Nouvelle-Angleterre, la France était papiste, monarchiste et libertine : « Aux yeux des colons anglais du XVIIe et XVIIIe siècle, elle était avant tout le pays de la Saint-Barthélemy et de la révocation de l'édit de Nantes, l'ennemi le plus proche et le plus menaçant de la foi protestante[8]. » Il fallait donc pratiquer un véritable retournement, assez difficile à faire admettre à l'opinion ; La Fayette allait jouer un rôle déterminant dans ce domaine. La jeune république éprouvait une répugnance compréhensible à solliciter l'aide d'une monarchie théoriquement absolue, mais elle n'avait guère le choix.

Dès l'automne de 1775, des négociations occultes avaient commencé pour les fournitures d'armement par l'intermédiaire de Beaumarchais et de la société Roderigue Hortalès, dont Vergennes avait protégé et en partie financé le lancement[9]. A la même époque, l'officier français Achard de Bonvouloir était arrivé en mission secrète à Philadelphie où il prit contact avec Franklin sur les instructions de Vergennes, mais les réticences réciproques avait empêché toute conclusion positive. De côté américain, Arthur Lee, représentant de la Pennsylvanie à Londres, se chargeait de sonder les intentions des puissances européennes.

Quelle était exactement la position du gouvernement français ? La Cour de Versailles se préoccupait depuis fort longtemps des relations entre la Grande-Bretagne et ses colonies d'Amérique du Nord. Une lettre du secrétaire d'État de la Marine, Jérôme de Pontchartrain, au gouverneur général du Canada, le marquis de Vaudreuil, du 10 mai 1710, montre que, dès cette époque, on était très attentif à ce qui se passait en Nouvelle-Angleterre. En 1709, les Anglais avaient envoyé une escadre à Boston pour réduire à l'obéissance les habitants de ces provinces qui s'étaient « toujours maintenus dans une espèce de république et gouvernés par leur Conseil sans vouloir recevoir des gouverneurs absolus des rois d'Angleterre ». Pontchartrain estimait qu'il fallait les encourager à « se maintenir dans l'état de république et se soustraire de l'administration qu'on veut leur imposer. Le roi approuverait même qu'on s'unît à ce Conseil pour l'aider dans cette entreprise. Il serait nécessaire de faire pressentir les principaux de ce Conseil pour savoir leurs véritables sentiments et les y déterminer, s'il était possible. Si vous voyez quelque apparence d'y réussir, il faut mettre tout en usage et cela est de la dernière importance[10] ». Louis XIV et Pontchartrain peuvent donc être considérés à juste titre comme les véritables pionniers de l'aide française à l'indépendance américaine.

L'idée d'une rupture inévitable entre l'Angleterre et ses colonies sera ensuite soutenue en 1759 dans un mémoire rédigé sur l'ordre de Choiseul par le premier commis des Affaires étrangères, Favier, estimant qu'après l'éviction de la France d'Amérique du Nord, les établissements anglais, n'ayant plus rien à redouter, provoqueraient « une scission entre les colonies et la métropole ». C'est après avoir lu ce mémoire que Louis XV, devançant largement Tocqueville, avait dit à Choiseul : « Chaque partie du monde a joué son rôle et eu son tour. Ce sera bientôt celui de l'Amérique[11]. » Le roi était bien persuadé du caractère inévitable de l'indépendance de cette partie de l'univers, car il revint sur cette idée dans une lettre au comte de Broglie, le 16 mai 1769[12].

*<br>* *

A partir de 1775, tout cela cesse d'être théorique, la question se pose avec acuité, et le gouvernement français devra prendre des décisions. Or, sur ce point comme sur beaucoup d'autres, il est divisé et indécis. Le roi, résolument pacifiste, se sent retenu, de plus, par des scrupules d'ordre moral : « La neutralité paraissait un devoir à ce monarque parce que aucune agression anglaise ne justifiait à ses yeux une démarche hostile contre la Couronne britannique. Ce n'étaient pas la crainte des frais et les chances de la guerre qui le frappaient ; c'était sa considération qui lui faisait regarder comme une perfidie la violation des traités et de l'état de paix sans autre motif que celui d'abaisser une puissance rivale[13]. » Louis XVI nourrit-il l'illusion que la France pourrait s'en tenir à une politique de secours théoriquement secrets sans s'engager à fond ? Ce n'est pas impossible, d'autant que ses ministres sont, eux aussi, partagés. Avant de prendre une décision, on cherche donc à s'éclairer. Au début de 1775, Sartine, secrétaire d'État de la Marine, adresse à Malouet, alors commissaire général de la Marine à Saint-Domingue, un véritable questionnaire, rédigé par Louis XVI lui-même, sur l'opportunité de soutenir la révolte américaine. L'une des six questions posées traduit les préoccupations morales du roi : « Convient-il au gouvernement de fournir des secours aux Insurgents, de recevoir leurs prises dans nos ports, d'avoir des émissaires, de traiter avec eux ? Cela peut-il se faire selon les lois de la saine morale[14] ? » Non, répond Malouet, estimant que l'intérêt de la France est d'entretenir en Amérique du Nord un abcès de fixation qui y retiendra les forces anglaises et les empêchera de troubler la paix européenne. Il ne partage en aucune manière les illusions de Vergennes sur la ruine du commerce anglais par l'indépendance américaine : « Laissons aux philosophes, aux cosmopolites, l'intérêt, l'enthousiasme qu'inspire ce peuple vraiment sage et courageux, ou, si nous admirons leur vertu, ne soyons pas les artisans de leur puissance. [...] L'indépendance de la Nouvelle-Angleterre nous met en danger, sa dépendance fait notre sûreté. »

Malgré sa sympathie pour les Américains, Malouet se prononce donc contre l'intervention française. Dans une note rédigée beaucoup plus tard, il ajoute : « La meilleure raison à alléguer contre cette guerre, et dont je n'ai fait aucun usage, est qu'il était aussi inconséquent que dangereux pour une monarchie absolue de se mettre à la tête d'une révolution démocratique. » Il ne changera pas d'avis. Beaucoup plus tard, dans un mémoire publié en 1802, il constate que la France n'a tiré aucun avantage de la guerre et que tout le bénéfice a été pour les Américains : « Leur indépendance est une superbe conquête, et la progression de leur puissance s'annonce d'une manière imposante. Ils sont très excusables d'avoir aussi habilement profité des circonstances, mais je persiste à croire que nous aurions pu nous dispenser d'y contribuer. » Ces arguments durent frapper le roi, car il est certain qu'il ne se décida à la guerre qu'avec la plus grande répugnance.

Les débats sur ce sujet suscitent aussi une opposition très nette entre Turgot et Vergennes[15]. Le premier juge la situation en financier et considère que l'état du budget ne permet pas de se lancer dans une guerre. Le second, au contraire, constate que la France est tombée depuis 1763 dans une position de faiblesse diplomatique et qu'en conséquence toutes les occasions doivent être saisies pour affaiblir l'Angleterre. La révolte des colonies américaines offre donc une occasion à ne laisser échapper à aucun prix, et le secrétaire d'État des Affaires étrangères va s'efforcer de convaincre le roi d'aider secrètement les Américains, mais sans — pour le moment, tout au moins — s'engager à fond[16].

Turgot expose ses conceptions dans ses *Réflexions rédigées à l'occasion d'un mémoire remis au roi le 6 avril 1776 sur la manière dont la France et l'Espagne doivent envisager les suites de la querelle entre la Grande-Bretagne et ses colonies*[17]. Il s'y montre, comme Malouet, hostile à l'indépendance américaine, car il pense que l'Angleterre éprouvera beaucoup de peine à vaincre la rébellion et que, pendant ce temps, elle ne pourra rien entreprendre contre les possessions françaises. Il envisage aussi les conséquences d'une éventuelle victoire américaine. Dans ce cas, le développement de son économie poussera le nouvel État à chercher des débouchés et sans doute en direction des colonies françaises. Ne sera-t-il pas tenté, « non pour les conquérir mais pour les aider à s'affranchir », de soutenir les colons contre les métropoles ? Turgot entrevoit d'ailleurs la liquidation du système colonial : « Sage et heureuse sera la nation qui saura plier sa politique aux circonstances nouvelles et qui consentira à ne voir dans ses colonies que des provinces alliées, et non plus sujettes de la métropole. »

Vergennes s'imagine — et La Fayette partagera largement cette illusion — que la France tirera de grands avantages commerciaux de l'indépendance américaine. Silas Deane a, il est vrai, fait miroiter des perspectives de ce genre[18]. Turgot, beaucoup plus lucide, n'en croit rien car, à son avis — et la

suite des événements lui donnera largement raison —, l'indépendance ne brisera nullement les liens du sang, de la
langue, de la culture et des affaires. Après avoir développé
ses arguments, il rejoint cependant, au moins en partie, les
vues de Vergennes : il faut aider secrètement les Insurgents,
mais tout faire pour éviter la guerre, et, si l'on n'y parvient
pas, s'efforcer d'en abréger le cours.

C'est cette politique prudente que Louis XVI va commencer
par adopter et que La Fayette fustige avec beaucoup d'exa-
gération dans ses *Mémoires*. A l'en croire, le gouvernement
français était aux ordres de Lord Stormont dont un mot
« suffisait pour faire arrêter, décharger, emprisonner quelquefois les Américains admis dans nos ports », et Versailles se
perdait dans un « dédale de précautions, de faiblesses et de
dénégations ». Toujours selon lui, c'est son départ pour
l'Amérique qui aurait provoqué « le redoublement d'intérêt et
d'attention, le mouvement national et toujours croissant de
l'opinion publique à laquelle le gouvernement français finit
par céder lorsqu'en traitant avec les États-Unis, il se jeta dans
des engagements avec eux et une guerre avec l'Angleterre
dont sa disposition naturelle l'éloignait également[19] ». La
réalité était bien différente et les preuves en sont multiples.
D'abord, la pression de l'opinion publique en faveur des
Insurgents se déclencha très vite, dès les premiers incidents
sérieux. « Le premier coup de canon tiré dans ce nouvel
hémisphère pour défendre l'étendard de la liberté retentit
dans toute l'Europe avec la rapidité de la foudre », écrit ainsi
Ségur[20].

Quant à la discrétion de l'aide apportée aux Insurgents, elle
devint vite très relative, aussi bien en France qu'aux Antilles.
Mathieu Dumas raconte qu'en 1777 un train d'artillerie entier
avait été préparé à l'arsenal de Douai à destination de
l'Amérique. Comme on ne pouvait l'embarquer à Dunkerque
en raison de la présence du commissaire anglais qui, depuis
le traité de Paris de 1763, surveillait le port, il fallait le faire
passer par Ostende. Dumas, alors aide de camp du comte de
Puységur, fut chargé par son chef d'occuper l'officier anglais
pendant que le convoi passait...[21]. Il ne faut pas négliger non
plus l'aide très active apportée aux Insurgents par des
particuliers, surtout par les négociants des ports de la côte
atlantique[22].

Mais c'est certainement aux Antilles que l'assistance à

l'Amérique insurgée avait pris les proportions les plus importantes. Depuis plusieurs décennies, ces colonies françaises entretenaient avec la Nouvelle-Angleterre des relations commerciales illégales, mais néanmoins fort actives. Charles Frostin a décrit la « sorte de symbiose qui s'était progressivement réalisée durant le XVIIIᵉ siècle entre les dynamiques établissements tropicaux d'obédience française et l'Amérique septentrionale d'obédience britannique, solidarité interaméricaine au mépris du principe de l'Exclusif[23] ». Du commerce entre deux mondes à bien des égards complémentaires, on était vite passé à la coopération militaire. Lorsque le marquis de Bouillé arriva, en avril 1777, à la Martinique dont il venait d'être nommé gouverneur général, il put constater que l'île « était le principal entrepôt du commerce de la France avec les colonies révoltées ; c'est de cette île que les premiers secours leur furent portés, c'est là où ils déposaient en grande partie les riches prises que leurs corsaires faisaient sur le commerce d'Angleterre, et c'était l'arsenal qui leur fournissait les armes avec lesquelles ils combattaient les Anglais dans le nord de l'Amérique[24] ». Bouillé trouva en arrivant un agent secret accrédité par le Congrès, M. Bingham, « homme d'esprit et d'expérience quoique fort jeune », qui se chargeait avec une remarquable célérité de la vente des prises anglaises. Les rades de l'île étaient sans cesse remplies de navires américains et, aux Îles aussi, l'opinion se passionnait pour la cause insurgente : « C'était une espèce de fanatisme universel, un délire qui avait gagné toutes les classes de la société européenne[25]. » L'intervention française allait très loin puisque, dès juillet 1777, deux frégates, la *Blanche* et la *Diligente*, arrivaient de France, « destinées à protéger le commerce des Américains sourdement mais cependant efficacement en les ralliant sous la bannière française[26] ». Enfin, des matelots français n'hésitaient pas à s'engager sur les corsaires américains et les négociants à acheter des commissions qui leur permettaient d'armer en course sous pavillon du nouvel État, ce qui provoquait de vives protestations des gouverneurs anglais.

Il est évident qu'à moins d'entrer ouvertement en guerre, la France pouvait difficilement pousser plus loin son aide aux Insurgents. Contrairement à la légende qu'il a cherché à accréditer, La Fayette ne fit que se joindre à un mouvement qui avait pris une ampleur irrésistible, fut encore renforcé par la victoire américaine de Saratoga et par les habiles campagnes d'opinion menées par Franklin, puis aboutit à la signature du traité d'alliance et de commerce du 8 février 1778. Ainsi s'engagea cette guerre qui provoqua dans les milieux dirigeants français beaucoup d'illusions que La Fayette partageait et même qu'il contribua fortement à répandre[27].

CHAPITRE IV

# « Défenseur de cette liberté
# que j'idolâtre... »

La traversée de la *Victoire* fut longue. La Fayette, qui
n'appréciait pas du tout la vie en mer, trompa son ennui en
apprenant l'anglais et en écrivant à sa femme pour lui
expliquer ses sentiments, tenter de se faire pardonner son
départ et aussi la rassurer. Son grade le protège, pense-t-il :
« N'allez pas croire que je coure des dangers réels dans les
occupations que je vais avoir. Le poste d'officier général a
toujours été regardé comme un brevet d'immortalité. » Quelques
jours avant de toucher la terre américaine, le 7 juin 1777, il
lui adresse une profession de foi capitale : « Défenseur de
cette liberté que j'idolâtre, libre de moi-même plus que
personne, en venant comme ami offrir mes services à cette
république si intéressante, je n'y porte que ma franchise et
ma volonté, nulle ambition, nul intérêt particulier ; en travaillant pour ma gloire, je travaille pour leur bonheur. J'espère
qu'en ma faveur vous deviendrez bonne Américaine, c'est un
sentiment fait pour les cœurs vertueux. Le bonheur de
l'Amérique est intimement lié au bonheur de toute l'humanité ;
elle va devenir le respectable et sûr asile de la vertu, de
l'honnêteté, de la tolérance, de l'égalité et d'une tranquille
liberté[1]. » Toutes les idées qui seront chères à La Fayette
jusqu'à la fin de sa vie sont contenues dans ces lignes écrites
à dix-neuf ans.

La *Victoire* arriva en vue des côtes de Caroline du Sud, à
South Inlet, à 25 lieues au nord de Charlestown, le 13 juin
1777 à quatorze heures. Le premier contact eut lieu avec des
Noirs pêcheurs d'huîtres. La Fayette débarqua avec Kalb,

cinq officiers et leurs domestiques. Ils furent accueillis à
Georgetown par le major Huger. Kalb parlant couramment
l'anglais, on se comprit sans difficulté. Le lendemain, les
voyageurs partirent à pied pour Charlestown où ils arrivèrent
après trois jours de marche, « faits comme des gueux et des
brigands », ce qui explique l'accueil assez frais de la population, laquelle les prit pour des aventuriers. L'un d'entre eux,
le chevalier du Buisson, constata que la populace de Charlestown « déteste les Français et les accable d'invectives. Il n'en
est pas de même de la bonne compagnie[2] ». Les officiers
français furent reçus cordialement par le gouverneur Rutledge
et par plusieurs officiers généraux. La Fayette laisse éclater
son enthousiasme dans les premières lettres qu'il écrit à sa
femme. Il est grisé par un monde si différent de celui qu'il
connaît. La simplicité des manières, l'amour de la liberté, une
douce égalité lui semblent les caractéristiques de la société
américaine : « L'homme le plus riche et le plus pauvre sont
de niveau et quoiqu'il y ait des fortunes immenses dans ce
pays, je défie de trouver la moindre différence entre leurs
manières respectives les uns pour les autres. »

La Fayette acheta un équipage et partit le 25 juin avec
Kalb, du Buisson et le vicomte de Mauroy en direction de
Philadelphie pour se présenter au Congrès. Le voyage fut
assez long et difficile, dans une région encore mal pourvue en
routes : à Petersburg, le 17 juillet, les voitures refusèrent tout
service, et il fallut continuer à cheval. Peut-être eut-il alors
un instant de découragement, car il écrit ce jour-là à sa
femme : « J'ai entrepris une tâche en vérité trop forte pour
mon cœur. » Le 23, les voyageurs étaient très bien reçus à
Annapolis et arrivèrent le 27 à Philadelphie.

Malgré les lettres d'introduction et de recommandation,
l'accueil du Congrès est assez froid. Ces réticences s'expli-
quent par la présence de nombreux aventuriers européens qui
viennent offrir des services rien moins que désintéressés.
Certains Français — Tronçon du Coudray, par exemple —
ont émis des prétentions extravagantes, ce qui a indisposé les
autorités américaines. Reçu froidement par Lovell, président
du comité des Affaires étrangères, La Fayette constata que
ses lettres d'introduction n'avaient même pas été ouvertes. Il
adressa alors une requête très habile, et le président Hancock,
ayant pris connaissance des éloges envoyés par Franklin,
comprit que la nouvelle recrue n'était pas un homme ordinaire.

Le 31 juillet, une résolution du Congrès, prenant en considération son zèle pour la cause de la liberté, le fait qu'il était venu en Amérique à ses frais, son désintéressement — puisqu'il ne demandait ni traitement ni indemnité —, décida d'accepter ses services et qu'en raison « de son zèle, de l'illustration de sa famille et de ses alliances », il aurait rang et commission de major général dans l'armée américaine. Les engagements de Silas Deane et de Franklin étaient tenus.

C'est le 1er août que se produisit la première rencontre de La Fayette avec Washington, qui l'emmena visiter les positions de ses troupes sur la Delaware. C'était aussi le premier contact avec une armée américaine encore très largement improvisée où « la vertu tenait lieu de science, et chaque jour ajoutait à l'expérience et à la discipline ». Cette armée avait connu de sérieux revers pendant l'hiver 1776-1777. Il avait fallu, devant la supériorité numérique et tactique des Anglais de Howe, évacuer New York et se replier vers la Pennsylvanie. Washington avait eu l'immense mérite de ne pas céder au découragement, et les succès remportés le 26 décembre à Trenton, puis le 3 janvier 1777 à Princeton avaient remonté le moral de tous. Mais à l'été, la situation militaire restait précaire et le général en chef ne manquait pas de soucis « Nous devons être embarrassés, dit-il, de nous montrer à un officier qui quitte les troupes françaises. » La Fayette, qui allait, tout au long de ses campagnes américaines, faire preuve d'un sens aigu de la diplomatie, eut l'habileté de répondre : « C'est pour apprendre et non pour enseigner que je suis ici. » Repartie doublement judicieuse, car elle correspondait aussi à la réalité. La formation militaire du jeune officier était sommaire, et il allait devoir se familiariser avec un type d'opérations peu courant dans les conflits européens : « Chaque arbre couvrait un tireur adroit, et les ressources de la tactique, les talents même des chefs devinrent inutiles. [...] Jusqu'alors, les Américains avaient eu des combats et non des batailles. » Un gros effort d'adaptation serait demandé aux officiers français formés à une autre école, et l'un des grands talents de La Fayette fut de réussir très vite et très brillamment dans cet exercice difficile.

Le 13 août, il demanda à servir aux côtés de Washington, auquel commençait à le lier une amitié qui allait vite devenir réciproque et qui ne se démentit jamais. Le général en chef hésitait toutefois à confier à un officier aussi jeune et inexpérimenté un commandement important, mais il le garda près de lui et le fit participer le 21 à un conseil de guerre. La Fayette prit comme aides de camp MM. de Gimat et de La Colombe. Quant à Kalb, il avait reçu lui aussi la commission de major général promise par Deane. Les autres officiers venus sur la *Victoire* furent congédiés par le Congrès qui refusa de reconnaître les engagements pris à Paris, puis rapatriés.

Pendant qu'il faisait ses premiers pas en Amérique, La Fayette avait eu une seconde fille, Anastasie-Louise-Pauline, née le 1er juillet 1777, et la nouvelle de son arrivée en Amérique était parvenue à sa famille le 1er août. La presse — la *Gazette d'Amsterdam* et surtout le *Courrier de l'Europe*, très lié à Beaumarchais et qui, à ce titre, consacrait de nombreux articles aux affaires américaines — s'intéressait beaucoup à ses activités[3]. Les informations étaient d'ailleurs souvent inexactes dans les faits et dans les dates.

Accompagnant toujours Washington, le jeune homme reçut le baptême du feu le 11 septembre au combat de Brandywine contre l'armée anglaise de Cornwallis, un adversaire qu'il aurait l'occasion de retrouver plus tard. L'affaire tourna au désavantage des Américains, et, tentant de rallier ses troupes qui lâchaient pied, La Fayette reçut une balle qui lui traversa la jambe. Transporté à Philadelphie, il fut ensuite soigné à Bethlehem chez les frères moraves. La *Gazette d'Amsterdam* devait transformer audacieusement cet échec en victoire et annoncer, le 24 octobre, que le Français avait mis en déroute un corps anglais de 2 000 hommes[4] !

Immobilisé par sa blessure, La Fayette employa son temps à échafauder des projets dont le réalisme n'était pas la vertu principale. Ainsi écrivit-il à son cousin Bouillé pour lui proposer un plan d'attaque contre les Antilles anglaises avec des navires américains. Avant même que cette idée ait pu prendre forme, il expédiait, à destination de Vergennes et de Maurepas, des lettres dans lesquelles il exposait un projet d'expédition aux Indes orientales. Avec des commissions américaines, « les spéculations de quelques négociants ou la bonne volonté de quelques compagnons de voyage », il espérait partir pour l'île de France (île Maurice), puis y trouver des armateurs pour l'aider et des hommes pour le suivre. Ne doutant de rien, il comptait, d'une part, attaquer des vaisseaux anglais venant de Chine et, de l'autre, aux Indes, « tirer quelque parti et de la jalousie des différents nababs, et de la haine des Marattes et de la vénalité des Cipayes et de la mollesse des Anglais[5] ». Tout cela relevait évidemment de cet irréalisme, de cette absence de sens du possible et de l'impossible qui fut trop souvent un trait dominant de son caractère.

Ces projets n'ayant eu naturellement aucune suite, La Fayette, aussitôt rétabli, rejoignit le quartier général de Washington. Certains aspects du conflit le désolaient, car il s'agissait aussi d'une guerre civile : « La fureur des partis divisait les provinces, les villes, les familles. » L'idéaliste qu'il était et qu'il resta souffrait de voir toute une partie de la population « dont l'unique objet était de nuire aux amis de la liberté, d'avertir ceux du despotisme. A ces *tories* invétérés, il faut joindre tous ceux que la crainte, l'intérêt ou leur religion éloignaient de la guerre ». Il avait du mal à admettre la position des quakers, ennemis de la violence mais qui n'en servaient pas moins quelquefois de guides aux troupes anglaises.

En novembre, La Fayette fut rattaché au corps du général Greene. Le 24, il dirigea une reconnaissance et, le lendemain, avec 350 hommes, attaqua près de Gloucester, en face de Philadelphie, un poste tenu par des Hessois qu'il culbuta et obligea à se replier. Tous furent enchantés de ce succès au cours duquel les miliciens américains avaient combattu avec une vigueur qui ravit leur chef, et le Congrès décida « qu'il lui serait extrêmement agréable de voir le marquis de La Fayette à la tête d'une division ». Ce qui fut fait aussitôt : on lui confia le commandemant d'une division de Virginiens, assez peu nombreuse et surtout mal équipée.

L'hiver arrivant, l'armée alla prendre ses quartiers à Valley Forge, à 18 km au nord de Philadelphie, dans une région ravagée par les Anglais et qui présentait peu de ressources. Les soldats vivaient dans des huttes, et cet hivernage fut rendu très rude par le froid et la précarité du ravitaillement : « La patiente vertu des officiers et des soldats fut un miracle continuel », mais les engagements se raréfiaient tandis que les désertions se multipliaient. La situation financière restait tout aussi critique. Le papier-monnaie des Insurgents, contrefait par les Anglais, perdait tout crédit, et le peuple, qui s'était

révolté pour des raisons fiscales, comprenait mal que les taxes
se fussent alourdies. Contrebandiers et trafiquants s'en donnaient à cœur joie entre les deux zones et faisaient fortune :
« Les privations et la misère ne tombaient que sur les bons
citoyens. »

Pendant cet hiver, La Fayette reçut le commandement de
ce qu'on appelait l'armée du Nord, « c'est-à-dire une poignée
de monde », à Albany. Il y retrouva Kalb, Conway (un officier
irlandais au service de la France), les Polonais Pulaski et
Kocsciuszko ; c'est peut-être de cette époque que date l'intérêt
qu'il portera toujours à la cause de l'indépendance polonaise.
Il y avait aussi de nombreux officiers français : Ternant, La
Colombe, La Rouërie, Gimat, Fleury, Mauduit-Duplessis,
Touzard, le major Lenfant (l'ingénieur qui devait plus tard
dresser les premiers plans de la ville de Washington) et le
baron de Steuben, officier prussien, excellent manœuvrier et
tacticien, qui devait rendre de grands services dans l'instruction des troupes américaines.

Les opérations militaires étant ralenties par l'hiver, La
Fayette profite de ses loisirs pour écrire, le 16 décembre
1777, une longue lettre à son beau-père, le duc d'Ayen, dont
il semble avoir réussi à adoucir les colères réelles ou simulées.
Il y analyse avec beaucoup de lucidité la situation des forces
américaines. Selon lui, le plan anglais consiste à refouler les
Insurgents vers l'intérieur pour leur enlever toute possibilité
de recevoir des secours extérieurs depuis la côte. Dans toutes
ses lettres de cette période, il insiste sur l'énorme supériorité
navale des Anglais dans les mers d'Amérique, ce qui leur
permet d'assurer un blocus étroit des provinces révoltées.
Donnant un récit très clair des opérations de l'automne de
1777 (Brandywine, Ticonderoga, Saratoga), La Fayette oppose
le dénuement des troupes américaines au luxe de l'armée
britannique. Clinton séjourne en toute tranquillité à New
York avec une nombreuse garnison et « le général Howe fait
sa cour aux belles à Philadelphie ». Le jeune homme, toutefois,
ne doute pas de la victoire finale, avec l'aide de la France :
« L'Amérique attend avec impatience que nous nous décla-
rions pour elle et un jour, j'espère, la France se déterminera
à humilier la fière Angleterre. [...] Avec le secours de la
France, nous gagnerons avec dépens la cause que je chéris
parce qu'elle est juste, parce qu'elle honore l'humanité, parce
qu'elle intéresse ma patrie et parce que mes amis américains

et moi y sommes engagés fort avant. » La division de Virginiens qu'il commande est « presque nue », et ses hommes peu instruits, mais il fait face : « Je lis, j'étudie, j'examine, j'écoute, je pense, et de tout cela je tâche de former une idée où je fourre le plus de sens commun que je peux. » Pour l'instant, les Américains doivent, selon La Fayette, s'en tenir à la défensive, mais il a cru s'apercevoir que « les troupes anglaises seraient plus étonnées d'une attaque brusque que d'une résistance ferme[6] ». N'est-il pas remarquable de voir un officier aussi jeune, jeté dans un monde qui lui est inconnu, faire preuve d'autant de bon sens et d'intelligence face à une situation complexe ?

Cet hiver 1777-1778 fut aussi marqué par des intrigues politiques qui auraient pu avoir les plus graves conséquences. Ce qu'on a appelé la *Conway's cabal* visait à opposer à Washington le général Gates, chef du bureau de la Guerre. Officier irlandais au service de la France, passé en Amérique dès 1776, Conway joua en effet un rôle équivoque, cherchant à brouiller La Fayette avec Washington en l'entraînant « par des idées de gloire et de brillants projets, et j'avoue à ma honte que c'est un moyen trop assuré de m'éblouir ». Il sut heureusement résister et rester fidèle au chef pour lequel il nourrissait tant d'admiration et de confiance, mais l'image idéale qu'il s'était faite de l'Amérique républicaine était ternie : « Je commence à craindre qu'elle ne soit perdue par elle-même et par ses propres enfants. » Il avait compris le rôle irremplaçable de Washington et déplorait que des gens sans connaissances militaires critiquent sa tactique prudente et « croient qu'il suffit d'attaquer pour conquérir ».

Il semble qu'il y ait eu alors une cabale contre lui pour l'inciter à rentrer en France. Le 6 janvier 1778, pourtant, La Fayette écrit à sa femme pour lui expliquer que sa présence est au contraire plus que jamais nécessaire : « Tant d'étrangers qu'on n'a pas voulu employer ou dont on n'a pas voulu ensuite servir l'ambition ont fait des cabales puissantes, ils ont essayé par toutes sortes de pièges de me dégoûter de cette révolution et de celui qui en est le chef ; ils ont répandu tant qu'ils ont pu que je quittais le continent. D'un autre côté, les Anglais l'ont dit hautement. Je ne peux pas en conscience donner raison à tout ce monde-là. » Il ne pouvait évidemment partir au moment où Washington ne cesse de lui donner des preuves de confiance, mais il lui faut lutter sur plusieurs fronts. On s'installait alors dans la guerre. Un certain nombre d'officiers généraux faisaient venir leur femme au camp : « Quant à MM. les Anglais, il leur est arrivé un renfort de 300 demoiselles de New York, et nous leur avons pris un vaisseau plein de chastes épouses d'officiers qui viennent rejoindre leurs maris ; elles avaient grand peur qu'on ne voulût les garder pour l'armée américaine[7]. »

Bien qu'une première tentative, on l'a vu, se fût soldée par un échec, le Congrès décida, en janvier 1778, de reprendre l'offensive en direction du Canada et de confier à La Fayette le commandement de cette opération, ce qu'il n'accepta qu'à la condition de rester sous les ordres directs de Washington. Il fallait aussi essayer d'arrêter les ravages commis dans les régions du Nord par certaines tribus indiennes soudoyées par les Anglais et qui brûlaient les habitations, détruisaient les récoltes, massacraient les habitants. La Fayette se montra plein d'enthousiasme — et, encore une fois, d'illusions. Le 3 février, il écrivit à sa femme sa fierté devant cette marque de confiance. Il allait partir avec 3 000 hommes, et « l'idée de rendre toute la Nouvelle-France libre et de la délivrer d'un joug pesant », la perspective de voir son armée s'augmenter de nouveaux soldats français d'origine, le remplissaient d'allégresse, même s'il s'effrayait un peu de l'ampleur de la tâche. Il dut vite déchanter... Lorsqu'il arriva à Albany le 17 février, il y trouva Conway qui lui expliqua qu'il fallait renoncer car rien n'était prêt. Le bureau de la Guerre avait promis 3 000 hommes il y en avait à peine 1 200, et « la plupart sont comme nus, même pour une campagne d'été ». Cette troupe n'avait pas été payée depuis plusieurs mois, et son moral se trouvait au plus bas. Ce serait donc de la folie de tenter quoi que ce soit dans ces conditions et en cette saison. La Fayette se rendit à l'évidence, mais en fut très affecté et informa Washington qu'il se trouvait « dans une désagréable et ridicule situation ». Il voyait lui échapper la seule chose qu'il ambitionnait : la gloire. Toujours désintéressé, il avait fait emprunter en son nom une certaine somme pour payer au moins une partie des soldes arriérées.

Les projets en direction du Canada restèrent l'une des idées fixes de La Fayette. En septembre 1778, il souhaitait venir en France pour voir sa famille mais hésitait à partir, de crainte de manquer une campagne dans cette région. Washington eut beau lui assurer que tout projet de ce genre était considéré comme irréalisable, La Fayette s'obstinait, il en parla même devant un comité du Congrès, mais le général en chef, beaucoup plus réaliste, estimait avec raison que les Américains ne disposaient absolument pas des moyens militaires et financiers indispensables. Le 29 décembre 1778, le président John Jay expliqua à La Fayette ces impossibilités, mais ajouta que, si la France voulait prendre l'initiative d'une telle attaque, les États-Unis feraient tous leurs efforts pour la seconder. Or le gouvernement de Louis XVI ne songeait nullement à essayer de reprendre le Canada. Vergennes avait été formel sur ce point dès 1775 dans des instructions adressées au comte de Guines, ambassadeur à Londres[8]. La Fayette l'ignorait probablement, de même qu'il se faisait beaucoup d'illusions sur les désirs d'émancipation des Canadiens francophones : le joug anglais n'était pas aussi pesant qu'il le croyait...

Pour se consoler, il employa son temps à tenter de ce concilier l'amitié des Indiens Hurons et Iroquois, alliés des Anglais. Il parvint à réunir à Johnson's Town, sur la rivière Mohawk, une assemblée générale à laquelle prirent part environ 500 hommes et femmes, puis s'efforça de ranimer « leur ancien amour pour les Français ». Il y reçut le nom d'un de leurs guerriers, « Kayewla », sous lequel il fut désormais connu de toutes les tribus. Bien qu'il manquât de cadeaux à leur offrir, La Fayette obtint la signature d'un traité d'alliance, et il semble qu'il acquit sur eux un ascendant et une autorité qui facilitèrent les relations. Le 2 mars, le Congrès se déclara satisfait de la prudence, de l'activité et du zèle de l'officier français. Celui-ci revint alors à Albany puis à Valley Forge où lui parvint, au début de mai, la nouvelle de la signature du traité franco-américain.

C'est à ce moment que le Congrès décida de faire prêter à tous les officiers civils et militaires un serment par lequel ils reconnaîtraient l'indépendance, la liberté et la souveraineté des États-Unis, et renonceraient à toute obéissance au roi d'Angleterre. Le 15 mai, La Fayette avisa Washington qu'il avait reçu les serments des officiers de la brigade de Woodford. Certains Virginiens présentaient des objections, mais le général en chef ne voulut imposer aucune contrainte.

Le 8 mai, il participa à une conférence d'état-major à
Valley Forge avec les généraux Gates, Greene, Stirling, Kalb,
où l'on décida de conserver une tactique prudente. La
situation militaire restait confuse en Pennsylvanie où les
Américains avaient heureusement bénéficié de l'inertie de
Howe. Dans un mémoire adressé au comte de Broglie, du
Buisson soupçonnait le général anglais de chercher à « rester
à Philadelphie le plus longtemps qu'il pourrait, vu l'immense
fortune qu'il y faisait par les contributions et le change des
monnaies[9] ». Le 18 mai, Washington prescrivit à La Fayette
de « protéger le camp et le pays entre la Delaware et le
Schuylkill, couper la communication avec Philadephie, gêner
les incursions des partis ennemis, connaître leurs mouvements
et leurs projets ». Ayant sous ses ordres 2 400 combattants
d'élite, le jeune homme poussa jusqu'à Barren Hill où il se
heurta à un corps de 7 000 hommes commandé par les
généraux Howe, Clinton et Grant. Ceux-ci, profitant de leur
supériorité numérique, cherchèrent à l'encercler, mais il se
tira très habilement de ce piège, manœuvra avec une grande
rapidité et s'échappa vers Valley Forge en ne subissant que
des pertes légères[10]. Le 16 juin, l'armée anglaise évacuait
Philadelphie, et il recevait le commandement des troupes
chargées de harceler les Anglais en retraite, mission dont il
s'acquitta avec grand succès, « attaquant le premier, proté-
geant la retraite de tous les autres détachements et recevant
le feu de tous les ennemis ». Du Buisson confirme que La
Fayette jouissait de la plus totale confiance de Washington ;
il « connaissait sa prudence, s'en rapportait toujours à ce
qu'elle lui dictait ». Le 28 juin, il prit part au combat heureux
de Monmouth contre Clinton et s'y distingua à l'avant-garde.
Quelques jours auparavant, La Fayette avait écrit à sa femme
toute sa joie d'apprendre la signature du traité d'alliance entre
les États-Unis et la France. Il attendait avec impatience
l'arrivée d'un ministre plénipotentiaire, car il se refusait à
jouer ce rôle : « Je ne suis pas fort tenté de quitter la carrière
militaire pour entrer dans le corps diplomatique. » Il ne
semble pas, d'ailleurs, que personne ait jamais songé à
Versailles à lui confier pareille mission. Ce ministre allait
bientôt arriver, et avec lui une escadre française dont la
présence pouvait autoriser beaucoup d'espoirs.

## CHAPITRE V

# D'Estaing ou le mauvais choix

Cette force navale française dont La Fayette et Washington attendaient avec impatience l'arrivée était partie de Toulon le 13 avril 1778. Elle comprenait douze vaisseaux et cinq frégates ; c'était une escadre relativement imposante qui pouvait, si elle était bien utilisée, bouleverser la situation sur les côtes d'Amérique. On avait malheureusement choisi pour la commander un officier général dépourvu de toute expérience des grandes opérations et qui, de plus, ne jouissait pas, c'est le moins que l'on puisse dire, de la sympathie générale dans le corps de la marine.

Charles-Henri, comte d'Estaing, auvergnat comme La Fayette, alors âgé de quarante-neuf ans[1], avait commencé sa carrière à dix-huit ans dans l'armée de terre et participé, comme colonel du régiment de Rouergue, aux dernières campagnes de la guerre de Succession d'Autriche. Pendant la guerre de Sept Ans, passé aux Indes en 1757, il avait combattu avec Lally-Tollendal. Fait prisonnier à l'attaque de Madras puis libéré, il s'était improvisé marin pour organiser, avec deux navires de la Compagnie des Indes, des opérations de guerre au commerce anglais dans l'océan Indien. Poussant une pointe jusqu'à Sumatra, en février 1760, il y détruisit quelques comptoirs anglais et, lors de son retour en France, fut à nouveau fait prisonnier devant Lorient, le 27 décembre 1761, et interné à Plymouth. Libéré assez vite, il connut par la suite un avancement extraordinairement rapide : maréchal de camp en février 1761, il fut promu en juillet 1762 lieutenant général des armées, et on lui confia le commandement des forces terrestres qui devaient tenter une attaque contre le Brésil, projet qui fut arrêté par la signature, le 5 novembre 1762, des préliminaires de paix. A la faveur de cette opération inter-armes, d'Estaing avait reçu une commission secrète de chef d'escadre. A trente-trois ans, il se trouvait ainsi presque propulsé à la tête d'un corps où les promotions étaient d'habitude fort lentes. Inutile de préciser qu'il y fut d'autant plus mal accueilli qu'aucun service éclatant ne justifiait une ascension qui allait se poursuivre. Gouverneur général de Saint-Domingue et lieutenant général des armées navales en décembre 1763, inspecteur général et commandant de la marine à Brest en août 1772, il avait bénéficié en février 1777 d'une nouvelle faveur rarissime puisqu'on avait créé pour lui une troisième charge de vice-amiral, de sorte qu'il se trouvait — dans une marine où la gérontocratie n'était que trop fréquente — le plus jeune, et de loin, des officiers généraux.

Cette cascade de promotions n'avait pu que lui aliéner la sympathie d'un corps où son intrusion suscitait des rancœurs et des jalousies justifiées. Il aggrava encore son cas par un certain nombre de maladresses et un caractère difficile. A peine entré dans le corps de la marine, il s'était répandu en critiques acerbes et en projets de réformes, ce qui constituait la meilleure méthode pour s'attirer l'inimitié générale. A la fois autoritaire et démagogue, d'Estaing semblait s'ingénier à provoquer l'antipathie.

C'est donc avec un chef inexpérimenté et presque unani-mement détesté de ses subordonnés que l'escadre française arrivait sur les côtes américaines. Ce chef n'était pas non plus toujours heureux dans le choix de ses collaborateurs immé-diats. Ainsi, il avait adopté pour chef d'état-major le chevalier de Borda, savant et ingénieur éminent, ancien officier du génie, et totalement dépourvu, lui aussi, de toute expérience de la guerre navale. « La promptitude est la première des armes, étonner c'est presque avoir vaincu », écrivait d'Estaing avant son départ de France. Il ne mit guère ce principe en pratique puisque sa traversée de l'Atlantique fut d'une extrême lenteur, ce qui permit aux ennemis de prendre leurs disposi-tions : partie de Toulon le 13 avril, l'escadre n'arriva que le 8 juillet au large de Philadelphie, sur des côtes qui, depuis toujours chasse gardée de la Royal Navy, étaient inconnues des marins français.

On avait espéré à Versailles que d'Estaing arriverait à temps pour disperser l'escadre anglaise de Richard Howe et acculer ainsi Clinton à capituler dans Philadelphie. Ce nouveau Saratoga à une échelle supérieure aurait eu évidemment les plus grandes conséquences sur la poursuite de la guerre, mais l'affaire fut manquée car, lorsque l'escadre française parut, Clinton avait évacué Philadelphie et, concertant ses mouvements avec Howe, s'était replié sur Sandy Hook[2].

Ce premier échec — mais en fut-il informé ? — n'entama pas l'enthousiasme de La Fayette qui, le 14 juillet, écrivait à d'Estaing : « J'aime à penser que vous porterez les premiers coups sur une insolente nation parce que je sais que vous appréciez le plaisir de l'humilier et que vous la connaissez assez pour la haïr. J'ai l'honneur de vous appartenir par ce sentiment aussi bien que par les liens du sang et notre titre commun d'Auvergnat. » Lui faisant le plus vif éloge de Washington, « comme un homme dévoué à l'alliance française », il lui annonçait qu'il organisait un service de renseignements à New York pour être tenu informé des mouvements de la flotte anglaise ; La Fayette espérait en effet que d'Estaing allait attaquer cette ville. Il persistait dans ses illusions sur le succès possible d'une offensive vers le nord : « Dès que le pavillon français se montrera du côté du Canada, la moitié des habitants et des sauvages se déclareront pour nous. » La lettre se terminait sur une exhortation et une explosion de haine contre les Anglais : « Puissiez-vous les battre, les couler à fond, les mettre aussi bas qu'ils ont été insolents. Puissiez-vous commencer le grand œuvre de leur destruction qui mettra leur nation sous les pieds de la nôtre ; puissiez-vous leur prouver à leurs dépens ce que peut faire un Français, et un Français auvergnat[3]. » Mais les espoirs de La Fayette et de Washington allaient être cruellement déçus. Il en résulterait une certaine tension entre Français et Américains que La Fayette s'efforcerait, avec succès, de dissiper.

Le premier objectif ayant été manqué, que devait faire d'Estaing ? Les instructions ministérielles lui laissaient, en cette époque de transmissions lentes et incertaines, une très grande initiative. Il lui était recommandé d'attaquer les ennemis « là où il pourrait leur nuire davantage et où il le jugerait le plus utile aux intérêts de Sa Majesté et à la gloire de Ses armes ». Au cas où il se heurterait à des forces numériquement supérieures, il devait aller se ravitailler à Boston et passer aux Antilles pour y attaquer les îles anglaises. Mais comme on était soucieux, à Versailles, de satisfaire le nouvel allié, on recommanda à d'Estaing de ne pas repartir avant d'avoir engagé « une action avantageuse aux Américains, glorieuse pour les armes du roi, propre à manifester immédiatement la protection que Sa Majesté accorde à Ses alliés[4] ». Le seul point positif de ces contacts avait été l'arrivée à Philadelphie le 8 juillet, sur la frégate la *Chimère*, du premier diplomate français accrédité auprès de la nouvelle république, Gérard.

L'ennemi lui ayant échappé sur la Delaware, d'Estaing prit la décision qui s'imposait : le poursuivre. Il appareilla donc pour Sandy Hook où il arriva le 11 juillet. L'escadre de Howe ne comprenait que neuf vaisseaux, mais elle compensait cette infériorité numérique par un double avantage : une parfaite connaissance du théâtre des opérations et des équipages en bon état, alors que les Français étaient fatigués par leur interminable traversée. Allait-on attaquer les Anglais à l'abri dans leur mouillage ? Il fallait se fier aux pilotes américains, familiers de ces parages. Washington avait préparé un plan d'assaut combiné : lui-même et Gates envelopperaient Clinton tandis que d'Estaing, franchissant les passes de Sandy Hook, s'occuperait de Howe. Il importait d'agir vite, car des renforts navals anglais étaient annoncés. Les pilotes n'arrivèrent que le 18 et ne mirent guère, semble-t-il, de bonne volonté à accomplir leur mission, malgré les instances de La Fayette et de plusieurs autres officiers américains et français ; ils prétendirent que les navires français ne pourraient franchir les passes, faute d'une hauteur d'eau suffisante. Le 20 juillet, un conseil de guerre tenu sur le vaisseau amiral le *Languedoc* conclut qu'on ne pouvait attaquer. En fait, seuls les deux plus gros vaisseaux de l'escadre, le *Languedoc* et le *Tonnant*, risquaient peut-être de s'échouer, mais tous les autres auraient pu passer et tenter de détruire l'escadre ennemie. D'Estaing venait, par sa pusillanimité, de perdre une magnifique occasion de remporter d'entrée de jeu un succès capital. Washington décida alors de faire une diversion sur Rhode Island, et l'escadre française se porta devant Newport où elle arriva le 29 juillet. La Fayette, avec deux brigades, devait rejoindre le corps du général Sullivan qui, encore une fois, attaquerait sur terre tandis que la flotte bloquerait les passes.

Le 6 avril, La Fayette, qui est monté le 4 à bord du *Languedoc* où il a conféré avec d'Estaing, fait part à Washington de ses impressions : « J'ai trouvé dans la flotte une ardeur et un désir d'agir qui tourneront bientôt en impatience si nous ne lui fournissons une prompte occasion de combattre. Les officiers ne peuvent contenir les soldats et les matelots qui se plaignent de courir depuis quatre mois après les Anglais sans être parvenus à les joindre, mais j'espère qu'ils seront bientôt satisfaits. » L'escadre commence à manquer de vivres et d'eau, ce qui constitue un grave souci pour son chef, mais La Fayette ne songe qu'à exalter la coopération franco-américaine : « Si j'avais imaginé un songe agréable, je n'aurais pu en souhaiter un plus doux que l'union de mes compatriotes à mes frères d'Amérique sous les mêmes drapeaux[5]. »

La première partie de l'opération réussit. Deux frégates à l'est, deux vaisseaux à l'ouest — le *Fantasque* commandé par Suffren et le *Sagittaire* par d'Albert de Rions — forcèrent les passes et incendièrent quatre frégates et deux corvettes, mais la coordination, toujours difficile dans une opération amphibie, fonctionna mal. Le 9 août, au moment où se préparait l'assaut général avec les troupes de Sullivan, une escadre anglaise de quatorze vaisseaux apparut : c'était Howe qui était sorti de Sandy Hook et avait reçu des renforts. D'Estaing, risquant de se trouver bloqué à son tour, réagit alors avec vigueur et rapidité, et donna le 10 à l'aube l'ordre d'appareillage général, lequel fut remarquablement exécuté. Howe, surpris par cette manœuvre, commença à s'éloigner, et d'Estaing à le poursuivre en dépit de l'inégalité de vitesse de ses vaisseaux. Peut-être serait-il parvenu à engager le combat si une violente tempête ne s'était élevée dans la nuit du 11, provoquant de très graves avaries chez les deux adversaires. Après avoir réussi des réparations de fortune, d'Estaing, soucieux de ne pas abandonner ses alliés, revint le 20 août mouiller devant Rhode Island. Sullivan voulait reprendre l'attaque contre Newport. La Fayette et Greene se rendirent à bord du *Languedoc* pour obtenir le concours de l'escadre et participèrent au conseil de guerre du 21. D'Estaing s'y déclara prêt à débarquer six cents hommes et même davantage, mais l'état de délabrement de ses vaisseaux et le manque de vivres et d'eau lui interdisaient de prolonger son séjour dans un mouillage qui ne présentait aucune ressource. Il importait d'aller au plus tôt faire réparer ses navires et se ravitailler dans un port bien équipé. Le

22 août, l'escadre appareillait pour Boston, ce qui allait
provoquer de vives réactions.

Un certain nombre d'officiers américains signèrent une
protestation déclarant que ce départ était « dérogatoire à
l'honneur de la France, contraire aux intentions du roi et aux
intérêts de la nation américaine ». Ce texte fut transmis au
Congrès, qui eut la sagesse de le tenir secret. Sullivan, de son
côté, rédigea un ordre du jour contenant des imputations très
malveillantes à l'égard de D'Estaing, accusé de refus d'assistance : « Le général espère que cet événement montrera
l'Amérique capable de se procurer par ses propres forces le
secours que ses alliés lui refusent. » La Fayette dut intervenir
de manière pressante auprès de Sullivan pour qu'il adoucisse
ses expressions, ce qu'il accepta de faire le 26 en reconnaissant
les solides raisons qui avaient poussé d'Estaing à agir comme
il l'avait fait.

Préoccupé d'éviter qu'une crise de confiance ne se dévelop-
pât entre Français et Américains, il écrivit aussi le 25 août
une longue lettre à Washington pour prendre la défense de
D'Estaing et souligner les très réels aspects positifs du séjour
de celui-ci en Amérique : « L'annonce de cette flotte a décidé
l'évacuation de Philadelphie, son arrivée a fait ouvrir tous les
ports, rassuré toutes les côtes, obligé les vaisseaux anglais à
se concentrer. Six de ces frégates, dont j'avais vu deux
seulement terrifier tout le commerce des deux Carolines, ont
été prises et brûlées. » Il attestait que d'Estaing n'était parti
pour Boston que sous la pression de la nécessité, avec des
vaisseaux gravement endommagés et des équipages épuisés.
L'amiral comptait bien revenir rapidement et reprendre le
combat. La Fayette, qui avait refusé de signer la lettre de
protestation, se montrait désolé « des sentiments peu généreux
que j'ai été forcé de reconnaître dans plusieurs cœurs américains. [...] Au lieu de s'affliger des malheurs survenus à des
alliés et à des frères, le peuple est devenu furieux de leur
départ et, leur souhaitant tous les maux du monde, s'exprime
sur eux en des termes que des hommes généreux rougiraient
d'employer contre des ennemis ». Il se plaignait d'avoir été
mis lui-même « sur un pied d'hostilité », et demandait à son
correspondant de prier les habitants de Boston de coopérer

au maximum aux réparations de la flotte et aussi de publier
« une déclaration de vos sentiments dans cette affaire [qui]
pût apprendre à quelques-uns à réformer les leurs et à rougir
à la vue de votre générosité ».

Le général en chef répondit le 1er septembre en s'efforçant,
lui aussi, d'apaiser les passions. Si les réactions populaires
étaient à déplorer, il ne convenait pas d'attacher « trop
d'importance à d'absurdes propos tenus peut-être sans réflexion
et dans le premier transport d'une espérance trompée ». Dans
un gouvernement républicain, on ne peut empêcher l'opinion
publique de s'exprimer, même d'une manière irréfléchie et
injuste, et il faut employer tous ses soins à rétablir l'harmonie.
Washington s'y attacha personnellement en écrivant le même
jour aux généraux Sullivan et Greene : « Il est de la plus
grande importance que les soldats et le peuple ne connaissent
rien de ce malentendu, et, s'ils en sont instruits, de prendre
des moyens pour en arrêter les progrès et en prévenir les
conséquences. »

Dans les derniers jours d'août, La Fayette était allé à
Boston conférer avec d'Estaing, très amer des manifestations
d'hostilité qu'il avait provoquées. « Je dois lui rendre cette
justice que son vif désir de servir l'Amérique n'en est pas
diminué », écrit-il. Les discordes semblaient s'apaiser, mais
les réparations de l'escadre dureraient plus longtemps que
prévu, car le matériel nécessaire manquait, surtout les mâts,
indispensables à la remise en état des vaisseaux de ligne
dégréés par la tempête[6]. La marine américaine, embryonnaire
à l'époque, ne comportait que de petites unités et rien de
semblable aux grands arsenaux d'Europe. Il fallait donc
improviser. D'Estaing et ses officiers s'y employèrent avec
beaucoup d'énergie et d'activité.

Malgré la succession d'échecs des dernières semaines, La
Fayette avait conçu une grande admiration pour l'amiral. Le
11 septembre, dans une lettre au duc d'Ayen (avec lequel il
semblait tout à fait réconcilié et qui lui conseillait maintenant
de rester en Amérique), il expliquait que d'Estaing lui paraît
« fait pour les grandes choses. Les talents qu'on lui reconnaît,
les qualités de son âme, son amour pour la discipline, pour
l'honneur de sa nation et son activité infatigable jointe, à ce
qu'il me paraît, à beaucoup d'esprit, me le font admirer
comme un homme fait pour être chargé de grands intérêts. »

Il lui fait toute confiance et souhaiterait servir sous ses ordres[7].

La Fayette semble alors traverser une période de découragement. Est-ce la conséquence des incidents survenus à Boston qui ont coûté la vie au chevalier de Saint-Sauveur ? Le 17 septembre, il demande à d'Estaing la permission de partir avec lui : « Mon cœur aime à s'attacher à votre fortune et j'espère que vous ne vous refuserez pas à l'attraction qui m'attire vers vous. D'ailleurs, dès qu'il n'y a plus de flotte ici, je me crois rappelé par mon devoir dans ma patrie. » Le Congrès avait pourtant voté, le 9 septembre, une résolution le félicitant et le remerciant pour sa participation à l'affaire de Rhode Island, mais d'une part il souhaitait absolument participer à un débarquement en Angleterre — ce « serpent de mer » de la stratégie française de l'époque, sur lequel il partageait les illusions de certains de ses contemporains —, d'autre part, malgré son admiration pour d'Estaing, il était obligé de reconnaître que l'amiral n'avait aucun plan de campagne. « Mon vœu, écrit-il à Washington le 21 septembre, vous le comprendrez aisément, avait été d'opérer en commun avec la flotte française. Je ne sais plus à présent ce qu'elle fera. L'amiral m'a entretenu dans ses lettres de plusieurs idées et ne semble fixé sur aucune. Il brûle du désir de frapper un coup et n'est pas encore décidé sur la manière de le porter[8]. »

Suffren, comme La Fayette, s'impatientait de cette inaction et proposait de monter une opération contre Terre-Neuve, mais l'amiral ne se décida pas. De son côté, La Fayette, dans l'active correspondance qu'il entretenait avec d'Estaing, non seulement lui donnait d'excellents conseils sur la manière d'agir avec les Américains, mais lui suggérait des projets, pas toujours réalistes mais souvent fondés sur de bonnes idées stratégiques. C'est ainsi qu'il proposa d'organiser une attaque contre la grande base navale anglaise de Halifax qui assurait l'essentiel de la logistique ennemie ; Kalb partageait ces vues et en entretenait le comte de Broglie[9]. La Fayette estime que Hancock, dont il fait le plus grand éloge (« on est bien aise de voir dans le XVIIIᵉ siècle des Brutus tout en vie ») et qui est « le grand moteur des Bostoniens », s'y montre favorable et pourrait fournir des renseignements. Cette dernière question préoccupe beaucoup La Fayette qui se plaint à plusieurs reprises de la mauvaise qualité des transmissions et de la difficulté extrême de mettre sur pied un réseau d'informa-

teurs : « Je n'ai jamais vu un pays si stérile en espions ;
croiriez-vous que j'ai offert inutilement jusqu'à mille dollars. »
En dépit de tous ces obstacles, il ne renonce pas à ses projets
contre le Canada et rêve, avec le concours d'un corps français
de 6 à 10 000 hommes, d'un double assaut : l'un américain
remontant par le lac Champlain, l'autre français avec l'escadre
attaquant par le Saint-Laurent. Il rêve aussi d'opérations
contre les Antilles anglaises et donne libre cours à son esprit
chimérique. « Je ne pense qu'au bonheur d'être réuni à vous »,
écrit-il à d'Estaing le 8 septembre, « à Halifax capitulant,
Saint-Augustin pris, les îles anglaises en feu et le tout
confessant que rien ne peut résister à des Français. Si j'ai un
peu trop d'enthousiasme, auquel j'avoue que je me laisse
toujours emporter, pardonnez-le à mon âge. » L'amiral semble
avoir été tenté un instant par un raid sur le Canada puisque,
le 1er octobre, La Fayette lui annonce : « Votre *A propos du
Canada* a fait un admirable effet. Toutes les imaginations
sont juchées sur des raquettes et glissent le long du lac
Champlain. » Mais il ne s'agissait que d'imagination, en effet,
car la disproportion des forces navales — l'escadre anglaise
comprenait alors dix-sept vaisseaux — ne laissait guère de
possibilités à l'amiral français. Le raid destructeur effectué
par l'ennemi sur Bedford (Massachusetts,) au cours duquel
un corps de débarquement avait détruit navires et magasins
sans rencontrer la moindre opposition, montrait combien les
côtes américaines demeuraient vulnérables.

En définitive, aucun des projets ne se révéla réalisable, et
d'Estaing prit le parti d'appareiller pour les Antilles le
4 novembre. L'amiral, certes, avait dû faire face à d'énormes
difficultés en tout genre, mais il faut reconnaître que sa
campagne avait été fort décevante. Pratiquement pas un des
objectifs n'avait été atteint ; l'indécision, le manque d'audace
avaient laissé échapper des occasions de terminer rapidement
la guerre qui ne se représenteraient pas. De plus, ces échecs
répétés provoquèrent une crise sérieuse dans les relations
entre Américains et Français, et l'un des aspects les plus
positifs de l'action de La Fayette à ce moment-là se trouve
certainement dans l'énergie et l'habileté avec lesquelles il
s'attacha à dissiper les malentendus et à apaiser les passions.

Sans cette diplomatie, fortement aidée par la compréhension et l'amitié de Washington, les événements auraient pu prendre une très fâcheuse tournure. Dans une lettre non datée mais certainement écrite à la fin de 1778, le ministre Gérard rendait compte à Vergennes : « Je ne puis me dispenser de dire que la conduite également prudente, courageuse et aimable de M. le marquis de La Fayette l'a rendu l'idole du Congrès, de l'armée et du peuple des États-Unis. On a une haute opinion de ses talents militaires. Vous savez combien je suis peu enclin à la flatterie, mais je manquerais à la justice si je ne vous transmettais ces témoignages qui sont ici dans la bouche de tout le monde[10]. »

La Fayette restait intraitable sur l'honneur français. Il le montra lors d'un incident provoqué par Lord Carlisle. Au début de l'été de 1778, le Parlement anglais avait tenté un ultime essai de conciliation avec les Insurgents, et les commissaires nommés à cet effet — Lord Carlisle, George Johnstone et William Eden — adressèrent au Congrès une lettre dans laquelle se trouvait un passage où, selon La Fayette, « il est parlé de mon pays dans les termes les plus offensants ». Le 24 septembre, il écrit à Carlisle pour le sommer de lui donner « une réparation aussi publique que l'a été l'offense et que le sera le démenti qui la suit ». Le Congrès refusa de donner suite à ces ouvertures, et Washington intervint pour s'opposer absolument à un duel. Tout en rendant hommage à « l'esprit de chevalerie » de son ami, il ajoutait : « Il serait à craindre que votre adversaire, se couvrant des opinions modernes et de son caractère public, ne tournât un peu en ridicule une vertu de si ancienne date. » Il ne souhaitait pas voir le jeune homme exposer sa vie aux hasards d'un duel, « lorsqu'elle doit être réservée pour tant de plus grandes occasions ». Malgré une réponse insolente de Carlisle, l'affaire en resta donc là[11].

Pour de multiples raisons — une certaine lassitude, le désir de revoir sa famille, celui de plaider à nouveau la cause américaine à la suite des déceptions consécutives à cette campagne —, La Fayette souhaitait revenir en France. Il sollicita et obtint le 21 octobre l'autorisation du Congrès, qui décida qu'une épée d'honneur lui serait remise par Franklin. Le président Laurens écrivit à Louis XVI une lettre de recommandation très chaleureuse.

Au début de novembre, La Fayette quittait Philadelphie

pour aller s'embarquer à Boston, mais il tomba malade à
Fishkill, à la grande consternation des soldats dont il était
très aimé et qui l'appelaient « *the soldier's friend* ». Washington, toujours paternel, faisait prendre chaque jour de ses
nouvelles et vint le voir pendant sa convalescence. Rétabli, il
arriva à Boston le 18 décembre. Quelques jours plus tard, le
général en chef le couvrait de louanges dans une lettre à
Franklin en raison de « son zèle, de son ardeur première et
de ses talents qui l'ont rendu cher à l'Amérique et doivent
grandement le recommander à son prince ». Le 11 janvier
1779, il embarquait sur la frégate américaine l'*Alliance* à
destination de Brest.

Était-il aussi désenchanté que le prétendent certains ? Le
1er janvier 1779, la *Correspondance secrète* publiait une lettre
qu'il aurait adressée à un ami et dans laquelle il disait : « Je
commence à m'apercevoir que, séduit par un faux enthousiasme, j'ai fait une faute de tout quitter pour courir en
Amérique, mais c'en serait une plus grande d'en revenir. Le
calice est tiré, il faut le boire jusqu'à la lie, mais la lie se fait
déjà sentir[12]. » Le ton de cette missive ne lui ressemble guère,
et la *Correspondance secrète* n'est pas toujours digne de foi.

Le voyage de retour fut assez agité. L'*Alliance* avait été
armée avec un équipage hétéroclite constitué en partie de
déserteurs anglais. Ceux-ci se mutinèrent en haute mer avec
l'intention de s'emparer du navire et l'espoir de toucher sa
valeur s'ils parvenaient à le conduire dans un port anglais.
Selon La Fayette, le complot fut éventé ; Condorcet, pour sa
part, prétend que cette affaire donna lieu à un combat de
deux heures au cours duquel le général aurait tué deux mutins
de sa main[13]. Quoi qu'il en soit, l'*Alliance* arriva à Brest le
6 février 1779, et le voyageur partit le 8 pour Versailles où il
arriva le 12 et fut aussitôt reçu par Maurepas et Vergennes,
vraisemblablement aussi par Louis XVI à qui il exposa l'état
des affaires d'Amérique. Le roi lui infligea, pour la forme,
huit jours d'arrêts de rigueur, peine qu'il alla purger à l'hôtel
de Noailles où il eut pour geôlier son grand-père le maréchal...

L'accueil du public parisien fut enthousiaste : « A mon
arrivée, j'avais eu l'honneur d'être consulté par tous les
ministres et, ce qui vaut bien mieux, embrassé par toutes les

femmes. Les baisers cessèrent le lendemain, mais je conservai plus longtemps la confiance du cabinet, et j'eus à Versailles l'existence de la faveur comme à Paris celle de la célébrité[14]. »

Succès familiaux : il retrouva sa femme, toujours très amoureuse, la duchesse d'Ayen, plus que jamais débordante de sympathie et maintenant d'admiration pour « sa conduite si conforme à ce qu'elle attendait de lui ». Succès mondains : il fut acclamé le 17 avril à la Comédie-Française lors de la représentation d'une pièce de Rochon de Chabannes, *L'Amour français*, dans laquelle l'auteur avait ajouté un couplet à la gloire du héros[15]. Succès aussi dans les journaux, remplis d'articles élogieux : la *Correspondance* de Grimm lui attribuait une aventure galante avec une jeune sauvagesse ; la *Gazette d'Amsterdam* du 2 février exaltait « la manière aussi courageuse qu'intelligente dont il s'est conduit chez les Américains » ; le *Courrier de l'Europe*, la *Correspondance secrète*, les *Mémoires secrets* du continuateur de Bachaumont lui consacrèrent des articles. La Fayette savait soigner sa publicité. Succès féminins aussi : il semble que sa liaison avec Aglaé d'Hunolstein ait repris. Le prince de Ligne, qui tenait celle-ci pour « la plus belle personne de Paris » et qui la courtisait aussi, s'étonna qu'elle puisse apprécier La Fayette, « insipide de corps, d'esprit, de visage et d'âme ». C'est aussi à ce moment qu'il se lia avec Mme de Simiane qui passait pour la plus jolie femme de la Cour. Le duc de Laval racontait plus tard : « M. de La Fayette a eu Mme de Simiane, et Mme de Simiane, ce n'était pas chose facile : ne l'avait pas qui voulait ! Il paraissait faire plus de cas de lui pour cette conquête que pour toutes celles de 1789[16]. »

Ces succès variés valaient à La Fayette des jalousies : celle du duc de Chartres, futur duc d'Orléans-Égalité, dont la conduite à la bataille d'Ouessant avait été diversement appréciée et qui supportait mal un rival — c'est sans doute de ce moment que date l'antipathie profonde qui sépara toujours les deux hommes. La Fayette fréquenta beaucoup les salons parisiens où il rencontrait toute la bonne société. C'est à cette époque qu'il se lia avec Condorcet et La Rochefoucauld d'une amitié fondée sur des idées politiques communes : démocratie, abolition de l'esclavage, statut des protestants. Condorcet devait écrire plus tard : « Je regardais M. de La Fayette comme le plus sûr appui de notre liberté[17]. » A la Cour, outre l'accueil bienveillant de Louis XVI, il capta aussi la bienveillance de la reine qui lui fit obtenir, le 3 mars 1779, la permission d'acheter au marquis de Créqui le régiment des dragons du Roi et une promotion de mestre de camp. A vingt et un ans, la fortune le comblait.

Ce séjour ne fut pas fait que de divertissements. La Fayette n'oubliait pas la cause américaine qui lui restait toujours aussi chère. Il devait lutter contre les influences contraires et aussi contre ceux qui, comme Necker, craignaient « tout ce qui pouvait augmenter les dépenses ou prolonger la guerre », ou, comme Maurepas, fatigué de celle-ci, qui espéraient obtenir la paix par une tentative de débarquement en Angleterre. Comme il lui arriva souvent, le jeune homme s'agitait beaucoup, rencontrait Vergennes et Franklin, échafaudait des projets, en général d'un irréalisme flamboyant.

Ne pouvant convaincre la Cour d'attaquer le Canada, il proposa de constituer, avec le concours de John Paul Jones, une petite escadre « qui aurait transporté sous pavillon américain un corps de troupe sur les côtes d'Angleterre pour y lever des contributions destinées à fournir aux Américains l'argent qu'on ne pouvait pas tirer du Trésor de France ». Il aurait voulu rançonner Liverpool et plusieurs autres ports anglais, « mais l'économie, la timidité des ministres français firent encore manquer cette entreprise ». Le simple bon sens suffisait à en mesurer le caractère fantaisiste.

La Fayette avait en tout cas raison de se montrer préoccupé par la faiblesse navale américaine. La campagne de 1778 lui avait sûrement fait comprendre l'importance déterminante du facteur naval dans un conflit contre l'Angleterre. Le 26 avril, il proposait à Vergennes de renforcer la flotte américaine, et comme, faute d'argent, les Insurgents ne pouvaient acheter des navires, il suggéra de demander au roi de Suède de leur prêter pour un an quatre vaisseaux de ligne avec la moitié de leur équipage : « Il faudrait seulement savoir si la France s'engagerait à répondre de cette somme pour le loyer et à donner des secours pour la perfection de l'armement. » L'ambassadeur de Suède, saisi par lui, semblait favorable, mais le projet, flou et peu étudié, n'eut aucune suite[18].

Depuis la révolution anglaise de 1688, revenaient périodiquement en France des propositions tendant à soulever l'Irlande contre l'Angleterre. Les prodromes de la guerre d'Amérique les firent renaître, et, en février 1776, un mémoire dans ce sens fut adressé au roi, vraisemblablement par le comte d'Aranda, ambassadeur d'Espagne[19]. La Fayette ne pouvait manquer de s'intéresser à la cause irlandaise. Le 12 juin 1779, il écrivait ainsi à Washington que l'île « était très fatiguée de la tyrannie anglaise. Je vous dirai en confidence que le projet de mon cœur serait de la rendre libre et indépendante comme l'Amérique : j'y ai formé quelques relations secrètes. Dieu veuille que nous puissions réussir et que l'ère de la liberté commence enfin pour le bonheur du monde[20] ! ». Rien de précis ne put toutefois être réalisé, car une telle entreprise pouvait difficilement s'insérer dans la stratégie générale ; de plus, les moyens manquaient.

Après un bref séjour à Saintes et à Saint-Jean-d'Angély en juin 1779, La Fayette avait été nommé aide-major général des logis de l'armée réunie en Bretagne et en Normandie pour un éventuel débarquement en Angleterre. Les affaires américaines continuaient à être son principal souci, comme il l'affirmait le 12 juin dans une lettre au président du Congrès : « Les intérêts de l'Amérique, je les regarderai toujours comme ma principale affaire tant que je serai en Europe [...], je m'empresserai en fidèle officier américain. » Il laissait éclater sa haine contre l'Angleterre qui « fait à présent ses derniers efforts et j'espère qu'un grand coup, avant qu'il soit longtemps, fera tomber cette grandeur soufflée, cette puissance fantastique, et montrera les étroites limites de sa force réelle[21] ». Il se montrait ainsi bien mauvais prophète.

Le même jour, il rendait compte à Washington de son activité au service de la cause américaine et de ses instances auprès des ministres français. Il constatait beaucoup de lenteur et une « grande propension à la paix, pourvu qu'elle soit honorable », mais ne mettait pas en doute « la bonne volonté du roi, des ministres, du public à l'égard de l'Amérique. Je suis, comme citoyen des États-Unis, pleinement satisfait, et j'ai la certitude que l'amitié des deux nations sera établie de manière à durer à jamais ». Il faisait l'éloge de Vergennes, « un de nos meilleurs amis », mais rencontrait des difficultés avec Necker : « J'ai tellement insisté que le directeur des Finances me craint comme le diable. »

La Fayette a une autre préoccupation dont il entretient le général en chef : la discorde qui règne entre les agents américains à Paris. « Pour l'amour de Dieu, empêchez ces bruyantes querelles intérieures dont le récit nuit plus que tout aux intérêts et à la réputation de l'Amérique ! » Il y a maintenant deux clans à Paris : John Adams et Arthur Lee d'une part, Franklin et ses amis de l'autre. « Ces divisions m'affligent tellement que je ne vais pas chez ces messieurs autant que je le voudrais, par la crainte d'occasionner des discussions et de les faire éclater davantage. »

Le 1er juillet, La Fayette rejoignit son poste au Havre où une certaine inaction allait rapidement lui peser. Son départ l'avait empêché d'assister, le 4, à la fête donnée par Franklin pour l'anniversaire de la Déclaration d'indépendance. On y avait exposé un portrait de Washington tenant à la main le traité d'alliance franco-américain et piétinant la proclamation du roi George III. Mme de La Fayette y avait représenté son mari. Celui-ci reprit au Havre l'une de ses activités favorites : échafauder des projets. Mais celui auquel il consacra ses soins était important, car il s'agissait de l'envoi de renforts en Amérique ; il préfigurait à certains égards ce qui serait fait l'année suivante avec le départ du corps expéditionnaire de Rochambeau. Le général en informa Vergennes par une longue lettre du 18 juillet. Il commençait par insister sur la nécessité d'une telle entreprise : « L'état de l'Amérique et la nouvelle conduite que les Anglais paraissent adopter rendent plus que jamais cette expédition nécessaire. Les côtes désolées, les ports détruits, le commerce gêné, les points fortifiés d'où partent ces invasions : tout semble appeler nos secours maritimes et terrestres. » Quels seraient les objectifs à atteindre ? Ils sont fort ambitieux. Le débarquement aurait lieu à Rhode Island et à Newport. Comme La Fayette connaît parfaitement les lieux et qu'il a vu les erreurs commises l'année précédente par d'Estaing, il ne doute pas du succès. Cette première opération réussie, on irait en Virginie pour libérer la baie de Chesapeake, mais on attaquerait aussi vers le nord pour tâcher « d'enlever Halifax, ce magasin et boulevard de la marine anglaise dans le nouveau monde ». L'assaut serait mené avec l'aide des Américains qui fourniraient des renseignements — grâce aux gens de Boston et de Marblehead qui entretiennent un commerce interlope avec la Nouvelle-Écosse, des pilotes et des renforts. « Ce pays est peuplé, dit-on, de gens mécontents du gouvernement anglais », on peut donc escompter des concours. La Fayette se fait également fort d'obtenir

le soutien actif du général Gates « qui a du crédit dans la
Nouvelle-Angleterre et connaît parfaitement Halifax et les
défenses de la ville ». L'arrière-pensée d'une libération du
Canada restait présente : « L'idée d'une révolution au Canada
paraît charmante à tout bon Français, et si des vues politiques
la condamnent, vous avouerez que c'est en résistant aux
premiers mouvements du cœur. » Il n'ignore pas que Vergennes est très hostile à cette idée, mais ne peut s'empêcher
d'exprimer sa nostalgie de rendre « la liberté à nos frères
opprimés ».

Quels moyens envisageait-il de mettre en œuvre pour tenter
une entreprise aussi audacieuse ? Leur faiblesse donne la
mesure de ses illusions : il comptait réaliser tout ce vaste
programme avec 4 000 hommes, dont 1 000 grenadiers et
chasseurs, 200 dragons, 100 hussards « avec une artillerie
convenable ». Quant aux forces navales, dont La Fayette avait
pu mesurer toute l'importance l'année précédente, il les
limitait à quatre vaisseaux de ligne, trois frégates et deux
bâtiments légers, ce qui était dérisoire. Il ajoutait toutefois :
« C'est à des marins d'en décider. » Il est évident qu'il
souhaitait recevoir le commandement de ce corps expéditionnaire qu'il voudrait voir partir pour l'Amérique en septembre.
Ce désir irréalisable montre à quel point il était peu au
courant du développement des opérations en cours. Pour
commander la petite escadre, il proposait le comte de Guichen
qui était certainement l'un des meilleurs tacticiens de la flotte.
Il déclarait ne pas le connaître, « mais ce que j'entends dire
de sa vertu et de sa modestie me préviendrait bien en sa
faveur »[22]. Ce n'étaient peut-être pas les qualités les plus
indispensables pour mener une campagne difficile...

La Fayette, fort de sa connaissance des alliés de la France ;
donnait des conseils sur le choix des cadres : « Il nous faut
des officiers qui sachent s'ennuyer, vivre de peu, se refuser
tous les airs et particulièrement le ton vif et tranchant, se
passer pour un an des plaisirs, des femmes et des lettres de
Paris ; ainsi nous devons prendre peu de colonels et de gens
de Cour dont les façons ne sont nullement américaines. »
Éclairé par les difficultés survenues l'année précédente, il
s'efforce de devancer certaines objections : « On dira sûrement

que les Français seront mal reçus dans ce pays et vus d'un
mauvais œil dans son armée. Je ne peux nier que les
Américains ne soient un peu difficiles à manier, surtout pour
des caractères français » ; mais il se fait fort d'éviter les
conflits et d'obtenir une bonne coopération, ce qui se produira
effectivement après l'arrivée du corps d'armée de Rochambeau[23]. Mathieu Dumas, aide de camp de ce dernier, après
avoir rappelé l'hostilité initiale des Insurgents contre la France
qui rejetaient l'idée même d'une alliance, écrit : « Le marquis
de La Fayette eut tout l'honneur de former les premiers liens
entre les deux pays, mais il faut faire hommage à M. le comte
de Rochambeau de l'opinion favorable qu'on a prise des
Français dans toute l'Amérique septentrionale[24]. »

Non content de proposer son projet à Vergennes, La
Fayette en entretient Maurepas en août 1779, mais il compte
surtout sur l'appui du secrétaire d'État des Affaires étrangères
pour obtenir le commandement désiré, car il est, pour des
raisons mal connues, peu apprécié du prince de Montbarrey,
chef du département de la Guerre. Il désire « être choisi dans
le rapport de l'armée, et non dans celui de la Cour ; je ne suis
point de la Cour, je suis encore moins courtisan, et je prie les
ministres du roi de me regarder comme sortant d'un corps de
garde ».

Ce mémoire influa-t-il sur les décisions du roi qui aboutirent l'année suivante à l'envoi en Amérique du corps commandé
par Rochambeau et transporté sous l'escorte du chef d'escadre
de Ternay ? C'est fort possible. En attendant, La Fayette fut
employé à l'état-major du maréchal de Vaux qui commandait
l'armée destinée à débarquer en Angleterre. Le 24 août, il
recevait au Havre une lettre de Franklin lui annonçant que
son petit-fils viendrait lui remettre l'épée d'honneur qui lui
avait été décernée par le Congrès. Exécutée à Paris, elle était
ornée de quatre médaillons représentant les combats au cours
desquels le jeune homme s'était distingué : Gloucester, Barren
Hill, Monmouth, Rhode Island[25]. Elle portait la devise *Cur
non ?* (« Pourquoi pas ? ») qu'il avait adoptée à son départ
pour l'Amérique.

Le projet de débarquement en Angleterre n'ayant pu
aboutir, l'inaction lui pesait de plus en plus. Le 7 octobre, il
écrivait à Washington son désir très vif de rejoindre ses
compagnons d'armes américains : « Le moment où je mettrai
à la voile pour votre pays sera un des plus désirés et des plus

heureux de ma vie. » Il allait devoir attendre plusieurs mois...
Le 24 décembre, il eut la joie d'avoir un fils qui reçut les
prénoms de « George Washington » et dont le général en chef
accepta d'être le parrain.

Pendant l'hiver, La Fayette semble avoir beaucoup insisté
pour obtenir le commandement du corps que Louis XVI était
maintenant décidé à envoyer en Amérique. Le 2 février 1780,
il reprenait ses instances auprès de Vergennes en prétendant
que sa nomination serait avantageuse « au service public et
aux intérêts de la France vis-à-vis de ses alliés ». Il souhaiterait choisir dès maintenant les officiers qui commanderont
sous ses ordres sans rien demander pour lui-même ; il se
contenterait de lettres de service lui donnant autorité en sa
seule qualité d'officier général américain. Il va même jusqu'à
pratiquer un certain chantage : au cas où il ne recevrait pas
le commandement, « il faut d'abord prévenir en Amérique le
mauvais effet que ferait l'arrivée d'un autre commandant.
L'idée que je ne puis pas mener ce détachement est la dernière
qui se présenterait là-bas, je dirai donc que j'ai préféré une
division américaine ». Si cette idée était retenue, il conviendrait qu'il arrivât aux États-Unis avant le gros des troupes,
avec une avant-garde d'un millier d'hommes pour « servir de
modèle, pour changer l'idée qu'on a de nous et pour montrer
combien on peut vivre en bonne intelligence ». A juste titre
très soucieux de préparation psychologique, La Fayette veut
ménager les susceptibilités américaines dans le domaine du
commandement et pense avec raison que les officiers généraux
alliés supporteront difficilement d'être aux ordres d'un Français. Il sera en tout cas indispensable que celui-ci accepte
« d'abjurer toute prétention, se croire un major général
américain et obéir à tout ce que le général Washington jugera
convenable ». Toute cette argumentation aboutissait à la
conclusion : « Je crois qu'il est mieux de me donner ce
corps[26]. »

Le roi en décida autrement. Il est probable qu'il ne voulut
pas confier à un officier de vingt-deux ans seulement la
responsabilité d'un corps expéditionnaire d'environ
6 000 hommes. Le 1er mars 1780, celui-ci fut confié au comte
de Rochambeau, promu à cette occasion lieutenant général.
La Fayette devait partir au plus tôt pour l'Amérique où il
annoncerait à Washington et au Congrès l'arrivée des secours
dont il aurait aussi pour tâche de préparer l'accueil. Le

29 février, il fut reçu, en uniforme américain, en audience d'adieu par le roi et la reine, les 4 et 5 mars par les ministres. Le 6 mars, il partit pour Rochefort où il devait embarquer sur la frégate l'*Hermione*, commandée par Latouche-Tréville qui avait reçu l'ordre de lui accorder les plus grands égards. Il s'en acquitta volontiers envers « un homme que ses actions m'ont inspiré le plus vif désir de connaître. Je regarde comme une faveur l'occasion de me trouver à portée de lui donner des marques de la grande estime que j'ai conçue pour lui[27] ».

Avant son départ, La Fayette avait conféré avec Rochambeau pour lui fournir d'amples renseignements sur le théâtre des opérations futures et sur les projets d'offensive contre New York.

Il embarqua le 20 mars sur l'*Hermione* qui, après une traversée sans incident, mouilla à Boston le 27 avril. Le retour de La Fayette « produisit la plus vive sensation. Elle tenait uniquement à sa popularité personnelle ». C'est tout au moins ce qu'il écrit, sans modestie excessive, dans ses *Mémoires*...[28]

## CHAPITRE VI

# Opérations interalliées et interarmées

L'accueil de la population de Boston fut enthousiaste. « L'on m'a reçu au bruit du canon, au son de toutes les cloches, de la musique qui marchait devant nous et des hurrahs de tout le peuple qui nous entourait [...], ma réception ici est au-dessus de tout ce que je pourrais vous peindre », écrit La Fayette à sa femme[1].

Cette joie populaire ne pouvait dissimuler une situation militaire précaire. Certes, l'armée américaine avait fait de grands progrès. Dans un mémoire envoyé au comte de Broglie à la fin de l'été 1778, le chevalier du Buisson notait déjà que les officiers avaient acheté des livres de tactique et les étudiaient avec soin. L'influence de Steuben fut à cet égard excellente : « Les gens de ce pays ont beaucoup d'intelligence et de bonne volonté, l'on fait faire aux soldats tout ce que l'on veut[2]. » Mais si la qualité des troupes s'améliorait, les effectifs restaient insuffisants, le recrutement aléatoire, le ravitaillement et la logistique générale incertains. Il est vrai qu'il en était de même dans l'armée anglaise, et R. A. Bowler a pu soutenir qu'une des causes principales de la défaite finale des Britanniques fut la mauvaise organisation de la logistique et la routine bureaucratique[3]. Du côté américain, les difficultés financières se répercutaient sur la situation des armées. Payés avec retard, mal équipés, les soldats désertaient facilement. Fermiers et commerçants rechignaient à assurer des fournitures qui n'étaient pas réglées, ou sinon avec de longs délais. Les Américains s'impatientaient aussi de constater que l'aide française se faisait attendre, ce qui permettait aux forces anglaises de gagner du terrain. Après le piteux échec de D'Estaing à Savannah, à l'automne de 1779, Cornwallis avait réoccupé la Géorgie et les Carolines, y compris Charleston, qui capitula le 12 mai 1780, livrant 5 000 prisonniers. Le parti loyaliste reprenait vigueur. Heureusement, la fermeté de Washington ne se laissa jamais entamer, et l'arrivée du corps expéditionnaire de Rochambeau allait contribuer à renverser la situation.

Le 10 mai 1780, La Fayette fut reçu par Washington à son quartier général de Morriston et se rendit le 15 à Philadelphie où il rencontra le nouveau ministre de France, le chevalier de La Luzerne. Le Congrès se félicitait de son retour et le chargeait de régler avec le général en chef toutes les questions militaires.

Le 19 mai, de Philadelphie, La Fayette adressait à Rochambeau et à Ternay une lettre destinée à les mettre au courant de la situation qu'ils allaient trouver. D'abord « la disette de toute chose », mais grâce aux précautions prises par La Luzerne, il les assure que les Français ne manqueront ni de farine ni de viande fraîche. Quant à l'état des opérations militaires, il le résume ainsi : les Américains tiennent solidement Rhode Island où les Français sont attendus. Ils y trouveront des pilotes et pourront installer magasins, campements et hôpitaux. 8 400 Anglais sont concentrés à New York, « plus quelques milices sur lesquelles ils ne comptent guère et un petit nombre de royalistes fort méprisables à tous égards ». Les forces navales ne comprendraient qu'un vaisseau et quelques frégates. La Fayette ignore encore la capitulation de Charleston mais il prévient que les meilleures troupes anglaises, appuyées par une escadre, sont dans ce secteur.

L'armée américaine est divisée en trois corps. L'un garde les forts de West Point et la communication avec le Nord ; l'autre est en Caroline du Sud où il se bat difficilement contre Cornwallis ; le principal, sous les ordres directs de Washington, est dans les Jersey.

La Fayette et Washington souhaitent que les forces françaises prononcent aussitôt une attaque contre New York avant que l'ennemi ait eu le temps de se concentrer et de perfectionner ses défenses. Washington estime que les forces navales anglaises stationnées dans ce secteur « n'offrent aucune difficulté à l'escadre française. Le seul obstacle possible est dans les préparatifs que font les ennemis pour obstruer le passage, mais il est à croire que ces obstacles seront ou sans effet ou peu difficiles à lever ». Instruit par l'expérience de D'Estaing, on tiendra prêts de bons pilotes du port qui se rendront à bord aussitôt l'escadre en vue. Ternay est libre d'atterrir là où il l'entend, mais Washington aimerait beaucoup le voir arriver le plus vite possible à Sandy Hook ; La Fayette, toujours optimiste, considère qu'une attaque ainsi brusquée contre New York peut réussir[4]. En attendant l'arrivée du corps d'armée français, il s'efforce d'améliorer l'habillement et l'équipement de ses troupes, pour le financement desquelles il a obtenu des dames de Philadelphie l'ouverture d'une souscription.

Partie de Brest le 2 mai, l'escadre de Ternay, composée de sept vaisseaux, trois frégates et deux cotres escortant trente-six navires de transport chargés d'une énorme quantité d'armes et de matériels variés, traversa l'Atlantique avec lenteur puisqu'elle n'arriva devant Newport que le 11 juillet et entra dans le port le lendemain. Washington, aussitôt prévenu, envoya La Fayette pour assurer la liaison. Le 16 juillet, il informait Rochambeau sous forme de recommandation chaleureuse : « J'ai la plus grande confiance en lui comme officier général et comme ami. Il connaît toutes les circonstances de notre armée et notre situation en général. Je vous prie de considérer toutes les informations qu'il vous fera comme venant de moi. Je vous prie d'établir tous les plans avec lui. [...] Permettez-moi de me rapporter au marquis de La Fayette pour les particulières assurances de tout ce que je ressens en cette occasion, ce que je fais avec d'autant plus de confiance que je connais son attachement particulier et son respect pour vous[5]. » Commença alors pour La Fayette une période d'intense activité, à la fois diplomatique et militaire, durant laquelle il jouera un rôle d'une extrême importance.

Washington, on l'a vu, souhaitait monter au plus tôt une attaque contre New York, mais il était nécessaire auparavant d'organiser la jonction entre troupes françaises et américaines, et d'assurer aussi la supériorité navale. Les difficultés de tous ordres ne manquaient pas, comme il est de règle dans toute opération combinée. Les provisions, l'habillement, les armes et surtout la poudre faisaient défaut. La Fayette arriva à Newport le 25 juillet et exposa à Rochambeau les intentions américaines. Le général français devait d'abord, en vertu de ses instructions, établir une base solide à Rhode Island. Il s'empressa donc, avec le goût bien connu des Français pour les fortifications, de mettre le site en état de défense en créant tout un réseau de batteries côtières complétant la ligne d'embossage des vaisseaux. Il redoutait une attaque anglaise qu'avait laissé prévoir l'apparition, le 19 juillet, de la division de l'amiral Arbuthnot. Fort heureusement pour les alliés, la mésentente entre ce dernier et Sir Henry Clinton provoqua des retards qui donnèrent aux Français le temps de se fortifier et aux Américains celui d'arriver en renfort. Clinton renonça donc à son projet de tomber sur les Français en pleine organisation[6].

La Fayette aurait voulu qu'on prît aussitôt l'offensive, mais la saison était déjà avancée, et les troupes et les équipages français débarquaient fatigués par une longue traversée. Rochambeau ne souhaitait pas s'éloigner trop tôt de sa base, et Ternay ne disposait pas d'une force navale suffisante pour opérer avec de bonnes chances de succès. Il eût été nécessaire d'obtenir le concours d'au moins une partie de l'escadre commandée par Guichen qui se trouvait aux Antilles. La Fayette écrivit à celui-ci, sans succès, et une lettre de Ternay dans le même sens n'arriva à Saint-Domingue qu'après le départ de Guichen. Deux points au moins se révélaient positifs : la bonne entente entre troupes françaises et américaines, et le désir de sortir de l'inaction : « Les troupes françaises détestent jusqu'à la pensée de rester à Newport et brûlent de vous joindre. Elles maudissent quiconque leur parle d'attendre la seconde division et enragent de rester bloquées ici. Quant à leurs dispositions à l'égard des habitants et de nos troupes, comme aux dispositions des habitants et de la milice envers elles, je les trouve conformes à tous mes désirs. » La fraternisation semble aller bon train, la patience et la sobriété des milices américaines font l'admiration des officiers français qui les donnent en exemple à leurs troupes, et l'excellente discipline des Français produit la meilleure impression.

La Fayette prit le 7 août le commandement d'une troupe d'élite d'infanterie légère, les fameux *riflemen* recrutés parmi des hommes entraînés, excellents tireurs, disciplinés et aptes à mener de dures campagnes. Ces deux brigades d'environ

2 000 hommes, reconnaissables à leurs plumets noirs et rouges,
firent toujours preuve d'un grand attachement pour leur chef
qui continuait cependant à exercer ses fonctions d'officier de
liaison.

Le 9 août, La Fayette adressa un mémoire à Rochambeau
et à Ternay pour faire le point de la situation et résumer les
conversations qu'il avait eues avec eux. Il insistait d'abord
sur les gros efforts fournis par les troupes américaines malgré
« le dénuement de toutes ressources » et sur la nécessité d'agir
vite. Il jugeait « politiquement nécessaire de pouvoir agir cette
campagne, ce dont je me suis assuré sur mon chemin en
sondant les dispositions du peuple ». Faute de fonds pour
payer les soldes, les effectifs des troupes régulières et des
milices risquaient de s'amenuiser vers la fin de l'année ; c'est
pourquoi il importait de lancer dans les premiers jours de
septembre l'attaque contre New York dont les défenses
étaient, selon lui, assez faibles. Le fort de Brooklyn n'était
qu'un « simple ouvrage en terre à quatre bastions » avec un
petit fortin avancé. A son avis, rien ne s'opposait à un assaut
contre « ce poste qui est la clef de New York ». La nécessité
de s'emparer du port au plus tôt était évidente et il avait
envoyé des pilotes pour guider les vaisseaux français.

Rochambeau et Ternay sont moins enthousiastes et sans
doute plus réalistes. Ils estiment les forces dont ils disposent
insuffisantes pour entreprendre une offensive immédiate.
Habitué à la guerre à l'européenne, le général français n'est
pas hostile à l'idée d'une attaque contre Brooklyn, mais il
entend mettre toutes les chances de son côté et s'assurer la
supériorité maritime et terrestre.

En conclusion de leurs entretiens, les trois officiers français
ont décidé d'écrire en France pour presser l'arrivée des
renforts promis, car un second corps de troupe a été prévu
qui, en fait, n'arrivera jamais. Dès l'annonce de l'arrivée de
ce contingent, l'armée américaine se mettra en marche,
l'escadre française renforcée assurera la maîtrise de la mer et
les transports de troupes. Le point de débarquement sera
choisi de manière telle que la jonction des éléments français
et américains soit facilitée au maximum. La Fayette se char-
gera de fournir aux officiers généraux français tous les
renseignements dont ils auront besoin. Terminant son mémoire,
il insiste sur la nécessité d'agir avec rapidité et montre qu'il
a bien compris l'importance essentielle du facteur naval :

« Les premières nouvelles des vaisseaux sont bien nécessaires à notre tranquillité, et, d'après une connaissance intime de notre situation, je vous assure, comme particulier et en mon propre nom, qu'il est important d'agir cette campagne et que toutes les troupes que vous pouvez espérer de France pour l'année prochaine ainsi que tous les projets dont vous pouvez vous flatter ne répareront point les fatals inconvénients de notre inaction. Sans les ressources américaines, tous les secours étrangers ne feront rien dans ce pays-ci. »

Rochambeau répond le 12 août qu'il espère rencontrer bientôt Washington pour régler avec lui les projets de campagne. Sa lettre éclaire bien la différence entre ses conceptions et celles de La Fayette. Celui-ci est emporté par la fougue et l'enthousiasme de la jeunesse qui le portent à minimiser les obstacles, alors que Rochambeau, âgé de cinquante-cinq ans, homme d'expérience et de tradition, évalue les situations et les moyens dont il dispose avec plus de réalisme. La Fayette, esprit plus moderne, connaissant mieux le terrain, a une vue de la guerre moins classique et il est beaucoup plus sensible aux facteurs psychologiques. Il est partisan d'une tactique fondée sur la rapidité de mouvement, assez peu familière aux généraux français et étrangers de l'époque, et qui assurera les succès de Napoléon. Presque tout oppose Rochambeau et La Fayette. Le premier est un personnage important qui a conseillé les ministres, le second un tout jeune officier sans expérience. Ils n'auront l'un et l'autre que plus de mérite à surmonter leurs divergences et à coopérer dans un climat d'amitié.

Que dit Rochambeau dans sa réponse ? Il souligne que la présence du corps d'armée français à Rhode Island est beaucoup plus utile aux Américains que ne le croit La Fayette. Elle a dissuadé Clinton d'entreprendre une offensive et l'a incité à se replier sur New York : « Pendant que la flotte française est observée ici par une marine supérieure et rassemblée, vos côtes de l'Amérique sont tranquilles, vos corsaires font des prises très avantageuses et votre commerce maritime a toute liberté. Il me semble que dans cette douce position on peut bien attendre une augmentation de marine et de forces que le roi m'a assuré devoir envoyer. » Partisan d'une tactique prudente, Rochambeau ne tient pas à s'engager à la légère : « Je crains ces Savannah et autres événements de cette espèce dont j'ai tant vu dans ma vie. » Il a, de plus, assez peu apprécié le ton un peu comminatoire des missives de son jeune collègue. Celui-ci s'est vite rendu compte qu'il est allé un peu loin et, le 18 août, se répand en protestations de dévouement. Rien ne pourra entamer, dit-il, « cette tendre amitié que j'ai sentie pour vous et que j'ai tâché de vous témoigner depuis ma plus tendre jeunesse ». Mais La Fayette ne renonce pas pour autant à son désir d'action. Depuis quatre mois, il s'est dépensé sans compter pour disposer les esprits américains à bien accueillir les Français, alors que « les Anglais et les *tories* tâchent de persuader que la France ne veut qu'attiser le feu sans l'éteindre ». Il reconnaît les heureux effets de l'arrivée des troupes et de l'escadre françaises qui a très fortement contribué à redresser une situation militaire compromise, mais, à son avis, ce n'est pas suffisant, car l'effet dissuasif reste peu visible aux yeux de l'opinion : « Je vous l'avouerai en confidence, au milieu d'un pays étranger, mon amour-propre souffre de voir les Français bloqués à Rhode Island, et le dépit que j'en ressens me porte à désirer qu'on opère. »

La bonne entente se rétablit rapidement entre les deux hommes. Le 27 août, Rochambeau rassure La Fayette sur ses intentions et le taquine quelque peu sur son manque d'expérience des opérations interarmées et des blocus navals. Il lui rappelle que le port de Brest est souvent bloqué par les escadres anglaises : « Si vous aviez fait les deux dernières guerres, vous n'auriez entendu parler que de ces blocus. » Il attend avec impatience les renforts navals indispensables qui auraient permis de réaliser en septembre 1780, sur New York, la concentration victorieuse qui s'accomplira un an plus tard devant la Chesapeake ; mais Guichen ne viendra pas des Antilles, et aucun renfort n'arrivera de France, ce qui empêchera toute offensive. A ce moment, Rochambeau n'y a pas renoncé, il souhaite vivement rencontrer Washington et termine par des protestations d'amitié : « C'est toujours le vieux père Rochambeau qui parle à son cher fils La Fayette qu'il aime, aimera et estimera jusqu'à son dernier soupir. »

Le 20 septembre, une conférence réunit à Hartford (Connecticut) Washington, Rochambeau et son chef d'état-major le marquis de Chastellux, Ternay, La Fayette, Knox. L'atmosphère fut très amicale, « une véritable fête », écrit Mathieu Dumas qui rencontrait La Fayette pour la première fois. « Son noble accueil, sa douce gravité surpassèrent notre attente et lui gagnèrent tous les cœurs français[7] ». Après examen de la situation militaire, il fut décidé d'envoyer à Versailles le colonel Laurens et le fils de Rochambeau qui seraient chargés de demander au gouvernement français les renforts terrestres et navals indispensables à la poursuite des opérations.

C'est à ce moment que fut découverte la trahison du général Benedict Arnold qui se proposait de livrer aux Anglais le fort de West Point où il commandait. Trahison reconnue grâce à la capture du major André, adjudant général de l'armée anglaise, portant sur lui, de la main d'Arnold, tous les renseignements possibles sur le poste de West Point. Le traître avait réussi à s'enfuir le 25 septembre et à se réfugier sur une frégate anglaise d'où il gagna New York. La Fayette fut consterné, car c'était le premier exemple de trahison dans l'armée américaine.

Malgré son intense désir d'action, La Fayette devait se résigner à attendre. Le 4 octobre, il expliquait à sa tante Mme de Tessé, qui resta toujours l'une de ses grandes confidentes car elle était philosophe et voltairienne, que Ternay, bloqué au port par les dix-neuf vaisseaux de Rodney, ne pouvait sortir : « Nous autres Américains, sans argent, sans paie et sans vivres, nous avons par de bonnes paroles formé une armée qui depuis trois mois offre la bataille aux Anglais mais qui, sans vaisseaux, ne peut pas aller sur l'île de New York. [...] Tout cela est aussi monotone qu'une guerre européenne. [...] Quant à nous, républicains, nous prêchons notre souverain maître, le peuple, pour qu'il lui plaise de recommencer ses efforts. En attendant, nous sommes d'une frugalité, d'une pauvreté, d'une nudité dont j'espère on nous tiendra compte dans l'autre monde en guise de purgatoire[8]. » Il était enchanté des troupes qu'il commandait, « espèces de chasseurs à demi sauvages, moitié infanterie, moitié cavalerie », bien adaptés à une guerre d'escarmouches et formant « un camp volant toujours en avant et indépendant de la grande armée[9] ». Il était donc désolant de ne pouvoir mieux utiliser une unité d'une telle qualité, et La Fayette brûlait du désir de finir la campagne de 1780 sur un coup d'éclat. C'est pourquoi, le 30 octobre, il entretenait à nouveau Washington de ses projets. Il aurait aimé monter une attaque contre Staten Island mais ne put y réussir, faute du matériel nécessaire. Il fallait donc trouver autre chose car il était de plus en plus frappé par les graves inconvénients psychologiques de l'inaction à la fois sur le peuple américain, en France où l'on semblait considérer, selon lui, que l'armée américaine ne faisait pas grand-chose et attendait que les Français se battent, en Angleterre enfin où les succès remportés dans les provinces du Sud par les troupes britanniques allaient encourager les partisans de négociations. La Fayette considérait donc qu'il fallait absolument « trouver une expédition qui ait de l'éclat, qui procure des avantages probables et un immense territoire dans l'avenir, qui enfin, si elle ne réussit pas, n'entraîne point de suites fatales ». C'était beaucoup demander, et il croyait avoir trouvé la solution en proposant une attaque contre le fort Washington, dans le nord de l'île de New York.

Le général en chef lui répondit le jour même qu'il convenait de « consulter nos moyens plutôt que nos désirs », et donc d'éviter de se lancer dans des entreprises hasardeuses. En fait, une attaque fut préparée, mais tout se réduisit à quelques reconnaissances qui ne donnèrent lieu à aucun engagement sérieux[10]. L'attente ne semblait pas entamer le moral des officiers français qui conservaient leur entrain. La Fayette et son beau-frère Noailles échangeaient une abondante correspondance remplie, entre autres choses, de propos fort cyniques sur les femmes[11].

En dehors de ces distractions, il avait ses troupes bien en main, et Chastellux, qui lui rendit visite les 23 et 24 novembre, en témoigne. Le corps de troupe de La Fayette est mieux habillé que le reste de l'armée, les uniformes sont « lestes et militaires », chaque soldat à reçu un casque en cuir bouilli avec un cimier de queue de cheval. Officiers et hommes de troupe sont armés de sabres courts et légers que leur chef a apportés de France et qu'il leur a donnés. Mais ce qui frappa le plus le chef d'état-major de Rochambeau, c'est l'ascendant acquis par le jeune général : « La confiance et l'attachement des troupes sont pour lui des propriétés précieuses, des richesses bien acquises que personne ne peut lui enlever, mais ce que je trouve de plus flatteur encore pour un jeune homme de son âge, c'est l'influence, la considération qu'il a acquises dans l'ordre politique comme dans l'ordre militaire. Je ne serai pas démenti lorsque je dirai que de simples lettres de lui ont eu souvent plus de pouvoir sur quelques États que les invitations du Congrès[12]. » De cette influence, les témoignages abondent. Washington lui-même ne le consultait-il pas souvent sur le choix et les affectations des officiers à tel ou tel poste ? Mathieu Dumas, envoyé par Rochambeau au quartier général, notait : « Je fus surtout frappé et touché des témoignages d'affection du général pour son élève, son fils adoptif, le marquis de La Fayette. Assis vis-à-vis de lui, il le considérait avec complaisance, il l'écoutait avec un visible intérêt[13]. »

A la fin de novembre, La Fayette et Noailles effectuèrent une reconnaissance aux environs de New York pour constater que les défenses étaient plus solides qu'ils ne le prévoyaient et que tout coup de main se révélait impossible. Rochambeau et Ternay avaient eu raison d'être circonspects.

Pendant l'hiver, au cours duquel les opérations se étaient ralenties, La Fayette demeura à Philadelphie où il se livra à son occupation favorite : bâtir des projets. Le 5 décembre, il proposait à Washington une expédition contre la Floride avec le concours des forces espagnoles dans lesquelles il n'avait d'ailleurs qu'une confiance limitée : « Je m'efforce d'entraîner dans cette entreprise la circonspection espagnole. » Comme d'habitude, l'affaire était beaucoup trop sommairement étudiée et manquait du plus élémentaire sens des possibilités, ce que Washington lui fit délicatement observer. Il se plaint aussi de la trop rare apparition de navires de guerre français sur les côtes américaines. Obsédé par le théâtre d'opérations antillais qui constituait un enjeu stratégique et économique de première grandeur, le ministre français délaissait trop à ce moment-là les eaux américaines. La Fayette, au contraire, aurait voulu que les escadres françaises revenant en Europe fissent un crochet vers les parages de Savannah et de Charleston comme il l'avait vainement suggéré à Guichen et comme devait le faire de Grasse l'année suivante. Vue stratégique excellente, si elle ne fut pas toujours réalisable...

La Fayette s'occupait en assistant, le 5 décembre, avec Chastellux, Noailles et Gimat, à l'assemblée des États de Pennsylvanie. Le groupe d'officiers français alla ensuite visiter les champs de bataille de la Brandywine, de Germantown, de Barren Hill. Revenu à Philadelphie, La Fayette et Chastellux furent solennellement admis, le 15 décembre, en compagnie de Thomas Paine, à l'*American Philosophical Society*, la plus

illustre et la plus ancienne société savante américaine, fondée
par Franklin[14].

Mais les soucis ne manquaient pas à Washington. Quelques
mutineries se produisirent dans l'armée en janvier 1781 en
Pennsylvanie et dans les Jersey, mouvements d'humeur qu'il
s'employa, avec l'aide de La Fayette, à apaiser. Les plaintes
des soldats « n'étaient que trop bien fondées ». Le manque de
vêtements, de vivres, « être plus d'un an sans paye, quelques-
uns même ayant été forcés de servir un an au-delà de leurs
engagements, sont des extrémités qui ne se supporteraient
dans aucune armée ». Les mutins ne souhaitaient nullement
passer à l'ennemi, car ils avaient pendu les envoyés de
Clinton, cherchant à exploiter leur mécontentement. Comme
ils étaient surtout d'origine étrangère, La Fayette en tirait une
conclusion qui devint l'un de ses axiomes favoris : « Cela
prouve que la patience humaine a des bornes mais que les
soldats-citoyens en sont bien plus susceptibles que les étrangers. » Il revint sur cette idée dans une lettre à sa femme :
« Il faut des citoyens pour supporter la nudité, la faim, les
travaux et le manque absolu de paye qui constituent l'état de
nos soldats — les plus endurcis, je crois, et les plus patients
qu'il y ait au monde[15]. »

Pendant ce temps, Arnold, devenu général anglais avec
l'ardeur des renégats, ravageait la Virginie où l'on ne pouvait
lui opposer que des milices trop peu nombreuses et mal
armées. Le 15 décembre, le chevalier de Ternay mourait à
Newport d'une fièvre putride mais aussi, selon La Fayette,
du chagrin causé par l'inaction à laquelle on l'avait contraint ;
le plus ancien des capitaines de vaisseau, Sochet-Destouches,
le remplaça provisoirement. La guerre, du côté français,
manquait d'une direction ferme, et comme cela arrivait
souvent dans les coalitions, l'organisation du commandement
laissait à désirer. Il avait été décidé en principe que le corps
expéditionnaire français serait mis à la disposition et sous les
ordres de Washington, mais il y eut quelques difficultés
pratiques. C'est la raison pour laquelle le général en chef ne
souhaitait pas donner suite aux projets de coopération avec
les Espagnols que lui proposait La Fayette. Le 14 décembre,
il lui écrivait : « D'après ce qui s'est passé à notre entrevue
de Hartford, vous devez être convaincu que mon autorité sur
les troupes françaises de Rhode Island est très limitée et qu'il
serait impolitique et sans utilité de proposer une mesure de

coopération à une troisième puissance sans leur concours. Ainsi une demande faite par vous avant toute proposition officielle du ministre de France, des chefs des troupes françaises de Rhode Island, du Congrès ou de moi, ne saurait être considérée que comme une proposition individuelle. » Quelle élégante manière de conseiller à son cher fils de ne pas se lancer dans des improvisations irréfléchies ! Il lui laisse toute latitude pour aller rejoindre l'armée de Virginie, comme La Fayette en a un moment exprimé le désir, ou pour rester dans le Nord : « Les circonstances et votre inclination doivent seules vous décider[16]. » Pour l'heure, il choisit de rester à l'armée du Nord. Il espérait vraisemblablement que l'arrivée du marquis de Castries, dont il connaissait l'énergie, au secrétariat d'État de la Marine, allait donner à la stratégie française l'impulsion dont elle avait le plus grand besoin.

Après avoir expédié en Amérique une escadre et un corps d'armée, Versailles en laissa les chefs sans aucune directive et n'envoya pas le second échelon promis. Le 30 janvier 1781, La Fayette écrivait à Vergennes pour lui signaler que, depuis leur arrivée en juillet, Rochambeau et Ternay n'avaient pas reçu une seule lettre de leurs ministres respectifs. On remarquera que, pour ses requêtes diverses, il ne s'adressait jamais à son chef hiérarchique, le secrétaire d'État à la Guerre.

Faisant le point de la situation militaire, il remarquait une fois de plus qu'avec « l'infériorité maritime, on ne saurait faire la guerre en Amérique. C'est elle qui nous empêche d'attaquer tel point qu'on enlèverait avec deux ou trois mille hommes. C'est elle qui nous réduit à une défensive dangereuse autant qu'humiliante. [...] Si, en allant en France, M. de Guichen eût passé par Rhode Island, Arbuthnot était perdu, et les efforts de Rodney n'auraient jamais empêché nos conquêtes. Les États-Unis étant l'objet pour lequel on fait la guerre, [...] il est politiquement et militairement nécessaire, tant par les envois de France que par un grand mouvement de la flotte des Îles, de nous donner ici, pour la campagne prochaine, une supériorité maritime. [...] Sans vaisseaux, quelques milliers d'hommes de plus nous rendraient peu de services ». Le second point est le manque de fonds. Il est évident que, pendant la dernière campagne, les opérations ont été freinées par la crise financière persistante qui a obligé à recourir à toutes sortes d'expédients, mais « ce miracle, dont je ne crois pas qu'il y ait d'exemple, est impossible à recommencer ». Il compte donc sur la France pour financer la suite de la guerre et assurer l'envoi des armes et équipements indispensables à une armée qui a donné des preuves répétées d'ardeur, de bravoure et d'endurance, ce qui est méritoire « pour des citoyens dont la plupart vivent chez eux dans un état d'aisance ».

Rochambeau et son corps expéditionnaire — La Fayette en est bien conscient — ont, par leur seule présence et leur force dissuasive, sauvé l'Amérique ; s'ils n'étaient pas arrivés, « nous étions menacés d'une campagne fatale ». Il est persuadé, avec raison, que celle de 1781 sera décisive mais, revenant à une idée chère, il voudrait « fixer autant que possible l'attention des ennemis sur le Canada » et ne semble pas se douter que c'est au contraire dans le Sud, en Virginie, que se jouera la partie essentielle[17]. Les opérations étaient pourtant assez actives dans ce secteur où Arnold avait réussi, en janvier 1781, à détruire les magasins de vivres et de munitions constitués par les Américains à Richmond puis s'était dirigé vers l'entrée de la baie de Chesapeake pour attendre les renforts qui devaient venir de New York.

La Fayette, comme Washington, ne se décourageait jamais. Le 2 février 1781, il écrivit à sa femme pour lui recommander le colonel John Laurens, fils de Henry Laurens, ancien président du Congrès, aide de camp de Washington, qui venait en France avec Thomas Paine et William Jackson pour exposer à la Cour les besoins urgents de l'armée américaine. Partis de Boston sur l'*Alliance* le 11 février, ils arrivèrent à Lorient le 9 mars, et leur mission fut un succès puisque Louis XVI accorda un crédit de 16 millions dont 6 en don ; 2,5 millions devaient être fournis immédiatement ainsi que deux cargaisons d'armes et d'équipements. Le tout partit de Brest le 1er juin.

Malgré les contrariétés éprouvées, La Fayette se sentait heureux au milieu des multiples marques de confiance et d'amitié qu'il recevait chaque jour de toute part. Il était toujours enchanté de ses troupes et, fidèle à son tempérament optimiste, vivait d'espoir : « Nos affaires ont souvent été au plus bas possible ; il m'est doux de couronner l'œuvre avec eux en donnant aux troupes européennes une bonne idée des soldats qui se sont formés avec nous[18]. »

C'est donc avec un excellent moral qu'il aborda cette campagne de 1781 qui allait consacrer, grâce à une concentration de forces enfin réussie, l'indépendance américaine et lui donner l'occasion de mettre en évidence des talents militaires qui auraient pu annoncer une très brillante carrière.

## CHAPITRE VII

# Yorktown ou la concentration réussie

Les défenses de New York s'étant révélées trop puissantes pour être attaquées avec succès, Washington décida de porter ses efforts vers les provinces du Sud où les Anglais d'Arnold et de Cornwallis exerçaient des ravages auxquels il fallait essayer de mettre fin. Une première manœuvre — qui annonçait celle qui devait aboutir à la capitulation de Yorktown — fut tentée au printemps de 1781. Le 20 février, La Fayette avait reçu l'ordre de prendre le commandement d'un corps de troupe réuni à Peckskill et qui devait, avec l'appui de l'escadre française de Destouches, aller attaquer Arnold vers Annapolis et Portsmouth. Le 2 mars, il était à Philadelphie, le 3 à Head of Elk, le 9 il embarquait. Une fois de plus, on mesurait les conséquences de l'infériorité navale des Franco-Américains.

Le 6 avril, Washington prescrivit à La Fayette de se mettre en marche pour aller rejoindre l'armée du Sud commandée par le général Greene. Les éternels problèmes de logistique continuaient à se poser : manque d'approvisionnements, de moyens de transport, de bateaux pour franchir les rivières. Autre difficulté, d'ordre psychologique celle-là : les hommes que commandait La Fayette étaient des gens du Nord, qui redoutaient d'aller combattre loin de chez eux dans des régions réputées insalubres et qu'ils ne connaissaient pas. Le manque d'effets d'habillement sévissait cruellement : « On n'avait ni souliers ni chemises. » Les secours envoyés de France n'arrivaient pas toujours, ainsi de deux navires portant les noms symboliques d'*Alliance* et de *La-Fayette*, partis de Brest le 29 mars, chargés d'armes, de munitions et d'équipements. Si l'*Alliance* parvint à bon port, l'autre fut capturé par trois vaisseaux anglais et sa cargaison vendue à Londres[1]. Il fallut donc, une fois de plus, avoir recours à des expédients. Les effets d'habillement manquaient surtout. La Fayette emprunta sur son crédit personnel des fonds aux négociants de Baltimore pour acheter la toile nécessaire, et les dames de la ville se chargèrent d'en faire des chemises. Il parvint à arrêter les désertions par quelques mesures de rigueur et, mieux encore, à renforcer ses troupes d'un escadron de dragons volontaires recruté sur place.

Pendant toute cette campagne, il va faire preuve d'une activité qu'aucun obstacle ne freinera et d'une habileté tactique qui démontrera à quel point il a assimilé les méthodes d'une guerre que l'on n'appelle pas encore « subversive ». Dans un texte rédigé longtemps après cette campagne, La Fayette cite cet axiome du maréchal de Saxe : « L'art de la guerre est dans les jambes[2]. » Il le mettra sans cesse en pratique en Virginie. Mobilité et rapidité sont les deux principes d'action qui lui permettront de harceler sans arrêt un ennemi supérieur en nombre, en évitant soigneusement toute bataille rangée qu'il perdrait à coup sûr. Dans cette sorte de course-poursuite, il sera aussi bien aidé par les fautes du commandement anglais. La jalousie de Clinton à l'égard de Cornwallis provoquera l'envoi d'ordres qui faciliteront beaucoup la manœuvre de Yorktown.

La Fayette n'avait pas renoncé à ses idées d'offensive dans le Nord puisque, dans sa lettre du 8 avril, il assurait Washington que les nouvelles reçues « de mes deux amis le marquis de Castries et le comte de Vergennes » annonçaient l'arrivée de renforts navals devant permettre l'attaque de New York[3]. Mais le général Greene appelait au secours, et, le 11 avril, le général en chef précisait ses instructions pour le mouvement vers le sud. La Fayette quittait Baltimore le 19 avril. Très conscient de « l'importance de la célérité », il n'attendit pas son train d'artillerie et ses équipements. Le 20, il était à Alexandria, le 25 à Fredericksburg, le 29 il arriva à Richmond où il devançait le corps anglais du général Phillips qui comptait surprendre la ville mais n'osa pas l'attaquer. Un convoi de ravitaillement put être envoyé au général Greene qui en avait grand besoin. « Nos hommes sont pleins d'ardeur, écrit-il à Washington. Depuis qu'on a fait appel à leurs sentiments, ils ont mis un point d'honneur à nous suivre, et les murmures aussi bien que les désertions sont passés de mode. »

Est-ce le dépit provoqué par son échec ? Phillips, après avoir échangé des lettres aigres-douces avec La Fayette, mourut de maladie le 13 mai. C'était lui qui commandait à Minden en 1759 la batterie dont un projectile avait tué le père de son adversaire du moment...

Dans les lettres qu'ils échangèrent entre le 28 avril et le 3 mai, les deux généraux s'accusaient réciproquement de mauvais procédés à l'égard de prisonniers ou d'habitants. Phillips met en cause le Conseil et le gouvernement de Virginie, en espérant que La Fayette ne laissera pas « se réaliser en actes l'esprit de barbarie qui semble dominer dans les Conseils du gouvernement civil de cette colonie ». Il est furieux aussi de ce que les Américains ont arrêté des espions. Il s'attire une ferme réponse dans laquelle le Français remarque que, depuis le début de la guerre, les procédés de l'armée anglaise ont été « bien loin d'annoncer une disposition bienveillante » et ajoute que « la demande de regarder la personne des espions comme sacrée ne peut être prise au sérieux ». Comme toujours en pareilles circonstances, des excès avaient été commis de part et d'autre. Mathieu Dumas raconte que, lors de cette campagne, Cornwallis réussit à réchauffer le zèle de quelques loyalistes et à leur faire prendre du service dans son armée : « Deux cents de ces malheureux transfuges, surpris et enveloppés par un détachement de troupes légères américaines, furent sans pitié passés au fil de l'épée. Cet exemple refroidit le zèle des partisans de la Grande-Bretagne, et l'armée anglaise ne rencontra plus que des amis timides ou des ennemis opiniâtres[4]. »

La correspondance Phillips-La Fayette se termine par une lettre très sèche de ce dernier expliquant que le style des missives de son adversaire « ne pouvait être interprété que comme un manque de respect envers la nation américaine » et que, dans ces conditions, il n'était pas « convenable à la dignité d'un officier américain » de poursuivre plus avant[5]. Phillips, décédé, fut remplacé par Benedict Arnold, qui eut l'impudence de tenter de prendre contact avec La Fayette. L'offre fut naturellement rejetée, ce qui valut au « cher fils » les félicitations de Washington.

*<sub>*</sub>*

La situation militaire en Virginie, région qui constituait un enjeu capital car les armées américaines y trouvaient leurs principales ressources, restait précaire, car Cornwallis, remontant de Caroline, avait fait sa jonction avec Arnold, de sorte que l'équilibre des forces était plus que jamais rompu au profit des Anglais. Le 24 mai, La Fayette informait le général en chef de la tactique qu'il avait adoptée : guerre d'escarmouches, « et surtout en me gardant de cette excellente et nombreuse cavalerie que les miliciens redoutent comme si c'étaient autant de bêtes sauvages ». Lui-même manquait de cavalerie et demandait qu'on lui envoie la légion de Lauzun. Cornwallis, fort de sa supériorité numérique, se croyait sûr de la victoire et proclamait : « *The boy cannot escape me* » (« Le gaillard ne peut m'échapper »). Il disposait en effet d'environ 4 000 hommes, dont 800 cavaliers, alors qu'il est difficile d'évaluer avec précision les effectifs américains, car La Fayette lui-même ne donne pas toujours les mêmes chiffres. Il semble qu'il n'avait sous ses ordres qu'environ 1 500 hommes de troupes régulières et 50 dragons auxquels se joignaient des miliciens venant de Pennsylvanie avec le général Wayne. Il se félicitait des excellents services rendus par les dragons volontaires de Virginie et du Maryland qui se distinguèrent « par leur intelligence ainsi que par la supériorité de leurs chevaux ». La tactique d'extrême mobilité adoptée par La Fayette contribua sans doute à tromper Cornwallis et l'amena à surestimer les forces américaines. Il réussit à faire échouer la progression anglaise en direction de Baltimore.

Par une décision en apparence inexplicable et que certains attribuent à la jalousie de Clinton à son égard, Cornwallis reçut l'ordre de se replier sur Richmond qu'il évacua le 21 juin et ensuite vers Williamsburg. La Fayette se hâta de profiter de l'occasion et suivit son adversaire avec prudence mais détermination. Le 28 juin, il rendait compte à Washington : « L'ennemi a été si obligeant qu'il s'est retiré devant nous ; je lui ai deux fois offert le combat, tout en ayant soin de ne pas m'engager plus que je ne voulais, mais il a continué son mouvement rétrograde. Sans doute on aura exagéré nos forces, et notre air de hardiesse aura confirmé cette erreur[6]. » Ces opérations heureuses surprirent agréablement Rochambeau qui, dans une lettre du 16 juin au marquis de Ségur, secrétaire d'État de la Guerre, faisait preuve d'un grand pessimisme, car Washington n'avait « qu'une poignée de monde qu'il pourra peut-être porter à 7 ou 8 000 hommes dans un mois ou deux, et j'en doute encore par sa dernière lettre. [...] Le pauvre marquis de La Fayette, avec son détachement, se retire au-devant d'un autre détachement de troupes de Pennsylvanie que lui mène le général Wayne. [...] Ces gens-ci sont à bout de voies et de moyens[7] ».

Le mouvement de retraite anglaise vers Portsmouth et l'embouchure de la James River semblait indiquer que l'ennemi projetait d'évacuer la Viriginie par la mer. Il devenait donc urgent de disposer d'une puissante force navale pour les en empêcher. Ce qui avait manqué les années précédentes allait réussir en 1781 ; de Grasse allait mener de main de maître « la phase principale de la plus importante et de la plus parfaitement réussie des campagnes de l'âge de la voile[8] ». Comme La Fayette n'avait cessé de le répéter, tout dépendait de la supériorité maritime. Espérant l'arrivée d'une escadre française, il s'était ingénié, dit-il, à « repousser Lord Cornwallis du côté de la mer et à l'enlacer dans les rivières de manière à ce qu'il ne pût avoir de retraite. Les Anglais, au contraire, se croyaient dans une bonne position en étant possesseurs d'un port de mer où ils pouvaient recevoir des secours de New York et communiquer avec les différentes parties de la côte ». Ils allaient éprouver de sérieuses déceptions...

L'articulation des opérations à terre et sur la mer fut en effet, du côté allié, remarquable. En Virginie, après un combat livré le 26 juin par le colonel Butler à l'arrière-garde anglaise, Cornwallis évacua Williamsburg le 4 juillet. Le 6, nouveau combat à Jamestown au cours duquel La Fayette dégagea Wayne. Le 9, les Américains occupent Portsmouth. Washington félicite son jeune ami, et Rochambeau écrit au marquis de Ségur : « M. de La Fayette s'est très bien conduit dans le début de cette campagne en Virginie en reculant sagement et à propos et en avançant de même[9]. » Le 15, le général en chef lui annonçait sa jonction avec Rochambeau, le départ de l'escadre de Grasse de Saint-Domingue, et lui prescrivait de faire l'impossible pour empêcher Cornwallis de se retirer vers la Caroline du Nord.

\*\*\*

Que s'était-il passé pendant ce temps sur le plan général ? Le 6 mai, la frégate française la *Concorde*, au nom bien symbolique, était arrivée à Boston, amenant le nouveau commandant de l'escadre française, successeur de Ternay, le comte de Barras de Saint-Laurent. Elle apportait aussi des nouvelles à la fois bonnes et mauvaises. Les mauvaises étaient l'annulation définitive par la Cour de France de l'envoi prévu du contingent destiné à renforcer Rochambeau. Les bonnes consistaient en la promesse de nouvelles expéditions d'approvisionnement et de fonds, mais surtout en l'annonce qu'au moins une partie de l'escadre française, à ce moment aux Antilles aux ordres du comte de Grasse, se rendrait » sur les côtes américaines.

Du 21 au 23 mai, une conférence réunit Washington et Rochambeau à Wetherfield (Connecticut) pour préparer les plans d'opérations. Washington souhaite attaquer New York, base principale de l'ennemi ; Rochambeau, au contraire, penche pour la Virginie et la Chesapeake où les conditions d'accès pour la flotte sont beaucoup plus faciles[10]. Le 20 juin, la *Concorde* appareille pour Saint-Domingue afin d'apporter à de Grasse les rapports de Barras, de La Luzerne et de Rochambeau sur la situation militaire. Elle amenait aussi les pilotes côtiers des rivages américains qui avaient posé tant de problèmes à d'Estaing. La Luzerne informait le commandant de la flotte française des résultats de la conférence de Wetherfield, mais insistait surtout sur la gravité de la situation en Virginie. « Vous seul, précisait-il, pouvez délivrer les États envahis de la situation de crise si alarmante qu'il m'apparaît qu'il n'y a pas de temps à perdre et que, pour leur existence même, il est nécessaire de faire tout ce que vous pouvez en vertu de vos instructions. »

De Grasse arriva à Saint-Domingue le 16 juillet, prit aussitôt connaissance de ces courriers et réagit avec une extrême rapidité. Il embarquait à bord de ses vaisseaux un peu plus de 3 000 hommes des régiments de Touraine, d'Agenais et de Gâtinais avec leur artillerie et leur cavalerie, aux ordres du marquis de Saint-Simon. N'ayant pu trouver sur place les sommes réclamés par Rochambeau pour payer la solde de ses troupes, il expédia la frégate l'*Aigrette* à La

Havane pour y demander le concours financier des Espagnols,
lesquels l'accordèrent sans difficulté.

Le 5 août, l'escadre, avec ses 28 vaisseaux, appareillait
pour les côtes américaines. Un seul bâtiment, l'*Actionnaire*,
resta au Cap pour escorter vers la France un convoi de 126
navires marchands. C'était donc une force imposante qui allait
apparaître sur le théâtre d'opérations de la Chesapeake. Pour
la première fois, les marins français disposeraient des moyens
nécessaires. Tout était organisé en vue de la victoire, et la
flotte avait à sa tête un vrai marin, d'une tout autre classe
que d'Estaing.

Le 11 août, la *Concorde* arrivait à Newport avec les lettres
annonçant la prochaine venue de l'escadre. Washington décida
aussitôt d'envoyer en Virginie le corps d'armée de Rochambeau, renforcé de 2 500 Américains. Ces hommes allaient
faire, à marche forcée, environ 800 kilomètres pour aller
rejoindre les troupes commandées par La Fayette. Mais on
avait pris soin de tenir l'ennemi dans l'incertitude. Des lettres
interceptées persuadèrent Clinton que les alliés se disposaient
à attaquer New York, et des opérations de patrouille habilement menées le dissuadèrent de dégarnir ce secteur pour
envoyer des renforts en Virginie. Alors que Français et
Américains déployaient une grande activité, Cornwallis se
fortifiait entre les rivières James et York, « *in a paralysis of
indecision for the coming blow* » (« paralysé par l'indécision
devant l'orage menaçant »), écrit Jonathan Dull. Le 31 juillet,
La Fayette écrivait à Washington : « Si une flotte française
entrait dans Hampton Roads, je crois que l'armée anglaise
serait à nous. »

Le 30 août, de Grasse arrivait devant le cap Henry et
faisait entrer dans la baie de Chesapeake une division de
quatre vaisseaux et de deux frégates chargés de bloquer
étroitement l'armée anglaise et de faire la liaison avec La
Fayette qui occupait Williamsburg. Le 25 août, Barras quittait
Newport avec huit vaisseaux, quatre frégates et dix-huit
bateaux de transport chargés du train d'artillerie, pour aller
rejoindre de Grasse. Le commandement anglais, qui procédait,
remarque La Fayette, « avec une surprenante lenteur », comprit
trop tard qu'il avait été joué. Clinton ne sut pas intercepter
Washington et Rochambeau qui effectuèrent sans être troublés
leur marche vers le sud ; Graves ne put ni empêcher Barras

d'appareiller ni arriver à temps à la Chesapeake pour protéger Cornwallis.

Lorsque, le 5 septembre, l'escadre anglaise se présenta devant les caps de Virginie, elle y trouva de Grasse qui, malgré le débarquement de 1 500 matelots occupés à la mise à terre des troupes, n'hésita pas à attaquer et à repousser l'ennemi au large, ce qui permit à Barras de gagner sans encombre le mouillage. Graves n'insista pas et, après cinq jours de manœuvres, abandonna la partie. Pendant ce temps, Washington et Rochambeau étaient arrivés à Head of Elk, au fond de la Chesapeake, et demandaient à de Grasse des bateaux de transport. On utilisa à cet effet plusieurs bâtiments anglais capturés. Le 14 septembre, Washington et Rochambeau arrivaient à Williamburg et faisaient leur jonction avec La Fayette qui, pendant toutes ces semaines, avait tenu le général en chef au courant de tous ses mouvements et de l'évolution des événements. La concentration des troupes à terre s'acheva dans le courant de septembre, et le siège de Yorktown commença le 28. Le 14 octobre, c'était l'attaque des deux redoutes sous le commandement de Rochambeau pour les Français, du major général Lincoln et de La Fayette pour les Américains. Les retranchements anglais, après un bombardement commencé le 9, furent enlevés à la baïonnette. Cornwallis, ayant perdu tout espoir d'être secouru, envoya, le 17 à dix heures, un parlementaire pour demander une suspension d'armes que Washington refusa. Il ne restait plus au général anglais qu'à capituler, ce qu'il fit le 19 après une négociation menée par le vicomte de Noailles et le colonel américain Laurens. Lorsque, le 25 octobre, une flotte anglaise apparut au large avec des renforts, il était beaucoup trop tard, et l'ennemi n'insista pas. La capitulation de Yorktown était la plus grave de toutes les défaites britanniques, et La Fayette en mesura aussitôt l'importance. Le 20 octobre, il écrivait à Vergennes : « Mon respect pour les talents de Lord Cornwallis me rend sa prise encore plus précieuse. Après ce coup d'essai, quel général anglais viendra se mettre en tête de conquérir l'Amérique[11] ? »

Après Bunker Hill, Trenton, Saratoga, cette défaite ne pouvait que convaincre le gouvernement britannique qu'il était désormais exclu de rétablir la souveraineté royale par la force des armes. La Fayette, comme Washington, aurait aimé exploiter mieux encore cette victoire et profiter de la supériorité navale assurée par de Grasse pour attaquer Charleston et chasser totalement les Anglais du Sud, avec le concours du général Greene et des troupes du marquis de Saint-Simon. Il croyait fermement au succès de cette entreprise et eut une entrevue à ce sujet avec de Grasse sur le *Ville-de-Paris* : « Les Anglais sont convenus que cette expédition était immanquable, mais le comte de Grasse ne crut pas devoir perdre plus de temps sur les côtes de l'Amérique du Nord avant de retourner à la défense des Antilles. » Il ne s'agissait pas de temps perdu. La flotte française devait impérativement retourner aux Îles pour y assurer la protection des colonies françaises toujours menacées par les escadres ennemies. Le 4 novembre, elle appareillait vers le sud.

Examinant les acteurs et les responsables de cette victoire si lourde de conséquences puisqu'elle assurait la naissance d'une puissance nouvelle, Jonathan Dull écrit que l'honneur en revient à Montmorin et à Vergennes qui comprirent l'importance de l'enjeu, à Castries qui envoya de Grasse en Amérique en lui laissant l'initiative d'opérer comme il l'entendait, à Galvez et à Saavedra qui ont apporté l'aide espagnole, à Rochambeau, La Luzerne et Barras qui ont su remplir parfaitement leurs rôles respectifs, à Washington qui mena toute cette campagne avec énergie et décision, à de Grasse enfin « dont la vision stratégique a rendu possible la plus importante victoire navale du XVIIIe siècle », celle qui, indiscutablement, apporta le plus grand bouleversement dans l'histoire mondiale[12]. La Fayette aussi joua sa partie dans cette symphonie. Il en fut récompensé par la promotion au grade de maréchal de camp à compter du jour de la capitulation de Yorktown. Vergennes lui écrivit le 1er décembre : « La joie est bien vive ici et dans toute la nation, et vous pouvez être assuré que votre nom y est en vénération. On reconnaît avec plaisir que, quoique vous n'ayez pas eu la direction en chef de cette grande opération, votre conduite prudente et vos manœuvres préliminaires en avaient préparé le succès. Je vous ai suivi pas à pas dans toute votre campagne de Virginie ; j'aurais souvent tremblé pour vous si je n'avais été rassuré par votre sagesse. » Il le mettait en garde contre un optimisme prématuré quant à une paix imminente, car « il

n'est pas dans le caractère des Anglais de se rendre aussi
facilement ». Il lui demande donc instamment d'inciter ses
amis américains à ne pas relâcher leur effort : « Faites-leur
sentir que ce n'est pas le moment de prêter à de petites
considérations s'ils veulent assurer sur des fondements inébranlables l'ouvrage glorieux qu'ils ont entrepris avec tant de
courage. » La Fayette ne put suivre immédiatement cet
excellent conseil car, la victoire acquise, il souhaitait revenir
en France.

Le 23 décembre, le Congrès votait une résolution lui
donnant l'autorisation de partir pour la France et de « n'en
revenir qu'à l'époque qui lui paraîtra la plus convenable ». Il
recevait aussi une sorte de mission officielle puisque les
ministres plénipotentiaires américains étaient priés de conférer
avec lui et de « profiter de la connaissance qu'il a de la
situation des affaires publiques aux États-Unis ». Le ministre,
en France, devait s'entendre avec lui pour accélérer au
maximum les envois de secours. Le 29, le Congrès écrivait à
Louis XVI en lui demandant pour La Fayette « une marque
particulière de bienveillance en addition à l'accueil favorable
que ses mérites ne peuvent manquer de rencontrer chez un
souverain généreux et éclairé[13] ».

Le 23 décembre 1781, il quittait Boston sur l'*Alliance* après
avoir une fois de plus assuré son père adoptif et spirituel,
Washington, de l'amitié qui les liait pour toujours.

L'expérience acquise au cours de ces années passées en
Amérique avait marqué le jeune officier d'une manière indélébile, et la suite de sa vie politique ne peut s'expliquer et se
comprendre qu'à la lueur d'une admiration sans bornes conçue
alors pour les mœurs et les institutions américaines. Washington est devenu pour lui le maître à penser, l'archétype, le
modèle des chefs de gouvernement, et il poursuivra sans cesse
le rêve de l'imiter. Frappé par l'excellence du gouvernement
de la jeune république dont il s'exagère peut-être un peu les
vertus, il ne nourrira désormais qu'un désir et un projet : les
transporter en France. Il est évident qu'il n'a pas vu, ou pas
voulu voir, les différences fondamentales qui séparaient les
deux pays dans tous les domaines. Sans doute n'a-t-il pas
compris l'essence même de la révolution américaine dont il
n'a saisi que certains aspects, ce qui lui fit faire, plus tard,
bien des contresens et des erreurs d'appréciation. Cette
admiration pour l'Amérique et pour ses habitants fut d'ailleurs

largement partagée par de nombreux officiers français. Le comte de Ségur ne tarit pas d'éloges, lui non plus, sur « l'homme indépendant mais soumis aux lois, fier de ses droits et respectant ceux des autres. Leur aspect vous disait que vous vous trouviez dans la patrie de la raison, de l'ordre et de la liberté. [...] Réellement on doit convenir que la vérité et le bonheur, loin d'être, comme l'ont dit des philosophes moroses, totalement exilés de la terre, se rencontrent à chaque pas en Amérique[14] ».

L'Amérique fut pour La Fayette une sorte de paradis dont il gardera toujours la nostalgie. Au milieu de beaucoup de traverses et de difficultés, courageusement et habilement surmontées, il y avait trouvé la gloire, une réussite exceptionnelle, une renommée internationale, des amitiés inébranlables dont il ne sut pas toujours apprécier et utiliser les judicieux conseils. A vingt-quatre ans, tous ses vœux s'étaient trouvés comblés. Il y avait de quoi tourner des têtes plus solides que la sienne. Officier américain il était devenu et il le restera toute sa vie. Rentré en France, il ne cesserait de s'intéresser avec passion aux affaires d'Amérique.

# CHAPITRE VIII

## « Héros des deux mondes »
## ou paysan parvenu ?

Le premier retour de La Fayette avait été triomphal. Le second le fut plus encore. L'*Alliance* arriva à Lorient dans la nuit du 17 au 18 janvier 1782 après une heureuse traversée de vingt-cinq jours. Son passager, qui prévint aussitôt Washington de cette bonne nouvelle, partit pour Paris et Versailles où le bruit de son arrivée se répandit très rapidement. Selon Métra, il fut accueilli à Paris par « une nombreuse et joyeuse bande de poissardes qui, l'ayant attendu, on ignore sur quel avis, à la porte de l'hôtel de Noailles, lui offrirent des branches de laurier[1] ». Pendant ce temps, Mme de La Fayette assistait, à l'Hôtel de Ville, aux fêtes données en l'honneur de la naissance du dauphin. Paris était si embouteillé que la reine fit monter la jeune femme dans l'une des voitures royales pour lui permettre de retrouver plus vite son époux et, toujours selon Métra, « daigna même faire arrêter le cortège devant l'hôtel de Noailles afin que la marquise pût descendre et se rendre auprès de lui ». Elle s'évanouit de joie en le voyant, et il la porta dans ses bras « au milieu des applaudissements d'une multitude qui ne pouvait s'empêcher de faire éclater sa sensibilité sur cette scène touchante de la tendresse conjugale[2] ».

Le 22 janvier, La Fayette alla à Versailles où il fut reçu par Louis XVI qui lui réserva un accueil très aimable. Le vieux maréchal de Richelieu l'invita à dîner avec les maréchaux de France, et l'on but à la santé de Washington. Sans tarder, le jeune héros prit très au sérieux son rôle d'agent américain et commença à avoir de fréquentes conférences avec les ministres « sur les intérêts des États-Unis et ceux des négociants français qui se trouvaient être les mêmes mais qui étaient souvent contrariés par les lois fiscales, par les entraves qui gênaient l'industrie française, par les vieilles habitudes du gouvernement et par les intérêts de la ferme générale ». Il avait découvert en Amérique les vertus du libéralisme économique et devait en rester toujours un partisan résolu.

Le 30 janvier, il met Washington au courant de ses démarches. Les ministres demeurent pleins de zèle et de bonnes intentions pour l'Amérique mais on bute sur les difficultés financières : « Le Congrès s'abuserait s'il se reposait sur l'espoir d'avoir de l'argent de ce côté. » Il s'est également entretenu avec le roi et les ministres des opérations militaires. Partageant l'avis de Vergennes, il estime que, si importante qu'elle ait été, la victoire de Yorktown n'a pas tout réglé et qu'il est donc indispensable que l'armée américaine continue à se renforcer, « car vous pouvez être certain que l'Angleterre est déterminée à jouer un jeu désespéré et à tenter au moins une autre campagne. [...] Je crois que l'évacuation de New York et de Charleston est aussi loin de leurs projets pour la prochaine campagne que l'évacuation de Londres. Pour sortir de là, il faut qu'ils en soient chassés ».

Il évoque l'accueil qu'il a reçu « par la nation en général, par le roi et par mes amis ». On remarquera l'ordre des facteurs : la nation avant le roi. Celui-ci « m'a parlé de vous, écrit-il à Washington, dans les termes d'une si haute confiance, m'a tellement exprimé la considération, l'admiration et l'affection qu'il a pour vous que je ne puis me dispenser de vous le dire ». La cause américaine conserve toute sa popularité : « Tous les jeunes gens de la Cour sollicitent la permission d'aller en Amérique[3]. »

La Fayette continuait à être fêté par l'opinion et la foule parisienne. Le 10 février, lors d'une représentation d'*Iphigénie en Aulide* à l'Opéra, il reçut une ovation au moment où les chœurs chantaient : « Achille est couronné des mains de la Victoire », et Mlle Dorlay, l'une des actrices, lui offrit une couronne de lauriers. La reine elle-même lui réserva un bon accueil puisque le 8 juin, lors des fêtes données à Versailles en l'honneur du comte du Nord, le futur tsar Paul I$^{er}$, elle dansa un quadrille avec lui. Ses talents de danseur s'étaient-ils améliorés en Amérique ?

Ces triomphes mondains et populaires, son avancement

ultra-rapide suscitaient évidemment des jalousies chez certains officiers qui trouvaient « qu'il n'a rien fait d'extraordinaire et qu'ils en auraient bien fait autant s'ils avaient eu les mêmes occasions[4] ». Ils oubliaient seulement que La Fayette avait su créer ces occasions. S'il ne manquait pas d'admirateurs, il trouvait aussi des critiques, et c'est, semble-t-il, à ce moment qu'il fut l'objet d'un mot cruel. Devenu « la coqueluche de la Cour qui goûtait plus ceux qui la méprisaient que ceux qui la flattaient », il ne sut pas séduire Choiseul : « Toutes les petites femmes de son salon le priaient d'écouter un moment ce merveilleux La Fayette ; il l'écouta un quart d'heure, puis, se tournant vers ces dames : "Hé mais, leur dit-il, c'est Gilles César[5] !" » Le surnom lui restera, souvent utilisé par la suite.

*<br>* *

La Fayette profita aussi de son retour en France pour renouer avec les loges maçonniques parisiennes. Le 24 juin, il visita la loge de « Saint-Jean d'Écosse du Contrat Social », loge mère du Rite écossais, et y fut reçu « avec toutes les distinctions réservées pour les héros et ayant ensuite été proposé pour être affilié, il fut admis par acclamations unanimes et non par la voie du scrutin, distinctions qui n'avaient point eu d'exemples jusqu'alors ».

Est-ce à cette époque que la pieuse Adrienne broda pour Washington un tablier maçonnique que La Fayette lui apporta lors de son voyage de 1784 et que le premier président des États-Unis porta lorsqu'il posa les fondations du Capitole[6] ? La société avait bien mérité la gratitude américaine si l'on admet, avec certains historiens comme H.P. Tratsch et B. Faÿ, que la solidarité maçonnique explique « la mollesse impardonnable, inexplicable de certaines campagnes militaires anglaises en Amérique ». Les maçons anglais souhaitaient épargner des vies et arriver à la paix sans trop d'effusion de sang.

Les mondanités variées, la reprise de ses liaisons avec Aglaé d'Hunolstein et avec Mme de Simiane ne lui faisaient pas oublier les affaires sérieuses. Son ami Théodore de Lameth notait d'ailleurs qu'il était « plus ardent en politique qu'avec les femmes ». Plus que jamais, il est lié avec Franklin qui écrit le 4 mars au secrétaire d'État Robert Livingston que La Fayette « gagne journellement dans l'estime et l'affection générales et promet d'être un grand homme en son pays. Il est chaudement attaché à notre cause ; nous sommes sur le pied le plus amical et le plus confidentiel, et il m'est vraiment utile dans mes demandes pour obtenir un surcroît d'assistance[7] ». La plus grande partie de l'année 1782 va être consacrée à des négociations diplomatiques souvent difficiles pour tenter de trouver un terme à cette guerre qui n'en finit pas et dont tout le monde est las.

Bien informé par les chargés d'affaires américains, La Fayette se préoccupe de la négociation d'un traité hispano-américain dont la rédaction bute sur un litige relatif à la navigation du Mississippi. Les Espagnols, estime-t-il, mettent toute la mauvaise volonté possible à traiter avec les Américains qui ne manquent « ni de bonne foi ni de bonne volonté ». Mais aux yeux du gouvernement espagnol, les Insurgents incarnent la révolte contre le colonisateur, et comment ne pas redouter la contagion du mouvement vers les territoires d'Amérique latine ?

Une autre négociation, beaucoup plus importante encore et à laquelle La Fayette va être étroitement mêlé, commence à s'amorcer entre la France, les États-Unis et l'Angleterre. Dès le 27 février 1782, un *bill* avait autorisé le souverain britannique à entamer des pourparlers avec les Treize Provinces sur la base de la reconnaissance de leur indépendance, et en mars Vergennes avait reçu de Londres des ouvertures auxquelles il ne donna pas suite. C'est surtout après la défaite de l'escadre de Grasse au large de l'archipel des Saintes, le 12 avril 1782, que les conversations anglo-américaines se développèrent. En mai, Washington eut des contacts avec deux officiers généraux anglais : Carleton, successeur de Clinton, et Digby qui proposaient la reconnaissance de l'indépendance avec, en contrepartie, le renoncement à l'alliance française, mais le projet n'aboutit pas. Du côté français, rien n'avançait. Le 2 juin, La Fayette, dînant chez Franklin, s'inquiétait de ces lenteurs car il était fort impatient de retourner en Amérique. Il accusait le négociateur anglais, Thomas Grenville, de manœuvres dilatoires : « Vous ne faites que nous amuser, sans avoir aucune intention de traiter. » Franklin étant tombé malade, c'est La Fayette qui fut reçu par Vergennes le 20 juin et rendait compte à Livingston le

25 : « Le ministère anglais recule tellement devant l'idée de présenter au Parlement un *bill* concernant l'indépendance américaine que tout cela ne dénote pas de grandes dispositions pour une paix dont les préliminaires doivent être une reconnaissance de l'Amérique comme nation séparée et indépendante. » A son avis, le cabinet britannique est divisé sur la politique à adopter, car le roi et certains de ses ministres n'ont pas renoncé à rompre l'union franco-américaine. Il espère toutefois que les efforts militaires alliés et la situation intérieure de l'Angleterre réduiront celle-ci « à la nécessité de faire la paix avant la fin du printemps prochain[8] ».

Un nouvel effort militaire semblait donc nécessaire pour hâter les négociations. En Amérique, après Yorktown, s'était installée une sorte de « drôle de guerre » au cours de laquelle les opérations se limitaient à peu de chose. En Europe, le siège de Gibraltar s'éternisait sans résultat, et les gouvernements de Versailles et de Madrid tentaient de mettre sur pied une vaste opération aux objectifs extrêmement ambitieux. Malgré l'expérience désastreuse de la campagne de 1779 dans la Manche, on envisageait une entreprise bien plus complexe qui aurait mis en jeu des forces franco-espagnoles considérables. Concentrée à Cadix, une flotte de 66 vaisseaux transportant 24 000 hommes de troupes traverserait l'Atlantique, s'emparerait de la Jamaïque, puis remonterait vers les côtes d'Amérique pour attaquer Charleston ou New York d'où La Fayette, avec 6 000 Français, irait libérer le Canada, « expédition qu'il n'a jamais perdu de vue ». Le commandement de cette entreprise démesurée était confié à d'Estaing auquel Louis XVI s'obstinait à faire confiance malgré ses échecs répétés de 1778-1779. Le vice-amiral avait demandé et obtenu que La Fayette lui fût adjoint, et celui-ci, avec son irréalisme habituel, écrit : « Tout annonçait le succès de la plus puissante expédition qui eût paru dans les colonies. » Heureusement, la lenteur espagnole et la signature des préliminaires de paix arrêtèrent tout début de réalisation de ce projet que les moyens techniques de l'époque rendaient tout à fait déraisonnable.

Au milieu de ces préparatifs, La Fayette avait vu sa famille s'agrandir d'une fille, Virginie, née le 1er septembre. Franklin, en le félicitant, lui souhaita d'avoir assez d'enfants pour leur faire porter le nom de chaque province des États-Unis...

La Fayette tenait Washington informé de tous ces plans

qu'il devait bien connaître en raison de « l'amitié intime » qui
le liait au marquis de Castries. Le 14 octobre 1782, il prévenait
le général en chef que l'état des affaires l'obligeait à rester en
Europe : « Mon opinion personnelle est qu'un succès est
nécessaire avant que le traité général puisse arriver à une
conclusion. » Le 24, il lui annonçait qu'il avait accepté de
partir avec d'Estaing, mais, bien que maréchal de camp dans
l'armée française, il précisait : « Je garderai mon uniforme
américain et l'extérieur aussi bien que l'intérieur d'un soldat
américain. Je traiterai les affaires et prendrai des ordres
comme un officier emprunté aux États-Unis, et je guetterai
l'heureux moment où je pourrai joindre nos chers drapeaux. »
Le 24 novembre, il alla à Versailles faire ses adieux à
Vergennes et partit pour Brest le lendemain. A la fin de
décembre, il était à Cadix où était rassemblée une grande
flotte.

La Fayette vivait alors en pleine illusion et apparemment
dans l'ignorance totale de ce qui se tramait en sous-main.
Quelques jours avant son départ, il avait adressé à Vergennes
un long plaidoyer en faveur d'une aide financière aux États-
Unis et terminait par ces affirmations imprudentes : « Je ne
crains pas leur paix avec l'Angleterre. [...] Les dispositions de
l'Amérique sont excellentes, nous n'avons rien à craindre que
l'impossibilité de continuer et encore ne consentirait-elle
jamais à s'écarter des devoirs de l'alliance, de ceux de la
reconnaissance[9]. » Or, le 30 novembre, les plénipotentiaires
américains John Adams et John Jay, violant les instructions
qu'ils avaient reçues, signèrent, sans en prévenir le gouvernement français et encore moins La Fayette, un traité
provisoire avec la Grande-Bretagne. Les Anglais cédaient
pratiquement sur toute la ligne. Ils reconnaissaient l'indépendance des Treize anciennes Colonies et leur souveraineté sur
tout le territoire compris entre l'Atlantique, le Mississippi, la
Floride et les Grands Lacs. Seul le Canada restait anglais et
allait servir de refuge aux loyalistes. La Fayette était bien
loin de se douter de cet événement puisque, le 4 décembre, il
entretenait encore Washington de projets d'attaque contre
New York, Penobscot, Terre-Neuve, persuadé qu'il restait
que les Anglais voulaient tenter encore une campagne. Le

1er janvier 1783, il écrit encore à Vergennes : « Il paraît que la paix s'éloigne », et il ne lui parvient que des rumeurs : « N'ayant point de nouvelles, je sais par le public les préliminaires américains, ils me paraissent avantageux pour les États-Unis. » Il espérait encore qu'on n'arrêterait pas les opérations, mais il fut vite déçu, car les premiers accords de paix entre la France et l'Angleterre furent signés par Vergennes et Fitz-Herbert le 20 janvier. Il n'est pas impossible que l'énorme concentration navale de Cadix ait accéléré les négociations. Washington en était persuadé. Devançant de peu la réalité, La Fayette écrivait le 1er janvier à sa tante Mme de Tessé : « Ma grande affaire à moi paraît arrangée car l'Amérique est sûre de son indépendance, l'humanité a gagné son procès et la liberté ne sera jamais plus sans asile. » Mais il se consolait mal de l'annulation du grand projet qui lui aurait permis — tout au moins, le croyait-il — de réaliser son vieux rêve. « Il avait même été accordé, écrit-il au Congrès le 5 février, que, tandis que le comte d'Estaing agirait ailleurs, j'entrerais dans le Saint-Laurent à la tête du corps français. [...] On sait que j'ai toujours penché pour l'addition du Canada aux États-Unis. » Rien ne pourra lui faire perdre l'illusion qu'à cette époque les Canadiens souhaitaient s'affranchir du joug anglais, alors que tout démontrait qu'il n'en était rien. Mais La Fayette s'aveugle volontiers sur les réalités les plus évidentes lorsqu'elles ne vont pas dans le sens de ses passions. Il est aussi facilement donneur de conseils, bien que son expérience politique soit brève, et il n'hésite pas à faire part au Congrès de ses vues, d'ailleurs judicieuses : « Aujourd'hui que notre noble cause a prévalu, que notre indépendance est fermement établie et que la vertu américaine a obtenu sa récompense, aucun effort, j'espère, ne sera négligé pour fortifier l'union fédérale. Puissent les États être toujours unis de manière à défier les intrigues européennes ! Sur cette union reposeront leur importance et leur bonheur. C'est le premier vœu d'un cœur plus véritablement américain que des mots ne peuvent l'exprimer[10]. »

Le même jour, La Fayette laissait éclater sa joie dans une lettre à Washington. Il déplorait seulement que la nécessité pour lui d'aller à Madrid participer aux négociations en cours avec l'Espagne retarderait son départ pour l'Amérique où il serait si heureux d'aller retrouver « mon cher général, mon père, mon meilleur ami ». C'est dans ce texte qu'apparaît

pour la première fois une idée qui va devenir un des thèmes
majeurs des préoccupations de La Fayette : l'émancipation
des esclaves. Il n'en est certes pas l'initiateur mais il va lui
consacrer une grande partie de ses forces et de sa fortune.
Que suggère-t-il à Washington ? « A présent que vous allez
goûter quelque repos, permettez-moi de vous proposer un
plan qui pourrait devenir grandement utile à la portion noire
du genre humain. Unissons-nous pour acheter une petite
propriété où nous puissions essayer d'affranchir les nègres et
de les employer seulement comme des ouvriers de ferme. Un
tel exemple donné par vous pourrait être généralement suivi,
et, si nous réussissions en Amérique, je consacrerais avec joie
une partie de mon temps à mettre cette idée à la mode dans
les Antilles. Si c'est un projet bizarre, j'aime mieux être fou
de cette manière que d'être jugé sage pour une conduite
opposée. » Washington réagit avec un enthousiasme modéré.
Il voyait dans ce projet une « frappante preuve de la
bienfaisance de votre cœur », et ajoutait : « Je serai heureux
de me joindre à vous dans une œuvre aussi louable, mais
j'attends, pour entrer dans les détails de l'affaire, le moment
où j'aurai le plaisir de vous voir. » En fait, il n'en sera rien et
c'est seul que La Fayette tentera une expérience de ce genre,
non pas aux États-Unis mais en Guyane.

Pour l'heure il lui fallait, d'assez mauvais gré, aller à
Madrid défendre les intérêts américains. Avant de partir, il
ne put s'empêcher de donner quelques conseils politiques au
général en chef qui n'en avait sans doute pas besoin. Il est
indispensable, à son avis, que Washington emploie toute son
influence à fortifier le lien fédéral car « la politique européenne sera disposée à créer des divisions entre les États ». Il
faut donc fixer les attributions du Congrès, les limites des
pouvoirs, en un mot, qu'il n'emploie d'ailleurs pas, donner au
pays une Constitution : « Cette œuvre qui doit intéresser tous
les amis de l'Amérique est la dernière épreuve ; elle manque
à la perfection du temple de la liberté. » Il se préoccupe aussi
du sort réservé à l'armée. Que va-t-elle devenir ? Il souhaite
qu'elle ne soit pas dissoute, « de sorte qu'au jour du danger,
nous puissions être rappelés de tous les coins du monde et
réunis pour la défense d'un pays qu'elle a héroïquement

sauvé[11] ». Washington s'efforcera, non sans peine, de suivre ce conseil.

En février 1783, La Fayette se rendit donc à Madrid, appelé par le chargé d'affaires américain Carmichael, pour tenter de régler les questions relatives aux relations entre l'Espagne et les États-Unis. Aux yeux du gouvernement espagnol, il passait pour un dangereux révolutionnaire, et lorsque d'Estaing avait proposé à Charles III de le nommer gouverneur de la Jamaïque que l'on se proposait de conquérir, le roi avait aussitôt refusé car « il y ferait une république ». Malgré ces préjugés, il fut bien reçu par le souverain et eut de longues conférences avec le comte de Florida-Blanca, ce qui lui permit de constater que « la lenteur espagnole et surtout la jalousie de cette Cour contre l'émancipation des colonies américaines » avaient fait traîner en longueur les pourparlers engagés par John Jay. Le gouvernement de Madrid n'avait peut-être pas tout à fait tort de redouter les contagions, car, visitant avec l'escadre du marquis de Vaudreuil au début de 1783 la région qui constitue l'actuel Venezuela, Mathieu Dumas fut frappé par « l'esprit d'indépendance qui déjà se répandait en secret parmi les habitants » qui lisaient en cachette Rousseau et l'abbé Raynal. Les négociations portaient principalement sur la fixation des frontières, la libre navigation du Mississippi et diverses questions relatives aux droits sur les tabacs, le poisson et le matériel naval. La Fayette s'attacha à créer un climat favorable. Le 19 février, il écrivait à Florida-Blanca : « Les dispositions de Sa Majesté Catholique et la franchise de Votre Excellence ne laisseront aucun prétexte à de fausses représentations. L'alliance de la maison de Bourbon avec les États-Unis étant fondée sur l'intérêt commun, elle aura plus de force encore par l'affection et la confiance que Votre Excellence désire établir. » La Fayette avait bien adopté le style diplomatique...

Le problème des frontières semblait spécialement délicat et, malgré les protestations amicales, laissait les Espagnols réticents. La Fayette était frappé aussi par l'ignorance de Florida-Blanca sur l'Amérique dont il « paraissait savoir très peu de chose ». En revanche, il apprécia beaucoup le soutien efficace que lui apporta l'ambassadeur de France, le comte de Montmorin. Rendant compte de sa négociation au secrétaire d'État Livingston, il ne lui dissimulait pas que de nombreuses difficultés restaient à régler, du fait de la crainte qu'inspire l'indépendance américaine : « Le roi a sur cet objet d'étranges idées, comme en vérité il en a sur toutes choses. » Un point au moins était acquis : Carmichael serait officiellement reconnu comme chargé d'affaires américain. Peut-être entraîné par son optimisme naturel, La Fayette estime qu'il a « laissé l'Espagne dans la sage et sincère intention de cultiver l'amitié de l'Amérique ». C'est d'ailleurs son intérêt « au moins pour quelques années, et particulièrement à cause de l'alliance française[12] ».

Cette mission une fois accomplie d'une manière assez positive, La Fayette rentra en France. Suivant la promesse du roi, il fut alors réintégré dans l'armée française avec le grade de maréchal de camp à compter du 19 octobre 1781, jour de la capitulation de Yorktown. Il lui fallait aller en Auvergne où l'appelait le règlement d'affaires de famille, mais auparavant il tint à entretenir Vergennes d'une question qui allait beaucoup le préoccuper dans les années précédant la Révolution : le développement du commerce entre les États-Unis et la France. La Fayette avait reçu la visite des députés du commerce de Bayonne qui lui firent part de leurs inquiétudes « sur le plan de campagne des fermes et régies ». Partisan résolu du libéralisme économique, comme la plupart des esprits éclairés de cette époque, il espérait voir la paix favoriser les relations commerciales : « Il serait ridicule de perdre le fruit de tant de sang et de trésors, et cela pour plaire à une classe de gens qui ne plaisent à personne » — il s'agit là, naturellement, des fermiers généraux. Il faut donc tout faire pour attirer les négociants américains dans les ports français en leur consentant des avantages fiscaux, surtout à Marseille, Bayonne, Dunkerque et Lorient : « Ce dernier port est très agréable aux Américains. Quant aux avantages généraux de commerce, il serait bien important qu'une prompte décision empêchât de rouvrir les liaisons de commerce entre les États-Unis et l'Angleterre[13]. » Comme Vergennes, La Fayette s'imaginait que la défaite militaire entraînerait pour les Anglais la perte du marché américain, et donc son ouverture aux négociants français. Il n'en fut rien, et les liens commerciaux avec l'ancienne métropole se reconstituèrent vite, à la grande déception des Français[14]. Kalb, beaucoup plus lucide, avait prévu, presque dès son arrivée aux États-Unis, cette évolution et en avait prévenu le comte de Broglie le 7 novembre 1778 : « Il faudra des siècles pour leur faire oublier leur origine et changer le caractère national[15]. »

Après s'être ainsi consacré aux intérêts américains, La Fayette songea à s'occuper de ses propres intérêts. En mars 1783, il partit pour l'Auvergne seul, laissant sa femme et ses enfants à Paris. Il allait trouver à Chavaniac une situation rendue difficile par les mauvaises récoltes qui avaient provoqué la disette. L'intendant d'Auvergne, Charles-Antoine de Chazerat[16], était à Versailles, et Mme de La Fayette lui avait transmis une pétition des habitants le 26 février. Dès son arrivée, le marquis entreprit des distributions. A son régisseur qui lui disait : « Monsieur le Marquis, voilà le moment de vendre votre grain », il aurait répondu : « Non, c'est le moment de le donner. » Le 27 mars, le subdélégué de Brioude rendait compte à l'intendant : « Il m'a paru fortement touché de l'alarme généralement répandue sur le succès de la récolte prochaine. [...] Il s'occupe de faire distribuer cent septiers de seigle qui seront donnés gratuitement aux pauvres, et il m'a dit que, s'il avait pu faire de plus amples charités, il n'aurait pas importuné l'administration[17]. » Cette générosité augmenta encore, s'il en était besoin, sa popularité. Le 5 avril, il se rendit à Riom où la population lui fit un accueil des plus enthousiastes : vin d'honneur, compliment par trois délégués du présidial, allégresse générale dans la ville où « on s'embrassait presque sans se connaître, on ne cessait de crier : Vive La Fayette. [...] Il a reçu, avec la modestie qui le caractérise, tous les hommages qu'on lui a offerts[18] ». Ce grand modeste avait aussi un bon agent de publicité qui tenait Paris au courant de ses faits et gestes...

Sa vie sentimentale restait assez complexe. Le 23 mars, il adressait une longue lettre à Aglaé d'Hunolstein qui désirait rompre : « Tout ce que je te dois justifie ma tendresse, et rien, pas même toi, ne m'empêcherait de t'adorer[19]. » Mais tout cela ne l'empêchait pas d'envoyer des lettres enflammées à sa femme.

Au début de mai, il revint à Paris pour y recevoir des mains de son beau-père, le duc d'Ayen, la croix de chevalier de Saint-Louis pour laquelle il avait fait l'objet d'une proposition exceptionnelle car il n'avait que vingt-six ans. Comme les règlements ne prévoyaient pas de temps de services minimums pour les officiers généraux, le secrétaire d'État de la Guerre put faire état de ses services en Amérique où il avait bénéficié d'une « confiance entière tant de la part du Congrès que de celle du roi », et ajouter qu'il fut aussi « très utilement employé pour les objets de négociations[20] ».

C'est alors qu'il quitta l'hôtel de Noailles pour aller s'installer avec sa famille dans celui qu'il avait acheté rue de Bourbon (actuelle rue de Lille). La guerre d'Amérique lui avait coûté cher, car il avait largement contribué de sa bourse à l'équipement des troupes qu'il commandait. Il lui restait cependant une belle fortune, puisque sa nouvelle installation lui coûta 250 000 livres. Avec 120 000 livres de rentes, il était plus qu'à son aise à une époque où la solde d'un vice-amiral ne dépassait pas 24 000 livres. Mme de La Fayette se révélait d'ailleurs dès cette époque une très remarquable femme d'affaires. Elle en avait donné la preuve en 1781 lors du règlement de la succession du comte Charles-François de La Rivière, bisaïeul maternel et tuteur de La Fayette. « Madame la marquise me dirige admirablement dans ce travail, écrivait le régisseur Morizot. Au reste, toutes ses actions portent l'empreinte de la vertu et de la raison[21]. »

La Fayette avait eu la joie d'apprendre à Washington la signature des préliminaires de la paix, et celui-ci l'en remercia le 5 avril par un message dans lequel il unissait dans sa gratitude le jeune général et le roi « qui, dans le même temps où il se déclarait le père de son peuple et le défenseur des droits américains, a donné le plus noble exemple de modération en traitant avec ses ennemis ». Emporté par l'euphorie de la paix, le Congrès avait, en juin, donné congé à tous les engagés pour la durée de la guerre, ce qui inquiétait Washington. Aussi intervint-il auprès du gouvernement des États pour attirer leur attention sur la nécessité du maintien d'une force armée. Il obtint en partie satisfaction et garda le commandement du contingent cantonné aux environs de West Point.

En juillet, La Fayette repartit pour Chavaniac avec sa femme. Celle-ci avait eu l'idée de créer là-bas une école de tissage pour traiter la laine des moutons et donner quelques ressources à ceux qui en manquaient. Le contrôleur général des Finances Calonne lui avait accordé une subvention de 6 000 livres, et elle prévoyait de confier la surveillance de cette école au curé ou même à un « comité de curés ».

*
* *

Ces préoccupations généreuses ne détournaient toutefois pas La Fayette du soin des affaires d'outre-Atlantique. Le 20 juillet, il sollicitait du président du Congrès des instructions à propos de la question des dettes contractées par la République américaine. Les chiffres divergent sur leur montant et oscillent entre 28 et 43 millions[22]. Une partie de ces sommes constituait un don personnel du roi, le reste représentait des avances remboursables dans les quinze ans qui suivirent la paix. Lorsqu'il arriva en France, Gouverneur Morris espérait racheter ces créances et payer en céréales, dont le royaume avait le plus grand besoin afin de pallier les mauvaises récoltes, mais le roi ne sut pas saisir l'intérêt pour sa popularité d'user de cette arme économique qui aurait pu influer sur l'opinion en ramenant l'abondance.

Une autre question restait en cours de règlement, celle des ports francs. Bayonne et Dunkerque avaient été choisis. La Fayette réclama aussitôt Lorient et Marseille, et, dès son retour à Paris, intervint auprès de Calonne, très bien disposé à cet égard, car de telles mesures s'intégraient parfaitement dans sa politique économique expansionniste. Les quatre ports furent ouverts aux navires américains, avec seulement une restriction pour le tabac à Bayonne. Le 9 janvier 1784, le contrôleur général lui écrivait : « Les Américains peuvent dès ce moment envoyer leurs vaisseaux dans ces quatre ports où ils n'éprouveront aucune espèce de difficultés. [...] Vous pouvez compter que je serai toujours disposé, ainsi que M. le maréchal de Castries, à recevoir et à écouter avec attention les demandes et représentations ultérieures que vous jugerez à propos de faire en faveur du commerce de l'Amérique. » Le 3 mai, le Congrès votait une motion de félicitations à La Fayette qui avait su mener cette négociation avec succès.

Pendant ce temps, les dernières séquelles de la guerre étaient liquidées en Amérique. Le 23 novembre 1783, les troupes anglaises avaient évacué New York où tout se passa en bon ordre. Washington s'était rendu ensuite à Philadelphie puis à Annapolis où se tenait le Congrès. Il y fut reçu le 23 décembre et résigna sa commission de commandant en chef pour regagner Mount Vernon. Le 1er février 1784, il écrivit à La Fayette une lettre, un très beau monument de détachement philosophique qui devait faire l'admiration de

Guizot : « Enfin, mon cher marquis, je suis à présent un simple citoyen sur les bords du Potomac. [...] Je ne suis pas seulement retiré de tous les emplois publics, je suis rendu à moi-même et je puis retrouver la solitude et reprendre les sentiers de la vie privée avec une satisfaction plus profonde. Ne portant envie à personne, je suis décidé à être content de tout et, dans cette disposition d'esprit, je descendrai doucement le fleuve de la vie jusqu'à ce que je repose auprès de mes pères[23]. »

La Fayette allait avoir la joie de revoir bientôt son maître et ami au cours d'un triomphal voyage dans sa patrie d'adoption. Avec la guerre de l'Indépendance américaine s'achevait une étape capitale de sa vie, celle au cours de laquelle il rendit les services les plus indiscutables, pendant laquelle son action fut totalement positive. Il n'en sera plus jamais de même dans la suite. Mais avant son départ il allait être mêlé à une polémique assez vive et à un mouvement d'opinion qui agita beaucoup la société parisienne.

## CHAPITRE IX

# Du secret de Mesmer
# aux leçons de Frédéric II

La guerre d'Indépendance américaine, première du genre à beaucoup d'égards, suscita chez un certain nombre de ceux qui y avaient pris part le désir d'en conserver le souvenir. C'est ainsi que fut créée le 13 mai 1783 la *Society of the Cincinnati* dans laquelle seraient admis les officiers généraux et supérieurs ayant combattu pour la cause de la liberté. Washington en était tout naturellement le président. Les statuts, rédigés par le général Knox, contenaient une disposition qui souleva de vives protestations : un article prévoyait en effet pour les membres l'hérédité en ligne masculine. John Adams, John Jay et, dans une moindre mesure, Benjamin Franklin s'insurgèrent aussitôt, au nom de l'égalité démocratique. Le 9 mars 1784, La Fayette prévenait confidentiellement Washington : « La plupart des Américains qui sont ici sont animés contre notre association. Wadsworth doit être excepté, et le docteur Franklin a peu parlé, mais Jay, Adams et tous les autres blâment vivement l'armée. Vous devinez aisément que je ne manque pas de les contredire, et néanmoins, si l'on trouve que l'hérédité a quelque danger pour les vrais principes de démocratie, je suis plus porté que qui que ce soit à y renoncer[1]. » De toute manière, il se déclarait prêt à se rallier à l'opinion de Washington.

Une branche française de l'ordre avait été aussitôt prévue, et c'est La Fayette qui fut chargé d'établir les listes d'officiers à admettre. Il en conféra avec Vergennes le 16 décembre 1783, et le Conseil du roi décida que les officiers généraux et les colonels ayant participé à la guerre pouvaient prétendre à la réception. Pour les marins, qui avaient assumé d'énormes responsabilités, ne furent retenus que les « amiraux », c'est-à-dire les vice-amiraux, lieutenants généraux et chefs d'escadre. Ce fut également La Fayette qui, le 19 janvier 1784, en son hôtel, remis aux membres français leur décoration : une aigle portée par un ruban bleu. Cet insigne avait été dessiné par l'un des tous premiers combattants français engagé en Amérique : Pierre-Charles Lenfant, recruté comme ingénieur par Silas Deane le 1er décembre 1776[2].

Il y eut très vite des protestations de la part des marins qui s'estimaient injustement traités. « Les capitaines de vaisseaux, écrit La Fayette à Washington, ont été très mortifiés d'être laissés en dehors de l'institution. Ils ont rang de colonels, ils ont rendu de grands services, et on s'attend ici qu'ils seront admis dans la Société. [...] Je sais qu'ils sont nombreux, mais comment faire une distinction partielle ? Et comme ils ont beaucoup de rapports avec les vaisseaux américains pour empêcher la contrebande, par exemple, ou pour les recevoir dans les ports français, je pense qu'il serait impolitique de ne pas les satisfaire. L'opinion que j'émets ici est contraire à mon propre intérêt, car moins la Société sera nombreuse, plus elle sera estimée, mais je vois là un motif déterminant d'utilité publique. » La démocratie n'empêche pas un certain élitisme, et La Fayette reviendra à plusieurs reprises sur la nécessité à ses yeux de se montrer restrictif. Il insiste donc pour que les capitaines de vaisseaux soient admis et intervient aussi en faveur de quelques oubliés de l'armée de terre comme Charles de Lameth, Édouard Dillon, Conway. Tout cela provoque des discussions et lui attire des ennemis : « Ma popularité est grande dans ce royaume et dans cette ville, mais il y a, parmi les grands, une nombreux parti contre moi parce qu'ils sont jaloux de ma réputation : en un mot, le parterre tout entier est pour moi et il y a division dans les loges. »

Curieusement, La Fayette ne semble pas souhaiter une union trop intime entre officiers américains et français puisqu'il exprime le désir que, lorsqu'ils seront en Europe, les Américains se constituent en comité « tout à fait séparé de toute la société que les officiers français peuvent former[3] ».

La création de l'ordre suscita aussi d'autres réactions hostiles pour des raisons totalement opposées. Du côté des royalistes intransigeants, on trouvait scandaleux de récompenser l'aide aux rebelles : « Un ordre fut institué en Amérique pour les défenseurs de la liberté et le roi souffrit que ses courtisans portassent cet ordre, monument de l'indépendance d'un peuple soulevé contre son ancien gouvernement[4]. » Il y eut aussi une très vive émotion dans les milieux philosophiques et libéraux qui virent avec stupeur la libre Amérique constituer une sorte de noblesse héréditaire. Franklin, très hostile à toute forme de sélection de ce genre, fut, semble-t-il, à l'origine de la rédaction d'une brochure très critique intitulée *Considérations sur l'ordre de Cincinnatus*, parue à Paris en 1784, à Londres l'année suivante et en 1786 à Philadelphie. Signé par Mirabeau, ce texte a été en fait rédigé par Chamfort qui en donna lecture chez Franklin à Passy en juillet 1784[5]. Le ton en était fort violent ; la noblesse y était accusée d'avoir « abaissé le genre humain » et de constituer « un obstacle radical entre le talent et le pouvoir », car « l'exercice de la raison et de la vertu est la seule et vraie noblesse ». Chamfort, s'étant engagé à ne plus rien publier, laissa Mirabeau prendre la responsabilité de ce pamphlet. Il ne semble pas que La Fayette ait pris part à ces débats. Il constata plus tard que les *Considérations* « renferment beaucoup d'erreurs de faits[6] ». Quoi qu'il en soit, Washington, sans doute ému par les protestations de certains de ses compatriotes, décida, dès mai 1784, de renoncer au privilège de l'hérédité.

Une autre cause passionna aussi La Fayette à ce moment-là : le magnétisme animal et les théories de Mesmer. Une vague d'occultisme s'était abattue sur la société française. La baronne d'Oberkirch s'étonnait de voir le siècle « le plus incrédule, le plus philosophiquement fanfaron », tourner « non pas à la foi mais à la crédulité, à la superstition, à l'amour du merveilleux. [...] En regardant autour de nous, nous ne voyons que des sorciers, des adeptes, des nécromanciens et des prophètes[7] ». Robert Darnton a remarquablement analysé cet engouement pour une doctrine qui « offre une nouvelle foi, une foi qui marque la fin des Lumières, l'avènement de la Révolution et l'aube du XIXᵉ siècle[8] ». La Fayette, toujours à l'affût des nouveautés et des snobismes, s'empressa de rallier le mouvement. Le 5 avril 1784, il signait son engagement dans la secte. Mesmer acceptait de l'instruire, mais l'élève ne pouvait former aucun disciple sans l'autorisation écrite du maître, ni agir en aucune manière sans son aveu[9]. Le 14 mai, informant Washington de cette grande nouvelle, il se déclarait « l'un des plus enthousiastes » parmi les élèves du « maître » et précisait : « Avant de partir, j'obtiendrai la permission de vous confier le secret de Mesmer qui, vous pouvez y croire, est une grande découverte philosophique[10]. » Ce n'était pas l'avis de l'Académie des sciences qui s'était prononcée avec vigueur contre ce charlatan et avait même préconisé contre lui une « mobilisation générale ». Les esprits positifs comme Condorcet déploraient ce développement de l'irrationnel dans le public[11]. L'affaire prit assez vite une coloration politique. Mesmer avait créé la Société de l'Harmonie, « sorte de cercle pour gens riches et distingués » qui se réunissait à l'hôtel de Coigny. Le maître présidait, assisté d'Adrien Duport, conseiller au Parlement de Paris, et du marquis de Chastellux. Chaque membre recevait un diplôme qui l'obligeait au secret et lui donnait rang parmi les disciples. La Fayette était quatre-vingt-onzième.

Assez vite, certains membres comme Duport, Duval d'Esprémesnil, Brissot et La Fayette adoptèrent une attitude plus politique en assimilant le magnétisme à la liberté. On parlait dans ces conciliabules de renverser le despotisme, et Brissot y prêchait, sans grand succès, la république. D'Esprémesnil, lui aussi conseiller au Parlement, voulait « débourbonailler » la France pour faire régner les hauts magistrats. La Fayette trouvait « une certaine corrélation entre son admiration pour la République américaine et sa sympathie pour le mesmérisme », et s'apprêtait à partir pour les États-Unis avec l'intention d'y propager la doctrine, ce qui provoqua une vive réaction de Jefferson, ministre des États-Unis en France, violemment hostile à la secte[12]. Louis XVI n'approuvait pas non plus ces fantaisies et lui dit avant son départ : « Que pensera Washington quand il saura que vous êtes devenu le premier garçon apothicaire de Mesmer ? »

Non content de donner à fond dans le mesmérisme, La Fayette fut aussi un des premiers adeptes de la maçonnerie égyptienne du pseudo-comte de Cagliostro, et l'on trouve aussi son nom parmi les adhérents à la secte des illuminés de Bavière[13]. Il lui arrivait même d'être la dupe du premier charlatan venu, comme l'inventeur des « chaussures élastiques », fondées sur le principe des ricochets, qui devaient permettre de marcher sur l'eau, et auquel il donna une forte somme !

Ces étranges activités n'allaient pas l'empêcher de partir pour les États-Unis. Il avait été informé par une lettre du gouverneur de Pennsylvanie, John Dickinson, que cet État avait érigé en comté une étendue de terre située à l'ouest des monts Alleghanys et on lui avait donné le nom de La Fayette, et *Le Courrier de l'Europe* annonçait le 28 mai le prochain départ du général qui allait « former des établissements dans les concessions qui lui ont été faites par le Congrès ». Il quitta Paris le 18 juin 1784 pour aller s'embarquer à Lorient sur le *Courrier-de-New York* qui assurait le premier service régulier de paquebots entre la France et les États-Unis. Malgré l'invitation expresse de Washington, il n'emmenait pas sa femme qui ne souhaitait pas quitter ses enfants et, de plus, assurait avec efficacité la gestion de la fortune familiale. Lors de tous ses voyages, La Fayette trouva toujours de bons prétextes pour partir seul. Un « cher cœur, écrit André Maurois, est fait pour battre au foyer ». Il n'était pas avare d'instructions pour l'aménagement de son cabinet, de sa bibliothèque, pour Chavaniac et sa domesticité, pour ses amis américains. Adrienne, avec le plus admirable dévouement et la plus vive intelligence, s'occupait de tout[14].

La Fayette arriva à New York le 4 août après une traversée de trente-quatre jours au cours de laquelle il avait essayé le remède préconisé par Mesmer contre le mal de mer, et qui consistait à embrasser le grand mât agissant comme pôle magnétique ! Mais le maître, peu familier avec la marine, ignorait les dimensions énormes des bas-mâts et surtout le fait qu'ils étaient enduits de goudron, de sorte que « l'accolade y devient absolument impossible à moins de se goudronner des pieds à la tête ».

L'accueil fut évidemment enthousiaste[15]. Le 10 août, il arrivait à Philadelphie illuminée et recevait le lendemain les félicitations du corps législatif de l'État de Pennsylvanie. Le 15, il était à Baltimore et le 17 à Mount Vernon où il retrouva son cher père adoptif. Le 31, il revenait à Baltimore où il revit ceux et celles qui l'avaient tant aidé à rééquiper son armée démunie. Au cours d'un grand dîner à l'hotel de ville, il exalta très habilement l'armée américaine : « C'est à la fermeté et à la bravoure avec lesquelles vous vous êtes conduits contre l'ennemi que vous devez attribuer les heureux succès de vos armes, et non aux faibles talents que je puis avoir en partage. » Il espérait aussi que l'ouverture des ports francs « tournera à l'avantage du commerce de ce pays et resserrera les liens qui doivent à jamais unir les deux nations ». Si La Fayette n'était sans doute pas un très grand orateur, il savait, en Amérique, trouver les mots que son auditoire attendait.

Le 12 septembre, il était à New York et rendait compte à Vergennes de ses observations. Le commerce avec l'Angleterre continuait de plus belle grâce au « crédit étonnant qu'y trouve tout Américain », mais il ne perdait pas espoir et pensait que « l'hiver prochain nous sera favorable pourvu que nos négociants consultent les besoins et les goûts du pays ». Le développement rapide de l'Ouest l'éblouissait : « Il s'établit vers l'Ohio une population immense. Les arrivants y vont tout droit, les anciens habitants s'y transportent eux-mêmes », ce qui provoque des conflits avec l'Espagne pour la navigation sur le Mississippi : « Les Américains nous aiment, mais ils haïssent l'Espagne très cordialement[16]. »

Il partit ensuite pour Albany où il reçut le diplôme de citoyen d'honneur et, le 20 septembre, pour Fort Schuyler où il devait participer, en compagnie du chevalier de Caraman et de Barbé-Marbois, à une grande réunion, les 26 et 27, avec les tribus indiennes, au cours de laquelle serait négocié un traité de paix avec les États-Unis. La Fayette évoqua les souvenirs de 1778 et exhorta les chefs à ne pas se laisser abuser par les intrigues anglaises. Les paroles de Kayewla eurent un écho favorable. Le chef des Mohawks répondit par un discours plein de repentir pour l'ancienne alliance avec l'Angleterre et de bonnes intentions : « Kayewla, mon père, nous sentons que tes paroles sont celles de la vérité ; l'expérience nous a montré que tes prédictions ont été accomplies. Ton discours inspire un esprit de paix, c'est notre objet. [...] Oui, mon père, nous voyons que tout ce que tu nous as dit est vrai, que l'alliance entre l'Amérique et la France serait une chaîne indissoluble et que ceux qui en douteraient pourraient passer le Grand Lac et voir par eux-mêmes. Mon père, les paroles que tu as prononcées aujourd'hui seront publiées parmi les Six Nations. Elles vont fortifier la chaîne d'amitié que nous désirons voir durer toujours. »

Le 27, l'un des chefs, « la Sauterelle », rapporta un collier donné à ses pères par Montcalm en signe d'alliance et précieusement conservé. Tous avaient été frappés par la justesse des prédictions faites par La Fayette au début du conflit : « Toutes tes anciennes paroles ont été vérifiées par les événements de cette grande île, et nous recevons avec plaisir ce que tu viens de nous dire. » Les chefs hurons et sénécas s'associèrent à ces paroles, et, le 14 octobre, un traité fut signé entre les Américains et les Indiens. Le *Courrier de l'Europe*, qui suivait avec soin le voyage de La Fayette et informait ses lecteurs de ses moindres péripéties, évoqua, dans son numéro du 8 mars 1785, cette réussite diplomatique en soulignant évidemment le rôle joué par celui dont les Indiens avaient conservé un si bon souvenir.

Cette tâche accomplie, le général poursuivit son voyage par Saratoga, Hartford, Water Town et Boston où l'accueil fut encore une fois triomphal. Le 19 octobre, on célébra dignement l'anniversaire de Yorktown par un banquet de cinq cents couverts avec bal, illuminations et feu d'artifice. Le général français alla ensuite revoir le théâtre des opérations dans les régions de Providence, Rhode Island et Newport, puis revint à Boston pour embarquer sur la *Nymphe*, frégate de la Marine royale mise à sa disposition, qui le conduisit à l'embouchure de la Chesapeake. En Virginie, théâtre de ses exploits de 1781, il fut reçu à Williamsburg, retrouva Washington le 15 novembre à Richmond, puis ils revinrent ensemble à Mount Vernon. A Annapolis, l'État de Maryland donna à La Fayette des lettres de naturalité pour lui et ses descendants en ligne masculine, car il a « travaillé et réussi dans tout ce qu'il a entrepris pour porter le nom des États-Unis de l'Amérique au faîte de la gloire ». La Virginie en ferait autant quelques semaines plus tard. Le 30 novembre, Washington prit congé de son ami, et, pressentant que cette séparation était la dernière, lui écrivit le 8 décembre une lettre magnifique, pleine d'un stoïcisme digne des Romains : « Je ne veux pas me plaindre, j'ai eu mon jour[17]. » Quelques jours auparavant, il avait adressé ses vœux à Adrienne : « Le marquis retourne vers vous dans toute la chaleur et l'ardeur d'un amant nouvellement enflammé. Nous vous le rendons en bonne santé, couronné des guirlandes de l'amour et du respect de toutes les parties de l'Union. »

La Fayette repartit pour Baltimore et Philadelphie. Le 8 décembre, à Trenton, le Congrès lui rendit un ultime hommage. Le 11, un comité constitué d'un représentant de chaque État lui exprima la reconnaissance de la nation américaine. Dans son discours de remerciements, il exalta encore les hauts faits de l'armée américaine et traça aussi, pour le Congrès, un véritable programme politique. Il insista sur le développement des relations commerciales avec la France mais n'hésita pas à aborder les problèmes de politique intérieure : « Je désire bien sincèrement voir la confédération consolidée, la foi publique préservée, le commerce réglé, les magasins continentaux établis, les frontières fortifiées, un système général et uniforme de milice adopté et la marine en vigueur. [...] Puisse ce temple immense que nous venons d'élever à la liberté offrir à jamais une leçon aux oppresseurs, un exemple aux opprimés, un asile aux droits du genre humain et réjouir dans les siècles futurs les mânes de ses fondateurs[18]. »

Le 15 décembre, arrivé à New York, il retrouva le général Greene, son compagnon de la campagne de Virginie. Il s'embarqua le 21 sur la *Nymphe* pour rentrer en France. Il espérait revenir bientôt pour revoir son cher Washington et tous ses amis. Quarante ans devaient s'écouler avant qu'il puisse satisfaire ce désir.

Débarqué à Brest le 20 janvier 1785, La Fayette partit pour Paris, mais s'arrêta à Rennes où il fut l'objet, le 24, d'une réception amicale offerte par les États de Bretagne. Du fait de l'héritage de sa mère et bien qu'il ait dû en aliéner une partie pour subvenir à ses dépenses en Amérique, il possédait encore des terres dans la région de Tréguier, ce qui lui donnait entrée aux États. Comme toujours, les *Mémoires secrets* rendirent compte avec complaisance de la cérémonie : « Reçu avec acclamation, on le fit placer sur le banc auprès de M. le président de la noblesse », et il eut droit à un compliment d'un des orateurs. Il « témoigna aux États sa sensibilité sur la distinction glorieuse dont ils venaient de l'honorer et dit qu'il espérait bientôt devenir un des membres de cette auguste assemblée[19] ».

A Paris, il fit de son hôtel la maison de l'Amérique. Franklin et Jefferson y étaient chez eux, et Mme de La Fayette séduisait tous les visiteurs par son caractère aimable et accueillant. Dans le bureau du maître de maison, était affichée la Déclaration des droits américaine à proximité d'un cadre vide destiné à recevoir celle qu'il espérait voir proclamer en France. Il ne semble pas qu'il ait désiré reprendre alors du service dans l'armée française. Il est vrai que les officiers généraux ne manquaient pas, beaucoup plus anciens que lui, et qu'il aurait donc été difficile de lui trouver une affectation. Mais La Fayette n'était pas homme à rester inactif. Il allait continuer à s'intéresser à la vie politique française et américaine, à se passionner pour certaines causes et entreprendre un nouveau voyage, en Europe cette fois.

Sa passion pour la liberté l'amenait à s'inquiéter des troubles survenus aux Pays-Bas autrichiens et en Irlande, mais, à sa déception, les tensions s'apaisèrent. Le 11 mai, il écrivit à Washington pour l'informer qu'au cas où la guerre éclaterait en Amérique, il espérait obtenir à nouveau un commandement. L'affaire de la navigation sur le Mississippi le préoccupait et il rêvait d'obtenir de l'Espagne la cession de La Nouvelle-Orléans ou, à défaut, la création dans cette ville d'un port franc : « J'espère que vous n'aurez pas la guerre, surtout avec l'Espagne, quoiqu'une visite à Mexico ou à La Nouvelle-Orléans m'eût été fort agréable. » Ses idées libérales en économie l'amenèrent aussi à s'occuper du commerce antillais et de l'introduction dans les îles françaises de farines américaines, mais les négociants français avaient poussé de tels cris qu'il lui avait fallu renoncer[20].

Une autre question l'occupe alors : la situation des protestants dans le royaume. Il en fait à Washington un tableau quelque peu poussé au noir : « Les protestants en France sont soumis à une intolérable despotisme. Quoiqu'il n'y ait pas à présent de persécution ouverte, ils dépendent du caprice du roi, de la reine, du Parlement ou d'un ministre. Leurs mariages ne sont pas légaux, leurs testaments n'ont aucune force devant la loi, leurs enfants sont considérés comme bâtards, leurs personnes comme pendables. Je voudrais amener un changement dans leur situation[21]. » En fait, dans la pratique quotidienne, le sort des protestants n'était plus aussi tragique, et La Fayette n'était pas le premier à se préoccuper de libéraliser une législation anachronique. De bons esprits se préoccupaient

depuis longtemps de la question : Joly de Fleury dès 1752,
Malesherbes, Condorcet qui avait publié en 1781 un plaidoyer
en leur faveur[22]. Il eut du moins le mérite de chercher à
enquêter sur place, dans une province où les adeptes de la
R.P.R. (Religion Prétendue Réformée) étaient particulièrement nombreux : le Languedoc. Il se rendit à Nîmes où il
s'entretint avec les pasteurs du Désert et surtout avec Paul
Rabaut qui put lui donner des informations précises dont il
ferait usage plus tard. Il rentra à Paris en passant par Lyon
où la loge maçonnique « le Patriotisme » le reçut avec
solennité. Chemin faisant, il n'avait pas manqué de parler
aussi du commerce avec l'Amérique.

Passant soudain à un tout autre ordre de préoccupations,
La Fayette se décida à compléter son éducation militaire en
allant voir opérer sur le terrain l'armée prussienne, considérée
alors avec raison, depuis ses victoires de la guerre de Sept
Ans, comme la meilleure d'Europe. Louable souci, mais on
peut s'étonner que le général, qui à l'évidence aimait son
métier militaire pour lequel il montra en Amérique des talents
certains, ne se soit, semble-t-il, guère intéressé aux œuvres
des spécialistes français de l'art de la guerre. On ne trouve en
effet pas la moindre allusion dans sa correspondance aux
œuvres du chevalier de Guibert qui faisaient pourtant grand
bruit à cette époque.

La Fayette quitta Paris au début de juillet 1785 après avoir
fait ses adieux à Franklin, partant pour Philadelphie et
emmenant avec lui Houdon qui devait faire le buste de
Washington. Le 14 juillet, il écrivait au général en chef pour
lui donner le programme de son voyage et lui recommander
le petit-fils de Franklin. Il lui faisait part aussi de son
intention d'acheter une « habitation » en Guyane pour y
mettre en application ses idées sur l'abolition progressive de
l'esclavage. En fait, c'est surtout sa femme qui devait s'attacher — avec un certain succès — à la réalisation de ce projet.

Suivant l'itinéraire prévu, La Fayette passa par Cassel où
il retrouva les régiments hessois contre lesquels il avait
combattu en Amérique et fit à Brunswick la connaissance du
duc qui allait devenir célèbre par son manifeste de 1792 et sa
campagne de France. Celui-ci passait alors pour « réunir au

plus haut degré la science militaire et la confiance de l'armée prussienne, dans laquelle, quoique prince souverain, il sert comme général ». Arrivé à Berlin dans les derniers jours de juillet, le Français y fut reçu par Frédéric II à Postdam et à Schönhausen. Le 4 août, il était à Rheinsberg où le frère du roi, le prince Henri, lui réserva un chaleureux accueil. Très cultivé, celui-ci faisait preuve d'une extrême francophilie : « Il aime notre nation avec une préférence vraiment touchante. Je conviens toujours de ce qu'il dit à notre gloire parce que si je sais défendre un peu ma personne des compliments, je n'ai jamais eu la force de refuser un éloge qu'on donne à mon pays. » La Fayette revint à Berlin le 8 août, et partit le 12 pour la Silésie afin d'assister aux manœuvres de l'armée prussienne, en compagnie de deux officiers français, anciens d'Amérique : Duportail et Gouvion. Le comte d'Esterno, ministre de France à Berlin, rendait compte régulièrement à Vergennes des activités des voyageurs.

A Breslau, ils rencontrèrent de nombreux officiers étrangers, parmi lesquels Frédéric, duc d'York, second fils du roi d'Angleterre George III, et Lord Cornwallis, le vaincu de Yorktown, qui se montra fort piqué des égards dont on entourait son ancien adversaire. Frédéric II prenait d'ailleurs un malin plaisir à placer La Fayette à table entre ces deux personnages. Une trentaine de milliers d'hommes manœuvrèrent pendant huit jours et, selon le *Courrier de l'Europe* du 20 septembre, « la grande revue s'est terminée à la grande satisfaction de tous les spectateurs ». L'occasion avait été bonne d'approcher le souverain le plus célèbre de l'Europe, et La Fayette ne résista pas au plaisir d'en tracer le portrait pour Washington : « Malgré tout ce que j'avais entendu dire de lui, je n'ai pu m'empêcher d'être frappé du costume et de la figure d'un vieux, décrépit et sale caporal, tout couvert de tabac d'Espagne, la tête presque couchée sur une épaule et les doigts presque disloqués par la goutte. Mais ce qui m'a surpris beaucoup plus, c'est le feu et quelquefois la douceur des plus beaux yeux que j'aie jamais vus qui donnent à sa physionomie une aussi charmante expression qu'il peut en prendre une rude et menaçante à la tête de son armée. » Pendant toute la durée des manœuvres, La Fayette fut admis à la table royale, « ce qui m'a donné l'occasion de l'entendre à mon gré et d'admirer la vivacité de son esprit, le charme séduisant de sa grâce et de sa bienveillance, à tel point que j'ai compris qu'on peut, en le voyant, oublier son caractère despote, égoïste et dur[23] ». Ce qu'il n'évoque pas, c'est l'anecdote que raconte Charavay sans citer sa source : Frédéric II l'interrogeait souvent sur les affaires d'Amérique et le rôle qu'il avait joué dans ce pays. Emporté par son enthousiasme, le général se lançait quelquefois dans des théories démocratiques qui choquaient le roi. Il soutint ainsi que jamais l'Amérique ne connaîtrait ni noblesse ni royauté. Le vieux Fritz, « fixant sur son interlocuteur ses yeux pénétrants, lui dit : "Monsieur, j'ai connu un jeune homme qui, après avoir visité des contrées où régnaient la liberté et l'égalité, se mit en tête d'établir tout cela dans son pays. Savez-vous ce qui lui arriva ? — Non, Sire, répondit La Fayette. — Monsieur, repartit le roi en souriant, il fut pendu[24]." »

Le despotisme de Frédéric II, tout éclairé qu'il fût, n'inspirait pas à La Fayette les mêmes sentiments qu'à Voltaire, et il écrivait à sa femme : « Comme ami de la liberté, je prie Dieu de nous garantir de pareil monarque, et si j'avais l'honneur d'être son sujet, il y a longtemps que nous serions brouillés[25]. »

On comprend que le visiteur ait apprécié davantage la société du prince Henri qui joignait à des talents militaires et politiques de premier ordre une vaste culture littéraire et « un cœur honnête, des sentiments philanthropiques et des idées raisonnables sur les droits de l'humanité ».

Il n'oubliait pas qu'il était venu pour s'occuper de questions militaires, et c'est encore à Washington qu'il fit part de ses constatations. La valeur de l'armée prussienne lui parut éclatante : « Rien ne peut être comparé à la beauté des troupes, à la discipline qui règne dans les rangs, à la simplicité de leurs mouvements, à l'uniformité de leurs régiments. C'est une machine parfaitement régulière, montée il y a quarante ans et qui n'a subi d'autres changements que ceux qui pouvaient la rendre plus simple et plus légère. Toutes les situations qu'on peut supposer à la guerre, tous les mouvements qu'elles doivent amener ont été, par une habitude constante, tellement inculqués dans leurs têtes que toutes ces opérations se font presque mécaniquement. Si les ressources de la France, la vivacité de ses soldats, l'intelligence de ses officiers, l'ambition nationale et la délicatesse morale qu'on lui connaît étaient appliquées à un système aussi bien suivi, nous pourrions être autant au-dessus des Prussiens que notre armée est en ce moment inférieure à la leur, et c'est beaucoup dire. » Fit-il part de ses impressions à ses chefs hiérarchiques français ? Il n'en souffle mot.

Les manœuvres terminées, il partit avec Gouvion pour Vienne où il fut présenté le 4 septembre à l'empereur Joseph II par l'ambassadeur de France, son oncle le marquis de Noailles, avec lequel il avait eu quelques démêlés lors de son premier départ pour l'Amérique en 1777. L'accueil du souverain fut bienveillant, et l'on parla beaucoup de la guerre récente, ce qui permit à La Fayette de constater que l'Amérique et les Américains faisaient en Autriche l'objet de nombreux préjugés, fruit de la propagande anglaise. Il s'employa naturellement à les dissiper. Washington était admiré, mais les institutions critiquées : « J'ai souvent eu la mortification d'entendre dire que le manque de pouvoir dans le Congrès, d'union entre les États, de vigueur dans leur gouvernement rendraient le rôle politique de la confédération très insignifiant. Le fait est qu'en général ces gens-ci connaissent peu les avantages des gouvernements démocratiques et les ressources que présente une nation libre. » En Prusse comme dans l'Empire, les hommes d'État étaient très mal informés des réalités américaines, mais il ne laissa pas échapper cette occasion de rappeler à Washington, selon une idée qui lui était chère, la nécessité de renforcer les pouvoirs de l'État fédéral et du Congrès.

Lors de son bref séjour à Vienne, La Fayette rencontra le chancelier-prince de Kaunitz, les maréchaux Laudon, Lascy, Clerfayt, et assista à des exercices militaires : « Leur système général d'économie doit être plus admiré que les manœuvres de leurs troupes. Leur machine n'est pas simple, nos régiments sont meilleurs que les leurs, et quelque avantage qu'ils puissent avoir en ligne sur nous, nous devons avec un peu d'habitude les surpasser. Je crois réellement qu'il y a plus d'instruction de détail dans quelques-uns de nos meilleurs régiments que dans ceux des Prussiens, mais leurs manœuvres sont infiniment préférables aux nôtres. L'armée autrichienne est beaucoup plus nombreuse que celle des deux autres pays et coûte beaucoup moins que l'armée française. »

La Fayette se rendit ensuite à Prague où il admira la belle

tenue d'un régiment d'artillerie et regagna Berlin le 18 septembre pour aller aussitôt à Postdam où, malgré la maladie de Frédéric II, éprouvé par une attaque de goutte, eurent lieu de nouvelles manœuvres dirigées par le prince Frédéric-Guillaume. Après une dernière visite au prince Henri, il quitta Berlin le 7 octobre sans avoir pu revoir le roi. Le comte d'Esterno rendit compte à Vergennes de la « conduite la plus parfaite » tenue par La Fayette : « Précédé d'une réputation flatteuse, on lui a témoigné dans cette Cour toute la considération qu'il mérite et il a su en conquérir tous les suffrages[26]. » Son extrême vanité put être satisfaite en constatant que sa renommée était aussi européenne. Pendant son voyage de retour, il s'arrêta à Magdebourg où il eut de nouvelles conversations avec le duc de Brunswick et assista encore à des manœuvres. Il arriva à Paris à la fin d'octobre.

S'il avait profité de ce voyage pour compléter ses connaissances militaires, il ne cessa aussi de se préoccuper des intérêts américains et de « rapporter tout ce que je croyais susceptible de produire un effet avantageux pour l'Amérique ». A Vienne, il avait entretenu l'Empereur des possibilités du commerce américain et l'avait incité à pratiquer une politique libérale. Il lui suggéra d'ouvrir les ports italiens aux produits des pêches américaines, mais, pour une fois sans grandes illusions, il prévenait John Jay qu'à son avis les États-Unis ne tireraient jamais grands avantages commerciaux de leurs relations avec l'Autriche.

Il n'en était pas de même avec la France, tout au moins l'espérait-il, et, dès son retour à Paris, il reprit ses démarches dans ce sens. Selon ses évaluations, les États-Unis pouvaient fournir au royaume pour 25 millions de livres de marchandises, et il cherchait à « encourager les importations par toutes les faveurs possibles ». Le contrôleur général Calonne avait créé en février 1786 un comité de Commerce, comprenant des fermiers généraux, des inspecteurs généraux du Commerce et des membres du Conseil, chargé d'étudier et de favoriser les relations franco-américaines. La Fayette y présenta d'ardents plaidoyers en faveur du libéralisme et développa, avec un grand luxe de détails chiffrés, l'intérêt que présenterait la suppression du monopole du tabac, « le plus grand obstacle au commerce américain, mais je n'ai aucune espérance de produire un tel effet par mes discours ». Dans ce débat technique, La Fayette fit preuve de qualités inattendues d'analyste économique et financier. Il s'était certainement informé auprès de spécialistes. Son intervention fut remarquée puisque, dans leur livre *De la France et des États-Unis*, Clavière et Brissot en donnent une analyse et s'extasient sur ce « jeune et généreux Français [...] qui n'admira jamais dans les exploits militaires que le seul but louable de favoriser la liberté et avec elle les progrès de la lumière et de la raison ».

La Fayette s'intéressa aussi au commerce de l'huile de baleine, très utilisée à l'époque, et à l'installation en France, à Dunkerque et à Lorient, de pêcheurs américains originaires de Nantucket qui virent ainsi leur industrie revigorée et envoyèrent en remerciements à leur bienfaiteur un énorme fromage[27].

L'un de ses sujets de préoccupation essentiels en ces années fut la question de l'esclavage. L'abolition de ce système barbare mais aussi ancien que l'humanité avait déjà inspiré de nombreux auteurs, Montesquieu et Voltaire en avaient condamné le principe ; Condorcet fut un antiesclavagiste convaincu et militant dans ses *Remarques sur les « Pensées » de Pascal* (1774) et plus encore dans ses *Réflexions sur l'esclavage des nègres* parues en 1781 : il se prononçait pour une abolition progressive permettant d'apprendre aux victimes à obéir à la loi et de leur donner une instruction et une morale fondées sur la raison[28]. C'est certainement pendant son séjour en Amérique que La Fayette fut amené à se préoccuper de ce mouvement d'idées qui avait provoqué la création en 1774 à Philadelphie d'une société abolitionniste. Vers la même époque, Thomas Paine commençait à faire campagne pour l'émancipation générale[29]. Dès la fin de la guerre, le général avait fait part à Washington de son intention de tenter une expérience. En 1785, il fit l'acquisition, pour 125 000 livres, de deux « habitations » en Guyane, la *Gabrielle* et *Saint-Régis*, puis en confia la gestion, sous la haute direction de sa femme, à un ingénieur géographe, Henri de Richeprey, qu'il avait connu grâce à Condorcet. Celui-ci entreprit aussitôt d'une part de développer la culture des plantes à épices (girofliers et canneliers récemment introduits grâce à des plants apportés de l'île de France), d'autre part de suivre le programme d'instruction et d'évangélisation avec l'aide des pères du

Saint-Esprit. La condition servile fut adoucie par la suppression des punitions corporelles, l'octroi de salaires et l'application aux esclaves de la législation des Blancs. Richeprey mourut le 9 février 1787 de la fièvre jaune, mais l'expérience fut continuée sous la direction du commissaire de la Marine, Daniel Lescallier. Elle était encouragée par Louis XVI lui-même, par Malesherbes et par le secrétaire d'État de la Marine, le maréchal de Castries[30].

Le 8 février 1786, La Fayette avait annoncé à Washington le lancement de son entreprise : « Je vais travailler à affranchir mes nègres, expérience qui est, vous le savez, mon rêve favori. » Le 10 mai suivant, son ami le félicitait de cette initiative : « Plût à Dieu qu'un semblable esprit vînt animer tout le peuple de ce pays ! Mais je désespère d'en être témoin. Quelques pétitions ont été présentées à l'Assemblée pendant la dernière session, pour l'abolition de l'esclavage ; elles ont pu à peine obtenir une lecture. Une émancipation subite amènerait, je crois, de grands maux, mais certainement elle pourrait, elle devrait être accomplie graduellement, et cela par l'autorité législative. » C'était aussi l'avis de La Fayette qui ne fut jamais partisan d'une abolition immédiate et brusquée, et ce serait plus tard exactement la politique du gouvernement de Louis-Philippe avec les lois Mackau de 1846, mais il faudrait bien du temps pour en arriver là. Il ne cessa jamais de faire campagne en ce sens. En 1786, il se lia avec les abolitionnistes anglais Thomas Clarkson, Granville Sharp et Wilberforce qui fondèrent le 22 mai 1787 la Société des Amis des Noirs. L'année suivante, le 19 février 1788, Brissot créa à Paris une association semblable, à laquelle La Fayette et sa femme adhérèrent aussitôt et où ils retrouvaient un certain nombre de leurs amis libéraux.

Après son retour de Prusse et d'Autriche, le général resta en contact épistolaire avec Washington. Ils échangeaient de longues lettres dans lesquelles ils se tenaient au courant des affaires politiques. L'expansion américaine vers l'ouest progressait rapidement malgré les intrigues anglaises qui tentaient de dresser les tribus indiennes contre les émigrants : « Nous avons ouvert les fertiles plaines de l'Ohio aux pauvres, aux malheureux, aux opprimés de la terre. Tous ceux qui sont surchargés, accablés, cherchant un sol à cultiver, peuvent venir et, comme dans la Terre promise, ils trouveront le lait et le miel. » Un mouvement semble aussi se dessiner en faveur d'un renforcement de l'exécutif fédéral dans le domaine financier et fiscal et dans celui de la politique étrangère. Washington donne aussi dans ces lettres toute la mesure d'une sagesse politique dont son fils spirituel aurait été bien inspiré de faire son profit : « C'est un des inconvénients des gouvernements démocratiques que le peuple, qui ne juge pas toujours et se trompe fréquemment, est souvent obligé de subir une expérience avant d'être en état de prendre un bon parti. Mais rarement ces maux manquent de porter avec eux leur remède. Toutefois, on doit regretter que les remèdes viennent si lentement et que ceux qui voudraient les employer à temps ne soient pas écoutés avant que les hommes n'aient souffert dans leurs personnes, dans leurs intérêts, dans leur réputation. »

Les deux amis échangeaient aussi des cadeaux : La Fayette envoya des ânes de Malte qui lui avaient été procurés par Suffren, des faisans, des perdrix rouges ; Washington, des jambons : « Vous savez que les dames de Virginie s'estiment elles-mêmes d'après la bonté de leurs jambons[31]. »

En juin 1786, le marquis fut invité à accompagner le roi qui se rendait à Cherbourg avec l'intention d'inspecter les grands travaux entrepris pour protéger la rade par une digue reposant sur des cônes bourrés de rochers. Louis XVI visita la rade le 23 juin, assista à l'immersion d'un cône et à des manœuvres navales dirigées par le chef d'escadre d'Albert de Rions. La Fayette eut l'honneur insigne d'effectuer ce voyage dans le carrosse royal avec les maréchaux de Ségur, de Castries et le duc de Liancourt, grand maître de la Garde-robe[32].

A la fin de juillet, La Fayette partit pour l'Auvergne afin de prendre possession de la terre de Langeac, acquise en avril pour 188 000 livres. Espérait-il, comme le prétendirent certains à l'époque, faire ériger ses terres auvergnates en duché ? C'est ce qu'affirmait le comte d'Espinchal : « La Fayette, naturellement très ambitieux, ne dédaignait point alors les grâces de la Cour. Il se flatta d'être fait duc et, dans cette espérance, il fit l'acquisition de quelques terres aux environs de ses possessions en Auvergne pour pouvoir asseoir un duché. » Le 13 août, il pénétrait dans son nouveau domaine monté sur un cheval blanc, au milieu de la liesse populaire et selon le rituel traditionnel : présentation des clés, grand-messe, *Te Deum*, banquet, relation en vers de la cérémonie par J.-B. Belmont, avocat au Parlement[33].

De retour à Paris, il assista le 28 septembre à la remise solennelle de son buste par Houdon offert par l'État de Virginie à la ville de Paris. Jefferson, malade, s'était fait remplacer par Short, ancien membre du Conseil de Virginie, qui fut reçu par le prévôt des marchands, Le Peletier de Mortefontaine, et un membre des *Cincinnati*, Éthis de Corny, ancien commissaire des Guerres de l'armée de Rochambeau, qui prononça le discours traditionnel. La Fayette avait repris une vie fort mondaine. On le voyait à Saint-Ouen chez Necker où il retrouvait Mme de Staël, Lauzun, Condorcet, lequel lui prépara un projet de réforme de la jurisprudence criminelle restée archaïque. Les relations entre le général et le mathématicien-philosophe étaient alors très cordiales, puisque La Fayette fut le premier témoin de Condorcet lorsque celui-ci épousa, le 28 décembre 1786, la ravissante Sophie de Grouchy, sœur du futur général d'Empire. Le jeune ménage s'étant installé à l'hôtel des Monnaies où le mari exerçait les fonctions d'inspecteur, Sophie y tint un salon où se retrouvaient Adam Smith, Beccaria, Jefferson, Thomas Paine, le petit-fils de Franklin, Cabanis, Garat, Volney, Benjamin Constant, Chamfort, André Chénier, Roucher : « La Fayette en était un pilier et Beaumarchais y venait fréquemment parler aux Américains[34]. »

Ceux-ci restaient toujours au premier plan des préoccupations du général. Il écrivait ainsi, le 10 septembre 1786, à Barbé de Marbois, consul de France aux États-Unis, pour lui demander de l'aide dans sa tâche de propagandiste : « Il se glisse ici beaucoup de préjugés contre l'Amérique dont la plupart sont mal fondés. Je crois que vous rendrez service aux deux nations en vous étendant dans vos dépêches sur les vérités qui peuvent établir la confiance et la bonne harmonie. Je connais bien les reproches qu'on peut faire, mais ils sont exagérés, et il y a beaucoup d'idées que vous pouvez redresser en exposant la vérité avec quelques détails. » Évoquant les travaux du comité où il siégeait, il précisait : « Mon objet est de faciliter les retours d'Amérique pour établir un commerce d'échange et payer en manufactures à nos alliés ce que nous payons en or à nos ennemis[35]. »

Très accueillant, La Fayette recevait généreusement, et une lettre du jeune Xavier de Schonberg nous décrit l'atmosphère qui régnait à l'hôtel de la rue de Bourbon : « Il me semblait être en Amérique plutôt qu'à Paris. Il y avait chez lui quantité d'Anglais et d'Américains, car il parle l'anglais comme le français. Il a un sauvage de l'Amérique habillé suivant son costume au lieu d'avoir un coureur[36]. Ce sauvage ne l'appelle que "mon père", *father*. Tout respire la simplicité chez lui. Marmontel et l'abbé Morellet y dînaient. Jusqu'à ses petites filles qui parlent l'anglais comme le français quoiqu'elles soient toutes petites. Elles jouaient en anglais et riaient avec les Américains, et cela aurait fait des sujets charmants d'estampes anglaises. J'admirais la simplicité d'un jeune homme aussi distingué, tandis qu'il y a tant de gens qui n'ont rien fait qui sont aussi avantageux que celui-là l'est peu[37]. »

Le général recevait en effet beaucoup d'Anglais, dont Pitt, qui l'enchanta par son esprit, sa modestie et sa noblesse de caractère. Est-ce l'influence de l'anglomanie qui sévissait dans la bonne société parisienne ? Il semble bien qu'il était alors revenu de son anglophobie et s'en expliquait dans une lettre écrite à cette époque : « Depuis que nous avons gagné la partie, j'avoue que j'ai un plaisir extrême à voir les Anglais. L'humiliation de l'avant-dernière guerre et leur insolence pendant la paix m'avaient donné contre eux un sentiment d'aversion qui n'a fait que croître avec les horreurs dont ils ont souillé l'Amérique et l'adjonction de leur nom à celui de la tyrannie en a fait prendre à mes oreilles une habitude défavorable, mais à présent je les vois avec plaisir et, soit comme Français, soit comme soldat américain ou bien même comme simple individu, je me trouve sans embarras au milieu de cette fière nation. » Mais la guerre d'Amérique ayant effacé les humiliations de celle de Sept Ans, il avouait que sa conversion n'était pas totale et qu'il ne pouvait oublier à quel point les Anglais restaient « ennemis de la gloire et de la prospérité françaises[38] ».

En octobre et novembre 1786, il séjourna à Fontainebleau avec la Cour et visita plusieurs villes de garnison « afin de conserver l'habitude de voir les troupes et de juger leur instruction ». Le 26 octobre, il annonçait à Washington la signature du traité de commerce franco-anglais en vertu duquel les deux pays se traiteraient comme la nation européenne la plus favorisée ; « ainsi, les intérêts de l'Amérique sont en sûreté ». A la même époque, il donna son appui à Jefferson qui désirait organiser une « croisade » contre la piraterie algérienne. L'idée était de créer une escadre internationale « qui poursuivrait sans cesse les pirates algériens ». Il estimait que le Congrès devrait donner des pouvoirs étendus à Jefferson et à Adams pour mettre ce projet à exécution. L'affaire n'eut évidemment aucune suite.

Il envisageait alors un nouveau voyage en Europe pour répondre à une invitation de Catherine II. « La Sémiramis du Nord » désirait, paraît-il, vivement le connaître, ce qui inspirait à Ségur ces remarques sur l'incohérence des politiques : « L'enthousiasme pour l'affranchissement de l'Amérique avait gagné tout le monde, jusqu'aux têtes couronnées. M. de La Fayette leur paraissait un héros parce qu'il n'avait combattu pour la cause de la liberté que dans un autre hémisphère, mais dès qu'il voulut soutenir la même cause en Europe, tous les souverains le traitèrent en coupable et en rebelle[39]. » Il projetait donc de partir pour Saint-Pétersbourg et de revenir par la Crimée et la Grèce mais sa nomination à l'Assemblée des notables l'obligea à renoncer à ce voyage.

# CHAPITRE X

# La dernière occasion perdue

La crise financière fut une maladie permanente de la monarchie française d'Ancien Régime et contribua beaucoup à sa perte. Les dépenses provoquées par la guerre d'Amérique avaient encore aggravé une situation déjà difficile, et l'on était parvenu en 1786 à un point tel qu'on ne pouvait plus s'accommoder d'expédients. C'est pourquoi, le 20 août, le contrôleur général des Finances Calonne présenta au roi, un *Précis d'un plan d'administration des finances* qui prévoyait un ensemble de mesures audacieuses. Il ne s'agissait de rien de moins que de moderniser enfin un système fiscal archaïque dont tout le monde ou presque déplorait les défauts, les insuffisances et les injustices.

Que prévoyait Calonne ? Une véritable révolution fiscale inaugurant l'égalité de tous devant l'impôt : les anciens vingtièmes seraient remplacés par une subvention territoriale assise sur toutes les terres, quelle que soit la qualité du propriétaire, ce qui mettrait fin aux privilèges de la noblesse et du clergé. Le plan prévoyait aussi une diminution de la taille, la suppression des corvées et des douanes intérieures, la liberté du commerce des grains et l'établissement, dans toutes les provinces dépourvues d'États, de trois étages d'assemblées : provinciales, de district, paroissiales. L'un des points capitaux du programme de Calonne consistait dans la suppression des multiples droits intérieurs qui entravaient le commerce. Il voulait faire du royaume un véritable « marché commun », unifiant le statut des Cinq grosses Fermes, des « provinces réputées étrangères » et étrangères effectives, réalisant ainsi une réforme dont on parlait depuis le temps de

Colbert et que Trudaine avait failli réaliser en 1766. Les
travaux de la commission des péages qui, depuis des années,
s'efforçait de réformer les abus, nombreux dans ce domaine,
seraient accélérés. La gabelle, qu'on ne pouvait totalement
supprimer, car elle rapportait 60 millions, soit 10 % des
dépenses de l'État, serait simplifiée et les régimes unifiés. Ce
véritable bouleversement fiscal partait de l'idée, très moderne
quoique rarement appliquée, que le manque à gagner d'un
côté serait compensé de l'autre par le développement du
commerce et la diminution de la fraude. Dès cette époque,
deux cents ans avant Laffer, certains esprits avisés constataient
que l'excès d'impôt tue l'impôt. « L'expérience, déclarait le
Parlement de Paris en 1781, cette leçon souvent tardive, a
démontré une vérité dont il n'est pas permis de douter : c'est
que les impôts ont des bornes au-delà desquelles ils se nuisent
réciproquement, c'est que, ces bornes passées, ils ne sont plus
qu'une charge pour les peuples et une ressource faible,
quelquefois même illusoire, pour l'État. »

C'était, de très loin, le projet le plus novateur jamais
préconisé depuis longtemps ; et comme, à ces mesures,
Calonne joignait, à la différence de ses prédécesseurs, une
véritable politique économique, agricole, industrielle et
commerciale fondée sur la confiance dans le crédit pour
favoriser l'expansion, on comprend qu'un historien américain
ait pu parler du « *Calonne's new deal*[1] ». A certains égards,
on peut considérer le contrôleur général comme un précurseur
des théories de Keynes avec un siècle et demi d'avance.
Comme tous les précurseurs, Calonne fut tout à fait incompris,
même des esprits qui se croyaient novateurs ou tout au moins
ouverts aux nouveautés.

Le premier point — l'accord du roi — ayant été acquis
assez facilement, l'essentiel était d'obtenir l'adoption de mesures
qui heurtaient tant d'intérêts et tant d'habitudes. Calonne
considéra qu'on ne pouvait raisonnablement espérer faire
enregistrer un tel programme par le Parlement de Paris, en
quoi il se trompait sans doute, car un pouvoir résolu et habile
parvient presque toujours à vaincre les oppositions. Il eut
donc l'idée de proposer au roi de réunir une Assemblée des
notables, ce qui ne s'était plus fait depuis 1626. La plupart
des ministres, Vergennes, Miromesnil, Ségur, Breteuil, n'approuvèrent pas cette solution. Se doutaient-ils qu'en faisant
ainsi appel à une Assemblée, même non élue, on risquait de

s'engager dans un engrenage qui pouvait se révéler dangereux ? Calonne, néanmoins, réussit à faire prévaloir son point de vue. Il se berçait de l'illusion qu'il dominerait une Assemblée qui n'oserait lui résister et ne serait qu'une docile chambre d'enregistrement. Alors qu'il aurait fallu agir avec rapidité, on laissa au contraire traîner les choses, puisque la convocation ne fut décidée que le 29 décembre.

L'Assemblée comprenait 144 membres nommés par le roi, mais le choix en était fort discutable. On y trouvait 14 archevêques et évêques, 36 ducs, pairs et maréchaux de France, 12 conseillers d'État et maîtres des requêtes, 38 magistrats, 12 députés des pays d'États dont 4 du clergé, 6 de la noblesse et 2 du tiers état, 25 officiers municipaux. Il est évident qu'une telle réunion de privilégiés n'était nullement représentative des forces vives de la nation dont les éléments les plus dynamiques n'apparaissaient pratiquement pas.

La Fayette siégea à cette Assemblée, mais sa désignation donna lieu à des interprétations diverses. D'Allonville prétend que, « presque oublié depuis la guerre d'Amérique, il fit bassement la cour à Calonne pour être nommé[2] ». Les *Mémoires secrets* confirment cette version : « C'est lui qui a sollicité fortement M. de Calonne de le mettre sur la liste des notables, qui lui a dit désirer cette faveur autant que le bâton de maréchal de France. Ce ministre lui répondit qu'il était bien jeune, qu'il n'avait fait preuve d'aucune connaissance en administration, qu'il n'avait aucune dignité qui le rendît susceptible d'être appelé à cette Assemblée, mais que, cependant, étant très recommandable par son personnel, il ne voyait aucun inconvénient de le proposer au roi, qu'il ne doutait pas que Sa Majesté ne l'agréât, mais qu'il le priait de faire attention que c'était un engagement qu'il contractait d'entrer dans toutes les vues du monarque pour le bien de ses sujets, et M. de La Fayette de promettre zèle et soumission[3]. » Le marquis, en effet, avait été en relation avec Calonne à propos de la question des ports francs ; leurs préoccupations se rejoignaient, puisque le contrôleur général, très attentif au développement économique, « rêvait de faire de la France

l'entrepôt de l'Europe pour y attirer le commerce américain[4] ».
Il n'y avait *a priori* aucune antipathie entre les deux hommes.

Il semble que La Fayette, d'abord porté sur la liste proposée
au choix du roi, ait été rayé, mais par qui ? Louis XVI venait
de lui donner une marque évidente de faveur en l'emmenant
dans son carrosse lors du voyage de Cherbourg. Il fut en tout
cas rétabli, selon les uns sur les instances de Castries et de
Breteuil, selon d'autres à la suite des démarches pressantes
qu'il fit auprès du contrôleur général. C'est ce que soutient
d'Espinchal, selon lequel La Fayette, désespéré de ne pas voir
son nom sur les listes, « courut aussitôt chez le contrôleur
général Calonne qui, à cette époque, était tout-puissant, lui
peignit sa vive douleur, se regardant comme arrêté dans sa
brillante carrière, même comme perdu, anéanti, s'il n'était pas
des notables. Le complaisant ministre se laissa toucher et
promit d'en parler au roi qui accorda la grâce que sollicitait
La Fayette avec tant d'insistance[5] ». Lui-même se borna à
écrire à Washington le 13 janvier 1787 : « J'avais été sur les
premières listes, et mon nom ne se trouvait pas sur la dernière,
mais on l'a rétabli avant que j'aie pu savoir le motif de
l'exclusion[6]. »

La convocation de l'Assemblée suscita un grand enthousiasme. La *Correspondance* de Grimm expliquait que « les
bons citoyens eux-mêmes, qui avaient montré quelque pré-
vention contre le caractère et les vues du ministre actuel,
osent en concevoir de grandes espérances ». Bailly, le futur
maire de Paris, y voyait poindre le triomphe de la raison.
Talleyrand, Mirabeau étaient enthousiastes, et Marie-Joseph
Chénier composa un poème pour célébrer l'événement. Les
diplomates étrangers en poste à Paris se montraient en
revanche moins optimistes, et il se trouva des esprits caustiques pour imaginer un ballet-pantomime allégorique de la
composition de Calonne intitulé *Le Tonneau des Danaïdes*.

La Fayette, au contraire, laissa éclater sa satisfaction : « Il
n'était pas de voie plus patriotique, plus franche, plus noble.
Le roi et son ministre, M. de Calonne, méritent qu'on leur
en sache gré et j'espère qu'un tribut de gratitude et de bonne
volonté récompensera cette mesure populaire. » Il résumait
ainsi ce qu'il attendait de cette Assemblée : « Mon vœu ardent
et ma chère espérance est de voir cette réunion amener des
assemblées populaires dans les provinces, la destruction de
beaucoup d'entraves commerciales et un changement dans le

sort des protestants, toutes choses auxquelles je vais, avec mes amis, travailler de tout mon cœur et dévouer mes faibles efforts[7]. »

Les notables avaient été convoqués pour le 29 janvier, mais la maladie de Vergennes, qui mourut le 13 février, et celle de Calonne lui-même obligèrent à retarder l'ouverture au 22 de ce mois. Les mauvais esprits commençaient à exercer leurs talents en parlant, le snobisme anglomane aidant, des *not able* (« incapables »). Il semble que, dès ce moment, on vit « se manifester l'esprit de méfiance, de critique, d'opposition, de censure et même de raillerie[8] ». La Fayette, lui, demeurait optimiste. Le 7 février, il écrivait à Washington : « J'ai la vive espérance que cette Assemblée aura de bons résultats. Je me flatte que nous obtiendrons une sorte de Chambre des représentants dans chaque province, non, il est vrai, pour fixer, mais au moins pour répartir les taxes, et que plusieurs droits qui gênent le commerce seront abolis. » A propos du sort des protestants, il ne pensait pas que la question serait soumise aux notables pour ne pas risquer de soulever les protestations du clergé et « d'un parti bigot ». Il a confiance dans le roi, car rien n'empêche que Louis XVI, « s'il se met au-dessus des plaintes des opposants qui ne peuvent qu'intriguer et crier, ne décide lui seul cette importante question ». Les soucis de politique intérieure ne l'empêchaient pas de se préoccuper des troubles survenus en Nouvelle-Angleterre qu'il espérait voir s'apaiser rapidement, car ils nuisaient à la bonne image de l'Amérique en Europe.

La Fayette avait alors — ce qui montre une fois de plus son degré de faveur — le privilège d'être logé dans le château de Versailles où il se trouvait en compagnie de D'Estaing, du marquis de Chastellux, des archevêques de Narbonne et de Reims, du maréchal de Mouchy, du duc de Luxembourg, du premier président d'Aligre, du prévôt des marchands Le Peletier de Mortefontaine[9]. De cette faveur, on peut trouver un autre témoignage dans une lettre de Jefferson à James Madison du 30 janvier, qui analyse fort lucidement la position du marquis. Il est, dit-il, « un précieux auxiliaire pour moi. Son zèle est sans bornes et son influence près du pouvoir très grande. Son éducation ayant été purement militaire, le commerce était pour lui lettre morte. Mais son bon sens le mettant à même de comprendre parfaitement ce qui lui est expliqué, son influence a été très efficace. Il a un talent solide, est bien vu du roi et sa popularité grandit. Il n'a rien contre lui que ses principes républicains. Je pense qu'il sera ministre un jour. Son faible est une faim canine pour la popularité et la renommée, mais il s'élèvera au-dessus de cela[10] ». Le futur président des États-Unis se trompait... La Fayette ne serait jamais ministre, car il n'était en aucune manière un homme de gouvernement ; quant à la « faim canine », elle ne devait s'éteindre qu'avec lui-même.

La première réunion des notables eut lieu le 22 février à onze heures dans l'hôtel des Menus-Plaisirs. La séance s'ouvrit par un bref discours du roi qui annonçait la substance des projets : « Améliorer les revenus de l'État et assurer leur libération entière par une répartition plus égale des impositions, libérer le commerce des différentes entraves qui en gênent la circulation et soulager, autant que les circonstances le permettront, la partie la plus indigente de mes sujets. »

Les membres furent aussitôt répartis en sept bureaux présidés par des princes du sang : les comtes de Provence et d'Artois, le duc d'Orléans, le prince de Condé, le duc de Bourbon, le prince de Conti et le duc de Penthièvre. La Fayette siégea dans le deuxième, présidé par le comte d'Artois et qui comprenait trente et une personnes, dont l'archevêque de Toulouse Loménie de Brienne, le premier président de la Chambre des comptes, Nicolaÿ, le premier président du parlement de Bordeaux Le Berthon, le prévôt des marchands de Paris Le Peletier de Morfontaine, le prince de Robecq, les duc de Guines, d'Harcourt et de Laval, les maires de Montpellier, de Bourges et de Limoges.

Au cours de la seconde séance, le 23 février, Calonne commença à exposer ses projets et présenta à l'Assemblée six mémoires sur l'établissement d'assemblées provinciales, l'imposition territoriale, le remboursement des dettes du clergé, la diminution de la taille, la libération du commerce des grains, la réforme de la corvée. Questions fort techniques que les bureaux devaient étudier. Celui dans lequel siégeait La Fayette fit preuve de beaucoup de zèle et se réunit presque chaque jour. Le marquis y joua un rôle actif, et on lui confia l'étude de questions sur lesquelles ses compétences n'étaient guère évidentes. Le 6 mars, il dut ainsi rédiger des avis sur la réduction de la taille, le commerce des grains, la corvée pour l'entretien des routes. Un certain nombre de ses collègues lui apportèrent leur aide : le duc de Guines, les premiers présidents Le Berthon et de Cœur de Roi et le prévôt des marchands Le Peletier.

Le 12 mars, Calonne soumit à l'Assemblée huit mémoires concernant des questions fiscales. Il s'agissait de réformer certains droits frappant le commerce et d'en supprimer certains autres comme ceux sur la marque des fers, la fabrication des huiles et savons, le droit d'ancrage des navires dans les ports. On évoqua aussi les taxes sur les produits coloniaux, les privilèges dont bénéficiaient certaines provinces pour le commerce du tabac, enfin une affaire qui soulevait les passions : la réforme de la gabelle, impôt impopulaire s'il en fut.

Les bureaux modifièrent assez sensiblement les projets ministériels, et La Fayette se distingua par son opposition en allant très loin dans la voie du libéralisme économique : il fallait, selon lui, supprimer totalement la gabelle. Le 24 mars, le deuxième bureau adopta ses vues et demanda que le roi veuille bien, « par la même loi qui abrogera la gabelle, ordonner que tous les malheureux qu'elle a précipités dans les fers ou conduits aux galères soient aussitôt rendus à la liberté et à leurs familles ». On peut donc se demander quelle fut l'origine de la rumeur rapportée par les *Mémoires secrets* du 19 mars, selon laquelle La Fayette, d'Estaing et Bouillé, « accoutumés tour à tour et à l'obéissance passive du militaire et au génie de despotisme que donne le commandement des troupes [...], ont montré la soumission la plus aveugle et la plus servile dans tous les cas où il s'est élevé des contestations et déployé quelque énergie de la part des autres notables ». Bien au contraire, La Fayette ne cessa de défendre la cause de toutes les libertés en donnant son avis avec beaucoup d'indépendance aussi bien sur les droits et franchises de la Bretagne que sur les observations de la ville de Bordeaux sur les traites. Le 28 mars, il réclamait la suppression des droits sur les cuirs.

Tout cela reposait sur un louable souci d'une simplification fiscale très nécessaire, mais La Fayette, qui fut toute sa vie un piètre financier, ne songeait pas à compenser les manques à gagner pour l'État que constitueraient toutes ces suppressions.

Le 29 mars, Calonne aborda les questions domaniales et, le 31, le premier président de Nicolaÿ, approuvé par La Fayette et par l'évêque de Langres, Mgr de La Luzerne, dénonça des marchés onéreux pour l'État qui auraient été conclus. Le comte d'Artois en référa au roi qui déclara que « lorsqu'on se permettait des inculpations si graves, il fallait les signer ». Nicolaÿ se déroba et, le 2 avril, La Fayette commença à lire un long mémoire qui fut ensuite imprimé et diffusé[11].

Que disait-il dans ce texte qui souleva une telle émotion qu'Artois tenta de l'empêcher de le lire en séance ? Il s'en prenait avec vigueur à des marchés, qu'il prétendait scandaleux, portant sur certains domaines royaux et demandait que « Sa Majesté soit suppliée d'ordonner un examen sérieux, par personnes non suspectes, de tous les bons du roi pour les domaines ainsi que des titres, bons, ventes, échanges ou achats qui sont ou devraient être à la Chambre des comptes [on comprend pourquoi Nicolaÿ s'était prudemment dérobé...], de manière que Sa Majesté puisse connaître la valeur des dons qu'Elle a faits, revenir sur les marchés onéreux qui n'ont pas été liquidés et rompre ceux où, depuis Son avènement au trône, Elle aurait été lésée d'outre-moitié ». Il citait deux exemples : l'achat aux Guéménée de la seigneurie de Lorient et celui de l'échange du comté de Sancerre. Avec une audace certaine, il posait des questions gênantes : « Je demande pourquoi les ministres des Finances proposent au roi des achats et des échanges qui, n'étant aucunement à sa convenance, ne peuvent servir qu'à la convenance des particuliers. Je pourrai peut-être aussi demander pourquoi l'on fait acheter des domaines au roi quand on pense qu'il faut vendre ceux qu'il a. Je ne suis ni le Conseil du roi, ni la Chambre des comptes, ni l'administration des Domaines, je ne puis donc vérifier ce que j'indique, mais mon patriotisme est alarmé et sollicite un examen sérieux. » Il conclut en insistant sur le fait que les sommes ainsi dissipées sont levées par l'impôt et que celui-ci ne peut être justifié que par le vrai besoin de l'État, « que tous les millions abandonnés à la déprédation ou à la cupidité sont le fruit des sueurs, des larmes et peut-être du sang des peuples » ; mais il fait confiance au roi pour mettre fin à ces abus[12].

Ces attaques étaient-elles justifiées ? Certaines transactions ne pouvaient manquer de paraître abusives. En juin 1782, par exemple, le Domaine royal avait cédé aux Polignac pour 1,2 million de livres la baronnie de Fénétrange, en Lorraine, mais en fait le roi avait fait don du montant de l'achat. En janvier 1786, on avait supprimé un droit appartenant aux Polignac sur le poisson vendu au principal marché de Bordeaux, mais le propriétaire avait touché une indemnité de 800 000 livres. Il y avait aussi des exemples de surévaluation. Lorient, acheté par le roi aux Guémenée en 1784 et payé 12 millions, n'en valait que le tiers. L'affaire, fort embrouillée, du comté de Sancerre, en 1785, avait donné lieu à des insinuations malveillantes mais il semble qu'elle n'était pas aussi désavantageuse pour le roi qu'on l'a prétendu[13]. La Fayette avait indiscutablement mis au grand jour des affaires que l'on ne souhaitait sûrement pas évoquer, et il s'attira ainsi de très vives inimitiés. Dans une lettre à Washington du 5 mai, il écrit : « J'ai demandé qu'il fût fait une enquête sur les marchés par lesquels, sous prétexte d'échanges, des millions avaient été prodigués aux princes et aux favoris. » Il prétendait aussi que Calonne, furieux de ses attaques, aurait demandé au roi de le faire mettre à la Bastille.

Il ne semble pas que La Fayette soit intervenu sur d'autres points importants. Sur l'affaire essentielle de l'égalité devant l'impôt, que les notables repoussèrent avec horreur, donnant ainsi la mesure de leur égoïsme et de leur aveuglement, il ne semble pas qu'il ait pris parti. Le refus opposé par l'Assemblée au projet de subvention territoriale fut pourtant l'un des moments capitaux de son existence puisque, tous les efforts du contrôleur général pour convaincre, y compris l'appel à l'opinion, s'étant révélés vains, Louis XVI céda une fois de plus devant les cabales et congédia Calonne le 8 avril. Décision fâcheuse. Après avoir montré la valeur et l'originalité de la politique économique de celui-ci, Albert Goodwin conclut : « On avait fait disparaître de la politique française le seul homme susceptible de remédier aux désordres financiers qui allaient sous peu assurer l'effondrement de l'Ancien Régime[14]. » Il est regrettable de constater que La Fayette ne sut absolument pas mesurer l'importance du programme économique et financier soumis aux notables. Son aspect résolument novateur aurait dû l'impressionner. Il n'en fut rien, et il se laissa emporter par l'aveuglement général.

Certains contemporains étaient plus lucides, tel le baron de Besenval qui considérait que le disgrâce de Calonne était certainement le plus mauvais parti que le roi pût prendre : « Cédant à l'opposition obstinée des ordres privilégiés, par la faiblesse de sa conduite, il s'était mis absolument dans la situation de Charles Ier après qu'il eut sacrifié le comte de Strafford.[16] »

La disgrâce brutale du contrôleur n'inspira pas à La Fayette le moindre commentaire, et il ne l'évoqua pas dans sa lettre à Washington du 5 mai, qui est pourtant une sorte de compte rendu de la première partie de l'Assemblée. Il avait conscience d'avoir pris de gros risques : « Le roi et sa famille ainsi que les grands seigneurs de son entourage, à l'exception de quelques amis, ne me pardonnent pas les libertés que j'ai prises et le succès que j'ai obtenu parmi les autres classes de la nation. » Complètement inconscient des enjeux essentiels, il se déclarait satisfait des résultats obtenus : « Nous allons avoir dans chaque province de bonnes chambres des représentants, non pour voter l'impôt mais pour le répartir. Nous avons amené le roi à réduire les dépenses de 40 millions de livres par an ; nous demandons une plus grande publicité dans l'administration, mais nous serons à la fin obligés d'approuver des emprunts et de créer des taxes. L'Assemblée s'est conduite avec fermeté et patriotisme. » Mme de La Fayette n'était pas moins enchantée et pleine d'illusions. Dès le 17 mars, elle avait écrit à Mme de Chavaniac : « Les nouvelles de l'Assemblée sont toujours aussi brillantes. Ils font des merveilles, et vous ne serez pas étonnée que le notable qui vous intéresse fasse très bien[16]. »

Depuis le 10 avril, le contrôleur général était le vieux Bouvard de Fourqueux qui ne resta en place que quinze jours et eut tout juste le temps de soumettre aux notables deux mémoires relatifs à des questions fiscales. Le 25 avril, le roi le remplaçait par l'archevêque de Toulouse, Loménie de Brienne, qui n'avait cessé d'intriguer contre Calonne avec le clan Necker, le premier président d'Aligre, Miromesnil et aussi la reine. Remarquable championnat d'aveuglement...[17].

La question du déficit budgétaire restait primordiale. Le 27 avril, le comte d'Artois forma quatre comités pour l'étudier, et La Fayette siégea dans le deuxième, puis, après le 10 mai, dans le quatrième, chargé de préparer des propositions pour le roi. Il semble qu'il se passionna pour ces problèmes financiers puisqu'il rédigea alors trois mémoires. Le fit-il seul ou eut-il recours à des conseillers ? Nous l'ignorons[18].

Il déplorait d'abord, à juste titre, le manque de concertation entre les bureaux du Contrôle général qui faisait que personne ne connaissait exactement les chiffres réels du déficit, lesquels variaient entre 80, 112, 140 millions. Le premier mémoire, très vague, ne contient guère que du verbiage démagogique sur « la dissipation et le luxe de la Cour et des premières classes de la société ». On n'y trouve aucune analyse sérieuse des causes profondes, structurelles, de ce déficit. Pas la moindre allusion aux dépenses énormes provoquées par la guerre d'Amérique, aux faiblesses d'un système fiscal archaïque d'une extrême complexité, puisque, suivant la vieille tradition française, on ajoutait toujours sans jamais rien supprimer.

Quant aux remèdes proposés, ils étaient fort limités : pratiquer une politique d'économies, réduire les dépenses de la Maison du Roi, supprimer les prisons d'État, donner à chaque emploi des appointements fixes (c'était déjà fait depuis longtemps dans l'armée et la marine), rendre plus rigoureux les budgets des divers départements ministériels qui seraient publiés chaque année, renforcer le contrôle de la Chambre des comptes qui avait pris un retard considérable. N'oubliant pas son état militaire, le marquis souhaitait une réforme du budget de la Guerre, sans préciser laquelle, mais demandait qu'on augmentât la nourriture des soldats, « insuffisante même à leur conservation ». Un comité pourrait être chargé de préparer les budgets et d'en surveiller l'exécution, et il insistait sur la publicité des comptes « dans une forme convenue, qui me semble absolument nécessaire ». Il estimait indispensable aussi de publier la liste des pensions et gratifications distri-buées par les divers départements ministériels, lesquels « ne doivent que récompenser les services ou encourager les talents ». Il souhaitait que le roi confirmât « l'hypothèque qu'elle affectera désormais à tout emprunt » et que l'on renonçât au système des anticipations qui faisait la fortune des banquiers. Enfin, il comptait beaucoup sur les assemblées provinciales pour « égaliser les charges publiques » et admet-tait la nécessité de nouveaux impôts mais qui « doivent avoir un terme très court ». Tout cela était fort loin d'avoir l'ampleur du programme de Calonne.

Si les deux premiers mémoires concernaient essentiellement les finances, le troisième prenait une coloration plus politique et s'achevait par une proposition qui allait provoquer des mouvements divers. La Fayette commençait par insister sur la misère des peuples, écrasés sous les charges, et traçait un portrait alarmant de l'Auvergne : « Ses cultivateurs abandonnent leurs charrues, ses artisans leurs ateliers [...], ses plus industrieux citoyens, dépouillés de ce qu'ils gagnent chez eux et de ce qu'ils rapportent des autres pays, n'ont bientôt plus d'autre alternative que la mendicité et l'émigration. » Il considérait donc qu'il était impossible « d'augmenter les charges du peuple sans le réduire à toutes les extrémités de la misère et du désespoir ». Sans doute généralisait-il un peu vite une situation propre à l'Auvergne, car il ne manque pas de témoignages attestant au contraire l'amélioration du sort commun. Besenval, par exemple, écrivait le 6 mars 1787 : « Il était pourtant extraordinaire de voir le roi prêt à faire banqueroute dans un instant où la France était si florissante, la population au degré le plus désirable, l'agriculture et l'industrie poussées à leur comble et Paris regorgeant d'argent. » En fait, la situation variait sensiblement d'une région à l'autre, mais La Fayette ne se souciait pas de ces nuances qui risquaient d'affaiblir sa thèse. Était-il conscient des énormes progrès réalisés par le commerce maritime français et de l'expansion accélérée des régions atlantiques[19] ?

Reprenant alors la doctrine soutenue par les parlements, ils proclamait que l'Assemblée n'avait pas le pouvoir de voter de nouveaux impôts : « Ce droit imprescriptible de déterminer les charges publiques appartient aux seuls représentants de la nation. Les impôts ne prennent une consistance légale que par l'enregistrement des cours souveraines. » Il importait, selon lui, de comprimer les dépenses avant de songer à augmenter les recettes et de donner le maximum de publicité à ces économies. La perception du droit de timbre devait être soumise aux assemblées provinciales « pour qu'elles puissent juger du produit de ces impôts ». Il dénonçait pêle-mêle les loteries, « ce jeu coupable dont le gouvernement est le banquier, ce foyer de corruption dont il est le solliciteur », la marque des cuirs « qui a perdu les tanneries du royaume et sur laquelle il est difficile de distinguer l'innocence de la fraude », la taille, « impôt inégal, arbitraire, ruineux », et se ralliait avec empressement à la proposition du procureur général du parlement d'Aix, Leblanc de Castillon, « sur les contributions à demander au luxe et à la faveur », mais sans préciser lesquelles.

Ce qui fit évidemment sensation, ce fut la conclusion qu'il

donna à ce mémoire. Elle ne manquait pas d'audace : « Dans tous les cas, les travaux de l'Assemblée, la salutaire influence des assemblées provinciales, les talents et les vertus de l'Assemblée actuelle doivent amener un nouvel ordre des choses dont l'énumération pourrait être contenue dans un mémoire particulier que je propose de présenter à Sa Majesté. Comme le crédit doit être transporté sur des bases plus naturelles, que la baisse de l'intérêt de l'argent peut diminuer celui de la dette publique dans le rapport de 7 à 4 [il ne dit pas par quels moyens on pourra obtenir cette baisse], comme la simplification de perception doit délivrer l'État des compagnies de finances dont les engagements finissent dans cinq ans, il me semble que cette époque est celle que nous devons supplier Sa Majesté de fixer dès à présent pour ramener à Elle le compte de toutes les opérations et en consolider à jamais l'heureux résultat par la convocation d'une Assemblée nationale. »

C'était sans doute la première fois qu'on prononçait cette expression qui provoqua une certaine stupeur et donna lieu au dialogue que La Fayette rapporte dans ses *Mémoires* : « Quoi, Monsieur, dit le comte d'Artois, vous demandez la convocation des États généraux ? — Oui, Monseigneur, et même mieux que cela. — Vous voulez donc que j'écrive et que je porte au roi : M. de La Fayette faisant la motion de convoquer les États généraux ? — Oui, Monseigneur. » Et il ajoute : « Le silence fut général, et l'idée qui venait d'être jetée en avant, l'expression "mieux que les États généraux" c'est-à-dire d'une Assemblée nationale, ne parut alors dans les bureaux comme dans la société que la vaine expression d'un désir irréfléchi[20]. » La Fayette venait, peut-être inconsciemment, de baliser un avenir plus proche qu'il ne l'imaginait.

L'Assemblée des notables ne s'occupa pas uniquement de questions financières. Elle se prononça sur la réforme du statut des protestants et sur celle de la législation criminelle, deux affaires auxquelles La Fayette portait un vif intérêt. L'idée d'une amélioration de la procédure criminelle était dans l'air depuis longtemps, surtout depuis la parution en 1766 pour les soins de l'abbé Morellet de la traduction du traité *Des délits et des peines* de Beccaria, qui connut un grand

succès. Malesherbes, Turgot, d'Alembert, Condorcet se pas-
sionnaient pour le sujet. Turgot préconisait l'adoption des
formes anglaises de l'instruction : abolition de la torture,
instruction publique des procès, garanties données à la défense.
Brissot avait publié en 1781 une *Théorie des lois criminelles*
dans laquelle il indiquait que « le coupable est un malade ou
un ignorant qu'il faut guérir ou éclairer, et non pas étouffer[21] ». Le mouvement dans ce sens était européen puisque
l'une des premières décisions du roi de Suède Gustave III,
après la révolution d'août 1772, avait été d'abolir la torture.
Dans un ordre d'idées voisin, Louis XVI devança les désirs
de l'Assemblée en prescrivant, dès le 24 mars 1784, de limiter
au strict minimum les internements administratifs sur ordre
du roi concernant les aliénés, les libertins arrêtés à la demande
des familles, les coupables de crimes ou délits intéressant
l'ordre public, ce qui évitait aux accusés de passer en justice.
La circulaire adressée par Breteuil aux intendants à ce sujet
leur recommandait en particulier de n'accueillir « qu'avec la
plus grande circonspection les plaintes des maris contre leurs
femmes et celles des femmes contre leurs maris[21] ». La
position de La Fayette sur ces questions n'avait donc rien
d'original. Le 23 mai, il présenta un projet d'arrêté à ce sujet.
Le comte d'Artois remarqua que l'affaire n'était pas inscrite à
l'ordre du jour mais qu'il se chargerait volontiers d'en parler
au roi. Le texte fut adopté à l'unanimité. Le lendemain, un
autre document demandait un statut légal pour les protestants,
ce qui deviendrait réalité avec l'édit de tolérance de novembre
1787 et la révision des grandes ordonnances rédigées sous
l'inspiration de Colbert entre 1667 et 1673, concernant la
procédure civile et criminelle, les eaux et forêts et le
commerce. Il s'agissait de donner à la législation française
« toute sa perfection par les changements que la seule
ancienneté de ces lois et la différence des temps et des mœurs
peuvent exiger et dont le progrès des lumières assurera
l'utilité ».

L'Assemblée des notables tint une dernière séance présidée
par le roi le 25 mai. Quel bilan pouvait-on dresser de cette
expérience ? La Fayette le trouvait très positif et dressa pour
John Jay un tableau presque euphorique : meilleure répartition
des impôts, assemblées provinciales, économies sur les dépenses
de l'État, réforme des douanes intérieures et la gabelle,
publicité des comptes budgétaires et des pensions, « une

instruction plus générale, l'habitude de penser aux affaires publiques, tels sont les bons effets de cette Assemblée qui, bien qu'elle ne fût pas nationale puisque nous manquions de caractère représentatif, s'est conduite avec beaucoup de justesse et de patriotisme ». Emporté par son optimisme, il oubliait l'essentiel, c'est-à-dire le refus opposé aux aspects les plus novateurs des projets de Calonne. A une époque où l'on ne parlait que de raison, les notables et une grande partie de l'opinion n'avaient réagi qu'en vertu de réflexes passionnels et d'intérêts particuliers. Ils avaient, selon le mot de Talleyrand, « mis leur gloire dans l'opposition ». Bien des contemporains, plus lucides que La Fayette, constatèrent la maigreur du bilan. « Quand M. de Calonne assembla les notables, notait Rivarol, il découvrit aux yeux du peuple ce qu'il ne faut jamais lui révéler : le défaut de lumières plus encore que le défaut de l'argent. La nation ne put trouver, dans cette Assemblée, un seul homme d'État, et le gouvernement perdit à jamais notre confiance[22]. » En fait, cette confiance était déjà perdue depuis longtemps, depuis les années 1770 selon William Doyle : « Un autre effet nocif de l'Assemblée fut de forcer la Cour à recourir aux parlements, d'autant plus puissants dès lors qu'on avait indiscrètement avoué la crainte qu'on en avait et d'exalter les esprits, d'effrayer les créanciers de l'État, de montrer enfin l'impuissance où était le gouvernement de marcher par lui-même[23]. » Si le roi avait alors pris l'initiative d'une mise en œuvre d'un vaste plan de réforme, il aurait pu sans doute reprendre la situation en main, mais c'était beaucoup trop lui demander : « Ce ne fut pas la force de l'opposition qui empêcha la couronne de faire des réformes mais sa propre inertie, son incertitude et son irrésolution[24]. »

La Fayette se félicitait de la nomination de Loménie de Brienne qu'il considérait comme capable, honnête, éclairé et libéral. Les deux hommes entretinrent pendant quelque temps des relations harmonieuses mais ils se brouillèrent rapidement en raison de l'obstination du marquis à réclamer les États généraux. Les projets préparés par les notables, tout au moins certains d'entre eux, se heurtèrent à la résistance du Parlement de Paris. S'il enregistra sans difficulté en juin les déclarations royales sur la liberté du commerce des grains, la création des assemblées provinciales et la transformation de la corvée en prestation en argent, il refusa le 6 juillet celles qui créaient le droit de timbre et la subvention territoriale. Louis XVI dut tenir le 6 août un lit de justice, les parlementaires s'étant soudain avisés de leur incompétence, « la nation seule réunie dans des États généraux pouvant donner à un impôt perpétuel un consentement nécessaire ».

Tous ces événements avaient eu quelque retentissement et dans l'opinion, tout au moins parisienne, et sur la situation personnelle de La Fayette. Il l'expliqua à Washington dans une lettre du 3 août : « L'esprit de liberté gagne beaucoup dans ce pays, les idées libérales se propagent d'un bout du royaume à l'autre. Notre Assemblée de notables était une belle chose, excepté pour ceux qui l'avait imaginée. Vous savez la querelle personnelle que je me suis faite à propos de quelques dons accordés aux favoris aux dépens du public. Cela m'a attiré un grand nombre de puissants et invétérés ennemis mais a été très bien reçu de la nation. J'ai depuis lors présenté quelques-unes de mes idées en termes fort clairs. Je ne puis dire que je sois en faveur à la Cour, si par elle vous entendez le roi, la reine et les frères du roi, mais je suis amicalement avec l'administration actuelle. L'archevêque de Toulouse est un homme également distingué par ses talents et ses vues élevées ; le Conseil est mieux composé qu'il ne l'a jamais été. »

En revanche, il se désolait des nouvelles reçues d'Amérique où la situation politique restait confuse et précaire malgré l'élection de Washington à la présidence le 25 mai 1789 : « La renommée de l'Amérique est en déclin. Ce qui réjouit ses ennemis nuit à ses intérêts, même auprès de ses alliés, et fournit aux adversaires de la liberté des arguments antirépublicains. Sa considération diminue, son crédit s'évanouit, ses bonnes intentions sont soupçonnées, sa prospérité future est quelquefois mise en doute[25]. » Il formait des vœux pour le succès de la convention qui avait reçu mission de préparer une Constitution.

Par son attitude souvent agressive à l'Assemblée des notables, La Fayette s'était certainement attiré de sérieuses inimitiés, celle de la reine en particulier qui semble s'être affirmée surtout à partir de ce moment. Elle avait sans doute peu apprécié des attaques qui visaient très ouvertement le clan Polignac (Yolande de Polignac, gouvernante des Enfants de France, était l'une de ses proches amies). Le roi conservait à son égard des sentiments plus mitigés. Il lui savait gré du rôle joué en Amérique au cours de cette guerre qui avait effacé, au moins en partie, les humiliations de la précédente et rendu honneur et confiance à l'armée comme à la marine. Dans ces circonstances nouvelles pour lui, La Fayette avait aussi montré son courage et ses limites : son courage, car il lui en avait fallu devant une telle Assemblée pour dénoncer des pratiques consacrées par un long usage sur lesquelles il était de tradition de jeter un voile, et aussi pour oser demander la convocation d'une Assemblée nationale, procédure inouïe dans la monarchie française.

Il avait aussi mis en évidence ses limites. S'aventurant sur des terrains qui ne lui étaient pas familiers, traitant de questions qu'il connaissait mal faute d'expérience, il donna la mesure de son manque de clairvoyance, de ses illusions et de son esprit démagogique. Il ne sut pas apprécier la valeur du programme économique et financier de Calonne, il se berçait de vues sans doute généreuses mais peu réalistes, souvent simplistes et de surcroît sans aucune originalité. Il connaissait mal les hommes et les choses. A-t-il saisi toute l'ambiguïté de l'attitude des parlements, leur égoïsme foncier, leur aveuglement cramponné à leurs privilèges ? Certainement pas, et ce fut l'origine du refroidissement de ses relations avec Condorcet.

Une anecdote qu'il raconte complaisamment dans ses *Mémoires* est bien révélatrice d'un état d'esprit. Parlant avec le duc d'Harcourt, gouverneur du dauphin, des livres d'histoire qu'il convenait de faire étudier au jeune prince, « je crois, dit-il, qu'il ferait bien de commencer son histoire de France à l'année 1787[26] ». Vue primaire d'un esprit court qui s'imagine arriver sur une terre vierge... Par cette boutade peut-être irréfléchie, La Fayette montrait seulement qu'il avait bien mal compris l'essence même de sa chère République américaine qui, elle, n'avait jamais songé un instant à faire table rase du passé.

L'ampleur de son irréalisme est donnée par une sorte de déclaration-programme qu'il adressa vers cette époque à sa tante Mme de Tessé : « Assez de fermentation pour menacer de la guerre civile sans la faire, assez de patriotisme pour inquiéter le gouvernement sans prononcer la désobéissance ; dans la perception des impôts, assez d'obstacles pour les réduire à la capitulation mais non pas à la banqueroute nous conduit par un chemin aussi court que possible à cette liberté constitutionnelle que d'autres nations n'ont pas cru trop payer avec des flots de sang et cent ans de guerre et de malheurs[27]. » L'idée ne l'effleurait pas que cet exercice de corde raide, ce programme d'apprenti soricier comme dit André Maurois, allait précisément répandre des flots de sang et déclencher plus de vingt ans de guerre.

En attendant, il fallait repartir pour l'Auvergne.

# CHAPITRE XI

## Député de la noblesse d'Auvergne

Malgré ses prises de positions fracassantes à l'Assemblée des notables, malgré aussi les incidents de sa vie privée, la situation personnelle de La Fayette restait solide puisque le roi, sans rancune, l'avait immédiatement nommé représentant de la noblesse à la toute nouvelle assemblée provinciale d'Auvergne qui allait se réunir en août à Clermont-Ferrand.

Le marquis avait pourtant fait l'objet d'attaques très violentes au moment où les notables commençaient leurs travaux. Le bruit avait couru avec insistance en mars 1787 que le comte de Simiane « s'est tué ces jours derniers dans un accès de jalousie contre le marquis de La Fayette ». Les *Mémoires secrets* et le Journal du comte d'Espinchal s'en faisaient l'écho et un pamphlet anonyme très violent circulait sous le titre *Lettre d'un correcteur des comptes à M. le marquis de La Fayette*. On pouvait y lire des aménités de ce genre : « Quand on veut singer le patriotisme, trancher du Caton, ceux qui ont des yeux pourraient exiger du personnage qui prend ce masque une sévérité plus exacte pour lui-même dans sa conduite et dans ses discours... Enfin quand on court les grades, il faut au moins ne pas se dégrader. » Il est étrange qu'à ce moment Adrienne, qui avait vingt-huit ans — mais nous savons ce qu'il en était de l'espérance de vie à cette époque —, ait cru bon de rédiger un testament très émouvant, rempli d'amour, de dévouement, d'admiration pour son mari et ses enfants, de foi et de confiance en Dieu. Elle était certainement très affectée par l'attitude d'un époux qui, malgré ses nombreuses déclarations épistolaires, ne lui rendait que très partiellement l'attachement passionné dont elle ne cessa de faire preuve à son égard jusqu'à son dernier soupir[1].

Ces incidents n'avaient en rien entamé la popularité de La Fayette en Auvergne où ne devaient guère pénétrer les rumeurs parisiennes. Il fut donc très bien accueilli et put ainsi acquérir une nouvelle expérience dans un type d'assemblée original auquel il s'était toujours déclaré très favorable. Avait-il lu le tout récent *Essai sur les assemblées provinciales* dans lequel son ami Condorcet soutenait qu'elles donneraient naissance à une Assemblée nationale ? Il n'y fait jamais allusion.

Celle d'Auvergne commença ses travaux le 14 août dans la grand-salle du collège de Clermont-Ferrand. D'entrée de jeu, il contesta la procédure de constitution ; il aurait voulu que l'assemblée fût élue et non pas nommée moitié par le roi, moitié par les membres ainsi choisis. Dès la première séance, où ne siégeaient évidemment que les personnes du choix du roi, il fit adopter une motion soutenant « le principe équitable et bienfaisant qui doit régénérer les assemblées par une députation des représentants librement élus par leurs concitoyens ». Il évoquait aussi l'existence d'anciens États de la province et demandait que la nouvelle assemblée ne portât « aucune atteinte aux droits primitifs et imprescriptibles de l'Auvergne[2] ». La présidence ne lui fut pas donnée, mais il expliqua à Washington qu'il ne souhaitait pas l'obtenir, car « le président, étant nommé par le roi, n'est pas aussi indépendant qu'un simple membre[3] ».

D'Espinchal, toujours malveillant à l'égard de La Fayette, notait dans son Journal : « Dès la première réunion de notre assemblée provinciale, La Fayette manifesta des principes révolutionnaires. Il chercha à faire revivre de prétendus États existant en Auvergne il y a quelques siècles. Sans cesse occupé à flatter le tiers état, il tâchait d'aigrir les esprits contre le gouvernement et il faut dire qu'il y avait dans toutes les têtes sans exception de grandes dispositions à cet égard[4]. »

Cette première session de l'assemblée, qui s'acheva le 21 août, s'accompagna de nombreuses fêtes et réceptions où l'enfant du pays fut traité en héros. Le 1er, il était reçu triomphalement à Aurillac, le 4 à Saint-Flour où la loge maçonnique « Sully » l'admit comme membre honoraire. Au cours du banquet, fut célébré « l'illustre La Fayette qui, par ses nobles exploits dans les deux hémisphères, sut se donner sans choix tous les humains pour frères[5] ».

Revenu à Paris au début d'octobre, il entretenait, le 9, Washington de la situation politique en France, principalement de l'agitation provoquée par le refus des parlements d'enregistrer les édits fiscaux. Le roi a cédé et le Parlement de Paris a « très sottement consenti à un arrangement par lequel on retire les deux taxes proposées pourvu qu'il enregistre une augmentation des anciennes ». De même, à la suite de nombreuses plaintes, les assemblées provinciales seront moins soumises à la tutelle des intendants qui ne le prévoyait le premier règlement. La Fayette souligne que le mécontentement général de l'opinion est tel que la reine n'ose plus venir à Paris, et il estime que « nous parviendrons au moins à mettre dans la tête de tout le monde que le roi n'a pas le droit de taxer la nation et que rien dans ce genre ne peut être stipulé que par une Assemblée nationale ». Il dresse ensuite un tableau de l'état politique du royaume, tel tout au moins qu'il le voit. Ce texte est d'un grand intérêt, car il montre à quel point, aveuglé par ses passions partisanes, il donne du royaume une vision tellement inexacte qu'elle en est presque caricaturale à certains égards : « Le roi est tout-puissant en France ; il a tous les moyens de contraindre, de punir et de corrompre. Les ministres sont portés par inclination et se croient obligés par devoir à conserver le despotisme. La Cour est remplie d'essaims de vils et efféminés courtisans ; les esprits sont énervés par l'influence des femmes et l'amour du plaisir ; les classes inférieures sont plongées dans l'ignorance. D'un autre côté, le génie français est vif, entreprenant et enclin à mépriser ceux qui gouvernent. Les esprits commencent à s'éclairer par les ouvrages des philosophes et l'exemple d'autres nations. Les Français sont aisément excités par un noble sentiment d'honneur, et, s'ils sont esclaves, ils n'aiment pas à en convenir. Les habitants des provinces reculées sont dégoûtés par le despotisme et les dépenses de la Cour, de sorte qu'il y a un étrange contraste entre le pouvoir oriental du roi, le soin des ministres pour le conserver intact, les intrigues et la servilité d'une race de courtisans, d'une part, et, de l'autre, la liberté générale de penser, de parler, d'écrire malgré les espions, la Bastille et les règlements sur la librairie. L'esprit d'opposition et de patriotisme répandu dans la première classe de la nation, y compris les serviteurs personnels du roi, mêlé à la crainte de perdre leurs places, leurs pensions ; l'insolence moqueuse de la populace des villes, toujours prête, il est vrai, à se disperser devant un détachement des gardes, et les mécontentements plus sérieux du peuple des campagnes, tous ces ingrédients mêlés ensemble nous amèneront peu à peu sans grande convulsion à une représentation indépendante et par conséquent à une diminution de l'autorité royale. Mais c'est une affaire de temps, et cela marchera d'autant plus lentement que les intérêts des hommes puissants mettront des bâtons dans les roues[6]. »

Erreur de jugement sur la situation présente, illusions sur l'avenir, telles sont les caractéristiques principales de cette analyse : comment peut-on parler de « roi tout-puissant », de « pouvoir oriental » à propos d'un souverain qui se révélait chaque jour plus incapable de faire exécuter ses volontés, dans la mesure où il en avait ? Quant au despotisme ministériel, la toute récente expérience de Calonne venait d'en montrer cruellement les limites. Incohérences aussi : comment se fait-il que ce despote oriental s'accommode de la liberté générale de penser, de parler, d'écrire ? Comment tolère-t-il cet esprit d'opposition que La Fayette reconnaît se répandre (il en est lui-même le plus bel exemple) et dont les tenants semblent bénéficier de la plus totale impunité ? Illusions sur l'avenir, enfin : s'imaginer que l'on parviendrait sans grande convulsion à de grands changements dans les formes de gouvernement était faire preuve d'un optimisme bien exagéré, même s'il était à l'époque très largement partagé par des hommes qui manquaient totalement de l'expérience des mouvements révolutionnaires.

Abordant ensuite les questions de politique étrangère, La Fayette entretenait Washington des affaires de Hollande auxquelles, depuis l'année précédente, il avait été étroitement mêlé. De quoi s'agissait-il ? Le stathouder Guillaume V, époux de Sophie-Wilhelmine, sœur du roi de Prusse Frédéric-Guillaume, très inféodé à la politique anglaise, se heurtait à l'hostilité grandissante des États généraux et du parti patriote, lequel fit appel à la France. La Fayette s'était naturellement enflammé pour la cause patriotique et avait pris des contacts. Il avait été question de lui confier le commandement d'un corps de volontaires, voire de toutes les forces militaires des provinces républicaines. Il y eut même des débuts de négociations menées à Breda par le comte de Saint-Priest avec les chefs du parti patriote, on projeta de concentrer des troupes à Givet, et l'escadre de Brest, placée sous les ordres de Suffren, fut mise en alerte, mais, après avoir beaucoup hésité, selon son habitude, Louis XVI, fortement influencé par Loménie de Brienne, décida qu'on ne ferait rien. Cette dérobade laissa le champ libre aux gouvernements prussien et anglais qui s'empressèrent d'en profiter. Frédéric-Guillaume envoya un corps de troupes commandé par le duc de Brunswick qui rétablit l'autorité du stathouder.

La Fayette jugea sévèrement cette faiblesse. Ségur également qui prétend qu'une concentration de troupes à Givet aurait suffi à dissuader les Prussiens d'intervenir. Mathieu Dumas remarque que cette guerre, si elle avait eu lieu, aurait été aussi populaire que celle d'Amérique et qu'elle aurait de plus relevé le prestige international de la France, retrempé le moral de l'armée et rétabli une discipline qui donnait des signes de faiblesse. Mais Louis XVI était plus pacifiste que jamais, et Loménie de Brienne « redoutait l'explosion d'une guerre que l'état de fermentation intérieure aurait dû lui faire désirer[7] ». Mais les finances étaient-elles en état de supporter un nouveau conflit ?

Furieux de ces fausses manœuvres et de cette pusillanimité, La Fayette constatait que l'Angleterre était le grand bénéficiaire de la crise et craignait qu'enivrée par ce succès, elle ne saisisse l'occasion de « se venger de la guerre d'Amérique ». Son anglophobie ressurgit, et il rêvait d'une coalition antibritannique qui réunirait la France, l'Empereur, la Russie et l'Espagne. Selon Ségur, Catherine II, qui avait été l'un des éléments moteurs de la Ligue des neutres pendant la guerre d'Amérique, considérait ce projet avec faveur et fut très déçue de voir ses offres repoussées par la France. La Fayette aurait naturellement souhaité que les États-Unis participent à cette alliance et en profitent pour joindre le Canada à la confédération. Décidément, il n'avait rien perdu de ses illusions dans ce domaine. Il se souvenait sans doute du peu d'intérêt de Washington pour les affaires européennes et ne croyait guère à l'engagement des États-Unis dans une telle alliance. Tout au plus permettraient-ils aux navires français d'aller réparer dans leurs ports et d'y vendre leurs prises.

*<sub>*</sub>*

Après le rêve, il convenait de revenir aux réalités et d'aller participer à la nouvelle session de l'assemblée provinciale d'Auvergne qui s'ouvrit le 8 novembre 1787. On devait y aborder des problèmes fiscaux puisqu'une des missions principales de la nouvelle institution était de répartir les impôts. Le 3 décembre, La Fayette remettait, au nom du bureau de l'Agriculture et du Commerce, un rapport sur la situation de la province, dans lequel il insistait sur les charges pesant déjà sur le contribuable et faisait preuve d'une grande sagesse : « Le paysan auvergnat, constant par caractère, méfiant par expérience, n'aime pas les nouveautés. Éclairer et encourager doit être notre devise, et, tandis que nous tiendrons un milieu entre l'esprit de système, souvent démenti par la pratique, et l'esprit de routine, toujours étranger aux progrès de son siècle, nous penserons que le bien ne s'opère qu'avec lenteur, qu'une petite amélioration est un salaire suffisant pour de grands travaux et qu'une vérité démontrée a besoin encore du secours de la persuasion. »

Il se félicitait de la libération du commerce des blés, mais se plaignait vivement du manque de moyens de communication. L'Auvergne était isolée, enclavée, « oubliée dans la distribution des routes. [...] Aussi voit-on les voyageurs et le commerce tourner autour de cette province centrale qu'ils devraient vivifier ». Reprenant les thèses soutenues à l'Assemblée des notables, il s'élevait contre les douanes intérieures qui augmentaient considérablement le coût des productions auvergnates et ruinaient les producteurs, contre la gabelle, les droits sur les cuirs, le papier, les quincailleries. Il se plaignait aussi du mauvais fonctionnement de la poste dont l'état était « misérable [...], la poste aux chevaux est presque abattue dans toute l'Auvergne ». Mais son rapport n'était pas qu'une succession de plaintes, il y présentait aussi quelques projets destinés à animer l'économie régionale. Ainsi, il aurait voulu établir une corderie qui aurait transformé sur place les chanvres qui faisaient de l'Auvergne l'un des grands fournisseurs de la marine, mais ceux-ci étaient expédiés bruts et traités dans les ports. De même pour les voiles, car les fils auvergnats alimentaient les manufactures d'Agen. Il souhaitait également développer l'élevage du mouton et améliorer les races en achetant des béliers en Berry et en Rouergue. Enfin, l'Auvergne, pays forestier, manquait d'une politique dans ce domaine, et la disette de bois provenait sans doute d'exploitations intensives pour la marine qui en avait consommé d'énormes quantités pendant la guerre d'Amérique.

Le 6 décembre, La Fayette déposait un second rapport consacré aux projets d'ordre social. Il s'agissait en premier lieu d'encourager les naissances en améliorant les conditions de vie de l'habitant, car, à l'heure actuelle, « tout le dégoûte de transmettre une existence toujours malheureuse et trop souvent humiliée ». Il demandait donc la remise en vigueur de l'ordonnance de 1666 qui exemptait de tout impôt les pères de douze enfants vivants ou morts au service de l'État, la création de cours pour les sages-femmes dans les hôpitaux de la province, l'emploi d'inoculateurs ambulants pour lutter contre la petite vérole. Il aurait aussi voulu travailler à la « destruction de la mendicité » qui ne cessait de s'accroître, mais ne proposait rien de très précis si ce n'est l'établissement de quelques manufactures. Deux autres questions étaient rapidement évoquées : celle de l'émigration, importante dans une province touchée depuis longtemps par ce phénomène, et celle du recrutement des milices qu'il considérait comme une surcharge inutile. Mais il n'insistait ni sur l'un ni sur l'autre point.

Ces exposés provoquèrent le mécontentement du gouvernement qui estima que l'assemblée sortait de ses attributions. Avant de se séparer, le 11 décembre, elle adopta, sur proposition de La Fayette, une motion faisant part au roi de sa « profonde consternation » devant son mécontentement mais insistant à nouveau sur les charges fiscales trop lourdes pesant sur la province et réitérant la demande d'une meilleure répartition[8].

Revenu à Paris, il tint comme d'habitude Washington informé de ses activités et de ses préoccupations. Il a eu « le bonheur de plaire au peuple et le malheur de déplaire au gouvernement à un très haut point ». Celui-ci avait évidemment peu apprécié les diatribes contre la fiscalité trop lourde et trop injuste. On commençait à s'apercevoir que ces assemblées, comme le remarque Sénac de Meilhan, « accoutumèrent à la discussion des affaires de l'administration des hommes de tous les états, elles excitèrent l'ambition de plusieurs, et ce fut le premier germe d'une fermentation générale des esprits[9] ». Celle-ci ne diminuait pas ; bien au contraire, elle gagnait même les campagnes les plus calmes. Dès ce début de 1788, le curé de Lavaufranche, dans l'actuel département de la Creuse, notait qu'il y a « grande fermentation dans les différents états[10] ».

Les parlements contribuaient à entretenir cette agitation, et La Fayette leur pardonnait de sortir de leur rôle, car ils « sont sûrs d'être approuvés par la nation lorsque, parmi bien des choses déraisonnables, ils ont la bonne politique de réclamer une assemblée générale ». Malgré tous ces troubles dans les esprits, il restait toujours optimiste : « Pour moi, je souhaite avec ardeur obtenir un *bill* des droits et une Constitution, et je voudrais que la chose pût s'accomplir autant que possible, d'une manière calme et satisfaisante pour tous. » Il résumait ainsi ce qui allait constituer l'essentiel de son programme dans les mois à venir : une Déclaration des droits de l'homme et une Constitution, mais la France de Louis XVI n'était pas l'Amérique de Washington.

Cette Amérique restait au cœur de ses préoccupations. Depuis son retour d'Auvergne, il avait obtenu un arrêt du Conseil favorable au commerce franco-américain, et il l'annonça triomphalement à Washington en se félicitant de son excellente entente avec Jefferson sur lequel il ne tarissait pas d'éloges. Il s'était naturellement associé au mouvement pro-américain qui se développa alors, principalement avec la création en 1787 par Brissot, Clavière et Bergasse de la Société gallo-américaine. Il adhéra aussitôt à cette association dont le but était de développer les relations commerciales et culturelles entre les deux pays. Brissot et Clavière avaient bien compris, en lisant les *Lettres d'un cultivateur américain* de Saint-John de Crèvecœur, que les nouveaux États-Unis restaient intimement liés à l'Angleterre autant par les traditions que par l'économie. Le livre *De la France et des États-Unis*, paru en 1787, soutenait des théories chères à La Fayette : peinture idéalisée de la société américaine, considérations sur le caractère complémentaire des économies, avantages réciproques présentés pour les deux pays par le développement de leurs relations dans tous les domaines. Lorsque Brissot voulut partir pour les États-Unis en 1788, il demanda des introductions à La Fayette « avec lequel il entretenait quelques relations entachées d'une défiance réciproque[11] ». Celui-ci n'hésita pas à le recommander à Washington qui le reçut à Mount Vernon où Brissot put constater que le futur président des États-Unis possédait environ 300 esclaves qu'il traitait d'ailleurs fort humainement.

Le début de l'année 1788 fut marqué par deux événements. Le 20 janvier, le Parlement ratifia l'édit de tolérance qui donnait satisfaction aux vœux de La Fayette en accordant un statut légal et un état civil régulier aux non-catholiques. Il n'était certes pas le seul à avoir lutté pour cette cause, mais le succès couronnait des efforts conjugués.

Une autre cause à laquelle il était (et demeura jusqu'à la fin de sa vie) très attaché rallia de nouveaux adeptes : l'émancipation des Noirs. A l'image de ce qui existait en Angleterre et que La Fayette connaissait bien, se créa à Paris au début de 1788 une Société des Amis des Noirs, à la création de laquelle il contribua avec Brissot, Clavière, Mirabeau, Garat, Condorcet, Lacépède, Volney, Lavoisier. Il y retrouva un certain nombre d'aristocrates libéraux, les ducs de La Rochefoucauld, de Charost, d'Havré, le marquis de Saint-Aulaire, des ecclésiastiques comme Mgr de Lubersac, évêque de Chartres, qui avait Sieyès pour vicaire général, l'abbé Grégoire. On y vit même quelques dames comme Mme Poivre, veuve de l'ancien intendant de l'Île-de-France. La première réunion eut lieu le 19 février 1788. Les participants s'y proclamaient « américains et amis de la liberté ».

La Fayette continuait aussi à s'intéresser au mesmérisme qui prenait de plus en plus une coloration politique d'opposition et animait une campagne hostile à Calonne et à Loménie de Brienne, menée au Parlement par Adrien Duport, Duval d'Esprémesnil et Monsabert, chez les notables par La Fayette, dans les milieux intellectuels par Brissot, Carra, Bergasse, chez les financiers par Clavière. Le marquis participa à ce que Robert Darnton appelle « la tendance radicale du mesmérisme » qui voulait « recréer l'homme naturel » et régénérer la France en « détruisant les obstacles qui s'opposent à l'harmonie universelle[12] ». Tout cela restait très flou, et ce désir de changement ne s'appuyait guère sur des projets précis, mais ce vague généreux n'était pas pour déplaire à l'esprit utopique de La Fayette. Le 4 février 1788, il écrivait ainsi à Washington : « La France est si puissante par ses ressources, sa fertilité, sa position, tous les avantages dont elle est douée, qu'il faut la placer dans les différents calculs bien au-delà du rang que lui assignent ses rivales et, du moment où elle possédera une Assemblée nationale, elle laissera loin derrière elle toutes les autres nations de l'Europe[13]. » La Fayette vivait alors dans l'illusion, largement partagée d'ailleurs à ce moment, que la convocation des États généraux ou d'une Assemblée nationale serait la panacée qui ferait miraculeusement disparaître toutes les difficultés. Son ami Thomas Paine ne venait-il pas, encouragé par lui et par Condorcet, de publier à Londres un pamphlet pacifiste préconisant un rapprochement franco-anglais pour assurer la paix ? Il estimait qu'une révolution douce était en train de s'accomplir en France avec un accord entre « la majesté du souverain [et] la majesté de la nation ». Cette aimable rêverie, parue à Londres en septembre 1787 sous le titre de *Vues sur le Rubicon*, n'eut que peu de succès[14].

Le roi avait promis les États généraux pour 1792. La Fayette pensait qu'il fallait aller plus vite : « Je crois qu'un si heureux événement ne tardera pas plus d'une année à compter de l'été prochain, écrit-il à Washington le 18 mars, c'est la seule manière de régler les droits de tous et d'établir sur des principes fixes l'administration de ce pays. »

En attendant cet heureux moment, il reprit du service dans l'armée. Le 1er avril 1788, il était nommé au commandement d'une brigade d'infanterie dans la division du Languedoc et du Roussillon commandée par son beau-père le duc d'Ayen. Il ne semble pas qu'il ait rejoint son poste, car, le 25 mai, il était à Paris d'où il faisait à Washington la chronique des événements et de ses états d'âme : « Les affaires de la France touchent à une crise dont les bons résultats sont d'autant plus incertains que le peuple en général n'a nulle inclination à en venir aux extrémités. Mourir pour la liberté n'est pas la devise de ce côté-ci de l'Atlantique. Comme toutes les classes sont plus ou moins dépendantes, comme les riches aiment leur repos, en même temps que les pauvres sont énervés par la misère et l'ignorance, nous n'avons qu'une ressource c'est de raisonner et d'inspirer à la nation une sorte de mécontentement passif ou de non-obéissance qui peut fatiguer la légèreté et déjouer les plans du gouvernement. » S'il se félicite de l'esprit d'opposition des parlements, il se désole de la passivité du peuple, « si engourdi que j'en ai été malade et les médecins ont été obligés de me rafraîchir le sang[15] ».

Le conflit entre le roi et le Parlement s'était considérablement aigri avec le coup de force de mai 1788 provoqué par la réforme judiciaire de Loménie de Brienne et du garde des Sceaux Lamoignon qui visait à réduire le rôle des cours souveraines. Le droit d'enregistrement des édits royaux leur était retiré pour être attribué à une Cour plénière comprenant la Grand-Chambre du Parlement de Paris, un certain nombre de princes, pairs de France, maréchaux, grands officiers de la Couronne, gouverneurs de provinces, dix conseillers d'État et maîtres des requêtes, deux conseillers de la Cour des aides de Paris, un député de chaque parlement de province, quelques prélats et personnalités désignées par le roi. Les membres de cette Cour devaient être inamovibles mais non héréditaires. D'autre part, les attributions judiciaires des parlements se voyaient réduites, elles aussi, par la création de quarante-sept grands bailliages qui constitueraient des juridictions d'appel. Loménie de Brienne envisageait d'aller plus loin encore en créant une chambre basse composée de députés élus par les assemblées provinciales.

Une réforme aussi profonde d'un système aussi ancien ne pouvait qu'être mal accueillie et le coup d'éclat, « défendable dans son principe, était inopportun[16] ». Il venait surtout beaucoup trop tard. Le 8 mai, le roi dut tenir un lit de justice pour obtenir l'enregistrement de ces textes qui mirent La Fayette en fureur, car cette nouvelle Cour, « composée de juges, de pairs et de courtisans », ne comportait pas « un seul représentant réel du pays ». L'opposition s'affirma presque aussitôt à Paris et en province, et, « au milieu de ces troubles et de cette anarchie, les amis de la liberté se fortifient journellement, ferment l'oreille à toute négociation et disent qu'il faut une Assemblée nationale ou rien ».

La noblesse de Bretagne, ayant vivement protesté contre la réforme, envoya à La Fayette la résolution qu'elle avait adoptée portant environ trois cents signatures. Le marquis donna aussitôt son adhésion en précisant qu'il s'associait « à toute opposition aux actes arbitraires présents ou futurs qui attenteraient ou pourraient attenter aux droits de la nation en général et particulièrement à ceux de la Bretagne ». Plusieurs députations de cette province vinrent à Versailles et à Paris où se tint une assemblée de tous les gentilhommes bretons présents dans la capitale. La Fayette y assista et signa la délibération. La reine s'étant étonnée de son ralliement à la résistance bretonne, il lui répondit avec une extrême insolence « qu'il était breton de la même manière que la reine apparte-nait à la maison d'Autriche[17] ». Cette attitude d'opposant résolu et provocateur lui valut une sanction. Le 15 juillet, le roi lui retira ses lettres de services de maréchal de camp ; il avait rompu toute relation avec Loménie de Brienne après avoir tenté de faire supprimer les droits sur l'huile de baleine, ce qui aurait placé sur pied d'égalité les négociants français et américains. Désormais sans affectation militaire, La Fayette allait pouvoir se consacrer totalement à ce qui fut la seule vraie passion de sa vie : la politique.

Le 8 août, un arrêt du Conseil fixa au 1er mai 1789 l'ouverture des États généraux et suspendit jusqu'à cette date la mise en place de la Cour plénière. La Fayette constatait avec raison que ces reculades et ces atermoiements nuisaient à l'autorité royale et achevaient de détériorer le climat général. Il a beau jeu de noter « le danger qu'il y a dans ce pays-ci à être un peu plus précoce dans ses idées que les gens dont on est entouré ». Il persistait à espérer que le calme allait revenir et que tous s'uniraient pour travailler avec les ministres au bien public, mais l'annonce de la prochaine réunion des États généraux, qui aurait pu détendre l'atmosphère, fut largement compensée par les arrêts du Conseil des 16 et 18 août qui légalisaient les suspensions de paiements et donnaient cours forcé aux billets de la Caisse d'escompte. C'était, constatait La Fayette, « une demi-banqueroute avec laquelle on va rallumer le mécontentement et doubler la méfiance[18] ».

Louis XVI se résolut à congédier Loménie de Brienne et à rappeler Necker, prouvant ainsi une fois de plus la faiblesse de son jugement sur le personnel politique de son temps. La Fayette considérait le Genevois comme « un ministre des Finances habile et intègre, mais non comme un homme propre ni à préparer ni à conduire une révolution. [...] La crainte de choquer les partis ne lui permettait pas d'y prendre de l'influence[19] ». La plupart des contemporains étaient beaucoup plus sévères. Des hommes aussi différents que Condorcet, Mirabeau et Bertrand de Molleville se rejoignaient pour le considérer comme un charlatan — présomptueux, ajoute ce dernier — et qui « a toujours été la première dupe de son charlatanisme ». Les mémorialistes sont presque unanimes à souligner sa méconnaissance profonde des hommes : il mit le comble à ses nombreuses erreurs, écrit d'Allonville, en ne devinant pas le génie politique de Mirabeau. Tout comme le roi, il jugeait les hommes comme ils devaient être et non comme ils sont, se persuadait « qu'il suffisait de vouloir le bien pour le faire et de mériter l'amour des peuples pour l'obtenir [Ségur] ». Orgueil, entêtement, vanité, ambition, extravagante présomption, démagogie, indécision, absence presque totale de sens politique, tel le voient ses contemporains. « Un homme sans caractère, sans principes mais dans lequel un silence étudié et un extérieur méditatif faisaient supposer un esprit profond et une âme forte [Sénac de Meilhan]. » Il avait su habilement flatter les hommes de lettres qui fréquentaient le salon de sa femme et « devint chef de secte sans avoir ni système ni doctrine ». « Il voulut tout conduire, tout gouverner, écrit Ferrières, mais n'ayant aucun véritable talent, il fut toujours hors des temps, des lieux, des circonstances. » Bonaparte, en route pour Marengo, s'arrêta à Coppet et le jugea : « Un lourd régent de collège bien boursouflé. [...] C'était un bon premier commis des Finances, voilà tout. » « Un petit talent et un orgueil immense », dira Stendhal[20].

C'est donc assisté d'un aussi piètre politique que le roi va devoir affronter une crise que l'inertie gouvernementale va aggraver à plaisir au cours des mois qui précéderont la réunion des États généraux. Le 23 septembre 1788, une déclaration royale ordonna celle-ci, et lorsque le Parlement de Paris enregistra ce texte, il crut nécessaire de préciser que les États devaient être « régulièrement convoqués et composés, et ce suivant la forme observée en 1614 ». L'archaïsme continuait donc à prévaloir. Necker considéra cette position ultraconservatrice comme indéfendable et suggéra au roi la convocation d'une seconde Assemblée des notables chargée de délibérer sur le mode d'élection, ce que décida un arrêt du Conseil du 5 octobre. Cette solution n'enchantait pas La Fayette : « Je ne crois pas que les notables soient fort habiles sur les objets constitutionnels. »

La nouvelle Assemblée se réunit à Versailles le 6 novembre, et le marquis siégea encore au deuxième bureau, toujours présidé par le comte d'Artois. Le 1ᵉʳ décembre, on discuta du nombre des députés qui serait accordé à chaque ordre. La Fayette réclama aussitôt le doublement de la représentation du tiers état, mais ne fut pas suivi ; huit voix seulement se prononcèrent en faveur de sa proposition et seize contre. Seul le premier bureau, présidé par le comte de Provence, se prononça pour le doublement à une voix de majorité, celle, selon La Fayette, du vieux comte de Montboissier qui s'était endormi et qui, réveillé en sursaut, vota oui sans savoir de quoi il s'agissait[21]. La session s'acheva le 12 décembre. Fidèle à lui-même, La Fayette avait pris une position qui n'était pas de nature à lui attirer les sympathies royales. Toujours animé de l'esprit démocratique, il se rallia, avec Mirabeau et Bailly, aux thèses soutenues dans un mémoire paru le 18 décembre et dont le titre dit assez le contenu puisqu'il traite des « moyens que doivent employer les habitants de Paris pour obtenir de nommer eux-mêmes leurs représentants aux prochains États généraux et n'en pas laisser la nomination aux officiers de l'Hôtel de Ville et à un petit nombre de notables que les officiers de l'Hôtel de Ville sont dans l'usage de s'associer arbitrairement ». Pour la première fois, le marquis prenait position en faveur d'un suffrage presque universel.

Il séjourna à Paris au début de 1789 et y reçut la visite de son ami Gouverneur Morris, arrivé d'Amérique le 3 février avec une lettre de Washington qui allait en mars devenir le premier président des États-Unis. Vers la mi-février, il partit pour l'Auvergne afin de se faire élire député· aux États généraux. Le 8 mars, de Chavaniac, il dépeignait ainsi l'atmosphère régnant chez les électeurs auvergnats : « La division et la jalousie existent ici entre les ordres, les cantons et les individus. J'ai le désavantage d'une audience intéressée, prévenue et préparée contre mes opinions. Déjà les nobles de mes amis m'ont signifié qu'avec certaines complaisances, je serai élu unanimement ; sans elles, point. J'ai répondu que je voulais convaincre et non flatter. Le tiers voulait aller loin, c'était pour moi une chance de célébrité. J'ai prêché la modération, au risque de déplaire. Il serait possible qu'au lieu d'une nomination, je n'emportasse que beaucoup d'estime, mais je ferai mon devoir et serai modéré quoique, entre nous, leur oppression me révolte et leur personnalité m'indigne. [...] On m'a fait autant de méchancetés dans la Haute que dans la Basse-Auvergne, et on les a étendues sur tous ceux qui s'étaient déclarés mes partisans. J'ai eu du moins le plaisir de mettre la paix dans une petite ville qui m'avoisine où tout le monde se mangeait le cœur[22]. » Il pouvait constater que les positions qu'il avait prises ne faisaient pas, c'est le moins que l'on puisse dire, l'unanimité.

Le 11 mars, il arriva à Riom où les trois ordres se réunirent le 14 pour procéder à la rédaction des cahiers de doléances et à l'élection des députés. Le lendemain, il fut désigné pour conférer avec le tiers en compagnie de MM. de Lormet, de Laqueuille et de Canillac, et élu second commissaire pour la préparation des cahiers. Les élections commencèrent le 23 avec le succès du comte de Langhac, grand sénéchal d'Auvergne, qui obtint 382 voix sur 397 votants. Le 24, après avoir approuvé les cahiers, on rédigea des instructions pour les députés de la noblesse qui prenaient des positions fort précises dans le domaine constitutionnel[23].

Il était stipulé en premier lieu que « l'Assemblée des représentants de la nation française formant les États généraux est la seule puissance compétente pour établir les impôts et faire les lois avec la sanction du roi ». L'égalité de tous devant la loi était proclamée, laquelle loi ne pouvait être établie « que par les représentants de la nation avec la sanction du roi ». Le pouvoir exécutif devait être exercé par le roi dont la personne est sacrée, mais dont « les représentants individuels ou collectifs, ministres, commandants, gouverneurs et autres sont responsables et comptables à la nation de tous leurs pouvoirs » et peuvent être traduits en justice pour les abus dont ils ont pu se rendre coupables.

Les nobles auvergnats avaient lu Montesquieu et souhaitaient la séparation des pouvoirs, car, à leur avis, aucun agent de l'administration ne pouvait prononcer de jugement et le roi « ne peut départir à ses officiers aucun pouvoir qui ne soit prévu et défini par la loi ». Aucune commission des États généraux ne peut, même provisoirement, faire acte d'administration ni exercer aucune portion du pouvoir législatif. Enfin, la liberté de la presse doit être accordée, « sauf les précautions qui seront prises par les États généraux ». Un commentaire accompagnant l'article 1er imposait le vote par ordre et non par tête, et le mandat était impératif.

Ces instructions constituaient une petite ébauche qui démontrait à quel point les idées de monarchie constitutionnelle avaient progressé dans l'opinion éclairée. Malgré cela,

La Fayette ne se rallia qu'avec peine à ce texte en raison de l'impératif du vote par ordre auquel il était fort hostile. Il finit quand même par signer après avoir résisté aux sollicitations du tiers état qui lui « offrait journellement la députation ». Le 25 mars, il fut élu par la noblesse avec seulement 198 voix sur 393, ce qui montrait l'importance de l'opposition à sa personnalité et à ses prises de position. Le comte d'Espinchal, qui sera élu lui-même député suppléant quelques jours plus tard, raconte dans son Journal le déroulement de la séance du 25. Selon lui, La Fayette avait procédé à une véritable campagne électorale, car il arriva « muni d'un grand nombre de procurations qu'il avait quêtées et qu'il distribua à tous ceux qu'il savait lui être favorables. Il avait tellement peur de ne pas être député qu'il fit des intrigues pour être élu au bailliage de Saint-Flour dans la Haute-Auvergne. Il en fit également à Riom auprès du tiers état pour être élu par cet ordre. Cependant, il s'était ménagé tant de partisans parmi les nobles qu'il ne pouvait manquer la députation. Après son élection, quelques doutes s'étant élevés sur ses principes d'après quelques avis que l'on reçut de ses manœuvres avec les démocrates du Dauphiné, La Fayette fit, au milieu de toute la noblesse d'Auvergne, la profession de foi la plus authentique et la plus conforme à ce qu'on avait droit d'attendre de lui[24] ». Il s'engagea précisément à être fidèle aux instructions et demanda à venir, au bout d'un an, rendre compte de sa conduite à ses commettants.

L'assemblée se sépara le 28 mars, et le nouveau député rentra à Chavaniac, « élu mais peu content ». Dans une lettre du 1er avril à son ami César de Latour-Maubourg, colonel du régiment de Soissonnais, qui sera élu député de la noblesse du Puy-en-Velay, malgré l'hostilité et les manœuvres des Polignac, il critiquait vivement le texte des cahiers de doléances de la noblesse : « C'est un salmigondis de grands principes et de petites minuties, d'idées populaires et d'idées féodales. » Il en soulignait les graves incohérences politiques autant qu'économiques : « Nous voulons taxer l'industrie et nous demandons qu'on abolisse tout droit de fisc qui la gêne ; nous faisons des conditions impératives et nous disons à nos députés d'agir selon leur conscience. Il y a deux cents ans d'un article à l'autre. » Il commençait à percevoir les difficultés que soulèvent les assemblées. Ce n'était qu'un début. Sur la question du vote par ordre, il se retrouva totalement isolé et fut sur le point de céder aux avances du tiers état, mais finalement se rallia à l'avis de Latour-Maubourg et de quelques autres amis en préférant son siège de député de la noblesse. Il avait été l'objet, croyait-il, de machinations : « La persécution infâme qui m'est arrivée de Paris et les cabales dont j'étais environné m'ont fait une espèce de devoir d'en triompher. »

Après avoir facilité, le 3 avril, l'élection de son ami Latour-Maubourg, La Fayette alla visiter ses électeurs de Brioude, de Clermont-Ferrand et de Riom avant de rentrer à Paris le 11 avril.

Pendant ces premiers mois de 1789, ses activités ne se limitèrent pas aux élections en Auvergne. A Paris, il fréquentait un certain nombre de ces clubs qui florissaient. En premier lieu, la Société des Trente dont Condorcet et Adrien Duport étaient les fondateurs. Il y retrouvait Mirabeau, Target, Lacretelle, Dupont de Nemours, Roederer, son beau-frère Noailles, le duc de La Rochefoucauld, le maréchal de Beauvau, Talleyrand, Le Peletier de Saint-Fargeau, Sémonville, Duval d'Esprémesnil, Sieyès, les Lameth. Cette « conspiration d'honnêtes gens », comme l'appelle Mirabeau, se réunissait trois fois par semaine chez Adrien Duport pour organiser des débats au cours desquels on s'efforçait de construire un parti politique — sans grand succès car les divergences d'idées se manifestèrent très vite. Mirabeau s'opposait vivement à l'esprit parlementaire de Duport. Ce laboratoire politique faisait aussi fonction de centre d'influence et de propagande pour la préparation des élections aux États généraux. Il contribua au financement et à la diffusion des brochures de Sieyès[25].

On vit aussi La Fayette au club du Palais-Royal ou club de Valois, qui s'était créé au début de février 1789 sous l'impulsion de Sieyès, alors tenté par l'orléanisme. S'y retrouvaient en partie les mêmes hommes de tendance libérale : Talleyrand, les frères Lameth, Condorcet, Sieyès, le duc de Biron, Bougainville. Le marquis y retrouva un de ses amis américains qui allait jouer un certain rôle dans sa vie politique et tenter de le conseiller : Gouverneur Morris. D'origine française par sa mère Sarah Gouverneur, d'une famille protestante de La Rochelle réfugiée en Amérique après la révocation de l'édit de Nantes, il aimait la France qu'il considérait comme l'alliée naturelle de son pays. Très lié avec Washington qui l'appréciait beaucoup, il fut l'un des rédacteurs de la Constitution américaine. Arrivé à Paris en janvier 1789, il commença aussitôt à rédiger un journal qui constitue une source précieuse pour l'histoire politique à laquelle il s'intéressait passionnément. Avocat de formation, mais aussi financier très avisé, spirituel et cultivé, il conquit très vite, grâce à ses succès féminins, une belle situation sociale. Républicain de conviction mais partisan d'un pouvoir exécutif fort, il jette sur les événements et les hommes — il traite Necker de « boutiquier » — un regard typiquement américain, d'une lucidité et d'un réalisme qui lui attirèrent bien des inimitiés. Comme Washington, il avait peu de goût pour les théoriciens et encore moins pour les fanatiques. Bien que jeune encore (trente-sept ans), il faisait preuve d'une maturité et d'une profondeur de vues étonnantes. C'était un chaud partisan du libéralisme dans tous les domaines, aussi bien religieux qu'économique[26]. Sur ce point, il fut toujours en parfait accord avec La Fayette.

Le marquis fit aussi, un peu plus tard, des apparitions au club Breton, devenu club des Amis de la Constitution, puis des Jacobins, avec lesquels ses relations devinrent vite orageuses. Il continua aussi à fréquenter la Société des Amis des Noirs. En juin, il participait à une conférence réunie chez l'abbé Grégoire avec Condorcet, Mirabeau, La Rochefoucauld et quelques autres pour traiter de la question de l'esclavage, mais aussi de celle qui allait se poser bientôt des droits civils et politiques des gens de couleur libres dans les colonies françaises. Il se trouvait donc au cœur de tous les débats qui agitaient la société française. Obsédé par l'exemple et le modèle américains, inconscient du fait qu'il ne possédait aucun des talents de Washington et que les Français n'étaient pas des Américains, il s'imaginait, comme nombre de ses amis nobles et libéraux, qu'il allait assister à la naissance d'une révolution philanthropique, parlementaire et maçonnique. Beaucoup plus clairvoyant, Gouverneur Morris notait le 17 avril : « La révolution qui se développe dans ce pays est bien étrange. Les quelques personnes qui l'ont mise en branle sont étonnées de leur ouvrage. Les ministres contribuent à la destruction de l'autorité ministérielle sans savoir ni ce qu'il font ni ce qu'ils devraient faire. » Un des traits les plus frappants de ces mois qui précédèrent la réunion des États généraux fut en effet l'extraordinaire inertie, l'incroyable aveuglement du roi, de ses ministres et de l'opinion publique, malgré sa « fermentation ». Mathieu Dumas, qui allait bientôt devenir aide de camp de La Fayette et servait alors comme secrétaire du conseil de la guerre, décrit ainsi le climat : « La sécurité des citoyens de tous les ordres n'était point troublée [...], ni défiance ni terreur de l'avenir. Jamais peut-être le reproche de légèreté et de témérité adressé dans tous les temps au caractère français ne fut plus mérité. On parlait de l'établissement d'une Constitution de l'État comme d'une œuvre facile, comme d'un événement naturel. Dans l'ivresse de ces jours de fête et d'espérance, nos regards s'arrêtaient à peine sur les obstacles qu'il fallait surmonter avant de poser les premiers fondements de la liberté. » L'exaltation avait gagné les femmes qui allaient jouer un grand rôle dans les orientations de l'opinion. La jeune Mme de Chastenay confesse : « Moi, je l'avoue, j'étais dans le délire. L'essor jeune, qui se prenait alors, donnait de l'orgueil à mon âge, je voyais le triomphe de l'esprit et je croyais y trouver le mien. [...] C'était la gloire qui me passionnait, c'était la gloire elle seule et je n'étais pas seule aussi naïvement ravie[27]. »

# CHAPITRE XII

# « Je règne dans Paris... »

Aveuglement, imprévoyance, inertie, démission, telles furent les caractéristiques de la conduite du pouvoir, si tant est qu'on puisse encore employer ce terme. Aveuglement total aussi bien de la part du roi que du gouvernement, du clergé, de la noblesse, de la magistrature. Personne ne vit véritablement venir l'événement, car tous étaient animés des meilleures intentions et se berçaient de rêves et d'illusions, La Fayette le premier. « Tous espéraient, écrit son ami Ségur, par un effort commun, affermir les bases de la monarchie, rétablir ses finances, relever son crédit, mettre en harmonie ses institutions caduques, effacer les traces de la servitude et, par l'accord d'un pouvoir protecteur et d'une sage liberté, atteindre en peu de temps le plus noble but : le bonheur de la patrie[1]. »

Conséquence logique de cet aveuglement : une imprévoyance absolue. Les ministres, et Necker le premier, semblaient frappés d'inhibition. Par « vertu », ce dernier se refusa absolument à essayer d'influer sur les élections et sur l'opinion. On laissa sans réagir les pamphlets innombrables qui fleurirent alors répandre les théories les plus absurdes. N'est-il pas extravagant qu'on ait chaque jour accusé de despotisme le gouvernement le plus faible et le plus impuissant que la France ait connu depuis des siècles ? Celui-ci se laissait, depuis déjà des années, guider par l'opinion publique, mais en ces semaines cruciales, il ne fit rien pour l'informer et l'éclairer. « On a laissé croître, remarquait Malouet, toutes les aspirations, toutes les inquiétudes, jusqu'à ce que l'opinion de la mauvaise foi de la Cour, de ses projets sinistres, se soit répandue dans toutes les classes de la nation et ait excité la fureur du peuple qu'il était si facile de contenir en l'éclairant. » Marmontel raconte tenir de Malouet lui-même que celui-ci, ayant demandé à Necker, en présence de deux autres ministres, « si contre les attaques dont le trône était menacé il avait un plan de défense, Necker lui répondit qu'il n'en avait aucun. "S'il en est ainsi, lui répondit Malouet, tout est perdu[2]" ».

Non seulement il négligea toute mesure de sûreté, mais il se distingua par une inertie absolue. « Il avait confiance, écrit Jean Égret, dans la sagesse des États, dans leur fidélité envers le trône et aussi dans l'efficacité de son arbitrage personnel. » Les judicieux conseils ne lui avaient pourtant pas manqué. Malouet tenta vainement de lui faire comprendre qu'il était indispensable de présenter aux États généraux un programme d'action : « Tout doit être prévu et combiné dans le Conseil du roi avant l'ouverture des États généraux. » Un plan de réformes judicieux, inspiré des cahiers de doléances, « eût rallié autour du roi l'immense majorité du tiers état et du clergé[3] ». Le Genevois ne sut pas le comprendre, et la seule politique qu'il pratiqua consista à faire le mort. Incapable même de tenir compte des informations qui lui parvenaient par la police et les intendants, il vivait au jour le jour ; extraordinairement imbu d'une supériorité et d'un prestige dont il s'exagérait beaucoup l'ampleur, il commit la même erreur que Calonne avec les notables, s'imaginant qu'il allait dominer une Assemblée qui ne pourrait que s'incliner devant son génie. Écrivant sa propre apologie en 1791, il reconnut ses fautes avec une candeur qui montre à quel point il était dépourvu de toute qualité d'homme d'État. Il avouait avoir cru « qu'à l'époque d'un rassemblement inspiré par le bien public, les liens de confiance et de fraternité prenaient une nouvelle force ; je croyais surtout que la reconnaissance adoucissait les âmes et que la plus généreuse action du monarque ne lui vaudrait qu'un renouvellement d'affection. [...] L'erreur que j'ai commise avec toute la France c'est de n'avoir pas prévu que, dans ce siècle de philosophie, les systèmes et les abstractions, ces idoles de l'esprit, obtiendraient le premier hommage et feraient oublier tous les autres cultes[4] ». Il était difficile de méconnaître davantage et la nature humaine et l'état des esprits. L'incroyable accumulation d'erreurs politiques et psychologiques commises par le gouvernement à cette époque fut accablante et consterna les

esprits clairvoyants[5]. L'une des plus lourdes de conséquences
fut sans doute de choisir Versailles comme lieu de réunion
des États généraux, à proximité des foules parisiennes faciles
à manipuler. C'était mettre le pouvoir royal et les États
généraux à la merci de l'émeute. Necker, toujours aveugle,
voulait les réunir à Paris pour rassurer, disait-il, les créanciers
de l'État. Les autres ministres ne brillèrent guère plus de
lucidité, sauf le garde des Sceaux Barentin qui proposait
Soissons ou Compiègne. En définitive, le roi choisit Versailles,
« par le frivole motif de ne pas déranger ses chasses et ses
commodités[6] ». Aucune fausse note n'a manqué dans le
« concert de bêtises » dont parle Rivarol. Personne n'avait
réussi à comprendre que « lorsqu'on veut empêcher les
horreurs d'une révolution, il faut la vouloir et la faire soi-
même : elle était trop nécessaire en France pour ne pas être
inévitable[7] ».

Le pouvoir était d'autant plus inexcusable que les cahiers
de doléances avaient démontré l'existence d'un « vaste consensus réformateur et libéral » allant dans le sens d'une monarchie
constitutionnelle, décentralisatrice et respectueuse des droits,
avec vote des lois et des impôts par des États généraux réunis
à intervalles réguliers. La Fayette était assez représentatif de
ce courant, et là réside sans doute une des causes de sa
popularité[8].

Au milieu de l'agitation des uns, de l'inertie des autres, La
Fayette partageait très largement les illusions répandues.
Comme il arrive fréquemment, les positions qu'il avait prises,
ses idées et ses projets furent déformés, et certains leur
donnèrent une orientation radicale bien éloignée de ses
intentions véritables. Ces interprétations malveillantes — il
en verrait bien d'autres dans la suite — le mettaient en
fureur. « Il faut être fou, écrivait-il à son ami Latour-
Maubourg, et bien abominable pour dire qu'à la veille des
États généraux, celui qui le premier les a demandés, celui qui
n'a pas fait un pas qui ne tendît à la conciliation entre la
noblesse et le tiers, a l'infâme projet de bouleverser le royaume
et d'y mettre le feu, tandis que nous avons devant nous une
chance d'être libres et heureux le plus tranquillement possible. »

Le 20 avril, il assistait à l'assemblée primaire de la noblesse
de Paris au quartier Saint-Germain, et Gouverneur Morris
écrivait le 29 à Washington : « Il est en ce moment aussi

envié, aussi haï qu'il a jamais pu le désirer. La nation l'idolâtre car il s'est posé comme un des premiers champions des droits[9]. »

Le 5 mai, ce fut le jour tant attendu de l'ouverture des États généraux, marqué aussitôt par un sentiment général de déception et de frustration. Les discours prononcés à la séance solennelle furent vides de tout projet précis pour celui du roi, mortellement ennuyeux pour celui de Necker, et de plus interminable. Il est évident que le ministre ignorait tout de l'art difficile de diriger une assemblée. Mirabeau comprit aussitôt que le Genevois n'était qu'un « sot, un incapable dont l'incompétence aura les plus désastreux effets[10] ». Celui-ci s'imaginait qu'il réussirait à limiter le rôle des États, jusqu'à n'en faire qu'une simple chambre d'enregistrement de ses projets financiers. Il n'en était évidemment plus question. Necker donna la mesure de son aveuglement en repoussant avec la plus insigne maladresse les offres de service de Mirabeau qui, par l'intermédiaire de Malouet, se déclarait prêt à soutenir un plan raisonnable dans le système monarchique. Nouvelle occasion manquée dans une série qui était loin d'être terminée[11].

Les députés entamant la vérification des pouvoirs, La Fayette se rallia aussitôt aux positions défendues par le tiers état sur le vote par tête, ce qui lui valut des rappels à l'ordre de ses collègues auvergnats, qui ne manquaient pas d'insister sur le mandat impératif qui leur avait été remis pour le vote par ordre. Cette attitude fut sévèrement jugée par le comte d'Espinchal qui écrit que, dès ce moment, « il ne garda plus aucun ménagement, il se démasqua entièrement et fit nombre avec les factieux ». Le 3 juin, il approuvait le nom de « Communes » que s'était attribué le tiers. Cette attitude d'opposition permanente à l'intérieur de son ordre le mettait dans une position inconfortable, et il envisagea un moment de démissionner pour se faire réélire par le tiers de Riom.

Le 23 juin, le soir de cette séance royale au cours de laquelle Louis XVI, avec une maladresse non moins parfaite que celle de Necker, avait tenté d'annuler les décisions des États, La Fayette dînait à Versailles chez sa tante Mme de Tessé et eut une longue conversation avec Gouverneur Morris qui tenta de le conseiller : « Je saisis cette occasion pour lui déclarer que je suis opposé à la démocratie par amour de la liberté, que je les vois courir à corps perdu à leur ruine et que je voudrais les retenir ; que leurs vues, leurs projets, leurs théories sont incompatibles avec les éléments qui composent la nation française ; qu'enfin ce qui pourrait arriver de plus fâcheux c'est que leurs espérances, leurs plans fussent réalisés. Il me répond qu'il sent bien que son parti a perdu la raison et qu'il le lui dit, mais qu'il n'en est pas moins déterminé à périr avec lui. Je lui fais observer qu'il vaudrait tout autant rendre à ces écervelés leur bon sens et vivre avec eux. Il ajoute qu'il est résolu de donner sa démission ; je l'y encourage parce que les engagements qui le lient l'entraîneront au-delà de l'aveu de sa conscience. Avant de nous séparer, je ne manque pas de lui dire que si le tiers est très modéré, il réussira probablement, mais que s'il est violent, toutes ses prétentions échoueront au milieu d'effroyables malheurs[12]. » Quelques jours plus tard, à la suite d'un déjeuner chez Jefferson, Morris constatera avec désolation que La Fayette faisait partie « de ces utopistes dangereux qui mènent le pays à sa perte ».

Fin juin, il renonça à démissionner pour deux raisons : « L'une est que l'Assemblée nationale est menacée de plusieurs dangers qu'il me convient de partager, l'autre est qu'elle va s'occuper d'une Déclaration des droits où je puis lui être utile. » Il y avait aussi une autre raison, peut-être plus déterminante : son goût pour la politique qui s'affirmait chaque jour un peu plus et son désir de jouer un rôle national. « Je ne puis me borner à être l'homme de la sénéchaussée d'Auvergne après avoir contribué à la liberté d'un autre monde. Songez que je ne puis m'arrêter dans la carrière sans tomber et qu'avec la meilleure envie d'être à ma place, il faut que cette place soit sur la brèche politique[13]. » En fait, en ces derniers jours de juin, il se tient plutôt sur la réserve. Le 27, lorsque les États généraux se constituent en Assemblée nationale, il ne prend pas part aux votes et ne sortira de son mutisme que le 8 juillet pour approuver la motion de Mirabeau demandant le retrait des troupes concentrées dans la région parisienne, qui constituaient une menace pour l'Assemblée. Si l'on en croit une note de ses *Mémoires*, il s'est laissé intoxiquer par les rumeurs innombrables autant que fantaisistes qui couraient. Il attribue ainsi au gouvernement des intentions belliqueuses : attaque contre Paris, arrestation de députés, dissolution de l'Assemblée, départ éventuel du roi pour Compiègne. Il y a eu en effet des mouvements de troupes mais qui n'étaient nullement dirigés contre l'Assemblée. Le roi s'inquiétait seulement de troubles possibles provoqués par la venue à Paris, dès le début de mai, de nombreux déserteurs et vagabonds, français et étrangers, qui, selon plusieurs mémorialistes, « se vendaient à qui voulait les payer pour faire des insurrections[14] ». Or, Paris ne disposait que de forces de police dérisoires. Après le 14 juillet, ces « éléments incontrôlés », sans moyens d'existence, posèrent bien des problèmes à Bailly et à La Fayette. Il était évidemment absurde de prêter à Louis XVI « les intentions d'un Caligula », et il n'avait pas assemblé les États généraux « pour les foudroyer sur les cendres de sa capitale embrasée et pour perdre ainsi d'un seul coup sa réputation, son trône et sa vie[15] ». Mais, dans ce climat de tension, les calomnies ne manquaient pas et trouvaient crédit. Les mouvements de troupes se justifiaient sans doute, mais encore eût-il fallu les expliquer.

Pendant ce temps, l'Assemblée s'occupait d'une question à laquelle La Fayette accordait la plus grande importance : la rédaction d'une Déclaration des droits de l'homme. Il commença par en expliquer la nécessité : il était indispensable de « rappeler les sentiments que la nature a gravés dans le cœur de chaque homme mais qui prennent une nouvelle force lorsqu'ils sont reconnus par tous : leur développement est d'autant plus intéressant que, pour qu'une nation aime la liberté, il suffit qu'elle la connaisse, et pour qu'elle soit libre, il suffit qu'elle veuille l'être ». Il était aussi nécessaire, selon lui, d'exprimer les vérités fondamentales, base des institutions qui devront guider le travail des représentants de la nation et les ramener « à la source du droit naturel et social ».

Intitulé *Première Déclaration européenne des droits de l'homme et des citoyens*, ce document à valeur presque universelle, que La Fayette souhaitait voir étudié par les bureaux de l'Assemblée, est bien révélateur des conceptions politiques et philosophiques de son auteur et de l'influence qu'a eue sur lui la Déclaration américaine. Souvent prolixe, le marquis a rédigé cette fois-ci un texte bref et dense :

« La nature a fait les hommes libres et égaux. Les

distinctions nécessaires à l'ordre social ne sont fondées que sur l'utilité générale.

« Tout homme naît avec des droits inaliénables et imprescriptibles ; tels sont la liberté de ses opinions, le soin de son honneur et de sa vie, le droit de propriété, la disposition entière de sa personne, de son industrie, de toutes ses facultés, la communication de ses pensées par tous les moyens possibles, la recherche du bien-être, la résistance à l'oppression.

« L'exercice des droits naturels n'a de bornes que celles qui en assurent la jouissance aux autres membres de la société.

« Nul homme ne peut être soumis qu'à des lois consenties par lui ou ses représentants, antérieurement promulguées et légalement appliquées.

« Le principe de toute souveraineté réside dans la nation. Nul corps, nul individu ne peut avoir une autorité qui n'en émane expressément.

« Tout gouvernement a pour unique but le bien commun. Cet intérêt exige que les pouvoirs législatif, exécutif et judiciaire soient distincts et définis et que leur organisation assure la représentation libre des citoyens, la responsabilité des agents et l'impartialité des juges.

« Les lois doivent être claires, précises, uniformes pour tous les citoyens.

« Les subsides doivent être librement consentis et proportionnellement répartis.

« Et comme l'introduction des abus et le droit des générations qui se succèdent nécessitent la révision de tout établissement humain, il doit être possible à la nation d'avoir, dans certains cas, une convocation extraordinaire de députés dont le seul objet soit d'examiner et corriger, s'il est nécessaire, les vices de la Constitution[16]. »

Tout cela n'avait certes rien de bien original et constituait « de véritables lieux communs politiques reconnus par tous les groupes cultivés[17] ». La Fayette brillait rarement par l'originalité de sa pensée... Imprimé dans la nuit du 11 au 12 juillet, ce projet fut répandu dans Paris, mais l'accélération des événements fit tourner court le début de discussion entamée le 14 juillet. L'auteur avait soumis son texte à Gouverneur Morris qui suggéra plusieurs amendements, car, lui dit-il, « ce n'est pas avec des mots sonores que se font les révolutions ». Il se trompait ; certains contemporains avaient bien vu, au contraire, l'extrême importance des mots, et François Furet considère précisément comme une des caractéristiques de l'époque « la domination du mot sur l'idée[18] ». On en eut bientôt une démonstration avec la charge magique qui allait s'attacher au mot « veto ».

Le renvoi de Necker contribua à détériorer encore l'atmosphère et à aggraver l'espèce de panique alimentée par les fausses nouvelles. Les députés se croyaient menacés, le bruit courait qu'on avait placé des barils de poudre sous la salle des séances. Dans une lettre du 11 juillet, La Fayette parlait de listes de proscription sur lesquelles son nom aurait figuré et s'inquiétait des intrigues menées par le duc d'Orléans. Celui-ci lui avait « fait des avances » mais il n'avait pas donné suite, car « il est inutile de former un parti quand on est avec toute la nation ». Mais il fut bien obligé de mesurer l'importance des factions qui se dessinaient dans l'Assemblée : « Peut-être serai-je dans le cas de dénoncer à la fois M. le comte d'Artois comme factieux aristocrate et M. le duc d'Orléans comme factieux par des moyens plus populaires. » Mais, poursuit-il, « toutes ces vues brouillonnes seront déjouées par la force des choses, aussi certainement que les vues despotiques[19] ».

L'émotion soulevée par le renvoi de Necker provoqua une vive agitation dans Paris et l'envoi d'une députation auprès du roi « pour lui demander les pouvoirs nécessaires pour calmer le peuple ». Dans la nuit du 12 au 13, le procureur général du Parlement, Joly de Fleury, était allé à Versailles lui aussi pour presser le roi de prendre des mesures propres à freiner l'insurrection. Il proposait de réunir toutes les chambres du Parlement, lesquelles déclareraient coupables de lèse-majesté et dès lors passibles de la peine de mort tous ceux qui participeraient aux émeutes, « persuadé qu'il fallait éclairer la bonne bourgeoisie parisienne, trompée par les factions et entraînée par les brigands ». Mais Joly de Fleury ne put voir le roi. Le maréchal de Broglie, ministre de la Guerre depuis la veille, qui le reçut, mesurait mal la gravité de la situation et rejeta les propositions du magistrat, se bornant à donner des ordres qui ne furent pas exécutés[20].

La Fayette restait confiant. Le 13 juillet, il écrivait : « Si le roi sent le danger auquel on l'a exposé, s'il nous laisse faire, nous calmerons tout et, dans le cas même où il y aurait une faction, nous la détruirons. »

L'Assemblée vota un arrêté déclarant que Necker et les autres ministres emportaient « l'estime et les regrets de la nation », et demandant l'éloignement des troupes. Elle ne reconnaissait aucun intermédiaire entre elle et le roi et proclamait les ministres, les Conseils du roi et les agents civils et militaires de l'autorité « responsables des malheurs présents et de tous ceux qui pourront s'ensuivre ». Elle se refusait à toute banqueroute et « persistait dans ses arrêtés sur l'invio-labilité des députés, l'unité de l'Assemblée, le serment de ne pas se séparer que la Constitution ne soit faite ». La Fayette signa cette délibération qui fut imprimée. Les séances se prolongeant, le président, Lefranc de Pompignan, archevêque de Vienne, ne pouvait siéger en permanence. Il fut donc décidé de créer une vice-présidence à laquelle La Fayette fut élu par acclamation. Cet honneur lui valut de passer une nuit blanche, et il ne put prendre quelque repos que sur un banc.

Le 14 juillet, à six heures du matin, il écrivait : « On mande de Paris que tout est tranquille et la bourgeoisie sous les armes. [...] La journée sera intéressante. J'espère qu'on ira se coucher parce que nous ne pouvons avoir de prétexte que la rumeur de Paris et qu'elle est apaisée maintenant. » Il était donc bien mal informé et ne semblait pas se douter un instant de ce qui se préparait dans la capitale. Ce n'est que dans la soirée qu'il apprit par le vicomte de Noailles la prise de la Bastille. L'Assemblée envoya aussitôt au roi une députation conduite par son président, de sorte que La Fayette occupa le fauteuil et reçut deux Parisiens venus informer les députés.

Le 15 juillet, alors qu'une nouvelle délégation que le vice-président devait conduire se préparait à partir pour le château, le roi arriva sans escorte à l'Assemblée qu'il reconnut « natio-nale ». Il lui annonça l'éloignement des troupes et « lui demanda son appui pour le rétablissement de la paix ». Une délégation de quatre-vingt-huit députés, menée par La Fayette, partit pour Paris où elle fut reçue par les électeurs qui la menèrent à l'Hôtel de Ville au milieu d'une foule considérable, encadrée par des détachements des gardes-françaises et suisses accompagnés de la milice parisienne. Propulsé au bureau, le marquis prononça un discours dans lequel il félicita « l'assemblée des électeurs et tous les citoyens de Paris de la liberté qu'ils avaient conquise par leur courage, de la paix et du bonheur dont ils seraient redevables à la justice d'un monarque bienfaisant et détrompé ». Il ajouta que l'Assemblée nationale « reconnaissait avec plaisir que la France entière devait la Constitution qui allait assurer sa félicité aux grands efforts que les Parisiens venaient de faire pour la liberté publique ». Il donna ensuite lecture du discours prononcé par le roi devant l'Assemblée nationale, qui fut salué d'applaudissements et d'acclamations.

La séance allait s'achever lorsqu'il fut unanimement proclamé commandant général de la milice parisienne par la foule qui remplissait l'Hôtel de Ville, après que Moreau de Saint-Méry eut montré le buste du général donné en 1784 par l'État de Virginie. Bailly devenait, par acclamation, maire de Paris et non pas prévôt des marchands comme on l'avait d'abord proposé[21].

La nécessité de créer à Paris une force chargée du maintien de l'ordre était apparue à la fin de juin, à la suite de la défection du régiment des gardes-françaises. Bailly prétend, dans ses *Mémoires*, que l'initiative de la création d'une garde bourgeoise reviendrait à Necker, mais Mirabeau, dans sa motion du 8 juillet, avait également suggéré la création, à Paris et à Versailles, de forces de police placées sous l'autorité royale. Cette proposition fut vivement appuyée par La Fayette. Louis XVI, très réticent, déclara que « l'étendue de cette capitale ne permet pas une surveillance de ce genre[22] ». Mais l'assemblée des électeurs de Paris passa outre et commença le 13 juillet à organiser cette troupe qui prit le 16 le nom de Garde nationale. La Fayette savourait son triomphe. « Le peuple, écrit-il ce même jour, dans le délire de son enthousiasme, ne peut être modéré que par moi. Je voulais aller à Versailles, les chefs de la ville m'ont déclaré que le salut de Paris exigeait que je ne m'écartasse pas un moment. Quarante mille âmes s'assemblent, la fermentation est au comble, je parais, et un mot de moi les disperse. J'ai déjà sauvé la vie à six personnes qu'on pendait dans les différents quartiers, mais ce peuple furieux, ivre, ne m'écoutera pas toujours [...], ma situation ne ressemble à celle de personne : je règne dans Paris et c'est sur un peuple en fureur poussé

par d'abominables cabales[23]. » Il commençait peut-être à
apercevoir les limites de son pouvoir sur le peuple et à
s'aviser aussi que ces troubles n'étaient nullement spontanés.
Prudemment, il ne se prononçait pas sur les instigateurs de
ces cabales. Était-il conscient du rôle joué par le duc d'Orléans
et le Palais-Royal qui scandalisait si fort l'Anglais Arthur
Young : « Je suis stupéfait que le ministre autorise de tels
nids, de tels foyers de sédition et de révolte..., cela relève
quasiment de la folie[24]. »

Cette journée du 16 juillet fut aussi celle où le roi renonça
à quitter Versailles pour Metz, comme il en avait eu un
moment la velléité. Il devait le regretter plus tard et en faire
la confidence à Fersen, mais il n'avait rien prévu et, comme
toujours, flottait entre les avis contraires. La Fronde était
loin, et ses leçons oubliées : ne jamais rester prisonnier de
l'émeute.

C'est également le 16 que La Fayette fit proclamer à tous
les carrefours de Paris l'ordre de démolition de la Bastille
émis par le comité permanent de l'Hôtel de Ville. Il avait
auparavant sauvé le gouverneur provisoire de la forteresse,
Soulès, qui avait failli à son tour être massacré par un groupe
de miliciens aux ordres de Danton. Le lendemain 17, le roi
vint à Paris pour y être solennellement reçu par la municipalité
et confirma verbalement la nomination du commandant en
chef de la Garde, laquelle, selon le désir de celui-ci, fut
ratifiée les jours suivants par tous les districts de la ville.
Louis XVI y reçut la cocarde tricolore, et La Fayette déclara,
selon ses *Mémoires* : « Je vous apporte une cocarde qui fera
le tour du monde et une institution à la fois civique et
militaire qui doit triompher des vieilles tactiques de l'Europe
et qui réduira les gouvernements arbitraires à l'alternative
d'être battus s'ils ne l'imitent pas et renversés s'ils osent
l'imiter. » Au milieu de tous ces triomphes personnels, il
éprouvait cependant des inquiétudes. « Mon crédit se soutient,
écrit-il le 18 juillet, malgré les efforts des gens malintentionnés
qui cherchent à me perdre dans tous les districts. La besogne
demanderait des forces, cinquante bonnes têtes, et je n'ai
presque pas de coopérateurs. » Mme de La Fayette était
venue s'installer à Paris où son mari tenait table ouverte. Elle
y charmait tous ses visiteurs mais ne partageait pas les
illusions du général : « Elle voyait mon père à la tête d'une
révolution dont il était impossible de prévoir le terme. Chaque

malheur, chaque désordre était jugé par elle avec un manque complet d'illusions dans sa propre cause. [...] Elle supportait avec une force incroyable les dangers continuels auxquels il était exposé. Jamais, nous a-t-elle dit, elle ne l'avait vu sortir pendant ce temps sans avoir la pensée qu'elle lui disait adieu pour la dernière fois[25]. »

Deux problèmes le préoccupaient au premier chef : le rétablissement de l'ordre et de la tranquillité publiques, désormais placés sous sa responsabilité, et l'arrivée des subsistances. Surveiller et éliminer les éléments troubles qui s'étaient répandus dans la ville nécessitait des patrouilles incessantes de jour et de nuit, et il fallait aussi éviter la constitution de polices incontrôlées par les autorités. La tâche était énorme et La Fayette n'y était nullement préparé. Dînant le 20 juillet à l'Hôtel de Ville avec Gouverneur Morris, il lui fit part de ses difficultés et lui expliqua « qu'il a exercé le maximum de pouvoir que son cœur puisse souhaiter et qu'il en est fatigué, qu'il a été chef absolu de cent mille hommes, qu'il a promené à sa guise son souverain dans les rues, prescrit le degré d'applaudissements qu'il devait recevoir et qu'il aurait pu le faire prisonnier, s'il l'avait jugé à propos. Cela lui fait désirer revenir au plus tôt à la vie privée[26] ». Pour la deuxième fois de sa vie, il se trouvait au sommet de la popularité, comme le prouve l'énorme bimbeloterie populaire à son effigie qui se répandit alors : l'image du général au cheval blanc. Il avait la naïveté de croire, au moins à certains moments, que lorsqu'il était populaire tout allait pour le mieux. Il allait être durement rappelé à la réalité le 22 juillet par l'assassinat, dans des conditions spécialement ignobles, du conseiller d'État Foulon et de son gendre, l'intendant de Paris, Bertier de Sauvigny, accusés l'un et l'autre d'affamer le peuple. Il fit de vains efforts pour sauver Foulon et chercha désespérément à le faire conduire dans les prisons de l'abbaye de Saint-Germain pour qu'on lui fît son procès, mais il ne put l'arracher des mains de la populace. « Je veux, déclara-t-il, que la loi soit respectée, la loi sans le secours de laquelle je n'aurais point contribué à la révolution du nouveau monde et sans laquelle je ne contribuerais pas à la révolution qui se prépare. » Mais ces paroles se perdirent dans le tumulte.

*\*\**

La Fayette fut bouleversé par cette explosion de violence et s'avisa soudain des limites de son pouvoir et de son impuissance à dominer une foule déchaînée : « Ce peuple n'a pas écouté mes avis, et le jour où il manque à la confiance qu'il m'avait promise je dois, comme je l'ai dit d'avance, quitter un poste où je ne peux plus être utile. » Il donna sa démission[27].

Le sentiment d'horreur devant de tels débordements fut largement répandu. Chamfort, qui n'avait rien d'un réactionnaire, déplora l'impunité des tueurs qui lui faisait entrevoir le « renversement de tout ordre social[28] ». Malheureusement, La Fayette ne sut pas s'en tenir à sa décision. L'assemblée des électeurs le supplia de reprendre son poste. Le 23, il y eut des scènes pathétiques, et on afficha dans Paris une déclaration le proclamant à nouveau général de la Garde nationale et jurant « subordination et obéissance à tous ses ordres pour que son zèle, secondé de tous les citoyens patriotes, conduise à sa perfection le grand œuvre de la liberté publique[29] ». Il eut la faiblesse de céder à ces supplications et s'expliqua le 23 sur le drame qu'il était en train de vivre : « Mes embarras ne font que redoubler. Vous ne pouvez vous peindre la consternation que ma décision a causée. Tous les districts ont envoyé me conjurer de rester ; ils se sont jetés à mes genoux, ont pleuré, ont juré de m'obéir en tout. Que faire ? Je suis au désespoir. On me prépare des calomnies atroces ; *la populace est conduite par une main invisible*[30]. Il a fallu hier faire espérer que je resterais pour la tranquillité de la nuit. Je ne puis abandonner des citoyens qui mettent en moi toute leur confiance, et, si je reste, je suis dans la terrible situation de voir le mal sans y remédier. La cabale infernale qui m'assiège me paraît poussée par des étrangers. Cette idée m'encourage, parce qu'il n'y a rien de si cruel que d'être tourmenté par ses concitoyens. »

Brutalement, La Fayette se trouve aux prises avec de dures réalités, il lui faut sortir du rêve et se rendre à certaines évidences. Quelle est cette main invisible qu'il ne désigne pas plus explicitement ? Est-ce le duc d'Orléans que beaucoup font plus que soupçonner ? Est-ce son agent Danton ? Qui sont ces étrangers ? Croit-il à l'agent anglais ? Il ne s'expliquera jamais sur ces questions. Conçoit-il soudain la mécanique infernale dans laquelle il s'est engagé et qui, dès ce moment, n'a plus aucun rapport, aucune similitude avec sa

chère révolution américaine ? Il commençait à pénétrer dans
la voie des désillusions. Il ne perdit cependant pas courage
et, pour tenter de ramener un semblant d'ordre, entreprit une
tâche importante : l'organisation de la Garde nationale. Si, en
effet, au temps de la monarchie, Paris avait pu se contenter
d'effectifs de police dérisoires, il n'en était plus de même
désormais, et la milice bourgeoise, de formation d'abord
spontanée à la suite de la terreur inspirée par les « hordes de
frénétiques », avait besoin de se donner un cadre fixe.

Le 16 juillet, il avait été décidé de créer un comité militaire
de soixante membres, un par district parisien, sous la présidence du commandant en chef qui fit aussitôt appeler Mathieu
Dumas pour l'assister. Le 23, une conférence réunit Alexandre
de Lameth, Barnave, Duport, et Dumas rédigea une note qui
prévoyait pour la Garde une composition mixte avec des
soldats de métier engagés et « payés pour faire continuellement le service que les bourgeois ne pourraient faire à des
périodes fixes sans se déranger de leurs utiles occupations »,
et des bourgeois volontaires immatriculés dans chaque district
en proportion de la population. Comme la ville était divisée
en soixante districts, on prévoyait soixante bataillons de cinq
cents hommes, avec une escouade de dix cavaliers, soit en
tout trente mille six cents hommes, dont six cents cavaliers.
On était bien loin des quelque trois mille personnes de
l'ancienne police.

L'ensemble de la Garde serait articulé en six divisions
comprenant chacune dix bataillons d'infanterie, cinq compagnies de cent hommes et cent cavaliers. La première compagnie serait toujours sur pied et formée de soldats engagés, soit
anciens gardes-françaises, soit soldats de ligne passés dans la
Garde nationale, et d'anciens du guet à pied et cheval
supprimé. L'encadrement de chaque compagnie comprendrait
trois officiers. Ceux de la première compagnie seraient pris
parmi les sergents des gardes-françaises et ceux des compagnies bourgeoises élus par chaque district. Le commandant
général serait lui aussi élu par les soixante districts de leur
ressort. L'état-major serait composé d'un major ou adjudant
général assisté de quatre officiers et de six majors de division.
La Garde recevrait un uniforme tricolore : habit bleu ciel,
parement blanc, collet rouge. Les anciens des gardes-françaises
resteraient dans leurs casernes et les compagnies bourgeoises
disposeraient d'un local servant à la fois de dépôt d'armes et

de lieu de réunion. Enfin, chaque bataillon recevrait un canon qui permettrait de former une compagnie d'artillerie par division.

Dumas, en bon officier d'état-major, rédigea aussitôt, aidé de Gouvion, son ami de la guerre d'Amérique, et du commissaire des Guerres Chadelas, ancien secrétaire du comte de Guibert, trois règlements sur la formation et l'organisation du corps, l'administration et le service. La Fayette obtint de Gouvion qu'il accepte le poste de commandant en second, Lajard, officier au régiment de Médoc, devint major général, Dumas adjudant général et son frère, capitaine au régiment d'Aquitaine, major d'une division. Les gardes-françaises furent licenciés et intégrés dans la nouvelle formation, ce qui n'alla pas sans difficultés en raison de « l'indiscipline qui régnait dans ce corps depuis les derniers troubles auxquels le plus grand nombre des soldats avaient pris part », et aussi à cause de rivalités entre sous-officiers. Certains répugnaient à abandonner leurs drapeaux, leurs privilèges et leurs casernes. La Fayette réussit à apaiser les contestations grâce, selon Dumas, « à sa fermeté, à son esprit conciliant, à l'autorité de ses paroles ». Comme le Trésor était vide, deux banquiers, Jauge et Cottin, prêtèrent, sur la parole du général, environ 1,2 million de livres représentant la valeur des masses distribuées aux gardes-françaises au moment de la dissolution de leur régiment.

Théoriquement tout au moins, La Fayette disposait désormais d'une troupe organisée et dont on pouvait espérer qu'elle lui serait fidèle[31]. Malheureusement pour lui, et contrairement à certains de ses contemporains, il semblait tout ignorer des mouvements de foule et de leur maniement. Il venait seulement de découvrir que « la fureur du peuple est une véritable électricité morale et physique. Un premier venu qui demande du sang est toujours obéi, qu'il soit animé par une inimitié personnelle ou par l'ivresse générale[32] ».

Le 25 juillet, il fallut aborder une autre question : la réunion des députés des soixante districts qui devaient préparer un plan d'administration municipale eut lieu à l'Hôtel de Ville. La Fayette y prêta le serment de servir fidèlement Paris et les Parisiens dans ses fonctions à la tête de la Garde et de se soumettre toujours au pouvoir civil. Bailly prêta lui aussi serment, et les deux hommes s'embrassèrent sous les applaudissements de la foule. Le même jour, l'assemblée des électeurs prit le nom d'Assemblée des représentants de la Commune de Paris. Comme il l'avait déjà fait après le 14 juillet, La Fayette usa de sa popularité au service de ses amis. Le 27, il dégagea le maréchal de Castries, arrêté bien qu'il fût en possession d'un passeport ; le 30, il sauva avec Necker la vie du baron de Besenval. Le 29, il rédigea une circulaire envoyée à tous les districts, dans laquelle il précisait ses propres attributions : « Veiller à la sûreté de la capitale, au bon ordre parmi les citoyens armés, exécuter les décrets de vos représentants, vivre pour vous obéir et mourir, s'il le faut, pour vous défendre, voilà les seuls droits de celui que vous avez daigné nommer commandant général. » La tâche n'était pas aisée, car la désorganisation générale, l'effondrement presque total des institutions, la démission des autorités progressaient à pas de géant. De nombreux soldats des troupes de ligne, ralliés aux idées nouvelles, avaient quitté leur corps sans permission pour s'engager dans la Garde nationale. Il fallut s'efforcer de régulariser cette situation, et Louis XVI avait écrit en ce sens à La Fayette dès le 21 juillet. Mais celui-ci constatait qu'on cherchait à « travailler l'esprit des gardes-françaises » et dut les haranguer pour tenter d'arrêter les départs en congés irréguliers. Il lui fallut aussi déjouer un complot ourdi au club des Cordeliers par Danton pour faire confier au duc d'Orléans le commandement des gardes-françaises : il parvint à dégoûter de ce projet les citoyens comme les soldats. C'est certainement de cette époque que date la violente antipathie entre La Fayette et Danton. Dans une note rédigée plus tard sur le parti orléaniste, le premier affirmait que Danton, qu'il estimait « bien supérieur à Robespierre », fut un des piliers du clan d'Orléans : « Il eut bien plus la confiance du parti que Robespierre, et il la méritait par des talents distingués comme par sa monstrueuse immoralité[33]. »

Le souci principal du commandant de la Garde nationale était évidemment le rétablissement de l'ordre dans une cité énorme pour l'époque, privée de presque toutes ses structures administratives. Il dressait ainsi le tableau d'une ville bouleversée : « L'état de Paris était effrayant. Cette population immense de la ville et des villages environnants, armée de tout ce qui s'était rencontré sous sa main, s'était accrue de six mille soldats qui avaient quitté les drapeaux de l'armée royaliste pour se réunir à la cause de la Révolution. » S'y ajoutaient quatre à cinq cents gardes-suisses et six bataillons de gardes-françaises sans officiers : « *La capitale dénuée à dessein de provisions et de moyens de s'en procurer*[34], toute l'autorité, toutes les ressources de l'ancien gouvernement détruites, odieuses, incompatibles avec la liberté ; les tribunaux, les magistrats, les agents de l'ancien régime soupçonnés et presque tous malveillants, les instruments de l'ancienne police intéressés à tout confondre pour rétablir le despotisme et leurs places, les aristocrates poussant au désordre pour se venger et pour se rendre nécessaires, les orléanistes de leur côté au service des projets de leur chef, ces divers partis remuant à leur gré plus de trente mille étrangers ou gens sans aveu. » Si les institutions anciennes avaient pratiquement disparu, rien encore n'était venu les remplacer : « Il n'y avait encore ni organisation militaire ni organisation civile ; il n'y avait ni lois nationales ni formes juridiques indiquées pour les procédures. » Tout était entre les mains de la « foule armée et délibérante » dans les districts, et à l'Hôtel de Ville dans celle des électeurs qui, « sans aucun droit que leur patriotisme, avaient heureusement saisi les rênes de l'administration ».

Le rétablissement de l'ordre légal était continuellement contrarié « non seulement par les vagues qui venaient d'être profondément soulevées mais par la fermentation factice que l'aristocratie furieuse, les factions déjouées, les ambitions naissantes entretenaient avec tous les moyens d'intrigue et d'argent[35] ». L'agitation demeurait presque permanente, et le commandant de la Garde nationale devait constamment intervenir pour apaiser des troubles provoqués par « les intrigues des factions très diverses entre elles ».

Ni La Fayette ni Bailly, retenus à Paris par leurs charges, ne participèrent à la Nuit du 4 août qui vit l'abolition des privilèges, mais ils en approuvèrent les décisions. Ce jour-là, le commandant fit décider par l'Assemblée des représentants qu'un certificat d'estime et de reconnaissance serait délivré à chaque soldat des gardes-françaises. Le 6 août, une nouvelle alarme populaire fut provoquée par une affaire assez ridicule. Le marquis de La Salle, officier en second de la Garde, voulut faire évacuer vers Essonne un bateau de poudre de mauvaise qualité entreposée à l'Arsenal, dite « poudre de traite », car elle était fréquemment utilisée pour le commerce sur les côtes d'Afrique. Le chargement fut arrêté par les habitants du port Saint-Paul qui imaginèrent un complot, et la foule demanda la tête de La Salle qui transportait de la « poudre de traître » ! La Fayette dut intervenir, « qui sait manier le peuple et le mener où il veut sans le heurter ». Il écouta avec patience et parvint momentanément à détendre l'atmosphère. Mais le peuple réclama de plus belle La Salle, qui s'était caché. On ne le trouva pas, bien entendu, et, à force de patience, le général parvint à disperser les manifestants. L'innocence de La Salle fut constatée et certifiée par la Commune et l'Assemblée nationale[36]. Le 9 août, pour la première fois, à l'occasion de la bénédiction d'un drapeau à Saint-Nicolas-des-Champs, La Fayette revêtit l'uniforme national. Le 12, il constituait définitivement son état-major dans lequel on retrouvait deux de ses compagnons et amis d'Amérique : Jean-Baptiste de Gouvion et Louis de La Colombe.

Chaque jour ou presque apportait un incident ou une intervention. Le 15 août, il dut aller à Montmartre apaiser un début d'émeute chez les terrassiers. Heureusement, il connaissait aussi quelques moments de détente. Le 17, les ingénieurs chargés de la démolition de la Bastille vinrent lui apporter cinq boulets datant des combats de la Fronde que l'on avait trouvés encastrés dans la muraille. Le 23, il obtint que l'Assemblée des représentants prît à sa charge l'armement et l'équipement de la Garde nationale. Le 25, jour de la Saint-Louis, Bailly et le général se rendirent à Versailles avec un détachement de la Garde pour présenter leurs respects à la famille royale. Selon Mme de La Tour du Pin, la reine les reçut très maladroitement. La Fayette ayant présenté ses officiers, « elle balbutia quelques mots d'une voix tremblante et leur fit le signe de tête qui les congédiait. [...] Ces officiers de la Garde nationale, qu'un mot gracieux eût gagnés, se retirèrent de mauvaise humeur et répandirent leur mécontentement dans Paris, ce qui augmenta la malveillance que l'on attisait contre la reine et dont le duc d'Orléans était le premier auteur ». Cette maladresse insigne ne serait sans doute pas oubliée lors des journées d'octobre... Le soir, La Fayette assista au dîner offert par la Garde de Versailles à celle de Paris et, à cette occasion, refusa le commandement général que les Versaillais lui offraient.

* * *

Il est évident que ces activités multiples et harassantes ne permirent pas au général de participer aux débats constitutionnels qui avaient commencé à l'Assemblée le 17 août. Aurait-il réussi à faire prévaloir ses vues dans la mesure où il les avait précisées ? On peut en douter, car il se défendait de vouloir intervenir. « L'Assemblée doit être parfaitement libre et doit être parfaitement tranquille », écrit-il au début de septembre. Cette attitude de réserve dont il fit un moment preuve contristait Mme de Staël : peut-être aussi, écrit-elle, « lui en coûtait-il trop de risquer sa popularité hors de l'Assemblée par les débats dans lesquels il fallait soutenir l'autorité royale contre les principes démocratiques. Il aimait à rentrer dans le rôle passif qui convient à la force armée. Depuis, il a sacrifié courageusement cet amour de la popularité, la passion favorite de son âme, mais pendant la durée de l'Assemblée constituante, il perdit de son crédit parmi les députés parce qu'il s'en servit trop rarement[37] ». Doutait-il trop de ses talents oratoires ? De son ascendant sur un parlement ? Il n'avait sûrement rien d'un grand *leader* capable de manœuvrer les élus du peuple et de leur imposer sa volonté.

Sa générosité, au contraire, n'était jamais prise en défaut. Peu après la prise de la Bastille, avait été constitué un comité chargé de procurer des secours aux blessés, veuves et orphelins. Selon Dusaulx qui en faisait partie, « M. de La Fayette leur a peut-être plus donné lui seul que l'Hôtel de Ville et le reste des citoyens. Nous l'aurions ruiné si nous avions voulu être complices de sa bienfaisance[38] ». Le 7 septembre, l'Assemblée parisienne lui offrit un traitement de 120 000 livres qu'il refusa en déclarant : « Dans un moment où tant de citoyens souffrent, où tant de dépenses sont nécessaires, il me répugne de les augmenter inutilement. Ma fortune suffit à l'état que je tiens. »

Le lendemain, après avoir rendu compte à l'Assemblée parisienne des mesures prises pour l'organisation des compagnies soldées, il s'attaqua à la question qui lui tenait fort à cœur de la réforme de la procédure criminelle dont il s'était déjà préoccupé à l'Assemblée des notables. Il avait d'ailleurs devancé les événements dès sa prise de fonctions à la tête de la Garde nationale en déclarant devant la Commune qu'il ne se permettrait aucune arrestation si l'on n'accordait aux accusés un défenseur, la communication de leur dossier, la confrontation des témoins et la publicité de l'instruction et de la procédure. Il se heurta à une forte opposition, y compris à celle de Bailly qui jugeait qu'il sortait de ses attributions et, de plus, qu'une telle réforme entraînerait un grand trouble dans le fonctionnement de la justice. La Fayette obtint en partie gain de cause devant l'Assemblée nationale qui vota le 9 octobre un décret provisoire prévoyant de nouvelles procédures accordant des garanties aux accusés.

Le 27 septembre, La Fayette et Bailly assistèrent à Notre-Dame à la bénédiction des drapeaux de la Garde nationale, cérémonie au cours de laquelle l'abbé Fauchet, membre de la Commune et du comité de police de l'Hôtel de Ville, prononça un discours.

Au milieu de cette agitation, le général trouvait le moyen de conserver des relations avec ses amis américains et se retrouvait chez Jefferson pour d'ardentes discussions politiques auxquelles participaient Duport, Barnave, Condorcet, les Lameth, Mounier, Latour-Maubourg et aussi Gouverneur Morris qui exerçait ses talents d'observateur souvent critique. Le 17 septembre, il notait : « Voilà de longues années que je connais mon ami La Fayette, et je puis estimer à leur juste valeur ses paroles et ses actes. [...] Il ne veut de mal à personne, mais il a besoin de briller. Il est fort en dessous de ce qu'il a entrepris, et si la mer devient agitée, il ne pourra tenir le gouvernail. [...] Il est inutile de vouloir tirer d'un sifflet le son d'une trompette[39]. » La Fayette semble très sûr de la fidélité de ses troupes, mais Morris, on le voit, est plus sceptique.

C'est à ce moment, vers la fin de septembre, que La Fayette aurait reçu la visite de Montmorin qu'il avait connu lorsque celui-ci était ambassadeur à Madrid pendant la guerre d'Amérique. Il venait lui présenter des propositions de la part du roi. Lui offrit-il véritablement la charge de connétable, supprimée depuis la mort de Lesdiguières en 1627, ou la lieutenance générale du royaume, charge réservée traditionnellement à un prince de sang ? Cela paraît bien invraisemblable. Si La Fayette faisait preuve d'une hostilité absolue à l'égard du duc d'Orléans dont il s'agissait de déjouer les intrigues, il n'en refusa pas moins ces offres, mais confirma « la détermination où il était de défendre le roi contre les

attentats de M. d'Orléans et il se contenta de conseiller, en
cas de complot imprévu, que le roi se rendît de Versailles à
Paris où la Garde nationale s'empresserait de veiller à sa
sûreté ». Il est indiscutable que le général, très attaché — il
le restera — à la légalité, tenait absolument à faire preuve
d'une soumission entière à l'Assemblée nationale et à protéger
« la nation, le roi, la loi et la Couronne contre tout complot
attentatoire à leur autorité[40] ». Mais, encore une fois, il se
laissait emporter par ses illusions et commettait d'énormes
erreurs de jugement. Comment pouvait-il espérer avoir « calmé
la fermentation » et comment pouvait-il croire que le roi
serait en sûreté dans une ville en proie à toutes les passions
et à toutes les rumeurs les plus fantaisistes ? Il lui était
impossible d'ignorer que de nouveaux signes d'agitation
commençaient à se manifester dès le courant de septembre.
Le roi lui-même en était bien conscient puisque, mesurant
soudain « l'avantage que tiraient les factieux de la proximité
de Paris, il pensa sérieusement à quitter Versailles[41] ». Il avait
été fortement encouragé dans ce sens par la tendance modérée
de l'Assemblée animée par Malouet, mais l'indécision naturelle
de Louis XVI fut encore aggravée par celles de Necker et de
Montmorin, et finit par l'emporter. « Il y avait, selon Malouet,
un bourdonnement de conseils, violents en projets, mais sans
aucune tenue et sans capacité dans l'exécution. C'en était
assez pour exaspérer les patriotes et les porter aux dernières
extrémités, c'en était trop pour leur en imposer[42]. » Le 17,
une partie de la Garde nationale, sur laquelle La Fayette
comptait tant, prétendit aller à Versailles pour accélérer les
travaux de l'Assemblée que l'on commençait à trouver bien
lents. Il avait péniblement réussi à les en dissuader. La
répugnance avec laquelle le roi sanctionna les conséquences
de la Nuit du 4 août aggrava le mécontentement et la tension.
« M. Necker est un terrible homme pour dire et ne pas faire »,
écrivait La Fayette. Les jours à venir devaient le mettre dans
une situation périlleuse pour sa vie et lui apporter de nouvelles
et terribles déceptions.

## CHAPITRE XIII

# Le traumatisme d'octobre

Les journées d'octobre 1789 constituent l'un des épisodes les plus discutés de la vie de La Fayette et furent l'occasion pour ses ennemis de répandre sur lui les calomnies les plus dépourvues de fondement. Certains n'ont pas hésité à lui faire porter la responsabilité de ces scènes d'émeute et des graves menaces qui pesèrent sur la vie de la famille royale. Curieusement, Charavay, dans sa monumentale biographie du général, expédie cette affaire en trois pages sans entrer dans les détails ni en évoquer les conséquences, alors qu'il est évident que ces heures tragiques marquèrent profondément La Fayette et infléchirent le cours de sa pensée politique. Sans vouloir reprendre le récit complet de la marche sur Versailles, puis sur Paris, il est nécessaire de tenter de préciser l'attitude et les responsabilités du commandant de la Garde nationale. Les témoignages abondent, à commencer par ceux de l'intéressé qui a rédigé deux récits publiés dans ses *Mémoires*, mais il en existe aussi beaucoup d'autres, émanant de témoins directs.

L'insurrection qui aboutit au retour du roi à Paris n'avait rien de spontané. On ne mobilise pas une telle foule en quelques instants, et les signes annonciateurs n'avaient pas manqué. Le 30 août, le marquis de Saint-Huruge, agent du duc d'Orléans, tenta avec 1 500 hommes de marcher sur Versailles, mais il en fut empêché par La Fayette qui étouffa ainsi dans l'œuf la première tentative de pression populaire sur l'Assemblée. Le lendemain, une délégation de huit citoyens venant du Palais-Royal arriva à l'Hôtel de Ville où le général la reçut et s'efforça encore de la détourner de l'idée d'organiser

un mouvement en direction de Versailles. La pétition présentée à la Commune fut écartée sans discussion.

Le 17 septembre, à la suite de nouveaux mouvements, La
Fayette écrivit au comte de Saint-Priest, secrétaire d'État de
la Maison du Roi, pour l'informer et le rassurer, car il se
faisait fort de « détruire ce projet » ; il avait d'ailleurs fait
établir des postes de la Garde nationale sur les routes menant
à Versailles. Cette mesure n'inspira qu'une confiance limitée
au ministre et à la Cour qui demandèrent le renforcement de
la garnison de Versailles, mais comme un récent décret de
l'Assemblée interdisait d'introduire des troupes sans réquisi-
tion de la municipalité, d'Estaing, commandant de la Garde
nationale de Versailles, alla négocier et obtint la demande
d'un régiment[1]. Le régiment de Flandre arriva le 23. Les
députés se plaignirent comme d'une atteinte à leur indépendance de la disposition de postes militaires vers les accès de
la ville, et il fallut les retirer.

Les rumeurs couraient bon train. La Fayette soutient qu'un
complot contre-révolutionnaire visait à enlever le roi pour le
conduire à Metz, prononcer la dissolution des États généraux
et le faire assassiner ainsi que Bailly, le duc d'Orléans
devenant lieutenant général du royaume et Mirabeau maire
de Paris[2]. Qu'y avait-il d'exact dans ces bruits ? Il est probable
que des projets furent envisagés. Mathieu Dumas, alors
directeur général du Dépôt de la Guerre à Versailles, déplore
le climat d'intrigues qui régnait au château « et la fermentation
qu'une aveugle présomption et de criminelles folies ne pouvaient manquer d'exciter dans la capitale ». Il y eut des
provocations pour le moins malencontreuses, comme le fameux
banquet offert au régiment de Flandre le 1er octobre où la
venue du roi, de la reine et du dauphin fut « une démarche
imprudente qui fit le plus mauvais effet ». Mme de La Tour
du Pin, qui y assistait, nie qu'on y ait distribué des cocardes
blanches à tous les convives ; il est néanmoins évident que ce
repas donna lieu à des manifestations pour le moins inoppor-
tunes. « J'avais vu de trop près, écrit Mathieu Dumas, les
mouvements révolutionnaires du mois de juillet pour qu'il me
fût permis de douter des conséquences prochaines de ce vain
essai de contre-révolution[3]. »

Avec la plus parfaite inconséquence, dans le même temps
où elle se livrait à ces extravagances, la Cour, « atteinte d'un
prodigieux aveuglement, ne prévoyait aucun événement

funeste ». Aucune mesure de sécurité ne fut prise, et, le 5 octobre, à dix heures du matin, la roi partit pour la chasse. Quant à La Fayette, il est à la fois confiant dans ses troupes — car il avait réussi, grâce aux sous-officiers des gardes-françaises devenus officiers, à leur donner une certaine discipline, et toujours d'un optimisme plein d'illusions. « On croit que j'ai de l'ambition, disait-il à Condorcet à ce moment, on se trompe grossièrement. J'ai pu, le 15 juillet, être ministre, connétable, tout ce que j'aurais voulu, je ne veux que conserver la place où je suis jusqu'à ce que l'ordre soit rétabli et la Révolution consommée, après quoi je rentrerai avec plaisir dans la foule. Je ne désire plus qu'une chose, c'est d'aller en Hollande avec des forces suffisantes pour y aider les patriotes à faire leur révolution[4]. » Mais il allait se trouver pris d'abord dans une tempête qu'il ne pourrait maîtriser.

On a écrit que les journées d'octobre furent « avant tout des émeutes de la faim » (Jean Tulard). Certes, depuis la réunion des États généraux, Paris souffrait, La Fayette lui-même *dixit*, « d'une disette moitié réelle, moitié factice » qui provoque « le tourment des magistrats et du commandant général, le danger imminent de la chose publique, la principale ressource des intrigants et des séditieux ». L'Assemblée nationale avait bien créé un Comité des subsistances, usurpant ainsi les attributions du pouvoir exécutif, mais, comme la plupart des organismes de ce genre, celui-ci fut d'une inefficacité totale, ce qui irrita l'opinion, laquelle « se laissa égarer par des suggestions perfides et par l'idée si naturelle que ses représentants devaient pourvoir à ses premiers besoins ». On persuada donc la population que « l'Assemblée nationale avait le pouvoir de ramener l'abondance et qu'il suffisait pour obtenir du pain de venir lui en demander ». Mais le pain, si réel qu'en fût le besoin, n'était qu'un prétexte, et les observateurs contemporains ne s'y sont pas trompés. « M. de La Fayette se pavanait sur son cheval blanc, écrit Mme de La Tour du Pin, et ne se doutait pas, dans sa niaiserie, que le duc d'Orléans conspirait et rêvait de monter sur le trône. » Il s'en doutait parfaitement, et c'est bien la raison pour laquelle il fit l'impossible pour tenter d'arrêter l'émeute.

Le 5 octobre au matin, le tocsin commence à sonner à

Paris, et une foule armée de piques envahit l'Hôtel de Ville, puis commet quelques pillages avant d'être péniblement dispersée. Mais d'autres colonnes arrivent sans cesse des faubourgs, et tout le quartier se trouve bientôt rempli. De tels mouvements ne sont évidemment pas spontanés, et Saint-Priest ne doute pas un instant du rôle du duc d'Orléans et de Mirabeau : « C'est avec l'argent de ce prince qu'il fomentait des émeutes à volonté et même avec jactance et sarcasme. On a, disait-il, une très jolie émeute pour 25 louis[5]. » Bailly et La Fayette commencèrent par délibérer et firent prévenir le roi des progrès de l'émeute d'où commençaient à fuser les cris « Allons à Versailles ! ». Le commandant général sortit sur la place et interdit à ses troupes de bouger, à la grande fureur de la foule qui se répandit en menaces de pendaisons et de fusillades : « Vingt fois il fut couché en joue. » Vers onze heures, alors qu'il était au comité de police, une foule de gardes le demanda, et un jeune homme nommé Mercier lui dit : « Mon Général, le roi nous trompe tous, et vous comme les autres, il faut le déposer : son enfant sera roi, vous serez régent et tout ira bien. » Malgré ces invitations, La Fayette déploya les derniers efforts pour calmer la foule et envoya ses aides de camp au milieu d'elle pour tenter d'apaiser les flots. Sainte-Beuve raconte avoir entendu, étant enfant, le témoignage d'un garde national montrant le général tentant l'impossible pour entraver le mouvement : « Sous un prétexte ou sous un autre, il avait tenu bon, faisant la sourde oreille aux menaces comme aux exhortations. » Enfin, l'atmosphère devenant de plus en plus houleuse en place de Grève, un jeune homme sortit du rang, prit la bride de son cheval et lui dit : « Mon Général, jusqu'ici vous nous avez commandés, mais maintenant c'est à nous de vous conduire[6]. »

La pression ne cessa de s'accentuer dans l'après-midi, et une troupe de femmes était déjà partie. Entre quatre et cinq heures, plusieurs milliers de personnes armées de piques et de fusils, traînant deux ou trois canons, les suivirent : « M. de La Fayette, enfin, pâle et presque écumant d'une colère concentrée, tourna son cheval vers Versailles[7]. » Une carica-ture le montre avec une tête d'âne, conduit par un homme armé d'une pique et d'une hache, qui l'entraîne sur la route de Versailles, avec comme légende : « Mes amis, menez-moi, je vous prie, coucher à Versailles[8]. » Indiscutablement, il est parti contre sa volonté, entraîné par une troupe menaçante, bien qu'il ait été, dit-il, « couvert d'acclamations sur son passage et nommément par la foule de personnes élégamment vêtues qui bordaient la terrasse des Tuileries ». Gouverneur Morris décrit très bien la scène : le général quitte l'Hôtel de Ville « gardé par ses propres troupes qui le soupçonnent et le menacent. Terrible situation ! Obligé de faire ce qu'il abhorre ou de subir une mort ignominieuse avec la certitude que le sacrifice de sa vie serait parfaitement inutile[9] ». Il espérait sans doute, comme le note Saint-Priest, « empêcher, par son titre de général, que ces rebelles ne se portassent aux plus grands excès ». Nombreux étaient ceux qui lui faisaient confiance. Malouet lui-même déclara que la présence du général « préviendrait les désordres ». Celui-ci pensait-il que la route de Versailles serait gardée et l'émeute contrainte à rétrograder ? Lors d'une halte au Point-du-Jour, il dépêcha un aide de camp qui constata qu'au pont de Sèvres la voie était libre. La Fayette expédia alors deux officiers pour prévenir le roi et l'Assemblée nationale. Mounier présidait celle-ci. A-t-il pressé Necker de requérir le vote d'un ordre interdisant au général d'avancer sous peine d'être déclaré traître à l'État et criminel de lèse-nation s'il passait outre[10] ? Rien, en tout cas, ne fut fait en ce sens. Saint-Priest insiste sur l'extraordinaire aveuglement de Necker qui vivait dans l'illusion que le roi ne courait aucun danger à aller à Paris et qu'au contraire cette ville présentait des ressources financières dont on avait le plus grand besoin. Quant à Louis XVI, il s'était, depuis son retour de la chasse, enfermé dans ses appartements. Certains ministres, Saint-Priest, La Luzerne, La Tour du Pin, le pressaient de prendre du champ et de partir pour Rambouillet. Comme toujours, il hésita interminablement et, lorsqu'il fit mine de se décider, il était trop tard, la foule commençait à arriver.

Un premier groupe de femmes envahit la salle des séances de l'Assemblée et tenta de pénétrer dans le château, ce qui provoqua une échauffourée avec les gardes du corps. Le roi accepta de recevoir une délégation de six personnes à laquelle il promit d'améliorer le ravitaillement.

Pendant ce temps, arrivé à Viroflay, La Fayette reçut une lettre du roi l'informant qu'il le voyait arriver « avec plaisir »

et qu'il acceptait la Déclaration des droits de l'homme.
Parvenu près du lieu des séances de l'Assemblée, il fit arrêter
ses troupes, leur parla et leur fit renouveler le serment civique
à la nation, à la loi et au roi, ce qui fut fait, semble-t-il, sans
enthousiasme. Puis il eut une conversation avec Mounier au
cours de laquelle il suggéra que le roi ordonne l'éloignement
du régiment de Flandre. Il se présenta ensuite aux grilles du
château qu'on refusa d'abord d'ouvrir puis, sur l'assurance
qu'il n'entrerait qu'avec deux personnes, le passage lui fut
accordé après qu'il eut assuré qu'il allait porter « des paroles
de paix et de sécurité ». Lorsqu'il traversa l'Œil-de-Bœuf, M.
de Hautefeuille s'écria : « Voilà Cromwell ! » Malgré la fatigue
d'une marche de douze heures, La Fayette n'avait pas perdu
son sens de la repartie : « Monsieur, répliqua-t-il, Cromwell
ne serait pas entré seul ici. » Il fut admis devant le roi en
présence du comte de Provence, de Necker, de Champion de
Cicé, garde des Sceaux, et de D'Estaing, qui venait de donner
la mesure de son incompétence et de sa faiblesse en qualité
de commandant de la Garde nationale de Versailles.

La Fayette s'efforça de rassurer le roi sur les intentions des
manifestants. Il protesta de son dévouement et s'attacha à
expliquer et à justifier sa conduite, assurant qu'il n'était pour
rien dans le déclenchement d'une émeute qui l'avait totalement débordé. Selon Mme de La Tour du Pin, « pouvant à
peine se soutenir tant il était fatigué [...], très ému, il s'adressa
au roi en ces termes : "Sire, j'ai pensé qu'il valait mieux venir
ici mourir aux pieds de Votre Majesté que de périr inutilement
sur la place de Grève." Ce sont ses propres paroles. Sur quoi,
le roi demanda : "Que veulent-ils donc ?" M. de La Fayette
répondit : "Le peuple demande du pain, et la garde désire
reprendre ses anciens postes auprès de Votre Majesté." Le
roi dit : "Eh bien, qu'ils les reprennent[11]." ». Mathieu Dumas
précise que la sécurité du château ne fut pas confiée au
général. Celui-ci fut seulement autorisé à faire occuper par la
Garde nationale les postes extérieurs du côté de la ville, alors
que le comte de Luxembourg, capitaine des gardes de service,
conserva le commandement de l'intérieur du château et la
surveillance côté jardin. En sortant de chez le roi, La Fayette
s'enquit des précautions prises et vérifia avec Gouvion les
postes de la Garde. Il alla ensuite s'occuper du logement de
ses troupes, fatiguées par sept heures de marche, mit un
bataillon devant l'hôtel des gardes du corps et ordonna des

patrouilles en ville et autour du château. En se rendant à cet hôtel, la voiture dans laquelle il se trouvait avec le comte de La Marck fut arrêtée par une foule armée. « Mes enfants, que voulez-vous ? demanda La Fayette. — Nous voulons les têtes des gardes du corps. — Mais pourquoi ? — Ils ont insulté la cocarde nationale, ils ont marché dessus, il faut les punir. — Je vous le dis encore, rester tranquilles, fiez-vous à moi. Tout va bien. » Une distribution d'écus suivit ce dialogue, et la foule laissa passer la voiture[12]. Il semble bien que le général ait alors cru fermement au retour du calme. Dans la nuit, il écrivit un court billet, sans doute à Mme de Simiane : « Tout a mieux tourné qu'on ne pouvait s'en douter, l'accord des troupes a empêché l'action que je craignais. » Selon Ferrières, il aurait dit à Mounier vers trois heures du matin : « Je réponds de tout, je vais prendre quelque repos, j'invite monsieur le Président à suivre mon exemple. »

C'est au milieu de cette nuit que se place ce moment de sommeil qui sera si amèrement reproché à La Fayette par ses ennemis : « Sommeil coupable ou plutôt malheureux, dont les suites irréparables ont taché la vie entière de celui qu'il a accablé[13]. » Accusation cruelle et peut-être sans fondement. Mathieu Dumas raconte qu'à trois heures du matin, il accompagna La Fayette chez Montmorin, qui s'enquit de l'état des choses et reçut l'assurance que l'ordre ne serait pas troublé, puis à l'hôtel de Noailles, à une centaine de pas de la chapelle du château. Le général était exténué, on lui apporta une soupe de sagou, et Dumas affirme qu'il ne se coucha pas. Mais s'il résista remarquablement à la fatigue d'une journée épuisante, il pécha certainement par excès de confiance. Selon Portalis, il aurait eu, en 1798 à Hambourg, la naïveté d'avouer : « J'étais sans défiance, le peuple m'avait promis de rester tranquille[14]. » Il allait rapidement mesurer la vanité de cette promesse.

Dès l'aube du 6, l'agitation reprit avec violence, et le château fut envahi à six heures du matin par les jardins mal gardés, c'est-à-dire par le secteur dont on avait interdit à La Fayette de s'occuper. C'est pourquoi Mathieu Dumas le défend avec énergie et accuse ses ennemis d'avoir « assouvi leur vengeance et leur ressentiment en accablant le général d'une responsabilité qu'il n'avait pas encourue et dont on avait refusé de le charger[15] ». Il y eut aussitôt des échanges de coups de feu, et la foule se rua sur les gardes du corps ;

l'un d'eux, des Huttes, fut massacré, décapité à la hache et sa tête mise au bout d'une pique. Les appartements royaux étaient si mal protégés qu'ils furent bientôt assaillis, un second garde du corps périt et la reine dut se réfugier en hâte chez le roi. La Fayette, aussitôt prévenu, se précipita au château avec deux compagnies de gardes nationaux qui parvinrent à empêcher les émeutiers d'enfoncer les portes de l'Œil-de-Bœuf et à sauver plusieurs hommes que la foule voulait pendre. Il aurait alors entraîné sa troupe en lui disant : « Grenadiers, j'ai donné ma parole au roi qu'il ne serait fait aucun mal à MM. les gardes du corps ; si vous me faites manquer à ma parole d'honneur, je ne suis plus digne d'être votre général et je vous abandonne. Sabrez ! » Les grenadiers obéirent. La Fayette se savait-il menacé ? Selon Ferrières, « des hommes habillés en femmes répandent parmi le peuple que M. de La Fayette est un traître et qu'il faut s'en défaire[16] ». Personne, toutefois, ne mit cette menace à exécution, ce qui aurait pourtant été facile au milieu de cette foule. Affrontant courageusement celle-ci, le général pénétra jusqu'aux appartements royaux, s'avança sur le balcon donnant vers la cour de marbre et harangua le peuple « avec chaleur et même avec violence », ce qui le calma quelque peu. Louis XVI parut, salua, fut acclamé et les cris s'élevèrent : « À Paris ! » Pendant ce temps, les gardes nationaux avaient investi la cour par les côtés, mais le centre restait occupé par l'émeute. La reine parut à son tour sur le balcon avec ses enfants, puis seule avec La Fayette qui lui baisa la main, amena un garde du corps, lui donna la cocarde nationale et l'embrassa. Le roi revint pour annoncer que, conformément au désir exprimé par le peuple, il acceptait de fixer sa résidence à Paris. La monarchie cédait sur toute la ligne, et l'Assemblée envoya une délégation pour informer Louis XVI que les députés étant inséparables du pouvoir exécutif, elle se rendrait elle aussi à Paris.

La Fayette fut chargé d'organiser la marche vers la capitale avec « un cortège de 60 000 individus ». Il s'efforça de canaliser cette foule en la faisant partir par étapes et d'assurer la protection de la famille royale avec plusieurs bataillons de la Garde nationale. Il semble bien qu'il fît tout ce qui était en son pouvoir pour éviter le pire, mais ne put empêcher que le convoi soit accompagné des têtes des gardes du corps assassinés portées au bout de piques. Le marquis de Bouthilier, témoin oculaire, écrit : « J'ai vu la marche affreuse de ce malheureux monarque entraîné prisonnier dans sa capitale, précédé des têtes sanglantes de ses gardes qu'on portait en triomphe devant lui. » On poussa même le sadisme jusqu'à faire friser leurs cheveux ensanglantés chez un perruquier de Sèvres et on les porta ainsi jusqu'à Paris où elles furent jetées dans la Seine[17]. La Fayette accompagna à cheval la voiture du roi et arriva dans la nuit à l'Hôtel de Ville où la famille royale fut accueillie par Bailly avant d'aller s'installer aux Tuileries, abandonnées depuis le règne de Louis XIV. Selon son propre témoignage, Madame Adélaïde, fille de Louis XV, lui dit alors : « Je vous dois plus que la vie, je vous dois celle du roi, de mon pauvre neveu[18]. »

Les controverses sur le rôle du commandant de la Garde nationale lors de ces lamentables journées ne sont pas closes. On peut déjà écarter sa responsabilité dans le déclenchement de l'émeute. Même ses adversaires reconnaissent son innocence. Mme de La Tour du Pin, peu indulgente à son égard, n'hésita pas à écrire : « C'est une absurde injustice de croire que M. de La Fayette ait été l'auteur des affaires des 5 et 6 octobre 1789. » Condorcet confirme : « Il serait injuste de croire à la complicité de La Fayette dans ces attentats. Il a été trop peu soigneux de les empêcher, trop faible et espérant toujours la sagesse et la félicité générales. » Pouvait-il faire plus et mieux qu'il n'a fait pour empêcher ces débordements ? Le reproche essentiel qu'on peut lui adresser est de s'être laissé totalement surprendre par l'événement et de n'avoir su ni le prévoir ni l'empêcher. On a peine à croire qu'une manifestation de cette importance ait pu être organisée sans qu'il en ait perçu les signes avant-coureurs. Les services de police si brillamment mis en place par les lieutenants généraux Sartine et Lenoir avaient-ils été tellement démantelés que l'officier général chargé du maintien de l'ordre pût être à ce point pris au dépourvu ? Cette surprise accomplie, La Fayette se trouva enfermé dans un piège dont il lui était presque impossible de sortir, d'autant moins qu'il découvrit en arrivant à Versailles une situation si compromise qu'elle ne pouvait trouver de remède efficace. Il est évident qu'une insouciance criminelle avait présidé à l'absence de protection de la ville et du château. La Fayette ne porte aucune responsabilité dans le fait que rien n'avait été prévu et que le commandement des gardes du corps se révéla très au-dessous de sa tâche. Lorsqu'il entra dans les appartements du roi, la terrible indécision de celui-ci avait, depuis des heures, produit des effets désastreux autant qu'irréparables.

Face à une situation aussi désespérée, il ne put que s'efforcer d'éviter le pire, et la procédure instruite au Châtelet de Paris au cours des mois suivants a conclu que « le salut du roi, de la reine, de la famille royale fut uniquement dû à la Garde nationale et à son général[19] ». Il est également certain que, sans son intervention, le nombre des victimes eût été très supérieur. La Fayette commit certes une énorme erreur de jugement, fruit de son inexpérience et de son faible sens politique, lorsqu'il s'imagina que « l'Assemblée serait plus tranquille et le roi plus en sécurité à Paris ». Comment n'a-t-il pas compris dès ce moment que l'un et l'autre devenaient ainsi prisonniers de cette foule parisienne qui, depuis juillet, venait de faire irruption sur la scène ? Lorsqu'il s'en avisera enfin, il sera beaucoup trop tard. La situation étant ce qu'elle était lorsqu'il arriva à Versailles le soir du 5 octobre, il ne pouvait probablement agir autrement qu'il l'a fait, et un historien royaliste écrivant sous la Restauration, l'abbé de Montgaillard, affirmera que la conduite du général au cours de ces journées « est exempte de tout blâme[20] ».

Ces événements tragiques eurent sur lui une influence considérable. Plus encore que lors de l'assassinat de Foulon et de Bertier, il découvrait la violence populaire et la difficulté de la maîtriser. D'Estaing prétendit que, lors du retour de Versailles, La Fayette lui avait juré « que les atrocités avaient fait de lui un royaliste[21] ». Ce spectacle le renforça certainement dans son culte de la légalité et de l'ordre constitutionnel en cours d'élaboration. Conscient d'avoir sauvé la vie de la famille royale, le général se vit jouant désormais un grand rôle politique et devenant principal ministre. Le 8 et le 9 octobre, il eut de longs entretiens avec Gouverneur Morris qui s'efforça de le conseiller dans la constitution d'un ministère et constata qu'il était assez mal informé des arcanes du monde politique, et, plus grave encore, qu'il n'avait aucun plan, aucun projet, aucune équipe prête à gouverner. Morris lui fit un cours élémentaire de science politique : « Il est impossible que lui-même soit à la fois ministre et soldat, encore moins ministre de chaque département ; il devra avoir des co-adjuteurs en qui il ait confiance ; quant aux objections qu'il a faites à quelques-uns au point de vue de la morale, il faut considérer que les gens ne regardent pas l'administration comme une route directe vers le ciel ; ils sont poussés par l'ambition et la cupidité ; par suite, l'unique moyen de s'assurer le concours des plus vertueux est de les intéresser à bien agir[22]. »

La Fayette se voit déjà dirigeant le Conseil mais « il ne lui vient malheureusement pas à l'idée qu'il manque aussi de talent et de connaissances pour remplir ce rôle ». Il compte proposer les Sceaux à Malesherbes. Morris objecte qu'il refusera à cause de son âge, à quoi le général répond avec superbe : « Il acceptera une offre faite par La Fayette. » Il aimerait aussi avoir Mirabeau. Nouvelles objections : « Un tel vicieux déshonorera n'importe quel ministère, et il ne faut pas se fier à un homme aussi dépourvu de principes » ; pour l'Américain, en effet, l'« intelligence [de Mirabeau] est affai-blie par sa perversion ». Morris se désole : « Je suis contrarié de voir que par petitesse d'esprit, on ne placera que des hommes médiocres là où seuls de grands hommes feraient l'affaire. La Fayette garde Necker qu'il méprise, parce que Necker est honnête et qu'on peut se fier à lui, comme si l'on pouvait se fier à un pleutre dans des circonstances difficiles. » Le 11 octobre, Morris organise une entrevue entre La Fayette et Talleyrand, cherchant à favoriser la constitution d'un « ministère de talents ». Selon son habitude, il prodigua à l'évêque d'Autun des conseils dont celui-ci n'avait sans doute nul besoin, mais dont le général eût pu faire son profit : « Je lui donne quelques notions des principes qui doivent comman-der à la richesse et au bonheur d'une nation et qui reposent sur les sentiments du cœur humain. Il en est frappé, comme les hommes de réel talent le sont toujours quand on leur révèle la vérité. [...] Je trouve terriblement fatigant d'avoir à remonter aux premiers principes quand j'ai affaire à ces esprits obtus qui voient juste assez loin pour se perdre. » Cette dernière pointe vise-t-elle La Fayette ? Talleyrand refusant de coopérer avec Necker, La Fayette ne suit pas les conseils de son ami américain, et le ministère de talents ne se fera pas. Encore, peut-être, une occasion perdue... Morris constate que le peuple français n'est pas préparé à la démocratie, et sans doute pense-t-il déjà ce qu'il écrira en 1796 : « La nation française a sauté d'un coup d'une monarchie débonnaire dans une anarchie sauvage, et elle se trouve maintenant sous la tyrannie d'hommes qu'elle méprise. »

Dans ces mêmes jours, La Fayette dut aussi tirer au clair ses relations avec le duc d'Orléans. Il ne mettait pas en doute un instant le rôle extrêmement trouble joué par celui-ci dans les journées qui venaient de s'écouler, et c'est pourquoi il chercha aussitôt un moyen de l'éloigner. Leur relations avaient toujours été mauvaises depuis la guerre d'Amérique. Orléans n'y avait pas brillé, et sa conduite équivoque, le 27 juillet 1778, à la bataille navale d'Ouessant, seul engagement auquel il ait participé, lui avait surtout valu des sarcasmes. Il était à l'évidence jaloux de la popularité et de la gloire du combattant de Yorktown qui le jugeait « immoral et crapuleux » et repoussa les avances qui lui furent faites par les orléanistes avant le 14 juillet : « Il répondit que la liberté était sa seule affaire, et que puisqu'on voulait avec raison conserver un roi, le titulaire actuel lui paraissait meilleur que tout autre. » En octobre, la faction orléaniste s'agita plus que jamais, et « son chef trouvait dans sa fortune, dans ses liaisons et dans son immoralité des facilités auxquelles il importait de mettre obstacle ».

Le 7 octobre, La Fayette eut une entrevue avec le duc chez Mme de Coigny en présence de Mirabeau. Il le convainquit de partir pour l'Angleterre sous le prétexte d'une mission diplomatique. Orléans promit mais se rétracta le soir même sous la pression de Mirabeau et de Sieyès, selon lesquels le général, qui commençait à jouer les maires du palais, n'avait pas d'ordres à donner au prince. La Fayette, informé de ce retournement, se précipita dans la nuit au Palais-Royal et le décida à partir puisqu'il alla aussitôt chercher ses passeports chez le secrétaire d'État des Affaires étrangères, Montmorin[23]. Le 9, eut lieu une nouvelle entrevue. Le général conduisit le duc chez le roi auquel il assura « qu'il tâcherait de découvrir à Londres les auteurs des troubles ». La Fayette répliqua : « Vous y êtes plus intéressé que tout autre, car personne n'y est autant compromis que vous. » Le duc se serait ravisé une seconde fois, toujours sous la pression de Mirabeau, et il y aurait eu un troisième rendez-vous chez Montmorin au cours duquel auraient été échangés d'aigres propos. « "Mes ennemis prétendent que vous avez des preuves contre moi. — Ce sont plutôt les miens qui le disent, répondit le général. Si j'étais en état de produire contre vous des preuves, je vous aurais déjà fait arrêter." Et il lui déclara très franchement qu'il en cherchait partout. » Il confirmera ses déclarations lors de l'enquête menée par le comité de l'Assemblée sur les complots d'octobre : « Si j'en avais des preuves, je serais bien coupable de ne lui avoir pas fait couper la tête. » Le duc partit enfin le 14 octobre, ayant excédé Mirabeau par son inconsistance et sa lâcheté : « Il est lâche comme un laquais, c'est un jean-foutre qui ne mérite pas la peine qu'on s'est donnée pour lui[24]. »

La faction orléaniste préoccupa beaucoup La Fayette puisqu'il lui consacra, dans ses *Mémoires*, une note descriptive dans laquelle il soutient que « le véritable directeur » en était Laclos dont il reconnaît une grande habileté à utiliser des gens aussi différents que Danton, Merlin de Douai ou Barère[25]. Il avait d'ailleurs confié à Condorcet que, dans l'entourage du prince, se trouvaient deux « hommes très dangereux », Laclos et son chancelier, le capitaine de vaisseau et futur amiral de Latouche-Tréville. Dans une lettre écrite pendant sa captivité à son ami d'Hennings, il revenait sur ce thème : « Lorsque dans mes discours j'appelais Paris à devenir la métropole du monde libre, mon ambition était qu'elle en fût l'honneur et l'exemple, mais nos soins étaient contrariés par les brigands de toutes les classes et par les prétendants à tous les genres de profit révolutionnaire, par la faction de M. d'Orléans qui avait sur la Couronne une vile spéculation dans laquelle sa vie fut le seul prix qu'il ne risquât point et son argent le seul qui coûtât à son cœur. » Dans le même texte, il accusait aussi le gouvernement anglais et surtout Pitt, « nourri dans la haine de la France », d'avoir craint que « la France libre éclipserait son pays ; il employa dès lors et sans relâche ses grands talents à dénaturer la cause du peuple, à rendre la liberté méconnaissable et son nom odieux, à vicier presque dans leurs racines nos moyens de puissance et de bonheur[26] ». La Fayette fut-il conscient du terrible retard que les troubles révolutionnaires étaient en train de faire prendre à la France au profit de l'Angleterre ?

*<sub>*</sub>*

Cette intense activité politique n'empêcha pas La Fayette de poursuivre et même d'étendre ses tâches militaires puisque, le 10 octobre, le roi lui confiait le commandement de toutes les troupes cantonnées dans un rayon de quinze lieues autour de Paris pour assurer la police et la sécurité des approvisionnements. Il devenait en fait gouverneur militaire de la généralité de Paris. Le 12, il demandait une augmentation des effectifs de la Garde nationale et annonçait la nomination de Mathieu Dumas en qualité d'aide-maréchal des logis de l'armée. Dans un tout autre ordre d'idées, le 14, il pressait le Châtelet d'entamer les procédures prévues par le décret du 9 octobre sur la réforme de l'instruction criminelle.

Il était évident que La Fayette souhaitait prendre une part grandissante au gouvernement, mais l'aveuglement dont il ne cessait de faire preuve ne pouvait manquer de frapper les hommes avec lesquels il aurait pu s'allier. Après les journées d'octobre, un certain nombre de députés quittèrent Paris pour aller dans leurs provinces d'origine organiser une opposition à une dérive qu'ils jugeaient inquiétante. Ce fut, entre autres, le cas de Mounier en Dauphiné. Désapprouvant cette attitude, le général écrivit le 23 octobre au Grenoblois pour lui dire son affliction et lui exposer que ses craintes : formation d'un parti hostile au roi, menaces d'émeutes troublant la sérénité des débats de l'Assemblée, étaient vaines. Il osait écrire : « Ces deux dangers sont à présents plus éloignés de nous qu'ils ne l'étaient à Versailles. » Dès les premiers débats de juin, Mounier avait en effet insisté sur la pression exercée par les tribunes : « Les spectateurs placés dans les galeries [...] s'opposaient à la liberté des suffrages, leurs applaudissements en faveur d'une proposition devenaient une déclaration de guerre de la part de la multitude contre tous ceux qui refusaient de l'adopter[27]. » Il devait en être ainsi pendant toute la Révolution : jamais aucune assemblée ne pourrait délibérer librement, hors des interventions populaires. La Fayette se refusait à mesurer ce danger dont il serait lui-même victime.

Il s'imaginait aussi que le départ du duc d'Orléans pour l'Angleterre aurait d'heureux effets et contribuerait à ramener le calme. Quant aux émeutes, « je crois en être plus maître aujourd'hui que jamais [...], si le pain ne manque pas, je réponds de tout ». Débordant d'optimisme, il constatait qu'aucun député « n'a éprouvé le plus léger manque de respect », que les délibérations étaient moins troublées qu'à Versailles et que le roi recevait des acclamations et des marques de tendresse du peuple. Il croyait voir les signes d'un retour à la vie normale, prétendait même que le roi allait reprendre ses chasses et que « la seule différence entre sa vie ancienne et sa vie actuelle sera un séjour habituel dans la capitale[28] ». Cette lettre, qui donne toute la mesure des étranges illusions dans lesquelles vivait La Fayette, fut écrite quarante-huit heures après de très graves incidents au cours desquels il n'avait pu empêcher l'assassinat d'un boulanger nommé François, victime d'accusations sans aucun fondement. La Garde nationale était intervenue trop tard. N'a-t-il pas pris conscience des profonds changements survenus dans la mentalité des Parisiens, soulignés par de nombreux observateurs ? Thibeaudeau prétend qu'ils « n'étaient pas reconnaissables, on eût dit qu'une nouvelle génération avait pris leur place », et Roederer : « Il ne restait plus rien dans le peuple de l'esprit des sujets du roi ; le peuple était le souverain mécontent d'un fonctionnaire[29]. » La Fayette n'ignorait pourtant pas la fragilité de la situation puisque à la suite de la mort de François il avait déclaré que « sans une loi martiale, il ne répondait pas de la tranquillité de Paris », ce qui entraîna aussitôt, malgré l'opposition de Robespierre, l'adoption de cette loi. Le général se laissait sans doute bercer par ces acclamations dont il était si friand et qui lui furent prodiguées le 19 octobre lorsqu'il alla avec Bailly et une députation de la Commune ouvrir la première séance de l'Assemblée nationale à Paris. C'était l'anniversaire de la capitulation de Yorktown. L'enthousiasme ne manqua pas, Mirabeau fit un discours dans lequel il célébrait les mérites des deux hommes et demandait qu'on leur votât des remerciements.

Ces moments d'euphorie n'empêchaient pas les soucis causés par le fonctionnement de la Garde nationale. A la suite de la menace d'émeute du 21 octobre, La Fayette réunit chez lui les officiers et leur adressa un discours destiné à leur rappeler leurs devoirs et la nécessité d'une discipline qui semblait pour l'instant très approximative. Il leur demanda de faire prêter un nouveau serment à leurs hommes et de former par bataillon une compagnie de grenadiers et une de chasseurs sur qui l'on puisse absolument compter. Il préférait, dit-il, « un petit nombre d'hommes, dont, à tous les instants, je pourrai m'environner, à un grand nombre qu'il serait impossiblede rassembler ». Mais il ne voulait rien prescrire ni ordonner, et demandait qu'on en délibérât et que les officiers lui fissent connaître, sous quelques jours, le résultat de ces débats : « Réfléchissez sur notre situation réellement alarmante par l'inexactitude du service dont j'accuse avec peine nombre de soldats-citoyens. »

L'appel fut entendu, au moins en partie, et, le 24 octobre, le bataillon de Saint-Roch envoyait une députation qui vint jurer, au nom de plus de quatre cents citoyens, de faire exactement le service, « de ne pas nous prévaloir des dispositions de l'ordonnance provisoire qui nous donne quarante-sept jours de repos pour un jour d'activité, de ne poser les armes que quand vous l'ordonnerez et que vous nous direz que le grand œuvre de notre liberté est entièrement consommé[30] ». La Fayette ne manquait donc pas d'éléments qui auraient dû le rappeler à une réalité moins souriante que ses rêves.

Son aveuglement contraste avec la lucidité de Mirabeau, lequel mesurait parfaitement le danger pour le roi du séjour à Paris et entretenait dès le 7 octobre son ami La Marck d'un projet de départ vers Rouen et la Normandie où il pourrait s'appuyer sur des populations fidèles sans être soupçonné de projets d'émigration. Un tel plan ne pouvait réussir qu'avec le concours de La Fayette, mais le tribun et le général, dont les conceptions politiques étaient pourtant fort proches, différaient trop de caractère et d'intelligence des événements pour pouvoir coopérer. L'erreur fondamentale du chef de la Garde nationale résida à cette époque dans son incapacité à s'allier à l'un ou l'autre des courants d'idées avec lesquels il se sentait le plus d'affinité, de sorte qu'il finit par perdre sur tous les tableaux.

CHAPITRE XIV

# « L'homme aux indécisions »

Les événements d'octobre avaient mis en évidence le rôle de La Fayette et le placèrent en position de jouer dans la vie politique une partie qui aurait pu être déterminante. Il disposait à ce moment-là d'une popularité et d'un prestige considérables dans le peuple, séduit par sa belle prestance et son cheval blanc en passe de devenir légendaire, dans la bourgeoisie libérale et dans la Garde nationale qui lui exprimait un attachement et un dévouement solides malgré quelques manifestations d'indiscipline. Dans ces derniers mois de 1789 et au début de 1790, il apparaissait donc aux yeux d'un grand nombre de citoyens comme l'arbitre de la situation[1]. Le fait qu'il était noble ne lui nuisait pas, au contraire, et Guy Chaussinand-Nogaret souligne avec raison que « le seigneur restait un maître », surtout lorsqu'il avait rompu avec le conservatisme. La Fayette incarnait parfaitement aux yeux de l'opinion le type de l'aristocrate épris de progrès et de modernisme, ouvert aux idées neuves[2].

En dépit de tous ces facteurs positifs, sa position était loin d'être totalement favorable et facile, car il se heurtait à un certain nombre d'éléments hostiles. En premier lieu la Cour, malgré les récents services rendus, restait pour le moins réticente. Le roi conservait à son égard des sentiments mitigés et faisait preuve, avec lui comme avec bien d'autres, de cette incertitude, de cette indécision qui rendaient si souvent ses positions peu cohérentes. Il ne voulut pas comprendre que le général restait, voire devenait de plus en plus monarchiste constitutionnel, que la violence populaire lui faisait horreur et qu'il caressait une sorte de rêve unanimiste de réconciliation

de la monarchie et du peuple. La reine ne sut pas davantage
se concilier celui dont elle s'était beaucoup moquée autrefois
à Versailles et qui était devenu une puissance avec laquelle il
fallait compter. « Quelques reproches que j'aie à lui faire,
disait-elle à Ségur, je dois convenir qu'à Versailles, dès qu'il
a su notre péril, il est venu à notre secours et, par là, nous a
rendu le service le plus essentiel. » Mais il était évident que
la confiance ne régnait pas, et La Fayette devait constamment
se plaindre des intrigues menées par la reine contre lui avec
la complicité de Mirabeau, Duport, Barnave, les Lameth[3].
D'abord très lié avec ces derniers, il s'était brouillé avec eux
après les journées d'octobre, car Alexandre de Lameth désapprouva la mise à l'écart du duc d'Orléans, ce qui entraîna
une séparation définitive entre les deux hommes. La Fayette
l'accusa plus tard de noyauter la Garde nationale contre lui[4].

Il ne sut pas, à ce moment, adopter une position politique
cohérente et encore moins allier ses efforts à ceux des hommes
dont il se sentait ou aurait dû se sentir proche. Résolument
hostile au clan orléaniste et à la gauche jacobine de l'Assemblée constituante, ses idées, dans la mesure où elles étaient
bien précises — mais c'était le cas au moins sur certains
points —, le rangeaient parmi les constitutionnels avec
Necker, Mounier, Lally-Tollendal, Clermont-Tonnerre, Virieu,
Bailly, qui souhaitaient voir s'établir un régime monarchique
tempéré par une ou deux Assemblées parlementaires.

Deux possibilités s'offraient à lui : ou bien une entente avec
Mirabeau, la seule tête politique véritable de cette période,
qui, lui aussi, souhaitait une synthèse de la démocratie et de
la royauté, « une monarchie traditionnelle, moderne, parlementaire, démocratique [qui] aurait ordonné et stimulé de
haut les mouvements d'un grand peuple libre[5] », ou bien un
accord avec ceux que l'on allait bientôt appeler les « monarchiens » et dont les idées n'étaient pas fondamentalement
opposées. Il ne sut réussir ni dans l'un ni dans l'autre cas.

L'histoire des relations orageuses entre Mirabeau et La
Fayette est aujourd'hui plus facile à faire grâce aux travaux
de Guy Chaussinand-Nogaret qui ont renouvelé le sujet et
mis au jour de nombreux documents. Relations difficiles en
raison du peu d'estime que les deux hommes nourrissaient

l'un pour l'autre. Mirabeau considérait La Fayette comme dépourvu à la fois de valeur intellectuelle et de qualités d'homme d'État, ce qui était en grande partie exact, mais il devait tenir compte de sa popularité et avait conscience de la nécessité où il se trouvait de « concerter avec lui les moyens de tirer le pays de l'anarchie dans laquelle il s'avançait chaque jour davantage[6] ». La Fayette, de son côté, fort rempli de préjugés moralisateurs, était choqué par les habitudes de vie très libres du député d'Aix. Dès les débuts de l'Assemblée constituante, ils s'étaient opposés sur plusieurs questions, dont les importations de blé américain, et il n'avait jamais existé de sympathie entre les deux hommes. Mirabeau, plus encore que La Fayette, brûlait d'être ministre. Déçu par la nullité politique du duc d'Orléans, il se sépara de ce clan après les journées d'octobre et tenta un rapprochement avec le commandant de la Garde nationale qu'il rencontra à Passy chez Mme d'Aragon, sa nièce. Ces contacts se renouvelèrent sans grand résultat : « Quelque plaisir qu'il trouvât à sa conversation et malgré beaucoup d'admiration pour de sublimes talents, il ne pouvait s'empêcher de lui témoigner une mésestime qui le blessait[7]. » Peut-être La Fayette était-il aussi irrité par le côté volontiers provocateur qu'affectait Mirabeau. Un jour où ils discutaient du caractère inviolable de la personne de la reine dans la Constitution, à laquelle le général était favorable et Mirabeau hostile, celui-ci s'exclama : « "Eh bien, Général, puisque vous le voulez, qu'elle vive, une reine humiliée peut-être utile, mais une reine égorgée n'est bonne qu'à faire composer une mauvaise tragédie à ce pauvre Guibert." Ce propos, ajoute La Fayette, est un de ceux que Mirabeau tenait pour se faire croire plus noir qu'il n'était réellement. »

Après les journées d'octobre, un remaniement ministériel devenait inévitable, et les deux hommes nourrissaient des espoirs. Le général s'en entretint avec Gouverneur Morris qui le dissuada de participer à une telle combinaison de nature à ruiner son autorité. « Si vous entrez dans le ministère avec Mirabeau », lui dit-il le 16 octobre, ou à peu près en même temps, « chaque Français honnête se demandera la cause de ce qu'il appellera une monstrueuse coalition » ; avec son moralisme bien américain, il ajoute : « La vertu sera toujours souillée par une alliance avec le vice et la liberté rougira de honte à son entrée dans le monde si c'est une main polluée qui la conduit[8]. » La Fayette ne suivit pas totalement le conseil et entra en véritables négociations avec Mirabeau par l'intermédiaire du comte de La Marck, confident et ami du député, sujet impérial mais propriétaire en France, député du Quesnoy aux États généraux, qui devait servir également d'agent de liaison avec la Cour[9]. Intervinrent aussi Omer Talon, lieutenant civil du Châtelet, et Huguet de Sémonville, conseiller au Parlement. Bien que La Fayette prétende le contraire, il eut aussi des contacts avec le secrétaire d'État Montmorin, que Mirabeau évoque avec cynisme. « J'ai vu longtemps, écrit-il le 17 octobre, le petit et le sous grand homme. » La Marck souhaitait vivement allier les deux rivaux malgré leur peu de sympathie réciproque. Mirabeau étant couvert de dettes, le général lui offrit, sans doute de la part du ministre, 50 000 francs et l'ambassade de Constantinople « qui était lucrative », un élégant moyen de se débarrasser de lui. Il accepta l'argent, mais n'était pas assez naïf pour se contenter de l'ambassade. Tout en se détestant et en se méprisant, ils échangeaient des aménités. « Quoi qu'il arrive, écrivait Mirabeau, je serai vôtre jusqu'à la fin parce que vos grandes qualités m'ont fortement attiré et qu'il m'est impossible de cesser de prendre un intérêt très vif à une destinée si belle et si étroitement liée à la révolution qui conduit la nation à la liberté. » Les contacts devinrent quotidiens au point que, le 22 octobre, Mirabeau écrit : « La Fayette me prend la moitié de mes nuits[10]. »

On pouvait penser à ce moment que l'alliance allait se sceller à la suite de tractations complexes avec Montmorin, qui ne semblait pas avare de promesses. La Marck pressait Mirabeau d'accepter et celui-ci ébauchait un ministère dans lequel il conservait Necker, « parce qu'il faut le rendre aussi impuissant qu'il est incapable et cependant conserver sa popularité au roi ». Il y faisait entrer avec lui les ducs de Liancourt et de La Rochefoucauld, La Marck, Ségur, l'archevêque de Bordeaux Champion de Cicé qui conserverait les Sceaux, Talleyrand et La Fayette, promu, à trente-deux ans, maréchal de France et « généralissime à terme pour refaire l'armée ». Dans un autre projet, il lui confiait la Justice ou les Affaires étrangères, les Finances, voire la Marine !

Accaparé par ces transactions, le général négligeait sa correspondance avec Washington qui était devenu, le 30 avril 1789, le premier président des États-Unis et écrivait le

14 octobre à son fils spirituel : « La révolution qui a pris place
avec vous est si grande et d'une nature si importante que
nous ne pouvons nous faire une idée à son sujet. Cependant
nous espérons et nous désirons ardemment que ses conséquences soient une épreuve heureuse pour une nation aux
destinées de laquelle nous avons tant de raisons de nous
intéresser et que son influence puisse être ressentie avec
plaisir par les générations futures[11]. » Vues bien optimistes
qui ne purent que réjouir le cœur de La Fayette.

Les négociations avec Mirabeau ne progressaient pas.
Gouverneur Morris continuait à s'y montrer hostile, car il
considérait le député d'Aix comme discrédité, ce qui était
aussi l'avis de Talleyrand, lequel avait mesuré les faibles
capacités politiques du général, rempli d'idées généreuses mais
irréalistes et qui, de plus, faisait preuve d'une indécision qui
irritait son interlocuteur. Le 3 novembre, Gouverneur Morris
notait, au sortir d'un dîner chez Talleyrand : « L'évêque me
fait remarquer que La Fayette n'a aucun plan fixe, ce qui est
vrai. Bien qu'ayant beaucoup de l'intrigant dans son caractère,
il devra être employé par les autres parce qu'il n'a pas assez
de talent pour se servir d'eux. » Malheureusement, il supportait aussi assez mal qu'on essaie de se servir de lui. A la suite
d'une nouvelle rencontre le 4 novembre, Mirabeau écrivait à
La Marck : « Vous avez vu l'homme tel qu'il est, également
incapable de manquer de foi et de tenir parole *ad tempus* ;
d'ailleurs impuissant à moins d'une explosion, où il pourrait
et à un certain point voudrait tout[12]. » Il avait parfaitement
mesuré les faiblesses politiques de La Fayette et souhaitait
obtenir carte blanche pour constituer son ministère. L'Assemblée n'allait pas lui en laisser le temps, et il y eut peut-être
encore, en ces premiers jours de novembre, une belle occasion
perdue du fait de certaines maladresses de Mirabeau mais
plus encore de l'indécision et de l'absence de talent politique
d'un homme « qui se trouve élevé par les circonstances au
rôle d'arbitre d'une situation que son caractère ne lui permet
pas de dominer[13] ».

Le 7 novembre, un décret de l'Assemblée nationale mettait
fin à toutes ces intrigues et à beaucoup d'espoirs en stipulant
que désormais « aucun membre de l'Assemblée ne pourrait
accepter aucune place dans le ministère pendant toute la
durée de la session ». Mirabeau prononça à cette occasion un
remarquable discours, mais ne put empêcher l'adoption de

cette mesure que Malouet jugeait déplorable, car elle « ne laissait à l'ambition d'autre issue que celle de la démagogie[14] ». Il était évident que ce décret avait uniquement pour but de barrer au député d'Aix la route du gouvernement, et celui-ci ne fut naturellement pas dupe de ces manœuvres de la médiocrité. Mais, contrairement à ce qu'il crut, il ne semble pas que La Fayette ait été l'inspirateur de ce fâcheux texte qui, selon La Marck, aurait été inspiré par Champion de Cicé. Toutefois les relations entre les deux rivaux ne s'en trouvaient pas améliorées. Sur un plan plus général, cette mesure allait avoir de très désastreuses conséquences en rendant impossible un véritable régime parlementaire et en organisant un conflit qui se prolongerait pendant près de deux siècles entre le législatif et l'exécutif. La Fayette a-t-il mesuré l'ampleur de ces inconvénients ? On peut en douter, et il semble avoir été atteint d'une sorte d'inertie. Le 10 novembre, La Marck écrit à Mirabeau : « J'entreprends d'animer La Fayette, de l'effrayer par la perte totale de sa gloire, de lui donner toute confiance en vous. [...] Il est bien certain que si La Fayette est indécis et perd encore du temps, il deviendra à rien. » Tiraillé en des directions contraires, le général hésitait sans se décider, et ses contacts avec Mirabeau se raréfièrent, peut-être sous l'influence du Gouverneur Morris.

Vers la même époque, après les journées d'octobre, eut lieu aussi une tentative d'entente entre La Fayette et son cousin le marquis de Bouillé, qui commandait en chef à Metz. Il est difficile de savoir qui prit l'initiative de cet essai de rapprochement, car les deux protagonistes donnent des versions contradictoires. Bouillé affirme avoir reçu une lettre non datée d'Achille du Châtelet, aide de camp de La Fayette, chargé des premiers contacts. Il exposait que son chef était « au faîte du pouvoir », qu'il avait réussi à se débarrasser du duc d'Orléans, mais, « malgré ce succès contre le plus redoutable des factieux », des troubles sont toujours à craindre, et La Fayette considère que « dans ce moment-ci, tous les gens bien intentionnés doivent se réunir pour défendre le roi et la Constitution, et qu'on doit compter sur vos talents pour soutenir leur cause en cas de besoin ». Du Châtelet affirmait que La Fayette méritait une confiance totale et qu'il regardait

« le salut de la chose publique comme absolument attaché à une réunion intime entre vous deux ». Bouillé ne fut pas convaincu. Il connaissait bien son cousin et montrait les plus grandes réticences à faire cause commune avec lui : « Je redoutais son caractère méfiant et dissimulé, plus que son ambition que j'aurais désiré voir satisfaite s'il avait voulu sauver le roi, la monarchie et sa patrie en arrêtant la Révolution au point où elle était alors et en établissant un gouvernement sur des bases et sur des principes solides et convenables à la France et au génie de ses peuples. M. de La Fayette le pouvait, il était le seul homme qui eût alors assez de force et de puissance ; mais il avait de l'ambition sans le caractère et le génie nécessaires pour la diriger : elle se réduisait au désir de faire du bruit dans le monde et de faire parler de lui. Ce n'était pas un homme méchant, et encore moins un scélérat, mais il était au-dessous, je pense, de la grande circonstance où il se trouvait. » Une nouvelle incompréhension se dessinait, et la méfiance dont Bouillé faisait preuve était sans doute en partie injustifiée, mais l'un et l'autre restèrent trop dans le vague, sans étudier un plan d'action concret.

Le 30 octobre, Bouillé répondit à du Châtelet qu'il était « aussi ennemi du despotisme que M. de La Fayette mais qu'il redoute aussi le désordre et l'anarchie ». Il ne refusait pas *a priori* de s'allier à son cousin, mais « je ne connais pas ses principes ». De son côté, il précisait sa position : « Si je ne désire pas le retour du pouvoir arbitraire sous lequel je suis né et sous lequel j'ai vécu, je veux encore moins du désordre et de l'anarchie qui règnent à présent. » Il souhaitait un gouvernement assurant la sûreté au-dehors et la tranquillité au-dedans « dont la liberté soit conséquemment circonscrite dans des bornes raisonnables[15] ». Tout cela était bien imprécis, mais laissait la porte ouverte à de nouveaux contacts.

Le 14 novembre, La Fayette lui-même adressait à son cousin une longue lettre dans laquelle il l'entretenait d'abord de la question des déserteurs qui quittaient leurs unités dans les troupes de ligne pour venir s'engager à Paris dans la Garde nationale, ce qui désorganisait les corps. Il en vient ensuite à la situation politique et précise, dans une certaine mesure, sa position : « Nous aimons l'un et l'autre la liberté, il m'en fallait une plus forte dose qu'à vous et je la voulais pour le peuple et par le peuple ; cette révolution est faite et

vous devez en être d'autant moins fâché que vous n'avez
voulu y prendre aucune part ; mais, aujourd'hui, nous crai-
gnons les mêmes maux, l'anarchie, les dissensions civiles, la
dissolution de toutes les forces publiques ; nous souhaitons
les mêmes biens, le rétablissement du crédit, l'affermissement
d'une liberté constitutionnelle, le retour de l'ordre et une
forte mesure de pouvoir exécutif. Une contre-révolution étant
heureusement impossible, et devenant d'ailleurs criminelle
puisqu'elle assurerait la guerre civile et, quoi qu'on pût faire,
le massacre du parti faible, les honnêtes gens, les citoyens
purs ne peuvent chercher qu'à remonter la machine dans le
sens de la Révolution. Le roi est pénétré de cette vérité, il
faut, ce me semble, que tous les hommes forts s'en pénètrent ;
l'Assemblée nationale, après avoir détruit à Versailles, vient
édifier à Paris ; elle sera d'autant plus raisonnable qu'on aura
dissipé tout prétexte de méfiance, et plus vous serez rallié à
la nouvelle Constitution, plus vous aurez de moyens de servir
la chose publique. Quant à moi, que les circonstances et la
confiance du peuple ont placé dans un degré de responsabilité
fort supérieur à mes talents, je crois avoir démontré que je
haïssais la faction autant que j'aime la liberté et j'attends
impatiemment l'époque où je pourrai démontrer aussi que
nulle vue d'intérêt personnel n'a jamais approché de mon
cœur[16]. »

Quelques jours plus tard, Bouillé recevait une nouvelle
lettre de du Châtelet qui n'était guère de nature à le
convaincre de faire cause commune avec son chef. Il dépeignait en effet celui-ci comme « un homme dévoré du désir de
mettre son nom à la tête de la Révolution de ce pays-ci
comme Washington a mis le sien à la tête de l'Amérique mais
ne voulant employer que des moyens honnêtes, ayant une
grande présence d'esprit, une tête très froide, de l'activité
quoiqu'un choix assez médiocre dans son emploi, beaucoup
d'adresse à profiter des circonstances quoique manquant du
génie qui les crée, au total un homme honnête et de mérite,
quoique ce ne soit pas un grand homme ». Jugement fort
lucide, s'il était dépourvu d'excessive bienveillance. Du Châtelet affirmait cependant que La Fayette était animé du plus
vif désir de s'entendre avec son cousin. Bouillé demeurait
réticent. Le 20 novembre, il répondit en se déclarant partisan
d'une « liberté raisonnable et modérée » et en assurant que
« toutes les fois qu'il s'agira du bien public, du bonheur de la

nation et de l'anéantissement d'un pouvoir arbitraire quel qu'il soit, vous me verrez prêt à seconder vos vues et celles de tous les bons Français ». Ces formules sans grand contenu réel ne pouvaient servir de base à un accord, et l'incompréhension subsista entre les deux hommes qui ne reprendront contact que l'année suivante. Peut-être y eut-il chez Bouillé quelque jalousie à l'égard de son cousin « parvenu à un degré de puissance tel qu'il aurait pu dicter des lois, donner un gouvernement à la France, élever sa fortune au plus haut degré où un particulier puisse prétendre ».

Échec avec Mirabeau, échec avec Bouillé. Une autre possibilité aurait pu s'offrir à La Fayette : s'appuyer sur les monarchiens qui tentaient à cette époque de constituer un parti modéré. Le courant de pensée qui allait donner naissance au club des Impartiaux avait pour chef de file l'Auvergnat Malouet, ancien intendant de la Marine, député de Riom, qui organisa plusieurs conférences auxquelles participèrent les deux La Rochefoucauld, Latour-Maubourg, Mgr de La Fare, évêque de Nancy, Virieu, Boufflers, l'abbé de Montesquiou.

Malouet rédigea une sorte de charte d'un parti constitutionnel à la française qui avait pour but de ramener l'ordre, la sécurité et la paix, « de garder la foi promise et due aux créanciers de l'État, de ranimer le commerce et de rétablir la perception des revenus publics sans lesquels on verrait bientôt périr la Constitution elle-même et la liberté ». Totalement rallié aux Droits de l'homme et du citoyen, ce parti souhaitait consacrer l'abolition de la distinction politique des ordres, éviter le recours à la violence, rendre au roi l'exercice du pouvoir exécutif. Un article inspiré de la Déclaration américaine proclamait la liberté des cultes tout en reconnaissant la religion catholique comme religion nationale. Cette charte prévoyait aussi la liberté de la presse, l'indépendance du pouvoir judiciaire et la soumission des forces armées au pouvoir civil. L'armée et les Gardes nationales devaient être soumises au roi comme celui-ci l'est à la loi[17].

Pour Malouet et ses amis, il était essentiel de se démarquer de la contre-révolution et de montrer au contraire que leur projet cherchait à intégrer les éléments positifs du processus révolutionnaire. Le député de Riom était bien conscient de l'état des esprits : « Aucun homme de bonne foi ne peut se dissimuler qu'il y avait une impulsion générale vers la liberté, une horreur universelle de l'Ancien Régime. » Il cherchait donc une voie médiane inspirée d'un esprit plus pragmatique que théorique qui, comme il arrive toujours en pareil cas, heurta également les rétrogrades endurcis qui rejetaient toute réforme et le parti jacobin qui voulait tout remettre en question et « considérer le gouvernement de la France comme une chose à créer plutôt qu'à réformer ».

Malouet souhaitait rallier La Fayette à ses idées et tirer parti en leur faveur du prestige du général, car il était préoccupé par la défection, à l'Assemblée nationale, d'une partie grandissante des députés de tendance modérée. Selon lui, environ cent vingt d'entre eux avaient donné leur démission ou s'étaient absentés après les journées d'octobre, et parmi ceux qui restaient, un bon nombre ne prenaient plus aucune part aux délibérations, d'autres enfin pratiquaient résolument la politique du pire en espérant que les excès mêmes ramèneraient l'ancien ordre des choses. On peut donc dire qu'il y eut dès ce moment une véritable démission de l'opposition modérée face aux extrémistes et la division ne cessera de régner dans la tendance royaliste qui se perdra en « cent controverses oiseuses ou insolubles qui alimentaient l'animosité [...], chaque section du parti attaché au gouvernement monarchique anathémisait toutes celles qui ne se rencontraient pas sur sa ligne géométrique d'opinions : au lieu d'ajourner leurs débats, au lieu de s'affermir près du gouffre sur leurs points de coïncidence, elles s'acharnèrent à défendre les questions qui les séparaient[18] ».

Le 29 décembre 1789, Malouet se rendit chez La Fayette pour lui exposer son projet et ses idées, puis l'inviter à se « mettre à la tête des hommes modérés qui veulent la liberté, la paix et la justice pour tout le monde ». Une trentaine de députés participèrent à cette réunion, et Malouet prit bien soin de donner à sa démarche toute la publicité possible pour qu'elle ne prît pas l'allure d'une conjuration aux relents contre-révolutionnaires. La Fayette « reçut cette ouverture avec sensibilité » et sembla se rallier à ce programme, car il assista le 31 décembre à une nouvelle conférence chez le duc de La Rochefoucauld à laquelle prirent part La Fare, Boufflers, Virieu, Redon de Beaupréau, La Chèze, député du Lot, le marquis de La Coste, député de Charolles, le duc de

Liancourt, Latour-Maubourg. On tenta de se mettre d'accord sur un certain nombre d'idées, les deux La Rochefoucauld et La Fayette « montrant une égale horreur de l'anarchie, des excès, des violences qui nous affligeaient, gémissant sur les divisions, sur les mouvements alternativement impétueux de l'Assemblée, reconnaissant l'indispensable nécessité de rétablir la royauté dans tout son éclat mais par un chapitre particulier de la Constitution à la suite de l'organisation du pouvoir judiciaire, attendu que le pouvoir exécutif paraît ne devoir être déterminé que pour mettre en action la législation ». Il était bien précisé que, d'une part on voulait conserver la monarchie, mais de l'autre qu'il n'était pas question de contre-révolution ni de rétablissement des ordres. Ce programme était très proche, sur le plan constitutionnel, de celui qui avait été préconisé par les cahiers de doléances de la noblesse d'Auvergne et il aurait dû obtenir l'aval de La Fayette. Cependant, rien ne se concrétisa.

Le 2 janvier 1790, parut une lettre aux amis de la paix qui exprimait les vues des Impartiaux et, le lendemain, une nouvelle réunion chez La Rochefoucauld, avec les mêmes participants, ne donna aucun résultat. Il semble que personne ne voulût prendre la tête du mouvement pour lui donner une impulsion vigoureuse. On discuta sur la question du renforcement du pouvoir exécutif, point sur lequel l'accord ne put se faire. Les deux La Rochefoucauld et La Fayette firent prévaloir l'opinion qu'il convenait d'attendre que les travaux constitutionnels fussent plus avancés, « que ce chapitre devait être le dernier parce que le pouvoir exécutif était la clé de la voûte qui ne peut être placée que lorsque toutes les autres parties ont reçu leur forme et leur disposition ». Sous ce prétexte, on ne fit rien, et La Fayette porte une grande responsabilité dans cet échec par ses hésitations, son indécision, ses reculades. Il donnait ainsi la preuve de son incapacité totale à prendre la tête d'un mouvement politique. Rédigeant vers 1800 une note sur les ouvrages publiés en Angleterre par Malouet, il écrivit à propos des Impartiaux : « Ceux-ci n'étaient pas un parti, c'étaient quelques individus, la plupart fort estimables mais peu influents à l'Assemblée et n'ayant pas la moindre influence au-dehors [...], ce petit nombre de députés était divisé par des nuances sur lesquelles ils ne s'entendaient point[19]. » En réalité, il le reconnaissait dès mars 1790, il les trouvait trop aristocrates. Certes, le groupe manquait d'homogénéité et d'unité de doctrine, ce qui explique ses échecs dans les débats constitutionnels au cours desquels il ne réussit pas à faire prévaloir ses vues sur le veto absolu du roi et les deux Assemblées. Mais La Fayette, bien qu'il n'eût avec eux aucune divergence fondamentale, ne fit rien pour appuyer leur action et essayer de lutter contre cette incapacité presque absolue des hommes de tendance modérée à s'entendre, qui allait devenir une constante de l'histoire politique française. Le général a joué un rôle certain dans cette première faillite du centre. L'année 1789 s'achevait donc pour lui, contrairement aux apparences, par des échecs lourds de conséquences à moyen terme. Il s'était révélé incapable à la fois de devenir chef de parti et d'apporter son concours à ceux qui défendaient les idées les plus proches des siennes.

Il est vrai qu'au milieu de toutes ces tractations finalement vaines, il avait eu beaucoup d'autres préoccupations liées à son commandement de la Garde nationale. Il lui fallait toujours s'efforcer d'améliorer la sécurité de Paris en organisant patrouilles et postes de garde. Le 24 novembre, il faisait installer des canons de signaux au Pont-Neuf pour pouvoir donner l'alarme en cas de besoin[20]. Pour mieux faire connaître la Garde aux Parisiens, il fit publier un Almanach intitulé *Étrennes aux Parisiens patriotes ou almanach militaire national de Paris*, donnant la liste de tous les membres avec des détails sur la composition et l'organisation du corps. Il s'efforçait aussi de conserver le contact avec certaines Gardes nationales de province et échangea ainsi avec celle de Strasbourg une correspondance débordante de bonnes intentions.

Devenu, aux yeux de beaucoup de gens, le porte-drapeau de la liberté, La Fayette commença à être sollicité d'intervenir en faveur de telle ou telle cause. En novembre, il reçut une lettre du patriote corse Paoli qui attirait son attention sur la situation de son île : « A vos yeux, la prétention des Corses à la liberté doit avoir une mérite supérieur à celui des Américains », et il prétendait que la Corse, « devenue province de la monarchie, est pourtant encore une retraite où se retranche le despotisme militaire ». La Fayette répondit le 11 décembre : « L'union de nos deux pays, qui déjà n'en font plus qu'un, est fondée sur le contrat social bien entendu et sera maintenue par la volonté d'un peuple libre, ce qui assure à jamais notre bonheur commun sur les bases d'une Constitution qui, en cherchant à combine les droits et les intérêts de tous, n'a épargné aucun abus particulier ni aucun préjugé nuisible[21]. » Le 30 novembre, l'Assemblée nationale avait en effet décidé que la Corse ferait partie intégrante de l'« empire français », que ses habitants seraient soumis à la même Constitution et que les Corses qui s'étaient expatriés depuis la conquête de l'île auraient toute faculté de rentrer pour y exercer leurs droits de citoyens.

La Fayette surveillait aussi les activités du duc d'Orléans. En novembre, il envoya son aide de camp Boinville en Angleterre pour qu'il s'y renseigne sur les agissements des émigrés royalistes et orléanistes. Au cas où le duc envisagerait de rentrer en France, Boinville était chargé de lui présenter, de la part de son chef, une véritable déclaration de guerre. Il recueillait aussi des informations par son ami La Luzerne, devenu ambassadeur en Angleterre, qui lui faisait part de l'admiration que lui vouaient les Anglais. Il n'en était pas de même pour le duc : « Je vous avoue que, quoique je m'en fusse bien passé, je crois que vous avez rendu un bien grand service à votre pays en l'engageant poliment à l'abandonner. [...] Je pense que sa personne, ou plutôt son nom, aurait donné bien de l'embarras aux gens qui, comme vous, désirent le rétablissement de l'ordre et l'établissement d'un bon gouvernement. » Les Anglais le regardaient comme quelqu'un qui avait déserté son parti, « ce qui est dans ce pays-ci un crime capital[22] ».

Au début de décembre, Mirabeau tenta un nouvel essai de rapprochement avec La Fayette, mais il eut la maladresse de lui reprocher de manière assez brutale son indécision et ses mauvais choix : « Dans quel temps, en rendant hommage à vos qualités, ne vous ai-je pas déclaré que votre goût pour les hommes médiocres et votre faiblesse pour vos goûts feraient avorter la plus belle destinée et compromettraient, en vous perdant, la chose publique[23]. » La vanité extrême du général fut certainement heurtée par cette mercuriale et les relations entre les deux hommes ne risquaient pas de s'en trouver améliorées. Le 27 décembre, Gouverneur Morris notait : « Tout le monde savait Mirabeau une canaille avant que La Fayette ne se lie avec lui, et c'est maintenant seulement qu'il s'en rend compte[24]. »

C'est à ce moment qu'éclata l'affaire Favras qui allait jouer, à long terme, dans la vie de La Fayette un rôle dont l'importance n'a peut-être pas été assez mesurée. Thomas Mahy, qui se prétendait marquis de Favras et avait servi dans la compagnie des gardes du comte de Provence, s'était imaginé de fomenter, après les journées d'octobre, une sorte de complot qui, avec l'appui d'un corps de troupe, aurait permis d'enlever le roi, de le conduire à Metz ou à Péronne, de proclamer Provence régent et de faire assassiner Bailly et La Fayette. L'Assemblée nationale serait dissoute et on procéderait à de nouvelles élections. Tout cela était évidemment peu réaliste, mal préparé et n'aurait pu aboutir qu'en bénéficiant de nombreuses complicités qui n'existaient pas. De plus, Favras, comme bien des conspirateurs amateurs, parlait trop, de sorte que l'affaire fut éventée rapidement et les conjurés surveillés. Mirabeau fut-il complice ? La Fayette le prétend et soutient que le comte de Provence se mêlait « sourdement et timidement à beaucoup d'intrigues dont l'objet était d'acquérir de l'influence personnelle. Mirabeau lui avait mis dans l'esprit d'arriver à la présidence du Conseil ». Le député d'Aix, selon Guy Chaussinand-Nogaret, n'a pas participé directement mais sans doute était-il informé. Quoi qu'il en soit, « tout fut déjoué par les mesures de l'Hôtel de Ville », Favras arrêté le 24 décembre et conduit à l'Abbaye. Le 27, Gouverneur Morris dînait chez La Fayette qui lui expliqua qu'il suivait cette affaire depuis longtemps, que l'on avait trouvé sur le coupable une lettre de Monsieur prouvant sa complicité mais qu'il était allé la lui restituer pour lui éviter d'être compromis[25].

Le procès fut instruit au Châtelet, et Favras eut le courage et l'élégance de ne pas parler. Le comte de Provence, mis en cause par un libelle répandu dans Paris, nia tout. Le général exerça-t-il un chantage sur le tribunal en menaçant les magistrats de les livrer au peuple si Favras n'était pas condamné à mort ? Mallet du Pan et Bouillé l'affirment, mais il n'en existe aucune preuve. On a prétendu aussi que toute cette affaire était une provocation montée par La Fayette. C'est lui prêter un machiavélisme dont il n'était guère capable. Favras fut condamné à mort et pendu le 19 février 1790. Il mourut avec ses secrets au grand soulagement de ses complices et surtout du comte de Provence, de sorte que La Fayette a pu écrire : « Si Favras a vécu ainsi qu'on l'assure en aventurier, il est mort en héros de la fidélité et du courage. Monsieur, depuis Louis XVIII, son auguste complice, a manqué de l'une et de l'autre. » A l'évidence, le général a eu entre les mains des preuves de la complicité du comte de Provence qu'il avait fait prévenir par son aide de camp Boinville. Parfaitement informé de toutes les arcanes de cette affaire, témoin de la lâcheté de Monsieur, il disposait ainsi sur celui-ci d'un formidable moyen de chantage qui explique l'impunité totale dont bénéficiera le conspirateur de l'époque de la Restauration[26]. Le roi et la reine étaient restés totalement étrangers à ce complot.

Vers la fin de cette année 1789 qui avait marqué pour lui une ascension dans la puissance et la popularité, quels étaient les sentiments et les projets de La Fayette ? Nous les connaissons, grâce au témoignage de son ami Ségur, avec lequel il eut de longues conversations lors du retour de celui-ci de Saint-Pétersbourg en novembre. Le général, qui rêvait d'une mutation sans convulsions, avait d'abord été « profondément affligé des scènes tumultueuses et des excès populaires qui avaient souillé les premiers jours de cette Révolution ». Il en chercha vainement, dit-il, les instigateurs et les responsables : « Je ne sais par quelle fatalité, un parti, qui se cache dans l'ombre, est venu se mêler au vrai peuple qui ne veut que justice et liberté. Il est sorti de je ne sais où un certain nombre de brigands soldés par des mains inconnues et qui, malgré nos efforts, ont commis des crimes déplorables en profitant de tous les mouvements excités par la résistance mal calculée de la Cour et des ordres privilégiés aux réformes que désirait le vœu public. En vain nous les chassions, nous les châtions, nous les dispersions, ils revenaient toujours ; après la prise de la Bastille, leur rage a commis d'affreux assassinats ; ils menaçaient même Paris du pillage. » Évoquant ensuite les troubles de province et la Grande Peur, il ajoutait : « Nous avons fait d'inutiles recherches pour connaître les chefs de ces brigands et le foyer d'où partait ces nouvelles alarmantes qui arrivaient à la fois dans toutes les villes et tous les bourgs du royaume ; mais c'est un problème qui est resté insoluble pour nous, comme pour le gouvernement : je n'ai eu à cet égard que des soupçons qui ne sont appuyés d'aucune preuve. » Il demeurait cette fois d'une totale discrétion sur la nature de ses soupçons, et il en fut de même lorsqu'il parla des journées d'octobre. A nouveau, il met en cause « cette bande de scélérats [qui] [...] a rassemblé tout ce qu'on peut trouver de vil et de corrompu dans une capitale ». Ces éléments troubles « annonçaient les projets le plus sinistres contre le roi et la représentation nationale ». Il déplorait naturellement que la Garde nationale n'ait pas été chargée seule de la protection du château puisque c'est du côté jardin dont elle n'avait pas la responsabilité que s'introduisirent « les brigands » : « Peu s'en fallut alors qu'il ne se commît un épouvantable crime qui aurait couvert la France de deuil, heureusement nous arrivâmes à temps pour le prévenir et cette infâme conspiration échoua : cependant, nous déplorerons toujours ces fatales journées et les assassinats qui s'y commirent. » La Fayette était donc convaincu de l'intention des émeutiers d'attenter à la vie du roi. Selon lui, « le peuple n'avait point pris part à cette odieuse trame. Néanmoins, il était fort exaspéré, soit par l'effet d'une disette factice ou réelle, soit par le bruit répandu d'un coup d'État médité et prochain ». Qu'appelle-t-il exactement « le peuple » ? Les brigands qui avaient, reconnaît-il, entraîné une foule nombreuse ? Tout cela est bien vague.

Il semblait s'illusionner sur le calme relatif revenu depuis l'installation du roi à Paris ; il en admettait la précarité en raison de la persistance de passions violentes de nature à troubler l'ordre. Avait-il un projet politique ? Il précisait ainsi ses intentions : « Je veux la liberté, l'ordre, une bonne Constitution, je crois que la nation le veut aussi et j'espère que nous atteindrons notre but, malgré toutes les passions qui s'y opposent. » Mais il ne précisait pas les moyens qu'il comptait employer pour arriver à ses fins : « Mes soins se bornent à présent à veiller au maintien de la tranquillité publique, à contribuer, comme député, à l'affermissement de la liberté et, en même temps, à mettre le roi et la reine à l'abri de tous les complots et de tous les mouvements qui pourraient menacer leur sûreté. » Ce souci de sauver la famille royale va devenir, jusqu'à la chute de la royauté, l'une des préoccupations essentielles de La Fayette, mais, par suite d'un nouveau drame de l'incompréhension, ni Louis XVI ni surtout Marie-Antoinette ne voudront s'en convaincre et en tirer les conclusions logiques.

Ségur attira l'attention de son ami sur la difficulté de sa position, à la fois comme l'un des chefs du parti populaire et commandant de la Garde nationale chargé du maintien de l'ordre et de la sécurité, ce qui était de nature à lui attirer beaucoup d'hostilité et de rancunes. « Je ne l'ignore pas, répliqua-t-il, mais ayant fait ce que j'ai dû, je n'aurai rien à me reprocher[27]. »

Tout au long de l'année 1790, il allait en partie réussir ce difficile exercice de corde raide et atteindre l'apogée de sa popularité.

## CHAPITRE XV

# La Révolution terminée ?

Pendant les premiers mois de 1790, La Fayette fut très accaparé par les opérations de police dans Paris. Le maire Bailly faisait constamment appel à lui et à la Garde pour disperser des attroupements, réprimer des séditions ou des débuts d'émeutes. Le général constatait aussi que des agitateurs qu'il disait être jacobins s'efforçaient de semer l'esprit de révolte dans les unités et y réussissaient quelquefois, par exemple le 12 janvier aux Champs-Élysées. Le même jour, une délibération de la Commune faisait allusion à ces tentatives pour troubler la paix publique que La Fayette s'efforçait de prévenir ou de réprimer. Le 21, il dut prêter main-forte pour faire exécuter un décret rendu contre Marat, ce que celui-ci ne lui pardonna jamais. Il se fit ce jour-là un ennemi inexpiable qui ne cessa ensuite de répandre contre lui injures et calomnies. Au début de février, il lui fallut tenter d'assurer la police du carnaval, car il donnait lieu à quelques débordements qui choquaient beaucoup l'austère Bailly, lequel souhaitait interdire l'amusement pourtant bien innocent consistant à appliquer sur le dos des passants « des formes de rats imprimées avec du blanc d'Espagne ».

Malgré ces soucis, La Fayette conservait son optimisme. Le 12 janvier, il écrivait à Washington : « Nous avons avancé dans la carrière de la Révolution sans que le vaisseau de l'État se soit brisé contre les écueils de l'aristocratie et des factions. Au milieu des efforts toujours renaissants des partisans du passé et des ambitieux, nous marchons vers une conclusion tolérable. » Il estimait que « le nouvel édifice politique est suffisant pour assurer la liberté. Ainsi préparée, la nation sera en état d'élire, dans deux ans, une Convention qui pourra corriger les défauts de la Constitution ». N'oubliant pas ses intentions universalistes, il ajoutait : « On aperçoit des germes de liberté dans les autres parties de l'Europe ; j'encouragerai leur développement par tous les moyens en mon pouvoir[1]. »

Il s'agit des mouvements de révolte qui s'étaient produits depuis plusieurs mois en Brabant contre l'empereur Joseph II accusé de mener une politique arbitraire et vexatoire qui attentait aux privilèges de la province. En novembre et décembre 1789, les troubles avaient atteint Gand, Bruges, Mons, Anvers, Bruxelles, et La Fayette suivait de près l'évolution des événements. C'était, pensait-il, une rébellion « essentiellement ecclésiastique et nobiliaire, néanmoins un parti populaire s'y formait », encouragé par l'Angleterre, la Hollande et les jacobins français, mais il n'était pas prédominant et c'est la raison pour laquelle le général resta quelque peu sur la réserve. Les révoltés avaient écrit à Louis XVI et à l'Assemblée nationale, et La Fayette intervint à la tribune le 18 mars pour contester le caractère représentatif des députés belges et exposer qu'à son avis le « Congrès des États belgiques n'offre point encore les caractères qui émanent de la souveraineté du peuple ». Il proposait donc que l'Assemblée s'en remît « à la sagesse et aux sentiments connus du roi ».

Informé par son ami Sémonville qui était allé enquêter sur place en janvier et lui adressait des rapports circonstanciés, il espérait obtenir que le Congrès belge adoptât une Constitution à la française, « faisant céder les prétentions du trône et des diverses aristocraties au grand principe de la souveraineté nationale », et il souhaitait voir un corps de troupes françaises se concentrer en Flandre sous les ordres de Rochambeau pour répondre aux menaces prussiennes ; mais il se heurta sur le premier point aux divisions des partis belges qui ne purent se mettre d'accord, sur le second à la volonté pacifique de Louis XVI et des autres gouvernements européens, habilement exploitée par l'Empereur, et aussi à la mauvaise volonté de Necker qui se refusait à envisager des dépenses de ce genre.

La réputation que La Fayette s'était faite lors de son voyage en Prusse lui servit dans ces circonstances, car, le 22 juin, le général Schlieffen, commandant la garnison prussienne de Liège, prit contact avec lui pour une explication « de soldat à soldat ». Schlieffen, qui n'agissait sans doute pas de sa propre initiative, proposait un rapprochement des points de vue des deux pays « pour prévenir des méprises réciproquement préjudiciables ». A ces avances, La Fayette répondit avec une grande prudence, et, sur ces questions comme sur beaucoup d'autres, refusa de s'entendre avec Mirabeau et La Marck. L'avènement, le 20 février, du nouvel empereur Léopold qui, lorsqu'il était grand-duc de Toscane, avait fait preuve d'idées libérales, inspirait au général confiance et espoir. Cette prudence était d'ailleurs partagée par le gouvernement français qui ne prit aucune part aux négociations de Reichenbach et à la convention signée le 27 juillet 1790 entre l'Angleterre, la Hollande, la Prusse et l'Autriche par laquelle les trois premières s'engageaient à aider la dernière à rétablir son autorité en Belgique. Ce congrès, le premier au cours duquel se manifesta une véritable solidarité monarchique, annonce ceux de la Sainte-Alliance. La Fayette avait continué à être sollicité, d'une part par Dumouriez qui commençait à s'agiter et aurait aimé jouer en Belgique le rôle d'homme de confiance du général, d'autre part par le congrès souverain des États belgiques unis qui lui demandait un officier de confiance et de distinction qui lui servirait à la fois de conseiller militaire et politique. Il avait fixé son choix sur un ami de La Fayette, ancien de la guerre d'Amérique, le chevalier de Ternant, colonel du Royal-Liégeois. Mais celui-ci n'était pas disponible, et La Fayette se borna à répondre par de bonnes paroles et des vœux « pour la cessation des divisions intestines ». Cette prudence lui était sans doute inspirée par les rapports de Dumouriez qui achevèrent de le convaincre « que la révolution belgique n'était qu'une intrigue de l'aristocratie et du clergé où les intérêts du peuple étaient oubliés et où il n'apercevait aucun principe de liberté et de droit des nations[2] ».

C'était cependant la politique intérieure qui restait au centre des préoccupations du général, et il suivait de très près l'évolution des événements. Il conserva ainsi dans ses papiers une note remise par Mirabeau à Montmorin au début de janvier 1790 qui analysait les forces en présence et conseillait le roi sur la position à adopter. Selon le député d'Aix, il existait alors quatre partis, ou plutôt tendances, car il ne s'agissait évidemment pas de véritables partis structurés au sens moderne du terme : « ceux qui veulent la Révolution sans bornes et sans mesure », les ultras qui croient ou veulent croire au rétablissement de l'Ancien Régime, ceux qui ne souhaitaient pas la Révolution mais qui la reconnaissent irréversible et veulent de bonne foi la circonscrire et la consolider, ceux enfin qui ont toujours voulu la Révolution, mais avec « de la mesure, des gradations et une hiérarchie pour l'intérêt même de la liberté ». Mirabeau estime que c'est cette dernière tendance qui gouverne l'opinion et les affaires et qu'elle pourrait aisément s'allier avec la précédente, « mais il n'existe plus de point central. Tous les liens de l'opinion sont dissous ; elle ne sait plus où se rallier ». Selon lui, la maladresse des ministres a réussi à « démocratiser les Français » de sorte que la monarchie et le roi sont en danger, car ils se trouvent en butte aux complots de factieux, à l'ignorance du parti aristocratique et à l'inexpérience de l'Assemblée « au sein d'une capitale oisive, misérable et enivrée d'une sorte de fanatisme ». On aboutit ainsi à une perte de prestige du roi : « On se sépare du roi parce que l'on voit qu'il s'abandonne lui-même, que ses ministres ne pensent qu'à eux et à échapper comme ils pourront à l'agonie générale sans mort violente et que l'autorité royale, trop faible pour lutter contre l'anarchie, paraît les favoriser pour se ressaisir d'une plénitude de prétentions et de prérogatives que l'on sent très bien qu'elle ne recouvrera jamais. »

Mirabeau, pour tenter de sortir de cette situation désastreuse, proposait que le roi prît une position ferme, se prononçât « de bonne foi pour adhérer à la Révolution, à condition d'en être le chef et le modérateur », et choisît Monsieur, comte de Provence, comme conseiller afin de « régler et subjuguer l'opinion et dompter les factieux ». De la sorte, pensait-il, la confiance renaîtrait ainsi que le goût pour la monarchie, et l'on verrait se rallier « les partis qui veulent de bonne foi que l'empire français ne se décompose pas ou ne devienne pas pour un demi-siècle l'arène des jeux sanglants de quelques ambitieux subalternes ou de quelques démagogues insensés[3] ».

Le roi, qui était poussé dans la même direction par La Fayette et Necker, sembla suivre, au moins en partie, ces conseils. Le 4 février 1790, il se rendit à l'Assemblée nationale avec ses ministres pour y lire un discours dans lequel il annonçait son ralliement à l'œuvre de la Constituante. Il déclarait approuver les réformes administratives, demandait le renforcement du pouvoir exécutif et une pause dans les réformes : « Vous ne pouvez tout entreprendre à la fois. » Il acceptait la liberté constitutionnelle et lançait un appel à l'esprit de concorde et au ralliement des contre-révolutionnaires. La Fayette était enchanté, et, avec cette perpétuelle propension à prendre ses désirs pour des réalités, il écrivait le 8 à Sémonville : « La démarche du roi a bien réussi, et ses dispositions sont excellentes. Il va sortir dans Paris, et j'espère l'engager à des voyages. Les partis existent toujours dans l'Assemblée mais leur conduite est beaucoup plus modérée. » Le lendemain, il suppliait Bouillé de se rallier « à l'affermissement d'une Constitution que vous aimez moins que moi, qui peut avoir quelques défauts, mais qui assure la liberté publique et qui est trop avancée dans l'esprit des Français pour que ses ennemis pussent l'attaquer sans dissoudre la monarchie ». Il était donc indispensable à ses yeux que « tous les honnêtes gens ne forment plus qu'un parti dont le roi s'était déclaré le chef ». Cet optimisme était pourtant loin d'être général. Nombreux restaient ceux qui doutaient de la sincérité du roi et ne considéraient son geste que comme une manœuvre opportuniste provoquée par les remous dus à l'affaire Favras. Mirabeau n'hésita pas à parler de « pantomime[4] ». La suite des événements devait trop souvent donner raison aux méfiants.

En ce début de printemps 1790, La Fayette considérait la Révolution comme terminée. Bien que siégeant très rarement à l'Assemblée du fait de ses autres activités, il intervint le 20 février dans un débat sur les troubles survenus en province et soutint précisément que l'essentiel étant acquis : « Il ne s'agit plus que d'établir la Constitution » et de rétablir l'ordre et la sécurité. « Il faut faire aimer la Constitution nouvelle, il faut que la puissance publique prenne de la force et de l'énergie. » Il importe donc d'accélérer le travail constitutionnel pour répondre au vœu du peuple et ramener la paix civile. C'est lors de ce débat que La Fayette prononça la phrase célèbre : « Pour la Révolution, il a fallu des désordres, l'ordre ancien n'était que servitude, et, *dans ce cas, l'insurrection est le plus saint des devoirs*, mais, pour la Constitution, il faut que l'ordre nouveau s'affermisse[5]. » La formule lui sera très souvent reprochée aigrement, car, sortie de son contexte, ses ennemis voulurent en faire un appel permanent à la révolte, ce qui n'était nullement dans sa pensée. Il se plaindra qu'on ait défiguré son discours en faisant une « maxime isolée » d'un axiome qui était, disait-il, en contradiction avec toute sa conduite.

Les vues de La Fayette sur la Révolution terminée semblaient assez proches de celles de Mirabeau. Dans une conversation avec l'intendant de la liste civile Laporte, celui-ci déclarait en effet le 13 mars : « Il fallait peut-être une Révolution, elle est faite, il faut détruire le mal qui en a été la suite, il faut rétablir l'ordre. La gloire sera grande pour ceux qui y coopéreront. » Mais la plus grande défiance continuait à régner entre les deux hommes. « Je ne l'aime ni ne l'estime ni ne le crains, je ne vois pas pourquoi je chercherais à m'entendre avec lui », écrit La Fayette le 19 février. De son côté, quelques jours plus tard, Mirabeau l'accuse de double jeu : « Il affecte l'attachement au roi et à la royauté, ces sentiments masquent le républicanisme », ce qui était une erreur car à ce moment le général ne songeait nullement à proclamer la république. D'ailleurs y songea-t-il jamais[6] ? Malgré la proximité de leurs conceptions politiques et leur commun désir de sauver la monarchie en lui donnant des structures modernes, les deux rivaux ne devaient cesser de se détester et d'employer le meilleur de leurs énergies à se nuire. Il est vrai qu'ils furent aidés dans cette tâche par l'indécision chronique du roi, qui interdisait pratiquement toute politique cohérente et suivie. Bien qu'il en fût, par instants, conscient, La Fayette continuait à se bercer de rêves, comme en témoigne sa lettre à Washington du 17 mars. Il se félicite d'abord de l'œuvre accomplie : « Nous avons fait une admirable et presque incroyable destruction de tous les abus, de tous les préjugés, tout ce qui n'était pas utile au peuple, tout ce qui ne venait pas de lui a été retranché. [...] Nous avons opéré plus de changements en dix mois que les patriotes les plus présomptueux ne pouvaient en espérer. » Il souhaite seulement un peu plus d'énergie dans le gouvernement, « et la liberté sera affermie et répandue dans le monde entier ». Il se montre confiant dans la sagesse des hommes : « Nous pourrons attendre tranquillement pendant quelques années jusqu'à ce qu'une convention corrige les défauts que ne peuvent apercevoir dès à présent des hommes à peine échappés au joug de l'aristocratie et du despotisme. » Il constate cependant que « l'Assemblée a plus de haine contre l'ancien

système que d'expérience pour organiser le nouveau gouvernement constitutionnel[7] ».

Le 21 mars, le général passa une revue aux Champs-
Élysées. Ii y reçut les acclamations dont il était si friand et
se rendit ensuite à l'Assemblée, accompagné d'une foule
considérable, pour y prononcer un bref discours qui prit la
forme d'un rappel à l'ordre. Il invita en effet les députés à
éviter les séances stériles et orageuses, puis attira leur
attention sur deux points essentiels : la situation économique
et le travail constitutionnel. Il s'inquiétait de voir la première
se dégrader : « En même temps que la Révolution, en rendant
au peuple tous ses droits, doit assurer pour toujours son
bonheur, il n'est pas moins vrai que dans le moment actuel le
peuple souffre, le commerce languit, les ouvriers sont sans
ouvrage et que, dans ce grand mouvement de la fortune
publique, tout délai nous perd. » Il insistait ensuite sur la
nécessité d'accélérer les travaux de rédaction de la Constitution qui devait être, dans son esprit, la panacée, « parce que
avec elle on a tout [...], enfin une organisation ferme et
complète du gouvernement, et cette définition distinctive de
chaque pouvoir qui seule exclut toutes les tyrannies ». Il
termina en exaltant les Gardes nationales « dont le zèle est
aussi constant qu'énergique, [qui] brûlent de trouver dans nos
décrets leur place constitutionnelle et d'y lire leur devoir[8] ».

Au milieu de tous les soucis que lui donnaient le maintien
de l'ordre et la situation politique, La Fayette devait trouver
le temps de participer à des cérémonies diverses : commémo-
ration de l'entrée d'Henri IV à Paris le 22 mars 1589, installation d'un buste de Bailly dans la salle de la Commune de
Paris le 8 avril. C'était pour lui l'occasion d'entretenir sa
popularité.

En avril, le général participa activement à la création d'un
nouveau lieu de rencontre politique, le club de 89, ouvert le
12 avril, qui cherchait à réunir les monarchistes constitutionnels à la fois ennemis des jacobins et des ultras absolutistes.
On y retrouvait Mirabeau, Condorcet, Sieyès, Talleyrand,
Chamfort, Bailly, Dupont de Nemours, Le Chapelier, Barère,
Marmontel, Clavière, Lavoisier, Cabanis, Suard, Paoli, le
jeune Chateaubriand. Les réunions se tenaient au Palais-

Royal, au premier étage où les membres disposaient d'une bibliothèque. Condorcet, qui fut une des principales têtes pensantes du groupe, voulait en faire « une sorte d'académie privée de sciences politiques » chargée de contrebalancer l'influence des jacobins qui tendaient fâcheusement, dès cette époque, à créer « une nation dans la nation » et à « substituer l'esprit de secte à celui d'analyse et de recherche[9] ». Gens de lettres, philosophes, académiciens, savants, financiers s'y retrouvaient dans un appartement superbe, y discutaient de l'actualité, y lisaient les journaux et donnaient d'excellents dîners. La Fayette, selon Ferrières, y recevait les compliments des dames de la Halle et, suivant son habitude, y cultivait la faveur populaire. Le même auteur prétend qu'il tenta une conciliation entre ce club et les jacobins mais il y mit des conditions qui rendirent l'opération impossible.

Mirabeau et La Fayette se rencontraient au club, et il semble que le tribun tenta, à la fin d'avril, un nouveau rapprochement. Avec le soutien de Condorcet, il représenta les périls qui menaçaient l'État et donc la nécessité d'une alliance, mais le général repoussa ces avances, ce qui contribua sans doute à hâter les négociations commencées entre le député d'Aix et la Cour. L'affaire des troubles survenus à Marseille et à Toulon ne fit qu'aigrir encore les divergences. A Marseille, M. de Beausset, major du fort Saint-Jean, avait été massacré, et à Toulon le commandant de la Marine, le chef d'escadre d'Albert de Rions, arrêté. La Fayette approuva les mesures de répression dans son discours à l'Assemblée du 12 mai en rappelant qu'il appartenait au roi d'assurer l'ordre : « Je ne puis voir dans cet exercice constitutionnel et nécessaire de son autorité qu'un gage de salut public. » Il s'inquiétait des troubles qui éclataient dans plusieurs régions et y voyait « une influence secrète », celle des contre-révolutionnaires, en s'indignant de ces « violences illégales ». Mirabeau, au contraire, soutenait les révoltés et déplorait les divergences de leurs attitudes respectives. A Paris aussi, le mois de mai fut assez agité, et il fallut prendre des mesures pour arrêter la fermentation provoquée par des « vagabonds étrangers ». La Fayette sauva encore la vie d'un homme soupçonné de vol qu'on voulait pendre et harangua la foule : « Je leur ai fait les reproches les plus sévères sur leur conduite ; je leur ai dit qu'ils étaient la dupe de factieux et de brigands qui voulaient forcer l'Assemblée nationale et le roi à quitter Paris et mettre

la ville en combustion, mais que toutes les propriétés de la
capitale et sa tranquillité étaient sous ma sauvegarde, que
j'écraserais tout ce qui oserait troubler l'ordre public[10]. » Il
avait la candeur de croire qu'il serait toujours en mesure de
le faire.

Les troubles n'épargnaient pas l'armée, et Bouillé, écœuré
par le désordre et l'indiscipline grandissants, songeait à quitter
la France lorsqu'il reçut le 2 mai une lettre du roi le priant
instamment de n'en rien faire. Il semblait regretter de n'avoir
pas donné suite aux précédentes propositions de La Fayette
d'une alliance sur les bases constitutionnelles et lui envoya
son fils aîné. Le 20 mai, le général adressa à son cousin un
nouvel appel à l'entente, mais qui demeurait bien vague. Il
lui redisait son amour de la liberté et de la Constitution mais
aussi ses vœux ardents pour le retour de l'ordre et du calme :
« Le malheur veut que, dans le parti aristocrate, il y ait encore
des hommes qui espèrent se retrouver ou se venger dans le
trouble, et que dans le parti populaire nous en ayons qui se
persuadent que les moyens de la Révolution sont ceux qui
conviennent à la Constitution ; peut-être ont-ils des vues
factieuses bien plus étendues. [...] Cette circonstance et bien
d'autres nous prouvent que les amis du bien public ne
sauraient trop s'unir et puisque vous n'avez pas de répugnance
à épouser notre Constitution, servons-la de tout notre pouvoir
en écartant tout ce qui pourrait troubler le bonheur et la
tranquillité de nos concitoyens, de quelque côté que viennent
ces tentatives. » Le jeune Bouillé eut alors de longs entretiens
avec La Fayette d'où il tira la conclusion que celui-ci n'avait
toujours aucun projet précis et persistait à se tenir dans le
domaine des généralités floues. Il avait par moments conscience
des difficultés et des incertitudes d'une situation politique que
plus personne ne maîtrisait. « Vous avez bien raison, écrivait-
il à cette époque à Mme de Simiane, de me plaindre d'avoir
un Conseil aussi biscornu que celui du roi. La reine et lui
sont obsédés de méfiances et de sentiments aristocrates, les
ministres font des jérémiades, se rendent justice les uns aux
autres et laisseraient dépérir le pouvoir exécutif le plus
robuste, l'Assemblée est divisée en douze ou quinze partis.
[...] Les districts et la Commune se mangent le cœur, le civil
et le militaire en querelle, l'armée incertaine de son sort, le
combat des plans judiciaires, trente mille ouvriers affamés,
M. Necker faisant ses malles, le vicomte de Mirabeau et

compagnie qui soudoient des libelles aristocrates et qui, m'a dit l'abbé de Montesquiou, se livreraient aux plus incroyables excès s'ils pouvaient. Ne suis-je pas joli garçon[11] ? »

Le jeune Bouillé avait servi d'intermédiaire entre La Fayette et la Cour et lui avait présenté de la part du roi « les offres les plus flatteuses », bâton de maréchal, grade de généralissime, qu'il refusa en expliquant que son seul désir était d'affermir la Constitution puis de se retirer sur ses terres. Cette dérobade était une constance de son caractère et montre bien à quel point il était dépourvu des qualités essentielles du chef. Toujours, lorsque le destin lui offrira l'occasion de jouer le premier rôle et de déterminer les événements, il s'esquivera, conscient peut-être de son incapacité et de ses faiblesses, de son inaptitude à s'entendre avec quelque partenaire que ce soit. Il se plaint de tous mais ne semble pas comprendre que sa propre inconsistance rend toute coopération presque impossible.

Mirabeau, cependant, ne se décourageait pas encore et revint à la charge à l'occasion d'un débat au cours duquel ses vues coïncidèrent avec celles de La Fayette. Un incident assez sérieux était survenu entre Anglais et Espagnols dans la baie de Nootka, sur la côte américaine du Pacifique, près de l'actuelle frontière entre les États-Unis et le Canada. Plusieurs navires anglais avaient pénétré dans cette zone considérée par l'Espagne comme sa propriété, pour y commercer avec les Indiens, et quatre d'entre eux avaient été saisis. Il s'ensuivit une tension diplomatique assez vive dans laquelle la France, alliée de l'Espagne, pouvait être impliquée. Le 14 mai, le secrétaire d'État des Affaires étrangères Montmorin annonça à l'Assemblée que le roi faisait armer des vaisseaux à Brest, mesure qui fut aussitôt approuvée, mais qui déclencha dès le lendemain une discussion constitutionnelle sur le droit de paix et de guerre, les uns étant partisans de le confier au roi, d'autres à l'Assemblée, le consentement de celle-ci étant requis dans tous les cas. La Fayette et Mirabeau, pour une fois en accord, soutinrent la thèse favorable au roi. Finalement, après un long débat qui se prolongea du 16 au 22 mai et auquel prirent part Pétion, Robespierre, Charles de Lameth, Barnave, Volney, Montesquiou, Le Peletier de Saint-Fargeau, ce fut Mirabeau, appuyé par le général, qui fit prévaloir sa thèse. Il fut décidé que le droit de paix ou de guerre appartenait à la nation. La guerre serait décidée par un décret de l'Assemblée rendu sur la proposition formelle du roi et sanctionné par lui. Le soin de veiller à la sûreté extérieure du royaume et à la défense de ses droits était délégué au roi par la Constitution, de sorte que le souverain conduisait les négociations, nommait les agents, réglait la distribution des forces armées et en assurait le commandement. En cas de conflit, le pouvoir exécutif devait aussitôt en informer l'Assemblée en précisant les causes et les motifs. Au cas où celle-ci jugerait qu'il s'agissait d'une agression coupable, l'auteur en serait poursuivi comme criminel de lèse-nation. C'est à cette occasion que l'Assemblée nationale proclama que la nation renonçait à toute ambition de conquête et qu'elle n'emploierait jamais ses forces contre la liberté d'aucun peuple. Pendant la durée du conflit, l'Assemblée pourrait requérir l'exécutif de demander la paix, mais c'est le roi qui négocierait et signerait les traités de paix, d'alliance et de commerce, lesquels devraient être ratifiés[12].

Le débat fut, pour La Fayette, l'occasion d'une vive attaque de Marat, dans *L'Ami du peuple* du 26 mai, qui trouvait inadmissible qu'un officier général siégeât à l'Assemblée : « Comment n'a-t-il pas compris qu'un citoyen qui a sous ses ordres trente-six mille hommes en armes doit mettre un furieux poids dans la balance du législateur et que, dans un moment de crise, son suffrage suffit pour la précipiter ? » Marat demandait donc que soient exclus de l'Assemblée tous les membres titulaires d'un emploi civil ou militaire. Repris par l'abbé Fauchet, aumônier général de la Garde nationale et membre de la Commune de Paris, le projet fut évoqué le 28 mai devant les représentants qui désiraient demander à l'Assemblée nationale de décréter l'incompatibilité des fonctions de député avec celles de maire et de commandant général de la Garde nationale. Cette grossière manœuvre dirigée contre Bailly et La Fayette échoua piteusement puisque le texte ne vint même pas en discussion.

Peut-être encouragé par leur communauté de vues sur le droit de paix et de guerre, Mirabeau entreprit une nouvelle tentative de séduction auprès du général. Le 1er juin, il lui adressa une lettre pleine de flatteries d'une totale hypocrisie, dans laquelle il lui proposait de devenir le Richelieu de

Louis XVI, lui-même se proposant de jouer le père Joseph de ce cardinal : « Vos grandes qualités ont besoin de mon impulsion, mon impulsion a besoin de vos grandes qualités, et vous en croyez de petits hommes qui, pour de petites considérations, par de petites manœuvres et dans de petites vues, veulent nous rendre inutiles l'un à l'autre, et vous ne voyez pas qu'il faut que vous m'épousiez et me croyiez, en raison de ce que vos stupides partisans m'ont plus décrié, m'ont plus écarté ! » La proposition était bouffonne, car si l'on peut imaginer Mirabeau en conseiller politico-diplomatique de l'envergure d'un père Joseph laïque et libertin, l'abîme était insondable entre le génie politique de Richelieu et les courtes vues du général. Encore une fois, les pourparlers n'aboutirent pas. La Fayette était-il conscient du jeu multiple auquel se prêtait son interlocuteur qui s'était lié depuis le 10 mai, par un traité avec la Cour négocié par l'intermédiaire de La Marck et de l'ambassadeur d'Autriche, Mercy-Argenteau ? C'est possible, bien que, le plus souvent, il semblait bien mal informé[13]. C'est en ces jours et à l'occasion de ces négociations que La Fayette eut ce mot, souvent cité, qui donne la mesure de son inconscience, de sa vanité et de sa prétention : « J'ai vaincu le roi d'Angleterre dans sa puissance, le roi de France dans son autorité, le peuple dans sa fureur, certainement je ne céderai pas à M. de Mirabeau. » S'imaginait-il vraiment qu'il était le seul auteur de ces travaux d'Hercule ? Sa puissance d'illusion se révélait infinie...

Dans les mêmes jours où il présentait à La Fayette ces étonnantes perspectives, Mirabeau envoyait au roi une note sur « les rapports de la Cour avec l'idole du jour, le prétendu général de la Constitution, le rival du monarque, M. de La Fayette enfin ». Cette note n'était qu'un long réquisitoire contre le général et ne pouvait qu'aggraver les préventions des souverains contre un homme qui n'avait jamais su attirer leur sympathie. Texte capital en ce qu'il définit la position exacte du général et l'incapacité qu'il a montrée d'en tirer parti.

Mirabeau remarquait en premier lieu que la puissance de La Fayette provenait surtout de la faiblesse de la Cour et du ministère qui l'avaient laissé prendre une autorité dépassant largement ses fonctions. Il analysait ensuite la conduite que tiendrait le général dans l'éventualité d'un changement de ministres effectué contre son avis. Car il est devenu, « d'in-

trigant souple, d'humble courtisan, le gardien des rois ». Il
s'en défendait d'ailleurs et fut enchanté lorsque, le 24 mai, la
famille royale partit passer l'été à Saint-Cloud, car il désirait
« ôter aux provinces » l'idée de la captivité du roi. Selon
Condorcet, La Fayette répondit : « Le roi peut aller chasser
où il lui plaît » mais sans la reine et le dauphin[14]. Mirabeau
enviait la position actuelle du général et attirait l'attention du
roi sur les dangers qu'elle présentait : « Maître de l'armée
parisienne et, par cette armée, de Paris, pouvant disposer du
pouvoir exécutif si les ministres sont de son choix, par là de
l'armée, par là des législatures, si les ministres dévoués à son
ambition ne lui refusent aucun moyen d'influence, ne sera-t-
il pas le plus absolu, le plus redoutable dictateur ? »

Mirabeau estimait donc qu'il était dangereux et impolitique
de composer avec lui, et il analysait avec une remarquable
lucidité l'état de dépendance dans lequel se trouvait le général,
ce qui le contraignait à une démagogie permanente : « La
force de M. de La Fayette tient à la confiance qu'il inspire à
son armée. Il n'inspire cette confiance que par ce qu'il semble
partager les opinions de la multitude. Mais comme ce n'est
pas lui qui dicte ces opinions, comme la ville de Paris est
celle de tout le royaume où l'opinion publique, dirigée par
une foule d'écrivains et par une plus grande masse de lumières,
est le moins au pouvoir d'un seul homme, il s'ensuit que M.
de La Fayette n'ayant acquis son influence qu'en se mettant
au ton de Paris sera toujours forcé pour la conserver de suivre
le torrent de la multitude. Quelle barrière pourrait-il lui
opposer ? Un général des Gardes nationales, si ses principes
n'étaient pas ceux de son armée, ne serait-il pas bientôt sans
soldats et sans pouvoir ? Il est facile par là de prévoir quelle
sera toujours sa conduite. Craindre et flatter le peuple,
partager ses erreurs par hypocrisie et par intérêt, soutenir,
qu'il ait tort ou raison, le parti le plus nombreux, effrayer la
Cour par des émotions populaires qu'il aura concertées ou
qu'il fera craindre pour se rendre nécessaire, préférer l'opinion
publique de Paris à celle du reste du royaume parce que sa
force ne lui vient pas des provinces, voilà le cercle souvent
coupable et toujours dangereux dont il lui sera impossible de
sortir, voilà sa destinée tout entière. »

Esclave de Paris, La Fayette en tire sa force, mais aussi sa
faiblesse, car Paris n'est pas toute la France. Il est donc
indispensable de ne pas laisser le général constituer un

ministère à sa dévotion, car le rendre maître du gouvernement, « c'est vouloir que tout le royaume se mette à l'unisson de Paris au lieu que le seul moyen de salut est de ramener Paris par le royaume ». A ses yeux, La Fayette n'a que trop d'influence sur les ministres actuels : « La multitude ignore parfaitement la dictature que M. de La Fayette a la maladresse d'exercer ; et si l'on connaissait ses liaisons avec quelques ministres, la part qu'il prend à plusieurs de leurs démarches ou plutôt l'espèce de ministère sans responsabilité qu'il a voulu s'approprier, il serait perdu dans l'opinion publique. » Non content d'exercer de l'influence sur les ministres, La Fayette dispose en plus, selon Mirabeau, d'un véritable réseau d'agents de toutes sortes : « Même avec les sommes qu'on lui prodigue et qui lui permettent d'avoir à ses gages mille espions dans Paris, des faiseurs de motions dans les places publiques, des spectateurs dans les tribunes de l'Assemblée pour applaudir qui lui plaît, des aides de camp dans les provinces pour y faire je ne sais quoi, et des écrivains, des folliculaires de tout genre pour le servir exclusivement, lui et ses amis, que fait-il ? Quels sont ses succès ? Que serait-ce si, réduit à ses propres forces, il ne pouvait ni séduire par les richesses ni corrompre par le crédit, s'il n'avait que l'inertie de sa pensée et la nullité de son talent ? »

En un mot, Mirabeau bout d'impatience et de rage de voir tant de moyens d'influence et d'action, dont sa fureur lui majore peut-être l'importance, entre des mains incapables d'en user avec efficacité. C'est pourquoi il estime que La Fayette ne pourrait rien contre un gouvernement constitué d'hommes habiles, appuyés sur l'Assemblée nationale et sachant prendre de l'influence sur l'opinion publique. Il serait vite abandonné par ses partisans, et « le prétendu héros s'évanouirait ». La pauvreté des idées politiques de La Fayette s'était révélée quelques jours plus tôt lorsque, répondant à une demande du roi sur les moyens à utiliser pour reconquérir une certaine popularité, il n'avait trouvé à lui proposer que de venir passer une revue de la Garde nationale, d'abolir les preuves pour la présentation à la Cour, de lancer une proclamation sur la cocarde nationale et de faire démolir le donjon de Vincennes ! Après de telles suggestions, il concluait : « Notre situation est critique. Je suis sûr que nous en sortirons si le roi daigne me croire, mais, dans tous les temps, il verra que je ne crains pas de me compromettre, et je le supplie de daigner venir à mon secours sur tous les objets qui l'intéressent en faisant ce qui dépend de lui[15]. » On comprend que Mirabeau ait proposé de son côté de lui opposer un rival en la personne de Bouillé, « pur de toutes les souillures que l'autre a contractées, plus estimé que lui de l'armée, plus indépendant ». Le marquis de Bouillé était certes un excellent officier général qui avait donné des preuves de son énergie et de son esprit de décision aux Antilles pendant la guerre d'Amérique, mais, si l'on en juge par la manière dont il avait répondu aux avances de La Fayette, il semblait peu tenté, dans la conjoncture du moment, par une carrière politique. Foncièrement royaliste, comment aurait-il accueilli des propositions présentées par Louis XVI ? Il ne semble pas que celui-ci ait suivi le conseil de Mirabeau et il persista, malheureusement pour lui, dans cette politique toujours hésitante et incertaine[16].

Le 13 juin, il y eut au Champ-de-Mars une revue de la Garde nationale passée non par le roi, mais par le conseil de ville. La Fayette conduisit le défilé, puis alla visiter le faubourg Saint-Marceau dont les habitants rédigèrent une adresse. Le 17, le général assista à une cérémonie à Notre-Dame au cours de laquelle les députés de la basoche vinrent déposer leurs drapeaux. Le soir, le club de 1789 célébrait par un dîner au Palais-Royal le premier anniversaire de l'Assemblée nationale. La Fayette y retrouva Mirabeau, Sieyès, Bailly, Talleyrand, Paoli et quelques autres.

Le 19 au soir, le député Lambel proposa à l'Assemblée la suppression de la noblesse héréditaire, des titres, armoiries, etc., chacun devant reprendre le nom patronymique de sa famille. Selon Ferrières, l'initiative serait venue de Charles de Lameth qui soutenait que la noblesse « blesse l'égalité, base de notre Constitution, choque la raison et contrarie la véritable liberté ». La Fayette ne fut pas tenu au courant, mais, informé tardivement, « furieux que les deux Lameth, ses ennemis personnels, aient seuls, aux yeux de la populace, le mérite de l'abolition de la noblesse, se précipite à l'Assemblée pour annoncer qu'il soutient le projet de tout son cœur ». Il en rajouta même dans la démagogie en refusant que le titre de « Monseigneur » fût conservé aux princes de sang. « Pourquoi, dit-il, vouloir donner le titre de "Prince" à des hommes qui ne sont à mes yeux que des citoyens actifs lorsqu'ils se trouvent avoir les conditions prescrites à cet égard ? » Après un débat assez houleux, le décret fut voté dans la soirée du 19. Toujours selon Ferrières, Mirabeau et La Fayette n'osèrent s'y opposer, car ils craignaient de perdre « cette popularité qui faisait leur force et que les Lameth cherchaient à leur enlever ». Condorcet, au contraire, protesta en disant avec raison que ces dispositions attentaient à la liberté.

Le lendemain, 20 juin, Mirabeau adressait à la Cour une note, nouvelle et violente attaque contre le général. Bien qu'il ne s'y fût pas opposé, il stigmatisait la mesure prise, cette « démence d'hier au soir dont La Fayette a été ou bêtement ou perfidement mais entièrement complice, démence que je regarde comme le brandon de la guerre civile ». Il est certain qu'elle eut pour effet de rejeter dans l'opposition une partie au moins de la noblesse favorable aux idées nouvelles. Après cette constatation, le député d'Aix critiquait l'inertie du gouvernement « plus lâche encore que malhabile », mais surtout reprenait ses diatribes contre le chef de la Garde nationale : « On a assez de preuves que La Fayette est également ambitieux et incapable. Il va se faire généralissime, c'est-à-dire se faire proposer le généralat, c'est-à-dire encore recevoir la dictature de ce qui est la nation ou de ce qui a l'air de la nation. Tout son projet est là. Un plan, il n'en a pas. [...] Il n'y a de ressources à cet ordre de choses que l'imbécillité de son caractère, la timidité de son âme et les courtes dimensions de sa tête. » Et il ajoutait la formule célèbre : « Le roi n'a qu'un homme, c'est sa femme. » Mais cet homme dont il traçait un portrait si noir disposait d'une puissance encore redoutable, et c'est pourquoi il suggérait que la reine le convoquât pour le sommer de s'allier à lui afin de sauver la monarchie. Une telle alliance, pensait-il, lui permettrait d'influer sur l'opinion par le canal de la presse et de circonscrire l'influence du général.

C'est sans doute à la suite de cette mercuriale que le roi rédigea pour La Fayette, le 29 juin, une lettre qui ne fut, selon lui, jamais envoyée : « Nous avons une entière confiance en vous ; mais vous êtes tellement absorbé par les devoirs de votre place qui nous est utile qu'il est impossible que vous puissiez suffire à tout. Il faut donc se servir d'un homme qui ait du talent, de l'activité et qui puisse suppléer à ce que, faute de temps, vous ne pouvez faire. Nous sommes fortement persuadé que Mirabeau est celui qui conviendrait le mieux pour sa force, ses talents et l'habitude qu'il a de manier les affaires dans l'Assemblée. Nous désirons en conséquence et exigeons du zèle et de l'attachement de M. de La Fayette qu'il se prête à se concerter avec Mirabeau sur les objets qui intéressent le bien de l'État, celui de mon service et de ma personne[17]. » Est-ce parce que cette lettre était un monument d'hypocrisie que le roi renonça à l'expédier ? Il n'avait confiance ni en l'un ni en l'autre. La reine n'avait-elle pas déclaré quelques semaines plus tôt : « Nous ne serons jamais assez malheureux, je pense, pour être réduits à la pénible extrémité de recourir à Mirabeau. » D'autre part, l'attitude de La Fayette lors du débat sur la suppression de la noblesse avait déplu au roi qui le lui fit savoir, et, le 27, le général battit un peu en retraite en reconnaissant qu'il aurait pu demander « une rédaction plus raisonnable » et en proposant, « s'il en est temps et s'il y a moyen, d'amener quelque décret explicatif qui préserve d'une exécution rigoureuse ». C'était encore s'illusionner gravement, car l'Assemblée n'avait aucune intention de se déjuger. Pratiquant avec obstination la politique du pire, le roi sanctionna le décret, persuadé que, comme le lui prétendait Necker, jamais avare d'une idée fausse, « les fautes de l'Assemblée nationale serviraient dans l'opinion l'autorité suprême[18] ».

En ce mois de juin, La Fayette avait reçu, le 10, la nouvelle de la mort de Franklin survenue le 17 avril. Mirabeau proposa aussitôt à l'Assemblée un deuil de trois jours, et le décret fut voté par acclamation. Le général en informa aussitôt le roi en le priant de s'associer au deuil national.

Il semblait, et la fête de la Fédération allait le confirmer, que la popularité de La Fayette était alors à son apogée. Le 3 juin, il avait participé avec la famille royale et Bailly à la procession de la Fête-Dieu, et le *Courrier de Paris dans les provinces* écrivait le lendemain : « L'on n'a pas vu sans admiration le héros de l'Amérique s'honorer de paraître dans une pompe religieuse, et l'on souriait en voyant une main habituée à manier le glaive tenir humblement un cierge bénit[19]. » On frappait des jetons à son effigie, on le représentait avec Bailly et la famille royale au cabinet des figures de cire du Palais-Royal, mais il y avait aussi des voix discordantes et commençaient à se répandre de nombreuses brochures et caricatures où il était fort maltraité. Une *Vie privée, impartiale, politique, militaire et domestique du marquis de La Fayette* connut un certain succès, provoqua l'indignation de ses partisans et entraîna un procès contre l'imprimeur devant le Châtelet[20]. Charavay reproduit une caricature représentant le général piqué sur un bougeoir avec une chandelle allumée lui sortant de la tête, assortie de cette légende : « Bon mot d'une ambassadrice : la réputation du grand général ressemble à une chandelle qui ne brille que chez le peuple et pue en s'éteignant. » Le bon mot était couramment attribué à Mme de Staël.

Un événement se préparait qui allait occuper Paris et la France pendant quelque temps. Le 5 juin, Bailly était venu à l'Assemblée avec une délégation de la municipalité pour proposer d'inviter les Gardes nationales de tout le royaume à participer à une grande fête de la Fédération à Paris. Le 7, La Fayette s'était associé à ce projet qui fut adopté le lendemain, à la demande de Talleyrand. Il y avait alors dans l'opinion publique un mouvement en faveur de la nomination d'un commandant général qui aurait sous ses ordres toutes les Gardes nationales de France, soit plus d'un million de citoyens, et certains pensaient évidemment au chef de la Garde parisienne pour une telle fonction ; mais celui-ci opposa un refus absolu et souhaita même l'adoption « comme principe constitutionnel » que personne ne pût recevoir le commandement de plus d'un seul département. Il n'ignorait pas qu'on avait déjà tendance à le considérer comme un dictateur et que sa nomination à un poste de ce genre, en lui donnant des attributions nationales, ne pourrait que provoquer des commentaires malveillants. Il n'était d'ailleurs qu'à moitié rassuré sur les conditions dans lesquelles pourrait se tenir un rassemblement aussi nombreux dans une ville où le calme demeurait précaire. Dès le 26 juin, il avait fait part de ses inquiétudes à Bouillé. L'anniversaire du 14 juillet ne serait-il pas une « occasion de tapage » ? Il se préoccupait d'un retour éventuel du duc d'Orléans : « J'espère que nous serons plus forts que ceux qui nous tourmentent et parmi lesquels je mets à la première place le parti factieux. [...] M. le duc d'Orléans nous annonce son arrivée pour le 10. Je compte encore sur sa lâcheté pour le retenir à Londres. » Il espérait cependant : « L'époque du 14 juillet, quoiqu'un peu critique, tournera bien, suivant toute apparence. Constitution et ordre public doivent être le cri de ralliement de tous les bons citoyens. »

La Fayette s'efforça à nouveau, par l'intermédiaire de La Luzerne et de son aide de camp Boinville, de dissuader le duc d'Orléans de rentrer à Paris, mais, comme l'écrivait le diplomate : « Vous savez que le désespoir des poltrons est quelquefois dangereux. » Selon une note rédigée par Laclos et adressée à la fois à l'Assemblée, au roi et à La Fayette, le duc, après avoir conféré avec Boinville, accepta de différer son retour tout en protestant de son innocence dans les agitations parisiennes. Il observait que, depuis son départ, « la capitale n'a pas été plus tranquille. [...] Il est temps de savoir pourquoi mon nom servirait plutôt que tout autre de prétexte à des mouvements populaires ». L'argumentation est faible, car il n'a jamais été nécessaire d'être sur place pour fomenter des troubles et les agents disponibles ne manquaient pas à Paris[21]. Changeant brusquement d'avis et reniant ses promesses, comme il en avait l'habitude, le duc rentra à Paris avec Laclos le 10 juillet et adhéra au club des Jacobins. Mirabeau avait conseillé au roi de laisser faire, car « c'est toujours une grande faute d'ordonner quand on n'est pas sûr de l'obéissance », et il était également maladroit de lui donner des airs de persécuté. Le tribun voyait à ce retour un autre avantage : « Le prince à la Cour sera un embarras de plus pour La Fayette ; ces deux ennemis, en présence l'un de l'autre, se contiendront respectivement. » Allant même plus loin, Mirabeau estime que le roi aurait intérêt à se réconcilier avec le duc, car « la crainte de perdre ses apanages dans un bouleversement total le retiendra, et si La Fayette éprouve un embarras de plus, je ne vois pas grand mal à cela ». Pour une fois, la perspicacité du député d'Aix fut prise en défaut, et son calcul se révéla inexact[22].

Le 10 juillet, le général fut proclamé président de l'assemblée des fédérés, contre son gré, prétend-il, mais il ne fut sûrement pas nécessaire de lui faire grande violence. Le 12, un placard imprimé annonçait qu'une délégation des Gardes nationales serait reçue le lendemain par l'Assemblée et par le roi. A l'Assemblée, il rendit hommage, dans son discours, à l'œuvre accomplie par celle-ci, qui « a détruit le gothique édifice de notre gouvernement et de nos lois », et la pria de poursuivre le travail constitutionnel : « Les Droits de l'homme sont déclarés, la souveraineté du peuple est reconnue ; les pouvoirs sont délégués, les bases de l'ordre public sont établies. Hâtez-vous de rendre à la force de l'État toute son énergie. » Anticipant ensuite sur le serment qu'il allait prononcer le lendemain, il exprimait ces vœux : « Puisse la solennité de ce grand jour être le signal de la conciliation des partis, de l'oubli des ressentiments, de la paix et de la félicité publiques ! Et ne craignez point que ce saint enthousiasme nous entraîne au-delà des bornes que prescrit l'ordre public. Sous les auspices de la loi, l'étendard de la liberté ne deviendra jamais celui de la licence. Nous vous le jurons, par ce respect pour la loi dont nous sommes les défenseurs, nous vous le jurons sur l'honneur et des hommes libres, les Français ne promettent point en vain. »

La délégation se rendit ensuite aux Tuileries où elle fut reçue par Louis XVI, que La Fayette salua d'un petit discours par lequel les Gardes nationales juraient « une obéissance qui ne connaîtra pas de bornes que la loi, un amour qui n'aura de terme que celui de notre vie ». Le roi répondit par des phrases pleines de confiance et d'affection pour tous, y compris pour les plus pauvres : « Faites surtout entendre les paroles ou plutôt les sentiments de mon cœur dans les plus humbles chaumières et dans les réduits des infortunés[23]. »

Ce déferlement de bonnes intentions et de bons sentiments allait connaître son apogée le lendemain au cours de cette fête du Champ-de-Mars qui allait être pour La Fayette la montée au Capitole.

## CHAPITRE XVI

# « M. de La Fayette
# qui galope dans les siècles à venir... »

Le mercredi 14 juillet 1790 marqua une étape capitale dans la vie de La Fayette. Tous les témoignages concordent pour reconnaître qu'il y fut au zénith de sa gloire et de sa popularité. Il y déploya en particulier un sens très poussé du spectacle dont le roi était, malheureusement pour lui, totalement dépourvu. Le cheval blanc du général, baptisé « Jean Leblanc » par la foule, eut une sorte d'effet magique, comme ce serait le cas, un siècle plus tard, du cheval noir de Boulanger.

Cette fête du Champ-de-Mars, avec la messe dite par Talleyrand accompagné de 300 prêtres et 1 200 musiciens au milieu d'un immense concours de peuple (Ferrières évalue l'assistance à 300 000 personnes), a été maintes fois racontée. Elle a indiscutablement constitué un de ces moments de répit et d'euphorie comme en connaissent toutes les périodes de crise. Malgré une atmosphère tendue les jours précédents, car les divers partis se soupçonnaient réciproquement de complots contradictoires, et malgré une pluie persistante, cette journée « offrit cette douce et vive image de la joie et de l'enthousiasme [...], la gaieté française triomphait et du mauvais temps et des mauvais chemins et de la longueur de la marche ». La Fayette donnait ses ordres et recevait les témoignages de l'adoration populaire. Un homme lui offrit un verre de vin : « Mon Général, vous avez eu chaud, buvez un coup. » Il reçut le verre, regarda un moment l'inconnu et but d'un trait aux applaudissements de la foule. Il aimait cette atmosphère de joie. « La Fayette, écrit Ferrières, promène un sourire de

complaisance et un regard bénévole et confiant sur la multitude, et ce regard semble dire : Je ne concevrai jamais aucun
soupçon, je n'aurai jamais aucune inquiétude tant que je serai
au milieu de vous[1]. »

Après la messe, La Fayette monta à l'autel, y posa son épée
et prêta le serment suivant. « Nous jurons d'être à jamais
fidèles à la nation, à la loi et au roi ; de maintenir de tout
notre pouvoir la Constitution décrétée par l'Assemblée nationale et acceptée par le roi ; de protéger, conformément aux
lois, la sûreté des personnes et des propriétés, la circulation
des grains et subsistances dans l'intérieur du royaume, la
perception des contributions publiques sous quelques formes
qu'elles existent, de demeurer unis à tous les Français par les
liens indissolubles de la fraternité. » Le président de l'Assemblée puis le roi prêtèrent serment, et la reine présenta le
dauphin au peuple dans un concert d'acclamations et de
décharges d'artillerie. La Fayette fut sans aucun doute l'un
des rares personnages importants à accorder du prix à ce
serment et à souhaiter fermement de le respecter. Ce n'est
certes pas lui qui aurait murmuré, tel l'évêque d'Autun :
« Surtout ne me faites pas rire », et sa sincérité ne fait aucun
doute. Mme de La Tour du Pin, peu indulgente à son égard,
écrit : « Il désirait autant qu'aucun de nous l'établissement
d'une sage liberté et l'abolition des abus. Mais je suis certaine
qu'il n'avait pas alors la moindre pensée ni le désir de
renverser le trône et qu'il ne les a jamais eus. La haine sans
bornes que la reine lui portait et qu'elle lui témoignait chaque
fois qu'elle l'osait, l'aigrit cependant autant que le comportait
son caractère, doux jusqu'à la niaiserie[2]. » Cette antipathie de
la reine, qui allait être très lourde de conséquences et dont
les racines remontaient très loin, fut encore aggravée en ce
jour, car La Fayette, qui désirait que le peuple ne rendît
hommage qu'au roi et à l'Assemblée, s'opposa à ce que la
reine fût placée aux côtés de Louis XVI.

Témoin de la fête, le général Thiébault raconte à quel
point le général « occupait l'attention de tous les assistants
[...]. Chargé de tous les pouvoirs pendant cette solennité et
quoiqu'il ne commandât que les fédérés, il semblait commander à la France entière. Monté sur un cheval blanc, je
l'aperçois encore parcourant à peu près en maître ce vaste
espace et je citerai ce mot d'un homme d'esprit qui, me le
montrant du doigt, me dit : "Voyez-vous M. de La Fayette

qui galope dans les siècles à venir[3]" ». Il galopait malheureusement dans les nuages, mais aux yeux de certains, c'était peut-être l'élément le plus solide.

Cette journée fut encore pour le roi une occasion perdue, car il ne sut en aucune manière tirer parti des acclamations dont il fut l'objet, ni des invitations qui lui furent faites : « Chaque députation témoignait le désir le plus vif de voir le roi parcourir ses provinces[4] », et s'il eût visité le Dauphiné ou la Normandie dont les requêtes furent spécialement pressantes, son prestige et sa popularité s'en seraient trouvés au moins en partie restaurés. Mirabeau constata aussitôt à quel point la Fédération avait tourné à l'avantage de son rival qu'il traite de « baudruche incapable et néfaste ». Il est inutile, écrit-il le 17 juillet, « de montrer à quel point on a compromis le roi sans profit pour son autorité, à quel point on a servi l'homme redoutable et servi malgré lui-même, à quel point on a réparé ses propres fautes, à quel point on l'a rendu l'homme de la Fédération, l'homme unique, l'homme des provinces, quelque incapacité qu'il ait montrée dans cette solennelle occasion où, avec les plus grands moyens imaginables, il a amoindri tout ce qu'il a touché ». Mirabeau aussi considérait que le roi devait absolument quitter Paris pour aller, avec l'accord de l'Assemblée, s'installer à Fontainebleau où il aurait échappé à la pression de la rue et pu rallier à lui les provinces. Ce déplacement n'aurait pu s'effectuer qu'avec l'accord et le soutien de La Fayette, car lui seul « peut empêcher que la Garde nationale, qui a la prétention de garder exclusivement le roi, ne s'exagère ses droits, lui seul peut contenir le peuple si des gens malintentionnés cherchaient à l'égarer en lui présentant le voyage du roi comme dangereux pour la cause publique, lui seul peut donner, dans l'Assemblée, un grand nombre d'approbateurs à la démarche du roi ». Il serait donc indispensable que La Fayette intervînt à l'Assemblée pour expliquer les intentions du roi. Ainsi compromis, le général serait obligé d'assurer l'ordre public : « Le résultat de tous les événements de ce genre serait ou d'attacher plus fortement M. de La Fayette à la cause du roi, ou de diminuer son pouvoir et il n'y a qu'à gagner dans cette alternative[4]. » La manœuvre était habile et sans doute encore réalisable à cette époque ; mais encore aurait-il fallu que Louis XVI eût une volonté capable de saisir les occasions. Lors du retour de Varennes, Barnave devait dire à Madame

Élisabeth à ce propos : « Ne vous plaignez pas de cette époque ; si le roi en eût su profiter, nous étions tous perdus. » La Fayette d'ailleurs ne sut pas non plus agir sur le long terme, et la perspicacité de Mme de Staël ne se trompa pas sur la fragilité de sa position : « M. de La Fayette devait être dans ce jour le premier objet de l'affection du peuple ; il inspirait à la Garde nationale un dévouement très exalté mais quelle que fût son opinion politique, s'il avait voulu s'opposer à l'esprit du temps, son pouvoir eût été brisé. Les idées régnaient à cette époque et non les individus[5]. »

Les fêtes se poursuivirent pendant plusieurs jours, et les Parisiens firent bon accueil aux provinciaux. Le 15 juillet, devant la statue d'Henri IV drapée de tricolore, un autel de la patrie fut dressé, encadré de deux arbres portant des médaillons à l'effigie de Bailly et de La Fayette. Le 17, il reçut une délégation de fédérés venus l'assurer de leur fidélité et de leur obéissance, et il répondit en exprimant le désir de vivre désormais livré « à des souvenirs bien doux puisqu'ils me rappelleront sans cesse mes obligations envers vous, mon respect et mon éternel dévouement ». Le 18, une nouvelle revue de six bataillons de la Garde au Champ-de-Mars fut accompagnée de réjouissances offertes par la municipalité : joutes nautiques, feux d'artifice, illuminations, bals à la Bastille et aux Champs-Élysées. Le 20, nouvelle audience d'un groupe de fédérés auxquels il adressa un discours lénifiant : « Séparons-nous avec le doux sentiment que ces beaux jours ont versé dans le cœur des Français et n'oublions pas que c'est à la justice et à l'ordre de finir la Révolution qu'un généreux effort a commencée. » Il insistait encore sur la nécessité, impérieuse à ses yeux, du respect d'un légalité trop souvent méconnue : « Que l'amour de la liberté soit notre guide. Ce mot dit tout : amour de l'ordre, respect des lois, des mœurs, avec lui la propriété est inviolable, la vie de l'innocent est sacrée, il n'est de coupable que devant la loi, par lui tout est garanti, tout prospère. » N'oubliant jamais de moraliser, il rappelait que la liberté, « sévère dans ses principes, craint la licence autant que la tyrannie, et la conquérir, la conserver surtout, est moins encore le prix du courage que le triomphe de la vertu ». Il se félicitait aussi que ces fêtes se soient déroulées sans incident : « Nous avons écarté jusqu'au moindre soupçon d'une influence de la force armée sur la volonté publique. Nous avons juré à l'Assemblée nationale ce respect pour ses décrets sans lequel l'État serait perdu ; nous avons présenté de purs hommages au meilleur des rois, nous nous sommes montrés vraiment libres dans ces jours où des multitudes assemblées ont conservé cette modération que donne au peuple la conscience de sa dignité[6]. »

Cette popularité lui valut un certain nombre d'attaques. Marat publia un libelle intitulé *C'est fait de nous*, dans lequel il accusait ouvertement La Fayette, qu'il appelait le « général Motier », d'être vendu à la Cour, ce qui était absurde car on pouvait certes adresser bien des reproches au commandant de la Garde nationale mais sûrement pas celui de vénalité. La brochure fut saisie et Marat ne parla plus que de « l'infâme Motier[7] ».

Cette fête, qui semblait avoir recréé euphorie et espoir, eut également d'autres conséquences. Bouillé prétend qu'elle eut un effet dissolvant sur l'esprit des troupes, car « les soldats rapportèrent de la capitale toutes les semences de la corruption », et il dit avoir intercepté de nombreuses lettres écrites par des députés jacobins pour inciter les hommes à l'insurrection. Il est certain qu'à partir de cette époque apparurent dans les unités des comités de soldats et l'insubordination progressa, comme allaient le prouver les mutineries de Nancy[8].

La pacification des esprits ne fut que de courte durée. Dès le 3 août, La Fayette dut lancer un ordre du jour dans lequel il reprenait ses thèmes favoris sur l'ordre public et lançait des accusations imprécises. Il « regarde comme ennemi de la liberté et de la Constitution quiconque ne hait pas la licence et l'anarchie. [...] Depuis quelques jours, les poignards de la calomnie se sont multipliés, les conseils les plus incendiaires ont été répandus dans les écrits et les lieux publics ; on a prêché l'insurrection contre les décrets de l'Assemblée et l'autorité constitutionnelle du roi, de coupables manœuvres et un argent corrupteur ont été employés. [...] On ne peut voir sans étonnement cette effervescence factice qui cherche à compromettre ici, comme dans plusieurs parties du royaume, la fortune publique ». Toutes ces manœuvres, fondées sur « d'absurdes mensonges », n'ont pour but « que de renverser la Constitution naissante et d'y substituer les horreurs de l'anarchie et les divisions intestines ». Il y eut en effet à ce

moment une véritable campagne de presse avec « un débor-
dement de calomnies et d'atrocités[9] ».

La Fayette eut la consolation de recevoir une lettre chaleureuse de Washington à qui il avait envoyé, par l'intermédiaire
de Thomas Paine, une clé de la Bastille avec un dessin
représentant la démolition de la forteresse. Le président le
remerciait et se déclarait heureux « en voyant qu'au milieu
des effrayantes tempêtes qui ont assailli votre vaisseau politique, vous avez pu, par votre talent et votre courage, le
diriger à présent d'une manière sûre au milieu de tant
d'écueils ». Il se félicitait aussi du développement de son pays
qui se remettait des ravages provoqués par la guerre et
annonçait son orientation isolationniste : « Nous avançons
patiemment dans notre œuvre qui consiste à établir un
gouvernement tout à fait dégagé de la politique européenne[10]. »

La situation de La Fayette était pourtant beaucoup moins
brillante vue de Paris que d'Amérique, et, dès cet été 1790,
elle commença à s'affaiblir. Persuadé que l'essentiel se trouvait
désormais acquis, il voulait s'opposer à la fois à ceux qui
rêvaient d'une impossible réaction autant qu'aux jacobins
impatients. Comme bien souvent il situait mal ses plus
dangereux ennemis et mesurait insuffisamment leurs forces
réelles, il allait s'enfoncer de plus en plus dans d'inextricables
difficultés. André Chénier, dont les talents de journaliste
politique sont trop méconnus, remarquait, dès le 28 août, la
fragilité de la popularité du général dès qu'il tentait de
s'opposer aux excès d'un peuple toujours prêt, comme le
déplorait Condorcet, « à céder aux discours des démagogues
et aux manœuvres des charlatans ». Dans son *Avis au peuple
français sur ses véritables ennemis*, Chénier constatait : « Dès
qu'on le voit se porter de côté et d'autre en un instant et
ramener la tranquillité, veiller à tout ce qui intéresse la ville
au-dedans et au-dehors, contenir chacun dans ses limites, en
un mot faire son devoir, les voilà tous déchaînés contre M.
de La Fayette : C'est un traître, un homme vendu, un ennemi
de la liberté[11]. »

La Fayette s'était tenu à l'écart de certains grands débats
comme celui qui aboutit, le 12 juillet, au vote de la Consti-

tution civile du clergé à laquelle son libéralisme foncier ne pouvait que le rendre hostile, car sa préférence allait à une liberté totale des cultes, à l'américaine. Se rendit-il compte que l'Assemblée commettait une énorme erreur en s'engageant dans une politique qui allait de plus en plus prendre des allures de persécution en mettant, suivant le mot de Mme de Staël, « l'intolérance politique à la place de l'intolérance religieuse » ? Il se garda, en tout cas, de prendre officiellement position. Mais il ne lui fut pas toujours possible de se tenir sur une aussi prudente réserve. En août, allait survenir un événement qui le mettrait dans une position difficile et contribuerait beaucoup à l'affaiblissement de sa popularité.

Le 1er août, une partie de la garnison de Nancy, dont le régiment suisse de Châteauvieux, entra en rébellion ouverte contre ses chefs et envoya une adresse insolente à l'Assemblée. La Fayette fit arrêter les messagers et voter le 6 août un décret prohibant toute assemblée délibérante dans les régiments, autre que le conseil d'administration. La révolte s'étendit à trois régiments, il y eut des scènes de pillage et des menaces contre les officiers municipaux. Selon Condorcet, on envisagea un instant d'envoyer le général rétablir l'ordre, mais la reine s'y opposa, estimant qu'il était plus utile à Paris[12]. Mirabeau prétend que La Fayette souhaitait partir, mais qu'il déconseilla vivement cette mesure parce qu'il ne fallait pas « laisser commander M. de La Fayette hors de son département, car ce serait augmenter dangereusement son prestige et ses pouvoirs ». Les Gardes nationales des départements se mettraient à ses ordres ; « le voilà généralissime par le fait, puis lieutenant général du royaume, puis protecteur, s'il le veut, puis tout ce qu'il voudra[13] ». Le 16 août, l'Assemblée décréta de nouvelles mesures de répression, et ce fut le marquis de Bouillé que l'on chargea de rétablir l'ordre, ce qu'il fit le 31 avec énergie au cours d'un véritable combat qui fit des morts et des blessés. La Fayette avait écrit, le 18, à son cousin : « Le décret sur Nancy est bon ; l'exécution doit être entière et nerveuse. [...] Il me semble que nous devons frapper un coup imposant pour toute l'armée et arrêter par un exemple sévère le débandement général qui se prépare. [...] Il faut que tous les moyens se combinent pour sauver la patrie d'un tel danger[14]. »

Il commençait à s'effrayer sérieusement de la tournure prise par la Révolution et en faisait confidence à Condorcet comme à Washington auquel il adressa, le 28 août, un véritable compte rendu analytique : « Nous sommes dans ce moment troublés par la révolte de plusieurs régiments, et comme je suis constamment attaqué par les aristocrates et les factieux, je ne puis dire auquel des deux partis nous devons attribuer ces insurrections. Nous avons plus d'un million de citoyens armés remplis de patriotisme. Mon influence sur eux est aussi grande que si j'avais accepté le commandement en chef. Je m'attache à établir une subordination légale, ce qui déplaît aux frénétiques partisans de la licence et m'a fait dernièrement perdre de ma faveur auprès de la populace, mais la majorité de la nation m'en sait beaucoup de gré. Les aristocrates n'ont pas encore renoncé à l'espoir de faire la contre-révolution ; ils intriguent avec toutes les Cours de l'Europe qui nous détestent, mais je pense qu'ils échoueront dans leurs négociations. Je suis plus inquiet des dissensions qui se manifestent dans le parti populaire. Deux clubs appelés l'un de 89, l'autre des Jacobins, partagent les amis de la liberté et se déchirent mutuellement. Les jacobins sont accusés d'une extravagance anarchique et la société de 89 de ministérialisme et d'intrigues intéressées. Je tâche d'amener entre eux une réconciliation. » Décidémment, les illusions se refusaient à disparaître, mais on sentait aussi percer une certaine lassitude : « J'espère que nos travaux finiront avec l'année, alors votre ami, cet ambitieux dictateur, si noirci, jouira avec délices du bonheur d'abandonner tout pouvoir, tout soin politique et de devenir le simple citoyen d'une monarchie libre. » Il n'est d'ailleurs pas le seul à éprouver un sentiment de fatigue puisqu'il conclut : « Le peuple commence à se lasser de la Révolution et de l'Assemblée. Cette disposition peut être attribuée d'une part au caractère français et à d'innombrables pertes personnelles, de l'autre à quelques fautes de l'Assemblée, aux intrigues, aux ambitions de quelques-uns de ses chefs ; mais nous avons encore assez de vent pour pousser le vaisseau dans le port[15]. » On pouvait espérer une accalmie car les provinces restaient sages. A la même époque, Condorcet, de La Roche-Guyon, écrivait à Mme Suard : « On ne s'aperçoit pas de la Révolution dans ces campagnes, tout le monde y est resté à sa place. On cultive, on récolte comme si de rien n'était et rien ne prouve mieux que, sans les jacobins, nous serions en pleine jouissance de la liberté[16]. »

L'entrée au port, en fait, s'éloignait car les événements de

Nancy déclenchèrent une reprise de l'agitation à Paris. Le 2 septembre, une émeute aux alentours des Tuileries réunit plusieurs milliers de personnes protestant contre la répression de la mutinerie et réclamant le renvoi des ministres. L'importance du service d'ordre mis en place par Bailly et La Fayette empêcha les manifestants de se diriger vers Saint-Cloud où se trouvait le roi. Necker, totalement déchu de sa popularité, était lui aussi visé, et le général, inquiet à son sujet, lui dépêcha un aide de camp pour le prévenir qu'il allait faire garder l'hôtel du Contrôle général, rue Neuve-des-Petits-Champs, et lui conseiller de partir, ce que l'intéressé fit aussitôt pour se rendre à sa maison de Saint-Ouen[17]. Le 4, il donna sa démission dans l'indifférence générale. Cette éclipse sans gloire consacrait la quasi-disparition, depuis des mois, d'un gouvernement qui, par son inertie et sa démission, n'avait cessé d'augmenter les pouvoirs et le poids politique de l'Assemblée. Les ministres — le cas de La Luzerne à la Marine est typique — abandonnaient toute action aux comités parlementaires qui, au lieu de se borner, comme il était prévu, à délibérer sur les textes législatifs, s'ingéraient dans la gestion administrative.

La Fayette se solidarisait totalement avec Bouillé, le félicitait de son action — « vous êtes le sauveur de la chose publique » — et lui annonçait l'envoi de commissaires porteurs d'une proclamation : Duveyrier, avocat, ancien secrétaire des électeurs de Paris, et Cahier de Gerville, procureur-syndic de la Commune et futur ministre. « Paris fermente singulièrement depuis quelques jours, mais il faudra bien que nous venions à bout de toutes ces difficultés qui seules à présent peuvent retarder l'établissement de l'ordre constitutionnel. » En était-il vraiment persuadé ? Saisit-il à quel point cette affaire, du fait de l'attitude légaliste qu'il avait prise, allait l'entraîner dans un discrédit grandissant ? Avec une prescience remarquable, Mirabeau écrivit au roi le 10 septembre : « Les émotions populaires sont la ruine de M. de La Fayette car, sans lui apporter un seul partisan, elles lui aliènent tous les ennemis de la licence prêts à accuser l'autorité de négligence. Celui qui est chargé du maintien de l'ordre se rend odieux à tous, car on l'accuse alternativement de tyrannie et de brutalité ou au contraire de faiblesse, voire de complicité. [...] Il est possible que la honte de tolérer une insurrection à côté d'une armée de 30 000 hommes porte un jour M. de La Fayette à faire tirer sur le peuple. Or, par cela seul, il se blesserait lui-même à mort. Le peuple, qui a demandé la tête de M. de Bouillé pour avoir fait feu sur des soldats révoltés, pardonnerait-il au commandant de la Garde nationale après un combat citoyens contre citoyens[18] ? » Moins d'un an s'écoula avant que cette prophétie se réalise.

Le général devint l'objet des attaques venues de tous les horizons. Le 13 septembre, dans *L'Ami du peuple*, Marat l'apostrophait avec violence et stigmatisait « les honteux artifices du sieur Motier » qui incitait la Garde nationale à approuver les massacres de patriotes. Il l'accusait d'avoir trompé les espérances du peuple et le traitait de « mortel ennemi de la patrie, d'âme de boue. [...] Au bonheur d'être le sauveur de la France, vous avez préféré le rôle déshonorant de petit ambitieux, d'avide courtisan, de tripoteur perfide et, pour comble d'horreur, de vil suppôt du despote ». La municipalité ordonna la saisie du journal[19], mais d'autres libelles, non moins venimeux, fleurirent, aux titres significatifs : *Les bassesses de l'armée bleue et conduite abominable du général de La Fayette ; Confession générale de Paul-Eugène Motier, dit La Fayette, à l'abbé de Saint-Martin ; Seconde révélation des forfaits de Paul-Eugène Motier, dit La Fayette.* Ses ennemis en arrivaient à l'accuser de forfaits imaginaires dans lesquels il n'avait naturellement aucune responsabilité, comme par exemple la mort, le 19 septembre, du publiciste Élysée Loustalot qui, selon Camille Desmoulins, avait péri de « la douleur de ne voir que le plus dangereux ennemi de la liberté dans toi en qui nous avions mis toute notre confiance et qui devais être le plus ferme appui de la liberté ». On lui reprochait d'être le cousin de Bouillé, et « ce mot l'avait discrédité bien plus vite qu'aucune opinion[20] ». Il ne manquait pas non plus d'esprits caustiques pour lui reprocher sa phrase sur « l'insurrection comme le plus saint des devoirs » qui donnait lieu à des interprétations pour le moins extensives.

Heureusement pour lui, La Fayette conservait quelques amis comme l'abbé Fauchet, président de la Commune, qui, le 18 septembre, l'assurait que celle-ci n'a « jamais cessé de reconnaître en vous un vrai patriote, un ami sincère de la liberté, un défenseur intrépide des droits du peuple, un fidèle, un incorruptible citoyen ». Le 15, il avait envoyé son aide de camp Desmottes à Bouillé pour tenter de renouer avec celui-ci, mais encore une fois le courant de confiance ne put s'établir, car le commandant en chef des Trois-Évêchés mesurait l'erreur politique dans laquelle s'enfonçait son cousin : « Il ne connaissait pas les forces et les ressources de l'ennemi qui l'attaquait, qui devait le détruire un jour, et il était plus occupé à se garantir des royalistes qui ne pouvaient rien que d'écraser les jacobins, ses véritables et ses plus formidables ennemis[21]. » La Fayette s'endormit dans une trop grande confiance dans sa Garde nationale et vit mal la montée des périls réels. Le clan Lameth l'abandonnait de plus en plus, cherchait à l'évincer de son commandement, et Mirabeau continuait auprès de la Cour son entreprise de démolition. A propos des désordres qui survenaient très fréquemment dans Paris et n'étaient que mollement réprimés, le tribun insistait sur « la complicité de la Garde nationale et l'incapacité ou la perfidie de son chef ». Il l'accusait ouvertement de faiblesse, de préférer « sa popularité à son devoir », de refuser de se compromettre en donnant des ordres : « M. de La Fayette, sûr d'être obéi lorsqu'il se sert de son armée pour se faire donner des éloges ou lorsqu'il lui demande son suffrage pour faire élire qui il lui plaît, n'a plus aucun pouvoir lorsqu'il s'agit d'empêcher des crimes. Ainsi, maître des soldats lorsqu'il menace la Cour, lorsqu'il l'environne de terreur, il ne l'est plus lorsqu'il faut réprimer des séditions, lorsqu'il doit répondre de la sûreté publique. »

Mirabeau suggérait donc au roi de pousser le général à la démission en lui faisant de sévères remontrances et en l'obligeant à demander à l'Assemblée la reconstitution de la maison militaire royale, ce qui ne serait fait qu'un an plus tard par le décret du 30 septembre 1791. Cette démarche obligerait, selon le tribun, La Fayette à sortir de son hypocrisie. Elle « le ferait connaître pour ce qu'il est. Qu'on l'observe avec soin, il cherchera à trouver un compliment, à éluder la question, peut-être même à faire une réponse hypocrite. Mais il est démontré pour moi qu'il est incapable de remplir le devoir le plus impérieux lorsqu'il croira sa popularité compromise. Il perdrait le temps à délibérer, il laisserait échapper le moment, et cependant est-il autre chose que le garant sur sa tête de la sûreté du monarque[22] ? ».

Cherchant tous les moyens de relever la popularité du roi

et d'influer sur l'opinion publique, Mirabeau proposa, au début de septembre, la création d'un journal à bon marché, chargé de lutter contre les campagnes de calomnies et de fausses nouvelles qui ne cessaient de déferler sur Paris. Cette époque fut en effet celle de la première grande entreprise d'intoxication et de désinformation qui ne se vit opposer que de faibles contre-offensives. Il eût été habile d'associer La Fayette à cette réalisation, car si elle réussissait le gouvernement en tirerait profit, et si c'était un échec « tout le péril en resterait au protecteur qui l'aurait imprudemment adoptée et son agonisante popularité ne tiendrait pas contre une telle maladresse ». Il ne semble pas que le projet reçût même un début d'exécution. Mirabeau chercha aussi à tendre un autre piège au général à propos des projets constitutionnels. Dans sa note du 7 septembre à la Cour, il prétendait avoir su de Condorcet et de Sieyès que La Fayette avait « fait travailler à un ouvrage destiné seulement à séparer les points constitutionnels des points réglementaires, mais si bêtement conçu et si malhabilement concerté qu'il défigure entièrement l'ouvrage de l'Assemblée, réforme la plus grande partie des décrets et présente une Constitution de sa façon à la place de celle qui existe ». Il conviendrait de pousser le général à présenter ce projet, il tomberait dans le piège, et, « s'il y consent, ce jour-là même, il est perdu sans retour dans la capitale et dans les provinces[23] ».

Tout en ne cessant de dénigrer La Fayette auprès du roi, Mirabeau conservait des contacts avec lui en lui communiquant certains de ses projets constitutionnels par le moyen desquels il cherchait à « allier les principes du gouvernement représentatif avec ceux du gouvernement monarchique ». L'un de ses objectifs était le renforcement du pouvoir exécutif, et il accusait La Fayette, par des manœuvres tortueuses, de faire le jeu des jacobins et de bloquer cette tentative. « Il est ainsi parvenu, écrit-il le 28 septembre, à me rendre étranger à mon propre ouvrage et, trouvant une planche échappée au naufrage public, il n'y a porté les mains que pour la briser. » Et il concluait avec fureur : « A-t-il d'autre force que dans l'anarchie et par l'anarchie, un autre moyen de se rendre nécessaire que par les troubles, un autre but que de les perpétuer, une autre manière de cacher sa nullité qu'en se rendant populaire à tout prix ? » Diatribe en partie injuste, car La Fayette n'avait rien d'un anarchiste, bien au contraire, mais à cette époque Mirabeau constatait avec dépit que le roi, toujours flottant entre les influences contradictoires, continuait à subir celle du général. Elle se manifestera de manière éclatante le mois suivant lors du changement de ministère.

Un nouveau sujet de conflit entre les deux hommes surgit à la fin de septembre à l'occasion de la procédure entamée devant le Châtelet sur les événements des 5 et 6 octobre 1789. L'affaire fut embrouillée comme à plaisir, et il est aujourd'hui encore impossible de la tirer au clair en raison de la disparition de nombreux documents. Il est probable qu'à l'origine, la Cour, avec, selon Ferrières, la complicité de La Fayette, ait cherché à « en imposer au clan d'Orléans et à lui montrer qu'on avait entre les mains une arme dont il était facile de se servir s'ils tentaient la moindre entreprise ». On souhaitait accréditer la thèse du complot dynastique mené par le duc avec le concours de Mirabeau. Mais on s'aperçut vite qu'il serait facile de compromettre aussi Bailly, La Fayette et quelques autres. Comme Orléans et Mirabeau étaient couverts par l'immunité parlementaire, le dossier fut transmis le 2 octobre à l'Assemblée nationale, ce qui donna au député d'Aix l'occasion de présenter sa défense dans un discours qui se transforma rapidement en un réquisitoire contre le commandant de la Garde nationale à qui il reprocha violemment d'avoir fait pression sur le duc pour qu'il accepte de quitter la France, et d'avoir à sa disposition « une police plus active que celle de l'Ancien Régime », dirigée par l'ancien lieutenant civil du Châtelet, Antoine Talon. Le député Chabroud prépara un rapport, et La Fayette aurait promis, selon certains, d'assister à la séance au cours de laquelle ce rapport serait examiné pour y prendre la défense de Mirabeau. Il ne se présenta pas, ni ce jour ni le lendemain, à la séance qui s'acheva par le vote d'un non-lieu en faveur du duc d'Orléans et de Mirabeau. Les violentes attaques du tribun n'avaient sans doute pas incité le général à venir le soutenir, d'autant que certains griefs semblaient bien peu justifiés, spécialement celui qui concernait la police. Ou celle-ci fonctionnait bien mal, ou La Fayette ne tenait guère compte de ses avis, ou encore elle n'agissait que dans un certain sens, c'est-à-dire dans la recherche des intrigues contre-révolutionnaires comme celle qui fut menée vers cette époque par Bonne-Savardin avec les émigrés de Turin[24].

En ce qui concerne les journées d'octobre, l'enquête n'apporta rien de précis, mais fut-elle menée à fond ? Le 28 août, La Fayette avait informé Washington : « Je ne crois pas qu'il y ait contre le duc d'Orléans, et je suis sûr qu'il n'y a pas contre Mirabeau, des témoignages suffisants pour décider une accusation. Il y a quelque chose d'obscur dans le système actuel de ces deux hommes, quoiqu'ils ne paraissent plus liés. » Cette affaire donna à la reine l'occasion de prononcer un mot d'une grande noblesse ; elle refusa de déposer en déclarant : « Non, jamais je ne serai la délatrice des sujets du roi. J'ai tout vu, tout su, tout oublié[25]. »

Il semble qu'à partir de ce moment une véritable haine anima Mirabeau contre La Fayette, bien qu'il affirmât dans une lettre à Ségur : « Je suis prêt encore à sacrifier à la chose publique et au bien qu'il y peut faire le ressentiment très profond et souverainement juste que je nourris contre lui au fond de mon cœur. » Sa note à la Cour du 6 octobre constituait une nouvelle diatribe contre les Gardes nationales : « Quel État pourrait exister avec deux millions d'hommes armés et indisciplinés dans son sein, toujours forcés d'obéir et toujours ayant l'intention et le pouvoir de commander » ; et contre leur chef : « Qu'a-t-il fait jusqu'à présent pour la chose publique et pour le roi ? Quelle confiance inspire-t-il à l'Assemblée ? Qu'a-t-on recueilli de ce qu'il a semé ? Agiter les esprits, effrayer le peuple, l'entretenir de lui, de ses périls, de projets de contre-révolution chimériques, de ses efforts pour les découvrir, voilà toute sa science ! Promettre et tromper, voilà toute son habileté ! Il serait temps que de pareilles manœuvres ne fussent pas récompensées comme des services et que des trésors, faits pour servir le trône, ne fussent pas prodigués pour le renverser[26]. » Mirabeau ne se consolait pas de constater que, dans la lutte d'influence à la Cour, il n'obtenait pas le dernier mot. La Fayette était très sensible à ces attaques qu'il attribuait au « parti d'Orléans » qui, disait-il, payait « des motionneurs et des libellistes ».

Il continuait à suivre les travaux législatifs et constitution-nels, et applaudit aux décrets des 8 et 9 octobre qui, conformément aux souhaits qu'il exprimait depuis des années, réformaient la procédure criminelle, supprimaient la torture judiciaire, accordaient un défenseur aux accusés et instauraient la publicité des débats[27]. Mais c'est surtout l'élaboration de la Constitution qui le préoccupait, et il désirait que le comité de révision fît « une bonne séparation des principes et des articles vraiment constitutionnels d'avec les décrets réglementaires ».

Une nouvelle crise surgit, provoquée par les émeutes survenues à Brest à bord des navires de l'escadre, qui se traduisit par la présentation à l'Assemblée les 19 et 20 octobre d'une motion demandant le renvoi des ministres, à l'exception de Montmorin et de Saint-Priest. Rejeté à une faible majorité, ce texte provoqua néanmoins une crise ministérielle en plusieurs épisodes qui mit l'irritation de Mirabeau à son comble. Le 28, le ministre de la Marine, La Luzerne, démissionna et fut remplacé par Fleurieu, capitaine de vaisseau, ancien conseiller des ministres précédents et qui passait pour être de « concordance avec La Fayette ». Ce choix lui prouvait que le roi n'avait guère tenu compte du conseil qu'il lui avait donné dans sa note du 15 : « Il importe surtout que pas un seul des choix de La Fayette ne soit accepté. Cela importe comme l'honneur, comme la sûreté, comme la vie. » Il accusait le général d'être de connivence avec les jacobins qui exploitaient sa naïveté politique mais aussi d'être soutenu par « ces prêtres, ces nobles dont l'inertie lorsqu'il fallait agir et la résistance lorsqu'il fallait céder ont causé tous les maux du royaume ». Il lui reprochait également de répandre de faux bruits pour gonfler son importance et accréditer l'opinion qu'il était, « lui seul, organe fidèle du peuple, intermédiaire tout-puissant entre le monarque et ses sujets ». En un mot, La Fayette constituait, aux yeux de Mirabeau, « le plus dangereux ennemi du pouvoir royal » car il se refusait à voir le danger que représentait « la démagogie frénétique de Paris ». Le 24 octobre, il écrivait : « La capitale gouvernera le royaume, l'armée parisienne gouvernera la capitale ; un chef habile gouvernera seul cette armée. Et M. de La Fayette est-il ce chef ? Lui, jusqu'ici soldat docile de cette armée, lui que tous les factieux du royaume proclament pour leur appui, lui qui rachète un jour de fermeté par un mois ou de stupeur ou d'une popularité effrénée[28]. »

Le roi ne tint aucun compte de ces observations et modifia le gouvernement en suivant davantage les tendances de La Fayette que celles de Mirabeau. Le 16 novembre, le ministère de la Guerre changea de titulaire, et La Tour du Pin fut remplacé par Du Portail, un ancien de la guerre

d'Amérique. Le 22, Champion de Cicé transmit les Sceaux à
Duport-Dutertre, lui aussi ami du général, qui devint alors,
selon le mot de Guy Chaussinand-Nogaret, un véritable
Premier ministre hors du ministère. Ne subsistaient de
l'ancienne équipe que Montmorin aux Affaires étrangères et
Saint-Priest à l'Intérieur. Plus que jamais, Mirabeau accusait
La Fayette de se conduire en véritable dictateur, de peser seul
sur le choix des ministres, de sorte qu'on « verra bientôt ce
même homme maître absolu du seul pouvoir qui aurait pu le
renverser ». Il se refusait donc absolument à collaborer avec
lui, car, « ayant juré de maintenir le gouvernement monarchique, [il] regarde la dictature sous un roi comme un crime,
celui qui, ayant juré de maintenir la liberté, regarde l'obéissance à un maire du palais comme le plus honteux esclavage ».
La Fayette influa-t-il autant que le prétend Mirabeau sur le
choix des ministres ? C'est plus que probable, Saint-Priest le
confirme et reconnaît lui-même avoir insisté pour que Montmorin conserve ses fonctions[29]. Ces pressions donnèrent lieu
à de venimeuses accusations proférées à l'occasion du séjour
à Paris de Mme de La Motte, triste héroïne de l'affaire du
Collier, venue servir d'instrument aux ennemis de la reine.
Selon des rumeurs, aussi malveillantes qu'impossibles à prouver, dont Mirabeau se faisait l'écho, La Fayette se serait livré
à un ignoble chantage vis-à-vis de la reine au cas où celle-ci
se serait opposée à la constitution d'un ministère fayettiste. Il
aurait été complice des activités de cette femme, évadée de la
prison où elle était détenue en vertu d'un arrêt du Parlement,
et qui circulait librement dans Paris. Elle bénéficiait donc de
protections évidentes, sans doute du clan Orléans, car elle
habitait rue des Bons-Enfants dans une maison pourvue d'une
communication secrète avec celle de Latouche-Tréville, chancelier du duc[30].
    Quel fut exactement le rôle de La Fayette dans cette
affaire ? Il est impossible de le savoir, mais il demeure que
son attitude très équivoque autorisa toutes les suppositions
les plus malveillantes. L'océan d'incompréhension et de jalousie qui s'était créé entre Mirabeau et La Fayette amenait sans
doute le premier à faire au second un procès d'intention, mais
il est néanmoins frappant de mesurer le contraste entre la
lucidité et la vigueur de pensée du tribun et les illusions et le
verbiage du général. Autant l'un voit la situation politique
telle qu'elle est avec la perpétuelle démission du roi et des

ministres, autant l'autre se berce de vues de l'esprit et semble
s'ingénier à se créer des ennemis. Ce fut le cas, par exemple,
avec le projet de constitution de la garde du roi, dans laquelle
il voulait inclure des éléments de la Garde nationale. La reine
fit remarquer d'un ton acerbe qu'on s'étonnerait de « voir le
roi choisir pour sa garde particulière des gardes-françaises qui
l'abandonnèrent au 14 juillet ». Mais La Fayette répliqua en
rappelant « le service qu'ils ont eu le bonheur de lui rendre
dans la matinée du 6 octobre[31] ».

L'atmosphère continuait, d'autre part, d'être empoisonnée
par une littérature polémique de bas niveau dans laquelle
trouvaient place les plus invraisemblables stupidités. Les
entrevues entre le général et la reine alimentèrent une série
de pamphlets plus ou moins pornographiques présentant
La Fayette comme l'amant de la reine : *Soirées amoureuses du
général Motier et de la belle Antoinette par le petit épagneul de
l'Autrichienne* ; *Confession de Marie-Antoinette, ci-devant reine
de France, au peuple franc sur ses amours et ses intrigues avec
M. de La Fayette*, etc. Tout cela était évidemment absurde,
car ce n'était un secret pour personne que la reine n'avait
jamais apprécié la société du combattant de la guerre d'Amérique ! Celui-ci ne put jamais réussir à capter la bienveillance
de la souveraine. Il s'efforçait maintenant de lui faire partager
ses vues sur la situation politique, sur les inconvénients de
tenter de « faire manquer la Constitution par la force de
l'inertie », sur les avantages de la monarchie constitutionnelle.
Lorsqu'il lui exposait que « la base de tout arrangement devait
être un plan pour servir la Révolution de tout notre pouvoir »,
il est évident qu'il tenait un langage que la reine ne pouvait
accepter. Il aurait fallu pour tenter d'y parvenir un tout autre
génie politique et psychologique.

Au milieu de toutes ces intrigues, La Fayette devait toujours
se préoccuper de sa tâche essentielle : le maintien de l'ordre
dans Paris. La municipalité définitive, installée le 9 octobre,
l'assaillait de requêtes. Bailly le priait de chasser les mendiants
qui proliféraient. Le 15 novembre, c'était le pillage par la
foule de l'hôtel de Castries à la suite du duel entre le jeune
duc, fils du maréchal et ancien combattant d'Amérique, et
Charles de Lameth. On accusa beaucoup à cette occasion la

Garde nationale et son chef d'intervention tardive, car elle ne put qu'éviter le pire, c'est-à-dire la démolition et l'incendie de l'hôtel, mais ces graves désordres excitèrent de plus belle la verve de Mirabeau qui stigmatisa la faiblesse du commandant en chef : « Cet homme qui voit en simple spectateur dévaster cette maison n'aurait ni plus de force ni plus d'influence s'il fallait sauver le roi. » Le 19 novembre, Bailly signalait que les ouvriers de l'atelier de charité de Vaugirard menaçaient de piller le Palais-Bourbon et la maison de Beaumarchais. Il fallut renforcer les postes de garde. Le 21 novembre, La Marck écrivait à Mercy-Argenteau, ambassadeur de l'Empereur : « M. de La Fayette a fort baissé dans l'opinion publique, cependant la terreur que ces dernières agitations populaires ont inspirée au roi et à la reine les a conduits à se soumettre plus que jamais à lui, à le soutenir même et à ne s'opposer que faiblement aux choix qu'il propose pour le ministère[32]. » L'autorité du général faiblissait, et Gouverneur Morris le lui fit remarquer sans ménagement au cours d'un dîner, le 26 novembre : « Il commande les troupes de nom mais pas de fait », et il lui conseillait de « prendre occasion d'un acte de désobéissance et d'abdiquer ; de cette façon, il conserverait en France une réputation qui serait précieuse et utile plus tard ». Morris profita de cette rencontre pour faire à son ami un cours de droit constitutionnel et de géostratégie qui semble avoir révélé au général des réalités insoupçonnées sur les caractères originaux et intransposables en France des institutions anglaises et américaines. Le 1er décembre, il écrivait à Washington : « Ses ennemis l'accusent depuis longtemps de créer des désordres pour pouvoir les maîtriser. Je crois que c'est à tort mais je ne préjuge pas de l'avenir. Le roi lui obéit mais le déteste ; il lui obéit parce qu'il le craint[33]. »

S'étant laissé placer dans une situation qui devenait chaque jour plus difficile, « abaissé au niveau d'un mendiant, sans ressources, sans autorité, sans ami », écrit Gouverneur Morris, Louis XVI va recourir à la pire des solutions : le double jeu et une correspondance clandestine avec les souverains étrangers de Prusse et d'Autriche[34]. Il songeait aussi à quitter Paris et entretint Bouillé d'un projet de départ vers Montmédy en lui ordonnant de prévoir les préparatifs nécessaires pour le printemps de 1791. La Fayette eut-il quelque information à ce sujet ? C'est fort possible, car il obtint du roi l'interdiction pour les officiers généraux de procéder à des mouvements de troupes sans autorisation ministérielle[35]. En cette fin d'année 1790, il semble que l'interventionnisme du général dans les affaires politiques ait lassé beaucoup de gens, d'autant plus que son attitude hésitante le fit accuser de duplicité. Montmorin se plaignait qu'il ait trompé Mirabeau, « mais qui n'a-t-il pas trompé de même soit volontairement, soit sans le savoir, sans le vouloir ? ». Les ministres s'irritent de la part qu'il veut prendre aux affaires : « Le prétendu rôle de Premier ministre hors du ministère et de Premier ministre sans fonctions tue l'autorité royale, et c'est l'autorité royale qu'il s'agit par-dessus tout de rétablir. » Mirabeau oubliait seulement qu'on ne rétablit pas l'autorité d'un souverain incapable de l'exercer... Montmorin, en tout cas, voulait évincer La Fayette, le confiner dans ses fonctions de commandant de la Garde nationale « jusqu'à ce qu'on ait les moyens de lui donner un successeur sûr et qu'il soit entièrement exclu du gouvernement, et même des Tuileries[36] ».

Le 23 décembre, Mirabeau rédigeait une longue note intitulée *Aperçu de la situation de la France et des moyens de concilier la liberté publique avec l'autorité royale*. Ce texte d'une remarquable clairvoyance analysait les obstacles qui s'opposaient à l'établissement d'un régime harmonieux. En premier lieu l'indécision du roi qui abandonne les rênes aux comités de l'Assemblée, en deuxième lieu les préventions contre la reine : « On suppose des dangers imaginaires pour justifier des précautions outrées, on prête à la Cour des intentions coupables. » Troisième obstacle, « la démagogie frénétique de Paris », foyer de troubles permanents alimenté par « cent folliculaires dont la seule ressource est le désordre et une immense populace accoutumée depuis une année à des succès et à des crimes ». Mirabeau revenait donc à cette idée qui lui était chère : il faut jouer la province contre Paris, ruiner l'influence de la capitale, « faire craindre ses projets, dévoiler les dépenses de tout genre qu'elle occasionne et faire désirer que la seconde législature soit placée dans une ville où son indépendance et la liberté du roi soient mieux assurés ». Quatrième obstacle : la Garde nationale, cette enfant chérie de La Fayette qui présentait aux yeux de Mirabeau de multiples inconvénients. Elle était, surtout parmi ses chefs, noyautée par les jacobins qui endoctrinaient leurs soldats et leur apprenaient à « obéir au peuple comme à la première autorité ». De plus, il la trouvait « trop nombreuse pour prendre un esprit de corps, trop unie aux citoyens pour oser jamais leur résister, trop forte pour laisser la moindre latitude à l'autorité royale, trop faible pour s'opposer à une grande insurrection, trop facile à corrompre, non en masse mais individuellement, pour n'être pas un instrument toujours prêt à servir les factieux, trop remarquable par son apparente discipline pour ne pas donner le ton aux autres Gardes nationales du royaume avec lesquelles son chef a la manie de correspondre, enfin trop ambitieuse pour ne pas rendre très difficile la formation d'une maison militaire du roi ». Il estimait donc indispensable de démonter La Fayette de son commandement et de constituer au roi une garde formée de contingents fournis par tous les départements.

Autre obstacle encore : l'irritabilité, les accès de démagogie de l'Assemblée, l'impossibilité de la diriger car ses chefs n'ont en définitive que très peu d'ascendant, et elle échappe à toute influence. Elle a donc pris l'habitude « d'agir comme le peuple qu'elle représente, par des mouvements toujours brusques, toujours passionnés, toujours précipités ». En outre, « l'incurable discrédit » dans lequel sont tombés les députés des deux anciens ordres privilégiés rend toute démarche venant d'eux irrémédiablement suspecte. Enfin, dernier obstacle : l'esprit de parti qui s'est emparé de l'opinion publique. « Les détracteurs de l'Assemblée nationale sont passionnés, ses approbateurs le deviennent aussi ; les premiers rejettent tout, les seconds ne blâment rien : on est de tel parti ou de tel autre et nulle discussion n'est plus possible. » Dès ce moment apparaissent ces blocs coupant le pays en deux et qui vont devenir une constante de la politique nationale. Mirabeau mesure parfaitement les dangers de cet état d'esprit et a de même saisi le caractère irréversible de la Révolution et l'exclusion absolue de tout retour à l'Ancien Régime, mais il voudrait aboutir à une Constitution équilibrée sur laquelle il a des vues beaucoup plus précises que celles de La Fayette, de sorte qu'il voit d'un œil critique le projet en cours d'élaboration : « On a mis un contrepoids trop fort à l'autorité royale, il faut le diminuer, on n'a mis aucun contrepoids à la force du corps législatif, il faut en créer un si l'on ne veut pas que ce corps ait sans cesse la faculté d'usurper tous les pouvoirs. » La Constitution crée « une royauté sans pouvoir, sans action, sans influence ». Contrairement à son rival,

Mirabeau évalue les dangers de cette sorte de démocratie directe, « cette action immédiate du peuple [...], cette espèce d'exercice de la souveraineté en corps de nation dont l'effet le plus sensible est que le législateur lui-même n'est plus qu'un esclave, qu'il est obéi lorsqu'il plaît et qu'il sera détrôné s'il choquait l'impulsion qu'il a donnée[37] ».

En cette fin de décembre 1790, la position de La Fayette devenait de plus en plus difficile et précaire. Talon, qui passait pour entretenir dans Paris une police de renseignements au profit du général, était « entièrement désabusé », et Mirabeau incitait le roi à s'attacher ses services en raison de sa compétence et de ses talents que son chef semble avoir bien mal utilisés. Accusé de toutes parts, tantôt d'irrésolution et d'inefficacité, tantôt d'excès de pouvoirs et de visées dictatoriales, tantôt encore de soumission aux jacobins, objet de calomnies ou d'insinuations malveillantes, le commandant général de la Garde nationale était bien loin, six mois après la Fédération, d'avoir conservé intacte sa popularité.

## CHAPITRE XVII

# « Ballotté dans un océan de factions »

Au début de 1791, la situation politique ne tendait nullement à s'éclaircir, et La Fayette se trouvait impliqué dans diverses intrigues qui lui valurent de nouvelles attaques, le plus souvent calomnieuses. La presse patriote l'accusait d'être joué et dirigé par la reine, de participer à un complot aristocratique et de rêver avec Stanislas de Clermont-Tonnerre « d'exterminer le peuple[1] ». Ces rumeurs, absurdes quand on connaît les idées et les intentions du général, trouvaient probablement leur origine dans les nouveaux contacts qu'il eut alors avec Bouillé. Le 25 décembre 1790, le comte Louis de Bouillé, fils du général, qui avait déjà joué ce rôle d'intermédiaire, arrivait à Paris chargé d'une mission secrète et muni de lettres de son père pour La Fayette avec lequel il eut plusieurs entretiens. Il s'agissait de tâter le terrain et de tenter de connaître les intentions profondes du chef de la Garde nationale. Celui-ci parla avec confiance à son jeune cousin, lui donna son avis sur le roi dont le manque de caractère le désolait, sur la reine qui ne suivait pas ses avis — il est vrai qu'il les exprimait trop souvent avec une extrême maladresse. « Le roi, dit-il, sert la Constitution, c'est vous dire si j'en suis content. D'ailleurs, vous le connaissez, c'est un bonhomme qui n'a nul caractère et dont je ferais ce que je voudrais sans la reine qui me gêne beaucoup. Elle me témoigne souvent de la confiance, mais elle ne se livre point assez à mes avis qui assureraient sa popularité. » Il déplorait aussi qu'elle s'aliénât le cœur des Parisiens « par une ancienne morgue et une humeur qu'elle ne sait pas cacher ». Bouillé rapporta ces propos, en les adoucissant sans doute, au roi et à la reine puis revint voir son cousin pour lui faire miroiter les honneurs qui pleuvraient sur lui s'il acceptait de rallier totalement le parti monarchique afin de sauver le roi.

Toujours fidèle à ses idées, La Fayette répondit « qu'il n'avait aucune ambition que celle du bien public et de l'achèvement d'une heureuse et libre Constitution, qu'il ne demandait d'autre récompense de ses services que le suffrage et l'estime de ses concitoyens, qu'une fois sa tâche remplie il reprendrait son rang militaire et se retirerait à la campagne où, jouisssant de l'approbation et de l'affection publiques, il attendrait que la nation en danger l'appelât pour combattre le despotisme s'il voulait reparaître. Alors, ajoutait-il, je jouirai de tous mes travaux, alors j'aurai acquis une existence que je ne devrai qu'à la pureté de mes principes, à la simplicité de mon caractère, et la confiance générale me mettra au-dessus du roi lui-même[2] ». Il est évident que de telles prétentions, jointes à un tel irréalisme, ne pouvaient que rendre ces conversations vaines. La Fayette n'y fait d'ailleurs aucune allusion dans ses *Mémoires*. Il est probable que Bouillé souhaitait aussi savoir si son cousin se prêterait éventuellement à une tentative de sortie du roi.

Le mois de janvier fut aussi marqué par un nouvel épisode des relations orageuses du général avec Mirabeau, élu le 17 chef de bataillon de la Garde nationale de la Chaussée-d'Antin et le lendemain administrateur du département de Paris. S'il avait accepté ces fonctions, surtout les premières, c'était, de son propre aveu, pour espionner La Fayette. Il constatait que la « dictature » de celui-ci « s'affaiblit chaque jour au point qu'il est plus nécessaire peut-être d'en ralentir que d'en accélérer la chute ». Entré comme officier, il était désormais en mesure de « connaître les projets de la Garde nationale, d'assister aux délibérations de ses chefs, d'étudier leur caractère, d'influer sur leurs démarches, d'atteindre même jusqu'aux secrets du général, c'est-à-dire de franchir le théâtre pour aller épier le jeu du machiniste derrière la toile[3] ». La Fayette tenta-t-il, comme le prétend Mirabeau, d'empêcher sa nomination ? Il est impossible de l'affirmer.

Le 17 janvier, le général fut nommé adjoint au comité de Marine de l'Assemblée nationale et, le lendemain, intervint dans un nouveau débat sur la procédure criminelle, au cours duquel il s'efforça de faire adopter le système anglais et américain du jury qui avait sa préférence. Le 20, il s'occupait de choisir les commissaires que l'Assemblée envoyait en Alsace pour tenter d'apaiser les troubles fomentés par les émigrés, et, suivant son désir, on désigna Mathieu Dumas, Hérault de Séchelles et Foissey.

Il n'oubliait pas les intérêts américains. Le 25 janvier, il écrivit à Washington pour lui recommander le fils de Kellermann et déplorer que l'Assemblée, en son absence, eût frappé d'un droit de transport les importations d'huiles américaines, et naturellement il attribuait cette fâcheuse mesure au « parti aristocrate appuyé sur les intérêts mercantiles[4] ».

En février, allait commencer à se mettre en marche le processus qui devait aboutir à Varennes. Le 6, le comte de La Marck arrivait à Metz avec une lettre du roi pour Bouillé, assurant celui-ci de sa totale confiance. La Marck exposa le projet conçu par Mirabeau : le roi sortirait de Paris pour aller à Compiègne ou à Fontainebleau, et Bouillé viendrait le protéger avec des troupes fidèles. On prononcerait, à la suite d'une adresse des départements, la dissolution de l'Assemblée nationale en prétextant qu'elle avait largement outrepassé ses pouvoirs, et on organiserait de nouvelles élections. Bouillé donna son accord à ce projet qui lui paraissait bien préférable au repli sur Montmédy. Il expliqua les raisons pour lesquelles il avait confiance en Mirabeau et non en La Fayette. On pouvait avoir prise sur le premier en fonction de son ambition et de sa cupidité, « au lieu que La Fayette est un enthousiaste et un fou, ivre d'amour-propre, dont on ne pouvait ni connaître ni combler la mesure, espèce d'homme la plus dangereuse surtout dans une révolution[5] ».

Le 7, le « fou » adressait à son cousin une analyse de la situation politique telle qu'il la voyait : « Paris a été divisé par des factions et le royaume déchiré par l'anarchie. » A droite, il y a des aristocrates enragés qui veulent la contre-révolution, des modérés qui « n'ont pas le courage de faire des sottises mais qui en disent beaucoup », des monarchistes impartiaux qui aimeraient jouer un rôle, mais « n'en ont les moyens, ni au physique ni au moral ». A gauche, on trouve « un grand nombre d'honnêtes gens qui attendent ; un club de 89 qui se perd dans des spéculations philosophiques ; un club des Jacobins dont le fond veut aussi du bien, mais dont le directoire met partout le trouble ; tout cela se multiplie par les associés de la capitale et des provinces qui, malheureusement, visent plus au nombre qu'au choix et sont conduits par des passions et des intérêts personnels ». Les ministres, selon lui, ne songent qu'à céder au parti populaire dont ils craignent les dénonciations. Quant à la Cour, « les courtisans sont comme ils étaient : bien bêtes, bien vils, bien aristocrates ; la reine est résignée à la Révolution, espérant que l'opinion changera un peu mais redoutant la guerre, et le roi ne veut que le bien et la tranquillité, à commencer par la sienne ».

Il décrit sa situation personnelle, avec beaucoup de lucidité : « Je suis violemment attaqué par tous les chefs de parti qui me regardent comme un obstacle incorruptible et impossible à intimider, et le premier article de tout mauvais projet est de me renverser. Joignez-y deux haines bien méritées : les aristocrates et le parti d'Orléans qui a plus de moyens qu'il ne paraît en avoir ; joignez-y la colère des Lameth avec lesquels j'ai été intimement lié, de Mirabeau qui dit que je l'ai méprisé, joignez-y de l'argent et des libelles répandus ainsi que de l'humeur que je donne à ceux que j'empêche de piller Paris, et vous aurez la somme de tout ce qui agit contre moi. » Il estimait cependant avoir encore des partisans : « A l'exception d'un petit nombre de têtes exaltées qu'on égare, tous les honnêtes gens, depuis la partie la moins aisée du peuple jusqu'à ce qui n'est pas aristocrate enragé, sont pour moi. Je suis bien avec la Garde nationale, à l'exception de quelques jacobins mésestimés car les jacobins honnêtes sont pour moi malgré mon obstination à ne pas aller à leur club. » Ses relations avec la Cour se distendent : « Je crains qu'on ait profité de ma négligence pour intriguer, je sais même qu'on a été au moment de les entraîner dans de grandes sottises et qu'ils se sont arrêtés au bord du précipice. » S'agit-il des projets de sortie de Paris ? C'est fort probable, car La Fayette s'est toujours refusé à admettre les dangers et les inconvénients que présentait pour le roi le séjour à Paris. Il se plaint que la reine soit mal entourée et vitupère contre « les petites têtes des Tuileries ». C'est donc un tableau assez sombre d'une situation que La Fayette n'évalue pas parfaitement. Il mésestime les faiblesses du parti constitutionnel et la montée du jacobinisme grâce à l'activité des clubs. Obsédé par ses ennemis de droite, il méconnaît l'importance et la puissance grandissantes de ceux de gauche, de sorte qu'il conserve un certain optimisme. La mise en place des institutions nouvelles progresse : « Voilà les tribunaux établis, la police du royaume, les jurys sont décrétés, c'est le moyen de faire entendre notre voix avec force, convenance et utilité. » Cet homme que ses ennemis accusent de visées dictatoriales ne songeait qu'à se retirer de la scène : « Mon vœu le plus cher est de finir vite et bien la Révolution, d'assurer la Constitution sur des bases solides, d'y employer tout ce que je possède de confiance nationale et de moyens personnels, et puis de n'être plus rien en France, ni dans le civil ni dans le militaire, que citoyen actif[6]. »

Bouillé lui répondit le 11 février en essayant de lui donner des notions plus précises sur l'état de désorganisation de l'armée, les résultats obtenus par l'activité des clubs, leur influence sur l'état d'esprit des populations, sur la nature de ses véritables ennemis. Le projet préparé par Mirabeau lui semblait réalisable : « Cette réunion de Mirabeau, de La Fayette et de moi, si elle avait pu avoir lieu avec trois personnes de caractère et de principes aussi opposés, pouvait sauver le royaume » ; Mirabeau exerçait en effet une grande influence sur l'Assemblée, La Fayette disposait encore d'un parti appréciable à Paris, et Bouillé d'une autorité certaine sur les troupes, les Gardes nationales et les autorités constituées des provinces frontières, mais l'union ne put se réaliser malgré de nouvelles tentatives de rapprochement entre le général et Mirabeau au début de février[7]. Il y eut alors des conférences chez Condorcet auxquelles participèrent La Fayette, Sieyès et le député d'Aix pour tenter de faire rapporter le décret interdisant de choisir les ministres au sein de l'Assemblée, mais le général ne les soutint que très mollement, car il n'espérait pas le succès. Aucun courant de confiance ne passait entre ces hommes : « Sieyès et Condorcet, après avoir créé contre les jacobins le club de 1789, voyant que ce club avait peu de crédit, imaginèrent tout à coup d'en aller chercher aux Jacobins et voulurent y entraîner La Rochefoucauld et moi », mais ils refusèrent et dès ce moment les relations se refroidirent[7]. Il en était de même avec Chamfort, en compagnie duquel La Fayette dîna un soir de février. Comme il confiait sa nostalgie de l'époque où il servait sous les ordres de « papa Washington », le moraliste se pencha vers son voisin : « S'il va trouver le papa Washington à Philadelphie et que le papa apprenne les sottises que son enfant a faites ici, il pourrait

bien lui donner le fouet ! » Le mot fit rire tout Paris qui
n'avait, paraît-il, guère apprécié le luxe des réceptions données
par La Fayette à la société de 1789[8].

Très choquées par la Constitution civile du clergé, Mes-
dames tantes du roi, filles de Louis XV, avaient décidé de
partir pour Rome où elles pourraient pratiquer leur religion
comme elles l'entendaient. Le 24 février, une manifestation
se forma aux abords des Tuileries pour protester contre ce
départ. La Fayette fit ranger la Garde nationale en ordre de
bataille et mettre six canons en batterie. Une délégation d'une
vingtaine de femmes demanda à être reçue par le roi, mais
Bailly fut seul admis. Louis XVI refusant de céder et de
rappeler ses tantes, le général reçut l'ordre de disperser la
foule : « Au premier mouvement de la Garde nationale, la
multitude effrayée prit la fuite », et tout fut dégagé « en un
instant[9] ».

Une autre épreuve plus sérieuse attendait La Fayette à la
fin du mois. La Commune de Paris avait entrepris des travaux
de réparation au château de Vincennes. Le bruit se répandit
que cette entreprise camouflait un complot, que l'on transportait des munitions, qu'un souterrain communiquait avec
les Tuileries pour faciliter l'évasion du roi et de la reine. Le
28, l'alarme se répandit dans le peuple, et une troupe où
figuraient des gardes nationaux, conduite par Santerre, prit le
chemin de Vincennes et entreprit la démolition du donjon. La
Fayette, prévenu, arriva aussitôt sur les lieux avec un
détachement de la Garde et somma les démolisseurs de se
retirer ; sur leur refus, il engagea un combat qui fit quelques
victimes et rétablit la discipline dans « une portion de la
Garde que Santerre et quelques autres factieux cherchaient à
égarer ». Soixante-quatre émeutiers furent arrêtés et conduits
à la Conciergerie. Rentrant à Paris, le général trouva les
portes du faubourg Saint-Antoine fermées et menaça de les
ouvrir à coups de canon. Il y eut une courte fusillade et
même, prétendent les *Mémoires*, une tentative d'assassinat, ce
qui n'est peut-être pas impossible si l'on en croit Ferrières
qui soupçonne les jacobins et les orléanistes d'avoir organisé
cette affaire pour perdre La Fayette.

Pendant ce temps, d'autres incidents se produisaient aux

Tuileries. Une troupe de royalistes, trois cents selon les uns, six cents selon les autres, s'était introduite dans les appartements royaux avec la complicité du duc de Villequier, premier gentilhomme de la Chambre. Tous étaient armés de pistolets et d'armes blanches. Que voulaient-ils ? Avait-on cherché à éloigner La Fayette en l'attirant à Vincennes ? Mais à quelle fin ? S'agissait-il d'enlever le roi et de le conduire à Metz ? Ou simplement de le protéger, car le bruit avait couru que sa vie était menacée ? S'agissait-il vraiment de gentilshommes ? L'affaire conserve des aspects mystérieux. Qui avait monté une opération aussi ridiculement mal agencée et qui avait toutes les apparences de la provocation ?

L'affaire de Vincennes ayant été rapidement réglée, La Fayette arriva aussitôt aux Tuileries avec un fort détachement de la Garde nationale. Il adressa de vifs reproches au duc de Villequier et vit Louis XVI lui-même « qui lui témoigna des regrets de cette échauffourée commencée, à ce qu'il paraît, à son insu ». Le roi lui dit aussi que le faux zèle ou l'extravagance des gens qui se disaient ses amis finiraient par le perdre. La Fayette prétend que l'on trouva des armes « dans les armoires de l'appartement », qui furent remises aux gardes nationaux et détruites dans la cour des Tuileries. Il fit afficher un ordre du jour selon lequel l'accès des Tuileries serait désormais interdit aux hommes armés qui « avaient osé se placer entre le roi et la Garde nationale » et précisant que « le commandant de la Garde nationale a donné les ordres les plus précis aux deux chefs de la domesticité du roi pour que l'ordre et la décence fussent maintenus par leurs subordonnés à l'intérieur du château ». Cette formule, très maladroite pour désigner les ducs de Villequier et de Duras, premiers gentilshommes de la Chambre, suscita évidemment une vive protestation du roi lui-même et des intéressés, d'autant plus que la proclamation fut publiée le 4 mars dans *Le Journal de Paris*. Louis XVI écrivit à La Fayette pour lui demander de désavouer un texte « aussi contraire à la vérité qu'à toutes convenances », et le général répondit aussitôt pour donner satisfaction ; le 7 mars, il adressait une rectification au journal pour démentir cette information inexacte qui avait aussi suscité une réplique des maréchaux de France, des officiers généraux et des officiers de la Maison du Roi. Il ne put toutefois s'empêcher de demander ironiquement à ces derniers ce qu'ils avaient pensé « en voyant ce rassemblement nombreux d'hommes armés se placer entre le roi et ceux qui répondent à la nation de sa sûreté ». Certains « portant des armes cachées ne se sont fait remarquer que par des propos antipatriotiques et incendaires, et se sont introduits clandestinement dans le palais ; il était donc normal que le chef de la Garde nationale intervînt[10] ».

Cette équipée assez ridicule et, quelles qu'en fussent les finalités, aussi mal conçue que maladroitement réalisée provoqua des réactions contrastées. Les royalistes reprochèrent à La Fayette d'avoir laissé « piller, insulter, maltraiter indignement ceux qui étaient venus dans l'espoir non d'attaquer qui que ce fût mais de défendre le prince ». D'Allonville prétend que cette affaire poussa certains à l'émigration, car « elle détermina nombre de royalistes à s'éloigner d'un lieu où ils devenaient non seulement inutiles mais dangereux même au roi ». Il est certain que les relations entre La Fayette et le roi sortirent encore aigries de ces journées. Mais, selon Ferrières, elles donnèrent au général un regain de popularité : « Le peuple ne douta plus de sa bonne foi et de son attachement à la cause populaire en voyant combien il appréhendait peu d'outrager de la manière la plus sensible les nobles et les courtisans et d'attirer sur lui tout le poids de leur haine et de leur vengeance. » Il n'en fut pas de même du côté jacobin où l'on prit prétexte de ce rassemblement royaliste pour lancer la rumeur de l'existence d'une milice royaliste secrète : les « Chevaliers du poignard ». Marat, dans *L'Ami du peuple* du 3 mars, s'en était pris violemment au « général Motier », et Adrien Duport l'accusait de fabriquer des complots imaginaires. Les bruits les plus extravagants circulaient : on avait vu Talleyrand, Mirabeau et La Fayette déguisés, dînant ensemble chez un restaurateur[11]. Un seule chose demeure certaine : si le but de cette trouble manœuvre était de perdre le général, le coup manqua totalement.

Il se consola de ces soucis en écrivant le 7 mars à Washington une lettre d'où l'optimisme n'avait pas disparu : « Quelque espoir que j'eusse conçu de parvenir promptement au terme de nos troubles révolutionnaires, je continue à être toujours ballotté dans un océan de factions et de commotions de toute espèce. » Il persiste surtout à être attaqué à la fois par les aristocrates autant que « par les factions orléanistes, antimonarchiques et par tous les fauteurs de désordres et de pillages ». Aurait-il enfin compris que les dangers pour lui

venaient davantage de la gauche que de la droite ? Rien n'est
encore moins sûr, mais il conserve une confiance nuancée
dans l'avenir : « Le succès de notre grande et bonne Révolution est au moins, grâce au ciel, assuré en France et bientôt
elle se propagera dans le reste du monde si nous parvenons à
affermir l'ordre public dans ce pays. Malheureusement, le
peuple a bien mieux appris comment on renversait le despotisme qu'il ne comprend le devoir de soumission aux lois. »
Passant à des questions plus pratiques, il annonçait au
président des États-Unis que la culture de tabac était désormais autorisée dans toute la France, car sa prohibition avait
été jugée contraire aux principes de la Déclaration des droits.
Mais on avait cru devoir frapper d'un droit d'entrée le tabac
américain et accorder une prime aux navires français qui le
transportaient ; en revanche, on avait diminué les taxes sur
l'huile de baleine. Cet interventionnisme choquait le libéralisme économique du général qui n'en mesurait sans doute
pas toutes les conséquences puisqu'il écrivait : « Si nous
obtenions la facile importation du tabac américain, je ne crois
pas que cette culture prît de l'importance en France, et c'est
à désirer pour les deux pays. » Il ne voyait donc aucun
inconvénient à une certaine spécialisation des productions[12].

Cette lettre se croisa avec celle que le président lui écrivit
de Philadelphie le 19 mars, et dans laquelle il lui donnait
quelques détails sur l'état de l'Union qui s'améliorait rapidement : « Notre pays fait des progrès rapides en importance
politique et en bonheur social. [...] Les lois des États-Unis,
adaptées à tout ce que réclame le bien public, sont composées
avec sagesse, modération et acceptées avec joie. L'exécution
en est d'autant plus facile que la persuasion et l'attachement
des citoyens dispensent d'une contrainte inutile, enfin chaque
circonstance fait croire à la félicité de vos compatriotes de
cette partie du globe. » On était évidemment bien loin en
France d'une telle unanimité et d'une telle confiance dans les
institutions, et il fut peut-être des moments où La Fayette
regretta de n'être pas resté en Amérique.

Washington, ne voulant pas se mêler des affaires françaises
et se refusant à porter des jugements sur une situation dont
bien des éléments lui échappaient, se bornait à émettre des
vœux : « Il me serait difficile de ne pas désirer avec inquiétude
que l'Assemblée nationale ne prolongeât pas trop son existence, la confirmation de ses décrets sera mieux faite par une

seconde représentation du peuple, et il est possible, pour que cette représentation agisse efficacement comme corps législatif, qu'il soit nécessaire de la réorganiser. » Il faisait part à La Fayette de son désir sincère de voir « le gouvernement consolidé et le peuple heureux[13] ». Une solution de ce genre n'aurait peut-être pas été impossible, car il y eut, en ce début de printemps 1791, un moment d'espoir que note Frénilly : « Tout était rentré dans une paix apparente ; la démolition universelle se faisait légalement, le désordre s'organisait avec ordre, se subissait sans résistance [...], la prospérité marchande et commerciale était au comble et la masse disait : Tout va bien ; la Révolution est consommée, tout est fini, jouissons et reposons-nous[14]. » Un courant se dessinait en faveur d'une monarchie constitutionnelle à l'abri des agitations de la rue. Barnave, Duport, Lameth souhaitaient créer un parti conservateur à l'anglaise qui aurait soutenu un gouvernement fort, solide et stable avec un exécutif renforcé[15]. Mais il aurait fallu, pour parvenir à ce résultat, un homme qui prît la tête de ce courant et réussît à l'imposer. Or, le 2 avril, à 9 h 30, Mirabeau mourut après quelques jours de maladie, ce qui fit naturellement courir des rumeurs d'empoisonnement. La Fayette se trouvait ainsi délivré d'un rival et d'un ennemi qui le surclassait à tous égards, mais la perte était terrible pour la monarchie qui, selon le mot de Talleyrand, descendit dans la tombe avec lui.

Après la disparition du tribun, certains, dont Bouillé, tentèrent de convaincre La Fayette de prendre la tête de cette tendance qui correspondait à ses convictions et à celles, très probablement, de la majorité de la nation. « Il est certain, écrit Malouet, que Louis XVI, non plus que M. de Bouillé, n'a jamais eu la pensée de terminer autrement la Révolution que par une Constitution raisonnable et libre. Il n'est pas moins vrai que c'était là tout ce que voulait la majorité de l'Assemblée et que la moitié de la minorité était dans les mêmes intentions. Comment croire cependant que ce grand nombre de personnes, voulant toutes les mêmes choses et pouvant y parvenir par une volonté prononcée et soutenue, se sont constamment divisées, combattues et ont toujours été en deçà ou au-delà de leur but[16] ? » Manquait justement cette

« volonté prononcée et soutenue » que ni le roi ni La Fayette ne furent capables d'imposer. Encore une fois, une occasion était perdue faute de clairvoyance et d'énergie.

Au lieu de progresser dans le sens de l'apaisement, la situation politique allait connaître de nouvelles tensions du fait des affaires religieuses. La Constitution civile du clergé avait été en principe acceptée par Louis XVI le 22 juillet 1790, mais de nouveaux problèmes avaient surgi avec l'obligation du serment imposée le 26 novembre, et que le roi, « la mort dans l'âme », sanctionna le 26 décembre. Le 10 mai 1791, le pape Pie VI communiqua officiellement une opposition qui était connue en fait depuis l'été précédent[17]. Fort peu préoccupé par les questions religieuses, La Fayette reconnut cependant dans la Constitution civile « un des grands événements de la Révolution » et constata aussitôt que « ses adversaires profitèrent avec habileté de cette circonstance pour semer en France la division et le trouble ». Toujours fidèle à l'exemple américain et à ses conceptions libérales dans tous les domaines, il aurait souhaité une véritable séparation de l'Église et le l'État, chaque culte entretenant par ses propres moyens ses prêtres et ses édifices, mais une telle vue contrastait beaucoup trop avec les idées du temps pour pouvoir être adoptée, de sorte que le rejet fut unanime. Il reconnaissait d'ailleurs qu'au milieu des intrigues politiques, « il existait une masse considérable de personnes vraiment pieuses, attachées de bonne foi au culte non assermenté ». Il en avait un parfait exemple auprès de lui en la personne de sa femme qui lui démontrait que « cette opinion pouvait s'allier aux sentiments de la vertu la plus libérale et du patriotisme le plus accompli ». C'est à Paris que la pression populaire s'exerça le plus fortement en faveur du serment et que le culte réfractaire fut le plus impopulaire, ce qui provoqua plusieurs incidents auxquels La Fayette et la Garde nationale furent étroitement mêlés.

Le premier d'entre eux survint lorsque Louis XVI décida de partir pour Saint-Cloud afin d'y faire ses pâques par le ministère d'un prêtre non jureur. Quelques jours auparavant, le général avait reconnu que le roi « a le droit de pratiquer tel culte qui lui plaît et nous le défendrons sur ce point ». De même, ses convictions libérales lui interdisaient d'entrer en conflit avec le clergé que l'on commençait à appeler "réfractaire". « J'ai dit que la Garde nationale était un excellent instrument qui jouerait tous les airs qu'on voudrait pourvu qu'on n'en changeât pas le clavier qui était la Déclaration des droits. » L'exigence du serment était-elle compatible avec cette charte ? Le roi comptait partir le 17 avril, mais des rumeurs de complot contre-révolutionnaire, d'enlèvement du souverain se répandirent, et le tocsin sonna. Le 18, alors que le roi et sa famille étaient déjà montés en voiture, une foule importante, massée autour des Tuileries, bloqua le carrosse. La Fayette et Bailly s'efforcèrent d'ouvrir le passage, mais les éléments de la Garde nationale menés par Danton refusèrent d'obéir. Le général les harangua, tentant de leur expliquer qu'ils violaient la liberté et les lois, mais il ne put se faire entendre et la foule criait : « Nous ne voulons pas qu'il parte, il ne partira pas. » Proposa-t-il au roi d'utiliser la force pour protéger sa sortie ? Le roi lui aurait répondu : « C'est à vous, Monsieur, à voir ce que vous devez faire pour faire exécuter votre Constitution. » Aurait-il été obéi ? Il proposa alors à Louis XVI de déclarer à l'Assemblée que, tout en maintenant les textes relatifs à la Constitution civile, « il réclamait pour lui le droit qu'a chaque homme de pratiquer le culte qui lui convient, ce qui mettrait fin à tous les tiraillements dont il était l'objet ». Mais le roi, après avoir demandé un délai de réflexion et pris conseil, déclina cette proposition. En définitive, cédant devant l'émeute, il renonça à partir et regagna ses appartements.

Qui était à l'origine de cette manifestation ? La Fayette prétend qu'elle avait été organisée par Mirabeau pour démontrer à quel point l'indépendance du roi n'était qu'une vaine apparence et pour constater sa réelle captivité. Mais il soutient aussi que Danton, « soldé depuis longtemps par les provocateurs de cette émeute, arriva avec son bataillon sans que personne l'eût fait demander, sous prétexte de voler au secours de l'ordre public ». Or, Danton était plus que jamais à l'époque agent orléaniste, tout en étant aussi payé par la Cour. Il se déchaînait contre La Fayette qu'il considérait comme le chef d'orchestre du courant révisionniste partisan du renforcement du pouvoir exécutif. Quelques jours plus tard, un avis était placardé dans Paris : « Le roi est un traître, l'Assemblée nationale toute corrompue, La Fayette un contre-révolutionnaire, le département vendu, la municipalité despote, la Garde nationale composée de plats pieds. Nommez d'Orléans régent,

Lameth général, d'Anton *(sic)* maire et nous serons heureux[18]. »

Une chose demeure certaine, La Fayette n'avait pas réussi
à se faire obéir par ses troupes. Il en fut si affecté que, le 21
avril, il donna sa démission, mais fut aussitôt assailli dans son
hôtel par de nombreuses délégations venues le supplier de
revenir sur sa décision. Arrivé à 21 heures à la Commune, il
expliqua les raisons de son geste et s'évanouit. Le lendemain,
il persista en dépit de nouvelles supplications. « Nous nous
mettons à genoux devant la statue de la liberté », déclara un
garde. L'émotion se répandit en province. La Société des
Amis de la Constitution d'Orléans envoya une adresse dans
laquelle elle exposait qu'elle regarderait comme un jour de
deuil et de calamité celui d'une démission de La Fayette
avant l'achèvement de la Constitution. Les soixante bataillons
de la Garde votèrent alors une résolution de fidélité et
d'obéissance à leur chef et demandant que ceux qui refuse-
raient de prêter serment soient exclus. Le texte proposait
aussi que « quelques individus qui ont si indignement outragé
la famille royale soient punis et chassés ». Les protestations
furent peu nombreuses ; seul Dubois de Crancé refusa le
serment et démissionna. Devant ces instances réitérées, La
Fayette eut la faiblesse de céder et, le 26 avril, de reprendre
sa démission. « Il aurait dû, jugea Mme de Staël, briser son
épée à l'instant où la Garde avait désobéi. » Gouverneur
Morris, lui aussi, jugea sévèrement ce geste. Le même jour,
le général se rendit aux Tuileries avec une délégation pour
présenter au roi les hommages d'une Garde qui s'était révélée
incapable de lui assurer un minimum de liberté. Mesura-t-il
les conséquences qu'allait avoir cette journée du 18 ? Louis
XVI avait pu constater à quel point il était prisonnier.
Violenté dans ses convictions religieuses les plus chères, en
proie à un terrible drame de conscience, il allait désormais se
considérer comme libéré de ses engagements à l'égard d'une
Assemblée qui la première violait ses propres principes. Cette
contrainte qu'on lui faisait subir pèserait très lourd sur ses
projets de départ. La Fayette n'avait pas su évaluer l'impact
qu'allait avoir sa faiblesse et son manque d'autorité. Il devait
en donner une nouvelle preuve en ne s'opposant pas à une
décision démagogique du ministre de la Guerre, Duportail,
qui crut devoir faire révoquer le décret rendu par l'Assemblée
le 19 septembre 1790 après l'affaire de Nancy, interdisant

aux soldats de fréquenter les clubs. Cette mesure, décidée le 29 avril 1791, eut évidemment de fâcheuses conséquences en facilitant le travail de désorganisation auquel se livraient les agitateurs variés dans les armées.

Cette attitude ne mettait pas le général à l'abri des attaques. Le 26 avril, Marat publia un nouveau brûlot dans lequel il était traité de « fondateur du club des Monarchiens et du club des Fédérés, instituteur des mouchards de l'état-major, président du comité autrichien, généralissime des contre-révolutionnaires, général de l'armée parisienne et grenadier à moustaches du bataillon des théatins ». On y trouvait regroupées et developpées toutes les calomnies habituelles.

Le 3 mai, La Fayette faisait à nouveau ses confidences à Washington et, contrairement à ce qu'on pourrait croire, l'optimisme continuait à l'habiter. Il entrevoyait la future Assemblée et songeait à la retraite (il avait trente-quatre ans !) : « A moins que ne survienne une intervention des puissances étrangères, j'espère que d'ici à quatre mois votre ami aura repris la vie paisible de simple citoyen. » Les derniers événements ne lui ont guère ouvert les yeux, car, s'il constate que les haines sont loin de s'apaiser et qu'il est toujours en butte à de nombreuses attaques de tous les partis, « parce qu'ils voient en ma personne un obstacle insurmontable à leurs mauvais desseins », il est persuadé que sa popularité demeure intacte et croit en trouver la preuve dans l'émeute du 18 : « J'étais seul à défendre la loi, et je suis parvenu à faire rentrer le flot dans les lignes constitutionnelles. » C'était vraiment pousser l'aveuglement au-delà des limites du raisonnable.

Il continuait à espérer « présenter à la France de bonnes institutions et organiser un gouvernement qui assure au peuple les principales conséquences et les avantages d'une Constitution libre, laissant le reste à régler au corps législatif par des décrets sagement médités, en attendant que l'expérience nous amène la convocation d'une Convention nationale plus éclairée et moins agitée que cette Assemblée. Pendant ce temps, nos principes de liberté et d'égalité se répandront dans toute l'Europe et partout des révolutions populaires se préparent. Si les puissances étrangères se décident à attaquer cet été notre Constitution, il y aurait assurément beaucoup de sang répandu mais notre liberté ne peut plus nous être enlevée. Nous avons tout fait pour la classe du peuple des campagnes et lors même que les villes effrayées se soumettraient, les paysans se joindraient à nous de toutes parts et combattraient jusqu'à la mort pour la défense de leur droits[19] ». La Fayette a eu une sorte d'intuition de l'opposition villes/campagnes qui allait se produire en effet dans certaines régions, mais pas toujours de la manière qu'il imaginait. Peu croyant lui-même, il sous-estimait gravement l'importance des convictions religieuses, aussi bien chez le roi que dans la population.

En ce mois de mai 1791, une autre question à la solution de laquelle le général ne cessa de s'intéresser vint en discussion à l'Assemblée : l'état juridique des hommes de couleur libres dans les colonies. Il se prononça le 11 mai en faveur d'un texte leur accordant les droits civils, qui fut adopté le 15, et déplora qu'à la fin de la session, les députés aient cru devoir revenir sur cette décision « qui intéressait tous les hommes de couleur libres au maintien de la tranquillité. Mon premier intérêt a sans doute été pour la cause de l'humanité, mais j'ai aussi toujours pensé que l'intérêt bien entendu des colonies et du commerce exigeait l'abolition de la traite, les droits civiques des Noirs libres et l'affranchissement graduel des exclaves[20] ». Lors de la discussion, d'Esprémesnil reprocha à La Fayette d'avoir acheté et vendu des esclaves en Guyane en 1785 ; il oubliait qu'il s'agissait précisément d'un essai de libération progressive, entreprise qui annonçait avec plus de cinquante ans d'avance les mesures qui seraient prises par la monarchie de Juillet après 1840.

L'Assemblée constituante commençait aussi à préparer sa succession et prenait des décisions que La Fayette désapprouvait. Le 7 avril, elle avait voté un décret interdisant à ses membres d'entrer au gouvernement moins de quatre ans avant la fin de la session. Le jacobins travaillaient avec ardeur à discréditer le parti constitutionnel, « à quoi, selon Ferrières, les aristocrates les secondaient avec un grand zèle, se flattant que, débarrassés des constitutionnels, ils auraient bon marché des jacobins[21] ». C'est à cette fin que fut voté, sur les instances de Robespierre, le décret du 16 mai qui déclarait inéligibles à la prochaine Assemblée tous les députés ayant siégé à la Constituante. Le général était fort hostile à cette mesure dont il appréciait les inconvénients, mais il ne put faire prévaloir son avis. Il aurait aussi souhaité voir supprimer la nécessité, pour être élu, de payer une imposition égale à un marc d'argent, soit 54 livres, ce qui supposait un revenu annuel de 600 livres, « de manière que Rousseau n'aurait pu être élu[22] ».

Le 2 juin, survint l'affaire de l'église des Théatins qui permit à La Fayette de donner la mesure de son libéralisme religieux. A la suite d'un compromis négocié avec le concours de Bailly, Talleyrand, Sieyès, La Rochefoucauld et La Fayette, cette église avait été mise à la disposition d'un groupe de prêtres non jureurs, malgré la vive opposition des jacobins. Le 2 juin, un groupe de manifestants pénétra dans le sanctuaire, en chassa les fidèles et renversa l'autel. L'ordre fut rétabli par un détachement de la Garde, et le soir même, les vêpres y furent chantés en présence du maire et du commandant général[23].

Quelques jours plus tard, celui-ci dressait, à l'intention de Washington, un tableau peu encourageant de la situation française. Il aimerait aller le féliciter du bel état des affaires américaines, mais « nous ne sommes pas dans l'état de tranquillité qui pourrait permettre mon absence ». Les émigrés s'agitent aux frontières, « notre armée se compose d'officiers aristocrates et de soldats indisciplinés ; la licence de la multitude n'est pas aisément réprimée ; la capitale, qui donne le ton au pays, est ballottée par les différents partis. L'Assemblée est fatiguée de ses longs travaux. La question du serment exigé des prêtres ajoute aux difficultés de notre situation. Malgré tout cela, nous marcherons. Nous travaillons à introduire autant qu'il nous est possible la pratique de la liberté religieuse. [...] Je suis toujours en butte au choc continuel des factions et des complots : vous verrez que l'effet de ma démission a été de ranimer un peu le pouvoir des lois. Si j'étais soutenu pour la répression de la licence comme je le serais contre des tentatives aristocratiques, le peuple arriverait bientôt à une juste appréciation de ce que signifie le mot "liberté". Quant aux gouvernements qui nous environnent, ils détestent notre Révolution mais n'osent intervenir tant ils ont peur de gagner la peste. Nous allons prendre des mesures pour discipliner l'armée, officiers et soldats ». Il continue de s'efforcer de défendre les intérêts économiques américains et accuse les négociants d'être « la plupart du parti aristrocrate ». Quant à lui, on le représente « comme un Américain qui ne songeait qu'aux avantages des États-Unis ». Toujours idéaliste, il désire voir « des mesures fraternelles unir les deux nations par les liens de la plus intime affection fondée sur les mêmes principes et les mêmes intérêts. [...] La France et les États-Unis doivent commencer à former cette fédération des peuples qui ont proclamé leurs droits ». Il imagine aussi la poussée de la jeune république vers l'ouest et le sud avec l'intégration de la Louisiane[24]. Un événement le mettant directement en cause va le ramener aux dures réalités françaises.

## CHAPITRE XVIII

# Varennes et ses conséquences

Depuis qu'il s'était laissé enfermer dans Paris, la situation de Louis XVI n'avait cessé de se dégrader et de l'amener peu à peu à chercher le moyen de sortir de la captivité réelle sinon théorique dans laquelle il vivait. Ses hésitations perpétuelles avaient fait perdre beaucoup de temps et donnèrent à Mirabeau le loisir de mourir, privant ainsi l'opération de celui qui, selon La Fayette, en était le « génie directeur ».

Le départ du roi fut l'occasion de nombreuses accusations de complicité. « Il est presque impossible que La Fayette ne soit pas complice », écrivit Mme Roland. C'était aussi l'opinion de Bailly qui accusait ouvertement le général d'avoir été au courant du départ et d'avoir laissé faire. D'Hezecques va plus loin et soutient qu'il avait découvert les préparatifs, « prévenu de tout par une femme de chambre de la reine. Mais il voulait laisser le roi s'éloigner de Paris afin de rendre son retour plus accablant et sa prise, due à ses soins, plus éclatante. Quels étaient ses projets ultérieurs ? On ne peut les deviner, mais il est à croire qu'il espérait, en faisant prononcer la déchéance, faire couronner le dauphin et se faire nommer lui-même lieutenant général du royaume, car, brouillé depuis longtemps avec le duc d'Orléans, il ne travaillait point pour ce parti[1] ».

De nombreuses rumeurs couraient dans Paris, dont le libraire Ruault se fait l'écho quand il écrit que la fuite du roi « ne surprit personne. On en avait tant parlé, on avait dit tant de fois qu'il s'en irait au premier jour que cela a paru tout simple[2] ». Une autre rumeur prétendait que Mme de Rochereuil, porte-chaise d'affaires du dauphin, était la maîtresse de Gouvion, major général de la Garde nationale, chargé de la surveillance des Tuileries. La Fayette ne pouvait pas ne pas être informé de tous ces bruits, mais quelle attention y prêtait-il ? Ferrières, quant à lui, est formel : « Toutes les démarches de Louis XVI et tous les mouvements de Bouillé étaient connus de M. de La Fayette et des principaux chefs de son parti. La Fayette s'était trouvé à la porte du Louvre lors de la sortie de la reine et de Mme Élisabeth du château des Tuileries, il lui avait été facile de suivre la marche du roi, de le faire devancer à Châlons. En effet, Romeuf, aide de camp de La Fayette, envoyé officiellement à sa poursuite, trouva en arrivant à Châlons le sieur Baillon, commandant le bataillon de la Garde nationale de Paris, homme de confiance de La Fayette et chargé d'ordres particuliers. Tout était réglé d'avance, Louis XVI était trahi. » Lorsque Romeuf, à Varennes, entra dans la chambre où se trouvait le roi, celui-ci le reconnut : « Voilà donc, dit-il, M. de La Fayette qui me fait arrêter une seconde fois pour établir sa république. » Cette version des faits est contredite par Bouillé qui écrit simplement à propos de son cousin : « Il avait des soupçons, mais il ne savait rien[3]. »

La Fayette lui-même s'est, bien entendu, longuement expliqué sur cette lamentable affaire dont il donne un récit circonstancié fort éclairant sur son rôle et ses responsabilités[4]. Il expose d'abord le système de garde des Tuileries qui, à son avis, et dans les circonstances politiques du moment, « n'admettait contre les complots d'évasion que des précautions nécessairement insuffisantes ». Depuis le retour du roi à Paris, les capitaines des gardes du corps avaient renvoyé leurs hommes pour prouver que le souverain n'était plus libre et pour ne pas partager leur service avec les bourgeois de Paris, de sorte que la sécurité était assurée, dans les appartements, par la Garde nationale et les Cent-Suisses, et dans les cours et les jardins par la même Garde et le régiment des gardes suisses. La Fayette commandait toutes les troupes stationnées à Paris et dans un rayon de quinze lieues autour de la capitale. Le roi et sa famille, jusqu'aux incidents d'avril précédent, allaient faire des séjours à Saint-Cloud. Il semble que la surveillance aux Tuileries manquait quelque peu de rigueur, comme l'avait montré l'affaire des « Chevaliers du poignard ».

Le 23 avril, Montmorin avait envoyé aux ambassadeurs une circulaire confirmant l'adhésion du roi aux principes de la Révolution mais, selon la tactique du double jeu désormais adoptée, ce texte avait été contredit par une lettre particulière acheminée secrètement, tandis que le projet de départ était mis au point par La Marck et Bouillé. A Paris, étaient dans la confidence Fersen, trois gardes du corps et l'intendant de la liste civile, La Porte. Selon La Fayette, la lettre du 23 avril n'était qu'un « moyen d'endormir la vigilance parisienne », et il accusa formellement Louis XVI de « fausseté gratuite et inexcusable ». Il s'était en effet confié au souverain en lui faisant part des bruits qui couraient avec insistance depuis quelques jours. Or le roi « lui donna des assurances si positives, si solennelles qu'il crut pouvoir répondre sur sa tête qu'il ne partirait pas ». Le général prétend avoir eu une telle confiance dans la parole royale qu'il éprouvait des remords de prendre les précautions réglementaires. Mais, pour Louis XVI, partir n'était-ce pas quitter le royaume ? Or il est absolument certain que telle ne fut jamais son intention. Jouait-il sur les mots ?

Le 20 au soir, à la suite de nouvelles dénonciations, il fut convenu avec Bailly que La Fayette passerait aux Tuileries pour ordonner au major général Gouvion de patrouiller dans les cours pendant la nuit. Néanmoins, le roi et sa famille parvinrent à sortir après le coucher, et la reine, à pied, croisa la voiture de La Fayette qui ne s'aperçut de rien. La nouvelle du départ se répandit entre cinq et six heures du matin. Personne n'avait rien vu. Les ministres, ni les royalistes de l'Assemblée, ni le duc de Brissac, commandant les Cent-Suisses, n'étaient pas au courant, ni même le ministre des Affaires étrangères, Montmorin, « qui avait très innocemment donné un passeport sous le nom de baronne de Korf ».

Informé de la disparition de la famille royale par le député d'André et par des officiers de la Garde, La Fayette passa chez son ami Thomas Paine pour lui annoncer que « les oiseaux se sont envolés », puis se précipita aux Tuileries où il fut rejoint par Bailly et par le président de l'Assemblée, le général de Beauharnais. Il leur demanda si l'arrestation du roi était « nécessaire au salut public » et pouvait seule éviter la guerre civile. Sur leur réponse positive, il déclara qu'il en prenait la responsabilité et écrivit aussitôt un ordre expliquant que le roi et sa famille avaient été enlevés par les ennemis de la patrie et qu'il était ordonné à tous les gardes nationaux et à tous les citoyens de les arrêter. La Fayette inventa-t-il lui-même la thèse de l'enlèvement ou lui fut-elle suggérée par d'André ? Il est impossible de le préciser, mais cette théorie invraisemblable fut relativement admise et permit d'éviter le pire.

Le départ du roi avait provoqué une vive anxiété chez certains jacobins. Mme Roland raconte qu'elle trouva Robespierre chez Pétion « où il disait avec inquiétude que la famille royale n'avait pas pris ce parti sans avoir dans Paris une coalition qui ordonnerait la Saint-Barthélemy des patriotes ». Étrange obsession que de prêter des intentions sanguinaires ; Camille Desmoulins l'avait déjà fait le 13 juillet 1789 dans les mêmes termes, au roi le plus pacifique et le plus éloigné de ce genre de projet que l'on puisse imaginer ! Brissot et Pétion ne semblaient pas partager les angoisses de leur collègue et pensaient au contraire qu'il importait de profiter des circonstances pour préparer les esprits à la république[5]. Le général eut fort à faire pour calmer l'effervescence populaire. La foule s'assemblait à l'Hôtel de Ville, et la colère grondait contre les gardes nationaux de service au château. La Fayette dut dégager leur chef, le duc d'Aumont, puis harangua la foule en s'avançant courageusement, sans escorte, ce qui calma un peu les esprits. A l'Assemblée, Rewbell émit des soupçons sur la complicité du général, mais Barnave prit sa défense et déclara que la nation devait lui conserver sa confiance. On lui proposa un détachement pour le conduire devant les députés, mais il répliqua : « J'en commanderai [un] par respect pour la députation ; quant à moi, j'irai de mon côté, n'ayant jamais été si en sûreté puisque les rues sont pleines de peuple. »

Arrivé à l'Assemblée, La Fayette fut interpellé par Camus parce qu'il était en uniforme et qu'un décret interdisait aux députés de siéger ainsi ; mais Beauharnais fit observer que le général avait été mandé à la barre et Demeunier précisa que les soldats-citoyens de service ne tombaient pas sous le coup de ce texte. La Fayette déclara qu'il convenait de prier Gouvion, chargé de la garde des Tuileries, de venir rendre compte de « l'attentat que les ennemis publics, dans l'abusive espérance de compromettre la liberté française, ont exécuté la nuit dernière envers le roi et une partie de sa famille ». L'Assemblée confirma l'ordre donné au petit matin et ainsi conçu : « Les ennemis de la Révolution enlevant le roi, le porteur est chargé d'avertir tous les bons citoyens. Il leur est enjoint, au nom de la patrie en danger, de le tirer de leurs mains et de le ramener au sein de l'Assemblée nationale. Elle va se réunir, mais en attendant je prends sur moi la responsabilité du présent ordre. » La Fayette avait ajouté de sa main : « Cet ordre s'étend à toute la famille royale. » On a prétendu, pour l'accuser de connivence, qu'il connaissait la route par laquelle partit le roi puisque son aide de camp Louis Romeuf prit cette direction, mais en fait il n'en fut ainsi qu'à la suite d'un incident imprévu. L'officier devait partir pour Valenciennes, mais il fut arrêté par la foule et ramené à l'Assemblée qui lui remit un laissez-passer et un décret interdisant toute sortie du royaume. Il repartit alors accompagné de deux députés, mais il apprit à la porte Saint-Denis que le roi avait pris la route de Meaux[6].

A l'Assemblée, l'intendant de la liste civile, La Porte, présenta le manifeste laissé par le roi que La Fayette trouva « pitoyable », car « il démentait tout ce qu'il avait dit, accepté, sanctionné, se reportant à sa déclaration du 23 juin 1789 ». Une garde fut envoyée pour protéger Montmorin, et, « pendant ce temps, le peuple effaçait partout le nom et les armes du roi ». La Constituante poursuivit ses délibérations « comme s'il ne s'était rien passé d'extraordinaire ». On placarda sur les murs de Paris une adresse rédigée par Thomas Paine et signée d'Achille du Châtelet qui se prétendait ancien aide de camp de La Fayette, ce qui était faux. Ce texte expliquait que le départ de Louis XVI équivalait à une abdication et que la nation ne pouvait rendre sa confiance à un homme parjure à ses serments et infidèle à ses fonctions. Il était donc désormais indigne de la royauté, et le peuple ne lui devait plus obéissance. C'était un appel à la proclamation de la république, mais il semble avoir eu peu d'écho, comme allaient le prouver les débats des jours suivants.

La Fayette fut en butte aux attaques des jacobins. Le 21 juin au soir, la séance fut houleuse. « Il serait injuste, écrit-il, de comparer les jacobins d'alors avec ce qu'ils furent depuis, néanmoins on doit dire qu'il y avait déjà d'immenses inconvénients à leur reprocher depuis l'admission inconsidérée de beaucoup d'anarchistes. » Comme le bruit courait que Danton et Robespierre voulaient préparer une émeute, il y eut grande affluence à cette séance « pour réunir les différentes fractions du parti populaire dans les dispositions de fermeté et de sagesse que les circonstances rendaient plus que jamais nécessaires ». Danton attaqua avec violence le général, l'accusant d'être contre-révolutionnaire, d'avoir favorisé la tentative de départ du roi le 18 avril et, naturellement, d'être complice de l'évasion des Tuileries. « Vous avez juré, dit-il, que le roi ne partirait pas. Ou vous avez livré votre patrie, ou vous êtes stupide d'avoir répondu d'une personne dont vous ne pouviez pas répondre. Dans le cas le plus favorable, vous vous êtes déclaré incapable de nous commander[7]. » Soutenu par Alexandre de Lameth, La Fayette s'efforça de présenter sa défense, mais il se trouvait dans une position des plus précaires, et ses explications n'étaient guère convaincantes. Ses ennemis se déchaînèrent, Marat réclamait sa tête, et la journée du 22 fut pleine de menaces. On arrêta un certain Nérée-Vacquier qui allait proclamant « qu'il était étonnant que le général, qui avait répondu du roi sur sa tête et qui l'avait laissé partir, n'eût pas encore la tête coupée et promenée au bout d'une pique ». Danton, pour ne pas être en arrière de la main, affirmait : « Il nous faut la personne du roi ou la tête de M. le commandant général. » Il oubliait sans doute que La Fayette possédait des preuves accablantes de sa vénalité, en particulier le rachat à dix fois sa valeur réelle de sa charge d'avocat au Conseil par l'intermédiaire de Montmorin chez lequel il avait rencontré Danton « le soir même où le marché se concluait ».

Dans la soirée du 22 juin, on apprit l'arrestation de la famille royale à Varennes, et l'Assemblée décida l'envoi de trois commissaires : Latour-Maubourg, Barnave, Pétion auxquels se joindrait l'adjudant général Mathieu Dumas pour protéger le retour du roi à Paris. Cette nouvelle rendait la situation de La Fayette moins précaire. Le 23, il fit renouveler à une foule de gardes nationaux le serment de fidélité à la Constitution, de même que l'avaient fait la veille tous les officiers généraux se trouvant à Paris. Le 25, le roi et la reine rentraient à Paris. Le général et son état-major les attendaient à la barrière de Pantin, et la voiture royale fut escortée par une compagnie de grenadiers de la Garde nationale commandée par Lefebvre (futur duc de Dantzig) et par une foule

considérable. On avait évité la traversée de la ville, et le
cortège gagna les Tuileries par la barrière de l'Étoile. La
Fayette dut intervenir pour protéger les gardes du corps, un
moment menacés. La famille royale rentra au palais par le
pont tournant. « Une foule immense, écrit La Fayette, couvrait les deux côtés du chemin, sans cris, sans violences,
regardant passer le cortège d'un air mécontent mais dans un
ordre parfait. »

Le jour même du retour du roi, l'Assemblée avait voté un
décret renforçant les mesures de sécurité et prévoyant qu'une
garde placée sous les ordres de La Fayette veillerait à la
sûreté du roi et répondrait de sa personne. Un dispositif
particulier était prévu pour la reine et un autre pour le
dauphin qui devait recevoir un gouverneur nommé par
l'Assemblée nationale. Enfin, « tous ceux qui ont accompagné
la famille royale seront mis en état d'arrestation et interrogés.
Le roi et la reine seront entendus dans leur déclaration, le
tout sans délai, pour que soient prises par l'Assemblée
nationale les résolutions qui seront jugées nécessaires ».
    Le comportement équivoque de Louis XVI, son manque de
parole avaient provoqué ces mesures, car, « après les promesses qui avaient été faites, il n'y avait plus moyen de se
fier à rien de ce qui serait dit ». Le roi, par cette sortie
manquée, mettait les constitutionnels dans une situation
inconfortable, « parce qu'ils avaient passé deux années à
soutenir, contre les jacobins, que le roi était de bonne foi. Ils
étaient dans le cas d'un homme trompé par un ami ». Le
voyage de Varennes avait eu une autre conséquence : il avait
permis au roi de prendre quelques contacts avec la population
provinciale, ce qui semble lui avoir un peu ouvert les yeux
sur le véritable état de l'opinion publique que, comme tous
les souverains et les chefs de gouvernement, soigneusement
coupés par leur entourage des réalités quotidiennes, il connaissait très mal. Il en fit confidence à La Fayette lorsque celui-
ci fut admis dans le cabinet du roi dès l'arrivée aux Tuileries :
« Sire, Votre Majesté connaît mon attachement pour Elle,
mais je ne lui ai pas laissé ignorer que, si Elle séparait Sa
cause de celle du peuple, je resterais du côté du peuple.
— C'est vrai, répondit le roi, vous avez suivi vos principes.

C'est une affaire de parti. A présent me voilà. Je vous dirai
franchement que, jusqu'à ces derniers temps, j'avais cru être
dans un tourbillon de gens de votre opinion dont vous
m'entouriez mais que ce n'était pas l'opinion de la France ;
j'ai bien reconnu dans ce voyage que je m'étais trompé et que
c'est là l'opinion générale. » La Fayette demanda alors les
ordres du roi, qui lui répondit : « Il me semble que je suis
plus à vos ordres que vous n'êtes aux miens. »

Selon Mathieu Dumas, le général « s'acquitta de ce devoir
avec beaucoup de dignité et soutint avec son calme ordinaire
le froid et dédaigneux accueil de la reine[8] ». En effet, si
Louis XVI sembla accepter avec sa résignation habituelle les
dispositions du décret du 25 juin, la reine en manifesta de
l'humeur, mais La Fayette eut l'élégance de les appliquer avec
diplomatie. Il eut la délicatesse de ne pas séparer les membres
de la famille royale, comme semblait le prévoir l'expression
« garde particulière ». De même, il pria les souverains de lui
communiquer la liste des personnes qu'elle désirait recevoir
au château. Cette surveillance valut à La Fayette de nouvelles
attaques provenant à la fois des jacobins, qui l'accusaient de
faiblesse et de complaisance, et des royalistes, qui lui reprochaient au contraire des excès de rigueur. Le comte d'Espinchal, toujours venimeux, prétend que le général « devint le
geôlier le plus exact de ses augustes prisonniers, mettant en
usage les moyens les plus raffinés pour tourmenter le roi et
la reine et prenant les plus insultantes précautions pour
assurer leur captivité[9] ». Ce qui semble très excessif, car Mme
de Tourzel, peu suspecte de sympathie pour son gardien, ne
fait aucune allusion à ces tracasseries. Il est vrai qu'elle
bénéficia d'un régime de faveur, car au lieu d'être emprisonnée, elle demeura au château sous la garde d'un officier. Les
commissaires chargés de l'enquête sur la fuite du roi étaient
d'André, Tronchet et Duport qui se conduisirent « non
seulement avec respect mais avec une grande bienveillance ».

Se posa alors la question de la forme à donner au pouvoir
exécutif. Allait-on proclamer la déchéance du roi et la
république ? « Il y avait, écrit La Fayette, quelques républicains dans l'Assemblée, ils pouvaient être divisés en républicains politiques et républicains anarchistes, mais il y en avait
tout au plus cinq ou six de chaque espèce. » Il est évident,
contrairement aux accusations répandues, que La Fayette
n'était pas du nombre. Mme de Tourzel soutient qu'il voulait

faire mettre le roi en jugement, « espérant hâter par là
l'établissement d'une république, objet constant de tous ses
vœux. Il espérait jouer le rôle de Washington, ne calculant ni
la différence de la France à l'Amérique ni le peu de
ressemblance qu'il y avait entre lui et celui qu'il avait la
prétention d'imiter ». Barnave l'aurait empêché de persister
dans cette idée[10]. Les projets républicains de La Fayette, on
le verra, prêteront toujours à ambiguïté. Il n'apparaît pas
qu'en juin 1791, il ait cherché à les faire prévaloir. Une
réunion tenue vers le 25 juin chez La Rochefoucauld, à
laquelle participa un grand nombre de députés, conclut au
maintien de la monarchie constitutionnelle, et il semble bien
que le général n'éprouva alors aucune difficulté à se rallier à
ce point de vue qui correspondait certainement au vœu
profond de la nation[11]. Mais convenait-il de garder Louis XVI
ou d'appeler au trône le duc d'Orléans, le dauphin ou un
prince étranger ? « Reprendrait-on Louis XVI, le meilleur
prince de sa famille malgré ses torts récents et, à tout prendre,
le meilleur de l'Europe ? » C'est ce dernier parti qui fut
adopté le 15 juillet par la quasi-unanimité de l'Assemblée
constituante après un discours de Barnave fortement appuyé
par La Fayette. Le 30 juin, avait été lue devant les députés
une lettre de Bouillé accusant son cousin de vouloir établir la
république et proférant des menaces contre la ville de Paris
en cas d'attentat contre le roi. Cette imputation provoqua une
vive protestation de l'intéressé qui, le 2 juillet, déclara au
contraire qu'il était prêt à verser son sang pour le maintien
de la forme actuelle du gouvernement — et il n'y a aucune
raison de mettre en doute sa sincérité. Le même jour, il était
promu lieutenant général des armées.

La Fayette fut certainement très affecté par ces accusations
diverses, car il les évoque longuement dans ses *Mémoires* pour
les réfuter. D'abord celle de « complicité » dont on ne se fit
pas faute de l'accabler en compagnie de Lameth, Duport,
Barnave, d'André, Bailly : « L'inculpation d'avoir connivé à
la fuite du roi pour le servir en le laissant aller, ont dit les
jacobins, pour le perdre en le faisant arrêter, ont dit les
aristocrates, n'est pas moins absurde que fausse. » Quel intérêt
aurait eu La Fayette à s'engager dans une aventure si peu
conforme à son caractère ? « Le genre machiavélique me va
d'ailleurs si peu que cette double calomnie en devient encore
plus ridicule. » Pourquoi, d'une part, aurait-il cherché à

donner au roi les moyens de combattre les principes qui lui
étaient chers depuis sa jeunesse et pourquoi, de l'autre, aurait-
il voulu achever la perte du souverain ? Il estime donc que
tout soupçon de complicité devait être écarté par la situation
dans laquelle il se trouvait et par son caractère personnel.

Après avoir remarqué que, « si le roi avait mis dans son
voyage la moindre célérité et la moindre conduite », l'affaire
eût pu réussir, il analyse avec lucidité les conséquences
politiques de ce monumental ratage : « Ce départ pour Varennes
enleva pour toujours au roi la confiance et la bienveillance
des citoyens. [...] La fausse démarche de Louis XVI lui fut
d'autant plus universellement reprochée que, n'ayant mis
personne dans son secret, personne ne se sentait intéressé à
le défendre. » Le principal résultat de cette opération manquée
dans les pires conditions fut de donner une impulsion nouvelle
aux idées républicaines, et La Fayette lui-même avoue avoir
été tenté par cette solution mais il reconnut vite que la
majorité de la nation, encore très attachée à la royauté, ne la
souhaitait pas. Elle désirait une monarchie héréditaire, « mais
ne voulait pas qu'elle pût nuire au système de la Déclaration
des droits, de l'égalité entre les citoyens et des principales
bases de la Constitution de 1791 ». Beaucoup d'éléments
donnent à penser que cette solution, en dépit de certaines
déclarations, était celle qui avait la préférence de La Fayette,
et il conclut en constatant qu'elle aurait pu « aller bien et
longtemps si les regrets de l'Ancien Régime d'une part et de
l'autre les intrigues intérieures soutenues de l'étranger n'avaient
pas opposé une résistance capable de renverser toutes les
barrières qu'il eût été possible d'élever ».

Il va bientôt s'apercevoir qu'il existait aussi d'autres ennemis de la Constitution beaucoup plus redoutables que les
maladroites manœuvres des aristocrates. La fuite du roi
déclencha une série de réactions lourdes de conséquences à la
fois pour le royaume et pour La Fayette qui, une fois de plus,
ne sut pas dominer la situation et sortit avec une audience
très diminuée d'une crise qu'il n'avait ni prévue ni par
conséquent tenté d'éviter. D'après les *Mémoires* de Condorcet,
quelques jours avant la seconde Fédération, les principaux
officiers des bataillons de la Garde avaient repris le projet,
écarté en 1789, de donner au général « toute l'autorité de
dictateur sous le nom de commandant général des Gardes
nationales de toute la France. [...] Il devenait à l'instant le

souverain du royaume ; il recevait sur-le-champ, par cette seule mesure, tous les moyens de remettre l'ordre dans l'État et de sauver, non seulement le roi, mais, ce qui était plus important et même plus cher pour lui, sa patrie. Il eut tort sans doute de ne pas accepter une si haute mission que la Providence semblait lui envoyer, mais il y vit une usurpation de pouvoir et sa conscience se révolta de la seule pensée d'en profiter[12] ». Condorcet nourrissait encore bien des illusions sur les capacités de celui qui avait été son ami. Les jours à venir devaient lui apporter à cet égard de terribles déceptions.

Le courant monarchiste constitutionnel s'efforça de limiter les conséquences de la fuite du roi, mais il n'en était pas de même de la tendance jacobine appuyée sur les clubs. Le 6 juillet, Barnave avait soutenu avec éloquence la thèse de la culpabilité de Bouillé et de ses complices, opposée à l'innocence du roi, et fait voter un décret dans ce sens. Le 15, une manifestation populaire, au cours de laquelle Charles de Lameth fut agressé et sauvé par un aide de camp de La Fayette, montra l'importance de l'opposition à cette vision des choses. Le soir, un nouveau rassemblement au Palais-Royal et aux Jacobins demandait la mise en jugement du roi. Mais c'est au club des Cordeliers qu'allait naître une pétition à tendance républicaine, rédigée par Brissot et Laclos, et tendant à l'abdication du roi déclaré « parjure, traître, fugitif[13] ». Le mouvement pouvait s'appuyer sur une certaine effervescence populaire alimentée par le chômage consécutif à la fermeture des ateliers de charité. Le vote, le 14 juin, de la célèbre loi Le Chapelier interdisant toute association professionnelle et tout mouvement de grève avait lui aussi accru la tension. Dès le 9 juillet, les cordeliers avaient commencé leur campagne, relayés par les jacobins qui déposèrent le 14 juillet sur l'autel de la patrie un texte demandant la réorganisation du pouvoir exécutif et le remplacement du roi. Mais il fut retiré à la suite du vote de l'Assemblée proclamant l'innocence de Louis XVI et décidant que, si celui-ci acceptait la Constitution, il reprendrait la plénitude de ses pouvoirs.

Tandis qu'une scission se produisait aux Jacobins et que se créait le club des Feuillants, une nouvelle pétition était affichée sur les murs de Paris, invitant le peuple à venir la signer au Champ-de-Mars le 17. Il y eut en effet affluence, bien qu'un décret de l'Assemblée nationale et un arrêté du conseil général de la Commune aient interdit tout rassemblement. Un incident imprévu allait avoir de désastreuses conséquences. Deux individus s'étaient cachés sous l'autel de la patrie dans le dessein d'admirer par les fentes du plancher les charmes des citoyennes venant signer le texte. Découverts, ils furent aussitôt accusés de complot aristocratique visant à faire sauter la construction. Arrêtés et conduits à la section du Gros-Caillou, ils furent aussitôt pendus au premier réverbère et leurs têtes promenées au bout d'une pique. La Fayette et Bailly arrivèrent avec des éléments de la Garde nationale et trois commissaires de la municipalité. Ils furent accueillis par des jets de pierres, et il y eut même un coup de fusil ou de pistolet tiré contre le général par Fournier, dit « l'Américain », qui se vantera de ce geste le 13 mars 1793 à la barre de la Convention. Arrêté aussitôt par les gardes, il fut libéré sur la demande de La Fayette. Les auteurs de l'assassinat des deux voyeurs, arrêtés eux aussi, furent délivrés par la foule. Ces graves incidents provoquèrent l'indignation de l'Assemblée et de la Commune, laquelle constata que, « depuis plusieurs jours, de nombreux rassemblements alarment tous les citoyens, mettent en péril la tranquillité publique et forcent tous les hommes paisibles à sortir de la capitale [...], que tous les rapports qui en proviennent annoncent une conjuration bien caractérisée contre la Constitution et la patrie, que des étrangers payés pour nous diviser sont récemment arrivés à Paris et que, tant par eux que par des émissaires, tous commandent, sous différents déguisements, des mouvements populaires ». En conséquence, la municipalité décréta la loi martiale, et le drapeau rouge fut déployé. Selon Ferrières, « le peuple avait si souvent éprouvé la mollesse avec laquelle on agissait dans toutes les émeutes et la condescendance que l'on montrait pour ses volontés que la vue du drapeau rouge n'en imposa à personne ». Il y eut de nouveaux jets de pierres, et un coup de pistolet fut même tiré contre Bailly. Sur l'ordre de La Fayette, la Garde tira en l'air, ce qui fit fuir une partie de la foule des promeneurs qui s'étaient mêlés aux manifestants. Que se passa-t-il exactement ensuite ? Il est impossible de le savoir avec précision. Ferrières affirme que les chefs de l'émeute, qu'il ne désigne pas plus explicitement, rallièrent leurs troupes sur l'autel de la patrie et insultèrent la Garde en tirant des coups de pistolet. Qui étaient ces meneurs ? La Fayette devait écrire plus tard : « Danton, Brissot, Robespierre et Pétion furent les chefs apparents du rassemblement du 17 juillet 1791 ; ils étaient conduits par des hommes plus associés qu'eux aux véritables secrets de la faction qui ne se montrèrent pas[14]. » Les événements se précipitèrent alors : « Les assaillants, enhardis par cette modération [le tir en l'air], redoublèrent l'attaque contre les officiers municipaux et les gardes nationaux. » Deux chasseurs volontaires furent tués ; « alors, la Garde tira tout de bon », ce qui provoqua une panique et la cavalerie acheva de disperser les fuyards. Le nombre exact des victimes varie énormément selon les témoignages. Ferrières parle de quatre cents morts et blessés, ce qui est très exagéré. Dans le compte rendu qu'il présenta à l'Assemblée le 18 et que La Fayette estimait « parfaitement exact », Bailly dénombra onze ou douze morts et autant de blessés chez les manifestants, trois morts et plusieurs blessés du côté de la Garde.

Les conséquences de cette fusillade furent extrêmement graves. Pour la première fois, un pouvoir issu de la Révolution avait pris une décision à laquelle le roi n'avait jamais voulu se résoudre : faire tirer sur les manifestants. Le 3 juillet, Louis XVI avait écrit à Bouillé après l'échec de Varennes : « Je sais que le succès dépendait de moi, mais il faut une âme atroce pour verser le sang de ses sujets, pour appeler une résistance et amener la guerre civile en France. Toutes ces idées ont déchiré mon cœur ; toutes mes résolutions sont évanouies[15]. » Apparemment, les nouvelles autorités ne partageaient pas ces scrupules, et le sang versé attisa les haines, les désirs de vengeance et accrut les divisions. Le 18, l'Assemblée votait un décret réprimant les incitations à la sédition, et les mesures de répression se multiplièrent. Le club des Cordeliers fut fermé et deux cents personnes arrêtées, un certain nombre de journaux démocrates firent l'objet de suspensions. On put croire un moment que les extrémistes seraient réduits à l'impuissance et la monarchie constitutionnelle sauvée. Il n'en fut rien, car la répression de l'émeute avait fait des martyrs et porté ainsi un coup très dur à La Fayette, rangé maintenant parmi les massacreurs du peuple. Les jacobins se déchaînèrent contre lui. Camille Desmoulins le traita de « Don Quichotte des Capets et des deux Chambres, constellation du cheval blanc ». Pamphlets et caricatures se multiplièrent, on vendit des brochures sur *Les Crimes de La Fayette en France*. *L'Orateur du peuple* appelle ouvertement à l'assassinat contre « les Lameth, les Barnave, les La Fayette, infâmes coquins vendus au parti autrichien ». Marat se déchaînait contre Gouvion qu'il qualifiait « d'âme damnée de Motier, le chef des ennemis de la patrie, la cheville ouvrière des traîtres et des conspirateurs contre-révolutionnaires ». Plus modéré, Nicolas Ruault n'en adresse pas moins des reproches assez fondés autant à Bailly qu'à La Fayette, en particulier celui d'imprévoyance : « On ne peut disconvenir qu'il y a un peu de méchanceté de leur part dans cette action. Ils étaient prévenus de ce rassemblement deux jours à l'avance. Ne pouvaient-ils donc pas s'emparer du Champ-de-Mars le dimanche au lever du soleil par le moyen de la Garde nationale et empêcher qui que ce fût d'y entrer ? [...] Pour moi, je trouve que le maire et le général sont inexcusables du sang répandu parce qu'ils pouvaient et devaient se conduire de façon à ne point répandre le sang de leurs concitoyens[16]. » La Fayette, comme au 5 octobre 1789, s'est laissé surprendre par l'événement, ce qui est évidemment fâcheux pour un responsable du maintien de l'ordre. A moins que, comme l'en accuse Mme Roland, il ait laissé faire volontairement, voire suscité l'émeute pour pouvoir l'écraser, mais cette hypothèse machiavélique paraît bien invraisemblable pour qui connaît la psychologie du général. Cependant, a-t-il été manœuvré ?

La fusillade du Champ-de-Mars marqua une rupture plus que jamais totale entre les constitutionnels et les jacobins. La coalition monarchistes-monarchiens-constitutionnels continua a être rongée par ses divergences et ses rivalités de personnes qui vouaient son action à l'échec. La division s'insinua aussi à l'intérieur de la Garde nationale où certains éléments contestèrent l'action de leurs camarades et entre la Garde et le peuple qui cessa d'avoir confiance dans cette armée du maintien de l'ordre malgré les remerciements que l'Assemblée adressa à Bailly et à La Fayette. Bien caractéristiques de ces évolutions furent les conséquences de cette journée sur les relations entre Condorcet et le général. Leur ancienne amitié se refroidissait depuis déjà plusieurs mois, car ils suivaient des évolutions politiques divergentes. Condorcet se renforçait dans ses convictions républicaines tandis que La Fayette, surtout depuis les journées d'octobre, s'en tenait à la monarchie constitutionnelle. Le philosophe déplorait ce qu'il considérait comme une régression, voire une trahison. « Je le voyais avec peine, écrit-il, depuis les premiers mois de 1790, se laisser diriger par des intrigants de toute espèce, vouloir se mettre à la tête d'un parti en négociant avec tous les autres, mener à la fois vingt projets différents [...], et, par cette conduite incertaine, perdre sa réputation de probité. » La Fayette avait voté le décret du 6 juillet qui blanchissait le roi, ce que Condorcet ne lui pardonnait pas, car il « faisait profession de haïr les rois quinze jours avant de voter pour la restauration de Louis XVI. Je l'avais vu rire avec moi, et plus que moi, des plaisanteries de Thomas Paine sur le ridicule de la royauté héréditaire. [...] Pouvait-il devenir tout à coup le zélé partisan d'un roi, précisément parce que ce roi avait violé ses serments ? ». Le jour même de la fusillade, Condorcet avait écrit à La Fayette à propos du débat sur l'inviolabilité du roi : « Depuis douze ans, vous êtes compté parmi les défenseurs de la liberté ; si vous ne changez pas de conduite, encore quelques jours et vous serez compté parmi ses oppresseurs[17]. » La rupture entre les deux amis devenait totale. L'un voyait-il mieux que l'autre les dangers d'une dérive qui éloignait de plus en plus la Révolution française d'un modèle américain que La Fayette s'obstinait à vouloir transporter en Europe ? L'évolution des deux pays continuait à diverger, ce qui pouvait inciter le général à bien des méditations. Le 28 juillet, Washington lui avait fait part de ses inquiétudes sur « les désordres de la nation et la pénible incertitude où elle se trouve », et il mettait en garde son ami : « La populace turbulente des grandes villes est toujours à redouter ; sa violence détruit pour un temps toute autorité publique et ses suites sont quelquefois étendues et terribles. » Rentrant d'une tournée dans les États du Sud, il a été frappé par la paix et la prospérité qui y règnent, et il conclut avec une certaine cruauté, sans doute involontaire : « Ce contraste entre les États-Unis et l'Europe est trop frappant pour n'être pas aperçu par l'observateur le plus superficiel ; c'est là, je crois, un grand sujet de réflexions pour les Américains et de confiance dans leur gouvernement[18]. »

L'été 1791 allait voir en France l'achèvement de cette

Constitution à laquelle l'Assemblée travaillait depuis deux ans et en laquelle La Fayette mettait toutes ses espérances. Il partageait sans doute l'illusion du député Thouret qui proclamait : « Tout présage que l'achèvement de la Constitution sera aussi le terme de la Révolution. »

# CHAPITRE XIX

# L'échec constitutionnel

Le calme étant revenu dans Paris après la triste journée du 17 juillet, La Fayette eut le loisir de participer aux ultimes travaux constitutionnels de l'Assemblée. Ses interventions n'eurent d'ailleurs guère de succès et il ne parvint pas à faire prévaloir ses vues. Ainsi aurait-il souhaité — cette idée très moderne lui était chère — que l'on distinguât « les décrets constitutionnels et vraiment organiques de la grande quantité de lois et de décrets de circonstance qui s'y mêlaient à chaque séance ». Il ne fut pas suivi. Hostile, on l'a vu, à la Constitution civile du clergé, il aurait voulu la ramener au rang de loi ordinaire que chaque législature aurait pu modifier ou abolir, car il avait mesuré à quel point le roi était tourmenté par ces problèmes religieux et par « l'idée de joindre un schisme à la Constitution ». L'Assemblée s'y opposa. A la séance du 30 août, il tenta vainement encore de faire modifier la procédure proposée par d'André, qui interdisait toute révision de la Constitution pendant trente ans ! Il estimait avec raison que cette disposition attentait aux droits du peuple souverain et aurait préféré le système en vigueur aux États-Unis selon lequel toute réforme de l'organisation des pouvoirs publics devait faire l'objet d'un vote avec appel nominal. Ce fut également sans succès. Il est vrai que, malgré les efforts de Malouet, un nombre important de députés modérés ayant pris le parti de l'absentéisme, certaines propositions furent peu soutenues, ce qui faisait écrire le 26 août à l'ancien ministre La Tour du Pin : « Tout convaincu que je sois de la maladresse des aristocrates et de leurs contresens continuels,

je ne prévoyais pas encore jusqu'où ils pouvaient aller[1]. »
Malouet déplora lui aussi cette politique du pire menée à
l'intérieur du pays, à laquelle vinrent s'ajouter « les bruits
indiscrets que les aristocrates se plaisaient à répandre sans
aucun fondement d'une coalition des puissances[2] ». La fameuse
déclaration de Pillnitz, signée le 21 août par l'empereur
Léopold et le roi de Prusse Frédéric-Guillaume, n'était en
effet que le type même du texte maladroit et inopportun, car,
vague, il ne comportait aucune disposition réelle, mais apportait de l'eau au moulin des jacobins qui ne laissèrent pas
échapper une telle occasion.

Le 3 septembre, la Constitution fut présentée au roi qui
envoya le 12 un message à l'Assemblée annonçant son
acceptation et émettant le vœu qu'à cette occasion fût décidée
une amnistie générale. La Fayette fit le jour même voter par
acclamation un décret prévoyant la cessation de toute poursuite et de toute procédure « relative aux événements de la
Révolution », ce qui entraîna l'arrêt de toutes les enquêtes en
cours sur les journées d'octobre et les affaires de Varennes et
du Champ-de-Mars. Était aboli aussi l'usage des passeports,
ce qui assurait à tous le citoyens français la liberté, reconnue
par la Constitution, « d'aller et de venir tant au-dedans qu'au-
dehors du royaume ». Cette amnistie s'étendait aux émigrés
et, selon La Fayette, « les constitutionnels renouvelaient leurs
instances et leurs offres pour la rentrée et la réunion de tous
les Français sous le nouveau pacte que le roi venait d'accepter.
Ils furent refusés, et ce refus rendit impossible le rétablissement de la confiance entre le peuple et le roi par qui les
émigrés se disaient être tacitement autorisés. Ce refus donna
aux jacobins et à tous les perturbateurs d'immenses moyens
d'influence et de trouble[3] ». Le roi s'était associé à ce désir
puisqu'il envoya à ses frères M. de Coigny, chargé de les
engager à rentrer et à se rallier à la Constitution. Celui-ci
était sans doute porteur de la longue lettre confidentielle dans
laquelle Louis XVI expliquait en détail les raisons pour
lesquelles il avait accepté ce texte. Elles pouvaient se résumer
ainsi : en premier lieu, le roi se refusait absolument à l'emploi
de la force pour rétablir l'autorité du gouvernement, et il ne
voulait à aucun prix jeter le peuple dans la violence et le
désespoir ; deuxième point, l'opinion soutenait les idées nouvelles et la Constitution : « Ils n'attendaient que la fin de la
Constitution pour être parfaitement heureux, la retarder était

à leurs yeux le plus grand crime parce que tous les bonheurs
devaient arriver avec elle » ; or, reconnaît-il, « on ne gouverne
jamais une nation contre ses habitudes. [...] Les habitudes
actuelles de cette nation sont les Droits de l'homme ». Enfin,
le roi ne voulait à aucun prix de la guerre, et il avait « cru
devoir essayer encore des seuls moyens qui me restaient : la
réunion de ma volonté aux principes de la Constitution ». Il
terminait en appelant les émigrés à revenir, car, bien qu'il
estimât le courage de la noblesse, il pensait que « celui-ci
serait sans doute mieux entendu si elle rentrait en France
pour augmenter la force des gens de bien au lieu de servir les
factieux par sa réunion et par ses menaces[4] ».

Le 14 septembre, Louis XVI — sous la pression des
constitutionnels, prétend Malouet — prêtait serment de
respecter la Constitution. Était-il sincère ? Son attitude équivoque depuis le début de la Révolution et surtout l'affaire de
Varennes permettaient d'en douter, et les caricaturistes s'empressèrent de le représenter en Janus. Selon La Fayette, le roi
« parut accepter la Constitution de bonne foi et avec l'intention de l'observer et de la faire marcher. Il est déplorable que
cette résolution n'ait pas tenu contre les suggestions de
l'aristocratie et surtout contre celles de la reine ». Il semble
bien que, comme tous les faibles, il continua à s'équivoquer.
La Marck écrivit le 28 septembre à Mercy-Argenteau : « Il
faut dire le mot : le roi est incapable de régner, et la reine
seule peut y suppléer le jour qu'elle sera secondée[5]. » Elle ne
le fut pas, et de toute manière il était trop tard, bien que
l'acceptation de la Constitution eût valu aux souverains un
bref regain de popularité et provoqué de nombreuses manifestations d'allégresse dans tout le royaume. « Tout Paris fut
dans la joie », écrit ainsi Ferrières, tout en constatant que
cette euphorie ne calma pas les passions et que cafés et
spectacles continuaient à être des champs de bataille[6].

Cette première Constitution écrite dont la France se soit
dotée présentait bien des imperfections dont La Fayette était
en partie conscient. A son avis, les travaux de l'Assemblée
avaient été compromis par trois éléments : « La malveillance
de la Cour, ses folles intrigues et ses inconséquences qui ne
permirent jamais aux chefs de la Révolution cette confiance

dont le roi aurait eu besoin comme eux. Il promettait et ne
tenait pas [...] ; deuxièmement, les chefs jacobins pensaient
devoir prolonger l'agitation du peuple : À force de dire que
la Révolution est faite, il n'y aura point de révolution,
répondait l'un d'eux à la demande de mesures efficaces pour
l'ordre public ; troisièmement, la politique de l'aristocratie qui
cherchait sans cesse, soit en provoquant l'Assemblée, soit en
votant avec l'autre parti extrême, à faire passer les propositions les moins raisonnables. » Il ajoutait aussi, parmi les
causes d'imperfection, le manque d'expérience des constituants et leur refus de tenir compte de l'exemple américain.
Analyse en grande partie exacte, mais qui oublie aussi d'autres
éléments comme, par exemple, l'esprit excessivement théorique et abstrait d'une Assemblée dont la composition était
fort loin d'être représentative des forces vives et dynamiques
de la nation.

La Fayette aperçoit bien certains défauts du texte, mais il
en oublie d'autres. Il est hostile à l'Assemblée unique et aurait
voulu un Sénat élu à vie ; hostile aussi à la Constitution civile
du clergé, il déplore qu'on ait négligé de donner au nouveau
pouvoir judiciaire « l'indépendance dont il a besoin et dont la
principale garantie est dans l'inamovibilité des juges ». C'est
une grave erreur aussi, à ses yeux, d'avoir trop affaibli le
pouvoir exécutif et les ressorts du gouvernement. Il a bien vu
également le danger immense de la disposition qui rend les
constituants inéligibles à la nouvelle Assemblée, de sorte que,
comme le remarque François Furet, « la Constitution est
privée d'avance de l'appui de ceux qui l'ont faite[7] ». On
prenait ainsi le risque — mais Robespierre savait ce qu'il
faisait — de voir élire des gens sans expérience politique,
faibles et incapables de résister aux pressions de la rue et des
clubs. Sans doute prise d'un ultime remords, la Constituante
vota, le 29 septembre, un décret interdisant aux clubs d'avoir
une existence politique, d'exercer aucune influence ou inspection sur les actes des pouvoirs constitués et des autorités
légales, de paraître sous un nom collectif pour signer des
pétitions ou former des députations. Texte qui, naturellement,
resta lettre morte.

Cette Constitution comportait d'autres vices graves dont
La Fayette ne semblait nullement conscient : séparation
absolue entre législatif et exécutif, ministres non parlementaires et non responsables devant l'Assemblée, Chambre

unique que le roi ne peut dissoudre, tout semblait prévu pour organiser des conflits sans issue entre les deux pouvoirs. Le système électoral était inégalitaire avec citoyens actifs et citoyens passifs, de sorte qu'aux privilèges de la naissance on substituait celui de l'argent. Enfin, la réforme administrative de 1790 qui se trouvait consacrée présentait une énorme lacune : il n'existait plus aucun représentant du pouvoir central dans les nouveaux départements qui devenaient de petits royaumes en miniature : toute coordination disparaissait. La Fayette, très décentralisateur, méconnaissait sans doute les inconvénients que pouvait présenter une telle rupture avec des traditions multiséculaires. Globalement, il ne voyait pas que, contrairement à la Constitution américaine, la française avait voulu faire table rase et que, bien loin de résoudre les problèmes qui se posaient au pays, elle en créait de nouveaux qui n'allaient pas tarder à prendre une tournure cruciale[8]. D'autres, plus lucides, comme Malouet, estimaient qu'elle n'était « pas seulement défectueuse mais bien impraticable », car elle livrait le pouvoir au législatif et à la démagogie. La guerre entre les deux pouvoirs, exécutif et législatif, commençait ; alternant les victoires de l'un et de l'autre, elle n'est peut-être pas encore définitivement terminée. Selon le député de Riom, cette Constitution ne satisfaisait personne : « Les jacobins, qui n'en voulaient pas plus que les aristocrates, la défendaient par leurs clameurs en la minant par leurs intrigues. »

Tous, cependant, n'étaient pas aussi critiques. Ferrières, par exemple, émet un avis nuancé et semble partager les espoirs de La Fayette : « Malgré tous ses vices, [la Constitution] fondait un gouvernement sage, également éloigné de la licence et de l'arbitraire. Ce gouvernement se serait insensiblement établi par la lassitude des peuples et par la lassitude du roi, pour peu qu'on eût permis aux esprits travaillés de se reposer sur ses bases. » Il confirme l'ampleur de l'adhésion de l'opinion publique[9].

Le bilan de l'Assemblée constituante était en apparence impressionnant : la Déclaration des droits de l'homme, la Constitution, environ 2 500 lois et décrets, l'abolition des privilèges et des corporations de métiers, la Constitution civile du clergé, les réformes administratives et fiscales, la liberté de la presse, toute cette œuvre, malgré certains aspects discutables, aurait pu, si tous les acteurs avaient bien voulu jouer honnêtement le jeu, assurer au pays des jours tranquilles.

C'était l'espoir des optimistes, comme le président Target, qui n'hésita pas à déclarer, lorsque le roi vint, le 30 septembre, clore la dernière session : « Sire, en acceptant la Constitution, vous avez fini la Révolution. » La Fayette, de son côté, insistait sur le désintéressement dont avaient fait preuve les constituants qui n'y avaient gagné « ni fortune, ni places, ni titres, ni pouvoir, et l'on peut affirmer que jamais aucune réunion d'hommes n'a été conduite par un dévouement plus vrai pour tout ce qui tient à la liberté et par conséquent au véritable honneur d'une nation ».

La Constitution terminée et acceptée par le roi, le commandant général, fidèle à ses engagements, abandonna ses fonctions et décida de se retirer de la vie publique. Le 8 octobre, il fit ses adieux à la Garde nationale et prononça un discours dans lequel il affirmait : « Maintenant, les jours de la Révolution font place à ceux d'une organisation régulière, à ceux de la liberté et de la prospérité qu'elle garantit. Aucune puissance, grâce à la force que représente la Garde nationale, ne serait capable de priver le peuple français de la liberté s'il savait éviter les troubles intérieurs. » Il oubliait ce principe fondamental que devait exprimer Fiévée, futur conseiller secret de Napoléon : « Les États en révolution ne se sauvent point par des Constitutions mais par des hommes[10]. » Le même jour, il remit ses pouvoirs à la Commune de Paris qui vota la frappe d'une médaille en son honneur, et la Garde lui fit don d'une épée forgée dans les verrous de la Bastille. Décision fâcheuse, le poste de commandant général fut supprimé par le décret du 12 septembre, et ses fonctions confiées aux six chefs de légion qui en feraient fonction à tour de rôle pendant un mois. C'était jeter des éléments de désordre, d'indécision et d'incohérence à la tête d'un instrument dont on aurait eu le plus grand besoin.

Bien placé pour en juger de par ses fonctions, Mathieu Dumas considère que le départ presque simultané de Bailly et de La Fayette fut désastreux, car « l'ordre public reposait uniquement sur le zèle et le bon esprit de la Garde nationale et de l'autorité municipale ». Plus néfaste encore fut peut-être le nouveau système de commandement, inspiré par La Fayette lui-même « pour de généreux motifs » et dont il n'avait pas vu les dangers, qui rompit l'unité et la force « du seul corps capable de maintenir l'ordre public et de déjouer les machinations des deux factions ennemies de la liberté constitutionnelle ». Le parti aristocratique, dit Dumas, fut assez aveugle pour se réjouir de voir ainsi disloquer le bouclier qui protégeait les nouvelles institutions et ces décisions entraînèrent un grand découragement dans les rangs de la Garde[11].

La Fayette partit aussitôt pour l'Auvergne où il avait conservé toute sa popularité puisqu'elle lui réserva, de Clermont à Brioude, un accueil triomphal. Il arriva à Chavaniac le jour de l'anniversaire de Yorktown. Nommé le 11 novembre membre de l'assemblée départementale de la Haute-Loire, il déclina cet honneur et semblait décidé à rentrer dans la vie privée de manière définitive. Mais était-ce bien sincère ? On peut le penser, au moins en ce qui concerne les premiers jours. Le 20 octobre, il écrivait à Mme de Simiane : « Quant à moi, je jouis, en amant de la liberté et de l'égalité, de ce changement total qui nous a mis tous les citoyens au même niveau, qui ne respecte que les autorités légales. Je ne puis vous dire avec quelle délectation je me courbe devant un maire de village. » Il reconnaissait toutefois le trouble causé dans les consciences par la Constitution civile du clergé. Les prêtres jureurs étaient mal considérés, et, toujours fidèle à son libéralisme foncier, La Fayette accueillait des réfractaires chez lui : « Les paysans, débarrassés d'entraves, payant moitié moins qu'ils ne faisaient, osent à peine se réjouir d'être libres de peur d'être damnés[12]. » La belle-sœur du général, Pauline, qui ne partageait pas ses illusions et s'apprêtait à émigrer, confirma son goût pour la vie rurale. Elle était persuadée qu'il ne songeait qu'à une « vraie retraite [...] où des vaches suisses, des moutons d'Espagne et un baudet de Malte vont faire son occupation[13] ». Il avait fait venir un fermier anglais, Dysson, pour perfectionner l'élevage des bovins et des porcs et entreprit des travaux au château sous la direction de l'architecte Antoine Vaudoyer. Il y décora des pièces avec des toiles de Jouy représentant des scènes de la vie américaine et y réunit des souvenirs de la Révolution. Il semblait apprécier cette vie familiale, bien que la Révolution eût quelque peu semé la zizanie dans le clan Noailles.

Ce calme fut toutefois de courte durée, et La Fayette vite repris par le goût des affaires publiques puisqu'il revint à

Paris au début de novembre pour tenter une rentrée politique en posant sa candidature à la mairie de Paris. Bailly, démissionnaire depuis le 23 septembre, avait accepté de rester provisoirement en fonctions jusqu'aux élections qui eurent lieu le 13 novembre.

La situation politique était pour le moins confuse. La nouvelle Assemblée s'était réunie le 1er octobre. Ses 745 membres se divisaient en trois grandes tendances : une droite comprenant 265 députés se rattachant en gros au club des Feuillants, partagés entre fayettistes et lamethistes ; une gauche jacobine dont l'effectif ne dépassait pas 135 membres, l'essentiel étant constitué par les brissotins et les Girondins qui allaient se regrouper avec une extrême gauche plus radicale ; en troisième lieu, un centre avec 345 indépendants constitutionnels qui allaient flotter au gré des circonstances et faire l'appoint pour réunir des majorités hétéroclites, d'autant plus qu'il n'existait aucun parti organisé. Tous ces députés étaient nouveaux, en majorité jeunes, la moitié avait moins de trente ans, sans expérience politique et, pour la plupart, sans idées arrêtées et sans programme. Les nobles et les ecclésiastiques qui peuplaient la Constituante avaient disparu et fait place à une Assemblée bourgeoise, encore une fois remplie de gens de loi qui, pas plus que leurs prédécesseurs, ne représentaient les éléments moteurs du pays. Les forces économiques en étaient à peu près absentes. La gauche se retrouvait très minoritaire et la majorité — plus des deux tiers selon Mathieu Dumas, député de Seine-et-Oise — était favorable à la monarchie constitutionnelle mais, depuis Varennes, nombreux étaient ceux qui se méfiaient du roi et de la Cour[14].

Cette Assemblée à majorité de centre droit, de sentiment monarchiste, va cependant se laisser dominer constamment par la gauche et finalement se révélera incapable de s'opposer à la radicalisation qui provoquera la chute de la monarchie. Malouet explique ce paradoxe. Après avoir constaté que la majorité de la nation était constitutionnelle, il ajoute : « Mais où était le pouvoir et les combinaisons qui le maintiennent ? Hors des mains et tout à fait hors de portée de ceux qui espéraient le reconquérir. Les révolutionnaires étaient seuls puissants, non par leur nombre, mais parce que, malgré toutes leurs subdivisions, ils faisaient masse. C'était là que se trouvait une volonté agissante. Ceux qui n'étaient pas révolutionnaires n'étaient rien ; c'étaient des députés épars, sans force, sans moyens, sans combinaisons. Ils croyaient faire quelque chose pour la monarchie en refusant les places, en ne paraissant pas aux assemblées d'élections, en quittant la France ; ils ne faisaient que préparer leur proscription ; ils laissaient le champ libre à leurs ennemis[15]. » La démission de La Fayette n'était-elle pas révélatrice de cet état d'esprit ? La victoire jacobine vint bien moins de la force du mouvement que de la nullité politique de ses adversaires. « Si j'avais été à la place de La Fayette, le roi serait encore sur son trône, dira un jour Napoléon à Sieyès, et vous, l'abbé, vous seriez trop heureux de me dire la messe[16]. » Mais l'ancien commandant de la Garde nationale n'avait rien d'un meneur d'hommes. Perdu dans ses rêves, sa vie politique, alors qu'il a laissé échapper toutes les occasions d'influer sur les événements, ne sera plus qu'une longue suite d'échecs qui ne nuiront d'ailleurs pas, en définitive, à sa légende.

Lorsque La Fayette revint à Paris, la nouvelle Assemblée était déjà entrée en conflit avec le roi en faisant voter, grâce à la masse informe du centre, et sous la pression des Girondins, des textes contre les émigrés. Les deux décrets des 20 octobre et 9 novembre déclaraient déchus de leurs titres, droit civiques, traitements, etc., suspects de trahison et passibles de la peine de mort tous les Français rassemblés au-delà des frontières, y compris les frères du roi et les princes de Condé, s'ils ne regagnaient pas la France avant le 1er janvier 1792. Le roi opposa son veto à ces deux décrets. C'est donc dans un climat de tension qu'eut lieu, le 13 novembre, l'élection du maire de Paris et du procureur de la Commune. Pour la mairie, huit candidats se déclarèrent : Fréteau, Condorcet, Pétion, les deux La Rochefoucauld, d'André, Robespierre et La Fayette. Comme d'habitude, le général fut attaqué des deux bords. La Cour et les journaux monarchistes, poursuivant leur déplorable politique du pire, firent campagne contre lui en faveur de Pétion, et Brissot, dans *Le Patriote français*, l'accusait d'être « flottant entre tous les partis ». Les jacobins, eux, le tenaient pour ami de la Cour tandis que les monarchistes durs soutenaient qu'il était, avec Roederer et Robespierre, l'un des trois plus grands ennemis du trône et de l'autel. Il avait eu le soutien d'André Chénier qui publia le 12 une lettre aux auteurs du *Journal de Paris* sur la candidature de La Fayette, dans laquelle il exposait que « les souhaits et les suffrages d'un grand nombre de citoyens » le désignent pour la mairie qu'il accepterait certainement, contrairement aux bruits que l'on faisait courir, « s'il y était effectivement appelé par l'estime et la reconnaissance publiques ». Chénier ajoutait à l'intention de ceux qu'effrayait l'uniforme : « Le passage des emplois militaires aux emplois civils est une des choses qui caractérisent le mieux un gouvernement populaire, ennemi de tout esprit de corps, et un peuple libre n'a pas de plus beau moyen pour récompenser un citoyen qui a bien servi sa patrie que de lui donner une occasion de la servir encore[17]. » La voix du poète ne fut pas entendue, et Pétion enleva la mairie avec 6 728 voix. La Fayette en obtint 3 126, les autres candidats un nombre infime. Le taux d'abstention fut énorme puisque le nombre des électeurs inscrits était de 80 000 environ. Il n'y eut donc qu'à peine plus de 10 % de votants[18]. C'était pour le général un échec de grande ampleur qui montrait brutalement la chute de sa popularité à Paris. Le 21 novembre, les bataillons de la 4e légion de la Garde nationale l'élurent cependant pour chef, mais il refusa et repartit pour Chavaniac[19].

Conservait-il son optimisme sur l'évolution de la situation ? C'est possible, et il n'était pas le seul, car, vers cette époque, Charles de Lameth écrivait à sa mère : « Soyez tranquille sur le sort de la France, c'est à nous seuls qu'ils appartient d'assurer son bonheur et de faire jouir enfin le roi des bienfaits de la Révolution en faisant marcher de front les droits mutuels qu'elle assure au prince et au peuple. La Fayette est des nôtres, Narbonne nous seconde, Malouet, Bergasse, Lally-Tollendal se rallient à nous. Paris est parfait. On y veut la Constitution et l'on n'y veut qu'elle. L'Assemblée législative est, il est vrai, mal composée, mais c'est encore un bien car, si sa direction est mauvaise, elle perd chaque jour de son crédit et bientôt vous apprendrez qu'on nous rappelle, oui nous, les constituants[20]. »

Le conflit s'aggravait entre l'Assemblée et le roi. Le 25 novembre, avait été voté un décret créant un comité de surveillance, communément nommé commission des Douze, car il comprenait douze députés renouvelés par moitié tous les trois mois, qui devait délibérer sur tous les textes ou actions à lui déférés par l'Assemblée et considérés comme menaçant la Constitution. C'était donc une sorte de Conseil constitutionnel avant la lettre. Plus sujet à conflit fut le décret du 29 novembre qui renouvelait l'obligation du serment pour les prêtres et provoqua un nouveau veto du roi. La guerre entre les deux pouvoirs s'accentuait. « Les républicains, écrit Mathieu Dumas, marchaient à grand pas au renversement de la Constitution en profitant des moindres circonstances pour ruiner le pouvoir exécutif. » Louis XVI y prêtait le flanc par son irrésolution et ses tâtonnements que le député de Seine-et-Oise attribue à « son inexpérience des hommes, son ignorance du véritable état de la société », et à son entourage « dans lequel il ne trouva pas un seul homme capable de s'élever au-dessus des considérations ordinaires dans une crise si grande et si nouvelle[21] ». La perpétuelle indécision du roi ne facilitait pas la tâche des ministres. Ainsi, en novembre, Montmorin tenta vainement de le décider à sortir légalement de Paris pour aller à Compiègne ou à Fontainebleau, ce qui aurait pu couper court aux propos des souverains étrangers et des émigrés sur sa captivité ou, au contraire, démontrer celle-ci de façon éclatante en cas d'échec[22].

L'obstination des émigrés à résister aux appels du roi, leur concentration dans les évêchés rhénans allaient alimenter un courant belliciste à l'Assemblée et donner lieu à de nouvelles polémiques. Mirabeau en accusait déjà La Fayette dans sa note du 28 octobre 1790 en précisant qu'il n'y avait alors aucune tendance en ce sens dans l'opinion : « La Fayette croit bien qu'il est décent pour lui de haïr les Anglais ; l'instinct lui dit aussi que la guerre pourrait lui être une issue commode, mais ses frêles mains sont tellement surchargées qu'il ne soutient rien[23]. » Depuis cette époque, la situation avait beaucoup évolué. Le 14 décembre, le roi vint à l'Assemblée pour déclarer qu'il avait fixé au 15 janvier 1792 le terme au-delà duquel les Électeurs allemands seraient considérés comme ennemis s'ils continuaient à tolérer les rassemblements d'émigrés, car cette protection accordée à des réfugiés français constituait une infraction aux traités de Westphalie (1648), de Nimègue (1678), de Ryswick (1697) et de Bade (1714). Dès ce moment, l'Assemblée et le monde politique se partagèrent entre partisans et adversaires d'un conflit extérieur. La Fayette espérait qu'une guerre rendrait au roi sa popularité et lui permettrait de reprendre de l'influence ; beaucoup plus lucides, les Lameth redoutaient un conflit qui ruinerait la Constitution et provoquerait une poussée jacobine. Robespierre, quant à lui, était hostile, mais par crainte de donner des armes à la contre-révolution.

Le deuxième séjour à Chavaniac ne fut pas de longue durée. Les Électeurs et les émigrés n'ayant prêté aucune attention sérieuse aux représentations du roi, celui-ci décida la réunion de trois armées, l'une dans les Flandres, la deuxième en Lorraine et la troisième sur le Rhin, qui devaient théoriquement réunir cinquante mille hommes chacune et dont le commandement fut confié le 14 décembre aux lieutenants généraux Luckner, Rochambeau et La Fayette. Louis XVI était très réticent quant à ce dernier, mais le ministre de la Guerre, Narbonne, lui fit observer : « Si Votre Majesté ne le nomme pas aujourd'hui, le vœu national vous y obligera demain. » La popularité du général n'était donc pas totalement évanouie. Les hésitations du roi à confier une responsabilité si importante à un officier si jeune (il n'avait alors que trente-quatre ans) et dont l'expérience était assez courte avaient sans doute des motifs plus militaires que politiques. La guerre d'Amérique avait présenté des caractères très différents des conflits européens, et La Fayette ne possédait aucune pratique de la conduite des grandes unités. On comprend donc que Louis XVI ait eu quelque scrupule à le placer sur un pied d'égalité avec des hommes comme Luckner et Rochambeau, riches de longues carrières, d'autant plus qu'une telle promotion ne dut pas manquer de provoquer des jalousies. Le marquis arriva à Paris le 22 et, le 24, alla remercier l'Assemblée qui avait ratifié sans difficulté le choix du roi. Le même jour, l'un de ses aides de camp, Pillet, écrivait à Mme de La Fayette demeurée à Chavaniac : « Tous les visages ici s'épanouissent au nom de M. de La Fayette, partout on le voit, on le reçoit comme le libérateur de la patrie, comme le seul en qui elle ait mis ses espérances, et il paraît content des dispositions des esprits. L'opinion générale, et surtout dans les cabinets des ministres, est que nous n'aurons pas la guerre, mais que, pour faire cesser l'état d'anxiété dans lequel était la nation et surtout pour rallier les amis de l'ordre et réchauffer l'esprit public, il fallait prendre des mesures vigoureuses et déployer un appareil imposant. Ainsi l'avenir, comme vous le voyez, ne présente rien d'alarmant[24]. » Il était difficile de se tromper plus totalement... Le jour de Noël, La Fayette partit pour Metz, où se trouvait son quartier général, acclamé jusqu'aux barrières de Paris. Le 27, Gouverneur Morris écrivait à Washington : « La situation de la France est comparable à celle d'une flotte à l'ancre dans une brume épaisse. Personne n'ose faire voile, de peur de donner dans un écueil. »

## CHAPITRE XX

# La guerre

La Fayette reprit donc contact, en janvier 1792, avec une vie militaire qu'il avait abandonnée depuis dix ans et avec une armée dans laquelle il n'avait fait qu'un très brève apparition comme tout jeune officier avant son départ pour l'Amérique. Il arrivait donc sur un terrain qu'il connaissait mal et dans un corps où la Révolution avait provoqué bien des troubles, comme l'avait prouvé la mutinerie de Nancy. Dans quel état matériel et moral trouva-t-il cette armée qui lui était confiée ? Depuis 1763, c'est-à-dire depuis près de trente ans, elle vivait dans la paix, car le nombre des unités qui avaient participé aux opérations en Amérique était très faible : une dizaine de milliers d'hommes environ sur 150 000. La majorité des effectifs était donc totalement dépourvue d'expérience. Le matériel n'avait pas fait l'objet de beaucoup de soins, car Louis XVI, résolument pacifiste, ne semble pas s'être jamais passionné pour les questions militaires, et, s'il s'intéressait très vivement à la marine, c'était plus en raison de ses activités scientifiques que sous l'angle des opérations. Matériellement, l'armée était donc mal préparée à un conflit, beaucoup d'équipements et d'armes manquaient, au point qu'en avril, lorsque la guerre éclata, La Fayette pouvait écrire : « Je ne puis concevoir comment on a pu déclarer la guerre en étant prêt sur rien. »

C'est certainement dans le domaine moral et psychologique que se présentaient les problèmes les plus nombreux. Dès juillet 1791, Bouillé notait l'évolution des esprits : « Les causes de l'aliénation de l'armée et de son dévouement à la nation sont l'opinion des soldats sur la nullité du roi et sur la puissance de l'Assemblée qui a augmenté leur paie, détruit la discipline et autorisé la licence ; l'espoir fondé des bas-officiers de remplir les places des officiers ; et enfin cet esprit d'égalité qui s'est répandu parmi les troupes comme parmi le peuple et qui est le plus ferme appui de la nouvelle Constitution[1]. » Mathieu Dumas, promu maréchal de camp en octobre et affecté à Metz, y constatait le relâchement de la discipline et l'influence dissolvante des sociétés populaires. Il fut aussi frappé par certains retards techniques, comme l'absence d'unités d'artillerie légère à cheval, très mobiles, existant dans l'armée prussienne[2]. Le maréchal de Ségur, lorsqu'il était ministre de la Guerre, avait bien projeté de créer des compagnies de ce type, mais rien ne fut exécuté.

La Fayette constata aussitôt la division en officiers aristo-crates et soldats : « La discipline qu'il était si important de rétablir fut désorganisée à la fois par la malveillante négligence de ces officiers, par leurs provocations envers les soldats et par l'anarchique intervention des jacobins dont les clubs prenaient beaucoup d'empire sur les troupes. » Il reprochait vivement au ministre Duportail et au comité militaire de l'Assemblée d'encourager la fréquentation de ces clubs. En revanche, l'abolition des privilèges nobiliaires et le nouveau mode d'avancement ouvraient des possibilités plus vastes aux talents et devaient multiplier « nos chances contre les nations étrangères renfermées dans le cercle étroit des distinctions nobiliaires et des prérogatives de Cour ». Fort de son expé-rience américaine, La Fayette serait un chaud partisan des armées nationales de préférence aux armées de métier.

Il déplorait « la funeste épidémie de l'émigration » dont les conséquences se révélèrent à tous égards désastreuses, en particulier sur la discipline, en développant l'esprit de méfiance et en créant dans les unités un climat de soupçon et une atmosphère empoisonnée. Ce « mode de désertion » justifiait « en partie », selon lui, « les vociférations des clubs contre les nobles et les officiers ». En janvier 1792, l'Assemblée avait beaucoup discuté le recrutement de l'armée, car Narbonne, constatant de graves lacunes dans l'effectif des troupes de ligne, avait proposé de puiser dans les bataillons de la Garde nationale pour lever les 50 000 hommes manquants, mais le comité militaire avait préféré l'engagement. En définitive, on eut recours aux volontaires, et La Fayette commença à les amalgamer avec les unités de ligne[3]. Il semblait bien s'entendre avec le ministre, dont il louait l'activité, et avec ses deux collègues, beaucoup plus anciens que lui. Luckner, d'origine bavaroise et passé au service de la France en 1763, avait soixante-neuf ans. Il était « très attaché à la nouvelle Constitution, mais sans y rien comprendre, et lorsque les jacobins voulurent exalter sa libéralité pour calomnier celle de leurs adversaires, il déjouait souvent ses admirateurs par des quiproquos assez plaisants. Il n'avait pas de combinaisons étendues mais du coup d'œil, une grande habitude et l'activité d'une jeune homme ». Quant à Rochambeau, c'était pour La Fayette un mentor dont il avait pu apprécier aux États-Unis l'habileté manœuvrière, le sens de la discipline et la sagesse. L'un et l'autre avaient été promus maréchaux de France le 28 décembre 1791. Le roi n'avait pas cru devoir conférer cette dignité au commandant de la troisième armée qui n'était lieutenant général que depuis quelques mois. Formés à l'ancienne école, Luckner et Rochambeau, « très dissemblables entre eux, avaient un inconvénient commun qui tenait à leurs avantages mêmes, c'était de trop se méfier de leurs troupes nouvelles et inexpérimentées dans une lutte contre les troupes les plus renommées de l'Europe ». La Fayette, au contraire, « augurait mieux de l'enthousiasme de la liberté ». Mais il était quand même un peu inquiet du manque d'expérience général puisque, à l'exception des trois commandants en chef, « il n'y avait pas un militaire dans toute l'armée française qui eût mené deux mille hommes à la guerre ».

Le premier soin des nouveaux chefs fut de rétablir la discipline dans leurs troupes, et La Fayette se montra spécialement rigoureux, au point que « la mollesse dans le commandement passa chez les soldats pour un signe d'aristocratie ». Il mit l'austérité à l'ordre du jour et rompit avec les habitudes de luxe des généraux d'Ancien Régime. Appliquant les enseignements de la guerre d'Amérique, il créa des unités des tirailleurs chargés de couvrir le gros de l'infanterie et organisa des compagnies d'artillerie légère à cheval, à la mode prussienne et autrichienne. Le 22 janvier, il faisait ses confidences à Washington : « Je dois avoir 30 000 hommes employés en garnison sur la frontière depuis Montmédy jusqu'à Bitche et 30 000 pour tenir la campagne. Je n'espère pas atteindre tout de suite ce chiffre, mais, si j'ai besoin de renfort, je compte sur l'aide des Gardes nationales. [...] Les régiments réguliers sont loin d'être complets. Les bataillons volontaires vont très bien. En général, les soldats et les sous-officiers sont patriotes, mais peu disciplinés. Un tiers des officiers est bon, un autre tiers est déjà parti, le reste, très malintentionné, s'en ira bientôt, j'espère. Ceux qui nous ont quittés sont assez bien remplacés. Nous manquons d'officiers généraux. La plupart sont *tories* (c'est-à-dire conservateurs). Je continue (et je suis le seul qui, à cause de ma popularité, puisse le tenter) à établir une sévère discipline en dépit des clameurs jacobines, et je pense que l'armée ira bien[4]. »

Pendant ce temps, le courant belliciste se développait à Paris. Le 25 janvier, l'Assemblée décrétait que le roi enverrait à l'empereur Léopold un véritable ultimatum le menaçant d'une déclaration de guerre si satisfaction n'était pas donnée aux exigences françaises avant le 1er mars. Le roi devait prendre toutes les dispositions pour que les troupes françaises « soient en état d'entrer en campagne au premier ordre qui en sera donné ». Adressant à Washington un long rapport sur la situation politique en France, Gouverneur Morris notait que, « pour des raisons différentes, tout le pays veut la guerre ». Les Girondins souhaitent utiliser ce prétexte pour prendre des mesures impopulaires de redressement national. Les jacobins comptent imputer aux intrigues du roi et de la reine « les revers qu'éprouveront infailliblement les bandes indisciplinées qu'on opposera aux armées régulières ennemies » et pousser par ce moyen le peuple indigné à établir la république. Les aristocrates « enragés » y voient un moyen pour le gouvernement d'obtenir qu'on lui accorde une force militaire disciplinée, « susceptible d'être employée au rétablissement de l'ordre et du despotisme ». Les nobles émigrés, enfin, « veulent la guerre par cupidité. Pauvres mais orgueilleux pour la plupart, ils ont l'espoir d'obtenir des récompenses pour avoir aidé les armées étrangères à remporter la victoire ». A tous ces éléments s'ajoute encore « l'esprit traditionnellement guerrier de ce pays ». Mais qu'en pensait réellement l'opinion publique ? Selon La Fayette, « le roi et la reine flottaient entre les partis », et la reine répugnait à devenir l'obligée de ses beaux-frères qu'elle détestait.

Le gouvernement fit quelques efforts pour essayer de se trouver des alliés. Talleyrand partit en mission pour Londres où il devait proposer à la Cour d'Angleterre une alliance contre l'Empereur. On envisageait de céder les îles de Tobago aux Antilles, de France (Maurice) et de Bourbon (la Réunion) dans l'océan Indien ! Brissot alla même, avec une inconscience à peine croyable, jusqu'à proposer la cession de Dunkerque et de Calais « comme gages de la fidélité de la France aux engagements qu'elle pourrait contracter ». Le gouvernement britannique ne donna aucune suite à ces offres, et Gouverneur Morris fut épouvanté de la légèreté avec laquelle Paris agissait. « Vous jugerez par cet exemple, écrit-il de Londres à Washington le 4 février, de la sagesse et de la vertu de la faction à laquelle il [Brissot] appartient. » En même temps, on envoyait un exprès à l'Empereur « pour lui assurer que, malgré les apparences, on ne lui voulait aucun mal. [...] D'après cela, vous jugerez quelle confiance on peut avoir dans ces hommes d'État improvisés[5] ». La Fayette participa à plusieurs réunions, chez Mme de Staël, chez Condorcet, auxquelles participaient Talleyrand, Clavière, Brissot, Pétion, Sieyès, Narbonne, et au cours desquelles furent évoquées la manière de pousser l'Empereur à la guerre, voire la mise en accusation de la reine et la suspension du roi. Contrairement à ce qu'il affirma plus tard au cours de son procès, Brissot, même s'il ne fut jamais, comme l'en accusa Camille Desmoulins, un agent au service de La Fayette « qui l'avait corrompu et pris à son service », continua à entretenir des relations avec celui-ci bien après « la Saint-Barthélemy du Champ-de-Mars » et ce n'est que plus tard qu'il le dénonça dans son journal comme le « Catilina moderne [...], un de ces faux patriotes dont le nom ne devrait passer à la postérité qu'accompagné d'exécration[6] ».

Comme cela se reproduira plusieurs fois dans la suite des temps, un parti belliciste actif poussait au conflit sans le préparer sérieusement, ce qui faisait écrire au ministre de Prusse à Paris, le comte de Goltz : « L'histoire ne fournit pas d'exemple d'une assemblée qui insulte toutes les puissances sans vouloir prendre les moyens de soutenir la guerre. » On songeait davantage, à Paris, à multiplier les intrigues. Dans un article du 26 février dans *Le Journal de Paris*, intitulé « De la cause des désordres qui troublent la France et arrêtent l'établissement de la liberté », André Chénier décrivait les manœuvres des jacobins et soutenait des positions très voisines de celles de La Fayette : « Quiconque veut exécuter les lois

est dénoncé chez eux et par eux dans les places publiques et
à la barre même de l'Assemblée comme mauvais citoyen et
contre-révolutionnaire. » Comme le général allait le proclamer
lui aussi, Chénier constatait que « ces clubs sont et seront
funestes à la liberté, qu'ils anéantiront la Constitution, que la
horde des énergumènes de Coblence n'a pas de plus sûrs
auxiliaires, que leur destruction est le seul remède aux maux
de la France ». Il revint sur ce sujet quelques semaines plus
tard en attirant l'attention sur la haine implacable que
nourrissait Robespierre à l'égard de La Fayette : « Une
inexplicable haine contre un général dont on ne saurait le
soupçonner d'être jaloux[7]. » Sans doute, mais « l'Incorruptible » redoutait la popularité d'un général qui, s'il avait été
plus lucide et plus entreprenant, aurait pu lui barrer la route.

Des difficultés sérieuses avaient aussi surgi au sein même
du gouvernement avec un conflit entre les ministres de la
Guerre et de la Marine. Narbonne, très constitutionnel, s'était
révélé actif, et son esprit de décision l'avait rendu assez
populaire. Il ne dissimulait pas ses ambitions et se voyait bien
jouer un grand rôle politique. Très belliciste, il se faisait fort
de « ramener les esprits égarés » à condition qu'on eût
« l'adresse d'occuper la nation d'une guerre qu'on lui ferait
regarder comme nationale, pour parvenir par ce moyen à
rendre au roi l'autorité nécessaire pour le bonheur de la
France[8] ». Bertrand de Molleville avait capté la confiance du
roi et contrait systématiquement son collègue. Celui-ci chercha, pour se maintenir, l'appui des trois chefs d'armée qu'il
convoqua à Paris pour leur faire rendre compte de la situation
de leurs troupes et de leurs projets. Ils assistèrent au Conseil
du 2 mars, et le roi les interrogea sur l'état de leurs corps.
Rochambeau fut le plus pessimiste et déclara que son armée
manquait d'armes et d'équipements, « que la discipline était
presque totalement détruite, que les circonstances rendaient
son rétablissement impossible et qu'avec de pareilles troupes
il était indispensable de réduire les opérations aux mesures
défensives ». Luckner fut beaucoup plus optimiste. Tout en
reconnaissant que l'équipement et la discipline étaient loin
d'être parfaits, il soutint que les troupes avaient beaucoup
d'ardeur. « Ils me suivront partout où je veux », dit-il, et il
se déclara partisan résolu de l'offensive car elle est conforme
au tempérament français. Quant à La Fayette, il semble qu'il

fit une réponse assez évasive, dans le souci de ne pas contrarier ses collègues.

Le lendemain, Narbonne n'assista pas au comité des ministres, et c'est La Fayette qui intervint pour attirer l'attention sur le mauvais effet produit dans l'opinion par la mésintelligence entre les ministres. Prenant résolument le parti de son ami Narbonne « qui déplaisait à la Cour par la franchise de son caractère, sa conduite patriotique » et son attachement pour l'ancien commandant de la Garde nationale, il demanda la démission de Bertrand de Molleville qui, soutenu par ses autres collègues, refusa absolument. Le conflit entre les deux ministres était de nature politique, Narbonne accusait Bertrand de mauvaise volonté dans l'exécution des lois militaires et de la Constitution en général, ce qui était en partie exact, car les relations du ministre de la Marine avec l'Assemblée restaient difficiles, et il n'avait guère de contacts avec les comités ; mais d'autre part les parlementaires, comme ce fut souvent le cas depuis cette époque, se montraient peu ouverts aux problèmes spécifiques de la marine, très différents de l'armée de terre. Quelques jours plus tard, Narbonne faisait publier dans *Le Moniteur* et *Journal de Paris*, sans leur accord, les lettres par lesquelles les trois généraux le priaient instamment de rester en place, car son départ du ministère les mettrait hors d'état d'exercer leur commandement. Ils s'aperçurent alors qu'ils avaient été joués par leur ministre qui ne les avait fait venir à Paris que pour tenter de sauver son portefeuille. La manœuvre échoua, et Narbonne comme Bertrand durent démissionner le 9 mars[9]. Au milieu de toutes ces intrigues, on n'eut guère le temps de parler de plans d'opérations éventuelles. Il fut toutefois prévu que La Fayette et son armée entreraient aux Pays-Bas, sur les instances de Rochambeau qui fit observer au roi avec malice « qu'il s'agit là de révolution, et Votre Majesté sait que M. de La Fayette s'y connaît mieux que personne[10] ».

Le nouveau ministère comprenait Dumouriez aux Affaires étrangères, Roland à l'Intérieur, Grave à la Guerre, Lacoste à la Marine, Clavière aux Finances ; Duranton fut nommé à la Justice le 14 avril. C'était, selon La Fayette, un gouvernement brissotin constitué contre ses avis et selon ceux de

l'intendant de la liste civile, La Porte, « organe des contre-
révolutionnaires aristocrates ». Il considérait Dumouriez comme
un « militaire politique et intrigant, indifférent aux partis
comme aux opinions », étourdi, intéressé, inconséquent, ambitieux, mais « homme d'esprit, brave, fécond en ressources et
doué de grands talents militaires ». Inquiet de l'évolution
d'une situation qui voyait les jacobins (mais que désigne-t-il
exactement ainsi ?) « désorganiser la France par leurs écrits
et leurs agitations » et employer « tous les moyens capables
de ruiner la discipline de l'armée ou d'avilir les lois de l'État »,
il lui paraissait difficile, à lui, général constitutionnel, « de
traiter avec un ministère nommé sous l'influence de cette
faction ». La Fayette rédigea alors et fit porter à Dumouriez
un mémoire qui, dans une large mesure, annonce la lettre
qu'il devait adresser le 16 juin à l'Assemblée. Il proposait au
gouvernement une sorte de pacte par lequel celui-ci s'engagerait à « faire respecter les lois, la dignité royale, les autorités
constituées, la liberté religieuse, à s'opposer aux intrigues
aristocratiques ». Dans ces conditions, il assurait le ministère
de son soutien. Tentative sans écho et sans lendemain.

Le 15 mars, il fait part de ses soucis à Washington : « Le
danger est pour nous dans l'état d'anarchie qui provient de
l'ignorance du peuple, du nombre immense des non-proprié-
taires, d'une méfiance habituelle contre toute espèce de mesure
de gouvernement. » Le nouveau ministère ne lui inspire guère
confiance : « Le roi a choisi son Conseil dans la portion la
plus violente du parti populaire, c'est-à-dire dans le club des
Jacobins, espèce d'institution jésuitique, plus propre à faire
déserter notre cause qu'à nous attirer des prosélytes. [...]
L'Assemblée est peu éclairée, elle met trop de prix aux
applaudissements populaires [étrange reproche de sa part !],
le roi est en arrière des circonstances dans sa conduite
journalière, quoique, de temps en temps, il agisse tout à fait
bien. [...] La licence sous un masque de patriotisme est notre
plus grand mal, car elle menace la propriété, la tranquillité,
la liberté elle-même. » Il émet ensuite des réserves sur la
nomination de Gouverneur Morris en qualité de ministre des
États-Unis à Paris, bien qu'il soit son ami, « mais les principes
aristocratiques et vraiment contre-révolutionnaires qu'il a
professés le rendent peu propre à représenter la seule nation
dont le gouvernement ressemble au nôtre puisque tous deux
sont fondés sur le plan d'une démocratie représentative ».

La Fayette était en effet certainement irrité par la lucidité de Morris, qui contrastait avec son propre aveuglement, et par les conseils que le diplomate lui avait fréquemment donnés, le plus souvent en vain. De plus, il ignorait que le nouveau ministre avait reçu de Washington mission de rétablir des relations diplomatiques normales entre les États-Unis et l'Angleterre et de négocier un traité de commerce. On a quelquefois reproché à Morris ce renversement des alliances, à tort, car il n'en fut nullement l'instigateur et exécuta simplement les instructions de Washington, de plus en plus réticent à l'égard de la Révolution française : le *Jay's treaty* du 19 novembre 1794, aboutissement de cette politique, combla les vœux de président américain[11]. La Fayette reprochait aussi à Morris de le représenter à Louis XVI, qui l'écoutait volontiers, comme trop républicain, ce qui ne faisait qu'accroître la méfiance du roi.

Le général repartit pour Metz le 20 mars. Rochambeau, malade, ne put rejoindre son poste et resta à Paris. Il donna d'ailleurs sa démission au début du mois de mai et fut remplacé le 19 par Luckner. La mésentente sévissait entre les généraux, et le moins qu'on puisse dire est que la confiance ne régnait pas. Biron évoquait, dans une lettre à Talleyrand du 7 avril, « le danger de confier à M. de La Fayette l'armée active et le destin de la France » ; Dumouriez semblait partager ce sentiment. L'hostilité se développait aussi du côté jacobin : Robespierre, Collot d'Herbois, Marat se répandaient en invectives contre l'homme qui risquait de déranger leurs projets et incarnait cette légalité dont ils faisaient bon marché. Les calomnies allaient bon train. On accusait le général d'être revenu secrètement à Paris, de s'être opposé à la fête commémorant la révolte des Suisses de Châteauvieux à Nancy. « C'est La Fayette que nous avons ici à combattre », proclama Robespierre le 6 avril, et, dans un autre discours, il opposait « le parti de la liberté et celui des fripons ». Collot d'Herbois renchérissait : « Je dis que l'ennemi de la chose publique, c'est cet homme qui ose opposer sa volonté au vœu national[12]. » Le 11, Marat écrivit à Pétion une lettre d'une extrême violence : « Vous n'ignorez pas sans doute que le sieur Motier est accouru à Paris pour travailler l'armée et faire manquer la fête civique pour les tristes restes de Châteauvieux. » Nageant en plein délire, il prétendait qu'on préparait un « horrible carnage » de patriotes — toujours cette obsession

de la Saint-Barthélemy — et qu'il importait de « consigner
l'état-major parisien le jour de la fête ». Le jacobin Chépy,
nommé commissaire des Guerres à l'armée du Nord, fustigeait
« La Fayette dont le seul nom appelle tant de cruels souvenirs[13] ». Même l'ancien ami Condorcet s'associait à ces
attaques et à ces calomnies... Sans trop se soucier de cette
guerre verbale et de caricatures qui ne l'épargnaient pas, le
général s'occupait de mettre son armée en état, visitait les
hôpitaux, goûtait la soupe...

De Metz, il précisait le 18 avril, à sa femme, sa position
politique : « Robespierre, Danton, Desmoulins, etc., forment
la tourbe jacobine. Ces marionnettes sont conduites des
coulisses et servent la Cour en désorganisant tout, criant que
nous sommes battus sans ressources, en attaquant La Fayette
qui a trompé, disent-ils, le peuple et la Cour. » Ceux qu'il
appelle les « hauts jacobins », en réalité les Girondins, parmi
lesquels il range Sieyès, Condorcet et Roederer, « craignent
et haïssent Robespierre mais n'osent pas se dépopulariser ».
Quant à lui, il reste fidèle à ses professions de foi : « Je n'ai
d'autre parti que la nation française, mais mes amis et moi
nous servirons quiconque voudra faire le bien, défendre la
liberté et l'égalité, maintenir la Constitution en repoussant
tout ce qui tend à la rendre aristocrate ou républicaine, et
lorsque la volonté nationale, exprimée par les représentants
qu'on a choisis et par le roi, nous aura dit que la guerre est
inévitable, je concourrai le mieux que je pourrai à son
succès[14]. »

C'est le 20 avril 1792 que la guerre fut déclarée à
l'Empereur. Malgré les efforts du parti constitutionnel, les
Girondins avaient réussi à emporter la décision. Le roi vint à
l'Assemblée et, selon Mathieu Dumas, « sa contenance, l'al-
tération de ses traits et de sa voix exprimaient la plus
profonde douleur et ses pressentiments sinistres[15] ». Une telle
décision ne pouvait que heurter son pacifisme foncier, et s'il
était indécis il ne manquait pas de clairvoyance et saisissait
parfaitement que c'était à lui surtout qu'on déclarait la guerre.
Le même jour, Robespierre demanda l'enlèvement des bustes
de Bailly et de La Fayette à l'Hôtel de Ville et le débaptême
de la rue portant le nom du général. Le 23, les jacobins
exigeaient sa destitution, et Brissot, reniant ses anciennes
relations du temps des Amis des Noirs, décochait cette flèche :
« Vous qui croyez voir dans La Fayette un nouveau Cromwell,

vous ne connaissez ni La Fayette, ni votre siècle, ni le peuple français. Cromwell avait du caractère, et La Fayette n'en a pas[16]. » Il n'avait pas tout au moins celui qui mène aux coups d'État.

Le 22 avril, les trois généraux reçurent des instructions sur les opérations futures qui montrent l'étendue des illusions que l'on nourrissait dans les bureaux de Paris. On commençait par expliquer que le roi se trouvait forcé par les circonstances d'abandonner le plan défensif « pour adopter un système d'invasion qui puisse favoriser l'insurrection presque générale des Belges et des Liégeois qui n'attendent que notre entrée dans leur pays pour lever l'étendard ». Il était prescrit à La Fayette de concentrer à Givet un corps d'environ 10 000 hommes qui marcherait sur Bouvines tandis qu'un autre s'avancerait vers Arlon. L'objectif à atteindre était Namur pour s'emparer de la citadelle, des magasins et des dépôts d'artillerie. S'il y réussit, « il distribuera les armes aux habitants pour achever de les attacher à ses succès ». Il se dirigera ensuite sur Liège tandis que Biron s'avancera vers Bruxelles. Les objections éventuelles étaient balayées par des formules simplistes : « Il n'entrera dans aucun détail politique avec les Belges sur la manière de faire leur révolution ; pourvu que leur insurrection soit franche et à peu près universelle, il nous est absolument égal dans quel sens elle est conduite. Il en sera de même avec les Liégeois qui lui seront d'un très grand secours pour la défense de la Meuse. » On lui recommandait d'agir avec rapidité pour créer la surprise, car « les lenteurs de la guerre méthodique feraient tout manquer ». Enfin, il distribuera une proclamation et « annoncera partout que les Français n'entrent dans la Belgique et dans le pays de Liège que pour assurer la liberté ». Ce plan, élaboré par Dumouriez et auquel Rochambeau était très hostile, manquait pour le moins de réalisme dans la mesure où il confiait l'attaque principale à l'armée du Centre qui se trouvait dispersée depuis le département des Ardennes jusqu'à celui des Vosges. Au 15 avril, elle comprenait 48 bataillons de ligne, 30 de volontaires nationaux et 46 escadrons de cavalerie, soit 62 100 hommes[17]. Les deux autres armées étaient un peu moins nombreuses : 53 400 pour Rochambeau en Flandre, 48 800 pour Luckner sur le Rhin.

*<br>
* *

Dans les jours qui précédèrent la déclaration de guerre, Dumouriez adressa plusieurs lettres à La Fayette pour tenter de lui inspirer confiance : « C'est le bien de la chose publique qui est notre seule direction, sans intrigue, sans acception ni exception. Ainsi, vous pourrez fixer notre destinée qui est devant vous, sans détourner la tête par inquiétude pour ce qui est derrière vous. » Le 14 avril, il l'assurait de son concours : « Je connais votre profession de foi sur notre Révolution, nous pensons absolument de même à cet égard, et nous vivrons libres ou nous mourrons ensemble. » Il lui promettait son appui total « pour tout ce qui peut aider à sauver notre malheureuse partie qui a ses véritables ennemis dans son sein[18] ».

Dès la nouvelle de la déclaration de la guerre, La Fayette avait adressé une proclamation à ses troupes et fait bénir les étendards du 3e régiment de chasseurs à cheval par l'évêque de Metz. Le moral semblait élevé et la popularité du général grande parmi ses troupes : « Leur expression ordinaire en parlant de lui est : Hommes et chevaux, nous nous ferions couper en quatre pour lui[19]. » Suivant les instructions, le général parvint à concentrer ses troupes dans la région de Givet et à s'avancer en direction de Namur. Le 30 avril, le 11e régiment de chasseurs à cheval était à Bouvines, mais l'armée de La Fayette avait été la seule à exécuter la première partie des manœuvres prévues. En Flandre, Dillon et Biron tentèrent de s'avancer vers Tournai, mais se heurtèrent à une vive résistance qui obligea Biron à se replier précipitamment sur Valenciennes. Le corps d'armée de Dillon fut pris de panique et mis en déroute. Le 30 avril, écrit La Fayette, « le général, accablé d'injures et de menaces, fut forcé de se réfugier dans une ferme où il fut joint par des soldats qui le coupèrent en morceaux et le jetèrent au feu ». Ce mauvais début de campagne fortifia le préjugé de la supériorité des armées autrichiennes, très répandu chez les officiers. Il y eut des paniques, les traditionnels bruits de trahison, des officiers inexpérimentés qui perdirent la tête et des désertions. Dans la nuit du 1er mai, presque tous les officiers du Royal-Suédois disparurent. On s'aperçut aussi que, contrairement aux prévisions, le Brabant n'était nullement disposé à se soulever. Seule l'armée du Centre, aux ordres de La Fayette, avait conservé un minimum de cohésion et de discipline. Mais parmi les causes de trouble, il faut relever les changements perpétuels à la tête du département de la Guerre. Dès les premiers jours de la Révolution, l'instabilité ministérielle semblait devenir une règle. Depuis le départ de La Tour du Pin, le 16 novembre 1790, on avait vu défiler Duportail jusqu'au 3 décembre 1791, Narbonne qui ne resta en fonctions que quatre mois (de décembre 1791 au 10 mars 1792), et Grave disparut au bout de deux mois, le 10 mai, pour être remplacé par Servan, renvoyé le 13 juin. Il était difficile dans ces conditions d'assurer une marche cohérente des services et des opérations. Et le secret. Dès la déclaration de guerre, La Fayette s'en était inquiété : « Permettez-moi de vous faire observer que vos secrets sont imméditement divulgués, je ne sais comment. Il y a quinze jours que mes mouvements et ceux des autres généraux d'armée sont annocés dans les sociétés de Metz. [...] Je n'ai vu personne arrivant de Paris qui n'en sût autant que moi[20]. »

Au début de mai, Rochambeau avait démissionné, et Luckner le remplaça, ce qui donna lieu à un remaniement du dispositif : il n'y eut plus que deux armées, l'une défendant la frontière de Dunkerque à Montmédy et l'autre de Longwy au Rhin. Le jour même de sa prise de fonctions, Servan écrivit à La Fayette pour s'attirer ses bonnes grâces : « Plus que jamais nous avons besoin de nous opposer aux ennemis de notre Constitution. » Il l'invitait à « exiger impérieusement des hommes qui sont sous vos ordres obéissance aveugle à la loi et surtout courage, discipline, patience et sobriété ». Les armées, selon le nouveau ministre, avaient trop pris l'habitude du confort et du luxe : « Avec du pain, de la viande, du riz, l'officier et le soldat devraient pouvoir vivre, et tout cela peut être fourni directement et être acheté chez nous en papier[21]. »

Le 23 mai, Gouvion livra combat à Hamptinne contre des forces autrichiennes très supérieures. Les Français durent se replier sur Philippeville, mais firent bonne contenance, et La Fayette constata avec satisfaction que « les mouvements s'exécutèrent avec un ordre et un sang-froid très remarquables pour des troupes nouvelles[22] ».

Tenta-t-il alors une négociation avec l'Empire ? Une lettre de Kaunitz à Mercy-Argenteau du 26 mai le donne à penser. « La démarche de La Fayette, écrit le chancelier impérial, repose sur un des mobiles que Votre Excellence a remarqués, mais les assurances d'un homme comme La Fayette ne méritent aucune confiance. On ne peut compter sur la fin de l'anarchie et le rétablissement de l'ordre que si le roi est parfaitement libre, et cela n'est pas à attendre tant que la force réunie des Cours alliées ne sera pas rassemblée. » Kaunitz estimait qu'il convenait de faire traîner les négociations d'autant plus que la plus grande partie des propositions d'accommodement faites au nom de La Fayette « n'offrent que des bases qu'on ne peut adopter[23] ». Que contenaient ces propositions ? Nul ne le sait, et naturellement leur auteur n'en souffle mot dans ses *Mémoires*, mais il y eut certainement tentative de conversations. Très préoccupé par l'évolution de la situation politique à Paris et par l'état d'impréparation de l'armée, chercha-t-til à négocier un armistice qui lui permettrait d'aller à Paris défendre le roi et la Constitution ? C'est possible.

Est-ce à cette occasion que le général fut accusé de participation au prétendu « comité autrichien » ? Le 15 mai, le Girondin Carra, dans ses *Annales patriotiques,* avait dénoncé l'existence d'un organisme dirigé par Montmorin et Bertrand de Molleville qui aurait poursuivi, sous l'impulsion de la reine, des tractations souterraines avec le cabinet de Vienne. Les accusations furent reprises les jours suivants par Brissot et Chabot, visant des personnalités fort différentes : Duport-Dutertre, le duc de Brissac, Delessart, Barnave, les frères Lameth, Narbonne, les généraux, y compris La Fayette. Ces propos ne reposaient sur aucun fondement, et Carra comme Brissot furent bien incapables d'apporter les moindres preuves, mais il était facile de lancer les rumeurs les plus fantaisistes et de miser sur la crédulité publique. L'affaire des papiers brûlés dans les fours de la Manufacture de Sèvres en offre un bel exemple. Le bruit se répandit en effet qu'il s'agissait des archives du « comité autrichien », alors que l'on ne détruisait que des ballots de libelles diffamatoires contre la reine produits par la pseudo-comtesse de La Motte et rachetés par le roi pour éviter leur diffusion. Qu'en était-il en réalité de ce prétendu comité ? Selon La Fayette, quelques « royalistes mitigés » et quelques constitutionnels souhaitaient une intervention étrangère mais limitée à des démonstrations et à des menaces qui auraient placé le roi en position d'arbitre et de médiateur et permis un renforcement de l'autorité royale en fortifiant la monarchie constitutionnelle. Il estimait que cette affaire avait été « fort exagérée par l'esprit de parti. [...] On confondit à dessein tous les chefs constitutionnels, civils et militaires, et nommément les généraux des armées, Rochambeau qui ne se mêla jamais d'aucune combinaison politique, La Fayette à qui cette négociation était comme de raison plus soigneusement cachée qu'à qui que ce fût[24] ».

L'affaire eut des conséquences politiques. La garde constitutionnelle du roi, commandée par le duc de Brissac, devint l'objet de la haine jacobine qui en fit l'instrument du pseudo-comité autrichien. Créée le 30 septembre 1791 pour remplacer les gardes du corps licenciés après Varennes, installée seulement en mars, l'existence de cette garde était, comme son nom l'indique, garantie par la Constitution. C'est donc un décret parfaitement illégal qu'allait voter l'Assemblée le 29 mai. Elle s'était déclarée en permanence pour déjouer les projets des conspirateurs, en fait pour désarmer le roi en lui retirant toute protection. Pétion et Barère accusèrent avec violence la garde et proposèrent son licenciement ; malgré les contre-attaques de Mathieu Dumas et de plusieurs autres députés, le décret fut voté. La troupe serait licenciée et « renouvelée sans délai », son service suspendu et assuré désormais par la Garde nationale, son commandant, le duc de Brissac, arrêté et mis en accusation. Comme l'écrivait avec lucidité Mathieu Dumas, « la faction qui dominait l'Assemblée et à laquelle on avait donné une si grande part dans l'exercice du pouvoir exécutif marchait maintenant à découvert. Elle voulait s'emparer du roi par la terreur[25] ». Louis XVI eut la faiblesse de sanctionner ce décret illégal et de se laisser ainsi désarmer. Le légalisme de La Fayette fut extrêmement choqué par cette décision : « A l'exception du chef de la garde particulière du roi, M. de Brissac, les officiers étaient pour la plupart d'une aristocratie provocante et l'indécence de leurs propos devait déplaire aux bons citoyens, mais leurs moyens de nuire étaient nuls. La cassation de la garde fut anticonstitutionnelle, et ceux qui la votèrent sont inexcusables[26]. » Il en était d'ailleurs de même du décret du 27 mai ordonnant la déportation sans jugement des prêtres réfractaires.

Le 8 juin, un nouveau décret — toujours aussi peu constitutionnel, car il n'avait été ni discuté en Conseil du roi ni même communiqué au souverain — décida la création d'un camp de 20 000 fédérés destiné à protéger Paris. Le 11, le roi opposa son veto aux textes concernant les prêtres réfractaires

et les fédérés. La crise devenait de plus en plus ouverte. Le
parti constitutionnel et La Fayette, notait Malouet, sont « en
fureur du licenciement de la garde et des 20 000 fédérés
décrétés. Je ne serais point étonné qu'ils tentassent quelque
entreprise contre les jacobins[27] ». L'épreuve de force allait se
préciser pour aboutir à la chute de cette monarchie que le
général aurait tant souhaité sauver. Mais pendant ce temps,
que se passait-il à l'armée ? Fin mai, Roland, ministre de
l'Intérieur, ayant accusé les troupes de lâcheté, s'attira une
lettre acerbe de La Fayette qui prenait vigoureusement la
défense de ses soldats en lesquels il déclarait avoir toute
confiance et qu'il ne voulait pas voir confondus avec les
fuyards de Mons et de Tournai. Le 7 juin, il constituait un
camp retranché autour de Maubeuge, poussait le 9 une
reconnaissance de cavalerie vers Mons et, le 11, repoussait
une attaque autrichienne à Glisnelle. C'est lors de ce combat
qu'il perdit son ami Gouvion, tué par un boulet, et il en fut
très affecté.

Dumouriez avait fait à l'Assemblée, le 13 juin, un tableau
assez sombre de la situation des armées, évoquant le manque
d'hommes, d'armes, d'équipements, de chevaux, de munitions,
de vivres, le mauvais état des places fortes. Il s'était répandu
en vives critiques contre les bureaux de la Guerre où il se
commettait des dilapidations ruineuses, mais aussi contre
l'Assemblée à laquelle il reprocha son inconscience, son
incompétence et sa manie de décréter sans se soucier des
moyens d'exécution. Ainsi, les levées d'hommes prévues sur
la demande des trois derniers ministres, Narbonne, Grave et
Servan, n'avaient pu être effectuées, car l'Assemblée ne vota
jamais les crédits nécessaires. Les constatations de La Fayette
vont dans le même sens : négligence dans le service des places
fortes, faiblesse des effectifs dans les unités des dépôts qui
« se réduisent à rien », manque d'expérience des officiers
volontaires : « Nous avons dans les canonniers un déficit
vraiment effrayant ; c'est cependant notre seul point de
supériorité sur les Prussiens. » Les volontaires arrivaient sans
armes et les magasins étaient vides. Il se préoccupait du sort
des prisonniers autrichiens et aurait voulu qu'on établît un
cartel d'échange, car il aimerait les transformer en propagan-

distes : « Comme nous pouvons dans peu de jours donner une
éducation patriotique à ceux qui tombent dans nos mains, il
faudrait les renvoyer pour détruire les préjugés qu'on donne
à ces troupes et pour les remplacer par les principes de la
Constitution. » Mais son souci principal est « la pénurie de
nos moyens et l'insuffisance de notre organisation[28] ».

On a beaucoup reproché à La Fayette son attitude très
défensive qui a donné lieu à de multiples calomnies. Certains
sont allés jusqu'à l'accuser de connivence avec l'ennemi, ce
qui lui aurait permis de marcher sur Paris avec son armée.
C'était bien mal connaître son attachement à la légalité, et
jamais il n'eut de pareilles intentions ; tout au plus envisagea-
t-il, sans modifier son dispositif sur la frontière, de détacher
quelques unités pour protéger une éventuelle retraite du roi
vers Compiègne[29].

A Paris, le conflit ne cessait de se durcir. Le 10 juin, le roi
renvoya les trois ministres girondins, Roland, Servan et
Clavière. Dumouriez prit le portefeuille de la Guerre dont il
allait être, pour quelques jours seulement, le quatrième
titulaire depuis le début de l'année. Selon Roederer, qui se
trouvait à Metz au quartier général lorsque lui parvint la
nouvelle, La Fayette en parut enchanté, et il y eut « une
bruyante explosion de joie dans le salon ». Avait-il incité le
roi à prendre ces décisions, comme le prétendirent certaines
rumeurs ? Il est impossible de l'affirmer. En tout cas, ces
informations le décidèrent sans doute à frapper ce qu'il
pensait être un grand coup.

# CHAPITRE XXI

# Sauver le roi et la liberté

Le constitutionnel fervent qu'était La Fayette ne pouvait voir sans douleur l'œuvre de l'Assemblée dont il avait fait partie, ce texte pour lui sacré et considéré comme la panacée, livré à des factions qui ne cessaient de le violer et de le mettre en pièces. Confiant dans une popularité sur laquelle il s'illusionnait beaucoup, il s'imagina qu'il avait encore le pouvoir d'arrêter le mouvement. Pour quelles raisons s'était-il décidé soudain à intervenir de cette manière dans la vie politique ? Il y fut incité, dit-il, par de nombreuses plaintes émanant des corps administratifs et municipaux « contre les excès croissants du jacobinisme. Les clubs usurpaient tous les pouvoirs, insultaient les tribunaux et les autorités constitu-tionnelles, dominaient l'administration, le corps législatif, dirigeaient la politique et la guerre ». Les corps constitués s'alarmaient de constater le glissement du pouvoir des mains débiles d'un roi indécis, d'une Assemblée qui ne cessait de donner la preuve de son inexpérience et de sa faiblesse, d'un gouvernement inconsistant d'une « universelle médiocrité » qui épouvantait Mme Roland, et d'une instabilité qui le vouait à l'impuissance, vers des factions et des groupes illégaux. Ces réactions incitèrent La Fayette à s'exprimer. Le 16 juin, de Maubeuge, il écrivit — peut-être avec le concours de Lally-Tollendal — à l'Assemblée législative, une lettre dans laquelle il analysait la situation et affirmait une fois de plus ses convictions. Texte capital qui marque un des principaux points chauds de la carrière politique du général : « La chose publique est en péril. [...] Persuadé qu'ainsi que les Droits de l'homme sont la loi de toute Assemblée constituante, une

Constitution devient la loi des législateurs qu'elle a établis, c'est à vous-mêmes que je dois dénoncer les efforts trop puissants que l'on fait pour vous écarter de cette règle que vous avez promis de suivre. Rien ne m'empêchera d'exercer ce droit d'un homme libre, de remplir ce devoir d'un citoyen. »

Suit une attaque en règle contre ce qu'il appelle « la faction jacobite » qu'il accuse de la manière la plus nette d'avoir causé tous les désordres : « Organisée comme un empire à part dans sa métropole et dans ses affiliations, aveuglément dirigée par quelques chefs ambitieux, cette secte forme une corporation distincte au milieu du peuple français dont elle usurpe les pouvoirs en subjuguant ses représentants et ses mandataires. C'est là que, dans les séances publiques, l'amour des lois se nomme aristocratie et leur infraction patriotisme. [...] Comment tarderais-je plus longtemps à remplir ce devoir, lorsque chaque jour affaiblit les autorités constituées, substitue l'esprit de parti à la volonté du peuple, lorsque l'audace des agitateurs impose silence aux citoyens paisibles, écarte les hommes utiles et lorsque le dévouement sectaire tient lieu de vertus privées et publiques qui, dans un pays libre, doivent être l'austère et unique moyen de parvenir aux premières fonctions du gouvernement. »

Il se plaignait ensuite avec véhémence des bureaux de la Guerre qui lui adressaient une correspondance « dont tous les calculs sont faux, les renseignements trompeurs ou frivoles, les conseils perfides ou contradictoires, où, après m'avoir pressé d'avancer sans précaution, d'attaquer sans moyens, on commençait à me dire que la résistance allait devenir impossible lorsque mon indignation a repoussé cette lâche assertion ». Il relevait « une remarquable conformité de langage entre les factieux que l'aristocratie avoue et ceux qui usurpent le nom de patriotes. Tous veulent renverser nos lois, se réjouissent des désordres, s'élèvent contre les autorités que le peuple a conférées, détestent la Garde nationale, prêchent à l'armée l'indiscipline, sèment tantôt la méfiance et tantôt le découragement ».

Voué « à une persévérante défense de la liberté et de la souveraineté des peuples », il faisait l'éloge de son armée : « Patriotisme, énergie, discipline, patience, confiance mutuelle, toutes les vertus civiques et militaires, je les trouve ici ! » Il développait le contraste entre ces troupes dont il embellissait sans doute le tableau, et Paris : « Ici les principes de la liberté et de l'égalité sont chéris, les lois respectées, la propriété sacrée, ici l'on ne connaît ni les calomnies ni les factions. » Il a donc confiance dans les ressources humaines du pays qu'il estime prêtes à défendre la liberté, la souveraineté nationale et la Déclaration des droits. Mais il est indispensable que les moyens de combattre et de vaincre soient donnés aux armées et que certaines conditions politiques se trouvent également remplies : « Il faut surtout que les citoyens, ralliés autour de la Constitution, soient assurés que les droits qu'elle garantit seront respectés avec une fidélité religieuse qui fera le désespoir de ses ennemis cachés ou publics. [...] Faites que la justice criminelle reprenne sa marche constitutionnelle, que l'égalité civile, que la liberté religieuse jouissent de l'entière application des vrais principes, que le pouvoir royal soit intact, car il est garanti par la Constitution, qu'il soit indépendant, car cette indépendance est un des ressorts de notre liberté, que le roi soit révéré, car il est investi de la majesté nationale, qu'il puisse choisir un ministère qui ne porte les chaînes d'aucune faction et que, s'il existe des conspirateurs, ils ne périssent que sous le glaive de la loi. Enfin, que le règne des clubs, anéanti par vous, fasse place au règne de la loi, leurs usurpations à l'exercice ferme et indépendant des autorités constituées, leurs maximes désorganisatrices aux vrais principes de la liberté, leur fureur délirante au courage calme et constant d'une nation qui connaît ses droits et les défend, enfin leurs combinaisons sectaires aux véritables intérêts de la patrie qui, dans ce moment de danger, doit réunir tous ceux pour qui son asservissement et sa ruine ne sont pas les objets d'une atroce jouissance et d'une infâme spéculation. »

Il concluait en répétant qu'il avait obéi à sa conscience et à ses serments en exposant ces observations et protestait de son dévouement à l'Assemblée et à son autorité constitutionnelle. Il envoya copie de cette lettre au roi en l'exhortant à la fermeté : « Persistez, Sire, fort de l'autorité que la volonté nationale vous a déléguée, dans la généreuse résolution de défendre les principes constitutionnels contre leurs ennemis. » Il lui assurait, dans ce cas, le soutien de tous les amis de la liberté[1].

La lecture de cette lettre, arrivée le 18, fut, selon Mathieu Dumas, « écoutée avec un religieux silence. On doit considérer ce document comme le plus précieux qui nous soit resté, parce qu'il caractérise mieux qu'aucun autre la véritable situation de la France à cette époque. Il n'est pas une expression qui ne porte l'empreinte de la vérité[2] ». Par le fait même qu'il visait juste et traduisait des réalités, qu'il disait tout haut ce que beaucoup pensaient sans oser l'exprimer, ce texte courageux, et pour une fois lucide, souleva de violentes fureurs chez ceux qu'il visait. Applaudi par une large partie de l'Assemblée qui en vota l'impression, il connut une audience favorable en province puisque soixante-quinze départements et plusieurs grandes villes approuvèrent les principes qu'il exposait. Il n'en fut, bien entendu, pas de même du côté de la « faction jacobite ». Vergniaud observa que La Fayette s'était mis dans l'illégalité en ne faisant pas passer sa lettre par la voie hiérarchique. Il était assez bouffon de voir des hommes qui violaient la Constitution à chaque instant faire preuve soudain de ce juridisme exacerbé... On agita la menace d'un coup d'État militaire, mais finalement, après une intervention de Guadet, la lettre fut transmise à la commission des Douze qui venait d'être réorganisée la veille et devait veiller au salut de la patrie[3].

Les réactions les plus violentes vinrent évidemment du club des Jacobins. Le 18 au soir, Robespierre proclamait : « Frappez La Fayette, et la nation est sauvée [...], le salut de la France est attaché au sort de La Fayette, si on lui donne le temps d'achever ses complots, c'est fait de la liberté, mais s'il est renversé sur-le-champ, la cause du peuple triomphe et la liberté avec lui. » Danton renchérissait : « Il n'est pas douteux que La Fayette ne soit le chef de cette noblesse coalisée avec tous les tyrans de l'Europe. » Et Camille Desmoulins : « Vous savez bien que voilà deux ans que je me tue à crier aux départements : M. de La Fayette est un grand coquin[4]. » Dans la mesure où ils croyaient vraiment ce qu'ils proféraient, les uns comme les autres démontraient seulement leur totale méconnaissance de l'état d'esprit et des idées de l'ancien commandant de la Garde nationale. Il y eut, heureusement, des réactions plus nuancées. Condorcet, dans la *Chronique de Paris*, lui reprochait de trop se souvenir « du ton que prenait Washington », mais ajoutait qu'il « aime trop la liberté pour donner l'exemple funeste d'un général envoyant

des ordres au pouvoir législatif. [...] Il aime trop la Constitution pour oublier que la force armée est essentiellement
obéissante ». Il alla même jusqu'à supposer que la lettre n'était
pas authentique mais qu'elle « est l'ouvrage de quelque aide
de camp bel esprit ». Condorcet se refusait donc à condamner
totalement son ancien ami, mais lui aussi semblait négliger ou
oublier les conceptions fayettistes : « M. de La Fayette est-il
ennemi de la liberté ? Non, mais la préférence constante qu'il
accorde aux intrigants sur les honnêtes gens, aux gens adroits
sur les hommes éclairés, aux valets complaisants sur des amis
même indulgents mais fermes, lui a fait commettre bien des
fautes, et celle-ci est la plus grave de toutes. Il lui reste un
moyen de la réparer, c'est de rompre hautement, publiquement, sans aucune réserve avec les agents imbéciles ou fripons
qui en ont été les complices[5]. »

A droite, au contraire, on approuva la diatribe antijacobine
tout en considérant que les paroles ne suffisaient pas : « Il
fallait frapper et non pas menacer. » Mais il n'était pas dans
le caractère de La Fayette de brutaliser la représentation
nationale. Curieusement, Fouché lui adressa plus tard le
même reproche. Sainte-Beuve raconte une conversation, après
la paix d'Amiens, entre Lord Holland et le ministre de la
Police. Celui-ci estimait que La Fayette avait « fait une grande
faute » qui était de n'avoir pas, quelques mois avant le 10
août, « renversé l'Assemblée, rétabli le pouvoir royal et saisi
le gouvernement. [...] Proclamer le droit et attendre, l'arme
au bras, une manifestation honnête, puis, s'il ne vient rien, se
retirer, c'est compter sans doute plus qu'il ne faut sur la force
morale des choses ; comme si, à part certains moments uniques
et qui, une fois vus, ne se retrouvent pas, rien ne se faisait
tout seul dans les nations ; comme s'il ne fallait pas, dans les
crises, qu'un homme y mît la main ». Mais Fouché, lui aussi,
méconnaît la psychologie de La Fayette que Sainte-Beuve, au
contraire, a parfaitement saisie : s'il avait tenté de franchir ce
Rubicon sur les rives duquel il se promenait, « il sortait de
l'esprit de sa ligne, de sa fidélité à ses serments, de sa religion
publique, il tombait dans la classe des hommes à 18-Brumaire.
[...] Le premier obstacle était dans la morale même qu'il
professait, dans son respect pour la liberté d'autrui, dans
l'idée la plus fondamentale et la plus sacrée de la politique[6] ».
La Fayette était l'homme du scrupule, ce qui, dans une telle
époque, le vouait à l'inefficacité absolue.

La journée du 20 juin, « brouillon de celle du 10 août », comme l'écrit Jean Tulard, ne put que conforter le général dans son antijacobinisme. Il envoya aussitôt un de ses aides de camp, Bureaux de Pusy, à Luckner pour le consulter sur la situation politique et sur un éventuel voyage à Paris. « Depuis que je respire, écrivait-il à son collègue, c'est pour la cause de la liberté. Je la défendrai jusqu'à mon dernier soupir contre toute espèce de tyrannie, et je ne puis me soumettre en silence à celle que des factions exercent sur l'Assemblée nationale et le roi en faisant sortir l'une de la Constitution que nous avons tous jurée et en mettant l'autre en danger de sa destruction politique et physique. C'est celle des dix-neuf vingtièmes du royaume, mais on a peur, et moi qui ne connais pas ce mal-là, je dirai la vérité[7]. » Luckner fit une réponse des plus prudentes et refusa de s'engager. A propos du voyage à Paris : « Je ne puis sur cet article que vous renvoyer à vous-même et vous laisser juge des inconvénients ou des avantages que vous trouveriez à une démarche sur laquelle je ne puis avoir aucune opinion. » Il lui demandait seulement de concerter ses opérations avec les siennes et de prendre les mesures nécessaires pour assurer le service s'il quittait son poste.

Le 22 juin, La Fayette écrivit au nouveau ministre de la Guerre, Lajard, son ancien aide-major de la Garde nationale, qui avait succédé le 18 à Dumouriez resté en fonctions cinq jours, pour l'informer que son combat contre les factieux était « à mort et je veux le terminer bientôt, car, dussé-je les attaquer seul, je le ferai sans compter ni leur force ni leur nombre ». Le 25, il expliquait au même : « Je ne sais comment arranger une combinaison de guerre tant que nos affaires intérieures seront dans cette situation anarchique, criminelle et inconstitutionnelle qui décuple les moyens de nos ennemis et nous ôte tous ceux que nous devrions avoir. » Toutes les dispositions militaires ne serviront à rien tant qu'on n'aura pas rétabli l'ordre au-dedans et fait respecter la Constitution « dont un des pouvoirs vient d'être si atrocement avili ». Il prétend que le 20 juin a provoqué l'indignation de l'armée, « sentiment qui l'honore et que j'éprouve plus que personne ». Le 26, du camp de Maubeuge, il adresse un ordre du jour à ses troupes pour leur annoncer qu'après avoir pris toutes les mesures nécessaires à leur sécurité, il part pour Paris où « il va, dans une course rapide, exprimer à l'Assemblée nationale

et au roi les sentiments de tout bon Français[8] ». Il avait reçu
de nombreuses adresses de confiance émanant des corps placés
sous ses ordres, et cela la conforta sûrement dans sa décision.
Le jour même, il partait pour Paris, laissant le commandement
à M. d'Hangest, maréchal de camp. Lui, si soucieux de
légalité, n'avait pas même prévenu son ministre — mais y
avait-il encore un ministre ? Il passa par Soissons où les
administrateurs du département de l'Aisne tentèrent vainement de le détourner de son projet en lui en montrant les
dangers et le peu de chance de succès.

Arrivé à Paris le 28 juin, il descendit chez son ami
La Rochefoucauld et écrivit aussitôt au président de l'Assemblé pour demander à paraître à la barre, ce qui lui fut
accordé. Il se présenta sans délai, monta à la tribune et
commença par expliquer que sa présence à Paris ne compro-
mettait en aucune manière la sûreté de son armée, car il avait
pris, de concert avec Luckner, toutes les dispositions nécessaires. Il donna ensuite les raisons de sa venue : on avait
douté de l'authenticité de sa lettre du 16 juin et on la lui
avait reprochée, il tenait donc à préciser sa position. Depuis
ce jour, « les violences commises le 20 juin aux Tuileries ont
excité l'indignation et les alarmes de tous les bons citoyens et
particulièrement de l'armée ». Les différents corps de troupe
lui ont envoyé des adresses exposant leur amour de la
Constitution, leur respect pour les autorités établies et leur
haine contre les factieux. Il a donc décidé de venir devant
l'Assemblée « exprimer seul nos sentiments communs », car il
approuve les motifs qui les animent : « Déjà plusieurs d'entre
eux se demandent si c'est vraiment la cause de la liberté et
de la Constitution qu'ils défendent. » Parlant en qualité de
citoyen, il est certain de se faire l'interprète du sentiment
général : « L'opinion que j'exprime est celle de tous les
Français qui aiment leur pays, sa liberté, son repos, les lois
qu'il s'est données, et je ne crains pas d'être désavoué par
aucun d'eux. »

Reprenant les principaux thèmes de sa lettre et conforté
dans ses convictions par les derniers événements, il déclare :
« Il est temps de garantir la Constitution des atteintes qu'on
s'efforce de lui porter, d'assurer la liberté de l'Assemblée
nationale, celle du roi, son indépendance, sa dignité ; il est
temps enfin de tromper les espérances des mauvais citoyens
qui n'attendent que des étrangers le rétablissement de ce

qu'ils appellent la tranquillité publique et qui ne serait pour des hommes libres qu'un honteux et intolérable esclavage. » En conséquence, il supplie l'Assemblée : « Premièrement, d'ordonner que les instigateurs et les chefs des violences commises le 20 juin aux Tuileries soient poursuivis et punis comme criminels de lèse-nation ; deuxièmement, de détruire une secte qui envahit la souveraineté nationale, tyrannise les citoyens et dont les débats publics ne laissent aucun doute sur l'atrocité des projets de ceux qui les dirigent ; troisième-ment, j'ose enfin vous supplier en mon nom et au nom de tous les honnêtes gens du royaume de prendre des mesures efficaces pour faire respecter toutes les autorités constituées, particulièrement la vôtre et celle du roi, et de donner à l'armée l'assurance que la Constitution ne recevra aucune atteinte dans l'intérieur tandis que de braves Français prodi-guent leur sang pour la défense des frontières[9]. »

Ce discours — que Mme de Staël, qui assistait à la séance, a trouvé mauvais, « mais c'est peut-être que j'aime trop l'éloquence » — fut applaudi par une partie de l'Assemblée. Lors du débat qui suivit, Guadet protesta en remarquant que La Fayette, venu à Paris sans autorisation de son ministre, avait violé la Constitution, mais le texte demandant une sanction fut repoussé, bien que l'orateur ait évoqué Cromwell « dictant au nom de son armée des lois aux représentants de son pays ». « On savait bien, ajoute Mme de Staël, qu'il n'y avait là ni tyran ni soldats, mais un citoyen vertueux qui, bien qu'ami de la République en théorie, ne pouvait supporter le crime, sous quelque bannière qu'il prétendît se ranger[10]. » La Fayette ne répliqua pas aux attaques. Il « garda le plus profond silence, comme s'il eût été pétrifié, et laissa ainsi annuler complètement l'effet avantageux que sa demande avait d'abord produit ». Le député modéré Ramond fit l'éloge du général et obtint le renvoi de sa pétition au comité. En somme, l'Assemblée, où existait une majorité de tendance constitutionnelle, approuvait la démarche de La Fayette ou tout au moins ne la sanctionnait pas. Celui-ci, trop confiant dans sa popularité, s'imaginait que « sa présence ramènerait l'ardeur de l'ancienne Garde nationale », et, ajoute Dumas, « nous partagions cette espérance ». Il pensait réunir chez lui les officiers pour les entraîner et comptait aussi, précise Malouet, « sur le zèle et l'affection des Parisiens qui furent tièdes, intimidés, et ne lui montrèrent aucun empressement ».

Lorsqu'il sortit de l'Assemblée, il y eut des acclamations, mais aussi des cris hostiles : « Il aurait fallu agir avec vigueur et promptitude, disperser le club des Jacobins déjà effrayé et pousser jusqu'au bout ce mouvement de réaction. » Le général y était résolu, « mais il manquait d'esprit de décision et ne savait pas subjuguer une assemblée pour l'entraîner ». D'autre part, la Garde nationale n'était plus celle qu'il avait comman-dée. Depuis un an, précise Dumas, elle avait été « presque entièrement désorganisée et l'intromission de prolétaires, d'hommes armés de piques, avait successivement porté dans ses rangs le dégoût, la méfiance et la terreur. Le dévouement civique, l'esprit de corps et la subordination volontaire avaient disparu avec l'unité de commandement et la bonne composi-tion des états-majors ». Certes, un assez grand nombre de ces soldats-citoyens, surtout ceux des compagnies d'élite, vinrent saluer leur ancien général, « mais ce n'étaient que des individus : que pouvait-on faire avec ces débris de l'ancienne armée patriotique de Paris ? Il n'eût fallu rien moins que des bataillons entiers ralliés sous leurs premiers drapeaux pour que La Fayette pût frapper un coup décisif et entraîner les masses. Il l'essaya vainement[11] ».

Lorsqu'il avait quitté l'Assemblée, La Fayette s'était rendu aux Tuileries où il fut reçu assez amicalement par le roi, très froidement par la reine. C'est à ce moment que Madame Élisabeth aurait déclaré qu'il importait « d'oublier le passé et se jeter avec confiance dans les bras du seul homme qui pût sauver le roi et sa famille ». Mais Marie-Antoinette aurait répondu, « qu'il valait mieux périr que d'être sauvé par La Fayette et les constitutionnels ». Malouet stigmatise cet aveuglement en remarquant que le roi « eût été sincèrement disposé à suivre une marche plus raisonnable. La justesse de son esprit lui faisait apercevoir tout ce qu'exigeait sa position, mais la faiblesse de son caractère ne lui permettait aucune mesure forte et décisive[12] ».

Le 28 juin au soir, les jacobins se déchaînèrent. Brissot, qui pourtant avait été modéré dans l'après-midi, Robespierre, Couthon firent assaut d'injures : ennemi de la patrie, le plus grand des criminels, traître, imposteur, scélérat, etc. Condorcet désapprouvait la démarche de La Fayette en termes beaucoup plus mesurés : « Le fils aîné de la liberté devait continuer à la défendre aux frontières contre les trois coalisés. S'il voulait venir en réprimer les excès dans l'intérêt, il était nécessaire qu'il en reçût la mission légale, car il n'est rien de plus fâcheux au commencement d'un gouvernement libre que d'y donner l'exemple d'une usurpation de pouvoir. Si plus de cent députés ont passé de l'ancienne majorité à la minorité pour lui accorder les honneurs de la séance, c'est par souvenir des anciens services du fils de la liberté, mais s'il se déshérite lui-même en se joignant à la Cour, il peut être assuré de trouver contre lui une majorité bien plus considérable[13]. »

La Fayette fut acclamé par la foule lorsqu'il regagna son hôtel, rue de Bourbon, où il fut reconduit par un fort contingent de grenadiers et de chasseurs de la Garde. « On a planté à l'entrée un mai couvert des livrées de la liberté qu'il défendra contre tous les despotismes », écrivait *Le Journal de Paris* du 30 juin. « C'en fut assez pour jeter la terreur dans l'âme des Girondins et des orléanistes, prétend Ferrières, et si la Cour et les gens attachés au roi eussent voulu soutenir La Fayette, il lui restait assez de forces pour anéantir ces deux factions[14]. » En fait, la Garde nationale était trop divisée, l'opinion incertaine et le général incapable de coordonner l'action de ses partisans. Lally-Tollendal, qui passa avec lui une partie de la nuit du 28 au 29 juin, le dit résolu à « déclarer la guerre aux jacobins dans Paris même, d'appeler tous les amis de la royauté et de la vraie liberté qu'il ne séparait plus, tous les propriétaires qui étaient inquiets, tous les opprimés qui étaient nombreux, d'arborer au milieu d'eux sur la place publique un étendard monarchique portant ces mots : Point de jacobins, point de Coblence, de haranguer le peuple, de l'entraîner à nous suivre aux Jacobins, d'arrêter leurs chefs. M. de La Fayette le voulait de toute sa force. Il avait dit au roi : Il faut détruire les jacobins physiquement et moralement. Ses timides amis s'y opposèrent, notamment ceux qu'il avait dans le directoire du département et dans le corps législatif. Il me jura du moins que, de retour à son armée, il travaillerait sur-le-champ aux moyens de venir délivrer le roi[15] ».

La Fayette put alors mesurer la faiblesse de l'Assemblée législative « dont les deux tiers abhorraient les jacobins et dont la minorité en comprenait plusieurs qui ne l'étaient que par crainte ». C'est pour tenter de ranimer les esprits qu'il

souhaita passer avec le roi une revue de 4 000 gardes
nationaux, mais la Cour, et surtout la reine, avec un prodigieux
aveuglement, se mirent en devoir de torpiller ce projet en
prévenant Santerre et Pétion, de sorte que ce dernier contre-
manda la revue. Le général rassembla alors chez lui quelques
officiers de la Garde et tenta de leur remonter le moral. Il
aurait voulu « inspirer au corps législatif la fermeté dont il
avait besoin pour réprimer les attentats qui se préparaient ; il
leur annonça des calamités inévitables qui seraient la conséquence de la mollesse et de la désunion des honnêtes gens »,
mais ce fut en vain, et tous « retombèrent dans leur inertie
habituelle ». L'opinion semblait désorientée. André Chénier
soutenait vigoureusement La Fayette, le félicitait d'avoir parlé
au nom de ce qui était peut-être la majorité silencieuse et
surtout d'avoir attiré l'attention « sur les projets et les fureurs
de cette hydre jacobine qui attaque l'une après l'autre toutes
les autorités légitimes et menace de dévorer le gouvernement
et les lois de l'empire ; il n'a fait que revêtir de l'éclat que
donnent à ses paroles quinze ans d'une renommée acquise par
le courage et la vertu[16] ». Le libraire Ruault était beaucoup
plus critique. Alors qu'il avait jusqu'alors approuvé les actions
du général, à partir de juin il l'attaquait violemment, le traitait
de « petit ambitieux ». Certaines de ses remarques étaient
judicieuses : « Il n'a pas assez de génie pour être formidable
à aucun parti » ; d'autres, bien sévères : « La prétendue gloire
de La Fayette est éclipsée à jamais. La postérité rira de ce
petit César ; elle ne voit en lui qu'un jeune courtisan qui avait
des idées mal digérées sur la liberté politique, l'esprit étroit
et le jugement faux. Qu'est-ce en effet qu'un jeune général
qui emploie le temps à politiquer à la tête de son armée, qui
écrit, qui va et vient dire ses opinions au corps législatif et
qui prétend lui dicter ses lois ? Peut-on agir plus étourdiment,
pour ne pas dire criminellement[17] ? » Devant cette réaction
d'un bourgeois parisien de tendance plutôt modérée, on peut
se demander si, en cas d'initiative énergique, La Fayette aurait
été suivi.

Le général découvrit alors l'importance des minorités
agissantes et résolues dont la tâche est presque toujours
facilitée par la faiblesse, voire la nullité de la riposte : « On a
peine à concevoir comment la minorité jacobine et une poignée
de prétendus Marseillais se sont rendus les maîtres de Paris
tandis que la presque totalité de 40 000 citoyens de la Garde

nationale voulait la Constitution, mais les clubs étaient parvenus à disperser les vrais patriotes et à faire craindre les mesures vigoureuses. » Ferrières ne partage pas cette manière de voir ; selon lui, « toute la force armée intérieure était entre les mains des municipalités dévouées aux Girondins et toute la force d'opinion entre les mains des jacobins ». En effet, et La Fayette ne semblait pas en avoir suffisamment conscience, le parti constitutionnel ne réussit pas à mobiliser l'opinion publique. Les journalistes de cette tendance « s'efforçaient de tirer le Parisien de son engourdissement », mais sans succès, « car l'indifférent Parisien ne voyait dans toute cette querelle qu'une rivalité de pouvoir entre des hommes qu'il n'aimait ni n'estimait, et des malheurs généraux qui ne le concernaient point individuellement[18] ». La Fayette considérait ainsi que les dangers du dehors masquèrent ceux du dedans et que les intrigues et les maladresses de la Cour gênèrent la résistance aux jacobins.

Le 30 juin, il adressa une nouvelle lettre à l'Assemblée reprenant les thèmes habituels et déplorant qu'on n'ait pas statué sur sa pétition. Le 1er juillet, il quitta Paris pour rejoindre son poste de commandement. Ses démarches se soldaient par un échec à peu près total, et s'il avait, peut-être, à un moment, tenu entre ses mains le sort du pays et celui du roi, il n'avait pas su tirer parti de cette situation. Une fois de plus, il laissa échapper une chance, tardive et de ce fait aléatoire. En revanche, il augmenta le nombre de ses ennemis. Retournant à son armée, il fut, dit-il, abondamment acclamé par les magistrats municipaux, les Gardes nationales et les populations mais il y eut aussi des manifestations hostiles provenant de certaines villes : ce même 1er juillet, quatre-vingt-seize citoyens de Besançon lui avaient reproché sa lettre du 16 juin, et le lendemain soixante habitants de Tulle l'accusaient de vouloir assassiner la patrie...

Les attaques allaient maintenant se succéder à une cadence accélérée. Le 3 juillet, commença un débat houleux sur la proclamation de la patrie en danger. Vergniaud mit en cause les généraux, et Mathieu Dumas prit leur défense, surtout celle de La Fayette qui « ne serait pas digne d'être appelé le héros de la liberté si, comme Washington, son père d'armes et son modèle, il ne buvait pas jusqu'à la lie le calice de l'ingratitude populaire. [...] Comme lui, nous l'avons vu supporter toutes sortes d'injustices et n'être jamais plus grand que lorsqu'il témoignait son obéissance à ceux même qui avaient conjuré sa ruine ». Le lendemain, le décret fut voté, et la patrie proclamée en danger. L'Assemblée recevait pratiquement les pleins pouvoirs, et ce texte ne devait pas être soumis à la sanction royale. Tous les hommes en état de porter des armes se trouveraient placés en activité permanente. Ainsi, les jacobins, « toujours au nom du salut public et des dangers de la liberté, arrachaient à l'Assemblée législative des mesures anticonstitutionnelles, achevaient d'aliéner au roi la confiance et le respect du peuple et paralysaient l'action régulière et légale de l'autorité ». Le 5 juillet, La Fayette fut à nouveau attaqué par le jacobin Torné qui lui reprochait d'être « moins occupé de la nécessité de vaincre que de la passion de jouer un grand rôle dans les troubles intérieurs », d'avoir donné à ses troupes « l'exemple dangereux de l'insubordination » et de vouloir imiter Cromwell sans en avoir le génie. Le lendemain, ce fut le tour de Condorcet qui reprit les mêmes thèmes et se lança dans une diatribe contre les constitutionnels. « Nous étions indignés, nous étions surtout affligés, écrit Dumas, de cette prostitution de tant de lumières et de talents[19]. »

L'Assemblée continuait à donner les preuves de la plus insigne faiblesse. Le 6 juillet, un arrêté du conseil du département de Paris prononça la suspension du maire Pétion et du procureur de la Commune Manuel, gravement compromis dans l'émeute du 20 juin. Le roi sanctionna cette décision le 11, mais l'Assemblée l'annula le 13 et réhabilita Pétion.

Le 7 juillet, eut lieu le fameux épisode du « baiser Lamourette ». A l'initiative de l'évêque constitutionnel de Lyon, député, l'Assemblée, dans un grand élan d'enthousiasme, jura par acclamation fidélité à cette Constitution qu'elle mettait quotidiennement en pièces. Le roi vint lui-même célébrer ce qu'il appela « l'acte le plus attendrissant pour moi, [qui] est celui de la réunion de toutes les volontés pour le salut de la patrie ». Le président, Girardin, répondit en célébrant « l'harmonie des pouvoirs constitués », et les deux discours furent fort applaudis, mais cette euphorie dura à peine quarante-huit heures.

Revenu à la tête de son armée, La Fayette désirait prendre

l'offensive en direction de Mons, espérant qu'une éventuelle victoire militaire aurait des conséquences politiques. Il eut, le 6 à Valenciennes, une conférence avec Luckner qui refusa d'envisager cette hypothèse ; il estimait au contraire qu'en raison de la disparité des forces il fallait demander au roi de négocier « une paix prompte et honorable ». A l'occasion de cette rencontre, La Fayette proposa-t-il à Luckner de marcher sur Paris ? Cette question devait faire l'objet, quelques jours plus tard, d'un vif débat à l'Assemblée. Sans prévenir les intéressés, le gouvernement modifia l'étendue de leurs commandements : La Fayette reçut le secteur ouest, de Dunkerque à Montmédy, et Luckner le secteur est, de Montmédy au Rhin. Dans ses *Mémoires*, le général prétend que cette manœuvre, inspirée par les jacobins, était destinée à lui « préparer des tracasseries » et à le priver des renforts en volontaires nationaux dont il avait besoin. D'autre part, la Société populaire de Givet s'inquiétait du prestige de La Fayette auprès de ses troupes. Le 15 juillet, elle écrivait à la Société des Amis de la Constitution : « La Fayette devient de jour à autre plus puissant. Tous les soldats qu'il commande, à l'exception du corps de l'artillerie, sont un second lui-même, n'ont de pensée, de réflexion que par lui[20]. »

Le général, toujours prêt à entrevoir un rayon de soleil, avait espéré que la célébration du 14 juillet, avec le renouvellement du serment constitutionnel, ramènerait un peu de calme. Il n'en fut rien, bien au contraire, et, dès le 15, les attaques reprirent de plus belle à l'Assemblée. Lemontey, député modéré de Rhône-et-Loire, reconnut qu'une loi devrait interdire aux généraux de présenter des pétitions, mais, ce texte n'existant pas, on ne pouvait rien reprocher à La Fayette. Basire, jacobin, demanda sa mise en accusation, mais le renvoi en commission fut adopté. Les fédérés marseillais prirent aussitôt le relais, mettant en action un plan destiné à perdre celui sur qui semblaient se cristalliser toutes les haines. L'opération était cependant difficile, car la victime désignée conservait aussi de nombreuses sympathies : « La sincérité de son dévouement à la cause de la liberté ne pouvait pas même être suspectée. » Il semblait même, selon Mathieu Dumas, que sa venue à l'Assemblée le 28 juin « n'avait fait que confirmer l'estime de toute la France pour son caractère, aux yeux même de ceux qui trouvaient que cette démarche était inconstitutionnelle. La Fayette s'était concilié l'amitié du soldat et la confiance des autorités et de tous les habitants des villes occupées par ses troupes[21] ». Mais il avait un ennemi en la personne de Dumouriez qui, convaincu de sa « nullité[22] », brûlait de lui succéder au commandement de l'armée du Nord et mena l'assaut en s'efforçant d'attirer Luckner dans son jeu.

Celui-ci fut convoqué à Paris, et plusieurs députés girondins, Brissot, Guadet, Gensonné, le rencontrèrent le 17 juillet chez l'archevêque de Paris. Ils l'interrogèrent sur les prétendues propositions qui lui auraient été faites par La Fayette de marcher sur Paris avec leurs armées après le 20 juin. « Je ne nie pas », répondit le vieux Bavarois qui prétendit avoir déclaré à Bureaux de Pusy : « Monsieur, je ne mènerai jamais l'armée que je commande que contre les ennemis du dehors. La Fayette est le maître de faire ce qu'il voudra, mais s'il marche sur Paris, moi je marcherai sur lui et je le dauberai[23]. » Le lendemain, il comparut devant la commission des Douze à laquelle participait Dumas. Guadet questionna le maréchal qui, bien que vivant en France depuis près de trente ans, parlait très mal le français. Il fit des réponses vagues et embarrassées. On voulait absolument lui arracher des aveux compromettants pour son collègue, mais il se garda de tomber dans le piège et déclara seulement « qu'il ne se mêlait pas de toutes ces intrigues ». Les Girondins, dit Dumas, firent le siège de Luckner, abusèrent de son inexpérience et lui prêtèrent des déclarations qu'il se hâta de désavouer. Il écrivit en effet à son jeune collègue : « Vous me connaissez assez pour que je doive compter que vous n'avez reconnu qu'une intrigue dans les propos aussi faux qu'impossibles qu'on m'a prêtés. » Le débat à l'Assemblée eut lieu au milieu d'un tumulte indescriptible, et la proposition de décret d'accusation ne fut guère soutenue que par les applaudissements des tribunes. Malgré tous les efforts des Girondins, l'ajournement fut voté. Le « dernier appui du parti constitutionnel » n'avait pu, provisoirement, être abattu[24].

Les ennemis du général ne désarmèrent pas pour autant. La presse jacobine ne cessait de le harceler, et il devint, selon Dumas, l'objet d'un véritable « système de diffamation ». Mandé à la barre de l'Assemblée le 29 juillet, Bureaux de Pusy prit avec énergie la défense de son chef et raconta en détail les deux missions qu'il avait remplies auprès de Luckner et dont le but essentiel était d'ordre militaire. Luckner restait très hostile à toute tentative d'invasion de la Belgique, car il n'escomptait pas de révolte des populations, nullement disposées, comme on se l'imaginait à Paris, à accueillir les Français comme des libérateurs. Lors de la seconde entrevue avec le maréchal, dans les premiers jours de juillet, Pusy n'évoqua que les opérations militaires. Il démontra l'absurdité des accusations portées contre La Fayette et fut hué par les tribunes, mais, encore une fois, malgré le déchaînement de fureur des Girondins, « Guadet, frémissant de rage », le renvoi en commission fut voté[25].

On approchait de la crise décisive qui allait voir la chute de la monarchie. Redoutant le pire et plus lucides que Louis XVI, un certain nombre d'hommes tentèrent alors un ultime effort pour sauver la famille royale en la faisant sortir de Paris. La Fayette allait être mêlé de près à l'un au moins de ces projets.

# CHAPITRE XXII

# « Il ne me reste plus
# que l'ambition de mes rêves »

Pendant les dernières semaines de sa carrière militaire active, La Fayette va être partagé entre deux soucis : la situation de son armée et les tentatives de sauvetage du roi et de sa famille.

Jugeant avec beaucoup de lucidité la situation stratégique, il présumait que le Prussien Brunswick attaquerait entre la Meuse et la Moselle, et c'est pourquoi il souhaitait que son commandement fût étendu jusqu'à Sedan. Comme il estimait que l'armée française n'était pas en état de combattre en une bataille rangée traditionnelle, il envisageait de tomber sur les flancs de l'ennemi pour perturber ses communications. Il lui paraissait donc nécessaire de concentrer ses forces sur Sedan et celles de Luckner dans le secteur Montmédy-Verdun. Il s'inspirait là, à l'évidence, des enseignements de la guerre d'Amérique. Le 3 août, il chargea son aide de camp La Colombe de demander avec instance des renforts en gardes nationaux, surtout sous la forme de compagnies de grenadiers qui lui semblaient indispensables pour le type d'opérations qu'il prévoyait : « Je ne puis résister aux ennemis que par des manœuvres très lestes et avec des troupes d'élite. » Le même jour, il écrivait au nouveau ministre d'Abancourt pour se plaindre de rester sans instructions précises, sans réponses aux questions qu'il se posait. Il déplorait aussi que « l'Assemblée nationale et le roi soumettent les dispositions militaires aux inquiétudes que les départements témoignent, même sur des bruits vagues ». L'affectation de Dumouriez à son armée soulevait sa fureur, car leurs relations étaient des plus mauvaises : « Je l'ai accusé hautement de folie ou de trahison

envers la chose publique et moi. » La Fayette n'ignorait pas
les intrigues de son futur successeur, qui avait favorisé les
campagnes de presse contre lui. Plus tard, lors de la publication des *Mémoires* de Dumouriez, en 1822, il rédigera une
note accusatrice à propos de la retraite prussienne consécutive
au combat de Valmy. Interrogé par lui, un de ses anciens
officiers, de Witch, général danois au service de la France, ne
mettait pas en doute l'accord secret conclu avec les Prussiens
leur assurant que leur retraite ne serait pas inquiétée[1].

Pour l'instant, on en était encore qu'aux préparatifs d'opérations, et La Fayette émettait de nombreuses plaintes sur
son manque de cavalerie et sur la mauvaise qualité du train
des équipages : « Les chevaux sont détestables, les bâts cassent
partout, et il est impossible qu'en manœuvrant près de
l'ennemi, nous ne laissions pas sur les chemins, et souvent à
leur disposition, une partie de nos équipages. » Le 8 août, il
protestait aussi contre la mauvaise organisation du commandement. Le ministre envoyait directement des ordres contraires
aux siens à son subordonné Arthur Dillon, chargé du secteur
Dunkerque-Maubeuge. De plus, l'Assemblée se mêlait de
donner son avis sur les mouvements de troupes, et il fallait
lui rendre compte. Le 8 août, le ministre lui écrit : « Je n'ai
pu parvenir à calmer l'agitation qu'en cédant aux ordres que
j'ai reçus du roi pour communiquer à la commission toutes
les dépêches officielles qu'elle désire. J'ai lu moi-même votre
dernière qui explique parfaitement votre conduite. » On était
loin de l'unité de commandement que La Fayette réclamait
avec raison.

Pendant que les armées s'efforçaient de s'organiser en vue
des opérations futures, un certain nombre de monarchistes
tentaient de mettre sur pied un projet qui aurait permis au
roi de sortir de Paris et d'échapper ainsi aux pressions
populaires dont l'émeute du 20 juin avait donné l'exemple.
En fait, il n'y eut pas un seul projet, mais plusieurs dont il
est assez difficile de désigner les auteurs et les participants,
car les témoignages divergent, mais ils appartenaient tous au
courant constitutionnel. Un élément demeure certain : La
Fayette était totalement de bonne foi dans son désir de se
consacrer au salut du roi et de la Constitution. Tous

s'accordent à l'affirmer, à commencer par Malouet qui donne, dans ses *Mémoires*, les plus grands détails[2].

Selon ses indications, La Fayette vint à Paris en mai et le rencontra chez la princesse d'Hénin où se trouvaient aussi Mmes de Poix et de Simiane. Au cours d'une longue explication, Malouet put constater la résolution du général : « Je me trouvai pour la première fois dans un accord complet avec lui sur le mal et sur le remède. » Il s'agissait de faire sortir le roi de Paris, « par la ruse ou par la force », La Fayette portant une division de son armée sur Compiègne pour protéger l'opération qui aurait reçu le concours des gardes suisses et des éléments fidèles de la Garde nationale : « Il était bien entendu que l'adhésion du roi à l'acte constitutionnel et à ceux qui le défendaient serait pleine et entière, sans aucune restriction que celle que j'énonçais moi-même, savoir qu'il serait réformé le plus tôt possible et qu'on abandonnerait tout ce qui contrariait le gouvernement monarchique, sans aucun profit pour la liberté. »

Bertrand de Molleville, de son côté, confirme qu'au début de juin il rencontra, chez Montmorin, Lally-Tollendal revenant d'Angleterre où il avait repris la nationalité anglaise ; ce dernier lui exposa qu'il n'était rentré en France que dans l'espoir de sauver le roi et qu'il agissait en accord avec Clermont-Tonnerre et Malouet. Le but était de libérer le roi pour le placer en position d'arbitre entre les partis et de réformer la Constitution pour « assurer à Louis XVI la consolation si désirée de son cœur, c'est-à-dire de réunir, comme Trajan, la liberté du peuple aux prérogatives du souverain ». Pour parvenir à ses fins, Lally comptait sur « La Fayette avec sa Garde nationale ou avec son armée, ou avec l'une et l'autre ». Bertrand restait sceptique sur la confiance à accorder au général, mais son interlocuteur était formel : « Il ne s'agit pas de ce que M. de La Fayette a fait il y a trois ans, mais de ce qu'il peut et veut faire aujourd'hui. N'est-il pas possible que le même homme, après avoir été enflammé et égaré par l'amour de la liberté, désire ardemment aujourd'hui de comprimer une licence criminelle qu'il reconnaît contraire à la véritable liberté ? [...] C'est de ses actions et non de ses opinions que nous avons besoin[3]. » Il semble que Bertrand, Lally, Malouet et Montmorin préparèrent un mémoire à l'intention du roi dans lequel ils exposaient leur plan. D'après Malouet, Louis XVI répondit le soir même (il

ne précise pas la date, mais il semble que ce soit vers le
15 juin) « qu'il ne voulait pas quitter Paris pour aller à
l'armée, que cela était inutile et dangereux mais qu'il savait
le meilleur gré à M. de La Fayette de ses dispositions, qu'il
le verrait avec plaisir, qu'il l'engageait à maintenir son armée
dans ce bon esprit ». La reine, à qui le projet avait été
expliqué par le comte de La Tour du Pin-Gouvernet, fils de
l'ancien ministre de la Guerre, fut encore plus négative : elle
« montra de l'aigreur contre M. de La Fayette » et sembla
n'attacher « aucun prix ni la moindre confiance au dévouement
qu'il témoignait ». Malouet fut consterné de cet aveuglement
et de cette incapacité « de faire céder des ressentiments les
mieux fondés à des intérêts majeurs ».

Le 28 juin au soir, La Fayette retrouva Gouverneur Morris
chez Montmorin, et le diplomate américain lui expliqua que
le temps pressait et qu'il fallait « combattre pour une bonne
Constitution ou pour le chiffon de papier qui en porte le
nom ; dans six semaines il sera trop tard ». Extraordinaire
prévision ! Six semaines plus tard, ce sera le 10 août[4]. Le
général élabora donc ce qu'il appelait le « projet de Compiègne »
et qu'il exposa dans une lettre à Lally-Tollendal du 8 juillet,
sur lequel il s'explique dans ses *Mémoires*[5]. Il comptait
concentrer à Compiègne quinze escadrons et huit canons, le
reste de l'armée étant placé en échelons à une marche
d'intervalle. Il se prétendait fort du soutien de Luckner, qui
avait « promis de marcher sur la capitale avec moi si la sûreté
du roi l'exigeait et qu'il en donnât l'ordre », et aussi d'une
bonne partie de l'opinion publique : « Les démarches que j'ai
faites, l'adhésion de beaucoup de départements et de communes,
celle du maréchal Luckner, mon crédit sur mon armée et
même sur les autres troupes, ma popularité dans le royaume
qui est plutôt augmentée que diminuée, quoique fort restreinte
dans la capitale, toutes ces circonstances jointes à plusieurs
autres ont donné à penser aux factieux en donnant l'éveil aux
honnêtes gens, et j'espère que les dangers physiques du
14 juillet sont fort diminués. Je pense même qu'ils sont nuls
si le roi est accompagné de Luckner et de moi et entouré du
bataillon choisi que je lui fais préparer. »

Il voudrait donc que le roi le convoquât à Paris avec
Luckner pour y être le 12 juillet. Les deux officiers généraux
accompagneraient Louis XVI à l'autel de la patrie et le
protégeraient contre toute atteinte à sa dignité. La Fayette,

toujours persuadé de l'influence de sa présence sur la Garde nationale, ajoutait : « Quant à moi, je puis retrouver l'habitude que les uns ont eue d'obéir à ma voix ; la terreur que j'ai toujours inspirée aux autres dès qu'ils sont devenus factieux et peut-être quelques moyens personnels de tirer parti d'une crise peuvent me rendre utile, du moins pour éloigner les dangers. » Il admettait toutefois que sa situation « sera désagréable par comparaison avec la grande Fédération, mais je regarde comme un devoir sacré d'être auprès du roi dans cette circonstance, et ma tête est tellement montée à cet égard que j'exige absolument du ministre de la Guerre qu'il me mande ». Il priait alors Lally de faire connaître sa détermination au roi, à sa famille et à son Conseil.

Louis XVI devait donc écrire une lettre commune à Luckner et à La Fayette leur faisant part de son désir d'aller passer quelques jours à Compiègne et leur ordonnant d'y envoyer quelques escadrons pour les joindre à la Garde nationale : « Le 15, à dix heures du matin, le roi irait à l'Assemblée, accompagné de Luckner et de moi, et, soit que nous eussions un bataillon, soit que nous eussions cinquante hommes à cheval de gens dévoués au roi ou de mes amis, nous verrions si le roi, la famille royale, Luckner et moi serions arrêtés. Je suppose que nous le fussions, Luckner et moi rentrerions à l'Assemblée pour nous plaindre, menacer de nos armées. Lorsque le roi serait rentré, sa position ne serait pas plus mauvaise, car il ne serait pas sorti de la Constitution. Il n'aurait contre lui que les ennemis de cette Constitution, et Luckner et moi amènerions facilement des détachements de Compiègne. »

Croyant tout prévoir, le général n'oublie pas certaines mesures : « On a tellement gaspillé dans des niaiseries aristocratiques les fonds dont le roi peut disposer qu'il doit lui en rester peu de disponibles. Il n'y a pas de doute qu'il faille emprunter, s'il est nécessaire, pour s'emparer des trois jours de la Fédération, constitutionnellement. » Qui compte-t-il acheter ainsi ? Il est encore possible que l'Assemblée interdise aux généraux de venir à Paris. Dans ce cas il suffit, croit-il, que le roi refuse sa sanction ! Et « si, par une fatalité inconcevable, le roi avait déjà donné sa sanction, qu'il nous donne rendez-vous à Compiègne, dût-il être arrêté en partant, nous lui ouvrirons les moyens d'y venir libre et triomphant. Il est inutile d'observer que dans tous les cas, arrivé à

Compiègne, il y établira sa garde personnelle telle que la lui donne la Constitution ».

Il conclut avec, comme toujours, une forte dose d'illusion : « En vérité, quand je me vois entouré d'habitants de la campagne qui viennent de dix lieues et plus pour me voir et me jurer qu'ils n'ont confiance qu'en moi, que mes amis et mes ennemis sont les leurs ; quand je me vois chéri de mon armée sur laquelle les efforts des jacobins n'ont aucune influence ; quand je vois de toutes les parties du royaume arriver des témoignages d'adhésion à mes opinions, je ne puis croire que tout est perdu et que je n'aie aucun moyen d'être utile. » La Fayette demeurait persuadé que ce projet restait dans les limites constitutionnelles puisqu'il respectait le décret du 28 mars 1791 en vertu duquel le roi devait résider à vingt lieues au plus de l'Assemblée nationale. Il se refusait à voir qu'il présentait des aspects de coup d'État militaire mal préparé et que, d'autre part, il comportait bien des faiblesses et des aléas. Lally-Tollendal vint apporter cette lettre à Bertrand de Molleville le 10 juillet, et celui-ci la transmit aussitôt au roi qui l'étudia et répondit sur-le-champ par une note. « Il faut lui répondre, écrivit Louis XVI, que je suis infiniment sensible à l'attachement qui le porterait à se mettre ainsi en avant, mais la manière me paraît impraticable : ce n'est point par crainte personnelle, mais tout serait remis en jeu à la fois, et ce projet manqué ferait tomber tout pire que jamais et de plus en plus sous la férule des factieux. » Le roi répugnait à partir « du côté du nord, cela aurait l'air d'aller au-devant des Autrichiens ». En effet, contrairement à ce qui a été répété à satiété par ses ennemis, Louis XVI ne voulait à aucun prix mêler les étrangers aux affaires françaises. Il trouvait le plan « trop faiblement combiné » et terminait sur ces naïvetés : « Le meilleur conseil à donner à M. de La Fayette est de servir toujours d'épouvantail aux factieux en remplissant bien son métier de général ; par là, il gagnera de plus en plus la confiance de son armée et pourra s'en servir comme il voudra, au besoin. »

Mathieu Dumas, qui était dans le secret du projet, écrit : « Rien ne put vaincre la répugnance du roi et surtout de la reine à se confier à La Fayette. Rien ne put faire changer leur résolution de ne hasarder aucune mesure extraordinaire et de se résigner aux décrets de la Providence. » L'ancien ministre de la Guerre Puységur le lui confirma : « Jamais vous n'obtiendrez qu'on fasse de La Fayette un connétable et qu'on remette entre ses mains la famille royale, le sort de la France. La reine s'y oppose absolument. Madame Élisabeth le déconseille pour des motifs religieux. » Il précise que Louis XVI, très mal conseillé par des royalistes durs qui détestent les constitutionnels, ne veut à aucun prix devoir son salut à ceux qu'il considère, bien à tort, comme le véritable obstacle au rétablissement de l'autorité royale[6]. Cet extraordinaire aveuglement poussa la famille royale à rejeter aussi d'autres projets, dont l'un avait été préparé par Mme de Staël, mais l'intendant La Porte, qui servit d'intermédiaire, se vit répondre que « le roi et la reine n'accepteraient jamais aucun service de Mme de Staël ». Il affirma de plus à Malouet que la Cour « était en négociation avec les principaux jacobins [qui], moyennant de l'argent, se chargeaient de contenir le faubourg Saint-Antoine ». Par une étrange aberration, Louis XVI refusait de faire confiance à ses partisans constitutionnels et préférait miser sur ceux qui ne songeaient qu'à l'abattre. Il est vrai que La Fayette prétend qu'au cours d'une conversation à l'Hôtel de Ville, Danton lui aurait déclaré : « Général, je suis plus monarchiste que vous. » Le futur ministre de la Justice était alors stipendié par Montmorin, ce qui faisait dire à Madame Élisabeth : « Nous sommes tranquilles, nous pouvons compter sur Danton. » D'Allonville, qui confirme ces faits, ajoute que, si Montmorin fut l'une des premières victimes des massacres de Septembre, « ce fut peut-être pour avoir eu l'imprudence de montrer les quittances qu'il exigeait du célèbre démagogue[7] ».

Cette confiance imprudente fit aussi écarter un autre projet de départ, vers la Normandie cette fois, préparé par Malouet, l'intendant de la Marine du Havre, Mistral, et le duc de La Rochefoucauld-Liancourt, commandant à Rouen. « L'affaire de Varennes est une leçon », avait répondu le roi qui se refusait à reconnaître les dangers qu'il courait et accumulait les erreurs de jugement et les illusions sur les jacobins qu'il croyait « plus corrompus que fanatiques ». Jusqu'au dernier moment (la dernière réunion chez Montmorin eut lieu le 7 août), Lally-Tollendal, Malesherbes, Clermont-Tonnerre, Bertrand de Molleville, Malouet, La Tour du Pin-Gouvernet,

Gouverneur Morris projetèrent de faire sortir le roi vers Pontoise sous la protection des Suisses et de l'armée de La Fayette. Malouet témoigne de l'aveuglement de la famille royale : « Le roi, sa famille et le petit nombre de personnes qui les entouraient étaient si éloignés, jusqu'à l'instant même du départ pour l'Assemblée, de supposer le danger réel qui existait, ils étaient tous si éloignés de croire à la conspiration dont ils allaient être victimes et dont on a osé cependant accuser le roi d'être l'auteur, qu'ils ont tous cru longtemps que cette insurrection n'était dirigée que par le parti consti-tutionnel, qu'elle n'avait d'autre objet que de forcer la famille royale à une évasion également désirée par les jacobins ; ils y auraient en effet trouvé le prétexte de la déchéance que Pétion était venu, peu de jours avant, demander à l'Assemblée au nom de la ville de Paris[8]. » Est-il plus terrible erreur pour un homme d'État que de se tromper constamment d'ennemi ? On comprend l'accablement de Bertrand de Molleville : « Il fallait tout le zèle et l'attachement dont nous étions animés pour n'être point découragés par les obstacles que l'indécision du roi opposait continuellement au succès de nos mesures. »

Pendant que s'échafaudaient toutes ces vaines tentatives — qui, selon La Fayette, échouèrent, au moins en partie, du fait de la haine tenace que lui portait la reine, accusée à son égard « des plus malveillants procédés » —, le général se consacrait à la situation aux armées où son entente avec Luckner était sans nuages. Ils communiaient en particulier dans une égale hostilité à Dumouriez. A Paris, la situation évoluait rapide-ment. Le 30 juillet, les fédérés marseillais arrivèrent à Paris, et il y eut une rixe assez violente aux Champs-Élysées avec les grenadiers de la section des Filles-Saint-Thomas. Gouver-neur Morris écrivait à Jefferson : « Vraiment, je crois que si M. de La Fayette arrivait en ce moment à Paris sans son armée, il serait écharpé[9]. » Le 3 août, Paris apprenait la teneur du manifeste du duc de Brunswick, « l'acte le plus violent, le plus insensé, le plus impolitique que l'orgueil et l'ignorance aient jamais dicté, acte barbare, véritable fratricide des princes français émigrés envers le roi Louis XVI et sa famille[10] ». Le malheureux souverain écrivit aussitôt à l'Assemblée pour repousser toute connivence avec un texte aussi maladroit et justifier sa conduite, mais rien ne put arrêter la reprise des accusations de trahison, contre celui que Pétion traitait de

« premier anneau de la chaîne contre-révolutionnaire » et dont il demandait la démission[11].

Le 7 août, la mise en accusation de La Fayette fut demandée, et le lendemain, à l'Assemblée, Brissot partit à l'assaut. Ne pouvant dissimuler ses anciennes relations avec le général, il prétendit qu'une « coalition infernale a empoisonné son esprit, l'a arraché aux principes et à sa gloire ». Comme il n'était plus question de reprendre des imputations dont Bureaux de Pusy avait démontré quelques jours auparavant l'inconsistance, il s'en prit à sa « profonde incapacité » militaire, mais, n'osant pas trop s'avancer sur ce terrain où il risquait d'étaler son incompétence, il en revint vite à la politique : « Je l'accuse d'avoir abusé du pouvoir et des forces que la nation a mis dans sa main, d'avoir compromis la sûreté de l'État et violé la Constitution, soit pour gêner la délibération du corps législatif, soit pour avilir la législature, soit pour exciter la guerre civile entre tous les citoyens, soit enfin pour s'arroger une autorité supérieure aux autorités constituées. Tous ces faits sont des crimes, et la loi les punit de mort. [...] M. de La Fayette veut à tout prix être le modérateur de la France. Voilà sa passion favorite, voilà la clé de toute sa conduite. [...] Il lui importe d'avoir l'air de protéger le roi, d'avoir un prétexte pour faire approcher son armée de la capitale et d'y jouer le rôle de dictateur. »

L'orateur parla pendant plus de deux heures, reprit le parallèle avec Cromwell, mais ses efforts furent vains. La Fayette conservait des amis à l'Assemblée, et les députés constitutionnels voyaient bien le sens réel de ces attaques. De plus, les charges restaient vagues : « Le dévouement de La Fayette à l'ordre actuel des choses était si connu, si basé sur son propre intérêt que l'accusation d'une intelligence avec les émigrés et avec les puissances étrangères était absurde[12]. » La mise en accusation fut rejetée par 406 voix contre 224. Ce vote prouvait qu'à la veille du 10 août, le groupe girondin-jacobin était loin d'être majoritaire à l'Assemblée puisqu'il n'avait pu réunir que 224 suffrages alors qu'aux 160 constitutionnels s'étaient joints 246 « indépendants ». Ce scrutin provoqua des cris de rage et des imprécations qui partirent des tribunes et furent répétés par la foule ameutée qui environnait la salle et en obstruait tous les accès : « Plusieurs députés furent agressés à leur sortie et durent se réfugier au corps de garde. Ils ne purent être soustraits à la fureur populaire qu'en s'évadant par une fenêtre. » Condorcet, bien que convaincu de la culpabilité de son ancien ami, avait eu l'élégance de s'abstenir.

La Fayette fut évidemment atteint dans ses convictions les plus chères par la journée du 10 août. C'était pour lui la manifestation de l'échec absolu de ses conceptions et de ses désirs. Il n'avait pu sauver ni le roi ni la Constitution, et la Révolution qu'il avait rêvée et souhaitée sombrait dans la violence et l'illégalité : « La journée du 10 août marque le passage de la révolution constitutionnelle à la révolution conventionnelle, de l'ère de la liberté, des bons principes et des bons sentiments à l'ère de la Terreur et de l'incivisme. [...] C'est la première fois que l'autorité publique a constaté et éprouvé la violation de tous les principes de gouvernement, de tous les engagements de la société. » Il tentait d'analyser les causes de ce qu'il considérait avec raison comme un désastre, mais bien des éléments lui échappaient : « La vraie doctrine de la liberté, c'est-à-dire la Déclaration des droits, a été une règle suffisante durant la première période de la Révolution et au moment des plus grandes difficultés du gouvernement. Malheureusement, les vices résultant d'une longue servitude, l'inexpérience, l'audace des factieux qu'on laissa s'organiser dans l'État, l'apathie des bons citoyens ont amené d'effroyables malheurs quand cette résolution présentait de belles chances de prospérité. » Il ne semble pas concevoir qu'il détient lui-même une bonne part de responsabilité dans cette dérive. Lui aussi s'est trop longtemps trompé d'ennemi, et, lorsqu'il a pris conscience, enfin, des véritables dangers, il était beaucoup trop tard. Maintenant, il entrevoit la naissance du totalitarisme : « En France, le catéchisme politique n'a pas été plutôt appris qu'on a divinisé les plus infâmes attentats contre les droits et les principes qu'il contenait, non qu'on ait dit que tout cela ne valait rien : il eût été beaucoup mieux de le dire ; non que le peuple en fût dégoûté : il était enthousiaste de cette nouvelle doctrine, mais uniquement parce qu'un petit nombre de factieux organisés ayant eu le succès et s'étant emparés de la force, il fallait que toute la nation pliât et eût l'air de penser comme eux[13]. »

Selon son témoignage, l'armée fut surprise et indignée par le coup d'État, mais, retenue aux frontières par la menace ennemie, elle ne pouvait intervenir pour réprimer les attentats à la Constitution. D'autre part, la conduite équivoque de Louis XVI avait laissé de fâcheux souvenirs qui « comprimaient le zèle d'un grand nombre de citoyens qui croyaient ne pouvoir plus confondre les droits de la royauté avec les droits publics ». Il déplorait aussi le manque « de cette sorte d'énergie civile qui, chez les peuples habitués à la liberté, fait sentir à chacun les injures sociales ou les violations du droit commun ». Il portait d'ailleurs des accusations graves sur le plan militaire : « Si les jacobins n'avaient pas paralysé le recrutement et l'envoi des troupes, l'armée aurait reçu deux mois plus tôt les renforts qui assurèrent sa défense ; car tout ce qui s'est trouvé dans les plaines de Champagne avait marché sur les réquisitions signées Luckner et La Fayette. Les jacobins s'opposèrent aux plus nécessaires mesures de défense pendant les premiers mois de la campagne jusqu'à ce qu'ils eussent usurpé le pouvoir sur la Constitution nationale[14]. »

Aussitôt après le 10 août, des commissaires issus de l'Assemblée furent envoyés aux armées, et La Fayette vit arriver Kersaint, Péraldi et Antonelle qui « lui firent donner avis qu'il ne tenait qu'à lui d'obtenir la plus grande puissance dans le nouveau gouvernement et d'y jouer le premier rôle ». Mais ce n'était pas ainsi qu'on l'entendait à Paris puisque, dès le 14, Danton demanda son arrestation. Le 17, le Conseil exécutif provisoire créé le 11 pour assurer le pouvoir exécutif — et comprenant Roland à l'Intérieur, Clavière aux Finances, Servan à la Guerre, Lebrun aux Affaires étrangères, Monge à la Marine et Danton à la Justice — décidait que le général serait relevé de son commandement et remplacé par Dumouriez. Ordre lui fut donné de venir sur-le-champ à Paris rendre compte de sa conduite. Le même jour, un décret avait créé un tribunal extraordinaire chargé de juger sans appel ni cassation les conspirateurs coupables de crimes commis le 10 août contre le peuple. C'était une première version du Tribunal révolutionnaire ; les membres étaient élus par les sections et les procureurs nommés par le Conseil exécutif. Le 19 août, l'Assemblée décréta que La Fayette, ayant « employé les manœuvres les plus odieuses pour égarer l'armée dont le commandement lui avait été confié », s'était mis en état de

« rébellion contre le roi, de conjuration contre la liberté et de trahison envers la nation », et qu'en conséquence il était mis en accusation.

Bon nombre de généraux étant de tendance constitutionnelle, La Fayette, s'imaginant posséder toujours la confiance de ses troupes, espéra un moment jouer les départements contre Paris en formant une sorte de congrès pour lequel il obtint le ralliement des Ardennes, de l'Aisne et de la Meuse. Il rêva un moment d'une sorte de réduit ardennais incarnant la fidélité à la Constitution. Les trois députés, Kersaint, Péraldi et Antonelle, furent mal reçus à Mézières et à Sedan où le maire Desrousseaux « leur fit avouer qu'au moment du vote pour les décrets dont ils étaient porteurs, l'Assemblée n'avait pas sa liberté », et, sur l'avis unanime du conseil de la commune, les fit arrêter. La Fayette fit renouveler solennellement le serment civique, mais la cérémonie manqua d'enthousiasme. Il devenait évident que le général avait perdu son ascendant sur ses troupes. « Ses soldats, écrit Malouet, prévenus par des émissaires de la Commune de Paris et du parti républicain de l'Assemblée, ne virent plus, dans ce qui s'était passé au 10 août, qu'une suite de la conspiration aristocratique déjouée par les patriotes[15]. » Il semblait d'ailleurs que l'armée fît preuve d'un grand détachement à l'égard des événements politiques, comme Mallet du Pan devait le noter : « Que La Fayette ou Robespierre, que Louis XVI ou de vils bourreaux gouvernent la France, cela lui était indifférent ; son obéissance est à l'autorité régnante, elle la maudit lorsqu'elle est renversée[16]. » Cet état d'esprit expliquerait le peu d'écho rencontré par les appels à « une sainte résistance à l'oppression ». Emporté par ses illusions, La Fayette imaginait ce congrès des départements déclarant que, « forcé par les circonstances d'exercer provisoirement les fonctions des deux pouvoirs anéantis par une faction, ils ne rentreraient dans les leurs que lorsque les premières autorités seraient rétablies ou bien lorsque la nation, librement formée en assemblées primaires, aurait manifesté sa volonté souveraine sur les changements à faire à la Constitution ». Il avait été très déçu par l'inertie des Parisiens : s'ils « avaient réagi pour recouvrer les droits qu'ils s'étaient laissé enlever au lieu de se laisser mener par une Commune insurrectionnelle et illégale, on aurait pu réduire les factieux ».

Les départements ne suivirent pas non plus. A Metz, Luckner ne sut pas s'imposer ; à Strasbourg, les jacobins triomphèrent grâce à l'appui de Biron qui commandait sur le Rhin et était « l'intime ami du duc d'Orléans ». Arthur Dillon publia le 13 août un ordre du jour déclarant que « la Constitution avait été violée et que les parjures, quels qu'ils soient, sont ennemis de la nation française », mais il en resta à cette manifestation verbale. Tous trois devaient mourir sur l'échafaud. Une fois de plus, La Fayette s'était laissé surprendre par l'événement, pourtant bien prévisible. Il n'avait pas su devancer le coup d'État jacobin et se retrouva pratiquement seul, ce qui donna « un air de révolte » à une résistance « si légitime en elle-même ». Lorsqu'il apprit les mesures décidées contre lui, il songea un instant à venir seul à Paris « pour se présenter en face de ses accusateurs », mais il n'avait aucune illusion à se faire sur le sort qui l'attendait et renonça à aller s'offrir en victime inutile : « Il ne lui restait plus qu'à chercher un asile en pays neutre pour soustraire aux bourreaux sa tête proscrite, dans l'espoir qu'elle pourrait un jour servir encore la liberté et la France. » Il prit donc toutes les dispositions militaires nécessaires pour que son départ ne causât aucun dommage à son armée, mit à l'abri tous les documents dont son successeur pourrait avoir besoin et se soucia même des autorités départementales et municipales ralliées à lui : « Il voulut leur donner l'apparence d'y avoir été contraint plutôt qu'engagé et prendre tout sur lui seul. » Après avoir adressé une lettre d'adieu à la municipalité de Sedan, il partit le 19 août avec les trois frères Latour-Maubourg, Bureaux de Pusy, les trois frères Romeuf, les maréchaux de camp Laumoy et du Roure, le colonel Sicard, en tout quinze officiers, et le groupe franchit les lignes autrichiennes, rejoint à Rochefort, à une trentaine de kilomètres de Bouillon, par sept autres, dont Alexandre de Lameth, maréchal de camp, qui commandait à Mézières.

La Fayette était parti « avec une niaiserie de confiance qui ne saurait s'expliquer[16] ». Il s'imaginait en effet que le gouvernement impérial le laisserait libre de ses mouvements et pensait passer d'abord en Hollande où il avait conservé des sympathies chez les patriotes qui lui savaient gré de ses prises de position de 1787, puis en Angleterre et aux États-Unis.

Il en alla bien différemment. Bureaux de Pusy, envoyé en éclaireur, expliqua au commandant de la place, M. d'Harnoncourt, que ce groupe d'officiers, contraints par les circonstances de quitter l'armée française, ne voulaient à aucun prix être confondus avec les émigrés ni servir contre leur patrie, et tous signèrent une déclaration en ce sens. Mais d'Harnoncourt exigea qu'ils se munissent de passeports du général Moitelle, commandant à Namur. Celui-ci refusa de les délivrer, et le groupe fut transféré sous escorte dans cette ville. Le prince Charles de Lorraine, qui n'était autre que le prince de Lambesc, l'un des tout premiers émigrés de juillet 1789 dont les cavaliers avaient dispersé la foule à la veille de la prise de la Bastille, vint tout exprès de Bruxelles pour interroger La Fayette qui refusa pratiquement de répondre à ses questions sur la situation en France.

Le 21 août, de Rochefort, le général adressa à sa femme une lettre dans laquelle il exprimait le « déchirement » éprouvé en quittant sa patrie : « Quant à moi, ma perte est jurée depuis longtemps. J'aurais pu, avec plus d'ambition que de morale, avoir une existence fort différente de celle-ci, mais il n'y aura jamais rien de commun entre le crime et moi. J'ai, le dernier, maintenu la Constitution que j'avais jurée. [...] La démonstration mathématique de ne pouvoir plus m'opposer utilement au crime et d'être l'objet d'un crime de plus m'a forcé de soustraire ma tête à une lutte où il m'était évident que j'allais mourir sans fruit. » Le 25, il expliquait à sa tante Mme de Chavaniac les raisons de son départ en insistant sur le fait que « mes infortunes n'ont changé ni mes principes, ni mes sentiments, ni mon langage. Je suis ici ce que je fus toute ma vie[17] ».

L'arrivée du général et de ses compagnons fit sensation et souleva la curiosité de la foule qui se pressa pour aller les voir[18]. Contrairement à leurs espoirs, le duc Albert de Saxe-Teschen donna, le 24 août, ses instructions pour qu'ils soient traités comme prisonniers de guerre, « puisqu'ils ne peuvent nier avoir été jusqu'ici manifestement nos ennemis, qu'ils nous ont fait la guerre, qu'ils ne viennent pas chez nous comme émigrés, mais, toujours imbus de leurs anciens principes, ils auraient continué d'être nos ennemis s'ils ne risquaient d'être assommés aujourd'hui de la même populace qu'ils ont soulevée contre leur roi[19] ».

Les prisonniers furent conduits à Nivelle le 25 août. On

s'inquiéta du « trésor » qu'ils étaient censés avoir emporté et on les sépara en trois groupes. Ceux qui n'avaient pas servi dans la Garde nationale furent aussitôt libérés et priés de quitter le pays, les aides de camp de La Fayette internés à la citadelle d'Anvers où ils restèrent deux mois. Quant aux quatre anciens députés de la Constituante, le général, César de Latour-Maubourg, Bureaux de Pusy et Alexandre de Lameth, on les transféra à Luxembourg. Au moment de la séparation, Louis Romeuf écrivit une sorte de testament politique que La Fayette lui dicta : « Après avoir défendu contre les factieux jusqu'au dernier instant la Constitution libre et nationale de mon pays, je me suis abandonné à mon sort, pensant qu'il valait mieux périr de la main des tyrans que par la main égarée de mes concitoyens. Il fallait surtout éviter qu'un grand exemple d'ingratitude nuisît à la cause du peuple auprès de ceux qui ignorent qu'il y a plus de jouissance dans un seul service rendu à cette cause que toutes les vicissitudes personnelles ne peuvent causer de peines. » Il terminait par cette profession de foi : « Au reste, ils ont beau faire, les vérités que j'ai dites, mes travaux dans les deux mondes ne sont pas perdus. L'aristocratie et le despotisme sont frappés à mort, et mon sang, criant vengeance, donnera à la liberté de nouveaux défenseurs[20]. » A très long terme, il avait sans doute raison.

Il tenait beaucoup à se justifier, même auprès de ses amis puisque, le 25, il écrivit de Nivelle à La Rochefoucauld une longue lettre (qui n'arriva jamais puisque le duc fut massacré à Gisors au début de septembre) dans laquelle il expliquait encore ses sentiments. Il aurait souhaité que l'Assemblée secouât « le joug des tribunes » et que le roi, « en s'éloignant pour quelque temps à la distance constitutionnelle, démontre sa liberté et entreprenne de détruire notre anarchie, notre licence intérieure » pour négocier la paix et défendre la Constitution. Mais l'Assemblée et le roi étaient trop faibles et, de plus, obsédés l'une par les jacobins, l'autre par les aristocrates, de sorte que ni l'une ni l'autre ne furent capables d'écouter « un homme qui, voulant l'ordre public, la liberté, l'égalité, ne convenait à aucune des factions ». Il remarquait qu'on avait beaucoup parlé des complots de la Cour et des erreurs commises par elle, « mais l'acte constitutionnel est là, et ce n'est pas le roi qui l'a violé, mais le château n'a pas été attaquer les faubourgs, ni les Marseillais n'ont pas été appelés par lui. Les préparatifs que l'on faisait depuis trois mois, c'est le roi qui les dénonçait. Ce n'est pas lui qui a fait massacrer les femmes, les enfants, qui livrait au supplice tout ce qui était connu pour son attachement à la Constitution, qui a détruit dans un seul jour la liberté de la presse, celle des postes, le jugement par le jury, la distinction des pouvoirs, enfin tout ce qui assure la liberté des hommes et des nations ». Il avait espéré une réaction des bons citoyens et pensait que, « s'il y avait eu un peu d'énergie parmi ceux qui voulaient observer encore la Constitution, nous pouvions tirer l'Assemblée elle-même d'un mauvais pas où les violences l'avaient précipitée » ; mais la Terreur commençait, les menaces d'assassinat et de pillage effrayaient tous ceux qui tentaient de « s'élever contre le despotisme du jour », et en même temps « on prenait pour désorganiser l'armée des moyens malheureusement trop efficaces » sous forme de trublions « sous le déguisement de recrues ». « Que peuvent les efforts les plus énergiques lorsque la Terreur règne partout ? » L'effondrement total du pouvoir judiciaire interdisait toute sanction. Dans ces conditions, il ne lui restait plus qu'à partir pour tenter de gagner cette Amérique dont il avait la nostalgie, « cette heureuse terre » où un peuple éclairé respectait les lois.

C'est pourquoi, dès le 26 août, il écrivit à William Short, ministre des États-Unis à La Haye, pour lui envoyer la déclaration signée le 19, lui demander de la faire publier et lui exposer que lui-même et ses compagnons avaient été arrêtés « au mépris du droit des gens. [...] Je suis un citoyen américain, un officier américain, j'ai quitté le service de la France. En me réclamant, vous êtes dans votre droit, et je ne doute pas de votre arrivée immédiate ». Il espérait naïvement que le diplomate obtiendrait sa libération. C'était une vue de l'esprit. Il avait été arrêté ès qualités de général français, et une démarche américaine paraissait délicate. Short sollicita l'avis de Gouverneur Morris qui fut, lui aussi, réticent : « Une intervention de notre part peut paraître offensante et faire plus de mal que de bien à M. de La Fayette. » Morris conseilla donc à Short de sonder d'abord les intentions des Autrichiens. Les trois diplomates américains en poste à Londres (Thomas Pinckney), à La Haye et à Paris se concertèrent, mais ne trouvèrent aucun moyen légal d'intervention. Le gouvernement américain ne souhaitait pas prendre parti de manière trop voyante dans le conflit franco-autrichien. Cependant, Gouverneur Morris prit soin de tenir Washington et Jefferson informés de la situation du « Français le plus haï du monde ». Quelques semaines plus tard, il écrivait à Washington : « Pauvre La Fayette. [...] Je vais vous donner une preuve de la haine féroce qu'on lui porte : parmi les papiers du roi saisis dans l'armoire de fer [...], on a trouvé des lettres de M. de La Fayette où il exprime, de la première à la dernière ligne, les sentiments les plus purs pour la liberté. Eh bien, on tient cette correspondance secrète, et l'on accuse le général d'avoir conspiré avec Louis XVI contre son pays. [...] J'espère que nous ne tarderons pas à trouver l'occasion de faire quelque chose pour lui venir en aide. » Cette aide, effectivement, sera fort utile, sous diverses formes. Elle sauvera Adrienne de La Fayette de la guillotine[21].

Le départ du général provoqua en effet à Paris une frénésie d'hostilité qui ne connut plus de bornes. Son buste à l'Hôtel de Ville fut brisé avec ceux de Bailly, de Necker et de Louis XVI. On fit subir le même sort en place de Grève au coin de la médaille frappée à son effigie, et Merlin de Thionville proposa même de raser sa maison pour édifier à la place un monument destiné à perpétuer le souvenir de ses crimes. Ne pouvant l'atteindre, on s'en prit à son épouse qui fut arrêtée à Chavaniac le 10 septembre[22]. Le 4 octobre, elle écrivit à Brissot : « Je ne parlerai pas de la barbarie qu'il y a en général à garder les femmes comme otages. »

L'attitude du général fut sévèrement jugée par son ancien ami Condorcet qui écrivit, le 22 août, dans la *Chronique de Paris* : « Parmi les partis qui lui restaient à prendre, il a préféré celui qui était le plus propre à justifier le mépris qu'on avait conçu pour son caractère. » Le lendemain, il fustigeait « cet homme timide et lâche jusque dans le crime et toujours soigneux de se cacher derrière la toile ». Quelques mois plus tard, Condorcet adressa à Jefferson un véritable réquisitoire contre celui qui fut leur ami commun : « Vous avez connu comme moi La Fayette, vous l'avez vu tenir, peut-être avec une bonne intention, au projet d'arrêter le cours de notre Révolution et de remettre le reste à l'action lente et douce des lumières, mais vous l'avez vu aussi s'entourer d'intrigants. Réconcilié avec les Lameth que vous avez vus ses ennemis au moment de la fuite du roi, il a suivi avec eux l'idée absurde, impolitique, immorale, de récompenser cette fuite par de nouvelles concessions. Entraîné par eux, il a employé la violence, la corruption, les calomnies pour étouffer la voix d'une nombreuse portion de citoyens qui voulaient, au contraire, profiter de cette fuite pour détruire la royauté. Il a réussi, et la nation fatiguée a paru accepter sincèrement la Constitution nouvelle.

« C'est alors que je me suis séparé résolument de La Fayette qui ne pouvait plus être, pour un homme un peu clairvoyant, que l'ennemi de la liberté et le chef des royalistes. Il s'est bientôt déclaré hautement l'adversaire de tous ceux qui, dans le corps législatif, soutenaient le droit des peuples ; il a fait tous ses efforts pour avilir les représentants de la nation en élevant la Cour. Il a déterminé le renvoi des ministres patriotes et leur remplacement par des hommes incapables et méprisés. [...] Au 10 août, seul des généraux employés, il a fait arrêter les commissaires de l'Assemblée nationale et a essayé d'engager son armée à lever l'étendard de la guerre civile. [...] C'est une incertitude de caractère que vous lui connaissez, ce goût pour une fausse presse, le penchant à s'entourer d'intrigants dont il était l'instrument quand il croyait en faire les siens, qui l'ont entraîné plus loin qu'il n'aurait voulu et, une fois lancé, son orgueil l'a empêché de reculer[23]. »

Cette diatribe pleine d'inexactitudes et d'exagérations montrait à quel point Condorcet, lui aussi, connaissait mal les véritables intentions de son ancien ami, auquel il prête des vues qui ne furent jamais les siennes, et combien il s'illusionnait dans son analyse de la situation politique. Pour une fois lucide, La Fayette n'a-t-il pas saisi plus tôt que le philosophe le cours que prenaient les événements ? N'a-t-il pas vu se profiler à l'horizon une Terreur située aux antipodes de ses désirs et de ses conceptions ? Un an plus tard, Condorcet, proscrit, caché à l'ombre des tours de Saint-Sulpice, constaterait à son tour que cette Révolution qu'il avait souhaitée, pour laquelle il avait tant combattu, se mettait, comme le proclama Vergniaud, tel Saturne, à dévorer ses enfants, que ces Droits de l'homme, objet de ses vœux comme de ceux de La Fayette, « à peine proclamés sont foulés aux pieds avec plus de violence qu'au temps où l'arbitraire régnait sur la

France[24] ». Malgré les amers reproches de Condorcet, Jefferson conserva toute son amitié pour le combattant d'Amérique.

Le départ de La Fayette correspondait à une logique et à une fidélité aux idées qu'il n'abandonna jamais. « M. de La Fayette, écrit Malouet, était conséquent à ses principes et à sa conduite antécédente ; il en avait fort mal calculé le but et les moyens, mais il suivait sa ligne avec persévérance et se séparait ainsi de toute autre faction révolutionnaire[25]. » C'était aussi l'avis de Mme de Staël avec qui le général se sentit si souvent en communion d'idées : « M. de La Fayette, fidèle au vœu durable de la nation pour la monarchie constitutionnelle, avait quitté son armée plutôt que de prêter un serment contraire à celui qu'il venait de jurer au roi[26]. »

Gouverneur Morris, plus cynique, écrivait à Jefferson le 22 août : « Ainsi il a fait le tour du cadran : après avoir dépensé sa fortune pour le succès de la Révolution, le voilà écrasé par la roue qu'il a mise en mouvement. Il a duré plus que je ne l'aurais cru. »

Le 19 août 1792 marqua un tournant capital dans la vie de La Fayette. A trente-cinq ans, sa carrière militaire était terminée. Elle avait été exceptionnellement courte sous les drapeaux français et cependant prometteuse. Après la terrible épreuve d'une captivité de près de cinq ans qui lui donna l'auréole, sinon du martyre, tout au moins celle des victimes de l'arbitraire, il allait, de plus en plus, devenir un symbole, l'incarnation d'un idéal. Suivant la prophétie de l'inconnu de la Fédération, il commençait sa chevauchée dans les siècles futurs. Le 16 septembre, il pouvait écrire à son amie Mme d'Hénin : « Il ne me reste plus que l'ambition des rêves[27]. »

# CHAPITRE XXIII

# Un captif intraitable

La haine que suscitait alors La Fayette en France se retrouvait, pire encore si c'est possible, chez les ennemis. Transférés à Luxembourg où ils arrivèrent le 4 septembre, les quatre prisonniers furent aussitôt séparés. La Fayette y reçut le 8 une réponse à la demande de passeport qu'il avait adressée, de Nivelle, au duc de Saxe-Teschen, oncle de l'Empereur, gouverneur général des Pays-Bas. C'était un refus insultant mais fort éclairant sur les sentiments du gouvernement autrichien : « On ne vous a point arrêté comme prisonnier, ni comme constituant, ni comme émigré, mais comme c'est vous qui avez été le fauteur de la Révolution qui a bouleversé la France, comme c'est vous qui avez donné des fers à votre roi, l'avez dépouillé de tous ses droits et de ses pouvoirs légitimes et l'avez tenu en captivité, comme c'est vous qui avez été le principal instrument de toutes les disgrâces qui accablent ce malheureux monarque, il n'est que trop juste que ceux qui travaillent au rétablissement de sa dignité vous retiennent jusqu'au moment où votre maître, après avoir recouvré sa liberté et sa souveraineté pourra, selon sa justice ou sa clémence, prononcer sur votre sort[1]. » Après le réquisitoire de Condorcet, celui-ci, tout aussi injuste et rempli d'allégations pour le moins discutables, montre que La Fayette n'avait rien à attendre en fait de sympathie ni des uns ni des autres. Il écrivait alors à Mme d'Hénin : « Les amis de la liberté sont proscrits des deux côtés. Je ne suis donc à ma place que dans une prison. »

Le séjour à Luxembourg fut de courte durée. Le 18 septembre, les prisonniers arrivèrent à Wesel en Westphalie, à cinquante kilomètres en aval de Düsseldorf, après un voyage sous forte escorte au cours duquel ils avaient suscité de grands rassemblements de foules et des « sensations de curiosité, de bienveillance, de haine ». Les gardes devaient parfois « écarter certains malveillants qui voulaient nous nuire autrement que par leurs grimaces ». Un conseil de la coalition, tenu en présence de Breteuil, ambassadeur des princes émigrés, déclara que « l'existence de La Fayette était incompatible avec la sûreté des gouvernements de l'Europe ». C'était peut-être faire au général un honneur exagéré, mais on considéra qu'un homme aussi dangereux devait être détenu dans les conditions les plus rigoureuses. Placé au secret, privé de communication aussi bien avec ses compagnons qu'avec l'extérieur, La Fayette tomba malade. Le roi de Prusse eut alors l'inconscience de lui proposer, pour améliorer son sort, de « donner des conseils contre la France ». Il répondit seulement : « Le roi de Prusse est bien impertinent. »

Le 31 décembre 1792, les prisonniers furent transférés à Magdebourg où Lameth fut libéré. Il avait conservé des amitiés en Prusse, notamment avec le prince Henri qu'il avait rencontré lors d'un voyage avant la Révolution, et il semble que le gouvernement prussien souhaitait se débarrasser de lui. Il n'en fut pas de même des trois autres que l'on interna dans la citadelle. La Fayette eut droit à un cachot de trois pas sur cinq et demi, moisi d'humidité, dans lequel le soleil ne pénétrait jamais, où il était gardé en permanence par deux sentinelles. Malgré ces conditions extrêmement dures, il réussissait, « grâce au plus généreux dévouement », à faire parvenir quelques lettres à des amis sûrs. Le 13 mars 1793, il décrivait sa situation à Mme d'Hénin. On lui donnait des livres « dont on ôte les feuillets blancs, mais point de nouvelles, point de gazettes, point de communication, ni encre, ni plume, ni papier, ni crayon. C'est par miracle que je possède cette feuille et je vous écris avec un cure-dent ». Malgré cette mise au secret, il avait réussi à apprendre quelques nouvelles : la mort de son ami La Rochefoucauld, « l'assassinat du roi », où « toutes les lois de l'humanité, de la justice et du pacte national ont été foulées aux pieds », les succès des armées françaises, « les nouvelles infâmies de M. d'Orléans ». Mais il se trouvait sans nouvelles de sa famille dont toutes les lettres étaient interceptées. Son secrétaire, Félix, avait été placé dans un cachot séparé, mais il avait pu conserver son domestique, natif de Chavaniac, et grâce aux subsides généreusement envoyés par ses amis américains par l'intermédiaire d'une banque d'Amsterdam, sa nourriture était convenable.

La tristesse de la captivité ne l'empêcha pas de se préoccuper du sort de son habitation de Guyane et surtout de celui des esclaves qui y travaillaient. « J'espère, écrivait-il à Mme d'Hénin, que ma femme se sera arrangée pour que les Noirs qui la cultivent conservent leur liberté. » Adrienne avait devancé ce désir, mais sans succès, car elle n'avait rien pu obtenir dans ce sens lors de la mise en vente judiciaire de l'établissement en vertu du décret du 25 août 1792, et les esclaves ne furent affranchis que lors de l'abolition générale prévue par le décret du 4 février 1794.

En ce mois de mars 1793, le prisonnier reçut une revue publiée à Berlin, *Minerva*, qui lui procura la joie de lire un article du directeur, M. Archenholtz, dans lequel celui-ci soutenait la thèse de la monarchie constitutionnelle et exprimait sa sympathie pour lui, qu'il ne fallait en aucune manière confondre avec les Jacobins. Le 27 mars, il adressa à l'auteur de cette étude une lettre de remerciement qui lui donnait l'occasion de préciser ses positions politiques : « J'avais déplu aux Jacobins en blâmant leur aristocratie usurpatrice des pouvoirs légitimes, aux prêtres de toutes les classes en réclamant, contre eux tous, la liberté religieuse, aux anarchistes en les réprimant, aux conspirateurs en repoussant leurs offres. Voilà quels ennemis s'unirent à ceux que les puissances étrangères, les antirévolutionnaires, la Cour même soudoyaient contre moi. » Il dressait ensuite un tableau de la situation à Paris au moment du 10 août, d'une vigueur et d'un réalisme qui laissent à la fois éclater son indignation devant cette violation de la Constitution et traduisent un véritable talent de mémorialiste et d'écrivain. A propos de la question capitale de ses rapports avec le roi, il écrivait : « J'eus toujours son estime, jamais sa confiance. Surveillant incommode pour lui, haï de ses entours, je cherchais à lui inspirer des sentiments et des démarches utiles à la Révolution, à garantir ses jours et sa tranquillité. [...] La dernière fois que je le vis, il me dit, en présence de la reine et de sa famille, que la Constitution était leur salut et que lui seul la suivait. »

Il terminait sa lettre par un acte de foi dans la liberté et une violente diatribe contre les jacobins : « Peut-on se fier à l'immoralité, la tyrannie, la désorganisation, à des hommes dont la vénalité a lassé tous les partis, dont la bassesse a toujours caressé la main qui donne ou qui frappe, dont le prétendu patriotisme ne fut jamais qu'égoïsme ou envie, à des corrupteurs avoués de la morale publique, aux auteurs de protestations ou de projets contre la Révolution amalgamés à des âmes de boue et de sang qui l'ont si souvent souillée. [...] Puissent ses législateurs lui rendre une constitution, un ordre légal[2]. » Ce thème allait revenir constamment sous sa plume : le 10 août a fait sortir la France de l'état de droit pour la plonger dans l'arbitraire et la tyrannie d'un clan.

Les instances de Gouverneur Morris auprès du roi de Prusse ont obtenu quelques adoucissements très relatifs aux conditions de détention du prisonnier. Il reçoit ainsi l'autorisation de correspondre avec l'extérieur sous la surveillance et la censure extrêmement tatillonnes de Berlin. Enfin, il peut écrire à sa femme et recevoir les lettres qu'elle lui adresse. Mais il continue à être gardé de la manière la plus soupçonneuse : « Je ne vous détaillerai pas toutes les précautions dont on m'entoure : il faut que ces gens-ci croient tenir le diable en prison », écrit-il le 22 juin à Mme d'Hénin, mais il a quand même la consolation de pouvoir se promener dans un petit jardin avec un officier de garde et aussi celle de recevoir quelques visites. Il a ainsi vu le duc Frédéric de Brunswick, frère du vaincu de Valmy, qui vient de quitter le commandement de l'armée prussienne aux Pays-Bas. La conversation roule surtout sur les opérations militaires, la trahison de Dumouriez et les récentes proclamations du prince de Cobourg d'après lesquelles la coalition souhaite « rendre à la France son roi constitutionnel et la constitution qu'elle s'était donnée ». La Fayette a été « très sensible à l'honnêteté du duc Frédéric ».

Dans cette même lettre à Mme d'Hénin, il évoquait le souvenir de son ami La Rochefoucauld, assassiné dans des conditions ignobles : « Voilà le crime qui a profondément ulcéré mon cœur ! La cause du peuple ne m'est pas moins sacrée ; je donnerais mon sang goutte à goutte pour elle, je me reprocherais chaque instant de ma vie qui ne sera pas uniquement dévoué à cette cause, mais le charme est détruit. » Il tempêtait contre « les atrocités jacobites qui ont souillé la plus belle des causes et contre les chefs qui ont gaspillé tous les moyens de gloire et de bonheur sur lesquels les vrais

patriotes avaient le droit de compter ». Les victoires des
armées françaises le remplissent de joie, et il y voit une
confirmation de la justesse de ses vues sur le recrutement de
l'armée. Les simples citoyens se battent bien, et il avait donc
raison de soutenir que « l'établissement des Gardes nationales
dérouterait les calculs européens ». « Quel dommage, ajoutait-
il, que tant de zèle, tant de moyens soient si déplorablement
dirigés ! » Il persistait à penser que, « depuis le commencement de la Révolution, tous les torts, tous les crimes, tous les
dangers, toutes les souffrances ne sont venues que d'avoir
composé avec les plus rigoureuses conséquences de la sainte
doctrine de la liberté[3] ».

Le 4 juillet, il écrivit à Pinkney pour s'unir de cœur avec
ses amis américains en ce dix-septième anniversaire de la
Déclaration d'indépendance. Il comparait la situation politique
des deux pays et mesurait la différence : « En France, une
grande ignorance politique, des habitudes serviles, l'inégalité
des fortunes ont rendu les citoyens, même après la conquête
de leurs droits, toujours ennemis de toute contrainte légale et
prêts en même temps à ployer sous l'oppression. » Il se
désespérait de constater que les Français restaient indisciplinés
et dépourvus du vrai sens de la liberté. Malgré tous ces
obstacles, la France avait réussi à se donner une constitution
libre dont il admettait les imperfections qu'une brève application avait mises en lumière : mode d'élection défectueux,
indépendance judiciaire mal assurée, chambre unique, pouvoir
exécutif « dont la présidence héréditaire manquait de force ».
Il y avait pourtant dans ce texte les bases d'un système de
liberté qu'on aurait pu améliorer dans la suite en simplifiant
les rouages de l'administration, en améliorant le fonctionnement de la justice, en libéralisant les cultes, en mettant en
œuvre un plan d'éducation publique. C'est pourquoi il s'était
attaché inviolablement à cette Constitution, non seulement à
cause du serment qu'il avait prêté, mais aussi « pour tenir
toujours élevé l'étendard le plus propre à rallier tous les amis
de la liberté ». Mais ce beau projet avait été mis en pièces
par « ce club, inutile dès sa fondation puisque déjà l'ancien
gouvernement n'existait plus, désastreux dans ses progrès, car
il ruinait nos institutions nationales et, après les avoir

renversées, il a fini par l'établissement de la tyrannie ». Il n'en restait pas moins convaincu du triomphe de la liberté : « Bientôt, bientôt les chaînes de la France tomberont, et celles de toute l'Europe seront ébranlées. » Bel optimisme...

Les subsides américains lui ont permis, comme à sa famille, de subsister et il en est fort reconnaissant à ses amis : « Condamné à toutes les tortures morales et physiques qu'une tyrannie vindicative peut amonceler sur moi, j'ai pourtant la satisfaction de tromper aujourd'hui la bande couronnée et ses vils agents en vous adressant l'hommage de ma sympathie[4]. »

Quelques jours plus tard, le 16 juillet, il exhalait en revanche ses antipathies à l'égard de Dumouriez et se félicitait de sa clairvoyance : « On conviendra que si j'ai le premier annoncé ce qu'étaient M. Dumouriez et M. d'Orléans et considéré les Jacobins comme ennemis, non seulement de la Constitution mais de tout ordre de choses libre et légal, ces messieurs ont pris soin de justifier mes assertions. »

Une captivité aussi rigoureuse devenait insupportable et, dans cette lettre à Mme d'Hénin, il exprimait l'espoir que les interventions américaines lui permettraient de recouvrer la liberté. Sans trop d'illusions toutefois, car il craignait « les détours, les lenteurs et les perfidies de la politique européenne ». Naturellement, il n'était pas question pour lui d'être libéré dans n'importe quelles conditions : « Toute manière de sortie qui ne compromettra ni mes principes ni ma liberté serait pour moi une bienheureuse résurrection. Mais les despotes et moi nous combattons réciproquement d'instinct, et je me défie de leur antipathie animale. » Revenant sur un passé récent avec quelque nostalgie, il a ce mot qui permet de mesurer l'immensité à la fois de son idéalisme et de sa démagogie : « J'ai perdu de grandes occasions de gloire et de bonheur et, ce qui est plus irréparable encore, l'injustice du peuple, sans diminuer mon dévouement à cette cause, a détruit pour moi cette délicieuse sensation du sourire de la Multitude. » Son destin, bon prince, devait lui rendre un jour ce plaisir auquel il était si sensible[5]... Peu confiant dans les méthodes diplomatiques, il envisagea très sérieusement de tenter une évasion et, dès juillet 1793, en étudia les possibilités avec Archenholtz, devenu son confident, et Le Blanc. Dans le même temps, Mme d'Hénin cherchait à négocier sa libération avec le roi de Prusse par l'intermédiaire d'un médecin hanovrien, Just-Erich Bollmann. Celui-ci avait séjourné à Paris pour y poursuivre ses études et s'était vivement intéressé aux idées libérales qui le rendirent admirateur passionné de La Fayette. Lié également avec Mme de Staël, il donna la preuve de son habileté en faisant évader l'amant de celle-ci, le comte de Narbonne, auquel il procura un passeport qui lui permit de gagner l'Angleterre[6]. Mais les efforts des amis de La Fayette, mal coordonnés, n'aboutirent pas avant son transfert dans une autre prison.

Il a reçu une lettre de sa femme lui apprenant son arrestation en Auvergne puis sa libération à la fin de décembre 1792. Le 2 octobre 1793, il lui répond pour la rassurer sur son état. Il a maintenant à sa disposition quelques livres en français, en anglais et en latin, ce qui lui permet de « causer avec les morts ». On lui procure même la *Gazette de Leyde* qui lui donne quelques nouvelles. A Mme d'Hénin qui lui fait savoir que ses manières « irritent les puissances », il répond le 24 octobre qu'il oppose « à leur cruelle et basse conduite un mépris toujours calme, quelquefois un peu sarcastique. [...] Si les puissances attendent une complaisance de moi, elles me connaissent mal », car il demeure résolu « de continuer à ne flatter ni les hommes que je méprise, ni les vices que je hais ». Il précise qu'il ne faut rien attendre du gouverneur anglais : « J'ajouterai que j'ai eu dernièrement des preuves très alarmantes pour mes amis de la haine des puissances coalisées, *haine personnelle à moi* [c'est lui qui souligne] et dont aucune combinaison ne peut vous faire douter. » Les projets d'évasion le préoccupent puisqu'il en entretient à la fois Mme d'Hénin, qui participe au financement, et son ancien aide de camp La Colombe. Le 10 décembre, il envisage avec ce dernier les diverses solutions possibles. L'évasion lui paraît difficile dans les conditions où il se trouve, les représentations auprès des gouvernements risquent de rencontrer peu d'écho, car il s'est acquis, par ses actions passées contre le despotisme, des antipathies marquées dans la plupart des pays européens. Reste ce qu'il appelle la « clameur publique ». D'Archenholtz l'a déjà beaucoup aidé et servi « en pulvérisant les plumes soldées contre moi ». Il faudrait donc tenter de lancer une campagne de presse, mais les moyens manquent[7]. Le secret des correspondances n'est rien moins qu'assuré, en France comme ailleurs, il renonce souvent à écrire pour ne pas compromettre ses amis. Restaient aussi les démarches du gouvernement américain.

A la fin de l'année 1793, les précautions prises pour la surveillance des prisonniers redoublèrent de sorte que tout projet d'évasion dut être suspendu. Le 3 janvier 1794, La Fayette quitta Magdebourg, seul, pour être transféré à Neisse, sur la frontière polonaise où il arriva le 16. Il écrivit aussitôt à La Colombe pour lui suggérer d'étudier les possibilités d'évasion vers la Pologne où il espérait trouver des complicités dans les communautés juives. Il prépara aussi une lettre pour le roi Stanislas-Auguste Poniatowski, mais il ne put la lui faire parvenir.

A Neisse, les conditions de détention sont toujours aussi pénibles. Aucun de ses gardiens ne parle le français, et le médecin a oublié son latin ; il se met donc à apprendre l'allemand. Grâce à Latour-Maubourg et à la sœur de celui-ci, Mme de Maisonneuve, il reçut quelques nouvelles de France et apprit ainsi que sa femme avait été de nouveau arrêtée et emprisonnée à Brioude le 13 novembre 1793. Pendant ce temps, des négociations s'étaient engagées entre la Prusse, qui souhaitait se retirer de la coalition et se débarrasser de ses encombrants prisonniers, et l'Autriche. Elles aboutirent en mai. Le 16, il annonçait à Mme d'Hénin son départ pour Olmütz en Moravie, où il sera remis au gouvernement autrichien. L'hostilité de celui-ci à son égard était bien connue. Le chancelier Kaunitz le détestait, et Thugut, qui lui succéda en juin 1794, partageait les mêmes sentiments. Les conditions d'internement restèrent donc dignes des cachots réservés aux prisonniers de droit commun. Réunis, les officiers français ne furent plus désignés que par un numéro : 2 pour La Fayette, 5 pour Latour-Maubourg, 6 pour Bureaux de Pusy, et on leur enleva tout objet personnel. Chaque étape dans la captivité s'accompagnait donc d'une aggravation sensible de la situation des victimes. Le général fonda, semble-t-il, quelques espoirs sur l'insurrection polonaise menée à cette époque par son ami Kosciusko, mais ceux-ci furent vite déçus par le nouveau partage de la Pologne et la déchéance de Stanislas-Auguste.

Bollmann n'avait pas été découragé par l'insuccès de ses premières tentatives d'évasion pendant le séjour des prisonniers à Magdebourg. Munis de subsides fournis par Mme d'Hénin, il réussit, au cours de plusieurs voyages en Allemagne, à retrouver la trace de La Fayette et, en octobre 1794, arriva à Olmütz où il parvint à prendre contact avec le

général et à lui faire passer des nouvelles de sa femme. Lors
de son passage à Vienne, Bollmann avait rencontré un jeune
étudiant américain, Francis Huger qui, par un extraordinaire
hasard, était le fils du major Huger, le premier Américain
rencontré par La Fayette lors de son débarquement du 14
juin 1777. Les deux hommes sympathisèrent aussitôt et
décidèrent d'unir leurs efforts pour mettre au point un plan
d'évasion qui pouvait être facilité par le fait que le général
effectuait quelques promenades de santé. Le 10 octobre, il
précisait à Bollmann : « Je sors tous les jours impairs, en
redingote unie avec un chapeau rond, et je ne suis point avec
un officier mais avec le prévôt geôlier qui a l'uniforme de
caporal. » Les deux hommes passèrent plusieurs mois à
préparer leur projet avec la complicité du chirurgien de la
prison, Haberlein, mais leurs dispositions furent mal prises.
A la faveur d'une des promenades, le 8 novembre 1794,
Bollmann et Huger réussirent bien à délivrer La Fayette de
son ange gardien et à le faire partir à cheval vers la frontière,
mais l'affaire, très insuffisamment préparée, manqua par suite
de quiproquos sur la route à suivre. Alors qu'il avait déjà
parcouru huit lieues, le prisonnier fut arrêté et ramené à
Olmütz. Bollmann n'échappa pas à la police, et Huger fut
capturé le 27 novembre. Condamnés l'un et l'autre à la prison,
ils furent libérés en août 1795 et fêtés en Allemagne comme
des héros avant de partir pour l'Angleterre et les États-Unis.

Cette tentative manquée ne fit qu'aggraver les rigueurs de
la captivité ; rien ne fut ménagé pour faire subir au prisonnier
les pires tortures physiques et morales : privation de lumière,
manque de vêtements, mauvaise nourriture, interdiction de
parler au chirurgien qui soignait son doigt blessé lors de
l'évasion, suppression de toute nouvelle de sa famille. On alla
même jusqu'à lui annoncer que Huger et Bollmann seraient
pendus sous ses fenêtres... Heureusement, le fidèle secrétaire
Félix avait conçu un « chiffre tachygraphique » qui lui permettait de communiquer avec le valet de chambre de Latour-
Maubourg[8].

Parmi les amis de La Fayette qui s'occupaient d'améliorer
son sort, l'un des plus actifs fut Lally-Tollendal qui intervint
dès octobre 1794 auprès du comte de Starhemberg, ambassadeur d'Autriche à Londres, mais sans succès. Quelques mois
plus tard, il adressa au roi de Prusse Frédéric-Guillaume un
mémoire dans lequel il prenait avec vigueur la défense du

général et s'efforçait de montrer l'inanité des griefs invoqués
contre lui : « C'est pour avoir voulu sauver Louis XVI que
M. de La Fayette s'est perdu. [...] Ceux-là ont de bien fausses
notions qui établissent dans leur esprit M. de La Fayette
comme cause, même comme une des causes de la Révolution
française. Il y a joué un grand rôle, mais ce n'est pas lui qui
a fait la pièce et peut-être ce qu'il y a de mieux à dire c'est
qu'il n'a participé à aucun mal qui ne se fût fait sans lui
tandis que le bien qu'il a fait l'a été par lui seul. » Ce
plaidoyer resta sans effet, car le roi de Prusse détestait les
libéraux...

A partir de 1795, la lutte pour la libération du prisonnier
d'Olmütz va prendre des dimensions nouvelles et recevoir un
renfort essentiel en la personne d'Adrienne de La Fayette,
sauvée de la guillotine par les interventions de Gouverneur
Morris, qui avait réussi à faire comprendre aux conventionnels
qu'il était diplomatiquement inopportun d'exécuter la femme
du héros des deux mondes après avoir envoyé au supplice sa
grand-mère, la maréchale de Noailles, sa mère, la duchesse
d'Ayen, et sa sœur, la vicomtesse de Noailles, qui périrent le
4 thermidor, cinq jours avant la chute de Robespierre. Mme
de La Fayette devait exprimer à plusieurs reprises sa gratitude
à celui qui l'avait « sauvée de la rage d'un monstre » et
l'empêcha de sombrer dans la misère, car, son mari ayant été
considéré comme émigré, ses biens avaient été confisqués.
Durant l'été 1793, Morris prêta 100 000 livres de sa propre
bourse qui permirent à la famille de subsister en attendant
des jours meilleurs. « Il est vrai, lui écrivit-elle, que c'est là
une mince obligation comparée à celle que je vous ai pour ma
vie, mais permettez-moi de me souvenir des deux tant que je
vivrai avec un sentiment de gratitude bien doux à ressentir[9]. »
Malgré le certificat de civisme qui lui avait été délivré par
la municipalité d'Aurac et malgré la popularité que lui
valurent dans la région sa bienveillance et son dévouement,
Mme de La Fayette avait été transférée de Brioude dans les
prisons parisiennes en mai 1794 et ne fut libérée qu'à la fin
de janvier 1795. Elle commença alors par tenter d'obtenir des
nouvelles de son mari et s'adressa au duc de Brunswick qui
ne répondit pas, puis au roi de Prusse Frédéric-Guillaume :

« Dans l'ignorance affreuse où je suis depuis cinq mois des
nouvelles de M. de La Fayette, je ne puis plaider sa cause.
Mais il me semble que ses ennemis et moi parlons éloquem-
ment en sa faveur, les uns par leurs crimes, l'autre par l'excès
de sa douleur. Les uns prouvent sa vertu et combien il est
redouté des méchants, moi, je montre combien il est digne
d'être aimé. »

C'est par sa sœur Pauline de Montagu, alors à Erfurt,
qu'Adrienne put avoir quelques informations peu encoura-
geantes. Dans une lettre du 4 juin, elle insistait sur les dangers
de la situation et sur les haines accumulées contre La Fayette
qui avait réussi à lui faire parvenir un message : « Je n'ai pas
répondu, et je n'ai d'autre moyen d'être utile à lui et à vous
que de vous parler aujourd'hui avec vérité, simplicité et
courage, de l'opinion et de la fâcheuse disposition où vous
trouverez tous les Français émigrés par rapport à lui. » Pauline
recommandait donc à sa sœur de ne pas porter le nom de son
mari, d'éviter les villes où se trouvent des rassemblements
d'émigrés, d'être très prudente dans ses relations avec les
Français, car, « quoique personnellement vous soyez aimée et
que l'on s'intéresse à vous, néanmoins votre nom et votre
manière de vous identifier vous exposeraient à des désagré-
ments. Mais la même circonspection n'est pas nécessaire vis-
à-vis des Suisses et des Allemands. Nous en avons bien vu
l'esprit, ils sont au contraire prévenus pour votre mari et tout
ce qui porte son nom[10] ». Malgré toutes les difficultés à
prévoir, Mme de La Fayette n'avait plus désormais qu'un
projet : aller retrouver son mari à Olmütz après avoir tenté
de sauver quelques vestiges des fortunes familiales et envoyé
son fils aux États-Unis.

Elle entama les procédures de récupération des biens de
Mme d'Ayen, c'est-à-dire les terres de la Grange et de
Fontenay-en-Brie. Chavaniac, vendu comme bien national,
put être racheté grâce à une avance de fonds américains et au
concours généreux de Rosalie de Grammont, autre sœur
d'Adrienne. Par l'intermédiaire de Ségur, elle entra en relation
avec Boissy d'Anglas dont les idées politiques étaient fort
voisines de celles de La Fayette et qui lui fit obtenir un
passeport pour George et son précepteur Frestel qui partirent
pour les États-Unis en avril avec une lettre de recommandation adressée à Washington. Elle mettait « ce cher enfant sous
la protection des États-Unis qu'il est depuis longtemps

accoutumé à regarder comme un seconde patrie et que je
regarde depuis si longtemps comme devant être mon asile, et
sous la protection particulière de leur président dont je connais
les sentiments pour son père ».

Au début de septembre 1795, après avoir obtenu un faux
passeport pour les États-Unis, Mme de La Fayette et ses
filles partaient sous un faux nom pour Dunkerque où elles
logèrent chez le consul des États-Unis. Le 5, elles embar-
quaient sur un navire américain, le *Little Cherub*, qui les
conduisit à Altona d'où elles espéraient gagner Olmütz. En
attendant, Adrienne retrouva sa tante Mme de Tessé et sa
sœur Pauline. Le banquier John Parish, consul américain à
Hambourg, délivra un passeport au nom de Mrs Motier,
citoyenne de Hartford (Connecticut), État dont La Fayette
était citoyen d'honneur, et, en vertu de cette générosité
américaine jamais prise en défaut, lui avança les subsides
nécessaires à son voyage. Le passeport permit à la pseudo-
citoyenne des États-Unis de partir pour Vienne, car le
territoire autrichien était interdit à tout Français non émigré.
Elle arriva le 3 octobre dans la capitale avec ses deux filles,
et, par l'entremise du prince de Rosenberg, grand chambellan,
qui connaissait bien la famille de Noailles, elle obtint, le 10,
une audience de l'empereur François II qui le reçut aimablement, lui accorda la permission d'aller retrouver son mari à
Olmütz, mais se garda bien de prendre le moindre engagement
sur une éventuelle libération, arguant que « cela dépendait
des circonstances, qu'il avait les mains liées là-dessus et que
c'était une affaire compliquée ». Sans perdre un instant,
Adrienne remit le 12 à Thugut une note dans laquelle elle
s'efforçait de plaider la cause de son mari et de démontrer
l'injustice et, à ses yeux, l'inanité des accusations portées
contre lui : « Rendre M. de La Fayette, à sa femme et à ses
enfants, cela ne tient à aucune combinaison politique, cela
évite même d'y mêler sa cause qui par elle-même est séparée
de toute autre, cela ne nécessite aucune explication. » C'était
placer la question sur un plan sentimental qui n'était évidemment pas celui du ministre, fort vexé de l'audience accordée
à Adrienne par l'Empereur sans que celui-ci l'ait consulté.
Elle obtint cependant un passeport pour se rendre à Olmütz,
mais le ministre de la Guerre Ferraris la prévint des conditions
peu agréables qui l'y attendaient.

Le 15 octobre, Adrienne et ses deux filles arrivaient à la

prison et retrouvaient enfin le chef de famille qui ignorait tout de leur voyage et des ravages portés par la Terreur chez les Noailles. Il put ainsi mesurer l'héroïsme de sa femme, sa force de caractère, son dévouement inépuisable qui lui avaient fait braver et vaincre tous les obstacles pour venir le rejoindre. « Elle montra dans cette captivité volontaire une résignation et un courage que la religion seule lui inspira, n'ayant jamais été traitée par son mari qu'avec la plus cruelle indifférence et n'ayant certes pu oublier les nombreuses infidélités dont elle avait été abreuvée[11]. »

Très éprouvé physiquement et moralement par une captivitié exceptionnellement rigoureuse, La Fayette trouva un puissant réconfort dans la venue de sa femme. Grâce à elle, il allait pouvoir reprendre les campagnes qui, espérait-il, provoqueraient sa libération. Les conditions matérielles n'en furent pas améliorées et les trois femmes se trouvèrent pratiquement soumises au régime carcéral le plus tatillon et le plus vexatoire. On avait supprimé couteaux, fourchettes et cuillers, aucune communication ne fut tolérée avec l'extérieur et il fut même interdit d'assister à la messe dans l'église pourtant très proche. Toutes les protestations restèrent sans effet, comme les interventions auprès de l'Empereur dont les belles promesses se révélèrent lettre morte. L'administration autrichienne ne cessa de faire preuve d'une malveillance tenace et mesquine qui alla, en février 1796, jusqu'à interdire à Mme de La Fayette d'aller consulter un médecin à Vienne ; si elle sortait d'Olmütz, elle ne pourrait y revenir. Bien que très souffrante, elle préféra rester auprès de son mari.

Il ne manque pourtant pas de personnalités pour s'intéresser au sort du prisonnier. En juillet 1795, selon Mallet du Plan, les Girondins survivants cherchent à se rapprocher des constitutionnels et promettent l'amnistie pour les émigrés. Ils proposent « de former au nom de la Convention une réclamation solennelle pour la liberté de La Fayette contre des otages allemands ». Mais ils se heurtent à l'hostilité de Sieyès et de ses amis qui « ne veulent pas même en entendre parler et poursuivent une guerre implacable aux constitutionels », surtout s'ils sont nobles et anciens constituants[12].

A l'étranger, Fox avait prononcé à la Chambre des Communes

un discours dans lequel il exaltait l'action de La Fayette en
faveur de la liberté : « Il la fait chérir par toutes les vertus
dont il la montre environnée, par la noblesse de ses principes,
par la pureté inaltérable de ses actions, par la sagesse et la
force de son esprit, par la douceur, le désintéressement, la
générosité de son âme. » Mais le gouvernement britannique
refusa de s'associer aux interventions en faveur du général
sous le prétexte que cette question ne concernait que les
puissances continentales dans les affaires desquelles il ne
convenait pas de s'immiscer[13]... Les amis américains, et
Washington le premier, suivaient les événements de près et
le président en parlait fréquemment dans sa correspondance
avec Monroe, qui avait succédé à Gouverneur Morris à Paris,
et avec Pinckney à Londres. Le 20 février 1796, il écrivait à
ce dernier : « Je vous dirai franchement que mon cœur souffre
de voir cet homme honorable traité d'une manière aussi
cruelle et que je souhaite vivement sa délivrance. » Mais, tenu
par ses fonctions, il estimait qu'il lui était impossible d'engager
le gouvernement américain « dans une démarche dictée uniquement par mes goûts particuliers ». Il suggérait toutefois à
Pinckney d'informer l'ambassadeur d'Autriche à Londres de
ce qui est « le vœu du peuple et le mien ».

Le 15 mai, Washington écrivait une lettre personnelle et
confidentielle à l'Empereur, dans laquelle il demandait la
libération des prisonniers : « Souffrez donc, Sire, qu'en cette
occasion je sois l'interprète du vœu général, et laissez-moi
vous supplier de lui accorder la permission de venir dans ce
pays sous quelque condition ou restriction qu'il plaise à Votre
Majesté d'imposer[14]. » En juillet, le duc de Liancourt avait
encore prié le président des États-Unis d'intervenir. Celui-ci
lui répondit par une lettre chaleureuse mais qui marquait bien
les limites d'une éventuelle action : « Personne autant que
moi ne compatit aux douleurs et à la pénible situation de
cette noble famille, mais il est malheureusement trop certain
que le marquis de La Fayette, bien qu'il soit par le fait enfant
adoptif de notre pays, ne peut être réclamé comme citoyen
par notre gouvernement ni par notre peuple malgré l'attachement réel et bien mérité que lui ont acquis ses services. [...]
Tenter davantage ne le servirait pas et pourrait plonger les
États-Unis dans de graves embarras. »

En septembre 1796, Gouverneur Morris arriva à Vienne.
Était-il, comme certaines rumeurs le prétendaient, chargé par

le Congrès américain de demander la libération de La Fayette ? En bon diplomate, il le nia, mais il est néanmoins certain qu'il tenta d'agir sur les sollicitations pressantes de Mme de Staël. De Coppet, Germaine lui avait écrit le 21 novembre une lettre enflammée : « Ouvrez la prison de M. de La Fayette. Vous avez déjà sauvé la vie de sa femme, sauvez toute la famille ! Payez la dette de votre pays ! Quel plus grand service peut-on rendre à sa patrie que d'acquitter les dettes de la reconnaissance ? Y a-t-il une calamité plus rigoureuse que celle qui a frappé La Fayette ? Jamais plus éclatante injustice a-t-elle attiré l'attention de l'Europe ? » Le 18 décembre, Morris eut une entrevue avec le chancelier Thugut, lequel, avec la plus insigne mauvaise foi, nia les mauvais traitements subis par La Fayette et sa famille, et se borna à déclarer : « Si l'Angleterre nous demandait La Fayette, nous serions trop heureux de nous en débarrasser[15] ». Mais le gouvernement anglais ne se souciait nullement de son ancien adversaire de la guerre d'Amérique, comme le démontra le débat du 16 décembre 1796 à la Chambre des Communes qui vit plusieurs orateurs plaider la cause du général. Fitz-Patrick rendit un hommage appuyé à Adrienne, « modèle d'héroïsme mais modèle aussi de toutes les vertus de son sexe », et protesta avec vigueur contre les conditions de détention indécentes de toute la famille. Fox récidiva dans l'éloge : « Peut-on imputer à La Fayette une seule, je dis une seule des horreurs qui ont déshonoré la Révolution française ? On a pu avoir des partis différents du sien, mais aujourd'hui tout le monde a reconnu la pureté de ses intentions ». La discussion fut très vive. Un député tory, Windham, déclara : « Ceux qui commencent la Révolution seront toujours à mes yeux l'objet d'une réprobation irrésistible ; je me délecte en les voyant boire jusqu'à la lie le calice d'amertume qu'ils ont préparé pour les lèvres des autres ». Pitt maintint que la Grande-Bretagne n'avait pas à intervenir dans cette affaire, et la motion en faveur de La Fayette fut repoussée à une large majorité : 132 voix contre 52.

La propagande fayettiste se développait aussi par la littérature et par l'image. Charles d'Agrain publia un poème, *Captivité de La Fayette, héroïde sur les illustres prisonniers d'Olmütz en Moravie,* et des gravures émouvantes représentaient le général et sa famille dans leur prison. Mallet du Pan, ayant publié une lettre assez malveillante dans les journaux français, se fit vivement rappeler à l'ordre par le prince de Poix, indigné des conditions infligées à un membre de sa famille : « Il ne s'est rien passé de pareil dans les prisons de Robespierre : non seulement M. de La Fayette et ses compagnons éprouvent un traitement atroce, mais les rigueurs s'exercent envers sa femme et ses filles ». Malouet désapprouva lui aussi, qui écrivit à Mallet du Pan : « J'ai toujours sur le cœur les premières opérations du prisonnier, mais le traitement qu'il éprouve est si impolitique, si injuste, comparativement au ton et à la conduite qu'on se croit obligé de tenir avec de bien plus grands coupables que j'ai été fâché de votre première lettre imprimée[16] ».

Si l'opinion en France et à l'étranger s'était émue et mobilisée en faveur des prisonniers d'Olmütz, il n'en avait guère été de même du nouveau régime, le Directoire qui ne semblait nullement pressé de voir le général revenir dans son pays. Personne, semble-t-il, n'avait songé à lui lors de l'échange avec l'Autriche de la fille de Louis XVI. Si certains directeurs, comme Carnot et Barthélemy, lui étaient favorables, d'autres, Rewbell et La Réveillère-Lepeaux, lui restaient très hostiles et craignaient, s'il rentrait, de le voir prendre la tête d'un parti constitutionnel susceptible de rallier beaucoup de suffrages. Heureusement, Mme de Staël entreprit de faire le siège de Barras après avoir tenté des démarches auprès de Pichegru qu'elle avait trouvé « excessivement froid ». Elle plaida avec tout le feu dont elle était capable la cause du général : « Barras, il faut que nous rendions La Fayette à la France, à la République. Je garantis qu'il en sera le meilleur citoyen ». Le directeur se laissa convaincre par l'éloquence de Germaine et parvint à faire partager son avis par ses collègues. Il fut donc décidé de charger le général Bonaparte, qui venait de signer avec l'Autriche les préliminaires de Leoben le 15 avril 1797, de « mettre comme condition du traité que nous demandons la liberté de La Fayette, odieusement arrêté sur territoire neutre et par violation manifeste du droit des gens[17] ». Cette amorce de paix avait eu des conséquences importantes sur la politique intérieure en ce qu'elle entraîna le ralliement au pouvoir en place des fayettistes constitutionnels de 1790-1791. Certains de ceux-ci, redevenus députés comme Mathieu Dumas et Pastoret, firent pression sur le Directoire pour qu'il exigeât la libération des prisonniers. Mallet du Pan prétend même que

« les espérances et les projets de ces intrigants s'étaient élevés jusqu'à porter La Fayette au Directoire. Heureusement, l'intervalle de son élargissement à celui de l'élection d'un des directeurs est trop court pour que cette chimie puisse se réaliser[18] ».

Les Autrichiens mirent en effet toute la mauvaise volonté possible et firent traîner la négociation au maximum. Bonaparte ne sembla pas non plus presser l'allure, car il nourrissait à l'égard de La Fayette des sentiments mitigés et de plus s'était fort irrité de voir son armée d'Italie assimilée à la Garde nationale ! Adrienne, sous l'influence de son mari, avait quelquefois des expressions malheureuses. Pour gagner du temps, Thugut envoya à Olmütz le général marquis de Chasteler, celui qui avait accueilli La Fayette en août 1792, pour enquêter sur la situation des prisonniers et les conditions de leur détention. En fait, il s'agissait surtout de faire comprendre au général que sa libération éventuelle serait assortie de certaines conditions, essentiellement la signature d'un engagement écrit de ne pas séjourner sur le territoire autrichien sans autorisation spéciale. Il fallait aussi lui signifier que, si le Directoire demandait sa libération, il lui interdisait, au moins dans l'immédiat, de rentrer en France. Chasteler arriva à Olmütz le 25 juillet et s'acquitta de cette mission difficile avec toute la courtoisie d'un grand seigneur, mais La Fayette ne réagit pas moins avec vigueur en refusant tout net. Il dicta aussitôt à sa femme une note résumant son entretien avec le marquis. Celui-ci avait exposé au prisonnier « qu'étant regardé en Europe comme le chef de la doctrine nouvelle, et les principes qu'il professe étant incompatibles avec la tranquillité de la monarchie autrichienne », l'Empereur ne pouvait le libérer qu'à la condition de le voir quitter aussitôt son territoire. La Fayette ironisa sur « l'honneur que lui fait l'Empereur de traiter avec lui de puissance à puissance et de croire qu'un simple individu soit redoutable pour une aussi vaste monarchie ». Il ne reconnaissait à l'Empereur aucun droit sur lui et n'admettait que « la souveraineté du peuple français ». Comme il évoquait la liberté et l'ordre public, Chasteler répliqua que « l'amour de l'ordre public ne se conciliait guère avec des principes destructeurs de presque tous les gouvernements actuels de l'Europe ». Le prisonnier objecta que « cela se conciliait très bien puisque tout gouvernement arbitraire était à ses yeux le plus grand désordre public ». Le dialogue se révélait difficile.

Le même jour, 25 juillet, La Fayette signa et remit à Chasteler une déclaration en trois points d'après laquelle : 1) il acceptait de ne porter aucune plainte contre les conditions de détention qui lui avaient été imposées ; 2) il refusait de s'engager à partir pour l'Amérique, car « ma réponse semblerait reconnaître le droit de m'imposer une condition » ; 3) sous réserve de son refus de s'engager à quoi que ce soit de contraire aux droits de la France, il acceptait de ne pas séjourner sur les terres impériales sans permission spéciale de l'Empereur. Cette déclaration causa naturellement une très vive irritation à Vienne. Louis Romeuf, l'ancien aide de camp de La Fayette, envoyé en mission par Bonaparte sur les instances de Carnot, put le constater lorsqu'il arriva le 1er août dans la capitale de l'Empire pour mettre au point les conditions de la libération des prisonniers[19]. Il entra néanmoins en contact avec le secrétaire d'État Gallo et le chancelier Thugut. Celui-ci avait paru « fort aigri de la façon dont a été repoussée par vous la parole exigée », mais l'Empereur voulut bien céder et ne plus exiger d'engagement verbal ou écrit. Un nouvel arrangement fut proposé, en vertu duquel les captifs seraient pris en charge par le consul américain à Hambourg, John Parish, qui s'engagerait à ne pas les garder dans la ville plus de douze jours. Romeuf partit donc pour Hambourg, mais la libération traîna encore puisque l'ordre impérial de mise en liberté ne fut notifié à Parish que le 9 septembre par Thugut, lequel avait insisté dans sa lettre sur l'importance déterminante de l'intervention américaine. Parish prévint, le 27, Gouverneur Morris que, selon le chancelier autrichien, « M. de La Fayette n'est pas libéré à la demande de la France, mais seulement pour montrer la considération que l'Empereur porte aux États-unis ». Pour quelles raisons le général, si attaché à tout ce qui touchait à l'Amérique, ne fit-il jamais allusion à ces démarches et prétendit-il que tout le mérite de sa libération revenait à Bonaparte auquel les trois libérés écrivirent une lettre lyrique pour se déclarer « heureux de devoir leur délivrance à nos irrésistibles armes » ? Est-ce pur chauvinisme ? Morris écrivit plus tard avec beaucoup d'élégance : « j'ai décidé de ne pas contester ses dires. En établissant que mon intervention lui a procuré la liberté, je paraîtrais réclamer de la reconnaissance[20] ».

Le 19 septembre 1797, cinq ans et un mois après son arrestation, les portes de la prison s'ouvraient enfin : « L'Antiquité n'offre rien de plus beau, écrira Mme de Staël, que la conduite du général La Fayette, de sa femme et de ses filles dans les prisons d'Olmütz[21] ». Le voyage vers Hambourg par Dresde et Leipzig fut marqué par de nombreuses manifestations de sympathie qui montraient les progrès en Allemagne des idées nouvelles et de la doctrine des droits de l'homme. Était-ce le fruit de l'activité des clubs d'obédience maçonnique auxquels s'affilièrent plusieurs Français dont Condorcet et Sieyès[22] ?

Le 4 octobre, les voyageurs arrivaient à Hambourg où le consul américain Parish les attendait.

## CHAPITRE XXIV

# Spectateur critique
# du « margouillis national »

L'accueil du grand port hanséatique fut presque totalement américain, organisé par la colonie de négociants avec le concours de Parish. Le doyen des commerçants, Georges Williams, salua les voyageurs d'un beau discours sous le drapeau aux treize étoiles. Des amis allemands assistaient aussi à cette réception où ne manquaient que les Français : le poète Klopstock qui s'était intéressé au sort du général et, bien sûr, Archenholtz qui avait tant fait pour éviter à La Fayette une rupture complète avec le monde extérieur. Épuisé par un long et inconfortable voyage, le général s'endormit profondément le soir du 5 octobre. Le lendemain matin, il eut la désagréable surprise de trouver, fixé sur sa porte, un carré de papier portant cette inscription : « M. de La Fayette ne recevra personne aujourd'hui. Il dort toujours du 5 au 6 octobre ». Cette allusion venimeuse à son prétendu sommeil à Versailles dans la nuit du 5 au 6 octobre 1789 montrait combien les rancunes demeuraient tenaces chez ses ennemis. C'était un émigré, le comte de Jarnac, qui avait cru devoir se livrer à cette manifestation de mauvais goût[1].

Le 6 octobre, le ministre de France à Hambourg daigna se manifester en venant faire une visite au captif enfin délivré. L'entretien dut être assez frais, car Reinhart chercha à obtenir de son interlocuteur un ralliement au Directoire. Encore une fois, La Fayette refusa. Quelques jours avant la libération des prisonniers, avait eu lieu le coup d'État du 18 fructidor (4 septembre 1797) qui s'était traduit par de nouvelles et éclatantes violations de la légalité constitutionnelle. La loi du 19 fructidor avait cassé l'élection de 140 députés (45 Anciens et 95 Cinq-Cents) suspects de royalisme, une soixantaine d'entre eux se voyaient condamnés à la déportation. La liberté des cultes était supprimée, les sociétés populaires rétablies. Le 8 septembre, une autre loi avait supprimé quarante-deux journaux et donné au Directoire le pouvoir de déporter les propriétaires, directeurs et rédacteurs qui auraient le malheur de déplaire[2]. C'était un retour en force du jacobinisme, et il n'était évidemment pas question pour La Fayette de donner sa caution à un régime qui violait avec un tel cynisme les principes auxquels lui-même était le plus attaché et semblait se diriger vers un retour à la Terreur : « Tous les efforts des honnêtes gens pour user régulièrement de leurs droits avaient été écrasés par la violence. On n'avait devant soi que le retour d'une anarchie sanglante dont il était impossible de prévoir ni la durée, ni le terme, ni le remède[3]. »

Ces événements ne facilitaient pas son éventuel retour en France. Il adressa néanmoins à Bonaparte une lettre pleine de flatteries pour le vainqueur d'Italie et « ses irrésistibles armes [...], le héros qui a mis notre résurrection au nombre de ses miracles ». Il déplorait de ne pouvoir aller le remercier de vive voix, mais « vous savez que le voyage de Hambourg n'a pas été laissé à notre choix », discrète manière de rappeler qu'on ne semblait guère pressé de le voir reparaître en France. Il n'oubliait pas d'adresser ses vœux « à l'illustre général auquel nous sommes encore plus attachés pour les services qu'il a rendus à la cause de la liberté et à notre patrie que pour les obligations particulières que nous nous glorifions de lui avoir ». Il adressa aussi des lettres de remerciement à ceux qui avaient contribué à sa libération : Talleyrand, le général Clarke, Francis Huger, le général Fitz-Patrick mais il oublia Gouverneur Morris et Washington...

Il fallait tenir les engagements et quitter Hambourg assez vite. Le 17 octobre, la Fayette et sa famille arrivaient à Wittmold, dans le duché de Holstein, où ils retrouvèrent Mmes de Tessé et de Montagu qui les accueillirent chaleureusement. Mme de Montagu, restée très monarchiste, traçait ainsi le portrait de son beau-frère : « Quant à M. de La Fayette, mis promptement au courant de tout ce qui s'était passé depuis qu'il avait, en quelque sorte, disparu du monde, il était si peu changé qu'on rajeunissait en l'écoutant. Il était ce qu'il fut toute sa vie. Point de rancune, point de haine, ni contre les personnes ni contre les partis, mais pas le moindre changement dans ses opinions. Il ne regrettait et ne se reprochait dans sa conscience politique aucun de ses actes, aucune de ses paroles, aucune de ses pensées. On en était toujours avec lui à la Déclaration des droits de l'homme et à l'aurore de la Révolution. Le reste était un grand malheur, un accident, déplorable sans doute, mais qui n'était pas, à son avis, plus décourageant que l'histoire des naufrages ne l'est pour les bons marins. [...] Il était l'homme à se rembarquer au premier jour, si l'occasion s'en présentait, sur les quatre planches un peu rajustées du radeau de 1791[4]. » Les émigrés n'étaient donc pas les seuls à n'avoir rien appris ni rien oublié !

Quelques jours auparavant, La Fayette avait précisé ses positions à son amie Mme de Simiane. Il s'était installé en Hostein, hors de portée des coalisés, dans un pays qui comptait, parmi les gens de lettres, beaucoup d'amis de la liberté et dans lequel le gouvernement « quoique despotique, n'est pas, dans le moment actuel, inquisiteur ni méchant ». Il aurait toutefois préféré aller en Hollande, État républicain : « Je suis un très ancien patriote batave », mais il ne voulait pas risquer d'être tracassé par « les actes despotiques du gouvernement français ». Commentant la situation politique en France, il se disait choqué par la « teinte de royalisme et d'aristocratie » visible dans les mouvements d'opposition au Directoire et par les espoirs exprimés ouvertement par les émigrés d'un retour à l'Ancien Régime. Il était plus encore indigné par la conspiration menée par le Directoire « contre la souveraineté nationale, la Constitution, la représentation, contre les principes de liberté, d'humanité et de justice ». Il se glorifiait « d'être le dernier Français qui fût resté debout pour défendre la constitution de 1791 », mais aurait encore plus volontiers défendu celle de l'an III qui, à ses yeux, « vaut beaucoup mieux[5] ».

Une vie familiale avait repris à Wittmold, où La Fayette se trouvait en communion d'idées avec sa tante Mme de Tessé qui affichait toujours des penchants libéraux. Il n'en était pas de même avec Pauline de Montagu que la mort tragique de sa mère et de sa sœur avait rendue encore plus hostile à la Révolution. « J'évite le plus possible, écrit-elle à sa sœur Grammont, de traiter directement avec lui tout ce qui touche à la Révolution, aux choses qu'il défend comme à celles qu'il condamne. J'ai peur d'éclater, j'ai peur aussi de le blesser. » Et elle conclut, montrant qu'elle connaît bien les limites des capacités politiques de son beau-frère : « Pauvre Gilbert ! Dieu le préserve d'être jamais de nouveau sur la scène. » Elle décelait pourtant chez lui « un désir secret d'être à portée d'agir ». Il lui faudrait attendre longtemps, malgré les illusions entretenues par Mme de Staël qui lui avait écrit le 22 juin, alors qu'on attendait sa libération : « Venez directement en France ! Il n'y a pas d'autre patrie pour vous. Vous y trouverez la République que votre opinion appelait lorsque votre conscience vous liait à la royauté, vous la trouverez illustrée par la victoire et délivrée des crimes qui ont souillé son origine. » La situation politique s'était bouleversée depuis lors et il était préférable de se replier sur la vie familiale, d'autant plus que la santé d'Adrienne, extrêmement éprouvée par la captivité, demandait de grands ménagements.

Grâce aux subsides américains, La Fayette put s'installer le 3 décembre au château de Lemkhulen, entre Ploen et Kiel où il serait à l'abri des « haines aristocratiques ». Il y fut rejoint par les Latour-Maubourg et par Bureaux de Pusy accompagné de sa femme, née Julienne Dupont de Nemours. Il occupa son temps à entretenir correspondance avec ses amis ou ceux qui cherchaient à renouer avec lui, mais son extrême intransigeance provoquait des tiraillements. Alexandre de Lameth lui adressa une lettre de félicitations à laquelle il répondit par une véritable déclaration de rupture. Leurs divergences politiques remontant à octobre 1789 et au départ du duc d'Orléans « détruisirent toute possibilité d'une union intime entre nous », et il précisait « sans aigreur comme sans malveillance » que « nous ne pouvons nous regarder ni être regardés comme amis[6] ». Contrairement à ce que pensait Pauline de Montagu, La Fayette n'était pas toujours dépourvu de rancune, et la grande faiblesse du parti constitutionnel tenait, maintenant comme en 1789-1790, au fait que ses membres, « bien que d'accord sur les options fondamentales [...], le sont peu dans leurs vues personnelles. Il règne beaucoup de rivalités particulières. [...] Le malheur commun a peu rapproché ces oppositions mutuelles[7] ». De même que cette incapacité d'unir leurs efforts fit le jeu des jacobins, elle facilita beaucoup la tâche de Bonaparte.

Le caractère très entier de La Fayette allait le condamner, ce qui inquiétait d'ailleurs certains de ses amis, à une opposition stérile, mais n'était-ce pas, au fond, sa position favorite ? Le 15 décembre, il faisait quelques confidences au journaliste Masclet, ancien aide de camp du duc d'Aiguillon, exilé pendant la Terreur en Angleterre où il se dépensa activement en faveur des prisonniers d'Olmütz : « En même temps que je ne veux pas acheter ma rentrée en France par la plus légère déviation de mes principes et de mes sentiments, j'avoue naturellement que, dans l'état d'expatriation, je ne puis pas être heureux. » Il ne lui restait donc que deux possibilités : ou bien, passivement, « conserver un exemple irréprochable de la vraie doctrine de la liberté », ou bien, si des chefs républicains envisageaient de « poser enfin la république sur de justes et solides bases », alors il y contribuerait « cordialement par mon contingent quelconque de bons principes et de bonne renommée sous la condition de n'être que simple citoyen[8] ». Ce qui n'était pas un programme très constructif.

La Fayette trouva aussi un autre moyen d'occuper son temps. Avec la collaboration de Bureaux de Pusy, il projeta la préparation d'un travail historique sur la Révolution dans lequel il s'attacherait « à parler tout simplement liberté ». Il rêvait aussi de rédiger un ouvrage de théorie politique expliquant et justifiant ses idées constitutionnelles, mais il ne semble pas qu'il ait mis ce projet à exécution. Il commença au contraire à préparer des notes d'histoire, et, comme de nombreux ouvrages paraissaient sur les récents événements, il s'attachait à les réfuter ou à les préciser. Dans une lettre à Bureaux de Pusy du 25 décembre, il exposait la méthode qu'il comptait suivre : « Planer au-dessus de tous les partis, supprimer soigneusement les épithètes injurieuses, haineuses. [...] Il faut que justice se fasse très poliment des prétentions exagérées et très franchement des calomniateurs ; le tout sans se mettre en colère et en les louant toutes les fois qu'ils méritent d'être loués. » Mais il faut surtout défendre la doctrine en y mettant « toute la chaleur possible » et montrer « qu'il n'y a pas eu une seule injustice, un seul attentat à la liberté qui, bien loin d'être utile à la Révolution, ne lui ait été évidemment nuisible ». En un mot défendre l'idéal : « La liberté sous un gouvernement franc mais contenu par les lois démocratiques, mais fortement organisé[9]. » La formule constitutionnelle que la France allait chercher en tâtonnant pendant plus de cent cinquante ans...

La Fayette allait rédiger ainsi une série d'observations critiques sur quelques ouvrages parus dans les dernières années du Directoire et les premières du Consulat. Il examina ainsi la *Notice sur la vie de Sieyès* rédigée par l'intéressé et prit un malin plaisir à relever les changements d'opinion de son ancien collègue de la Constituante. La publication par Étienne Méjean des discours de Mirabeau, les œuvres de Necker, de Mounier, de Malouet, des marquis de Bouillé et de Ferrières lui inspirent quelques rectifications, en définitive assez peu nombreuses. Il rend ainsi hommage à la véracité et à la bonne foi des *Mémoires* de Ferrières. Pour Bouillé, il conteste les choix politiques de son cousin, mais non la qualité de son récit ; il est beaucoup plus sévère en revanche pour Bertrand de Molleville. L'*Appel à l'impartiale postérité* de Mme Roland lui inspire une très vive critique de la politique suivie par les Girondins, victimes, selon lui, le 31 mai 1793, des procédés qu'ils avaient eux-mêmes employés au 10 août. Il leur reproche, entre autres griefs, d'avoir désorganisé la Garde nationale, ce qui a rendu possible le 10 août et les massacres de Septembre et d'avoir compromis les bonnes relations avec les États-Unis en envoyant dans ce pays comme ministre le citoyen Genêt dont le comportement a terni gravement l'image de la France et contribué à renforcer le parti anglophile[10].

La Fayette recevait aussi des visites comme celle de Mme de Simiane, arrivée en février 1798, ou celle de son ami Mathieu Dumas, proscrit de fructidor. « Nous nous consolions par la conscience de la pureté de nos intentions, nous formions les mêmes vœux, nous nous soutenions par les mêmes espérances[11] ». D'heureux événements familiaux vinrent aussi le distraire. Son fils George revint en février des États-Unis porteur d'une lettre chaleureuse de Washington qui avait quitté le pouvoir à la fin de 1796 et s'était retiré à Mount-Vernon. Avant d'arriver à Lemkhulen, George était passé par Paris où il n'avait pu voir Bonaparte, mais avait été reçu très aimablement par Joséphine qui eut la naïveté de lui dire : « La Fayette et Bonaparte doivent faire cause commune ». Mme de Staël et Talleyrand désiraient aussi ce rapprochement auquel bien trop d'éléments s'opposaient.

L'état de santé d'Adrienne s'améliorait très lentement.

Comme elle n'était pas inscrite sur les listes des émigrés, elle souhaitait venir en France pour y reprendre la défense des intérêts familiaux. Son ancienne femme de chambre, Marie-Josèphe Beauchet, qui avait toujours fait preuve d'un dévouement inépuisable, lui offrait l'hospitalité chez elle où elle trouverait « bon feu, bon lit, dans un ménage tout monté que vous devez regarder comme le vôtre[12] ». Le projet de voyage fut retardé par le mariage d'Anastasie avec Charles de Latour-Maubourg, frère du prisonnier d'Olmütz, qui fut célébré à Wittmold le 9 mai.

Ces réjouissances n'empêchaient pas le général de continuer à se préoccuper des causes qui lui étaient chères, au premier rang desquelles venait la lutte contre l'esclavage. Le 27 janvier, il avait écrit au docteur Clarkson, l'un des piliers de la Société anglaise des Amis des Noirs, lié à Pitt et à Wilberforce, pour déplorer les réticences du Parlement anglais « si arriéré sur cet objet ». Il aurait voulu obtenir une interdiction internationale de la traite négrière, ce qui ne serait décidé que dix-huit ans plus tard. Il se félicitait de ses essais d'émancipation en Guyane qui, selon lui, avaient été un succès, car le système libéral établi sur son habitation provoqua l'apparition « de proche en proche de plus douces habitudes », de sorte que la révolution n'y avait pas été « accompagnée des atrocités commises ailleurs[13] ». Dans un autre ordre d'idées, il dut se défendre contre certains de ses amis qui voulaient faire de lui un « royaliste décidé ». Il n'en était rien, et il s'en tenait à la Déclaration des droits de 1789. « Qu'on assure cela à tous les citoyens et je suis content. [...] Je déclare moi-même que, quoique j'aime mieux la république que la monarchie, j'aime mieux la liberté que la république. [...] Je n'ai jamais cru à la nécessité de l'injustice et au maintien de la liberté par sa violation[14] ».

Le général avait évidemment été très affecté par la détérioration grandissante des relations entre la France et les États-Unis provoquée depuis 1793 par la guerre avec l'Angleterre. Le 9 mai de cette année, la Convention avait décidé la saisie des navires neutres transportant des marchandises ennemies ou destinées à des puissances en guerre contre la France. En principe, les bâtiments américains furent exemptés de cette mesure mais la signature du traité de commerce anglo-américain du 19 novembre 1794 provoqua une vive réaction du gouvernement français qui estima que cet acte violait l'accord franco-américain du 6 février 1778. La crise s'aggrava en novembre 1796, lorsque le Directoire soumit le trafic américain aux visites des navires de guerre français. Le ministre des États-Unis, Monroe, fut rappelé, et le gouvernement de Paris refusa de recevoir son successeur, Pinckney. La rupture des relations diplomatiques devenait totale. Le 20 avril 1798, La Fayette écrivit à Washington à ce sujet, prétendant qu'on lui avait suggéré de partir pour l'Amérique afin de négocier une réconciliation. Lorsque l'ancien président répondit, il se borna à expliquer la position américaine de neutralité et à déplorer les intrigues auxquelles s'étaient livrés les agents français pour tenter d'entraîner son pays dans une guerre contre l'Angleterre : « L'opinion américaine, dit-il, est résolument hostile à toute intervention dans les affaires d'Europe, surtout depuis que la France se mêle des affaires de toutes les nations neutres ou belligérantes et met le monde en combustion ». Le 7 juillet, le gouvernement américain déclara caducs tous les traités qui le liaient à la France, et Washington, reprenant du service, devint à nouveau commandant en chef des armées[15].

La situation politique en France préoccupait beaucoup La Fayette, et il en avait alors une vision pessimiste qu'il exprima au milieu de 1798 dans plusieurs lettres. Le 23 mai, il écrit à son ami Louis Romeuf : « Je ne vois que trop que tous les partis comptent la liberté pour rien, que l'énergie civique est perdue, que le peuple est méprisé et ne s'en embarrasse point, que puissance et rapine pour les uns, repos et frivolité pour les autres, sont les seuls objets des vœux et de l'attention ».

La destruction de la liberté de la presse lui paraissait spécialement désastreuse, « parce que ce sont les écrivains qui forment l'opinion ». Après avoir souvent proclamé que sa vie politique était terminée, il exprimait cette fois-ci le vœu, « pour peu que mes compatriotes aient conservé quelque souvenir de moi », de prendre part « à la consolidation tranquille et bénévole d'un ordre de choses libre et honnête ». Romeuf lui avait fait savoir que d'aucuns s'opposaient à son retour en France par crainte de ses ambitions. Il s'efforçait de les rassurer, car il ne souhaitait qu'un « établissement tranquille et philosophique dans une bonne ferme assez

éloignée de la capitale pour n'être pas importuné dans ma
solitude et n'y voir que mes intimes amis ». Il aimerait donc
jouer le rôle d'une sorte de sage de la République : « Je crois
même que je puis être plus utile par mes opinions et mon
exemple dans la retraite que par un rôle plus actif. » On
parlait beaucoup alors de modifier la Constitution en prolongeant la durée du mandat des directeurs et des conseils. La
Fayette s'était rallié à la Constitution de l'an III à condition
que soient confortés les principes de la déclaration des droits.
Par les visiteurs qu'il reçoit, il a perçu la lassitude de l'opinion
et considère qu'il pourrait servir plus utilement sa patrie au-
dedans qu'au-dehors. Il aimerait « causer avec [ses] amis sur
les chances de fermer patriotiquement le cercle révolutionnaire ».

Dans une autre lettre à Masclet, il critiquait avec vigueur
les bénéficiaires de fructidor qui allaient totalement à rebours
des mesures « conciliatoires et libérales » attendues par l'opinion publique. Il appelait de ses vœux « l'adoption d'un plan
fort différent de toute réaction puisqu'il réunirait les républicains de cœur, les républicains d'intérêt, les républicains de
devoir dans une route de liberté, d'égalité et de justice que la
grande masse du peuple français dont le nom est traité avec
tant de mépris par les partisans de l'oppression provisoire,
regarderait bientôt comme la seule route du bonheur[16] ».

L'état de santé de Mme de La Fayette s'était suffisamment
rétabli pour qu'elle pût envisager de revenir en France. Elle
quitta donc Wittmold en juillet 1798 avec son gendre et ses
deux filles, passa par la Hollande, où Anastasie s'installa avec
son mari, et arriva à Paris en août avec Virginie. Il lui fallait
d'une part régler les affaires familiales en récupérant ce qui
pouvait l'être des propriétés Noailles et d'autre part tenter
d'obtenir pour le général l'autorisation de rentrer dans son
pays, car il commençait à s'ennuyer dans son exil où les
satisfactions de vanité, qui lui étaient si précieuses, manquaient. Les démarches nombreuses entreprises par Adrienne
ne pouvaient aboutir rapidement, et La Fayette, avec beaucoup d'injustice et d'incompréhension, se laissa aller à des
mouvements d'impatience qui trahissaient son désir de revenir
sur la scène. Mais il lui faudrait encore attendre. En novembre,
il avait écrit au Directoire pour essayer d'obtenir la permission
de rentrer en France pour les officiers partis avec lui en août
1792. Adrienne, chargée de transmettre cette requête, fut

reçue par La Réveillère-Lépeaux qui évoque avec émotion, dans ses *Mémoires*, « cette femme devenue immortelle par le plus généreux dévouement et le plus bel exemple de la piété conjugale[17] ». Mais il n'était pas en son pouvoir de lui donner satisfaction, et il se borna à promettre de lui obtenir toute facilité pour circuler librement entre la France et le lieu de résidence de son mari.

En mars 1799, La Fayette vint s'installer à Vianen, près d'Utrecht, où Charles et Anastasie de Latour-Maubourg avaient loué une maison de campagne dans laquelle la famille se trouva un moment réunie. Le 7, il envoyait à son ami Masclet une analyse assez lucide de la situation politique française. Il y a « dans tous les cœurs découragement et apathie », constate-t-il, et il appelle naturellement de tous ses vœux le rétablissement de la liberté et de la justice : « Il est désirable que cette restauration morale soit exempte de secousses qui nous rejetteraient dans l'anarchie, l'aristocratie ou le royalisme. Les directeurs sont redoutables plus que puissants ; ils ont contre eux le fanatisme jacobin, le fanatisme contre-révolutionnaire, deux forces actives, la malveillance publique, force d'inertie [...], leurs forces défensives, les baïonnettes, ne leur appartiennent qu'à leur titre de gouvernement, sans affection personnelle, ce qui, dans un état démocratique, n'est pas une caution bien solide ». Il restait assez pessimiste, contrairement à ses habitudes, sur l'évolution de cette situation et recommençait à envisager un départ pour l'Amérique[18].

En mai, Mme de La Fayette revint à Paris pour reprendre ses démarches et obtint une audience du nouveau directeur Sieyès afin d'essayer d'obtenir le retour de l'exilé. L'accueil fut courtois, mais réservé sur le fond : « Je désire très sincèrement, dit-il, son retour ici, et celui de tous les patriotes de 1789, mais je crois qu'il serait dangereux pour lui de rentrer en France. Nous avons des lois dont nous ne pouvons nous écarter. » Malgré la récente déclaration de guerre à l'Empereur (15 mars 1799), Sieyès ne croyait pas à une invasion possible de la Hollande et conseillait donc à La Fayette d'y rester ou d'aller en Prusse : « Qu'il y fasse ce qu'il fait jusqu'à présent, qu'il attende[19]. » La vérité était que

Sieyès, qui méditait le renversement d'un régime à bout de souffle, ne tenait nullement à voir réapparaître un homme qui aurait risqué de troubler ses projets et en qui, depuis 1789, il n'avait nulle confiance. Adrienne revit plusieurs fois l'ancien constituant mais sans plus de succès.

Ces réticences irritaient fort La Fayette qui sentait l'approche d'événements importants et brûlait d'y prendre part. Il déplorait l'inertie des constitutionnels qui n'avaient ni plan d'action ni chefs. « Nous et nos amis parlons très bien, pensons encore mieux, mais nous ne faisons rien. C'est un grand tort, en affaires, de ne voir à la fois que toutes les mauvaises ou toutes les bonnes chances et de rester immobile entre les inconvénients. Voyez les Jacobins, ils sont l'objet de la haine publique, mais ils ne se découragent pas et sont par cela seul, puissants [...]. La situation actuelle ne peut pas durer : il y a, pour la changer, des chances militaires, il y en a de civiles. Un général peut persuader à une armée battue ou battante de renverser le despotisme actuel. Quant aux chances civiles, elles dépendent beaucoup des élections. » Certains de ses amis le pressaient d'agir en l'assurant de leur concours, mais il répondait : « Avant tout ne faut-il pas qu'ils fassent naître des occasions ? S'il en paraît une seule, grande ou petite, qui puisse conduire à la restauration de la liberté, soyez sûr que je ne dormirai pas. » Mais il n'était pas homme à faire surgir les occasions, et Sieyès le connaissait trop pour voir en lui le « sabre » qu'il cherchait[20].

Sa position devenait de plus en plus inconfortable ; il se plaignait d'être en butte aux tracasseries du général Brune, ancien dantoniste, qui considérait sa présence en Hollande comme inopportune, et la tension franco-américaine persistante l'empêchait de partir pour les États-Unis. Il demeurait persuadé que sa popularité était intacte et le confiait à Masclet le 8 mai : « J'ai trouvé la bienveillance militaire au point où je l'avais laissée : le cheval blanc et moi serions aussi bien reçus à Paris l'un que l'autre. » Il reconnaissait toutefois qu'il était détesté des royalistes, soupçonné de monarchisme par les républicains, et il s'inquiétait : « On en est au point que les amis de la liberté ne voient de ressource que dans les coups d'État qui les proclament esclaves : les armées elles-mêmes sont mécontentes, enfin on me croit extravagant ou mal instruit parce que, fidèle à ma devise, je conserve encore de l'espérance [...] malgré l'exécrable corruption qu'on a faite

des choses, des mots et des hommes ». Un autre élément le
désolait : la manière dont la République s'était aliénée les
étrangers qui « ne croient plus à la liberté française ni à la
foi de notre gouvernement » au point que l'archiduc Charles
a pu se présenter aux Suisses comme un libérateur. Les excès
et les brigandages commis par les armées françaises ont excité
des haines telles que « les voisins trouvent des fers où ils
attendaient leur délivrance et leurs amis deviennent leurs
spoliateurs[21] ».

Le nouveau coup d'État du 30 prairial (18 juin 1799) qui
se traduisit par l'élimination brutale de trois des cinq directeurs — Treilhard, Merlin de Douai et La Reveillère —
remplacés par Roger Ducos, Gohier et Moulin, augmenta ses
inquiétudes, d'autant plus qu'il se déroula dans l'indifférence
générale de la nation. Ces mœurs le choquaient profondément
par leur caractère immoral : « Ils ont voulu gouverner par des
moyens de police et des coups d'États ; ils ont choqué à la
fois tous les partis, tous les alliés et tous les ennemis : ils ont
laissé désorganiser jusqu'aux ressources militaires. » Le régime
sombrait dans un « imbroglio d'intrigues croisées. [...] Il y a
partout tant d'égoïsme, de mauvaise foi, une morale de parti
si peu rassurante pour la morale ordinaire ou même pour le
besoin individuel de sa propre conservation » qu'il ne s'étonnait plus de l'impuissance des patriotes. Comme il se refusait
à pactiser avec le parti d'Orléans et qu'il n'y avait « rien à
faire avec les gens de Mittaw » (Louis XVIII) qui ne rêvaient
que de contre-révolution, la situation lui semblait sans issue.
Son antijacobinisme foncier ne pouvait qu'être renforcé par
toute la série des lois répressives contre la presse votées
depuis fructidor et celle dite des otages du 12 juillet 1799,
qui autorisait, en cas de troubles, les administrations départementales à prendre comme otages les parents d'émigrés et
les nobles et à séquestrer leurs biens. C'était une amorce de
retour à la Terreur[22].

Une autre source d'inquiétude pour La Fayette provenait
du débarquement au Helder, le 27 août, d'une armée anglo-
russe qui s'empara le 31 de la flotte hollandaise au Texel et
pouvait menacer sa retraite. Les victoires de Brune à Bergen
le 19 septembre et à Castricum le 6 octobre provoquèrent la
signature, le 18, de la convention d'Alkmaar réglant le
rembarquement de l'armée ennemie. Le danger était écarté.
Il avait été enthousiasmé par la victoire de Masséna à Zurich

le 25 août. Le bruit courait dans les journaux que Bonaparte travaillait à l'indépendance de l'Égypte : « Si ce pays est soustrait à la domination ottomane, s'il est, de manière ou d'autre, en rapport intime avec la France, vous verrez quel prodigieux avantage nous y trouverons », écrivait-il à sa femme. Bonaparte avait bien d'autres choses en tête. Il avait quitté l'Égypte le 22 août et débarqué à Saint-Raphaël le 9 octobre. Le 16, il était à Paris.

Le lendemain, trois semaines avant le coup d'État, La Fayette adressa à Latour-Maubourg une longue lettre, véritable tableau de la situation politique telle qu'il la voyait. Texte fort éclairant dans lequel se mêlent analyses très fines, critiques pertinentes et aussi les inévitables illusions. Il insistait en premier lieu sur la nécessité de l'union de bonnes volontés, indispensables, pour tenter de sortir de ce qu'il appelait le « margouillis national » : « Pour tout homme associé à la Révolution, il est criminel de ne pas se dévouer au redressement de ce mouvement terrible », et il importe d'y « employer tous les moyens que la conscience ne repousse pas ». Tous les concours doivent être acceptés, même ceux d'anciens ennemis politiques, car « il vaut mieux devoir le salut de la France à des conversions que de ne pas la sauver du tout ». Il se montre donc extrêmement critique à l'égard de la tendance constitutionnelle dont l'inconsistance, les maladresses et les divisions ont continué à faire le jeu des Jacobins. Fort critique aussi pour Sieyès dont il trace un portrait assez bien venu : « Il est peureux, prend de l'humeur, ne sait pas plaire ; il ne peut ni parler d'abondance ni monter à cheval, c'est un abbé dans toute la force du terme, de manière qu'avec beaucoup d'esprit, de grandes facultés pour l'intrigue et d'excellentes intentions à présent, il est resté en dessous de sa besogne et de l'attente publique, surtout celle de l'Europe où sa réputation, en bien et en mal, a été fort exagérée. Il est dans la Révolution ce que l'archevêque de Toulouse [Loménie de Brienne] a été sous l'Ancien Régime : tout le monde l'attendait sur le piédestal, et on s'est étonné de le voir si petit. » Il l'estime quand même très supérieur à ses collègues, mais son orgueil le porte à « vouloir sauver la France tout seul », et il conserve trop d'indulgence pour les

jacobins. Cependant, il « sent à regret, mais ne peut s'empêcher de sentir que la Révolution ne peut être terminée qu'avec
le concours de ces constitutionnels dont vous voyez qu'il se
rapproche autant que le lui permettent et la peur qu'il a des
jacobins et les répugnances conventionnelles et individuelles
que vous lui connaissez ».

Il analyse ensuite l'état de l'opinion publique, qu'il divise
en trois tendances. D'une part, tous ceux qui ont été plus ou
moins compromis dans les crimes révolutionnaires ou qui s'en
sont rendus les complices plus ou moins actifs. A l'autre
extrémité, les contre-révolutionnaires, c'est-à-dire « les francs
royalistes aristocrates qu'il ne faut pas confondre avec les
monarchiens ». Selon lui, à ce parti, se sont joints un certain
nombre de brigands : « Il se commet beaucoup d'horreurs au
nom de S.M. Louis XVIII, et ces crimes entrent dans
l'organisation de la chouannerie. » Entre les deux se trouve la
nation dont il est persuadé que les éléments pensants, « s'ils
étaient quelque chose, seraient constitutionnels. [...] Toute
cette masse pensante de la nation craint la contre-révolution
absolue, aimerait une monarchie limitée, s'arrangerait fort
bien d'une république libre, a, par-dessus tout, l'horreur des
grandes secousses [...], car on est fatigué à l'excès, et le
royalisme de ce moment-ci n'est guère au fond que l'amour
du repos ». La nation aspire à la paix, au retour des hommes
des armées, à l'allégement des impôts : « La presque totalité
de la France est aigrie. [...] Aujourd'hui, tout le monde est
mécontent », mais il n'existe pas pour autant d'affection pour
les Bourbons. La Révolution, à son avis, a eu d'heureux effets
sur le peuple des campagnes (mais sûrement pas en Vendée !).
Les paysans sont plus riches, les terres mieux cultivées et la
mendicité en régression — tout au moins le croit-il, car cette
vision aurait besoin d'être sérieusement nuancée. Il reconnaît
que les grandes villes et leurs environs ont beaucoup souffert
« sous les rapports de fortune, mais on se plaint partout ».

Il est surtout très frappé par l'indifférence d'une opinion
saturée de drames et de bouleversements : « Depuis le salon
doré jusqu'à la petite chaumière, on est opposé, et ce qui est
pis encore, étranger aux affaires publiques, à la représentation
nationale, aux opérations du gouvernement, à la défense de la
patrie et le patriotisme est aussi discrédité chez le simple
citoyen qu'il l'était de notre temps à la toilette des belles
dames. »

Quant au personnel gouvernemental, il est dans les mains des trois ou quatre mille conventionnels qui se considèrent comme la « quintessence républicaine », car « le républicanisme a servi d'excuse à tous leurs méfaits », et ils craignent l'arrivée d'un régime moins corrompu. Les chefs se divisent, selon La Fayette, en deux clans. Les hommes d'esprit, tels Sieyès, Carnot, Cambacérès, Talleyrand, veulent conserver leurs propriétés et leur pouvoir. Ce sont ceux que l'historien Albert Vandal appellera les révolutionnaires nantis. La seconde, plus nombreuse, est constituée par tous ceux qui veulent arriver à leur tour et monopoliser le pouvoir. Pour eux, « la République n'est qu'une aristocratie oppressive dont ils doivent jouir toute leur vie ». L'armée, de son côté, n'aime pas les gouvernements actuels, mais ne souhaite pas le retour de l'Ancien Régime. « Voilà, conclut-il, le margouillis national au milieu duquel il faudrait pêcher la liberté dont personne ne s'embarrasse parce qu'on n'y croit pas plus qu'à la pierre philosophale. »

Après avoir dressé ce tableau assez exact de l'état de l'opinion — ce qui montre d'ailleurs que, bien qu'ayant quitté la France depuis sept ans, il s'était tenu remarquablement informé —, La Fayette se pose évidemment la question : comment sortir de ce régime agonisant ? Conscient de la légèreté et de la mobilité de l'opinion, il pense qu'en éliminant les lois et les vexations révolutionnaires, on ramènerait la masse, qui n'est contre-révolutionnaire que par haine et dégoût de la « tyrannie conventionnelle », à des idées proches de celles de la tendance constitutionnelle de 1789-1790, également hostile au jacobinisme et à l'aristocratie. Il espère ainsi « rallier une foule immense de gens qui n'osent plus être patriotes de peur d'être confondus avec les jacobins ». Il s'imagine, et peut-être a-t-il raison, que c'est à cause de cette tendance de l'opinion que le Directoire est hostile à son retour, car il craint de le voir la cristalliser et en devenir le chef. Il est indispensable de trouver un homme qui ralliera les Français autour d'un projet politique. La Fayette écarte Dumouriez, « regardé comme un intrigant », Pichegru, « général de Robespierre accusé d'avoir conspiré avec les princes », Moreau, qui n'a pas de « popularité civile ». Reste Bonaparte : « C'est le connétable du parti conventionnel ; il peut devenir le maître de la France. Sans doute il est celui que Sieyès et ses amis attendent », car il leur est lié par des souvenirs de

Toulon et de vendémiaire ; « son auréole de gloire lui donne d'ailleurs d'immenses avantages ».

Songe-t-on alors à La Fayette ? Il raconte à Latour-Maubourg que, le 30 prairial (18 juin 1799), il rencontra à Utrecht un officier, émissaire de Carnot, qui lui annonça le coup d'État contre les directeurs et l'informa qu'il serait bientôt rappelé en France, car on souhaitait s'assurer son concours. Le général fit une réponse prudente et déclara que lui et ses amis « ne se mêleraient de rien avant de savoir ce qu'on voulait faire et où on voulait aller ». Lors d'une seconde entrevue quelques jours plus tard, le messager précisa que Carnot comptait maintenir la constitution de l'an III, chasser les jacobins des Conseils et rappeler les patriotes proscrits. Il estimait le retour de La Fayette « absolument nécessaire ». L'ancien prisonnier d'Olmütz insista pour que fussent prévues « les mesures les plus libérales », en particulier le retour de tous les émigrés qui n'étaient pas sous les armes. Il lui fut répondu qu'on redoutait les prêtres, soupçonnés de visées contre-révolutionnaires.

C'est en raison de ces intrigues que La Fayette fut prié de ne pas quitter la Hollande. « Qu'il attende », avait dit Sieyès, moteur depuis plusieurs mois de toute une série de tractations. Est-ce par solidarité militaire ? Gilbert, qui jugeait l'abbé insuffisant, pensait qu'« il n'y avait plus de salut que par les généraux ». On avait dû prendre contact avec lui depuis un certain temps puisqu'il dit avoir écrit à ses collègues Joubert et Moreau pour leur faire savoir qu'il était à leur disposition. Trois projets se développaient, plus ou moins en liaison les uns avec les autres : celui de Carnot, celui de Sieyès et celui des généraux. Tout fut bouleversé par la mort de Joubert, tué en Italie à la bataille de Novi le 15 août. Moreau « ne voulut rien prendre sur lui », et Sieyès, effrayé, resta sur la réserve. La Fayette proposa alors, « persuadé que le premier moyen de succès est d'oser » — que n'y avait-il songé plus tôt ! — d'arriver à Paris et de « mettre les gouvernants dans l'alternative d'agir et de m'assassiner », mais il en fut dissuadé (il ne dit pas par qui), car on ne pouvait compter sur Moreau qui « n'avait pas le caractère qui fait sortir de la marche régulière ». Mais lui non plus... Et avait-il un plan d'action

précis ? Il ne le semble pas puisque, dans ces confidences à
Latour-Maubourg — écrites, est-il besoin de le rappeler, trois
semaines avant le 18 brumaire —, il hésitait entre plusieurs
formules : une république avec Sénat et président à vie ou
une monarchie constitutionnelle. Quel serait le président ou
le roi ? Il l'ignorait : « Je crois que la famille Bonaparte y
pense pour elle ». Sieyès peut-être, que l'expérience avait
instruit et qui avait connu, « après 1793, la dictature des
pouvoirs confondus et, après 1795, l'impuissance des pouvoirs
divisés ». Beaucoup mieux sans doute que La Fayette, Sieyès
avait saisi l'évolution des Français : « En 1789, ils rêvaient
d'un roi qui acceptât la Révolution. En 1799, ils veulent que
la Révolution s'accommode d'un roi[23]. »

En cas de monarchie, La Fayette écarte, Louis XVIII et le
comte d'Artois et songe aux « jeunes princes », fils d'Artois,
Angoulême, Berry ou de Philippe d'Orléans, le duc de
Chartres ; mais en ce qui concerne ce dernier, faire appel à
lui, « n'est-ce pas couronner les crimes du père » ? Il conserve
à l'égard de Philippe-Égalité une rancune tenace.

Son vœu profond serait une bonne république, « mais ce
ne peut être un magistrat de cinq morceaux, toujours deux
contre trois, ni un sénat comme celui-ci ; et puis, que de
disputes sur le choix du président ! Quand on y pense, on
voudrait la royauté, quand on pense à la royauté, on voudrait
la république ». Ce n'est évidemment pas avec des hommes
aussi indécis que l'on peut espérer dénouer une crise comme
celle que traversait alors le pays. Sa lettre achevée, La Fayette
apprend l'arrivée de Bonaparte à Paris et ajoute un post-
scriptum : « Bonaparte ne pense qu'à son ambition et, jusqu'à
présent, il n'a pas mis sa gloire à servir la liberté ; peut-être
va-t-il le faire aujourd'hui. » Il considère que le revenant
d'Égypte a des partisans plutôt que des amis, car les souvenirs
de vendémiaire sont vivaces, mais le discrédit du gouvernement est si total... « On a tellement besoin d'un changement,
on est si las des gens qui gouvernent, des institutions par
lesquelles on est gouverné qu'il suffit, pour reprendre de la
popularité d'être à portée de renverser ce qui existe et pour
en avoir une immense, du moins pour quelque temps,
d'attaquer les puissances du jour[24]. »

La Fayette donnait une fois de plus dans cette méditation
la mesure de sa clairvoyance sur l'état du pays et de ses
limites quant à l'action : « Il faut être inflexible sur les

principes de liberté et de morale », écrivait-il le 2 octobre à
un autre correspondant. Louable souci, mais se rendait-il
compte que, se drapant ainsi dans la toge du moraliste, il
sculptait sa statue, se vouant ainsi dans l'immédiat au rôle de
spectateur critique ? Il est vrai que ce serait désormais son
registre favori qui correspondait à sa nature profonde.

L'irruption de Bonaparte bouleversait le jeu politique, et
La Fayette doutait de son prochain retour, car, écrivait-il à
sa femme le 28 octobre (7 brumaire), si on lui laissait prendre
de l'influence, « l'opinion publique pourrait bien me porter
plus loin ». La guerre civile ayant repris dans l'Ouest, il se
voyait aussi dans le rôle du pacificateur, mais, dans la même
lettre, comme il a appris qu'Adrienne va hériter du château
de La Grange en Brie, il lui fait part de son intention de s'y
fixer pour s'y livrer à sa passion de l'agriculture « que j'étudie
avec toute l'ardeur de ma jeunesse pour d'autres occupations ».
Sa pensée et ses intentions, à ce moment, ne semblent pas
très cohérentes. Le 30 octobre (9 brumaire), dans une autre
lettre à sa femme, il se dit prêt à coopérer avec Bonaparte s'il
veut servir la liberté : « Je ne lui crois pas la sottise de vouloir
n'être qu'un despote. » Mais comme Adrienne semble envisager cette éventualité « avec effroi », il se dit « plus dégoûté
que jamais, je le suis invinciblement de prendre racine dans
les affaires publiques. Je n'y entrerais que pour un coup de
collier, comme on dit, et rien au monde, je vous le jure sur
mon honneur par ma tendresse pour vous et par les mânes de
ceux que nous pleurons, ne me persuadera de renoncer au
plan de retraite que je me suis formé et dans lequel nous
passerons tranquillement le reste de notre vie[25] ». Le 31 (10
brumaire), Mme de La Fayette avait été reçue par Bonaparte
dont l'accueil fut aimable. Elle plaida naturellement pour le
retour de l'exilé, sans succès. Au moment où se préparait le
coup d'État, la présence à Paris du « général au cheval blanc »
ne s'imposait pas. Le 7 novembre (16 brumaire), il écrivait
encore, plein d'illusions, à Adrienne : « Les preuves de la
bienveillance de Bonaparte me reviennent de toutes parts, j'en
suis vivement touché[26]. » Deux jours plus tard, le Directoire
n'existait plus. Il s'était effondré dans l'indifférence de la
nation.

Serait-ce le signal du retour officiel de l'ancien commandant
de la Garde nationale ? Mme de La Fayette l'espérait. Le
15 novembre (24 brumaire), elle prévenait Mme de Simiane :

« Je ne doute pas que la suite n'amène le retour de Gilbert. Je suis même persuadée que, si les amis étaient un peu plus actifs, cela serait déjà emporté. » Roederer lui avait donné « les meilleures espérances ». Mais Adrienne, dont la clairvoyance était souvent beaucoup plus aiguë que celle de son mari, comprit très vite qu'il ne fallait rien attendre du nouveau pouvoir et qu'il convenait de brusquer les événements pour profiter de l'euphorie consécutive à la chute du Directoire. Grâce à ses amitiés nombreuses et efficaces, elle obtint un passeport sous un faux nom et le fit porter à son mari à Utrecht par Alexandre Romeuf. La Fayette partit aussitôt pour Paris.

## CHAPITRE XXV

# La « balise de la liberté »
# et le choc des orgueils

A peine arrivé, La Fayette écrivit au nouveau maître du pays une lettre très digne mais peu diplomatique. Après l'avoir remercié encore une fois de sa libération des prisons autrichiennes, il ajoutait : « J'ai pensé que la continuation de ma proscription ne convenait ni au gouvernement ni à moi-même. Aujourd'hui j'arrive à Paris. Avant de partir pour la campagne éloignée où je vais réunir ma famille, avant même de voir ici mes amis, je ne diffère pas un instant de m'adresser à vous, non que je doute d'être à ma place partout où la République sera fondée sur des bases dignes d'elle, mais parce que mes devoirs et mes sentiments me pressent de vous porter moi-même l'expression de ma reconnaissance. » Le général Clarke, qui avait lui aussi contribué, lors des négociations de Campo-Formio, à la libération du général, fut chargé de la tâche délicate de remettre à son destinataire ce texte qui ne manquait pas d'insolence. Bonaparte entra dans une de ces fureurs dont il avait le secret. Il avait été mis devant le fait accompli, ce qu'il détestait par-dessus tout.

Selon le témoignage de La Fayette lui-même, ses amis s'inquiétèrent et le prièrent de se plier aux ordres du Premier Consul en reprenant aussitôt le chemin de la Hollande. C'était l'avis de Talleyrand, de Regnault de Saint-Jean d'Angély, de Roederer. Mais Gilbert était bien trop orgueilleux pour céder. « Je leur dis qu'ayant jugé convenable pour moi de venir en France, c'était à présent au consul Bonaparte à juger s'il était convenable pour lui de m'y laisser tranquille ; qu'eux devaient me connaître assez pour savoir qu'il eût suffi de ce ton impérieux et menaçant pour me fixer dans le parti que j'avais pris ». Il ajouta « qu'il serait très plaisant que je fusse arrêté le soir par la Garde nationale de Paris et mis au Temple, le lendemain, par le restaurateur des principes de 1789[1] ». Comme il arriva souvent, l'admirable Adrienne fut chargée d'apaiser la tempête. Elle s'acquitta de cette mission difficile avec une remarquable habileté. Reçue avec amabilité par Bonaparte, qui lui exposa la situation politique dont il était meilleur juge que La Fayette, elle lui assura que celui-ci n'avait nullement l'intention de jouer les trublions et que son retour ne pouvait qu'avoir un heureux effet sur l'opinion publique. Le Premier Consul voulut bien être sensible à ces arguments et se borner à « conseiller » à La Fayette de se retirer à la campagne. Les apparences étaient sauves. « Je me bornai à dire que j'étais peu disposé à tenir compte des menaces de Bonaparte, mais je me sentais lié par ses recommandations. » Le soir même de l'entrevue, Sieyès convainquit son collègue de l'effet désastreux que produirait une persécution.

Le château de la Grange, saccagé pendant la Révolution, étant inhabitable dans l'immédiat, la famille alla s'installer à Fontenay-en-Brie. La Fayette aurait désiré partir pour l'Auvergne, mais on lui fit savoir que ce voyage était, pour l'instant, inopportun. Le 1ᵉʳ décembre, il écrivait à sa tante, Mme de Chavaniac : « Il était impossible d'arriver dans notre département sans causer la sensation que nous voulions éviter. » Il promettait néanmoins de venir le plus tôt possible et annonçait son retrait de la vie politique ! « J'ai renoncé aux affaires publiques. Le séjour de Paris, souillé du sang de mes parents et de mes amis m'est devenu insupportable, et il faudrait, pour m'y ramener momentanément, un devoir patriotique dont il ne peut être question puisque la Révolution va être terminée par un pouvoir auquel je ne participe point et qui a tous les moyens de faire le bien. [...] Je souhaite que mon retour fasse le moins de bruit qu'il se pourra sans pourtant qu'il me convienne en aucune manière de me cacher. » Il estimait son retour en France définitif : « Si, après dix années de troubles, on obtient enfin cette liberté que nous avions voulu acquérir par des moyens honnêtes et qu'on a défigurée par tant d'atrocités, je m'établirais à jamais dans ma patrie[2]. »

La succession de la duchesse d'Ayen, réglée grâce à l'activité de Mme de La Fayette, le château de la Grange lui fut attribué et celui de Fontenay aux Montagu[3]. La nouvelle demeure du général était une construction médiévale, très remaniée au XVIIᵉ siècle, mais, on l'a dit, en très mauvais état. Adrienne, qui avait autant de sens pratique que son mari en était dépourvu, entreprit la remise en état qu'elle confia à l'architecte Antoine Vaudoyer, qui avait déjà travaillé à Chavaniac avant la Révolution. Hubert Robert fut chargé de la transformation du parc. Comme c'était toujours le cas, elle déploya ses merveilleux talents de femme d'affaires, tout en continuant, malgré sa mauvaise santé, à multiplier les démarches en faveur des amis émigrés qu'elle s'efforçait de faire radier.

La Fayette s'installa à la Grange, qui devint sa résidence habituelle au début de 1800, et commença à s'adonner à ses passions agricoles. Il prit pour gérant son secrétaire Félix Pontonnier dont la fidélité avait contribué à adoucir quelque peu les rigueurs d'Olmütz. Imitant son maître Washington retiré, tel Cincinnatus, à Mount Vernon, il se mit à l'élevage des moutons mérinos, des porcs de race américaine, sema, le premier dans la région, de la luzerne pour développer les prairies artificielles. Il reprenait la tradition des grands propriétaires éclairés de la fin de l'Ancien Régime qui avaient tenté de moderniser les techniques de culture et d'élevage dans lesquelles, comme dans bien d'autres domaines, la France aggravait son retard sur l'Angleterre. Bonaparte adopta à son égard la politique du silence à laquelle vint se joindre une certaine mesquinerie. Ainsi, lors de la cérémonie aux Invalides, le 8 février 1800, en l'honneur de Washington, mort le 14 décembre 1799, Fontanes fut prié, dans son discours, de ne pas prononcer le nom de La Fayette. Comme celui-ci figurait encore sur les listes de proscription, il n'eut pas à voter sur la nouvelle Constitution qu'il désapprouvait d'ailleurs, car elle faisait à ses yeux la part trop belle à l'exécutif. L'approbation qu'il donna au 18 brumaire n'était pourtant pas douteuse : « La gangrène de l'État, l'apathie des citoyens étaient telles, écrit-il à Archenholtz, qu'il fallait une opération tranchante. » Dans une lettre à Abéma, ministre batave à Hambourg, il déclarait « jouir plus que personne de la respiration qui vient d'être rendue à la France, de la réunion des exilés, de l'emploi des meilleurs citoyens, des réparations de tant d'injustices, du ton plus national et plus moral qui a succédé au détestable esprit conventionnel et à la tyrannie directoriale et jacobine[4] ».

Sa situation juridique se trouva modifiée par le décret du 11 ventôse an VIII (1er mars 1800) qui prévoyait la radiation des listes d'émigrés de tous les anciens constituants qui pourraient attester de leur vote en faveur de « l'établissement de l'égalité et pour la suppression de la noblesse ». C'était évidemment le cas du général qui fut ainsi réintégré dans ses droits civiques et, à la suite de son intervention auprès de Fouché, il en fut de même de tous ses compagnons du 19 août 1792. Il eut alors l'occasion d'être présenté au Premier Consul aux Tuileries, et la conversation fut amicale. Bonaparte lui confia son étonnement de la haine prodigieuse accumulée : « Jamais il ne m'a parlé des aristocrates et des rois de l'Europe sans me témoigner combien il avait été frappé de leur malveillance envers moi. Je suis bien haï, disait-il un jour, et d'autres aussi, par ces princes et leurs entours, mais bah ! tout cela n'est rien auprès de leur haine pour vous. J'ai été à portée de la voir, je n'aurais pas cru que la haine humaine pût aller si loin[5]. »

Il est évident que Bonaparte, à cette époque, souhaitait associer La Fayette à son œuvre de reconstruction. Il lui fit offrir par Talleyrand et par Cabanis un siège de sénateur, mais il le refusa, car il considérait le nouveau pouvoir avec méfiance : « Si Bonaparte veut servir la liberté, je lui suis dévoué mais je ne veux ni approuver un gouvernement arbitraire ni m'y associer. » Il refusa de même, en juillet 1800, d'être candidat au Corps législatif en Haute-Loire. La méfiance était d'ailleurs réciproque, car le Premier Consul persistait, bien à tort semble-t-il, à redouter les ambitions de La Fayette : « On m'a dit qu'il avait craint que je demandasse une armée. » Un tel projet était bien loin de ses préoccupations. Bonaparte n'avait sans doute pas tort de se défier des intrigues et des intrigants, car le nouveau régime était encore fragile et à la merci d'un accident. Qu'adviendrait-il si le chef de l'État disparaissait ? Lorsqu'il partit pour l'Italie et la campagne qui allait aboutir à Marengo, Sieyès, toujours prévoyant, songea à une solution de remplacement. Il pensa à Carnot, devenu ministre de la Guerre, et aussi à La Fayette, mais celui-ci n'avait « point de parti assez puissant : les bourgeois de Paris lui seront éternellement reconnaissants de lui avoir dû la faculté de porter des uniformes et des épaulettes, mais l'armée ne l'accepterait pas. Il serait parfait pour constituer la Garde nationale, il ferait un excellent commandant de Paris. C'est un homme de bien, un ami pur et désintéressé de la liberté, il faut en faire un sénateur[6] ». Heureusement la question ne se posa pas, et le vainqueur de Marengo put reprendre ses fonctions.

La Fayette eut-il vent des projets de Sieyès ? Ses *Mèmoires* sont muets sur ce sujet. Il est d'ailleurs infiniment probable que si une telle éventualité s'était présentée, il se fût dérobé. Redevenu citoyen libre de ses mouvements, il partit en juillet pour l'Auvergne. Les intérêts de sa province d'origine lui étaient restés chers puisque, à peine rentré en France, il avait écrit le 17 février 1800 au conseiller d'État Moreau de Saint-Méry, ancien président des électeurs de Paris en 1789, pour lui recommander la requête de la ville de Riom, soucieuse de conserver ses institutions judiciaires sans lesquelles elle serait « aussi complètement qu'injustement ruinée[7] ».

Au cours de son séjour en Auvergne, il s'intéressa beaucoup aux conséquences économiques et fiscales de la Révolution dans cette région et rédigea plusieurs notes à ce sujet. Il y expose que les campagnes ont beaucoup profité de l'allégement des impôts et de la suppression des dîmes. Le curé de Saugues lui affirma que les sommes payées par sa paroisse étaient tombées de 27 000 francs en 1789 à 14 000 en 1800, chiffres confirmés, dit-il, par le percepteur et par le juge de paix d'Alègre, lequel estime, lui aussi, que les contributions directes payées par son canton ne représentaient guère plus de la moitié du montant des anciens impôts. Les paysans se sont enrichis, et le prix des terres a augmenté de 30 à 50 % dans la Limagne. Il remarquait aussi que la suppression des douanes intérieures avait très sensiblement développé le commerce local. Il aurait souvent tendance à extrapoler ces constatations régionales pour les étendre à la France entière. Pendant ce voyage, il écrivit à son ancien collègue de la Constituante, Jean-Antoine Huguet, devenu préfet de l'Allier, une lettre qui montre à quel point il avait été traumatisé par ce que François Furet appelle le dérapage de la Révolution. Il ne se console pas du « malheur affreux de voir notre cause dénaturée, notre patrie saccagée, les noms les plus sacrés souillés, les citoyens les plus vertueux assassinés par cette bande d'animaux féroces non moins vils qu'exécrables auxquels la nation, héroïque au-dehors, a été dans l'intérieur si lâchement soumise. J'ai perdu des parents, des amis, des camarades de liberté et de patriotisme dont l'attachement pour moi fut le signal de leur mort[8] ». Rarement son hostilité au jacobinisme trouvera une expression aussi violente.

Pendant ce temps, Mme de La Fayette poursuivait sans désemparer ses efforts de reconstitution des patrimoines familiaux au cours de voyages en Bretagne et en Touraine où se trouvaient des biens et des créances provenant des La Rivière. La remise en état de La Grange coûtait cher, et il fallait y pourvoir, ce dont son mari se semblait guère se soucier.

Tout en conservant sa position en retrait du nouveau pouvoir, La Fayette encourageait ses amis à s'y rallier. Il se considérait comme « une espèce de balise de la liberté », mais prêchait aux bons citoyens « l'utile devoir de s'associer aux fonctions du gouvernement ». Talleyrand lui proposa l'ambassade de France aux États-Unis, mais il refusa sous le prétexte qu'il était « trop américain pour y pouvoir jouer un rôle d'étranger ». Les instances de son ami le général Mathieu Dumas ne purent l'amener à accepter quelque charge que ce soit. « Personne, avait dit Bonaparte, n'aime à passer pour un tyran, le général La Fayette semble me désigner comme tel. » On ne put lui faire accepter davantage un simple siège de conseiller général en Haute-Loire, en Seine-et-Marne ou à Paris, car à cette époque les assemblées départementales étaient nommées par le pouvoir et non pas élues. Il n'accepta qu'un « titre d'électeur départemental, quoiqu'il fût à vie, parce que cette conservation de mon droit d'élire était le résultat d'un suffrage populaire ».

Malgré tous ces refus successifs, il entretenait avec le Premier Consul des relations assez cordiales, et leurs rencontres donnaient lieu à des conversations animées. Lors d'une fête donnée le 3 octobre 1800 chez Joseph Bonaparte à Mortefontaine pour célébrer la signature du traité du 30 septembre qui mettait fin à la « quasi-guerre » avec les États-Unis, les deux généraux évoquèrent la guerre d'Amérique que l'ancien combattant de Yorktown résuma d'une heureuse formule : « Ce furent les plus grands intérêts de l'univers décidés par des rencontres de patrouilles. » Ils parlaient aussi de politique, et La Fayette reprocha à Bonaparte d'avoir, dans la constitution de l'an VIII, donné trop de poids au pouvoir exécutif et lui vanta les vertus de la liberté.

Il alla aussi féliciter le Premier Consul d'avoir échappé à l'attentat de la rue Saint-Nicaise (24 décembre 1800) ; à cette occasion, Bonaparte exposa les raisons pour lesquelles il repoussait les offres de restauration monarchique qu'il avait reçues de Louis XVIII en septembre : « Si j'appelais ces gens-là, ce serait vous livrer tous à la vengeance. » La Fayette ajoute : « Il parla si bien de la gloire de la France que je lui pris la main en témoignant le plaisir qu'il me faisait. » Comme il fréquentait le salon de Joséphine, les occasions ne manquaient pas de converser avec le chef de l'État sur les questions les plus diverses, politiques ou militaires. A propos de l'artillerie légère à cheval, « j'éprouvai un vrai plaisir à rappeler, devant ceux qui s'en étaient si bien servis, la part que j'avais eue à son introduction en France ». C'est au cours d'une de ces entrevues qu'il fit de grands efforts pour tenter de convaincre Bonaparte d'adopter le principe américain de la liberté absolue des cultes, rendus totalement indépendants de l'État, formule qui, selon Mme de Staël, aurait reçu l'approbation du pays : « Le vœu général de la nation se bornait à ce que toute persécution cessât désormais à l'égard des prêtres et qu'on exigeât plus d'eux aucun genre de serment, enfin que l'autorité ne se mêlât en rien des opinions religieuses de personne. Ainsi donc, le gouvernement consulaire eût contenté l'opinion en maintenant en France la tolérance absolue telle qu'elle existe en Amérique[9]. » Mais le Premier Consul voulait une Église à sa dévotion et il laissa échapper là une occasion qui ne se retrouverait jamais dans des conditions aussi favorables.

Au cours d'une de ces conversations, Bonaparte déclara : « Vous avez renversé la plus forte monarchie qu'il y ait eu ; voyez toutes celles d'Europe, la nôtre, malgré ses défauts, était la mieux constituée. C'était une belle et hardie entreprise, mais vous fîtes une grande faute de vouloir conserver, dans une telle révolution, l'ancienne dynastie, car en lui refusant tout pouvoir, le gouvernement n'allait pas, et en lui en donnant, elle s'en servait contre vous. Le problème était insoluble. » Ils tombèrent d'accord sur une idée chère à La Fayette : « Si la proscription des premiers chefs et des premiers principes de la Révolution n'avait pas, dès 1792, arrêté le mouvement général que la coalition des émigrés et des rois n'avait fait qu'accroître, l'Europe eût été, avant dix ans, complètement acquise à la doctrine de la Déclaration des droits. » Indiscutablement, La Fayette avait pour le Premier Consul de la « bienveillance personnelle ». Il ne pouvait manquer, comme tout ceux qui l'approchaient, d'être fasciné par cet homme qui réalisait alors ce que lui-même n'avait fait que rêver. Il lui dit un jour : « Un gouvernement libre et vous à la tête, voilà ce qu'il me faut. » Se rendait-il compte qu'une telle combinaison relevait de l'utopie[10] ?

L'année 1801 avait été marquée pour le châtelain de la Grange par le règlement de multiples affaires d'intérêts. En septembre, il était allé à Chavaniac négocier avec sa tante la cession du domaine et du château à son profit et à celui de ses enfants. Il s'occupait aussi de liquider son habitation de Guyane, saisie après le 10 août, et dont la restitution avait été ordonnée par le ministre de la Marine et des Colonies, Forfait, mais le gouverneur Victor Hugues n'en avait tenu aucun compte. L'affaire fut reprise par l'amiral Decrès, successeur de Forfait, qui décida le rachat de la propriété par l'État moyennant une indemnité de 140 000 francs « en monnaie métallique d'or ou d'argent ». L'acte fut signé à Paris le 3 avril 1802[11]. Mme de La Fayette continuait à débrouiller les affaires familiales, ce qui facilita le mariage de George avec Émilie Destutt de Tracy, fille du philosophe membre de l'Institut, célébré le 6 juin 1802. Gilbert put rendre hommage aux talents de sa femme : « Je ne puis trop vous répéter que vous avez fait des merveilles[12]. »

Au début de 1802, le général prit une décision importante ; celle de mettre fin définitivement, à l'âge de quarante-quatre ans, à sa carrière militaire en demandant sa retraite. Il obtint aussitôt satisfaction avec la pension maximale. Le Premier Consul pouvait donc être rassuré quant à ses ambitions, dans ce domaine tout au moins. Le 27 mars, était signée la paix d'Amiens, négociée du côté britannique par Lord Cornwallis, le vaincu de Yorktown, auquel La Fayette était allé rendre visite, ce qui avait permis à son interlocuteur de constater qu'il « n'était pas corrigé ». Cela lui valut une conversation aigre-douce avec Bonaparte : « Je vois avec peine que par votre manière de vous exprimer sur les actes du gouvernement, vous donnez à ses ennemis le poids de votre nom. — J'habite la campagne, répondit Gilbert, je vis dans la retraite, j'évite les occasions de parler ; mais toutes les fois qu'on viendra me demander si votre régime est conforme à mes idées de liberté, je répondrai que non, car enfin, général, je veux bien être prudent, mais je ne veux pas être renégat[13]. » Il était en effet incorrigible et aussi mauvais courtisan avec le Consul qu'il l'avait été à Versailles avec la reine.

La paix d'Amiens amena en France de nombreux voyageurs anglais privés depuis dix ans des plaisirs parisiens. La Fayette reçut, à la Grange ou à Paris, un certain nombre des plus éminents : Lord Holland, le duc de Bedford, ses amis le général Fitz-Patrick et Charles Fox qui étaient intervenus en sa faveur lorsqu'il était à Olmütz. Ce dernier lui avait écrit quelques mois auparavant, avec un humour très britannique ; « La réflexion que vous êtes presque seul en droit de faire, d'avoir joué un rôle dans ce qui s'est passé en France sans avoir rien à vous reprocher doit être bien consolante et, toute cruelle qu'a été votre prison, il faut avouer qu'elle vous a épargné la nécessité de faire un choix dans plusieurs crises où il doit avoir été bien difficile pour un honnête homme d'en faire un qui lui convînt. » Trouvant un pays bien transformé, ces voyageurs anglais « s'en iront tous mécontents, fit remarquer à La Fayette l'ambassadeur Livingston, les uns avaient cru trouver la France inculte, ils la trouvent florissante, les autres espéraient y voir des traces de liberté, tous ont été désappointés[14] ».

Le régime n'évoluait pas vers le libéralisme. En mai 1802, parut l'arrêté décidant une consultation populaire sur l'opportunité de confier à Bonaparte le consulat à vie. Gilbert n'était pas *a priori* hostile à cette formule, mais à certaines conditions qui ne lui paraissaient pas remplies, car, « au lieu d'être entouré de barrières constitutionnelles, [il] avait été demandé et donné comme une sanction expresse du despotisme qui, jusqu'alors pouvait passer pour provisoire ». Il ne pouvait donc que voter contre et motiva ainsi son opinion sur le registre destiné à recevoir l'opinion des citoyens : « Je ne puis voter pour une telle magistrature jusqu'à ce que la liberté publique soit suffisamment garantie. Alors je donnerai ma voix à Napoléon Bonaparte. » Quelques jours plus tard, le 20 mai, il fit porter au Premier Consul une lettre explicative. Il se réjouissait de le voir « premier magistrat à vie d'une république libre » mais ajoutait ce commentaire restrictif : « Le 18 brumaire sauva la France, et je me sentis rappelé par les professions libérales auxquelles vous avez attaché votre honneur. On vit depuis dans le pouvoir consulaire cette dictature réparatrice qui, sous les auspices de votre génie, a fait de si grandes choses, moins grandes cependant que ne le sera la restauration de la liberté.

« Il est impossible que vous, général, le premier dans cet ordre d'hommes qui, pour se comparer et se placer, embrassent tous les siècles, vouliez qu'une telle révolution, tant de victoires et de sang, de douleurs et de prodiges, n'aient pour le monde et pour vous d'autre résultat qu'un régime arbitraire. Le peuple français a trop connu ses droits pour les avoir oubliés sans retour ; mais peut-être est-il plus en état aujourd'hui que dans son effervescence de les recouvrer utilement ; et vous, par la force de votre caractère et de la confiance publique, par la supériorité de vos talents, de votre existence, de votre fortune, vous pouvez, en rétablissant la liberté, maîtriser tous les dangers, rassurer toutes les inquiétudes. Je n'ai donc que des motifs patriotiques et personnels pour vous souhaiter, dans ce complément de votre gloire, une magistrature permanente ; mais il convient aux principes, aux engagements, aux actions de ma vie entière, d'attendre pour lui donner ma voix, qu'elle ait été fondée sur des bases dignes de la nation et de vous. J'espère que vous reconnaitrez ici, général, comme vous l'avez déjà fait, qu'à la persévérance de mes opinions politiques se joignent des vœux sincères pour votre personne[15]. » Cette lettre d'un ton très noble, dut faire l'objet d'une certaine diffusion et connaître un certain retentissement puisque le comte d'Allonville l'a insérée dans ses *Mémoires* : « Ce vote et cette lettre, ajoute-t-il, amusèrent le Premier Consul : "C'est un honnête homme, dit-il, mais un fou qui se croit encore en Amérique[16]". »

La Fayette reconnaissait que l'opinion était favorable, tous les témoignages ou presque en font foi. Déjà le 14 janvier 1800, Mallet du Pan constatait que les Français étaient aux 9/10e « parfaitement indifférents à la république et à la monarchie mais qu'ils doivent être et sont aux genoux du premier supérieur qui les protège contre les mangeurs d'hommes, qui garantit leur existence contre le génie révolutionnaire, qui leur tend sans secousse les avantages d'un gouvernement ferme et tutélaire exercé par un homme aux talents duquel ils ont confiance[17] ». C'était le cas en 1802.

La rupture entre les deux généraux était consommée. Elle

était inévitable. Le choc de leurs orgueils respectifs, les divergences de leurs conceptions politiques ne laissaient pas d'autre issue à ce nouvel affrontement de Créon et d'Antigone. Il était nécessaire « qu'il restât un point où le culte de la liberté fût préservé sans équivoque et sans condescendance ». La Fayette avait choisi, encore une fois, d'être la statue du Commandeur et se drappa dans le refus. Il ne se désintéressait pas pour autant des affaires publiques. Le 20 février 1803, sortant du ministère de la Marine, il fit une chute sur le verglas et se cassa le col du fémur. Pendant son immobilisation, il reçut de très nombreuses visites d'amis américains, anglais, irlandais comme Arthur O'Connor, chef des Irlandais unis, naturalisé par Bonaparte, polonais comme Kosciusko, français aussi : Joseph Bonaparte, avec lequel il conserva toujours des liens d'amitié[18], Moreau, Bernadotte. A peine rétabli, il assista à un dîner américain destiné à célébrer la ratification du traité du 30 avril 1803 par lequel la France cédait la Louisiane aux États-Unis. La Fayette eut alors une conversation politique avec Moreau, persécuté après le 10 août comme fayettiste, et les deux généraux constatèrent qu'ils se trouvaient souvent en communion d'idées, par exemple dans leur hostilité aux Bourbons. « Ils se sont rendus trop méprisables pour être à craindre, dit Moreau, le jeune d'Orléans pourtant s'est bien battu sous nos drapeaux. » La Fayette s'en souviendrait en 1830[19]...

Joseph Bonaparte fit proposer au général le grand cordon de la Légion d'honneur qu'il refusa. C'est aussi un refus qu'il opposa à Jefferson, devenu président des États-Unis en mars 1801, qui lui offrait des terrains en Amérique et le gouvernement de la Louisiane. Malgré les instances des ambassadeurs Livingston, Monroe et Armstrong, il ne se laissa pas tenter. « La liberté américaine n'avait plus besoin de moi, mon poste européen pouvait devenir utile, le danger qu'on y trouvait le rendait décent. » Il se refusa donc à partir, même pour un simple voyage, car il craignait d'être arrêté en mer par des navires anglais ou encore que Napoléon s'opposât à son retour en France, trop heureux d'être débarrassé de lui[20]. Il condamna naturellement l'assassinat du duc d'Enghien : « Moi qui ne crois pas à l'utilité définitive d'aucun crime, je m'expliquerais mal celui-ci. » Plus qu'un gage aux jacobins, il vit dans cette énorme faute une erreur de jugement de Bonaparte : « Voyant les princes français en quelque velléité d'énergie, il jugea que

la mort d'un d'eux suffirait pour les écarter à jamais. » En
février-mars 1804, lors de l'arrestation de Moreau, Pichegru
et Cadoudal, le bruit courut de celle de La Fayette. Bonaparte
s'en garda bien, et Joseph déclara, paraît-il, à un homme de
confiance : « Ne craigniez rien, partout où il y a de l'aristocratie et des rois, on ne trouvera pas La Fayette. » A propos
de Moreau, il fut extrêmement scandalisé par « la tactique
odieuse qu'on employa pour déconsidérer et perdre ensuite
un rival dans les fers ». Il le recommanda à des amis
américains et s'occupa de sa famille. Quant à la mort de
Pichegru dans sa prison, « les gens de l'art comme les plus
ignorants d'entre le peuple se refusèrent à la croyance au
suicide[21] ».

Rien ne put fléchir les refus obstinés et systématiques de
La Fayette, ni les prières des sénateurs républicains qui
auraient aimé qu'il vînt les rejoindre, ni celles de l'ancien
confesseur d'une de ses filles devenu premier aumônier de la
princesse Élisa Bonaparte. Il résista « à toutes les démarches,
les offres, les cajoleries de Napoléon[22] », et celui-ci eut la
mesquinerie de se venger en bloquant la carrière militaire de
George, systématiquement « oublié » dans les tableaux d'avancement, et de Louis de Lasteyrie, l'époux de Virginie, réduit
à demander sa retraite. Comme la plupart des hommes d'État,
Napoléon n'accordait guère son action et ses propos : « Croit-
on que je ne recherche que des hommes sans conviction ? Je
ne demande à personne de penser comme moi, disait-il à
Molé, je demande à chacun de m'aider à rendre les Français
le premier peuple de l'Univers. » En fait, l'Empereur suivait
le plus souvent une ligne bien différente.

La Fayette se consacra donc à sa vie personnelle. Il passa
le printemps 1804 à Cirey, en Lorraine, chez Mme de Simiane,
tandis qu'Adrienne séjournait à Villersexel chez sa sœur Mme
de Grammont, puis les époux se retrouvèrent en Auvergne
pour une cure au Mont-Dore avant de rentrer à La Grange.
En 1805, Mme de La Fayette alla voir son père qui vivait en
Suisse depuis la Révolution, et Gilbert passa l'été à Chavaniac
avec ses filles. Adrienne et sa sœur Pauline se consacrèrent à
l'œuvre de Picpus destinée à assurer l'entretien du cimetière
où avaient été jetés les corps des victimes de la Terreur

suppliciées place du Trône. Fouché surveilla de près cette association, mais jugea politique de fermer les yeux car le fils de Joséphine, Eugène de Beauharnais, dont le père figurait parmi les morts, s'était inscrit.

Cette vie retirée n'empêchait pas La Fayette de suivre certains aspects de la politique impériale. Il fut peut-être un des rares Français de son temps à mesurer les graves dangers du Blocus continental pour le commerce international français, qui se trouvait ainsi coupé du monde atlantique en pleine expansion, et se montra très critique pour certaines décisions allant à l'encontre de ses convictions, comme le rétablissement de l'esclavage dans les colonies. Il suivait aussi avec intérêt les progrès des États-Unis et du monde américain. En 1807, il se félicitait de l'échec de la tentative de sécession menée par le colonel Burr qui imagina de séparer les états de l'Ouest et de les joindre au Mexique pour s'y tailler un empire. Le mouvement d'émancipation des colonies espagnoles commencé à Caracas en 1806, qui s'accéléra à partir de 1810, trouva en lui un partisan chaleureux. Jefferson était plus réservé et sans doute plus lucide lorsqu'il lui écrivait : « Je crains que tous ces efforts se terminent par l'établissement de plusieurs despotismes militaires dans les différentes provinces[23]. »

Cette année 1807 vit La Fayette traverser un terrible drame familial : la mort de sa femme. Très éprouvée par les années de captivité d'Olmütz, la santé d'Adrienne ne s'était jamais parfaitement rétablie. En septembre, alors que son mari était en Auvergne, son état s'aggrava brusquement, et il fallut la ramener à Paris chez Mme de Tessé où, malgré les soins de Corvisart, médecin de l'Empereur, elle mourut le 24 décembre. Suivant le désir qu'elle avait exprimé, elle fut inhumée dans le petit cimetière de Picpus où elle retrouvait les membres de sa famille victimes de la Terreur. Le *Journal de l'Empire* annonça son décès et lui consacra quelques lignes : « Tout le monde doit pleurer Mme de La Fayette. Elle fut le bonheur de sa famille, l'appui des pauvres, la consolation des affligés, l'ornement de sa patrie et l'honneur de son sexe. » C'était à tous égards pour son mari une perte irréparable. « Il perdait sa conscience, note A. Bardoux, sa vie publique peut être divisée en deux parties : avant et après 1807[24]. » Gilbert mesura bien l'étendue du vide qui se creusait dans son existence, comme le prouve la très belle lettre qu'il écrivit au début de janvier 1808 à son compagnon d'Olmütz, César de

Latour-Maubourg. Il rend à « cette incomparable femme » un superbe hommage : « Pendant les trente-quatre années d'une union où sa tendresse, sa bonté, l'élévation, la délicatesse, la générosité de son âme charmaient, embellissaient, honoraient ma vie, je me sentais si habitué à tout ce qu'elle était pour moi que je ne le distinguais pas de ma propre existence. Elle avait quatorze ans et moi seize, lorsque son cœur s'amalgama à tout ce qui pouvait m'intéresser. Je croyais bien l'aimer, avoir besoin d'elle, mais ce n'est qu'en la perdant que j'ai pu démêler ce qui reste de moi pour la suite d'une vie qui m'avait paru livrée à tant de distractions et pour laquelle néanmoins, il n'y a plus ni bonheur, ni bien-être possible[25]. » Ce grand orgueilleux et ce grand égoïste avait eu la chance de trouver en sa femme, non seulement une amoureuse, mais une admiratrice passionnée qui lui vouait un véritable culte et lui laissa toujours le loisir de donner libre cours à toutes ses entreprises et à toutes ses fantaisies.

Bien qu'il fût fasciné par l'Empereur et qu'il reconnût qu'il n'avait à son égard « aucun sentiment de haine ou d'ingratitude » et que, dans son aversion pour la tyrannie, il fût « plus choqué encore de la soumission de tous que de l'usurpation d'un seul », il n'entretenait plus aucune relation avec Napoléon, lequel, plus que jamais, déclarait la guerre aux idéologues. Dans un discours au Conseil d'État après la conspiration de Malet, le 20 décembre 1812, il avait proclamé : « C'est à l'idéologie, à cette ténébreuse métaphysique qui, en recherchant avec subtilité les causes premières, veut sur ces bases fonder la législation des peuples au lieu d'approprier les lois à la connaissance du cœur humain et aux leçons de l'histoire, qu'il faut attribuer tous les malheurs qu'a éprouvés notre belle France. » La Fayette pouvait se sentir visé lorsque le Maître dénonçait « ces erreurs [qui] devaient et ont effectivement amené le régime des hommes de sang. En effet, qui a proclamé le principe d'insurrection comme un devoir[25] ? ».

Pendant les dernières années de l'Empire — qui furent encore endeuillées par la perte de son ami Louis Romeuf, devenu général, tué à la Moskowa, et par celle de son neveu Alfred de Noailles, aide de camp de Berthier, disparu lors du passage de la Bérésina —, il chercha une consolation dans l'agriculture et dans l'écriture qui était depuis longtemps un de ses passe-temps favoris. Il était fier des bons résultats obtenus par ses cultures aux domaines de la Grange où le botaniste Thouin lui envoyait des plants.

Depuis longtemps, ses amis le pressaient de rédiger ses *Mémoires*. Il fut d'abord réticent, car il répugnait, dit-il, « à faire une sévère part aux premiers chefs jacobins, associés depuis à ma proscription, aux Girondins morts pour des principes qu'ils avaient combattus et persécutés en moi, au roi et à la reine dont le sort déplorable ne permet plus que de s'honorer de quelques services envers eux, et à des royalistes vaincus, dépouillés et soumis aujourd'hui à des mesures arbitraires. Je devrais ajouter qu'heureux dans ma retraite, au sein de ma famille et des plaisirs agricoles, je n'ai pas un moment à retrancher à ces jouissances domestiques. » En réalité, il avait depuis longtemps commencé à rédiger des fragments de Mémoires, dès la fin de la guerre d'Amérique, puis après son retour d'Olmütz. Il est frappant de constater qu'il ne put pas ou ne voulut pas en faire un ensemble cohérent et complet. Dans ce domaine de l'écriture comme dans celui des affaires publiques, La Fayette reste l'homme de l'inachevé.

En 1813, il se mit à écrire un texte qu'il intitula *Souvenirs en sortant de prison* dans lequel il s'essayait à faire le point sur les bouleversements entraînés par la Révolution et à méditer sur le cours d'événements que plus personne n'avait été capable de maîtriser. Cet essai de synthèse du fayettisme ne manque pas d'être éclairant sur les conceptions politiques du général, sa vision des hommes et des choses.

Le premier fondement est, bien sûr, la doctrine de la Déclaration des droits, laquelle, « quoique défigurée et souillée par le jacobinisme, était devenue partout la terreur des gouvernements et le symbole d'une portion éclairée de leurs sujets ». A son avis, sans « les crimes de la révolution et les malheurs de l'anarchie », elle se serait établie bien plus largement encore. Il établit ensuite le bilan positif, c'est-à-dire la liste des « abus antiques » disparus en France et dans les pays conquis : les oppressions héréditaires, l'aristocratie des corporations, les obstacles intérieurs au commerce, les taxes arbitraires sur l'industrie, les privilèges et monopoles, la mainmorte de certaines propriétés, les droits féodaux, les

dîmes, l'inégalité fiscale, la vénalité de la justice, les procédures archaïques, la torture, la traite des Noirs. Il néglige
seulement le fait que, pour certains de ces abus, la Révolution
n'a fait qu'accélerer un mouvement déjà largement commencé
et que certaines de ces suppressions n'eurent pas que des
effets bénéfiques. Ainsi la disparition des corporations livra
pour près d'un siècle les travailleurs à l'arbitraire et les priva
de toute protection sociale. Dans d'autres cas, le phénix ne
tarda pas à renaître de ses cendres, dans le domaine fiscal par
exemple. Il s'émerveillait aussi, à juste titre, des résultats
obtenus par la nouvelle tactique des armées nationales qui a
bouleversé les méthodes de combat, mais il oubliait de
remarquer que ce fut au prix de pertes très élevées en vies
humaines.

S'il s'extasiait sur ces aspects positifs de l'œuvre révolutionnaire, qui correspondaient à ses vœux et à ses conceptions,
il devait aussi déplorer « les malheureuses déviations » survenues ensuite, qu'il ne considérait pas comme fatales. Il
demeurait au contraire persuadé que « la réorganisation complète
de l'ordre social » aurait pu être réalisée sans les drames
sanglants de la Terreur « si les autorités qui nous succédèrent
n'étaient pas sorties de la carrière de réparations et d'améliorations qui leur était tracée ». Pour lui, « la catastrophe du 10
août perdit tout. Les sottises de l'aristocratie dans cette
journée, la chute du roi » auraient pu trouver des remèdes
« si, en même temps, et par une réaction en quelque sorte
officielle du brigandage contre toute moralité patriotique, on
n'avait vu le pacte national, les serments constitutionnels, les
principes civiques tout à coup violés avec le même mépris
dont nous venions de flétrir le régime arbitaire ». Au 10 août,
et il le souligne avec force, on sortit totalement de la légalité
en chassant non seulement le roi, mais les représentants élus
de la Commune de Paris, de sorte que la Constitution, qui
n'avait pas un an d'existence, fut mise en pièces, et la Garde
nationale, « entremêlée de brigands », mise aux ordres de
« l'infâme Santerre », ce qui permit les massacres de septembre. Ce bouleversement « corrompit jusqu'au fond le cours
des idées libérales qui avait pu quelquefois être partiellement
troublé, mais qui toujours avait été maintenu par la doctrine
de l'assemblée constituante et par le dévouement sans bornes
des premiers chefs de la capitale ».

La Fayette regroupait sous la dénomination de jacobins

tous les ennemis de gauche du parti constitutionnel, donc les Girondins et les véritables jacobins qui, « pour la violation des lois jurées et la désorganisation de l'ordre public », ne tardèrent pas à se déchirer entre eux. Les Girondins, d'après lui, ont été tenus à l'écart de la préparation du 10 août : « J'ai vérifié qu'à six heures du matin, Brissot ne s'en doutait pas. » Ils ne songeaient qu'à retrouver le pouvoir ministériel. Comme il avait déjà eu l'occasion de le faire, il se lançait dans une critique acerbe de la politique girondine, responsable des massacres de septembre et du procès du roi dont personne ne mesura la gravité : « Il n'y eut pas un Girondin qui ne dût y voir, non seulement la violation de toutes les idées de liberté et de justice, mais un crime désastreux dans ses conséquences et la ruine prochaine de son parti. » Reprenant des accusations qu'il a déjà portées, il considère qu'ils ont donné l'exemple de tous les abus et de toutes les violences dont ils furent ensuite les victimes. « Qu'a-t-il été fait au 31 mai et au 2 juin 1793 qu'ils n'eussent eux-mêmes fait ou préconisé le 20 juin et le 10 août 1792 ? » Ce sont les Girondins qui ont institué le 17 août, à la suggestion de Brissot, le premier tribunal révolutionnaire et c'est Pétion qui a demandé le jugement du roi par la Convention. Or La Fayette, qui se proclamait républicain, fut violemment heurté dans ses convictions les plus profondes par le fait d'avoir vu Louis XVI « assassiné par la plus monstrueuse procédure. [...] Tout ce qui devait le protéger comme roi et comme citoyen, l'acte constitutionnel, l'inviolabilité jurée, la nécessité des lois préalables et des formes établies, l'application antérieure de la déchéance, les amnisties passées, les incapacités légales, les motifs de récusation [...], tout fut foulé aux pieds ». Il remarquait aussi que les autres souverains d'Europe s'étaient, en définitive, désintéressés du sort du roi de France. Seule la Cour de Madrid parut s'en préoccuper. L'Angleterre ne bougea pas ; La Fayette affirmait tenir du baron de Staël lui-même que celui-ci avait envoyé à Vienne un projet préparé pour sauver la reine, auquel il ne fut donné aucune suite.

Malgré l'antipathie marquée dont elle fit preuve à son égard, il ne conservait aucune inimitié contre Marie-Antoinette et fustigeait au contraire « la bassesse des accusations du tribunal révolutionnaire, les omissions même [qui] prouvèrent à quels grossiers persécuteurs son sort avait fini par être abandonné ». Il déplorait, en revanche, les illusions

dangereuses qu'elle avait entretenues jusqu'au 10 août : « Ras-
surée par ses intelligences dans le parti jacobin, par les
espérances aristocratiques et par ses préjugés autrichiens, elle
disait à Gouvernet dans la loge du logographe : ce sont six
mauvaises semaines à passer, comme elle avait dit à mon aide
de camp La Colombe avant le 10 août : « Ce qu'il y aurait de
désirable pour nous serait d'être renfermés quelque temps
dans une tour. »

Il rendait ensuite hommage à l'action de certains hommes
dont il avait pu apprécier les vertus. Bailly avec lequel « notre
parfaite harmonie dans ces temps difficiles ne fut jamais
troublée [...] expia sur l'échafaud son intègre résistance au
désordre, à l'intrigue, au crime et son obéissance au décret
qui, en lui ordonnant d'employer la force contre le rassemblement du Champ-de-Mars, arrêta le mouvement exécuté depuis
dans la journée du 10 août et du 31 mai ». Barnave, « un des
plus distingués députés constituants » paya, lui aussi, de sa
vie, « ses liaisons fayettistes ».

Il reprenait son idée d'août 1792 : jouer la province contre
Paris ; mais il manqua un coordinateur des insurrections
provinciales, car, à ce moment « il n'y avait plus un homme
de guerre qui eût une existence civile, une popularité personnelle et générale et dont les gardes nationales entendissent la
voix [...]. Il eût fallu réunir par un lien de confiance nationale
ces insurrections éparses, et peut-être alors les troupes de
Kellermann auraient été décidées à joindre l'étendard anti
jacobin. On disait alors dans ces divers centres de mouvement,
et j'ai eu de plus en plus lieu de me convaincre que j'eusse
été l'homme de cette circonstance ». Il prétendait, sans
préciser davantage, que « quelques Français, dont les opinions
étaient moins réprouvées que les miennes », demandaient sa
libération pour qu'il prenne la tête de cette croisade anti
jacobine, mais les « cabinets coalisés » refusèrent. « L'idée de
voir renverser par moi les échafauds de la Terreur n'eurent
d'autre effet que de faire ajouter un cinquième cadenas aux
précautions qu'on avait déjà prises contre mon évasion. »

Les Jacobins ayant triomphé, on massacra et condamna
allègrement sous les accusations de royalisme, de fayettisme
et de fédéralisme : « On procéda judiciairement à l'assassinat
de tout ce qui, par sa naissance, l'éducation, la fortune,
l'industrie, les talents, les connaissances et les vertus, offrait
à la basse envie le moindre caractère de distinction. » Ce qu'il

ne pardonnait pas aux jacobins était surtout le noyautage et la dénaturation totale de la Garde nationale, dans laquelle on introduisit « des vagabonds stipendiés à 40 sols par jour qu'on plaçait dans leurs rangs pour les séparer et empêcher entre eux toute communication ». Pis encore, beaucoup de gardes furent victimes de la Terreur, comme Lavoisier et Trudaine, chefs de bataillon. Il était alors devenu l'ennemi principal des Jacobins qui s'acharnaient contre lui : « L'inculpation d'attachement à ma personne et à mes principes » était devenue un crime, et cependant certains hommes courageux lui restèrent fidèles jusqu'à la mort comme le maire de Sedan, Desrousseaux. Pour La Fayette, Danton n'était qu'un « tribun grossier [...] susceptible d'émotions, sourd aux remords et indifférent aux opinions », et Robespierre un « méprisable tyran, pétri de rage, de peur et d'envie ».

Passant à l'époque thermidorienne, il approuvait la Constitution de l'an III qu'il considérait comme « la meilleure qui ait existé en Europe », mais il se scandalisait des violations multipliées de la volonté populaire perpétrées par la Convention finissante : réélection obligatoire des deux tiers des députés sortants, inéligibilité des parents d'émigrés et de proscrits, qui aboutissaient selon lui, à écarter les amis de la liberté. Les thermidoriens voulaient « réduire la France à ces deux termes : des royalistes de l'Ancien Régime avec leurs vengeances et leurs absurdités, et des républicains se croyant obligés, pour soutenir les institutions libérales, d'oublier les hommes qui les avaient fondées et les torts qui les avaient dénaturées ».

Il développait ensuite sur le rôle des hommes dans l'Histoire une théorie qui continuerait longtemps à alimenter des débats passionnés. Il contestait « la mode aujourd'hui [qui] est de tout attribuer à la force des choses, à l'enchaînement des faits, à la marche des idées. On accorde le moins possible aux influences individuelles ». Ce fatalisme lui paraissait contraire à son expérience, et il citait des exemples : si Lee avait obtenu le commandement donné à Washington, la révolution américaine aurait pris une tout autre tournure. Le 13 vendémiaire aurait pu donner naissance à une bonne constitution si les sections de Paris avaient eu à leur tête « un chef habile et patriote ». Et si Bonaparte, au 18 brumaire, avait été animé par « l'amour de la liberté et le sentiment de la vraie gloire »...

Il n'oubliait pas totalement la vie militaire, et toute la

dernière partie de son texte était consacrée à la campagne de 1792 et à la retraite de l'armée prussienne après Valmy, ce qui lui permit de renouveler les plus graves accusations contre Dumouriez. Il rapportait plusieurs témoignages concordants à cet égard. Celui de Lucchesini, ancien favori du Grand Frédéric devenu ministre et « confident intime » du roi Frédéric-Guillaume, qui, au cours d'une conversation chez Mme de Staël, lui raconta les négociations menées pour faciliter le repli des Prussiens. Le duc Frédéric de Brunswick, lorsqu'il vint rendre visite à La Fayette emprisonné à Magdebourg, lui confirma que « l'armée alliée n'avait été sauvée que par la chimère présentée à Dumouriez d'un grand établissement en Brabant ». Beurnonville confirma ces faits lors des quelques contacts qu'il put avoir avec le général à Olmütz en affirmant « qu'il n'avait tenu qu'à Dumouriez de forcer les Alliés à capituler ». Il ne pouvait manquer de se laisser aller à quelque nostalgie : « Si, après la canonnade de Valmy due à Kellermann et à d'Aboville (qui commandait l'artillerie à Yorktown), mais dont Dumouriez se fit honneur, celui-ci et Custine avaient fait, l'un sans intrigue, l'autre sans déraison, tout simplement ce que le bon sens indiquait, ou, pour dire toute ma pensée, si je n'avais pas été proscrit, les fautes des ennemis et les hasards du temps auraient mis dans mes mains un succès infiniment plus marquant et beaucoup moins méritoire que ma campagne contre Lord Cornwallis. Aussi, dès ce moment, suis-je devenu indifférent à toute ambition militaire. » Peut-être, mais il n'en restait pas moins attaché à cette armée et se félicitait de voir un certain nombre de ses nouveaux chefs issus des rangs de la Garde nationale et des choix qu'ils avaient faits : « C'est donc à juste titre que je me sentais une espèce de paternité militaire que la plupart de ces généraux se sont depuis, avec une aimable franchise, empressés de reconnaître. » C'était le cas de Hoche, alors sergent, qui avait contribué, lors des journées d'octobre 1789, à défendre la famille royale.

Il couvrait de louanges l'armée des années 1793-1794 qui fut « le refuge de l'honneur national », car c'était, selon son désir, une armée nationale, principalement composée de volontaires. Les choses se gâtèrent avec le Directoire qui, estimait-il, voulut en faire son instrument : « J'avais mis une importance qu'on trouverait excessive et minutieuse à pénétrer la force armée de respect et de soumission pour toute autorité civile, persuadé que, dans une nation guerrière et condamnée à maintenir des places et un état militaire, cette indispensable garantie de la liberté ne saurait être trop scrupuleusement consacrée. » A son retour en France, il trouva cet état d'esprit bien changé. Le dédain, voire le mépris pour le civil était devenu courant, et il fut fort choqué des fortunes accumulées par certains généraux, « devenues proverbiales et qui excitaient plus d'envie que de blâme[27] ». La légalité et la morale, les deux axes de la pensée de La Fayette, avaient bien souffert.

Ainsi allaient, dans l'Empire finissant, les méditations du général en retraite, celui dont Napoléon disait : « Tout le monde en France est corrigé, un seul ne l'est pas, c'est La Fayette. Il n'a jamais reculé d'une ligne. Vous le voyez tranquille, eh bien, je vous dis, moi, qu'il est tout prêt à recommencer. »

# CHAPITRE XXVI

# Entre Napoléon et Fouché

L'effondrement de l'Empire trouva La Fayette à Paris où il était venu à l'occasion du décès, le 1er février 1814, de sa tante Mme de Tessé, « cette maternelle amie de plus de quarante années » avec laquelle, en raison de leur communauté de vue sur bien des points, il avait toujours entretenu des relations très confiantes. Son rôle politique resta alors des plus limités. Lorsque les Alliés entrèrent dans Paris, « je m'enfermai chez moi et je fondis en larmes ». Il s'offrit pour reprendre le commandement de la Garde nationale dans laquelle servaient son fils et son gendre Lasteyrie, mais personne ne songeait apparemment à le lui confier. Il se déclara favorable à l'abdication de l'Empereur, adressa une lettre au comte d'Artois dans le bureau duquel il avait siégé à l'Assemblée des notables de 1787 et vint aux Tuileries en uniforme. Louis XVIII et le futur Charles X le reçurent avec politesse. Il précisa ainsi ses sentiments : « Tout m'avertissait que cette restauration ne serait qu'une contre-révolution plus ou moins lente et déguisée. Je me serais fait scrupule d'appeler les Bourbons, et néanmoins telle est la force des premières impressions que je les retrouvai avec plaisir, que la vue du comte d'Artois, dans la rue, m'émut vivement et que, pardonnant leurs torts, même ceux envers la patrie, je souhaitai de tout mon cœur que la liberté pût s'amalgamer au règne des frères et de la fille de Louis XVI. » Il avait, dit-il, une « tendresse d'intérêts » pour la duchesse d'Angoulême.

Cet homme qui, depuis toujours se proclamait et se croyait républicain, demeurait au fond monarchiste de cœur et de sentiment. La Restauration et ses partisans les plus exaltés ne surent pas le comprendre, et tout un clan d'ultras se déchaîna contre lui avec violence et maladresse. « La Restauration, qui aurait dû et pu être le signal de l'oubli de toute haine entre les français, vit renaître parmi eux cette haine avec un redoublement de violence[1]. » La Fayette en fut l'un des premiers objets et les calomnies reprirent bon train sur les journées d'octobre 1789, l'affaire de Varennes, etc. Mme de La Tour du Pin, pourtant très monarchiste, remarque à quel point le nouveau régime se montra « injuste envers lui. Mme la Dauphine avait hérité de la haine que lui portait la reine. Elle avait accueilli tous les contes absurdes inventés à son sujet[2] ». Il commença alors à rédiger une réponse à ses calomniateurs dont la publication, prévue pour le printemps 1815, fut arrêtée par le retour de l'île d'Elbe. C'était une vigoureuse attaque contre les ultra-royalistes auxquels il reprochait leur opposition têtue à toute réforme avant 1789, leur pratique constante autant que désastreuse de la politique du pire, le fait enfin d'avoir nui à la cause du roi en liant partie avec les ennemis, « en un mot d'avoir affaibli les défenseurs de l'ordre public, fortifié les Jacobins, amené la Terreur, la destruction de la famille royale et de tant d'autres victimes ». Vue simpliste mais en partie exacte.

Ces polémiques l'incitèrent peut-être à rendre visite au duc d'Orléans, fils de Philippe-Égalité, au Palais-Royal et à se déclarer orléaniste. Il semble s'être senti en communion d'idées avec le futur roi des Français puisqu'il écrit à son sujet : « Il causa en termes trop supérieurs aux préjugés de sa famille pour ne pas faire reconnaître en lui le seul Bourbon compatible avec une constitution libre. » Il avait été encouragé dans ce sens par ses conversations chez Mme de Staël avec le tsar Alexandre dont l'hostilité à la restauration des Bourbons est bien connue : « N'en parlons jamais à l'Empereur, ce serait ruiner leur cause[3]. » En effet, le souverain russe considérait et le dit sans ambages à La Fayette que les Bourbons étaient « incorrigés et incorrigibles. Il n'y en a qu'un, le duc d'Orléans, qui ait des idées libérales, mais pour les autres, n'en espérez jamais rien. » Le général aurait quelquefois l'occasion de vérifier la justesse de ce pronostic qui l'incita, pendant la première Restauration, à se tenir à l'écart de toute activité politique. Ces réticences à l'égard de l'ancienne dynastie existaient même dans certains milieux royalistes, et Mme de La Tour du Pin, belle-fille de l'ancien ministre de la Guerre victime de la Terreur, s'en fait l'écho. A la fin de l'empire, son mari, dit-elle, « servait le gouvernement de bonne foi et la pensée de la restauration n'avait pas encore surgi dans son esprit. Il ne la prévoyait ni ne la désirait. Toutes les fautes et tous les vices, causes de la première révolution, lui étaient encore trop présents à la mémoire pour qu'il pût écarter la crainte de voir la famille royale exilée ramener avec elle, par faiblesse, des abus de tous genres[4] ».

La Fayette se cantonna donc dans le rôle de spectateur attentif. Le 14 août 1814, il écrivait à son ami Jefferson ses commentaires sur les derniers événements : « Les puissantes facultés et le singulier génie de Napoléon avaient perdu toute leur harmonie par l'excès de son ambition, l'immoralité de son esprit et ce grain de folie qui n'est pas incompatible avec d'immenses talents, surtout quand il est développé par l'amour et les succès du despotisme ». Comme son esprit chimérique ne perdait jamais ses droits, il imaginait ce qui, selon lui, aurait pu se produire : « Je souhaitais une insurrection nationale contre le despotisme inférieur ; le succès eût amené un traité avec les étrangers ou un soulèvement général et énergique pour les repousser », mais ces deux éventualités, aussi irréalistes l'une que l'autre, apparurent rapidement comme relevant du rêve. Il se rallia donc « au trône constitutionnel des Bourbons en nous efforçant de le rendre aussi national et aussi libéral que possible ». Les intrigues de Talleyrand, la faiblesse du Sénat firent que « le torrent de la Restauration a bientôt renversé les barrières que des mains faibles et impopulaires avaient, en hésitant, essayé d'élever ». Il conserve l'espoir d'un assouplissement du régime, car « nous avons plus de chance de liberté que jamais on n'eût pu en espérer sous l'habile despotisme et la main de fer de Bonaparte. [...] La masse du peuple est fatiguée, dégoûtée ; rien n'est à présent si impopulaire que le langage révolutionnaire ». Se rend-il compte que la charte de 1814 est finalement bien proche des conceptions constitutionnelles des monarchiens de 1789 ? Il constate qu'il n'existait pas d'autre solution possible que Bonaparte ou les Bourbons « dans un pays où l'idée d'un pouvoir exécutif républicain est regardée comme synonyme des excès commis sous ce nom ». La leçon sera retenue en

1830. La Terreur a pour longtemps ruiné la formule républicaine dans l'esprit de beaucoup de Français.

Il déplorait évidemment le vent de réaction qui soufflait sur toute l'Europe et traitait le roi d'Espagne de « vil idiot » ; « Quoi qu'il arrive, je suis pourtant convaincu que les droits du genre humain définis en 1789 avec l'encouragement de votre approbation, ces droits qui auraient dû être le bienfait des dernières années du siècle passé, seront, avant la fin de celui-ci, le symbole reconnu, la propriété assurée, non seulement de la France, mais de toutes les nations européennes. » Prophétie généreuse dont la réalisation fut plus longue qu'il ne le prévoyait.

Jefferson lui répondit, de sa magnifique propriété de Monticello, le 14 février 1815, une très belle lettre pleine de sagesse américaine. Il lui rappelait qu'après le serment du Jeu de Paume, il l'avait engagé à entrer en arrangement avec le roi, à assurer la liberté religieuse, la liberté de la presse, le jugement par jury, l'*habeas corpus* et une législature nationale, choses qu'on était alors certain de lui faire adopter. Mais cette leçon de *Realpolitik* ne fut pas suivie. Emporté par son enthousiasme, La Fayette voulut aller plus loin, et on aboutit à la Constitution de 1791, préparée par « quelques uns de nos amis patriotes parmi les plus honnêtes et les plus éclairés, mais politiques de cabinet et étrangers à la connaissance des hommes. [...] Ils ne comprirent pas l'imprudence qu'ils commettaient en abandonnant une mesure de liberté assurée sous une monarchie limitée, pour la chance fort incertaine d'en acquérir un peu davantage sous une forme républicaine. [...] C'est de cette fatale erreur des républicains, c'est de la scission qui les éloigna de vous et des constitutionnels que découlèrent tous les malheurs et tous les crimes auxquels la nation française a depuis été en butte[5] ». La lucidité des hommes d'État américains n'était jamais prise en défaut...

Nombreux étaient les événements qui ne pouvaient qu'attrister La Fayette. La signature du traité de Paris, le 31 mai 1814, fut du nombre. Elle réduisait à néant toutes les conquêtes révolutionnaires et impériales. On se trouvait ramené trente ans en arrière. Déjà il avait été extrêmement choqué et blessé de la précipitation avec laquelle le comte d'Artois et Talleyrand, sans même attendre le retour du roi, avaient, par une convention du 23 avril, abandonné d'un trait de plume cinquante-deux places de guerre, douze mille canons

et de vastes territoires. Il faut aussi noter que le général, qui
avait si bien pu mesurer pendant la guerre d'Amérique
l'importance de la puissance maritime, s'affligeait particulièrement des clauses navales de ce traité qui amputait gravement
la flotte. Celle-ci perdait trente et un vaisseaux de ligne,
douze frégates et une masse considérable de matériel, de
munitions et d'approvisionnements concentrés dans les ports
et les arsenaux situés, comme Anvers ou Livourne, dans les
régions perdues. Tout l'effort de reconstitution mené par
l'amiral Decrès depuis Trafalgar était anéanti, et La Fayette
fustigeait avec raison l'extraordinaire légèreté de Talleyrand
qui accepta sans discussion ces amputations dont les conséquences militaires et économiques passèrent alors tout à fait
inaperçues. « Le royalisme mercantile de quelques cités maritimes » n'était pas sans fondement, et si Bordeaux avait
accueilli la Restauration avec tant d'enthousiasme, c'était
simplement parce que la Révolution et l'Empire avaient ruiné
une prospérité et un taux d'expansion « à la japonaise » que
la ville ne retrouva jamais plus[6].

L'évolution du régime dans un sens peu libéral préoccupait
aussi La Fayette. La loi du 21 octobre 1814 sur la presse lui
inspira une longue note fort critique. Ce texte, selon lui,
violait la Charte, car il revenait en fait aux dispositions très
restrictives du décret impérial du 5 février 1810 qui mettait
les professions d'imprimeur et de libraire dans la dépendance
étroite du gouvernement. Il était en effet prévu que « nul ne
sera imprimeur ni libraire s'il n'est breveté par le roi et
assermenté ». Toute imprimerie non autorisée serait détruite,
en violation de l'article 9 de la Charte qui déclarait inviolables
toutes les propriétés sans distinction, et aussi de l'article Ier
qui proclamait tous les Français égaux devant la loi. On
replongeait dans l'arbitraire, et la nouvelle loi aggravait les
dispositions de 1810 : « Ce système de brevets, de privilège
ou de servitude, car tout cela est une même chose, en
détruisant chez les ouvriers tout espoir de s'élever dans leur
état, détruit chez les maîtres toute crainte de concurrence ; il
les dégrade les uns les autres parce qu'il détruit l'émulation
chez tous. » La Fayette a très bien perçu les effets pervers de
cette loi qui va créer chez les imprimeurs et les libraires une
autocensure de nature à leur éviter tout conflit avec les
autorités. De plus, l'extinction prévue des brevets par le décès
des possesseurs constituait « un moyen sûr de concentrer en

peu de temps toutes les imprimeries dans les mains des complaisants du pouvoir ». En effet, à la mort d'un imprimeur, il était stipulé que son brevet ne serait pas automatiquement atttribué à un autre, car, contrairement au décret de 1810, la loi de 1814 ne fixait pas le nombre des imprimeurs, laissé à l'arbitraire du pouvoir[7]. De telles dispositions ne pouvaient qu'alarmer l'esprit libéral de La Fayette et l'éloigner d'un régime pour lequel il avait nourri, à l'origine, malgré les mises en garde du tsar, un préjugé légèrement favorable, tant son hostilité à l'Empire s'était maintenue irréductible. Il pouvait à juste titre se vanter d'être resté « debout pendant douze ans au milieu des prosternations du dedans et du dehors ».

Les fautes accumulées par le gouvernement de la première Restauration provoquèrent vite un retour de faveur de l'Empereur : « Il fallut dix mois seulement au gouvernement des Bourbons pour rendre de la popularité à cet homme que la France avait haï depuis longtemps. » Le nouveau régime ne sut en aucune manière s'assurer la bienveillance de l'armée à laquelle il fit au contraire subir mille vexations bien souvent inutiles et d'autant plus malencontreuses que l'esprit public s'était rapidement modifié en sa faveur. Pasquier, alors directeur général des Ponts-et-Chaussées, le notait en octobre 1814 lors d'une tournée d'inspection en Champagne et en Flandre : « L'armée, qui était autrefois la terreur des familles, est devenue sympathique et populaire depuis que les mises à la retraite, les congés, la désertion ont ramené dans leurs familles un nombre considérable d'officiers et de soldats qui ne cessent de célébrer sa valeur et ses hauts faits, qui racontent sans relâche ses dangers et ses souffrances. Elle est devenue l'objet d'un très vif sentiment d'admiration, même d'attention. On ne cesse de parler de ses droits... on s'associe à sa gloire qui devient une propriété nationale. »

Pasquier, avec une louable clairvoyance, remarquait aussi que la France était « monarchique par ses sentiments pour la personne du roi, mais démocratique par ses goûts et ses inclinations ». C'est exactement ce que La Fayette ne cessait de répéter depuis 1789. « Aussi, ajoutait l'ancien préfet de police, loin que l'ancienne noblesse ait repris la moindre influence, elle est, au contraire, l'objet d'une méfiance marquée. [...] A la suite des violences criminelles du parti révolutionnaire, il y avait lieu de la plaindre, on l'aimait. Du moment où on a pu croire qu'elle était disposée à abuser de son pouvoir, tout a changé. » Mais l'aveuglement du pouvoir restait total : « En supposant qu'il y eût dans le gouvernement de cette époque quelques oreilles pour écouter les avertissements, il n'y avait personne d'assez éclairé pour en tirer les conséquences[9]. » Et pourtant, remarquait La Fayette, au milieu de tous ces désenchantements, la France avait retrouvé « plus de liberté qu'elle n'en avait eu depuis le règne de Napoléon ».

Le retour de l'île d'Elbe lui inspira aussitôt les plus vives inquiétudes. Il avait vraiment fallu que les Bourbons accumulent une masse énorme de sottises politiques pour que « ce Bonaparte, naguère l'objet d'une juste et générale aversion, débarquant avec 800 hommes, sans complot, sans intelligences préalables, ce qui est à présent bien démontré, ait été reçu comme un libérateur » et que le gouvernement, théoriquement maître de tous les leviers de commande, se soit effondré en quelques heures. La Fayette, analysant ce phénomène, accusait les membres de la famille royale qui se révélèrent incapables de comprendre les esprits et de réconcilier les Français. Le duc et la duchesse d'Angoulême, le duc de Berry, le comte d'Artois se comportèrent en « ennemis déclarés de la liberté, de la représentation et de la Charte » et firent preuve d'un esprit de parti indestructible et désastreux : « En général, le ton de la Restauration n'était plus en harmonie avec les idées françaises. » Il évoquait aussi les vagues projets de complot ourdis avant le débarquement du golfe Juan : « Il s'agissait d'imposer des conditions à Louis XVIII, de le conduire à la frontière en cas de refus, sous l'escorte d'un régiment de chasseurs qui étaient tout prêt de forcer le duc d'Orléans à régner, ou plutôt il s'agissait surtout de renverser un système odieux et de prendre ensuite conseil des circonstances. » Ces velléités se dirigeaient aussi contre Napoléon qui, en étant informé, aurait en conséquence précipité son retour. Il est plus probable que cette brusque décision ait été provoquée par un autre projet : celui imaginé par Pozzo di Borgo, ce Corse passé au service du tsar, « dont la haine aiguisait la perspicacité » et qui, en accord avec Wellington et Talleyrand, proposait d'exiler Napoléon à Sainte-Hélène. « Sa résolution, écrit Pasquier, a été prise avec une précipitation et une soudaineté qui portent à penser qu'il lui est survenu, pour agir ainsi, quelque motif déterminant[8]. » Quand au complot de tendance orléaniste, il s'agit de la tentative ourdie par les généraux Drouet d'Erlon, Lefebvre-Desnouettes et Lallemand dans la région de Lille, à l'instigation de Fouché, lequel espérait trouver à son profit une troisième solution qui ne fût ni Napoléon ni les Bourbons. Mais La Fayette constatait que ses conspirations « fantomatiques » n'étaient rien en comparaison du mouvement spontané, « produit de dix mois de mécontentement et de méfiance, se manifestant à l'approche du drapeau tricolore, dans la population des casernes, des campagnes et dans une partie de celle des villes ». D'après lui, même certaines victimes de Napoléon se ralliaient à lui « dans leur joie d'être délivrées des Bourbons ». Pour une fois, il ne cédait pas aux imaginations optimistes d'esprits superficiels : « La plus étrange et en quelque sorte volontaire illusion s'était emparée des têtes les mieux organisées, les mieux averties des vices de Napoléon, les plus opposées à son système. »

Les Bourbons lui paraissaient préférables à « la restauration du plus habile et du plus intraitable ennemi de la liberté ». La Charte constituait à ses yeux un élément positif dont on pouvait tirer « un pacte national », et « cela valait mieux que de reprendre le système de l'Empereur, de livrer la France aux caprices et aux machinations de cet homme indomptable, portant avec lui la guerre générale, dont le résultat probable devait être notre ruine tandis que son succès eût rétabli le pouvoir, employé pendant quatorze ans à la corruption de tous les sentiments généreux, à la destruction de toutes les idées libérales ».

Lors de la panique provoquée par l'annonce du débarquement de l'Empereur, certains royalistes modérés ou républicains libéraux comme Lally-Tollendal et Benjamin Constant prirent contact avec La Fayette, et il fut un instant question de lui confier le commandement de la Garde nationale, mais le représentant du comte de Blacas, M. de Pradel, déclara « impossible de faire cette violence aux affections personnelles du roi ». Les utopies se mirent à refleurir. Lors d'une conférence avec Lainé, le général suggéra « un appel immédiat des membres de toutes les assemblées nationales depuis 1789 qui se trouveraient à Paris afin d'opposer une grande force morale à la force physique déjà décidée pour Bonaparte et qui

ne pourrait être ramenée que par une secousse d'opinion ». Il
songea aussi à faire appel au duc d'Orléans, « seul prince
populaire », mais cet avis ne suscita que « de l'effroi et du
soupçon ». Chateaubriand proposa de se ranger autour du roi
« pour y être égorgés », et la Chambre vota une adresse au
roi demandant qu'on fît appel « à des hommes à la fois
énergiques et modérés ». Louis XVIII répondit par de bonnes
paroles. La Fayette, qui croyait revivre les ultimes efforts
pour sauver Louis XVI avant le 10 août, notait : « J'en savais
plus que les autres sur la force d'inertie, d'obstination, de
répugnance, les détours de dissimulation qui feront toujours
le désespoir de quiconque aura entrepris le salut de cette
dynastie[10]. » Tout sombra dans la confusion, les mensonges
officiels niant l'évidence, les vains conciliabules, les proclamations incohérentes. Au moins n'y eut-il pas de combats
fractricides, et le roi partit pour Gand « en poste, à travers
un pays en général bien disposé pour lui ». La Fayette écrit
avec quelque nostalgie : « Les souvenirs du dernier roi et de
ses déplorables malheurs, l'horreur du terrorisme populaire,
la haine du despotisme impérial et la lassitude de tous les
partis les auraient [les Bourbons] maintenus sur un trône
constitutionnel s'ils avaient su reconnaître le nouvel ordre des
choses. Il y a vingt-six ans que je regrette tous les jours qu'ils
ne l'aient pas voulu[11]. »

Le congrès de Vienne lui suggère des commentaires sévères.
Certes, il a enfin décidé l'abolition de la traite des Noirs,
mais son remodelage de la carte de l'Europe traduisait « la
curée des vainqueurs ». Avait-il la naïveté de croire qu'il
aurait pu en être autrement ? Personne alors ne se souciait du
droit des peuples à disposer d'eux-mêmes, sauf peut-être La
Fayette qui n'employait pas l'expression mais en soutenait
l'esprit. Encore un domaine dans lequel il fit œuvre de
précurseur...

Observant les réactions de l'opinion au retour de l'Empereur, il constatait l'absence totale de « cet élan et cet abandon
patriotique qui enlèvent une nation à la voix des chefs
révolutionnaires ». A l'évidence, la prétendue conversion
libérale de Napoléon ne lui inspirait pas confiance. Il n'était
d'ailleurs pas le seul. Pasquier rapporte une conversation qu'il
eut alors avec La Valette, directeur des Postes : « Ne vous
fiez pas à cette constitution libérale qu'il a l'air de vouloir
donner ; une fois à la tête d'une armée victorieuse, il aura

bientôt brisé les faibles liens dont il consent aujourd'hui à se laisser enlacer[12]. » La Fayette repartit donc pour la Grange, persuadé que l'Empereur retomberait vite, si l'occasion s'en présentait, dans ses errements passés : « On a peine à concevoir, écrivait-il, combien les idées de l'Ancien Régime avaient de prise sur cet homme de la Révolution. » Il pourrait, quinze ans plus tard, constater qu'il en était de même pour le duc d'Orléans...

Certains de ses amis vinrent le solliciter dans sa retraite. Benjamin Constant, qui venait de prendre le contrepied de sa position précédente en acceptant un siège au Conseil d'État, tenta de le rallier. Le 9 avril, le général lui exposa les raisons pour lesquelles il ne pouvait croire à la sincérité de l'Empereur, car, selon lui, tous ses actes contredisaient ses déclarations. Il lui donnait des conseils pour l'élaboration de la nouvelle Constitution en attirant son attention sur les points qui lui paraissaient essentiels : élection des municipalités, des justices de paix, des conseils de département et d'arrondissement ; indépendance de la justice ; décentralisation administrative — « Laissez faire par les départements et les communes tout ce qui peut leur être confié » — ; maintien de la Garde nationale ; droit de paix et de guerre suivant la Constitution de 1791 ; refus des tribunaux d'exception, liberté de la presse ; indemnités parlementaires pour les élus comme au Congrès américain ; liberté totale des cultes. Il ne comptait guère être écouté puisqu'il concluait sa lettre : « Je vous offre mon incrédulité. » Mais il conservait son optimisme à long terme puisqu'à l'inverse de la formule célèbre de Guillaume d'Orange, il affirmait : « On m'a reproché toute ma vie de trop me livrer à ma disposition espérante. Je répondrai que c'est le seul moyen de faire quelque chose hors de l'ordre commun. On ne tenterait, en effet, rien d'extraordinaire si l'on désespérait de réussir[13]. »

Le 19 avril, La Fayette recevait une lettre de son ami Mathieu Dumas l'informant que Joseph Bonaparte désirait le rencontrer au plus tôt. Il partit aussitôt pour Paris, et l'entrevue eut lieu le 21. L'ancien roi d'Espagne qui avait toujours été « libéral, bienveillant et sincère avec moi », tenta de le rallier au nouveau régime en lui offrant de siéger à la nouvelle Chambre des pairs. Sa réaction fut nuancée : « Comme je vois devant nous Pillnitz et Coblence, l'invasion de la France par les armées de toute l'Europe, l'occupation de notre territoire et de nos forteresses, des tributs humiliants et ruineux et même la contre-révolution complète si l'opinion nationale ne se marque pas par notre résistance, je n'hésite point à regarder le gouvernement de l'Empereur [...] comme le moindre de deux maux. » Il accepterait donc éventuellement de s'unir aux efforts de Napoléon contre les étrangers et contre les Bourbons, mais à condition que son pouvoir ne fût que provisoire jusqu'à la réunion d'une assemblée représentative, celle prévue au Champ-de-Mars lui paraissant « une jonglerie ». C'était évidemment une vue de l'esprit, totalement inacceptable par Napoléon. La Fayette refusa donc d'entrer à la Chambre des pairs prévus par l'Acte additionnel : « Je suis, dit-il, un homme populaire, c'est par le choix du peuple que je dois sortir de ma retraite. Si je suis élu, je m'unirai à vous, comme représentant de la nation, pour repousser l'invasion et l'influence étrangères, en conservant néanmoins toute mon indépendance. »

L'Acte additionnel aux constitutions de l'Empire, rédigé, en grande partie par Benjamin Constant, fut publié le 22 avril. Il créait deux assemblées : une Chambre des pairs héréditaires et une Chambre des représentants de 629 membres élus. La Fayette présenta des objections, rappela son hostilité à la pairie héréditaire, mais reconnut que « cet Acte valait beaucoup mieux que sa réputation du jour ». Dans l'opinion, les avis furent partagés. Pasquier, bon observateur, notait : « Il me fut facile de pénétrer que l'Acte additionnel n'avait contenté personne bien qu'il contînt quelques dispositions qui, comparées aux articles correspondants de la Charte, pouvaient être jugées préférables. On y voyait trop clairement percer les intentions les plus inquiétantes[14]. » Dans les jours qui suivirent, La Fayette rencontra quelques généraux et conseillers d'État dont Benjamin Constant, Mathieu Dumas, Sébastiani, La Valette. On parla beaucoup des élections et, le 1er mai, le général fut invité à se présenter. Il accepta. Le même jour, eut lieu l'assemblée du Champ de Mai au cours de laquelle les délégations de députés, de gardes nationaux, d'officiers prêtèrent serment aux constitutions et à la dynastie. Au plébiscite qui suivit, La Fayette vota *oui* malgré les réserves que lui inspirait le texte, car « les droits de la souveraineté du peuple ont été reconnus ». La liberté de la presse avait été totale, « personne, venant voter, n'a éprouvé le moindre désagrément », et il constatait que les élections bonapartistes de 1815 avaient connu bien moins d'irrégularités et de pressions que celles qui allaient suivre sous la seconde Restauration.

Le plébiscite avait été un triomphe apparent pour le nouveau régime puisque l'Acte additionnel avait recueilli 99,6 % d'approbations, mais le corps électoral avait surtout manifesté son indifférence : les abstentions atteignaient 79 %. Selon La Fayette, les abstentionnistes se recrutèrent surtout parmi les royalistes et les « modérés craintifs[15] ». Ils étaient nombreux. Dans une lettre à Mme d'Hénin du 15 mai, il analysait ainsi l'état de l'opinion : « Un petit nombre de bourbonniens purs, un petit nombre de bonapartistes, une plus forte masse de patriotes nationaux, la foule qui, l'année passée, a vu revenir les Bourbons avec plaisir et qui, cette année, n'a pas été fâchée de les voir partir. Une portion de celle-ci conserve d'eux des souvenirs bienveillants, mais l'immense majorité croit voir, dans le système impérial, sa garantie contre les anciens privilèges et sa défense contre l'invasion étrangère[16] ». La population semblait surtout indifférente. On le constata encore aux élections. Le 8 mai, le collège électoral de Seine-et-Marne se réunit à Melun. Sur plus de deux cents électeurs qui auraient dû se présenter, il en vint soixante-dix-neuf. Chacun devait, en votant pour l'élection du président du bureau, remplir une formule de fidélité aux constitutions et à l'Empereur. La Fayette protesta contre cette obligation, mais signa et fut élu député (ainsi que le général Le Brun, duc de Plaisance, fils de l'architré-sorier). Il avait obtenu 56 voix sur 79 votants.

Joseph persistait à le presser de venir voir Napoléon et lui annonça qu'il était inscrit en premier sur la liste des futurs pairs, mais il ne put le faire revenir sur son refus. « Les patriotes, en ne vous y voyant pas, vont crier contre mon frère, lui disait l'ancien souverain d'Espagne, si nous ne pouvons pas vous faire accepter la pairie, du moins promettez que vous nous rendrez justice à cet égard. » Ce qu'il fit. La Fayette ne se ralliait, relativement et avec beaucoup de réticences, qu'en raison des menaces très graves pour la liberté que représentaient les puissances coalisées et les Bourbons. Les renseignements qu'il recevait de Londres grâce à son ami

Crawford, qui repartait pour les États-Unis afin d'y remplir les fonctions de secrétaire d'État à la Guerre, l'inquiétaient fort[17]. Le 4 juin, Lanjuinais fut élu président de la Chambre, au second tour avec 277 voix. La Fayette, qui n'avait pas fait acte de candidature, en obtint 73. Élection symbolique. Le nouveau président, ancien constituant, Girondin, sénateur de l'opposition sous l'Empire, fut, en 1814, l'un des rédacteurs de l'acte de déchéance de Napoléon. La Fayette l'appréciait à tous ces titres et estimait en lui « l'un des patriotes les plus distingués de l'Assemblée constituante, adversaire inflexible des Jacobins à la Convention ». Il fut élu lui-même vice-président en compagnie de Flaugergues, de Dupont de l'Eure et du général Grenier. Un conflit éclata aussitôt à propos du serment que la plupart des députés, dont le général et son fils George-Washington, élu de la Haute-Loire, refusèrent de prêter, ce qui irrita fort Napoléon. « Voilà donc La Fayette qui m'a déjà déclaré la guerre », déclara-t-il.

La séance d'ouverture eut lieu le 7 juin. En sa qualité de vice-président, il lui fallut faire partie de la délégation qui reçut l'Empereur. Le contact fut glacial. « Il y a douze ans que je n'ai eu le plaisir de vous voir, lui dit Napoléon. — Oui, sire, il y a ce temps-là, répondit-il "assez sèchement". — Je vous trouve rajeuni, l'air de la campagne vous a fait du bien. — Il m'en a fait beaucoup[18]. » Le dialogue en resta là.

Pendant la séance, observant Napoléon, il remarqua « dans toute sa figure, dans l'accent de son discours, la contraction violente que sa nouvelle situation lui faisait éprouver. Les muscles de son visage étaient altérés ». L'adresse, en réponse au discours impérial, donna lieu à une discussion au cours de laquelle le nouveau député de Seine-et-Marne exprima le désir de voir le gouvernement prendre une attitude capable d'inspirer confiance à la nation et à l'Europe. Mais qu'entendait-il exactement par là ? Il refusa d'aller porter à l'Empereur le texte voté qu'il n'approuvait pas. « Si nous pouvons tirer l'assemblée de la dépendance de Bonaparte, écrivait-il à Émilie de Tracy, et de l'idée que la France ne peut être sauvée que par lui, elle acquerra une existence qui peut sauver notre patrie, si elle reste bonapartiste, elle se perdra avec lui. » En fait, cette assemblée n'était guère favorable à l'Empereur. Elle se « servait de Napoléon, comme Napoléon se servait du peuple, avec des précautions indestructibles, ne voyant en lui que le moindre de deux maux ». La Fayette la trouvait « en général très libérale, très française et plus modérée qu'on n'aurait pu le prévoir ». Pendant sa très courte existence, elle souhaita rectifier ce qu'il y avait de défectueux et d'imparfait dans les institutions, demanda à l'Empereur de présenter les preuves de ses tentatives en faveur de la paix et, contre la volonté du souverain, « nomma un comité pour rapporter le plus tôt possible le travail constitutionnel et le débattre publiquement[19] ».

La Fayette s'inquiétait de la faiblesse de l'armée qui allait affronter une nouvelle coalition européenne et tentait de se rassurer par la présence de « beaucoup de gardes nationales ». Il se plaignait de se trouver dans une position « fausse et triste », car, sans Napoléon, on pourrait éviter la guerre, mais « lui étant là, on ne peut s'abstenir de lui porter secours sans amener le démembrement ou du moins l'asservissement de la France qu'il asservirait pour son compte dès qu'il en aurait le moyen ». Il conservait une telle confiance dans le génie de l'Empereur et dans la valeur des troupes que, le 14 juin, quatre jours avant Waterloo, il écrivait : « Si les ennemis acceptent la bataille, ils seront probablement battus. » La veille, il avait eu un long entretien avec Lucien Bonaparte qu'il ne connaissait pas et qui tenta vainement de le rallier à l'idée d'une régence en cas de mort de Napoléon[20].

Le 18 juin, c'était Waterloo, puis le retour à Paris de l'Empereur vaincu, décidé, peut-être, à dissoudre les chambres et à « usurper la dictature ». Il allait cette fois trouver en La Fayette un opposant actif et déterminé. Le 21, le général prit la parole à la Chambre des représentants et fit adopter une résolution en cinq articles qui décidait : 1. que l'indépendance de la nation était menacée ; 2. que la Chambre se déclarait en permanence, que toute tentative pour la dissoudre serait considérée comme crime de haute trahison : « quiconque se rendrait coupable de cette tentative sera traître à la patrie et sur-le-champ jugé comme tels » ; 3. que l'armée et les gardes nationales qui combattent pour la liberté, l'indépendance et la sauvegarde du territoire ont bien mérité de la patrie ; 4. que le ministre de l'Intérieur est invité à réunir tous les éléments de la Garde nationale pour l'armer et la porter au grand complet, car son patriotisme et son zèle, « éprouvés depuis vingt-six ans, offrent une sûre garantie à la liberté, aux propriétés, à la tranquillité de la capitale et à l'inviolabilité des représentants de la nation » ; 5. enfin que les ministres de la Guerre, des Relations extérieures, de la Police et de l'Intérieur étaient invités à se rendre sur-le-champ à l'assemblée. L'Empereur avait raison. La Fayette n'avait pas bougé d'une ligne. Il se retrouvait en 1815 tel qu'en 1789.

Les trois premiers articles et le cinquième furent adoptés sans débat, le quatrième ajourné jusqu'à l'arrivée des ministres. On vota ensuite l'affichage avec la notification à l'Empereur et à la Chambre des pairs. Au cours du débat, Lucien Bonaparte avait accusé la nation de « légèreté », ce qui lui avait attiré une vive réplique de La Fayette qui déclara que la France avait fait assez de sacrifices pour Napoléon. Toujours plein d'illusions sur ses capacités et son pouvoir, il s'imaginait que, Napoléon mis hors jeu, il deviendrait le parfait médiateur entre le pays et les Bourbons, l'homme de la réconciliation entre les partis dans l'esprit de la liberté. Il négligeait seulement le poids des rancunes accumulées sur son nom. Lucien donna lecture d'un message de l'Empereur proposant la nomination de cinq commissaires chargés de traiter avec les ennemis et de tenter de sauver la patrie, mais la Chambre refusa, demanda l'abdication pure et simple et menaça, en cas de refus, de proclamer la déchéance.

Le 21 juin, le Grand Conseil se réunit aux Tuileries sous la présidence de Cambacérès avec la participation du président et des quatre vice-présidents de la Chambre, de cinq délégués de la Chambre des pairs et des ministres. On discuta des mesures à prendre pour la défense et les finances, puis La Fayette souleva la question de l'abdication et présenta une motion en ce sens qu'il proposait de porter à l'Empereur. Mais Cambacérès refusa de la mettre aux voix bien qu'elle ait reçu l'approbation de Lanjuinais. Les faubourgs commençaient à s'agiter, et Napoléon restait indécis malgré les pressions exercés par Fouché, Caulaincourt, Regnault de Saint-Jean-d'Angély, Joseph Bonaparte. Seul Lucien demeurait partisan de la guerre à outrance et de l'ajournement des chambres. Le 22, l'abdication fut enfin décidée en faveur du Roi de Rome, et La Fayette accepta de figurer dans la délégation chargée de remercier le souverain qui « prit avec grandeur le rôle que la nécessité lui donnait ».

Fidèle à son rêve, Gilbert aurait souhaité, devant ce trône provisoirement vide, faire prévaloir « un gouvernement révolutionnaire propre à inspirer à la fois enthousiasme et sécurité », c'est-à-dire, dans l'esprit de 1789, un pouvoir qui aurait rallié l'armée, soulevé les forces vives de la nation et se serait montré, « par son désintéressement et sa moralité », apte à défendre les droits du peuple. Des esprits plus réalistes agissaient dans les couloirs. Fouché avait pratiquement pris la direction des affaires, et il procéda systématiquement à l'élimination en douceur de l'homme dont il redoutait peut-être un regain de popularité. Le même jour, 22 juin, fut en effet décidée la création d'une commission exécutive de cinq membres, choisis, trois dans la Chambre des représentants et deux dans celle des pairs, pour assurer le gouvernement du pays. Carnot, Fouché et le général Grenier furent nommés par les représentants, Caulaincourt et Quinette par les pairs. Pour le commandement de la Garde nationale, La Fayette fut également écarté au profit de Masséna. « Les intrigues de tous les partis s'étaient réunies contre moi qui n'en avais fait aucune. » Il avait réussi à accumuler contre lui l'hostilité des bonapartistes, des orléanistes et des républicains. Carnot avait été élu au premier tour avec 324 voix, Fouché avec 293, l'éternel rêveur n'en avait obtenu que 142. Au second tour, Grenier en obtint 350.

Par un de ces raffinements d'habileté dont il avait le secret, Fouché, non content d'avoir mis son rival éventuel hors d'état d'agir, trouva encore le moyen de l'envoyer hors de Paris. Deux sûretés valent toujours mieux qu'une... En compagnie du général Sébastiani, de Laforest et de d'Argenson, députés, de Pontécoulant, pair de France, La Fayette fut nommé membre d'une délégation chargée d'aller négocier avec les envahisseurs. Benjamin Constant partit également en qualité de secrétaire. Suivant ses habitudes, le nouveau diplomate se nourrissait d'illusions sur les sentiments des puissances coali-sées qui avaient déclaré ne faire la guerre qu'à Bonaparte. Il devait très vite déchanter, car il fut déjà difficile d'obtenir des passeports des généraux ennemis. La délégation quitta Paris le 27 juin en direction de Laon où elle trouva le comte de Nostitz, aide de camp de Blücher, qui annonça sans ménagement que les troupes alliées continueraient à avancer. Ces messieurs découvrirent — mais étaient-ils tous aussi naïfs ? — que les ennemis n'avaient qu'un objectif : marcher au plus vite sur Paris. Cherchant malgré tout à arrêter la marche des troupes, les envoyés français demandèrent l'envoi d'une délégation auprès de Wellington et de Blücher. La Fayette et ses compagnons reçurent les passeports nécessaires pour aller rejoindre les souverains et entreprirent un voyage difficile jusqu'à Haguenau où les attendait une nouvelle et grave déception : l'empereur Alexandre refusa de les recevoir. Au cour d'une conférence avec les délégués anglais (Lord Stewart), autrichien (le général Walmorden), russe (le comte Capo d'Istria), et prussien (le général Kenesbeck), Sébastiani tenta d'expliquer que, Napoléon étant hors de cause et le Roi de Rome à Vienne, rien ne s'opposait plus à une suspension d'armes et à la réunion d'une conférence de la paix. Mais il était manifeste que les représentants alliés ne voulaient ou ne pouvaient prendre aucune décision. Charles Stewart, frère de Lord Castelreagh, déclara qu'il n'avait aucun pouvoir, les autres lui emboîtèrent le pas et refusèrent toute négociation séparée. L'Anglais « prit une place de supériorité qu'il soutint par son affectation à parler pour tous et à couper la parole à ceux de ces collègues dont il prévoyait que les remarques ne lui plairaient pas ». Il eut le front de déclarer à La Fayette : « Je dois vous prévenir qu'il n'y a pas de paix possible avec les puissances alliées, à moins que vous ne nous livriez Bonaparte ». La Fayette, qui ne manquait pas d'esprit de repartie, répliqua : « Je suis bien étonné que, pour proposer une telle lâcheté au peuple français, vous vous adressiez de préférence à un prisonnier d'Olmütz[21]. » Stewart contesta la légitimité de la Chambre convoquée par Napoléon, mais il lui fut répondu que le pouvoir d'une assemblée dérivait « de ceux qui élisent plutôt que de celui qui convoque ».

On amusa les envoyés français qui effectuèrent un voyage entièrement inutile. Il était évident que les Alliés n'accepteraient de traiter que solidairement après être entrés à Paris. Fouché en demeurait convaincu, qui n'avait monté cette pseudo-négociation que pour éloigner La Fayette pendant le temps nécessaire à l'achèvement de ses projets. Il ne restait donc aux délégués qu'à regagner Paris, ce qu'ils firent avec mille difficultés, car on fit tout pour retarder leur marche en les faisant surveiller par deux officiers ennemis. Ils n'arrivèrent que le 5 juillet, après la signature de la capitulation, au grand désespoir de La Fayette qui espérait « une ultime tentative militaire contre cette confédération contre-révolutionnaire dont une défaite aurait excité, peut-être, un grand mouvement national ». Il rêva un instant d'une défense sur la Loire, mais on n'était plus en 1792.

Le même jour, Garat fit adopter une déclaration, « pièce

admirable [qui] présente ce que la France a voulu constamment depuis 1789 et ce qu'elle voudra toujours jusqu'à ce qu'elle l'ait obtenu ».

La Chambre des représentants lançait un « appel solennel à la fidélité et au patriotisme de la Garde nationale parisienne, chargée du dépôt de la représentation nationale », à la magnanimité des Alliés et à leur respect pour l'indépendance du pays. Elle déclarait que le gouvernement, « quel qu'en puisse être le chef, doit réunir les vœux de la nation, légalement émis pour assurer la paix entre la France et l'Europe ». Elle affirmait aussi « qu'un monarque ne peut offrir des garanties réelles s'il ne jure d'observer une constitution délibérée par la représentation nationale et acceptée par le peuple ».

Tout gouvernement français qui n'adopterait pas les couleurs nationales et ne garantirait pas la liberté des citoyens, l'égalité des droits civils et politiques, la liberté de la presse et des cultes, le système représentatif, le libre consentement des levées d'hommes et d'impôts, la responsabilité des ministres, l'irrévocabilité des ventes de biens nationaux, l'inviolabilité des propriétés, l'abolition de la dîme, de la noblesse ancienne et héréditaire, de la féodalité, l'oubli des opinions et votes politiques, le maintien de la Légion d'honneur, des récompenses et pensions militaires, le jury, l'inamovibilité des juges, le paiement de la dette publique, tout gouvernement qui ne garantirait pas ces conquêtes essentielles « n'aurait qu'une existence éphémère et n'assurerait point la tranquillité de la France et de l'Europe ».

Si ces bases devaient être méconnues au violées, les représentants du peuple « protestent d'avance à la face du monde entier contre la violence et l'usurpation[22] ». La Fayette considérait cette déclaration, qui correspondait parfaitement à ses convictions, comme « un ultimatum national, le symbole auquel tout pouvoir, parmi nous, doit se résigner pour devenir légitime ».

La question des couleurs nationales revêtait une importance que les royalistes refusèrent de prendre en compte. Dans les premiers jours de juillet, le maréchal Oudinot, préoccupé par la réconciliation, prépara avec Mathieu Dumas un mémoire dans lequel il proposait que le roi prît la cocarde tricolore, entrât dans Paris sans aucune troupe étrangère, à la tête de la Garde nationale et de l'armée pour entreprendre la pacification intérieure et extérieure. Il rédigea aussi une lettre pour le roi, dans laquelle il écrivait : « Sire, la cocarde nationale est aujourd'hui pour Votre Majesté ce quiétait la messe pour Henri IV. » Lettre et mémoire furent remis à Louis XVIII à Arnouville, avant son entrée à Paris. Il les lut, les mit dans sa poche et n'en tint aucun compte. Décidément, le comte de Provence n'était pas Henri IV . Un avis concordant lui avait pourtant été donné le 6 juillet par le royaliste Pasquier, préconisant l'amnistie générale avec un minimum d'exceptions et surtout le maintien des couleurs nationales[23].

Ce même jour, La Fayette avait donné son adhésion à la déclaration de Garat et s'était élevé contre l'hérédité de la pairie, mais son avis fut écarté une fois de plus. Pour lui, les échecs s'accumulaient. Fouché, pendant ce temps, avait mené les conversations avec les Alliés qui « remenaient [le roi] impérieusement, sans négociations ni pacte ».

Le 8, le nouveau préfet de police Decazes faisait fermer le Palais-Bourbon. Le général se présenta pour protester, et un certain nombre de députés se réunirent chez lui puis chez le président Lanjuinais où fut rédigée une déclaration constatant que la Chambre était dans l'impossibilité de se réunir. Il fut désolé de cette résignation, pourtant inévitable, et rêvait d'une levée en masse à laquelle, contrairement à ce qu'il croyait, personne ne songeait. Il s'imaginait que l'état d'esprit, en 1815, était différent de celui de 1814, car l'opinion avait été éclairée par la première Restauration : « Ce sont quelques chefs militaires et le gouvernement provisoire qui manquèrent à la population partout prête à s'armer[24]. » Encore une fois, il prenait ses désirs et ses fantasmes pour des réalités. Il s'était laissé écarter des premiers rôles et l'aventure s'achevait pour lui par un échec.

CHAPITRE XXVII

# L'ornement de tous les complots

Astucieusement éliminé par Fouché pendant les Cent-Jours, La Fayette, qui avait cependant joué un rôle notable dans la seconde abdication de l'Empereur, ne pouvait qu'être réticent à l'égard de la nouvelle Restauration. Les Prussiens occupèrent La Grange pendant quelques semaines, sans y commettre trop de déprédations de sorte que le général put s'y réinstaller le 15 décembre 1815.

Dès l'été les mesures de répression s'étaient accumulées. Une ordonnance du 24 juillet avait banni trente-huit personnes, une autre, du 8 août, contresignée par Fouché, révoqua toutes les autorisations données aux journaux et soumit les périodiques à l'examen d'une commission nommée par le roi sur présentation du ministre de la Justice. La loi du 29 octobre suspendit la liberté individuelle et, à propos de celle du 15 décembre créant les cours prévôtales, La Fayette put parler de « jacobinisme royaliste[1] ». Une autre mesure l'avait vivement heurté : l'ordonnance du 19 août instituant l'hérédité de la pairie, ce qui assurait à la seconde assemblée une certaine indépendance, mais ne la rendait pas pour autant représentative de l'opinion. La lutte contre cette hérédité resta l'un des chevaux de bataille du général jusqu'à la fin de sa vie.

Cette évolution du pouvoir ne pouvait que le décevoir. Il écrivait en 1816 : « Je me suis laissé aller à quelque espoir d'une monarchie constitutionnelle avec les Bourbons. » Les sentiments constitutionnels du duc d'Angoulême lui inspiraient confiance ; malheureusement la dynastie « n'a jamais voulu s'associer à la régénération de toutes choses en France, elle s'est constituée étrangère aux principes, aux succès, à la politique de ce pays pendant plus de vingt ans[2] ». Comment n'aurait-il pas été dans l'opposition ? Il pouvait d'autant plus s'y cantonner qu'il disposait contre le roi d'une arme lui assurant une impunité presque absolue. Il connaissait en détail le rôle joué par le comte de Provence en 1789 dans la conspiration du marquis de Favras et disposait ainsi d'un moyen de chantage qui explique la prudence avec laquelle furent instruits les procès relatifs aux conspirations des années 1820.

La Grange put devenir un centre d'hostilité au régime et aussi de vie sociale active. Non seulement toute la famille du général s'y retrouvait, mais aussi de nombreux visiteurs : Ary Scheffer, le duc et la duchesse Victor de Broglie qui vinrent y chercher les consolations de l'amitié après la mort de Mme de Staël, mère de la duchesse, le 13 juillet 1816. Le duc s'y disait « sous le toit du meilleur des hommes [...], c'était un prince entouré de gens qui le flattaient et le pillaient[3] ». Non content d'exercer une hospitalité généreuse, La Fayette faisait toujours preuve de sa bienfaisance habituelle en faveur de toutes les victimes. Lors de la grande crise agricole de 1817, il vint au secours des cultivateurs briards en distribuant des provisions dans toute la région. Lady Morgan, voyageant en France, fut reçue à La Grange et dépeint de manière flatteuse le maître des lieux : « Son air noble, sa taille droite et élevée annonce que son corps a conservé autant de vigueur que l'esprit qui l'anime. [...] Aussi actif dans sa ferme qu'élégant dans son salon, il est difficile de retrouver dans un des plus habiles agriculteurs et des hommes les plus polis qu'ait produit la France, le guerrier et le législateur, mais on y reconnaît toujours le patriote[4]. »

La vie patriarcale du général à la Grange ne se bornait pas à ces mondanités. Il continuait à remplir avec ardeur son rôle d'ambassadeur officieux et bénévole entre l'Amérique et la France. Il eut ainsi l'occasion de faciliter le départ pour les États-Unis d'officiers français dont la carrière se trouvait compromise par leurs idées politiques et par la déflation massive des effectifs. Il recommanda chaleureusement, par exemple, aux autorités américaines, un brillant officier du génie, le général Simon Bernard. Celui-ci ne connaissait pas personnellement La Fayette, mais il avait été camarade du fils de Destutt de Tracy à l'École polytechnique. Le 8 novembre 1815, Bernard sollicita donc la protection du général : grand admirateur des États-Unis, le châtelain de La Grange écrivait des lettres chaleureuses au président James Madison et au ministre de la Guerre William Crawford, insistant sur les grands talents professionnels de Bernard. Or les Américains, après la « seconde guerre d'indépendance » de 1812-1815, qui avait failli tourner au désastre, souhaitaient réorganiser leur défense et surtout celle des côtes. Avant de quitter la France, Bernard vint à La Grange remercier celui dont la recommandation se révéla déterminante et qui rendait un nouveau service à sa patrie d'adoption en lui adressant un des meilleurs ingénieurs français de son temps, qui accomplit aux États-Unis une œuvre considérable. Une amitié profonde unit ensuite les deux hommes, en communion d'idées sur le culte de la liberté et l'admiration pour la démocratie américaine. Simon Bernard s'occupa activement des intérêts de La Fayette aux États-Unis, participa à l'organisation du triomphal voyage de 1824-1825 et entretint avec son protecteur une correspondance soutenue, lui exposant ses programmes de travaux, s'inquiétant de l'insouciance américaine à l'égard des problèmes de défense[5]. L'action du général s'exerçait aussi en sens inverse, et pas un visiteur américain de quelque importance ne venait en France sans être recommandé au combattant de Yorktown.

Celui-ci ne se satisfaisait pas d'une vie retirée, même si elle s'accompagnait d'une certaine influence, et il souhaitait participer activement à la vie politique. A partir de l'automne 1817, un parti d'opposition, dit des Indépendants, commença à s'organiser autour de Casimir Perier, Dupont de l'Eure, Laffitte. Le 20 septembre, La Fayette tentait sa chance aux élections à Paris, sans succès car il n'obtint que 2 672 voix sur 7 378 votants. Ce groupe antiministériel aux idées proches des projets maçonniques du XVIIIe siècle avait pour cerveau Benjamin Constant, pour bailleur de fonds le banquier Laffitte, et allait bientôt trouver un porte-drapeau. L'année suivante, il fut à nouveau question d'une candidature du général dans la Seine et en Seine-et-Marne, mais c'est finalement dans la Sarthe, sur l'initiative du publiciste Charles Goyet, qu'il se présenta et fut élu le 26 octobre 1818 avec 569 voix sur 1 050 votants. Ce succès eut un grand retentis-

sement ; il avait, selon la duchesse de Broglie, « ébranlé toute
la France et presque l'Europe. [...] Le roi a mieux pris son
parti de l'élection de Grégoire que de celle de M. de La
Fayette[6] ». Celui-ci devint aussitôt un des chefs de la gauche
et, à la séance royale, s'abstint de crier Vive le roi !

Si, selon Broglie, la période 1818-1822 fut marquée par les
efforts « des gens de bien et de bon sens » pour « réconcilier
la Restauration et la Révolution, l'Ancien Régime et la France
nouvelle », le nouveau député ne participa en aucune manière
à ce mouvement. A aucun moment on ne le vit rendre
hommage aux efforts du gouvernement pour liquider l'héritage
désastreux légué par l'Empire, pour mettre en place le premier
système moderne de finances publiques, pour donner une
impulsion nouvelle à la vie économique. Il resta dans une
opposition totale et systématique, négative et sans nuances.
Ainsi, en 1818, il prit une part active à la renaissance de la
Société de la liberté de la presse, mort-née l'année précédente,
qui bénéficia cette fois de la neutralité bienveillante du
ministre de Louis XVIII, le duc de Richelieu. Théoriquement
créée pour étudier les conditions d'une bonne législation sur
la presse, la société devint très vite un centre d'expression
antigouvernementale, ce qui lui attira l'hostilité de Decazes[7],
ministre et favori du roi.

La Fayette exprima souvent son hostilité aux juridictions
d'exception. Le 17 mai 1819, il avait préparé un discours qu'il
ne put prononcer, mais qu'il publia et dans lequel il soutenait
que le seul gouvernement apte à espérer obtenir la stabilité
serait celui qui « le premier détruirait franchement cet odieux
arsenal de lois et de mesures d'exception avec lequel des
partis égarés devaient se présenter tour à tour[8] ». Quelques
jours plus tard, le 4 juin, il intervenait à nouveau à la Chambre
à propos du budget de la Marine et des Colonies pour
demander qu'on renforce la répression de la traite clandestine
des Noirs au Sénégal. Sa générosité bien connue permettait
quelquefois à ses ennemis de lui jouer des tours. En juin
1819, fut fondée une Société des prisons dont le but était
d'améliorer le sort des détenus ; il semble qu'on l'ait inscrit
parmi les membres fondateurs sans l'avoir consulté, car,
« parmi quelques noms libéraux, se trouve toute l'aristocratie
du pays ». Le coup venait probablement de Decazes[9].

Le 14 septembre 1819, La Fayette fut réélu député, en
Seine-et-Marne cette fois. Frénilly raconte que, reprochant

vivement cette élection à « un excellent homme, bon fermier, père de neuf enfants et ne connaissant du monde que son village et ses charmes », celui-ci lui répondit : « Que voulez-vous, monsieur, c'est le héros des deux mondes[10]. » Ce qui montre à quel point, déjà à cette époque, les slogans pénétraient jusqu'au fond des campagnes. Dans les mêmes jours, l'élection de l'abbé Grégoire dans l'Isère scandalisa les royalistes. Fort judicieusement, La Fayette s'opposa à l'annulation du scrutin qui ne pourrait manquer d'accroître la popularité de la victime et de lui assurer une réélection triomphale, mais son avis ne fut pas suivi[11]. L'année 1819 fut d'ailleurs marquée par un regain d'agitation en Europe et surtout en Allemagne. L'assassinat du poète Kotzebue, l'effervescence dans les universités et dans certaines associations, la montée des nationalismes inquiétaient bien des esprits qui en rendaient responsables les libéraux français. La duchesse de Broglie notait dans son Journal : « L'empereur Alexandre a dit : il faut tirer un cordon autour de la France et élever des barrières entre elle et l'Europe ; c'est un pays qui a la peste. » Il est certain qu'à ce moment, le parti libéral, « triomphant, arrogant, le vent en poupe », progressait. Pour tenter de freiner le mouvement, le gouvernement conçut le système du double vote, en vertu duquel les contribuables les plus imposés votaient deux fois, suivant, disait Broglie, le principe admis dans les sociétés commerciales où le nombre des voix attribué aux actionnaires est proportionnel au nombre des actions[12]. Ce système, qui fut adopté l'année suivante, suscita naturellement une très vive opposition de La Fayette qui ne cessa de le fustiger.

Jamais en défaut d'un rêve en avance sur son temps, il aurait voulu voir naître une sorte d'internationale de la liberté en vertu de laquelle chaque nation profiterait des progrès en tous genres accomplis par les autres. De cette « confraternité d'intérêt entre les peuples éclairés », il entretenait le président américain Monroe, le général anglais Robert Wilson, député libéral aux Communes[13].

A partir de 1820, ses interventions au Parlement se multiplient. Le 10 février, ce fut à propos d'un projet de réorganisation de la Garde nationale. Il insista sur « la nécessité de donner pour base à notre système de défense l'organisation civique de la France armée ». Le 15, commença un débat sur une nouvelle loi relative à la presse. Ce texte établissait l'autorisation préalable et la censure pour tous les journaux et donnait au gouvernement pouvoir de suspension jusqu'au jugement des tribunaux ou même à titre définitif en cas de condamnation ou de récidive. La Fayette prit position contre une loi aussi répressive en expliquant, lors de la séance du 23 mars, que le texte proposé violait la Charte en faisant l'apologie de la liberté de la presse dont il démontra les avantages dans la lutte contre les rumeurs et les faux bruits. La loi fut néanmoins votée le 30 mars. A cette occasion, Broglie nota le contraste entre les manières de La Fayette et ses idées : « Il y avait quelque chose de noble et d'imposant dans ses manières, un accent d'Ancien Régime qui contrastait étrangement avec les idées et les expressions révolutionnaires dont son langage était empreint[14]. »

Dès l'adoption de la loi se créa une association comprenant de nombreux parlementaires, juristes et hommes de lettres avec un comité de direction de quinze membres dont La Fayette. Il s'agissait d'assister les victimes, et le ministère public poursuivit certaines personnes pour incitation à rébellion contre la loi, mais n'osa s'en prendre aux parlementaires.

Toujours en mars 1820, il intervint à propos des très nombreuses pétitions (Dupont de l'Eure en avait rapporté quatre cent quarante-deux) demandant le maintien de la Charte et celui de la loi électorale. Le 8, il prit la parole à propos du projet de loi déposé le 15 février, deux jours après l'assassinat du duc de Berry, qui renouvelait les dispositions de la loi du 12 février 1817 sur la liberté individuelle. Trois ministres auraient désormais le pouvoir de faire emprisonner pendant trois mois tout prévenu de complot contre le roi ou la sûreté de l'État, sans qu'il y eût obligation de poursuite judiciaire. La Fayette protesta avec véhémence contre cette « loi des suspects », car il estimait suffisant l'arsenal répressif existant. Il soutint que les prétextes invoqués aujourd'hui étaient les mêmes que ceux qui furent mis en avant en 1793 et conclut : « Il y a trente-trois ans qu'à l'assemblée des notables de 1787, j'ai le premier demandé l'abolition des lettres de cachet, je vote aujourd'hui contre leur rétablissement[15] ». La loi fut néanmoins adoptée par 154 voix contre 93.

Une autre question provoqua, en mai 1820, un débat que Broglie qualifie d'homérique : le projet de loi électorale adopté le 29 juin. L'article premier établissait dans chaque département un double collège électoral de département et d'arrondissement. Les collèges départementaux comprenaient les électeurs les plus imposés en nombre égal au quart des inscrits. Ils élisaient seuls 172 députés, puis votaient une seconde fois avec les collèges d'arrondissement pour choisir 258 autres parlementaires. Ce système renforçait encore la prédominance déjà grande des gros propriétaires fonciers, et La Fayette ne pouvait approuver ces procédés « d'aristocratie et d'élimination » qui, encore une fois, violaient la Charte. « La contre-révolution est dans le gouvernement, on veut la fixer dans les Chambres », déclara-t-il. Il lança de véritables appels à l'émeute, ce qui lui attira cette réplique du garde des Sceaux de Serre : « Quand la guerre civile éclate, le sang est sur la tête de ceux qui l'ont provoquée ; le préopinant le sait mieux qu'un autre : il a, plus d'une fois, appris la mort dans l'âme et la rougeur sur le front, que qui soulève des bandes furieuses est obligé de les suivre et presque de les conduire[16]. » Apostrophe en grande partie injuste, mais qui montrait la terrible ténacité des rancunes accumulées. Il y eut effectivement des manifestations autour de la Chambre aux cris de Vive la Charte ! et le 3 juin l'étudiant Lallemand fut tué dans une échauffourée avec la Garde royale. Une nouvelle manifestation le 5, lors des funérailles de la victime, fut dispersée au faubourg Saint-Antoine par un violent orage. On éleva un monument à la mémoire du jeune homme, et La Fayette souscrivit.

Le vote de ces lois répressives eut pour effet de rejeter la gauche vers l'action insurrectionnelle, car elle perdait de plus en plus l'espoir de parvenir au pouvoir par les voies légales. Ainsi naquirent une série de complots tous plus mal préparés les uns que les autres et voués d'emblée à l'échec. En août 1820, le comité directeur du parti libéral — c'est-à-dire La Fayette, d'Argenson, Manuel, Dupont de l'Eure —, la société secrète l'Union, la loge les Amis de la Vérité et le groupe dit du Bazar français ou de la rue Cadet tentèrent de déclencher un mouvement insurrectionnel qui devait éclater le 19 août à Paris et dans plusieurs villes de province. Mais les apprentis conjurés, qui firent preuve d'autant de légèreté que d'incohérence, n'étaient pas d'accord entre eux sur la solution à adopter en cas de succès. Certains éléments, parmi lesquels le

Bazar, étaient de tendance bonapartiste, d'autres républicains. Ils espéraient s'emparer de Vincennes et y installer un gouvernement provisoire présidé par La Fayette. Il y eut des fuites, le directeur de la police, Mounier, voulait laisser faire pour pouvoir arrêter tout le monde mais Richelieu préféra devancer l'événement. Découverts, les chefs décommandèrent l'opération. On se borna à condamner soixante-quinze comparses à de légères peines de prison[17]. Il est évident qu'on ne souhaita pas remonter jusqu'aux instigateurs. L'attitude de ceux-ci, La Fayette compris, manqua d'ailleurs d'élégance : « Ils encourageaient la sédition, bien installés dans la sécurité de leur situation sociale et parlementaire mais refusaient d'y participer activement avant d'être sûrs du succès[18]. »

:A partir de cette époque, le châtelain de La Grange se convainquit de la nécessité de renverser les Bourbons pour tenter d'établir un régime conforme à ses vœux. Cette démarche d'esprit l'amena à adhérer à la Charbonnerie dont il allait devenir un des chefs. Cette organisation était imitée de la Carbonaria italienne qui avait provoqué, en juillet 1820, l'insurrection menée à Naples par Guglielmo Pepe, en faveur de laquelle La Fayette avait aussitôt pris position. « Ne détruisons pas l'indépendance napolitaine », avait-il proclamé à la Chambre le 12 février 1821. Introduite en France par deux conjurés de 1820 réfugiés en Italie, Joubert et Dugied, la Charbonnerie était une institution secrète très structurée et très cloisonnée, constituée par une hiérarchie de « ventes ». A la base, les ventes particulières de vingt membres nommaient un président, un censeur et un député. Quand une ville ou une région avait réussi à créer vingt de ces groupes, les députés se regroupaient en une vente centrale, chargée de communiquer avec la « haute vente », organisme de direction au sommet. Chaque membre s'engageait à garder le secret le plus rigoureux, à posséder un fusil et vingt-cinq cartouches, à verser un franc de cotisation annuelle et à obéir aveuglément au signal de la haute vente. La Fayette accepta la présidence de celle-ci, de sorte que la Grange devint une des principales « baraques » de la Charbonnerie française. La haute vente comprenait les députés libéraux d'Argenson, Manuel, Corcelles, un magistrat, de Schonen, un industriel alsacien, Koechlin, trois avocats, Barthe, Mauguin et Merilhou, le colonel Fabvier.

Le mouvement se développa assez rapidement, et le territoire national fut divisé en trois secteurs confiés à des commissaires : Buchez pour l'Est, Rouen aîné pour l'Ouest, Arnold Scheffer, frère du peintre, pour le Midi. Il compta bientôt trente à quarante mille membres surtout dans les milieux intellectuels, étudiants, bourgeois et militaires. On y rencontrait Théodore Jouffroy, Augustin Thierry, Pierre Leroux, Ary Scheffer, Bazard, George-Washington de La Fayette, mais les éléments populaires ne furent pas touchés, malgré l'association avec la société secrète des Chevaliers de la Liberté qui groupait surtout des militaires bonapartistes libéraux. Comme il arrive le plus souvent en France, les membres de la Charbonnerie n'avaient aucune unité de vues. La Fayette, toujours fidèle à ses idées, voulait s'en remettre à la souveraineté du peuple qui choisirait son destin. Manuel souhaitait revenir à la Constitution de 1791 en tirant un trait sur tout ce qui s'était produit depuis..., mais il ne fut pas suivi par la haute vente qui décida qu'on élirait une assemblée constituante. Si l'union se faisait sur la haine des Bourbons, les membres se divisaient dès qu'on abordait la question du programme d'action. La Charbonnerie visait à contrebattre la Congrégation, association catholique peuplée d'ultras, mais elle sombra rapidement dans les conspirations improvisées sans aucune chance de succès[19]. L'épisode de la Charbonnerie fut assez bref, mais on remarquera avec Pierre Chevallier que « le personnel au moins présumé de la haute vente se retrouve en entier dans les acteurs et les bénéficiaires de la révolution de Juillet ».

Ces activités plus ou moins secrètes n'empêchaient pas La Fayette `d'en poursuivre d'autres plus officielles. En mars 1821, il témoigna en cour d'assises en faveur de deux hommes de lettres : Martial Sauquaire-Souligné et Charles Goyet, accusés de complot contre la sûreté de l'État et chez qui on avait trouvé des lettres de lui. Goyet avait été à l'origine de l'élection de La Fayette grâce au journal le *Propagateur de la Sarthe*. Les accusés furent acquittés. Sauquaire se réfugia en Angleterre puis au Portugal où il continua à conspirer et fut sans doute mêlé au complot de Saumur, ce qui donna lieu, en 1824, à un nouveau procès devant la cour d'assises de la Seine[20].

Le 4 juin 1821, à l'occasion d'un débat budgétaire, le député de Seine-et-Marne prononça un long discours dans lequel, comme en 1787 aux Notables, il protestait contre le niveau trop élevé des dépenses de la Cour. Il trouvait le gouvernement « scandaleusement coûteux » et sa marche « évidemment contraire aux droits comme aux volontés de la presque totalité des contribuables ». Après ces affirmations gratuites et discutables, il évoquait, dans un salmigondis très mal ordonné, de multiples questions : les règles qui devaient présider à la responsabilité des agents du pouvoir, l'abolition de la peine de mort, le fonctionnement de la justice pour laquelle il prétendait que les jurys étaient choisis « au gré de l'esprit de parti dans un bureau de préfecture ».

Il adressait de vives critiques à la politique étrangère, beaucoup trop liée à celle de la Sainte Alliance et donc d'esprit rétrograde, étranger à la France nouvelle. Revenant aux affaires intérieures, il s'insurgeait contre le régime municipal d'après lequel maires et conseillers étaient nommés par le pouvoir et révocables à volonté, se plaignait de l'insuffisance des crédits accordés à l'instruction publique et spécialement à l'enseignement mutuel suivant la méthode anglaise de Lancaster, les plus avancés faisant travailler les retardataires, dont il se déclarait chaud partisan, car cette méthode d'enseignement était devenue un cheval de bataille des libéraux. Il se plaignait qu'on traitât « l'armée de la patrie comme une propriété matérielle, un domaine de la couronne », et protestait contre l'administration de la marine « dispendieuse à l'excès » du fait de l'inflation du personnel des bureaux où l'on trouvait « près de moitié plus d'employés que sous le brillant ministère de M. de Castries », ce qui était exact. La loi de Parkinson fonctionnait déjà selon laquelle l'importance de la bureaucratie est inversement proportionnelle à celle de la flotte. Il réclamait une nouvelle loi sur la répression de la traite des Noirs et l'établissement de relations officielles avec la République d'Haïti. A propos de l'Amérique latine, il s'imaginait que « l'heureuse émancipation des deux parties de la péninsule [sera] un gage de paix et de liberté pour cette immense portion de l'autre hémisphère ». Il se lança ensuite dans une longue diatribe contre l'Ancien Régime et sur les bienfaits de la Révolution, « victoire du droit sur le privilège [...], émancipation et développement des facultés humaines, restauration des peuples ».

\*\*\*

Ce discours, qualifié de manifeste par la droite, fut imprimé et diffusé. Il fallut procéder à un second tirage, car les 1 500 premiers exemplaires furent rapidement épuisés[21]. Son auteur se posait de plus en plus en chef du parti libéral, mais en avait-il l'étoffe ? On peut en douter quand on voit avec quelle légèreté il s'engageait dans des aventures dont les promoteurs ignoraient tout des éléments de base de la conspiration politique. Ce fut le cas, en décembre, du complot dit de Belfort. C'était un mouvement mené par des officiers bonapartistes licenciés et passés dans l'industrie dans la région de Belfort et de Mulhouse. Ils avaient créé des ventes de Charbonnerie et s'étaient efforcés de se ménager des intelligences dans les garnisons de Huningue, Strasbourg, Metz, Épinal, Neuf-Brisach. Les chefs étaient un colonel en demi-solde, ancien de la Garde impériale, Sauzet, et un ancien officier d'ordonnance de Napoléon, Dumoulin. Une ramification parisienne prévoyait encore une fois la prise du château de Vincennes et un nouveau 10 août avec création d'un gouvernement provisoire présidé par La Fayette à Colmar puis à Strasbourg. Après avoir, comme chaque année, médité le 24 décembre, anniversaire de sa mort, dans la chambre de sa femme, le général quitta la Grange le lendemain en direction de l'est. Mais l'organisation était rudimentaire, les chefs irrésolus, la coordination inexistante, les imprudences innombrables. Il y eut à nouveau des fuites qui entraînèrent une débandade générale. Une fois de plus, les hauts responsables ne furent pas inquiétés.

Échec aussi de la conspiration dite de Saumur en février 1822 et conduite par le général Berton, « brouillon, bavard et grossier » que Broglie traite de « tête à l'envers ». Le 24 février, il avait réussi à s'emparer de la ville de Thouars et marcha vers Saumur, mais le maire ferma les portes et l'affaire tourna court. Laffitte, d'Argenson, le général Foy, Benjamin Constant, Manuel étaient « compromis, à un certain degré, mais pas assez toutefois pour qu'il y ait lieu de demander à la Chambre l'autorisation de les poursuivre ». En fait, selon Broglie, La Fayette seul entretint des relations avec Berton et avait encouragé et caché chez lui un des comparses, le médecin Grandménil. Le 1er août, il y eut un incident à la Chambre lors d'un débat sur ce complot. Théoriquement en fuite, Grandménil, camouflé dans une tribune, s'entendant charger de tous les torts par les gens de son parti, s'élança pour protester. George de La Fayette parvint à le calmer, et on ne l'arrêta même pas, ce qui montre l'importance que le gouvernement attachait à ces conspirateurs d'opérette. Mme de Broglie notait, à propos de Berton : « C'est un fou dont la figure est extravagante et qui bavarde sur tout. [...] Voilà donc les hommes qui prétendent renverser un gouvernement ! » Il avait préparé une proclamation assez incohérente où il était question de la République, de Napoléon II, de la Charte et de la cocarde tricolore : « Une cocarde et des phrases, voilà tout le plan des conspirateurs[22]. » C'est au moment du procès de Berton que Laffitte dit à Royer-Collard : « La Fayette est un monument qui se promène et cherche son piédestal. Qu'il rencontre sur son chemin l'échafaud ou le fauteuil de président de la République, il ne donnerait pas six liards pour le choix. » L'auteur de cette boutade la raconta au général qui « partit d'un gros rire en s'écriant : c'est vrai ». Laffitte rappelle aussi l'incroyable naïveté de La Fayette qui prenait le moindre attroupement de badauds pour le début d'une manifestation contre les Bourbons[23] !

Il avait aussi apporté son soutien moral au complot dit des Quatre sergents de La Rochelle et rencontra l'un d'eux, Bories, membre de la Charbonnerie. Celui-ci et ses trois camarades du 45e de ligne, Pommier, Raoulx et Goubin, furent dénoncés, condamnés à mort et exécutés. La Fayette tenta de les sauver en promettant une forte somme, 70 000 francs, au directeur de Bicêtre pour faciliter leur évasion, mais il y eut encore des indiscrétions qui firent manquer l'affaire. La Charbonnerie donna en cette occurrence la mesure de sa faiblesse puisqu'elle ne put délivrer les captifs dont le gouvernement eut la maladresse de faire des martyrs. Tous ces échecs accumulés ruinèrent le mouvement, car les ventes locales accusèrent à juste titre la haute vente de se dérober à ses responsabilités. « Que faire, disait Casimir Perier, avec des gens qui, après nous avoir conduit au bord de l'abîme sans que nous nous en doutions, foutent le camp et nous abandonnent ? » Chateaubriand jugeait sévèrement l'attitude de La Fayette qui s'abaissa « jusqu'à se laisser nommer vénérable des ventes du carbonarisme et le chef des petites conspirations, heureux qu'il fut de se soustraire, à Belfort, à la justice, comme un aventurier vulgaire ». Dans toutes ces tristes affaires où plusieurs hommes sacrifièrent leur vie, le général-député manqua du plus élémentaire discernement politique et fit preuve d'une coupable légèreté qui n'échappa pas à Guizot, alors universitaire, dont La Fayette favorisera la brillante carrière politique : « Il était, de 1820 à 1823, non pas le chef réel, mais l'instrument et l'ornement de toutes les sociétés secrètes, de tous les complots, de tous les projets de renversement, même de ceux dont il eût, à coup sûr, s'ils avaient réussi, désavoué et combattu les résultats[24]. »

Toute cette agitation stérile et maladroite ne fit que renforcer le pouvoir et lui donner l'occasion de faire voter, en mars 1822, de nouvelles lois répressives sur la presse créant les délits d'outrage à la religion, à la légitimité, les procès d'intention. La connaissance en était retirée aux jurys et rendue aux tribunaux correctionnels et aux cours royales. L'autorisation préalable devenait obligatoire, et la censure pouvait être rétablie entre les sessions du Parlement. Cette législation donna à La Fayette l'occasion de prononcer une nouvelle diatribe, le 23 juillet 1822, contre le fonctionnement de la justice. Il attaqua les juges d'instruction accusés de procéder à des « détentions illimitées » et à des « mises au secret inquisitoriales », reprocha aux jurys d'être livrés à l'esprit du parti, au ministre de la Justice de pratiquer des interventions intempestives et de mépriser les droits de la défense. Il put à nouveau développer un de ses thèmes favoris : « La contre-révolution, maîtresse de tous les pouvoirs de l'État, de toutes les institutions, de toutes les influences, soutenue par la coalition européenne de tous les despotismes, de toutes les aristocraties, de tous les préjugés et de tous les abus[25]... »

La politique intérieure, si absorbante fût-elle, n'empêchait pas La Fayette de s'intéresser aussi aux insurrections qui surgissaient en Europe et de protester contre la politique de la Sainte Alliance. Ce fut le cas lors de la révolte de Naples de 1820-1821, écrasée par les Autrichiens à la suite des décisions des congrès de Troppau et de Laybach. Lors du débat à la Chambre le 12 février 1821, il rappela que la Constituante avait consacré le principe que « la nation française n'emploierait jamais ses forces contre la liberté d'aucun peuple » et protesta contre la complicité de la France « dans les mesures prises pour maintenir ce qu'on appelle l'ordre social en Europe[26] ». Il prit aussi parti, au début de 1820, en

faveur de deux officiers espagnols, Quiroga et Riégo, qui
avaient provoqué une révolte dans la région de La Corogne.
Le roi Ferdinand VII avait dû accepter un régime constitutionnel. En juillet 1822, un nouveau coup de force militaire
provoqua une insurrection des provinces du Nord et l'intervention française en faveur du roi. Le 26 février 1823, Manuel
prononça à la Chambre un violent discours contre la politique
espagnole de Villèle, ce qui provoqua le vote d'un décret
d'expulsion. Lorsqu'il s'agit de l'exécuter, le 3 mars, de vifs
incidents éclatèrent, et La Fayette, réélu député de Meaux le
13 novembre 1822 par 169 voix sur 312 votants, se solidarisa
avec Manuel bien que celui-ci fût bonapartiste. Lorsque la
Garde nationale intervint, le sergent Mercier refusa d'obéir,
il fallut faire donner les gendarmes, et le général, en signe de
protestation, refusa de siéger jusqu'à la fin de la session. Le
colonel de la 4e légion de la Garde, Polissard-Quatremère,
ayant fait publier dans le *Moniteur* un ordre du jour dans
lequel il affirmait le « dévouement sans bornes » de sa troupe
au gouvernement, La Fayette adressa le 9 au *Constitutionnel*
une mise au point rappelant les conditions dans lesquelles la
Garde avait été créée et le rôle qui lui était dévolu. Il expliqua
sa position dans l'affaire Manuel à ses électeurs de Meaux
dans un texte très polémique dénonçant « un système qui
conduit la France à entreprendre une guerre injuste au-dehors
pour consommer au-dedans la contre-révolution et pour ouvrir
notre territoire à l'invasion étrangère ». Ce qui était évidemment fort exagéré[27].

Il continuait, envers et contre tout, à cultiver ses illusions.
Le 11 mai 1823, il écrivait à son ami Clarkson à propos de
l'abolition de la traite et de l'esclavage, et ajoutait : « Au
milieu de tant d'horreurs s'est élevée la République d'Haïti.
Les fils de l'Afrique y atteindront, j'espère, un degré avancé
de civilisation et de prospérité[28]. » Cent soixante-six ans plus
tard, on en est toujours à espérer...

Les succès remportés par l'armée française lors de l'expédition d'Espagne renforcèrent le prestige du gouvernement
Villèle et l'incitèrent à profiter de l'occasion pour dissoudre
la Chambre le 24 décembre 1823. Les élections furent désastreuses pour l'opposition libérale qui se trouva écrasée et
tomba de 110 à 19 sièges. La Fayette, battu à Meaux, n'obtint
que 152 voix contre 184 au candidat officiel, le baron de
Pinteville de Cernon. Manuel, d'Argenson ne connurent pas

un meilleur sort. C'était, dit le roi, faisant allusion à la chambre dite « introuvable » en raison de son ultra-royalisme en 1815, la « Chambre retrouvée ». Vaincus en France et dans les autres pays d'Europe, les libéraux perdaient tout espoir de renverser le gouvernement. Il semble que certains d'entre eux comprirent qu'il convenait de changer de tactique, de renoncer aux conspirations infantiles et de pratiquer une opposition « énergique mais sans violence, persévérante sans entêtement, légale sans arrière-pensée[29] ». A partir de cette époque, La Fayette commença à être dépassé par une génération plus jeune, l'équipe du *Globe* avec Rémusat, Duvergier de Hauranne, Sainte-Beuve, Jouffroy. Si Sainte-Beuve conservait une vive admiration pour le général, d'autres se montraient moins bienveillants et n'hésitaient pas à le traiter de « vieille ganache ». Il eut alors de vives discussions avec Manuel, car il se refusait à admettre que la France des années 1820 n'était plus celle de 1789-1790. Son ami, au contraire, beaucoup plus conscient des réalités, de l'importance de l'héritage impérial, mesurait mieux la popularité retrouvée de l'Empereur et voulait jouer cette carte contre les Bourbons. La Fayette était-il encore « l'opposant le plus déterminé et le plus dangereux du régime » ? Déterminé certes, dangereux, c'est douteux, car, en 1824, la monarchie, forte d'un soutien solide du corps électoral, n'avait guère à craindre d'un comploteur aussi inconsistant[30]. Même un opposant résolu comme Laffitte reconnaissait qu'il se serait accommodé de la Charte octroyée « si on avait voulu la regarder comme un contrat synallagmatique », mais le gouvernement manqua de perspicacité : « La Chambre, les ministres, la Cour ne prenaient pas les choses au sérieux[31]. » Le 9 juin 1824, une nouvelle loi électorale était promulguée prévoyant, contrairement à la Charte, le renouvellement intégral de la Chambre tous les sept ans.

Très déçu par le cours des événements et par son échec électoral, La Fayette décida de prendre du champ et de répondre à l'invitation du président Monroe.

# CHAPITRE XXVIII

# L'enfant chéri de l'Amérique

Parmi les constantes de la psychologie fayettiste, la passion pour les choses de l'Amérique ne se démentit jamais. Depuis 1815, le général Simon Bernard échangeait avec son protecteur une active correspondance et le tenait au courant de la vie politique américaine. Depuis longtemps, le désir d'aller revoir le théâtre de ses premières armes possédait La Fayette, mais de nombreux éléments l'en avaient empêché : le Blocus continental qui coupa pendant près de dix ans la France du reste du monde, puis sa participation aux agitations stériles d'une opposition presque aussi maladroite que le gouvernement royal.

Quelques jours après son échec électoral, La Fayette avait reçu une lettre du président des États-Unis, James Monroe, qui l'invitait à venir à la date de son choix et mettait à sa disposition à cet effet un navire de guerre pour le transporter[1]. Il accepta aussitôt le principe du voyage tout en refusant la frégate. Ce départ eut-il des raisons secrètes ? Dans son *Introduction à l'histoire de dix ans*, Louis Blanc affirme qu'Eugène de Beauharnais avait proposé 5 millions à La Fayette pour préparer une révolution en sa faveur, offre que, échaudé par les échecs successifs des précédents complots, il n'aurait voulu ni accepter ni refuser. Par définition, ce genre de tractations ne laisse pas de traces écrites et il est impossible de le confirmer[2].

La Fayette quitta Paris le 11 juillet 1824, arriva au Havre le lendemain au milieu d'un concours de peuple enthousiaste malgré l'hostilité évidente des autorités. Le 12, il embarqua sur un navire marchand américain, le *Cadmus*, accompagné de son fils George-Washington et de son secrétaire A. Levasseur qui rédigea un récit circonstancié de ce voyage dont les frais étaient entièrement à la charge du gouvernement des États-Unis[3].

Le *Cadmus* arriva à New York le 15 août, accueilli par un vapeur portant une députation qui conduisit les voyageurs à Staten Island chez le vice-président Thomkins. La réception de New York fut triomphale avec bateaux pavoisés, décharges d'artillerie tirées par le fort La Fayette (terminé l'année précédente sur les Narrows et ainsi baptisé le 26 mars 1824), revue militaire, foule immense. Une troupe spéciale, les Gardes de La Fayette, portant le portrait du général sur la poitrine, rendait les honneurs. Le 16, lors de la réception à l'Hôtel de Ville, le maire décida que le visiteur serait considéré comme l'hôte de la nation. Dans son discours, il exprima la reconnaissance du peuple américain pour celui qui avait rallié « dans le temps où leur cause paraissait désespérée » et ajouta : « Le peuple des États-Unis vous chérit comme un père vénéré, la patrie vous regarde comme un de ses enfants les plus chers. » Il fut ensuite « livré à l'adoration du peuple ». Les festivités durèrent quatre jours avec réceptions par la Société des Cincinnati, la Société historique réunie en assemblée extraordinaire. Le 18, La Fayette traversa l'East River sur un vapeur pour aller visiter l'arsenal de Brooklyn et une batterie flottante destinée à la défense côtière. New York avait alors 170 000 habitants, c'était la ville la plus riche et la plus peuplée des États-Unis, et son port armait environ quatre-vingts navires à vapeur, ce qui montrait l'avance prise dans ce domaine par la marine marchande américaine. Levasseur était ébloui par la prospérité du pays ; selon un de ses interlocuteurs, la cause principale tenait à la faiblesse de la fiscalité : « Ce que chacun de nous gagne par son travail dans une année lui reste et augmente ses moyens d'industrie pour l'année suivante ; de là vient cet accroissement rapide de richesses qui vous surprend. »

Le 20 août, on partit pour Boston avec un arrêt à New Rochelle pour recevoir les anciens combattants de la guerre d'Indépendance. A Putnam, un arc de triomphe avait été dressé en l'honneur du héros de ce nom qui avait échappé aux Anglais et s'était illustré à Bunker's Hill avec ses miliciens. La population accourait pour admirer le cortège, « longue file de voitures escortées de cavaliers porteurs de flambeaux ».

On visita au passage l'université de Yale qui comptait alors plus de quatre cents étudiants, puis on évoqua des souvenirs de la campagne de 1778 en passant par Rhode Island.

L'accueil de Boston ne fut pas moins triomphal, et le Chief Justice Parker porta un toast à la mémoire de Louis XVI en précisant qu'aucun de ceux qui avaient favorisé la liberté ne devait être oublié. La Fayette et ses compagnons visitèrent l'université de Harvard où eut lieu une distribution de prix, l'arsenal de Boston, à Bunker's Hill le site du premier combat de la guerre d'Indépendance, à Savin Hill un camp d'entraînement des milices où le général put admirer les canons de modèle français introduits par un exilé de 1815, le général Lallemand, auteur d'un traité d'artillerie inspiré des règlements de l'armée impériale. Le 28 août, La Fayette rendit visite à l'ancien président John Adams, successeur de Washington, ancien membre du Congrès continental de 1774, auteur d'un des projets de la Déclaration d'indépendance, commissaire à la Cour de France en 1777. Vice-président des États-Unis en 1789, président en 1797, Adams avait quitté la vie politique en 1801. Il avait maintenant quatre-vingt-neuf ans, mais conservait toute sa présence d'esprit. Le 30, eut lieu une revue des milices du Massachusetts, organisées suivant les mêmes principes que la Garde nationale de 1791.

Le cortège s'arrêta à Lexington pour évoquer le souvenir du combat du 19 avril 1775 grâce aux récits des anciens. Un jeune homme présenta à La Fayette le fusil que portait son père ce jour-là et avec lequel il avait fait feu sur les Anglais. Concord, Marblehead, Salem, Portsmouth réservèrent le même accueil avec arcs de triomphe portant des inscriptions : « La Fayette en Amérique. Où peut-on être mieux qu'au sein de sa famille ? » La constitution de l'État du New Hampshire inspira à Levasseur des commentaires admiratifs sur la « liberté absolue en matière de religion [...] déclarée droit naturel et inaliénable ».

Le 4 septembre, on arrivait à Hartford où furent présentées des reliques du combat de la Brandywine : épaulettes portées par La Fayette, écharpe qui servit à le transporter après sa blessure. Il embarqua sur le vapeur *Oliver Elsworth*, escorté par cent vétérans de la guerre d'Indépendance, pour revenir à New York par la rivière Connecticut.

Le 6 septembre, à New York, un grand banquet fut offert par la Société des Cincinnati. La salle était ornée d'un diorama

représentant La Fayette et Washington se tenant par la main
devant l'autel de la liberté. On donna lecture d'une ballade,
composée en 1792 pendant la captivité du général et qui avait
été très populaire en Amérique :

> *Fortune, honneur, douce patrie*
> *Espoir d'un brillant avenir,*
> *Amour d'une épouse chérie*
> *Devaient en vain te retenir.*
> *Pour voler à notre défense*
> *Ton noble cœur a tout quitté*
> *Mais quelle en fut la récompense ?*
> *Des chaînes et la pauvreté.*

A l'occasion de ce banquet, Levasseur évoque les polémiques soulevées par la création de l'ordre et qui ne semblaient pas encore totalement apaisées. Consultant les statuts
adoptés le 13 mai 1783, il constate qu'il s'agit d'une association
libre d'anciens combattants qui s'unissaient pour perpétuer
les souvenirs de leurs combats et se secourir mutuellement en
cas de besoin. Le ruban et la médaille ne sont que des
ornements portés par les membres pendant leurs assemblées
et non une décoration autorisée et sanctionnée par le gouvernement. Le patronage de Lucius Quintus Cincinnatus invitait
d'ailleurs les membres à suivre son exemple et à retourner à
leurs travaux agricoles, comme le fit Washington dès la guerre
terminée. Les statuts insistaient sur la conservation des droits
de l'homme, l'union et l'honneur national, le secours mutuel
et l'esprit de fraternité. Levasseur constatait donc que la
société ne présentait aucun caractère alarmant pour l'égalité
puisqu'elle ne comportait aucun privilège. Il rappelait les
protestations de Franklin contre le principe de l'hérédité et
remarquait que ces polémiques avaient laissé des traces
puisque, quarante ans après la création de l'ordre, peu de fils
osaient succéder à leurs pères.

A New York, La Fayette visita aussi l'École libre des
jeunes Africains fondée et administrée par la Société d'affranchissement des Noirs dont il fut élu membre à l'unanimité.
Un enfant noir lui récita un compliment. Il parcourut aussi
de nombreux établissements de bienfaisance, toujours libres

de toute ingérence de l'État, suivant la tradition américaine, financés uniquement par dons et souscriptions privés. L'Académie des Arts, la Bibliothèque publique, les théâtres reçurent sa visite. Le 9 septembre, lors d'un concert dans l'église Saint-Paul, on lui joua la *Marseillaise*, et le 11, lors d'une fête maçonnique donnée par les Chevaliers du Temple, il fut affilié avec son fils.

Le 13, le cortège partit pour Albany sur le vapeur *James Kent*. En passant devant West Point, on évoqua la trahison de Benedict Arnold et, lors de la visite de l'école militaire, La Fayette retrouva trois professeurs français. A l'arsenal de Gibbon's ville, il put admirer des canons français donnés pendant la guerre d'Indépendance et des équipages anglais capturés à Saratoga. Partout, le visiteur était frappé par le développement rapide du pays depuis ses anciens séjours. Il écrivait à son ami Mathieu Dumas : « Quelle que fût mon attente sur les miracles produits ici par quarante-huit ans d'indépendance, d'instruction civique et de liberté, ils dépassent tout ce que j'aurais pu imaginer. Que serait aujourd'hui la France si notre révolution de 89 avait conservé son impulsion primitive[4] ? » Il s'obstinait à comparer ce qui n'était pas comparable : la croissance américaine et ce qu'il appelait la stagnation de l'Europe, dont il s'exagérait d'ailleurs gravement l'ampleur. Ses analyses demeuraient d'un simplisme affligeant si on les compare à celles de Tocqueville. A ses yeux, si l'Amérique éclate de prospérité, c'est grâce à ses institutions libérales qui n'existent pas en Europe et en raison de la « supériorité de ses principes sur toutes les sottises du despotisme et des diverses aristocraties ». Il est pourtant d'autres raisons qu'il se refuse à apercevoir.

Revenu à New York le 20 septembre, il en repart le 23 pour le New Jersey. A Bergen, on lui offre une canne faite dans le bois d'un pommier sous lequel il a déjeuné avec Washington, à Princeton le président de l'université lui remet un diplôme d'honneur. A Trenton, il rendit visite à Joseph Bonaparte dans sa propriété de Bordenton et lui aurait dit ses regrets d'avoir participé en 1815 au rétablissement des Bourbons, car, selon lui, l'opinion prévalait que le fils de l'Empereur aurait été un meilleur garant des conquêtes de la Révolution[5].

Le 27 septembre, l'accueil de Philadelphie, berceau de l'indépendance, fut plus enthousiaste que jamais. La Fayette y retrouva le général Bernard qui le mit au courant des vastes travaux : fortifications, routes, canaux, dont il dirigeait l'exécution. Quelques jours plus tard, il écrivait : « Nous avons vu le général Bernard à son retour d'une tournée pour un immense travail de canaux, il est dans l'admiration du développement des États-Unis, de la manière dont le caractère national et les moyens de force et de prospérité se développent à pas de géant[6]. » Le séjour dans la ville de William Penn fut l'occasion d'admirer l'extrême libéralisme de la déclaration des droits des habitants de la Pennsylvanie adoptée à la fin de 1776, spécialement dans le domaine religieux. L'article 2 prévoyait la plus totale liberté : « Tous les hommes ont le droit naturel et inaliénable d'adorer le Dieu tout-puissant de la manière qui leur est dictée par leur conscience et leurs lumières. » Personne ne peut être inquiété ni « privé d'aucun droit civil comme citoyen ni attaqué en aucune manière à raison de ses sentiments en matière de religion ou de la forme particulière de son culte ». Les constituants français auraient été bien inspirés de se rallier à ces principes. De même nos voyageurs furent-ils encore une fois émerveillés par le libéralisme économique, la légèreté de la fiscalité et le nombre élevé des associations de bienfaisance mutuelle. Il en existait même une, créée en 1805 « pour les Français dans la détresse ».

Le 5 octobre, le cortège partit pour Chester où La Fayette avait été soigné après sa blessure au combat de la Brandywine, Wilmington et Frenchtown où il fut accueilli par une députation comprenant deux Français. L'un d'entre eux n'était autre que François-Augustin du Boismartin, âgé de quatre-vingt-trois ans, qui avait joué un rôle déterminant en 1777 dans le départ de la *Victoire* et se trouvait dans un état voisin de la misère. Le général ne sembla pas enchanté de ces retrouvailles, mais accorda néanmoins une aide financière à son ancien compagnon qu'il allait revoir quelques jours plus tard lors du banquet des Cincinnati[7].

A Baltimore, on avait dressé la tente de Washington, et il fut accueilli par les Cincinnati conduits par le vieux colonel Howard. Lors du défilé militaire, on joua la marche de La Fayette et les vétérans avaient sorti l'étendard de la légion de Pulawski, déployé par un des derniers survivants, un Français, le colonel Bentalou. Messe présidée par l'évêque et fête maçonnique se succédèrent avec œcuménisme ; les assistants, entraînés par leur enthousiasme, cherchaient à toucher les vêtements du héros.

Le 12 octobre, c'était l'arrivée à Washington et l'accueil du président Monroe. A Georgetown, lors de la visite de l'université jésuite, on fit l'éloge de la liberté totale de l'enseignement, exempt du « joug de plomb d'une université privilégiée », expliquait à Levasseur un député à la Chambre des représentants. Le 16, La Fayette se rendit à Alexandria et embarqua le lendemain sur le vapeur *Petersburg* pour aller en pèlerinage à Mount Vernon sur la tombe de Washington. Un des neveux de l'ancien président lui remit un anneau contenant une boucle de cheveux. Il put revoir la clé de la Bastille dont il avait fait don à son ami. La visite du champ de bataille de Yorktown donna lieu, naturellement, à des manifestations grandioses : réceptions, arcs de triomphe, défilé militaire, bal, cérémonie à la pyramide portant les noms des officiers français, récit de la victoire par un ancien combattant qui exalta le rôle de La Fayette et la bonne conduite du corps de Rochambeau dont la discipline et le courage avaient laissé un excellent souvenir. On gagna ensuite Williamsburg et Norfolk. Une escadre française se trouvait alors en visite sur les côtes américaines, mais le gouvernement avait eu la mesquinerie de donner des instructions lui interdisant de s'associer en aucune manière aux fêtes données en l'honneur de La Fayette.

A Richmond, en Virginie, on évoqua la charte du 24 juillet 1621 qui établissait un régime représentatif avec une assemblée comportant des élus, et on rappela que c'est de Virginie qu'était partie la première déclaration d'indépendance, en juin 1776, consacrant le principe de la souveraineté du peuple. C'est au moment de son passage dans cette ville que se constitua une société dont La Fayette fut aussitôt nommé vice-président à vie, pour la création en Afrique d'un État libre destiné à servir d'asile aux Noirs américains libérés et à devenir « un foyer de lumières et d'industrie d'où s'élancera un jour la civilisation de cette partie du monde ». On s'imaginait alors que cette république du Liberia, comme Haïti, allait se peupler d'anciens esclaves.

Le 30 octobre, eut lieu à Richmond une grande fête maçonnique avec défilé musical au cours duquel on joua encore la *Marseillaise* tandis que tous les dignitaires portaient une Bible posée sur un coussin de velours. Un pasteur maçon exalta les vertus de vérité, d'égalité et de charité, précisant que « remplir nos devoirs de maçons n'était autre chose que nous acquitter de ceux que nous avons à remplir envers Dieu et envers les hommes ». Au banquet, La Fayette porta un toast d'esprit moins religieux, mais affirmant : « Liberté, égalité, philanthropie, véritables symboles maçonniques. Puisse la pratique de ces principes nous mériter toujours l'estime de nos amis et l'animadversion des ennemis du genre humain. » Pendant ce temps, un frère expliquait à Levasseur les convergences entre catholicisme et maçonnerie et les raisons du succès de celle-ci aux États-Unis. Il prétendait aussi que les pirates qui infestaient alors la mer des Antilles avaient grand respect pour la maçonnerie, ce qui assurait la protection des voyageurs.

La Fayette se rendit ensuite à Petersburg où il avait opéré en 1781, puis s'achemina vers Monticello pour y revoir son ami Jefferson, auteur de la Déclaration d'indépendance, président de 1801 à 1809 et considéré à juste titre comme le sage de la République. Après un banquet où il siégea entre les deux anciens présidents Jefferson et Madison, il alla visiter l'université de Charlotteville, construite sous la direction du maître de Monticello. Puis on se dirigea vers Montpellier chez James Madison, où l'on évoqua la question de l'esclavage des Noirs, mais aussi celle de l'esclavage spirituel provoqué par les religions dominantes. Les Américains se firent naturellement les apôtres de la liberté absolue, principe que Madison avait fait prévaloir dès 1784 : pas de religion nationale, cultes entretenus uniquement par les contributions des fidèles. « Nous soutenons, écrivait Madison, que les droits de l'homme, en matière de religion, ne peuvent en aucune façon être restreints par l'institution d'un corps social et que la religion n'est en aucune façon du ressort de son autorité », et donc encore moins soumise à celle du corps législatif. Un magistrat ne pouvait se constituer juge compétent d'une vérité religieuse ni se servir de la religion comme instrument de l'autorité civile. Cette rigoureuse séparation de l'Église et de l'État avait trouvé un chaleureux adepte en la personne de La Fayette qui aurait souhaité la faire prévaloir en 1789 et encore en 1801 lors de la discussion du Concordat.

Le 19 novembre, les voyageurs partirent pour Fredericks-

burg, et, après de nouvelles évocations de la campagne de
Virginie, regagnèrent Washington où le général dîna chez le
président Monroe. Un court voyage à Baltimore permit ensuite
à ce passionné d'agriculture de prendre part à la fête annuelle
des fermiers du Maryland au cours de laquelle il remit les
prix. On lui fit visiter des exploitations, et il nota des
améliorations à introduire dans ses domaines de la Grange. Il
reçut aussi en cadeau des animaux de bonnes races et une
chaudière à vapeur propre à préparer la nourriture des
troupeaux.

Après cet intermède champêtre, le retour à Washington
permit à La Fayette de recevoir des députations indiennes
venues le saluer. Le 6 décembre, il assista à l'ouverture de la
session du Congrès et entendit le président Monroe présenter
sa célèbre déclaration sur la non-ingérence des puissances
européennes dans les affaires du continent américain. L'orateur salua ensuite son hôte et invita l'assemblée à voter « en
sa faveur une dotation qui réponde dignement au caractère et
à la grandeur du peuple américain ». Ce qui fut fait sous la
forme d'une somme de 200 000 dollars, soit environ un million
de francs d'alors, et d'une concession de terre de 24 000 acres
(9 600 hectares) en Floride. La Fayette fut reçu officiellement
par le Congrès au Capitole et dans son remerciement déclara
que « l'approbation du peuple américain et de ses représentants pour ma conduite dans les vicissitudes de la révolution
européenne est la plus grande que je puisse recevoir[8] ».

Le 9 février 1825, avait lieu l'élection du nouveau président
John Quincy Adams. Ce fut l'occasion d'admirer l'excellence
de la constitution américaine, la simplicité des mœurs qu'af-
fichaient les hommes politiques et qui tranchait sur le
cérémonial et l'étiquette en usage en Europe, enfin sur la
légèreté des structures administratives. Le 1er janvier, eut
encore lieu à Washington en l'honneur de La Fayette un
grand banquet auquel assistèrent le président Monroe, le
général Bernard et la fleur du monde politique et militaire.
Un toast fut porté « au grand apôtre de la liberté, que
n'abattirent point les persécutions de la tyrannie, que l'amour
des richesses n'influença pas, que ne purent séduire les
applaudissements populaires. Il fut toujours le même, dans
les fers d'Olmütz, dans ses divers travaux, au faîte de la
puissance et de la gloire ». Le général répondit par ces mots
prophétiques : « A l'union perpétuelle entre les États-Unis.

Elle nous a déjà sauvés dans des temps d'orage, un jour elle sauvera le monde. »

La seconde partie du voyage allait se dérouler dans le Sud, et le général Bernard joua un rôle primordial dans l'organisation de ce circuit immense dans des régions encore relativement peu développées et souvent dépourvues de routes. Le départ eut lieu le 23 février 1825, par bateau jusqu'à Norfolk, puis par la route vers Halifax, ancien quartier général de Cornwallis, Raleigh, chef-lieu de la Caroline du Nord où l'on put admirer une statue de Washington par Canova. Le 4 mars, on arrivait à Fayetteville, au milieu toujours de l'enthousiasme des habitants. Levasseur remarqua, pour le déplorer, que les constitutions des deux Carolines étaient moins libérales que celles des autres États puisqu'elles admettaient l'esclavage et le cens électoral. En Caroline du Sud, les routes étaient difficiles, mais les pionniers s'étaient mis au travail, et le pays se développait avec rapidité. A Cambden, un monument rappelait le souvenir du général Kalb, arrivé avec La Fayette et tué au combat alors qu'il était l'adjoint de Gates. Après la traditionnelle réception maçonnique, on partit pour Columbia où l'on visita l'université, puis pour Charleston, lieu du débarquement de 1777, où le général retrouva son ami Huger qui avait tenté de le faire évader d'Olmütz. Il était devenu cultivateur et colonel de milices. Les Cincinnati, les représentants du clergé des diverses religions, y compris la communauté juive — qui regroupait environ cinq cents personnes d'origine française et portugaise — organisèrent des réceptions.

Le 19 mars, c'était l'arrivée à Savannah où vivait une assez importante colonie française, et ce fut l'occasion d'exalter l'hospitalité américaine pour les Français proscrits, victimes de tous les despotismes. Le 21, La Fayette posa la première pierre d'un monument à la mémoire des généraux Nathaniel Greene et Casimir Pulawski, héros de la guerre d'Indépendance dans le Sud. Cérémonie éminemment maçonnique au cours de laquelle furent dites prières et invocations rituelles. La Fayette prononça les formules maçonniques après avoir accompli toutes les formalités. Il remit ensuite au 1er régiment des milices de Georgie un drapeau portant son effigie et rencontra Achille Murat, fils de l'ancien roi de Naples, devenu citoyen américain et planteur en Floride. Le 23 mars, il prit le bateau à vapeur pour Augusta et arriva le 28 à Milledgeville

dont le maire, Jaillet, était d'origine française. Levasseur
rappelait que la Georgie s'était fort peu engagée dans la
guerre d'Indépendance, car le parti loyaliste y était très fort.
Il estimait que son retard économique provenait du maintien
de l'esclavage.

Après cette étape, La Fayette et son cortège s'enfoncèrent
dans des régions encore peu cultivées. A Macon, au milieu
des forêts, eurent lieu d'amicales rencontres avec les Indiens
qui l'accueillent avec joie, car « dans son affection pour les
habitants de l'Amérique, il n'avait jamais distingué le sang ni
la couleur ». Les Creeks donnèrent une fête en son honneur ;
il jouissait d'un grand prestige auprès d'eux qui voyaient en
lui « le grand guerrier français venu jadis les délivrer de la
tyrannie des Anglais ». A Montgomery (Alabama), il prit
passage, le 3 avril, sur un vapeur en direction de La Nouvelle-
Orléans. Il rencontra des émigrés français bonapartistes venant
de l'établissement du Champ d'Asile, eut droit, à Mobile, à
de nouvelles festivités maçonniques et autres, tandis que la
principale ville de la Louisiane lui réservait encore une fois
un accueil de chef d'État. Il y reçut une délégation de réfugiés
espagnols venus le remercier de son attitude libérale lors de
la crise de 1823 et de ses protestations contre l'exécution du
patriote Riego.

A bord du vapeur *Natchez*, on remonta ensuite le Mississippi. Dans la ville portant le nom de cette tribu indienne
illustrée par Chateaubriand, il retrouva un ancien garde
national de 1791, du bataillon des Filles Saint-Thomas et
reçut l'accolade d'un ancien combattant de Brandywine. Il
était émerveillé de l'activité régnant sur le fleuve, du développement déjà pris par la navigation à vapeur, encore dans
l'enfance en Europe. Depuis les premiers essais de Fulton en
1807 sur l'Hudson avec le *Clermont*, le nouveau mode de
propulsion avait connu aux États-Unis une expansion fulgurante. Le 22 avril, La Fayette écrivait à son ami Dupont de
l'Eure : « Les créations, les améliorations, les merveilles de
prospérité, de grandeur, de félicité publique et individuelle
que nous rencontrons à chaque pas surpassent tout ce que
mon imagination avait pu concevoir. Voilà pourtant ce qu'eût
été notre chère France si l'œuvre de 1789 n'avait pas été

galvaudée, ce qu'elle serait encore s'il n'y avait pas contre nous je ne sais quelle diablerie, car de bons éléments existent[9]. »

Aux environs de Saint Louis (Missouri), La Fayette visita des monuments indiens et le cabinet de curiosités constitué par le gouverneur Clark ; avec son compagnon Lewis, celui-ci avait, au cours de leurs explorations jusqu'aux sources du Missouri en 1804-1806, recueilli une masse considérable d'objets, armes, vêtements, outils de pêche et de chasse, parures, etc. Clark fit plus tard envoyer à son hôte un jeune ours qui devint pensionnaire du Jardin des Plantes de Paris. A Kaskaskia (Illinois), La Fayette rencontra une jeune Indienne, Marie, fille d'un chef nommé Panisciowa qui avait combattu en 1778 sous les ordres du général et avait gardé précieusement, comme une sorte de talisman, une lettre de celui-ci qu'il avait confiée à sa fille avant de mourir. Le cortège arriva le 4 mai à Nashville où trois cents frères assistèrent à la réception maçonnique. Au cours de cette « soirée de famille », l'orateur, William Hunt, prononça « un excellent discours, qui, sous la forme maçonnique, présentait le tableau des plus nobles préceptes de patriotisme et de philanthropie ». Il y eut une autre réception chez le général Jackson, le vainqueur de La Nouvelle-Orléans en 1814, et le collège de Cumberland créa une chaire portant le nom de La Fayette. En route vers Louisville, le navire à vapeur sur lequel se trouvaient les voyageurs s'éventra de nuit sur un tronc d'arbre flottant, mais tout le monde se retrouva sain et sauf sur un autre bâtiment. Le 12 mai, on partit pour Cincinnati en passant par Lexington où un collège de jeunes filles avait aussi reçu le nom du général. Arrivé le 19, celui-ci s'émerveilla des progrès de l'instruction publique autant que du développement économique de la vallé de l'Ohio.

Le 22, le cortège embarqua sur l'*Herald* qui allait le conduire à Uniontown (Pennsylvanie), chef-lieu du comté de La Fayette. Dans son discours d'accueil, Gallatin rappela l'action de son hôte avant et pendant la Révolution française pour la cause de la liberté : « Votre proscription fut le signal de tous les maux qui vinrent désoler votre pays. » A Elisabethtown, on visita le champ de bataille où, en juillet 1755, l'armée anglaise du général Braddock fut écrasée par les Français et les Indiens réunis et où le jeune aide de camp George Washington sauva les débris de la troupe vaincue.

Puis on gagna Pittsburg qui n'avait alors que 8 000 habitants mais commençait à se couvrir d'usines. La Fayette, sur les bords du lac Erié, rendit hommage aux succès remportés en août et septembre 1813 par la flottille des Grands Lacs du commodore Perry.

A Buffalo, eut lieu une rencontre avec Red Jacket, un chef iroquois de la tribu des Senecas avec lequel le général avait négocié en 1784, lors du Grand Conseil réuni au Fort Schuyler, la solution à certains problèmes diplomatiques entre nations indiennes et États-Unis. Après avoir visité les chutes du Niagara et le fort du même nom, La Fayette assista à Lockport à une nouvelle cérémonie maçonnique au cours de laquelle on lui fit don des ornements dont on l'avait revêtu à son entrée dans la loge. Il traversa ensuite les régions où il avait combattu lors de la campagne de 1777-1778 et retrouva trois chefs indiens Oneidas qu'il avait connus à ce moment, alliés des Insurgents, et le fils d'Ouekchekacta, qu'il avait ramené en Europe avec lui en 1779 mais qui avait dû rentrer assez vite dans son pays car il n'avait pu s'adapter à la vie parisienne. Au cours de cette partie de son voyage, La Fayette put admirer les travaux presque achevés du canal joignant le lac Ontario à la vallée de l'Hudson à Albany qui devait rendre les plus grands services à l'État de New York. Le héros des deux mondes fut de retour à Boston le 15 juin, après un voyage de plus de 5 000 *milles*, minutieusement préparé par le directeur général des Postes MacLean, le général Bernard et George-Washington de La Fayette qui ne cessa d'accompagner son père.

De nouvelles fêtes eurent lieu le 17 juin pour la célébration du cinquantième anniversaire de la bataille de Bunker's Hill. Plus de deux mille francs-maçons des loges du Maine, du New Hampshire, de Rhode Island, du Connecticut, du Vermont et du New Jersey s'étaient réunis pour la pose de la première pierre d'un monument effectuée par le grand maître de la loge du Massachusetts. Un remarquable discours fut prononcé à cette occasion par Daniel Webster, représentant de cet État, qui s'attacha à mettre en évidence les différences fondamentales entre les révolutions française et américaine : « Ce fut en Amérique que le génie des révolutions politiques s'ouvrit une carrière ; sa marche y fut prudente, sage, calculée. Parvenue dans un autre hémisphère et entraînée par des causes naturelles et malheureuses, elle reçut une impulsion violente et irrégulière, son char s'élança avec une affreuse célérité et, semblable à ceux qui se disputaient le prix dans les courses de l'Antiquité, ses roues s'embrasèrent par la rapidité de leurs mouvements et répandirent partout la terreur et la conflagration. Ce malheureux résultat nous apprit d'autant mieux le prix de nos heureuses destinées, et nous vîmes combien notre caractère national était fait pour donner l'exemple d'un gouvernement populaire. Nous ne fûmes pas enivrés par la possession d'un pouvoir dont nous nous étions rendus dignes. Nous avions en quelque sorte l'habitude de nous gouverner. Malgré la suprématie de l'Angleterre, une grande partie du pouvoir législatif avait toujours appartenu à nos assemblées nationales. Les formes d'un gouvernement représentatif nous étaient familières. Les doctrines inhérentes à un gouvernement libre, la balance du pouvoir et sa division en différentes branches étaient connues, le caractère de nos compatriotes était paisible, moral, religieux et comme il n'y avait rien eu à détruire, rien n'avait pu blesser leurs sentiments, ni même leurs préjugés ; nous n'avions pas de trône à renverser, d'ordre privilégié à anéantir, les propriétés n'avaient pas de chocs violents à éprouver ; dans la révolution américaine, on ne chercha qu'à défendre ce qu'on possédait et à s'assurer le droit d'en jouir. » Cette excellente analyse, jointe aux hommages innombrables qui lui étaient rendus, plongea La Fayette dans l'allégresse. Le soir même, il écrivait à sa famille avoir vécu en ce jour « une des plus belles fêtes patriotiques qui aient pu être célébrées : on ne peut lui comparer que la Fédération de 90 ». Ce qui constituait pour lui la référence absolue[10].

D'autres réceptions l'attendaient encore à Concord avec un banquet des anciens combattants de l'indépendance, à Portland avec la loge maçonnique, à Burlington, sur les bords du lac Champlain, où il posa la première pierre du nouveau bâtiment de l'université et où il évoqua la victoire remportée sur le lac le 11 septembre 1814 par le commodore Mac-Donough. Il redescendit ensuite vers Albany et New York où il arriva pour célébrer, le 4 juillet, l'Independance Day. Il posa, à cette occasion, la première pierre d'une bibliothèque à l'usage des artisans sur les hauteurs de Brooklyn, assisté par les francs-maçons de Long Island, puis assista à une cérémonie religieuse achevée par la lecture de la Déclaration d'indépendance, texte sacré que les enfants savaient par cœur. Dans

l'un des discours prononcés en ce jour, le président du sénat
de l'État de New York félicita La Fayette d'avoir, lorsqu'il
fut placé à la tête de la Garde nationale, su éviter le piège du
coup d'État : « Ce fut alors que l'appât du pouvoir fut sans
empire sur l'amour des principes et que la vertu n'eut point
à lutter contre l'ambition. » Nul compliment ne pouvait lui
être plus agréable.

Le général quitta New York le 14 juillet pour Philadelphie
où il admira la machine hydraulique alimentant la ville en
eau potable et effectua un nouveau pèlerinage sur les champs
de bataille de Germantown, Barren Hill et Brandywine. Le
secrétaire Levasseur s'extasiait naïvement sur le fait qu'aux
États-Unis il existait une « union constante des idées religieuses et des sentiments patriotiques. Un orateur politique
invoque toujours la puissance divine et le ministre des autels
rappelle toujours de son côté les devoirs des citoyens et le
bonheur qu'ils ont de vivre sous de sages et bonnes institutions. [...] Ce mélange de morale politique et de théosophie
répand sur toutes les actions des Américains une teinte de
gravité et de profonde conviction dont le charme et l'influence
sont inexprimables ». Il remarquait aussi la bonne entente
entre le clergé des différentes confessions, tous unis pour
célébrer le grand homme. Celui-ci, dans une de ses nombreuses allocutions de remerciement, observa « la vénération
qu'inspire le clergé de toutes les dénominations dont les
membres, apôtres des droits de l'homme, sont les organes
toujours conséquents d'une religion ordinairement fondée sur
les principes de liberté et d'égalité et sur l'élection des
ministres évangéliques par le peuple ». La Fayette nourrissait
des convictions religieuses passablement œcuméniques.

Un dernier passage à Washington lui permit d'être reçu à
nouveau par le président Adams qui lui fit goûter « les
douceurs de la vie de famille ». Le 6 août, il était à Oak Hill
où James Monroe était devenu, avec une simplicité romaine,
juge de paix de son comté. A Monticello, une réception réunit
encore une fois les anciens présidents Jefferson, Madison et
Monroe. Revenu dans la capitale, le général fut informé que
le gouvernement américain mettait à sa disposition pour le
voyage de retour une magnifique frégate neuve de soixante

canons, la *Brandywine*, à bord de laquelle seraient embarqués pour la circonstance vingt-quatre midships supplémentaires représentant les États de l'Union. La Fayette fêta son soixante-huitième anniversaire le 6 septembre, au cours d'un grand dîner. Quelques jours auparavant, il avait remis à Villenilla, chargé d'affaires de Colombie, une médaille d'or et un portrait de Washington, dons de la nation américaine à Simon Bolivar. Le 7, il fit ses adieux au président Adams et embarqua le lendemain sur la frégate qui appareilla aussitôt et arriva au Havre le 4 octobre, après une heureuse traversée.

En France aussi, l'accueil fut enthousiaste, au grand dépit des autorités, surtout à Rouen où il y eut quelques incidents avec les gendarmes. Le 9, le général rentrait chez lui à La Grange où l'attendait une foule digne de celles de l'Amérique. Son ami le général Bernard avait pu lui écrire qu'il avait été aux États-Unis « l'objet d'un triomphe dont l'Histoire n'offre point d'exemple et dont la postérité lira les détails avec admiration et étonnement[11] ». Le seul à ne s'être point associé à la liesse générale avait été le ministre de France à Washington, le baron de Mareuil, qui rendit compte à Villèle et à Damas, ministre des Affaires étrangères, de « l'espèce de délire qui envahit l'Amérique ». Le diplomate français refusa toute invitation pour ne pas assister au triomphe du marquis, lequel ne manqua jamais une occasion de proclamer ses idées démocratiques et son hostilité aux Bourbons. Mareuil accepta toutefois, en octobre 1824, de recevoir le général et sa suite et lui rendit sa visite. Une nouvelle entrevue eut lieu à la veille du retour du voyageur en France, celui-ci ayant perdu ses passeports lors de son naufrage sur l'Ohio. Mareuil reprochait surtout à La Fayette de s'être conduit en chef de secte et répandu en discours partisans alors que les autorités américaines se montraient beaucoup plus réservées, ce qui fut sensible dans le discours d'adieu du président Adams. Pour le ministre de France, le marquis se rangeait parmi les « hommes incorrigibles et en qui l'âge ne fait que fortifier les sentiments haineux et les doctrines subversives[12] ».

Commentant ce voyage, le duc de Broglie remarquait que, « sans être de condition royale, [La Fayette] régnait bien plus réellement que Charles X [qui avait succédé à Louis XVIII en 1824] sur les cœurs et l'imagination d'un grand peuple ». Son entrée à Washington fut « moins splendide mais plus triomphale que celle du successeur de Louis XVIII. [...] Jamais aucun homme, dans aucun temps, dans aucun pays, ne reçut de tout un peuple un pareil accueil ». Le marquis, comme continuaient à l'appeler les Américains, revint « enchanté et glorieux » selon Broglie, et cela ne fut pas sans conséquences sur la politique française. Il avait vu une Amérique « assurant aux citoyens une prospérité inouïe et une liberté sans limites ». Continuant avec constance à commettre les mêmes erreurs de jugement qu'aux temps de la guerre d'Indépendance, il rêva plus que jamais de transporter en France la liberté américaine. « Il n'en fallait pas tant, à coup sûr, pour encourager dans ses espérances indéfectibles et pour précipiter de plus en plus dans ses voies périlleuses l'esprit le plus confiant et le plus ardent à toute entreprise qui se soit jamais rencontré[13]. »

Comble, peut-être, de la gloire, le voyage de La Fayette eut même quelques retombées littéraires. Il inspira une chanson à Béranger, *Gloire immortelle à l'homme des deux mondes !*, qui connut un grand succès auprès de la jeunesse, et Casimir Delavigne lui consacra un poème des *Messéniennes*. Un concours fut même ouvert à cette occasion, car il convenait de « chanter un voyage que l'Histoire mettra au nombre des grands événements de notre siècle ». Quatre-vingts concurrents s'affrontèrent, et le vainqueur fut un certain Eugène Labat[14].

Comment tout cet encens ne serait-il pas monté à la tête de cet incurable vaniteux ? Broglie, qui alla lui rendre visite à La Grange très vite après son retour, le trouva « gros, gras, frais, joyeux » et nullement fatigué par son voyage. Il le croyait un peu assagi, « dans les meilleures dispositions, sentant désormais la dignité de son âge, de sa position, et décidé à ne plus faire de lui-même et de sa fortune qu'un usage que nous pouvons tous approuver[15] ». Le duc put rapidement constater qu'il n'en était rien.

## CHAPITRE XXIX

# Deux obstinés de sens contraire

Revenu d'Amérique auréolé d'une gloire nouvelle, La Fayette reprit à La Grange sa vie partagée entre l'agriculture et la défense des mouvements indépendantistes et libéraux qui se développaient dans certaines régions du monde, en Europe et en Amérique latine. Il continuait aussi à suivre de près la politique intérieure sans négliger tout à fait ses intérêts personnels. Gilbert, qui avait toujours repoussé avec horreur toute assimilation avec les émigrés, n'eut pas les mêmes scrupules lorsqu'il s'agit de toucher sa part du fameux « milliard » accordé à titre d'indemnité par le gouvernement de la Restauration. Il adressa une demande au préfet de la Haute-Loire qui, le 16 août 1826, lui accorda une somme de 325 767,90 francs pour les biens vendus. « Il fut assez curieux alors, de voir nombre de libéraux crier contre l'indemnité et tendre les mains pour en saisir leur part », écrit d'Allonville qui prétend que La Fayette toucha en tout 450 682 francs[1]. Le principal bénéficiaire fut le duc d'Orléans qui accrut encore par ce moyen une fortune déjà immense.

Plus que jamais, La Grange devint un centre d'opposition et un refuge de proscrits de nationalités diverses que le général, toujours généreux, logeait et nourrissait. Il continuait aussi à entretenir correspondance avec tous les éléments libéraux du monde. Le 11 octobre 1826, il écrivait au président argentin Rivadavia, élu le 7 février précédent, au sujet de la guerre entre son pays et le Brésil. Il souhaitait voir disparaître le trône brésilien, « foyer naturel des intrigues monarchiques et aristocratiques de tous les cabinets de l'Europe », ce qui délivrerait le pays de ce qu'il appelait les « anomalies antirépublicaines ». Le 19 octobre, il félicitait le gouvernement du Guatemala qui s'était doté d'une constitution inspirée de celle des États-Unis. On ne pouvait évidemment choisir meilleur modèle. Le 16 décembre, dans une lettre à Bolivar, il exprimait son admiration pour « la supériorité de votre dévouement républicain sur les ambitions subalternes qui ont méconnu la vraie gloire » et émettait le vœu que « l'homogénéité républicaine s'établisse dans tout votre continent ». Il ignorait que, le 28 novembre précédent, en raison de la situation politique confuse qui régnait dans le pays, Bolivar s'était proclamé dictateur de Colombie en vertu de l'article 128 de la Constitution ! Dans d'autres lettres, il insistait lourdement et couvrait encore de louanges « le fondateur dévoué des institutions républicaines » de son « juste mépris pour les pouvoirs et les dignités qui ne conviennent qu'à des ambitieux de second ordre[2] ». Rien ne put jamais lui faire perdre ses illusions sur l'avenir de l'Amérique espagnole.

Cet aveuglement tranchait d'ailleurs avec la relative lucidité de ses analyses sur la situation en Europe. Il écrivait par exemple à Bolivar : « Le trait le plus marquant est la séparation qui s'élargit tous les jours entre les peuples, dont l'esprit public se forme de mieux en mieux, et une minorité de rois et de gens en place qui, de plus en plus, s'enfoncent dans une route opposée », mais « les ennemis de la liberté travaillent si bien pour elle que je ne désespère pas, dans ma soixante-dixième année, de voir l'Occident de l'Europe en harmonie avec l'hémisphère républicain ».

L'année 1827 fut marquée par le retour de La Fayette au Parlement. Son adversaire de 1824, Pinteville de Cernon, étant mort, les électeurs de Meaux vinrent le solliciter de poser sa candidature, ce qu'il accepta. L'élection, le 22 juin, donna lieu à deux tours de scrutin. Au premier, le général n'obtint que 133 voix contre 138 à son concurrent, un agriculteur nommé Nicolas Tronchon. Au second tour, le 23, il fut élu d'extrême justesse, avec deux voix de majorité : 141 contre 139. Les Briards étaient moins enthousiastes que les Américains. En août suivant, il perdit son ami Manuel et prononça à ses obsèques, le 28, un discours de tendance très républicaine aussitôt publié en brochure. Le libraire et l'imprimeur furent poursuivis devant la 7e chambre correctionnelle. Le 17 septembre, il écrivit au président de la Cour pour revendiquer la responsabilité de la publication et se déclarer

solidaire des accusés qui furent acquittés le 28[3]. Cette affaire
valut aussi au général une lettre attristée de la duchesse de
Broglie qui lui reprochait d'avoir « oublié » dans son oraison
funèbre, toute référence religieuse : « Comment, en présence
de tant de tombeaux, ne pas parler d'une autre existence. [...]
Je sais que cela est difficile dans les temps actuels où la
religion est devenue un débat politique, mais comment, vous
qui ne partagez pas cette incrédulité de notre parti libéral, ni
cette indifférence plus inconcevable encore sur les pensées de
l'éternité, comment ne l'avez-vous pas exprimé ? [...] Si la
vue des tombeaux même ne peut réveiller une pensée religieuse, où naîtra-t-elle donc ? » Il semble que la duchesse
s'illusionnait sur les convictions de La Fayette, lequel, comme
le déplorait jadis sa pieuse épouse, était avant tout fayettiste.
Mais Mme de Broglie avait aussi un second grief : « Je dois
vous avouer aussi que j'ai été fort choquée d'entendre crier
en même temps : Honneur et à La Fayette et à Béranger.
Doit-on prononcer ensemble ces deux noms ? Une vie consacrée à servir la liberté au milieu de tous les dangers peut-elle
être comparée à une vie consacrée à faire des chansons à
boire dans lesquelles il y a sûrement du talent mais dont la
moitié sont illisibles pour d'honnêtes gens. Ah ! mon pauvre
parti libéral ! Quel manque de sentiment moral il y a dans
cela ! Et pourquoi votre gloire si pure est-elle au milieu de
tout cela ? J'ai déchargé mon cœur, comme vous voyez, et
vous me le pardonnerez, j'espère[4]. » Les positions de La
Fayette n'étaient donc pas toujours approuvées même par
ceux qui se considéraient comme proches de lui.

À la même époque, Charles Dupin qui, avant de se lancer
dans la politique, avait effectué plusieurs missions en Angleterre pour le compte de la marine, demanda au général de
s'associer à un projet de médaille en l'honneur de George
Canning, chancelier de l'Échiquier, mort le 8 août et qui
devait porter comme devise : « Liberté civile et religieuse
dans tout l'univers. » Par une lettre du 28, le châtelain de la
Grange motivait ainsi son refus : Canning se distingua par
son hostilité à l'égard des États-Unis, par sa politique
antilibérale lors des révoltes de Naples, du Portugal et de
Grèce, par ses prises de position hostiles à la France en
Amérique latine. Il se vantait, par exemple, d'avoir favorisé
la naissance des républiques sud-américaines pour contrer
l'influence française en Espagne. Enfin, il s'est toujours refusé

à modifier le système électoral anglais, archaïque et injuste. Il n'était donc pas question, pour un champion de la liberté, de s'associer à un hommage rendu à un homme si rétrograde[5].

C'est également en 1827 que La Fayette adhéra à la Société philanthropique pour l'assistance aux Grecs, présidée par Chateaubriand et qui réunissait des hommes politiques d'horizons divers ayant pour mission d'organiser l'aide sous toutes ses formes aux Grecs insurgés contre l'Empire ottoman.

Charles X, insatisfait d'une Chambre qui donnait trop souvent à son gré des signes d'indépendance, crut devoir la dissoudre. Sa grande erreur, qu'il partagea avec Villèle, fut de méconnaître la puissance des idées et des sentiments, et de confondre bonne administration et bonne politique. L'opinion ne se satisfait pas seulement d'un budget en équilibre. Les résultats des élections furent donc décevants pour le pouvoir. La Fayette fut réélu à Meaux avec, cette fois, une marge beaucoup plus solide puisqu'il obtint 197 voix contre 129. Son capital électoral s'était donc sensiblement renforcé en six mois à peine. A ce moment, il était certes dans l'opposition, mais d'une manière assez modérée. Un gouvernement de centre gauche lui paraissait « en harmonie avec le thermomètre national. [...] Le peuple français, écrit-il à Dupin qui a été élu député, devenu plus industriel et propriétaire qu'il ne le fut jamais, a besoin de repos, mais si on lui prouve que ce repos est incompatible avec le maintien des droits indispensables, il voudra obtenir tous les droits qui lui appartiennent ».

Il ne songeait nullement à une monarchie orléaniste, comme le prouvent ses commentaires sur l'affaire Cauchois-Lemaire. Celui-ci avait été condamné le 17 janvier 1828 à quinze mois de prison et 2 000 francs d'amende pour une brochure intitulée *Sur la crise actuelle* qui, sous forme d'une lettre au duc d'Orléans, incitait vivement le prince à prendre la couronne : « Votre Altesse royale n'a qu'à se baisser pour prendre le joyau qui est là par terre. » La Fayette ne partageait pas cet avis : « J'aimerais mieux, écrit-il à Dupin, qu'il [Cauchois] n'eût pas fait cette plaisanterie qui ne mène à rien. Je ne lui reprocherai pas d'avoir mis un prince en avant malgré lui, mais au contraire, d'y avoir mis un simple particulier qui n'est pas du domaine de la politique lorsqu'il veut se tenir tranquille ». Il reprochait au gouvernement d'avoir « fait naître dans toutes les têtes l'idée qu'il ne tenait qu'au duc d'Orléans de se faire roi de France. Au reste, il paraît que le prince a fort désapprouvé cette persécution quoique la lettre lui ait fait beaucoup de peine[6] ».

La démission de Villèle, en janvier 1828, entraîna une sorte d'armistice tacite entre La Fayette et le gouvernement. Charles X était sensible à la fidélité de l'ancien notable de 1787 à ses idées. « Je lui rends cette justice, dit-il à Royer-Collard, qu'il n'a pas plus changé d'opinion que moi. » Les tendances relativement libérales du nouveau ministère Martignac ne pouvaient qu'être agréables à l'éternel opposant. Néanmoins, à la séance du 23 juin, à l'occasion du débat sur le règlement définitif du budget de 1826, il prononça un de ces discours fourre-tout dans lequel se mêlaient les questions qui lui tenaient à cœur. L'indépendance grecque en premier lieu à propos de laquelle il déclarait : « La France, longtemps habituée à triompher des coalitions les plus formidables, s'étonne d'être arrêtée par une tracasserie de barbaresques dont elle connaît à peine les causes. » Ce qui montre à quel point il méconnaissait la complexité du problème. Il devait approuver l'expédition envoyée en Morée aux ordres du général Maison, car elle présentait « tous les caractères de la loyauté, du libéralisme et du désintéressement ». A propos de l'Amérique du Sud, il s'étonnait de la « faute énorme, insensée, qui se commet à l'égard des nouveaux États américains ». Qu'attend-on encore pour reconnaître leur indépendance ? On en est encore à des « demi-mesures qui excitent le mécontentement et la défiance tandis qu'il est de fait que les productions et les manufactures françaises ont plus de vogue dans ces vastes contrées que celles de toute autre nation ». Ce qui était inexact ; les informations de La Fayette retardaient, et il se croyait encore avant 1789 : depuis les guerres maritimes de la Révolution et de l'Empire et le blocus qu'elles avaient entraîné, les commerçants français y avaient perdu les positions conquises au début du XVIIIe siècle.

Passant à la politique intérieure, il plaidait en faveur de l'instruction élémentaire, « ce grand ressort de la raison publique, de la morale pratique et de la tranquillité des peuples » et préconisait la préparation d'un plan d'organisation de l'instruction publique — était-ce un souvenir de ses conversations avec Condorcet ? — « où tous les devoirs nationaux de l'enseignement seraient complètement remplis et où les libertés individuelles seraient respectées ». Rappelant la loi du 3 brumaire an IV, il critiqua la réforme napoléonienne « dont le monopole et les exigences choquèrent les amis de la liberté et les sentiments de famille, mais qui dut ensuite à l'envahissement du jésuitisme, privilège d'un autre genre, l'avantage de passer pour une institution libérale ».

Il reprit aussi une de ses idées très chères, la régionalisation administrative, et se plaignit qu'on ait conservé « l'échafaudage impérial de l'administration intérieure de la France. Ces municipalités factices, ces conseils postiches, ces préfectures et sous-préfectures despotiques et tracassières dont on n'a fait qu'augmenter successivement les inconvénients, les attributions et les appointements. Quand verrons-nous chaque section du pays s'administrer elle-même, faire tout ce qui peut être fait par elle, garder dans son territoire la portion des taxes qu'on est ensuite obligé d'y renvoyer ? » Il redisait sa préférence pour le système de 1791 dans lequel les administrateurs étaient élus par les citoyens[7]. La Fayette pionnier de la décentralisation administrative, voilà encore un aspect de sa pensée trop souvent négligé dans lequel il fit aussi figure de précurseur peu écouté.

Est-ce en raison de la sorte de sympathie secrète qu'éprouve pour lui le roi ? En tout cas, à ce moment-là, il fait preuve d'une plus grande objectivité à l'égard du gouvernement. Il reconnaît, par exemple, que le ministre des Affaires étrangères, M. de La Ferronays, « enfant du royalisme et de l'émigration, n'en est pas moins un homme très modéré et surtout un homme très loyal ». Il apprécie les déclarations de Martignac en faveur de l'agriculture, « science fondamentale », la création à Meaux, avec l'autorisation du préfet, d'une institution d'enseignement mutuel et d'un cercle littéraire. « C'est vivre de peu que d'être satisfait de ces démonstrations, du moins elles sont de bon augure[8]. » Il constatait aussi avec satisfaction que la vénalité des votes et les bourgs pourris, si fréquents en Angleterre, n'existaient pas en France : « L'influence est à craindre, c'est la multiplicité des places et l'influence des administrations qui peuvent rendre timides certains électeurs et leurs familles, mais il n'y a pas de votes vendus pour de l'argent. » Il reconnaissait aussi que « la presse est assez libre de fait », sauf sur deux points : l'absence de jugement des délits de presse par le jury et la faculté de retirer le brevet aux imprimeurs ayant subi des condamnations, mais « l'opinion publique garantit tant bien que mal du mauvais effet de ces deux vices dans la législation ». Enfin, les ordonnances du 16 juin 1828 ont allégé la tutelle du clergé sur l'enseignement pour lequel il revendiquait la liberté : « L'État donnerait *gratis* l'enseignement primaire, mais sans empêcher d'autres établissements de s'élever[9]. » Signe de ce timide rapprochement, Charles X, passant par Meaux le 31 août 1828, demanda des nouvelles de La Fayette, à la grande surprise du préfet et de l'évêque, et rappela leurs souvenirs communs : « Je le connais beaucoup. Il a rendu à notre famille des services que je n'oublie pas. Nous avons appris ensemble à monter à cheval au manège de Versailles, et il était de mon bureau à l'Assemblée des notables. » Mais y avait-il possibilité d'entente entre ces deux obstinés de sens contraire et également dépourvus de sens politique ?

A la fin de 1828, profitant de quelques loisirs, le général recommença à s'occuper de ses archives et de ses *Mémoires*. Il facilita le travail de Jared Sparks qui préparait son édition monumentale de la Correspondance de Washington et viendrait travailler à la Grange « où j'ai beaucoup de documents à lui communiquer[10] ». Il continuait aussi son action politique sous diverses formes. Le 27 septembre, un banquet lui avait été offert à l'hôtel du Grand-Monarque à Meaux, au cours duquel il réclama l'abolition du double vote, la réorganisation de la Garde nationale, l'amélioration du système d'enseignement. Selon le commissaire de police, cent vingt personnes étaient venues l'écouter dont de nombreux clercs de notaires et d'avoués. Le policier prétend qu'il avait fallu réduire le prix de vingt à dix francs pour pouvoir remplir la table[11].

Cette question du double vote, principe contraire à la Charte, le préoccupait depuis longtemps, et il y revint à la Chambre le 6 juin 1829 en développant plusieurs arguments dont l'un, le meilleur à ses yeux, aurait dû faire réfléchir le pouvoir : « Il importe au gouvernement du roi de prouver qu'il n'existe aucune méfiance entre le peuple et le trône, et quel meilleur moyen d'y parvenir que d'abolir un ordre de choses qui pourrait faire supposer qu'on n'a de confiance entière et complète que dans vingt mille électeurs privilégiés sur une population de trente-deux millions d'âmes[12] ? »

Le 9 juillet, il intervint sur la politique étrangère et reprit ses attaques contre la Sainte Alliance, « cette vaste et puissante ligue qui voudrait asservir et abrutir le genre humain ». Il souhaitait l'indépendance totale de la Grèce, se félicitait de l'accueil réservé à Brest aux réfugiés portugais, victimes de la politique rétrograde du roi don Miguel qui faisait régner une véritable terreur sur son pays. Il le traita de « vil tyran » et « d'éteignoir de toute liberté ou progrès dans son pays » et s'affligea de la reconnaissance de son gouvernement par les États-Unis. Revenant sur les troubles de l'Amérique espagnole, il en fit une analyse très incomplète puisqu'il les attribuait uniquement aux menaces de l'Espagne et aux « intrigues européennes qui s'obstinent à vouloir introduire de vieilles institutions dans les nouveaux États ». Il s'insurgeait avec raison contre la thèse soutenue par le ministre du Commerce prétendant que les relations diplomatiques n'avaient aucun rapport avec les intérêts commerciaux et concluait que le temps était venu pour le gouvernement de « se rendre enfin aux demandes unanimes du commerce français ». Enfin, il demandait que l'on cessât d'accorder des extraditions, « la plus noble prérogative du sol français » étant d'accueillir les proscrits et non de les livrer à la justice souvent aveugle de leur pays ». Il aurait voulu faire voter une loi à ce sujet et demanda conseil à Odilon Barrot, avocat libéral qui sera l'un des chefs de l'opposition sous la monarchie de Juillet[13].

En août 1829, survint un événement qui allait le rejeter dans l'opposition la plus active et la plus déterminée et faire de lui sans doute un des agents principaux de la chute de la monarchie : le renvoi du ministère Martignac remplacé par le prince Jules de Polignac. Le général apprit la nouvelle alors qu'il effectuait un voyage en Auvergne qui tourna très vite à la manifestation d'opposition. Toutes proportions gardées, ce déplacement fut presque aussi triomphal que celui d'Amérique et l'accueil aussi enthousiaste. Comme en 1824-1825 aux États-Unis, les loges maçonniques furent présentes à chaque étape. Le 30 juillet, Brioude l'avait reçu avec banquet, bal et illuminations. Le 31 à Chavaniac les enfants des écoles créées par son fils firent la haie d'honneur. Le 11 août, au Puy, où il apprit la chute de Martignac, nouvelles fêtes avec toast « au plus grand citoyen de l'époque ». Après avoir rendu

visite à son ami Latour-Maubourg, il prit la route de
Grenoble. Le 17 août, il était à La Côte-Saint-André, le
lendemain à Rives où une députation de la ville de Grenoble
vint le chercher et où le maire lui remit une couronne
d'argent. Il y fut reçu par Augustin Perier, le frère de Casimir,
dont le fils Adolphe avait épousé Nathalie, fille de George-
Washington de La Fayette. Banquets et discours offraient
toutes les occasions d'évoquer les souvenirs de 1789, à Vizille
tout spécialement, et de critiquer la politique gouvernementale. Le 3 septembre, il était à Voiron et à La Tour-du-Pin,
le 4 à Bourgoin et à Vienne où il rappela le souvenir de
l'archevêque Lefranc de Pompignan qui présida l'Assemblée
nationale en 1789. Une foule l'attendait à la limite du
département du Rhône où il fut harangué par l'un des chefs
de l'opposition locale, le médecin Prunelle. La ville de Lyon
lui réserva une réception quasi royale. Le 6 septembre, après
un défilé sur la Saône en bateau jusqu'à l'île Barbe, eut lieu
un grand banquet maçonnique présidé par le vénérable du
Parfait Silence de Lyon, où étaient représentés la Sincère
Amitié, la Candeur, Équerre et Compas, Union et Confiance,
les Enfants d'Hiram, l'Étoile Polaire, l'Asile du Sage, la
Parfaite Union, de Villefranche, la Franche Amitié, de Saint-
Étienne, Isis, de Paris, la Fidélité, de Lille, l'Amitié, de
Genève. Nouveau banquet le lendemain. Dans toutes ces
circonstances, La Fayette prononçait des discours de plus en
plus agressifs. Le 7, à Lyon, il alla jusqu'aux menaces :
« Osera-t-on par de simples ordonnances exercer un pouvoir
illégal ? La nation française connaît ses droits. » Pressé par le
temps, il dut refuser les invitations des villes de Chalon-sur-
Saône et de Saint-Étienne.

Tout au long de ce triomphal voyage, La Fayette ne cessa
de prêcher en faveur de l'opposition dont il faisait figure de
chef. Il put aussi constater l'ampleur d'une popularité égale
sinon supérieure encore à celle des débuts de la Révolution.
Les libéraux s'empressèrent naturellement de l'exploiter en
faisant tirer à 100 000 exemplaires une brochure de propagande, *Voyage de La Fayette en France*, très généreusement
distribuée. Le pouvoir réagit avec une insigne maladresse en
révoquant le maire de Vizille, Faure-Finant, et son adjoint,
Chapuis. L'illustre visiteur leur adressa des messages de
sympathie et trouva, dans cette sanction, un nouvel argument
en faveur de l'élection des officiers municipaux[14].

Broglie ne manque pas, dans ses souvenirs, d'évoquer ce voyage qui donna, selon lui, le signal de la guerre contre le ministère Polignac : « Il ne faut pas s'étonner si M. de La Fayette y prit feu tout des premiers, si l'explosion de l'indignation publique fit reluire à ses yeux les beaux jours de sa jeunesse et le rêve de son cheval blanc, si tout frais émoulu d'ailleurs de sa marche triomphale à travers les États-Unis d'Amérique, il se prit à en faire autant de son chef, en traversant le Dauphiné, le Lyonnais, la Bourgogne, ce qui lui réussit à souhait : accueil empressé des campagnes, acclamations dans les rues, cavalcade autour de son modeste équipage, harangue des corps municipaux, illuminations sur son passage, vivats de banquets en banquets, rien n'y manqua[15]. »

Revenu à Paris, La Fayette reprit ses activités politiques et mondaines. Depuis plusieurs années, il recevait chaque mardi rue d'Anjou, soit dans son hôtel du 6, soit au 35 chez les Destutt de Tracy. C'est dans ce dernier salon que Stendhal le rencontra et traça un portrait assez peu flatteur de celui qu'il considérait cependant comme « un héros de Plutarque » : « Une haute taille et en haut de ce grand corps, une figure imperturbable, froide, insignifiante comme un vieux tableau de famille, cette tête couverte par en haut d'une perruque à cheveux courts, mal faite, cet homme vêtu de quelque habit gris mal fait. [...] Il vivait au jour le jour, sans trop d'esprit, faisant, comme Épaminondas, la grande action qui se présentait [...], uniquement préoccupé de serrer par-derrière le jupon de quelque jolie fille (*vulgo*, prendre le cul) et cela souvent et sans trop se gêner. » Stendhal trouvait la conversation du général assez plate et ses vues politiques simplistes : il « expliquait sans trop d'élégance le lieu commun de la Garde nationale. Ce gouvernement est bon et celui-là seul qui garantit au citoyen la sûreté sur la grande route, l'égalité devant le juge, et un juge assez éclairé, une monnaie au juste titre, des routes passables, une juste protection à l'étranger. Ainsi arrangée, la chose n'est pas trop compliquée[16] ». Le salon était cependant très fréquenté par le monde libéral, et on y voyait Béranger, Mignet, Thiers, l'équipe du *Globe*, David d'Angers et bien d'autres. « Voir La Fayette en Europe et Bolivar en Amérique était, en ce temps-là, la suprême ambition des touristes et des curieux. [...] Le héros des deux mondes avait fini par partager sincèrement l'adoration que l'on portait à sa personne et par se croire le Bouddha incarné de la liberté. Il régnait dans son attitude une satisfaction béate : n'étant jamais contredit, il ne discutait jamais et lorsqu'on causait avec lui, il semblait toujours répondre à sa propre pensée[17] ». Muré dans ses inébranlables convictions et toujours avide d'encens, La Fayette n'était en aucune manière un homme de dialogue, ce qui explique peut-être en partie ses constants échecs politiques.

Dans la perspective d'une crise politique que bien des signes laissaient prévoir, il fallait cultiver son image et renforcer le parti libéral. Le général s'y employa d'abord en prenant la défense de ses chers Américains, quelque peu maltraités dans un compte rendu, paru dans le *Globe*, du livre de Levasseur sur le voyage d'Amérique. Dans une lettre à Rémusat, il protesta avec vigueur contre le tableau, à ses yeux très inexact, donné par cet article de la société américaine et exalta au contraire les réussites de ce pays dans tous les domaines, y compris la littérature grâce à Fenimore Cooper et à Washington Irving[18].

En novembre 1829, le chimiste Vauquelin, député de Lisieux, mourut. La Fayette poussa la candidature de Guizot et recommanda celui-ci à son ami Dupont de l'Eure : « M. Guizot est plus monarchique et moins démocrate que vous et moi ; mais il aime la liberté. Il sait beaucoup, s'exprime avec talent, il a de l'élévation, du caractère et de la probité. » Il avait aussi, aux yeux du général, un autre mérite, celui d'avoir entrepris un condensé pour le public français de la *Correspondance* de Washington éditée par Sparks. Grâce à l'union et à la discipline de toutes les nuances de l'opposition, Guizot fut élu le 23 janvier 1830[19].

Au début de cette année, sa passion pour l'indépendance des peuples opprimés s'exprima à nouveau avec vigueur. Le 7 janvier, il formulait le vœu, dans une lettre au président Capo d'Istria, que la Grèce devînt « une vaste et puissante république fédérative, une grande Suisse orientale, aidée mais non régentée par d'autres puissances et aussi parfaitement indépendante de ses amis que de ses adversaires », en parti-culier des Russes et des Anglais. Le 10 février, c'était le général Boyer, président de la république d'Haïti, qui recevait des souhaits de prospérité pour son pays. Rien ne décourageait l'optimisme de La Fayette lorsqu'il s'agissait de nouveaux États. En Haïti, il espérait que, « malgré le peu de succès des premières émigrations, les enfants du sang africain venant des

États-Unis trouvassent dans la république haïtienne la liberté, le travail et le bonheur[20] ». Au même moment, il s'enflammait en faveur de la Pologne et de ses aspirations à l'indépendance ; le 11 février, il reçut une délégation de Polonais venue lui offrir un portrait de Kosciuszko à l'occasion de l'anniversaire de la naissance de celui-ci, et il rappela leur ancienne fraternité d'armes en Amérique.

Le 1er juin, dans une lettre à Bolivar, il semblait prendre conscience des difficultés énormes auxquelles devaient faire face les nouveaux États sud-américains, mais ses analyses politiques restaient superficielles, car il ne voyait à ces crises que des causes extérieures. Tout le mal, à ses yeux, venait du gouvernement britannique, inquiet de voir l'Amérique se démocratiser et craignant la contagion pour l'Irlande et même pour l'Angleterre, victime « d'une royauté dispendieuse, d'un clergé intolérant, d'une aristocratie accapareuse de toutes les propriétés ». Son prestige était tel qu'on lui demanda d'intervenir pour amorcer une réconciliation entre Bolivar et le général Santander, impliqué en septembre 1828 dans une de ces conspirations qui allaient devenir le pain quotidien de ces jeunes républiques[21].

L'essentiel de ses activités allait être désormais consacré aux divers aspects de la crise provoquée par la politique suivie par Charles X et le gouvernement Polignac dans le dénouement de laquelle il allait retrouver un rôle flatteur pour sa vanité mais qui lui valut d'être, une fois de plus, joué par plus avisé que lui.

# CHAPITRE XXX

## Le baiser républicain
## qui fit un roi

Le 2 mars 1830, dans son discours à l'ouverture de la session parlementaire, Charles X fit allusion aux « perfides insinuations » et aux « coupables manœuvres » de l'opposition contre le gouvernement. Toujours obsédé par ses souvenirs de l'époque dont il conservait la nostalgie, La Fayette retrouva « le ton du discours du 23 juin 89 » par lequel Louis XVI avait, au cours d'une séance royale, tenté de reprendre l'initiative et le contrôle des événements. Le 16, fut publiée la fameuse adresse des 221 dans laquelle les nouveaux élus de l'opposition, dont bien sûr La Fayette, exprimaient leur défiance à l'égard du pouvoir. Invoquant la Charte qui « fait du concours permanent des vues politiques de votre gouvernement avec les vœux de votre peuple la condition indispensable de la marche régulière des affaires publiques », ils ajoutaient aussitôt : « Sire, notre loyauté, notre dévouement nous condamnent à vous dire que ce concours n'existe pas[1]. » Le conflit était donc ouvert, même si personne, dans cette opposition, n'avait encore conçu de plan bien précis.

Le 1er avril, La Fayette participa à un banquet offert aux députés de la Seine votants de l'adresse par la société Aide-toi, le ciel t'aidera dont le général avait été, avec Guizot et Odilon Barrot, un des promoteurs pour défendre la liberté de la presse et lutter contre les fraudes électorales. L'atmosphère fut chaleureuse, et il se dit touché des témoignages d'affection qui lui furent prodigués par les assistants, « enfants de mes contemporains électeurs de 1789 ». Cette société n'était pas la seule à mener campagne, depuis plusieurs mois, avec le patronage et quelquefois les subsides du châtelain de La

Grange. Des publications comme le *Journal du Commerce*, la *Tribune des départements* bénéficiaient de son aide sous des formes diverses. Il analysait assez clairement alors la situation politique : l'aveuglement du roi qui veut gouverner seul, c'est l'esprit de Coblentz, la légèreté de Polignac qui « se pavane dans le grand rôle que la Congrégation lui impose ». Il envisageait les diverses solutions possibles à la crise mais n'avait, à l'évidence, aucune idée très arrêtée. Le 4 mai, il écrit : « Je crois qu'il faut se préparer à tout[2]. » Le 16 mai, la Chambre fut dissoute, et une campagne de banquets commença à Paris. L'expédition d'Alger n'était, pour La Fayette, qu'une affaire de politique intérieure : « Les principaux motifs se reportaient sur les combinaisons intérieures ; on voulait éblouir par un succès, s'attacher les troupes sous les ordres de M. de Bourmont. » Selon « quelques personnes », l'armée devait revenir « pour appuyer les coups d'État ainsi que je l'ai entendu dire au commencement de 89 ».

Le 1er juillet, il pensait que le gouvernement tenterait « le dernier moyen de contre-révolution soi-disant légale. Au reste, il est impossible de prévoir ce qui sortira de ces têtes inhabiles et entêtées, d'une congrégation violente et d'un entourage immoral ». Le 12 eurent lieu les nouvelles élections, échec complet pour le gouvernement. A Meaux, La Fayette fut triomphalement réélu avec 264 voix contre 72. Sur 425, l'opposition obtint 270 sièges contre 145. Le lendemain, commentant la nouvelle de la prise d'Alger, il écrivait que celle-ci « n'a pas fait tout le plaisir qu'on devait attendre, non que le public ait été insensible à ce succès militaire et aux avantages qu'on pourrait en tirer, mais parce que la seconde pensée de tout le monde a été la crainte qu'un tel événement tournât encore plus les têtes de la faction gouvernementale et n'amenât de nouvelles folies[3] ».

C'est à ce moment qu'eut lieu entre Laffitte et La Fayette une longue entrevue dont les conséquences, si l'on en croit les *Mémoires* du banquier (qui n'en donne pas la date exacte), furent déterminantes ; il semble en effet qu'elle rallia le général à la solution orléaniste. Ce fut, une fois de plus, le dialogue du réaliste et du rêveur. Il est à remarquer qu'on ne trouve aucune allusion à cette conversation sous la plume du général. Celui-ci voulait en finir avec « la déplorable famille des Bourbons » et faisait preuve d'une « pétulance » qui inquiétait son interlocuteur, lequel considérait que seule une

petite partie de la nation souhaitait rompre avec la monarchie.
« Les masses sont inertes », déclara-t-il. La Fayette s'imaginait
qu'il allait les émouvoir car, à son avis, « l'esprit démocratique
gagne tous les jours ». Laffitte lui objecta les détestables
souvenirs laissés par la Terreur. La divergence d'opinion
entre les deux hommes, unis dans l'opposition à la Restauration, s'accusait : le banquier se proclamait fermement orléaniste et le général partisan de la république. Mais où sont vos
républicains ? demande Laffitte. Ils ne sont qu'une poignée et
ils dresseront contre eux, soutient-il, les nobles anciens et
nouveaux, le clergé, les dévôts, la banque, le commerce, les
bourgeois, les rentiers, la bourse. Très minoritaires, ils ne
pourraient gouverner que par la violence à l'intérieur comme
à l'extérieur. Reprenant la trilogie de 1789, Laffitte préconise
la solution qui s'en tient là : la nation, la loi, le roi. La Fayette,
que cette formule aurait dû séduire, demeurait cependant
réticent, montrant une fois de plus son ignorance de la
situation réelle du pays et de l'état des forces politiques. Le
banquier, infiniment plus clairvoyant, entreprit alors de lui
faire un cours d'économie et de finance et de lui exposer les
conséquences d'une proclamation de la république, laquelle, à
son avis, ne pourrait manquer de déclencher une grave crise
économique et financière. Le général, qui restait dans ce
domaine d'une totale incompétence et n'avait en aucune
manière songé un instant à ce genre de répercussions,
répliqua : « Vous raisonnez comme si ma République ressemblait à notre Convention qui a seule exercé la Terreur. »
Tranchant allègrement un débat qui dure encore, Laffitte
assura que « l'une est la conséquence forcée de l'autre » et
entreprit un plaidoyer en faveur du duc d'Orléans. Mais, pour
La Fayette, celui-ci « n'est connu de personne » et, de plus,
il est Bourbon, « ce qui est une mauvaise recommandation ».
Il craint donc qu'il ne trompe tout le monde. Juste prémoni-
tion ; il ne se doute pas qu'il sera une des premières victimes
de cette tromperie générale. Laffitte cherche à rassurer son
interlocuteur en prétendant que, depuis 1789, le prince s'est
« débourbonisé » (en quoi il se trompe lourdement) et que,
par mesure de précaution, il faudra le « garrotter ». La suite
des événements allait montrer que le général avait été sensible
aux arguments de son collègue, ce qui montre à quel point
ses conceptions politiques, en dehors de quelques principes,
pouvaient demeurer flottantes. A la suite de cet entretien,

Laffitte notait : « Ce bon général était le chef du carbonarisme, mais au fond il n'était pas républicain. C'était un excellent homme, plein d'esprit et d'une grande finesse, un ami sincère et très ardent de la liberté, d'un grand courage, comptant pour rien la fortune et la vie et dont le seul défaut, peut-être, était son amour de la popularité qui l'entraînait quelquefois beaucoup trop loin[4]. »

Il semble bien que, dès avant la publication des ordonnances, La Fayette commença à mettre en mouvement les organisations clandestines plus ou moins liées à la maçonnerie dont il partageait la direction avec d'autres adeptes comme Cadet-Gassicourt, Armand Carrel, Pierre Leroux. Il est indiscutable que la franc-maçonnerie joua, dans cette révolution, un rôle probablement déterminant[5].

Le 26 juillet, paraissaient dans le *Moniteur* les quatre textes qui allaient déclencher le mouvement. Ils portaient dissolution de l'Assemblée nouvellement élue, la fixation des nouvelles élections aux 6 et 13 septembre, la suspension de la liberté de la presse : tout périodique étant soumis à une autorisation valable pour trois mois et révocable à tout moment. La quatrième ordonnance réformait la loi électorale en diminuant le rôle des collèges d'arrondissement et en augmentant encore le poids des grands propriétaires ruraux grâce à une modification du calcul des impôts accordant le droit de vote.

Si extraordinaire que cela pût paraître, le gouvernement n'avait pris aucune précaution pour le cas où une résistance violente se manifesterait à Paris, éventualité que seul le ministre de l'Intérieur, Peyronnet, semblait avoir envisagée, « mais ses collègues estimèrent que ce n'était pas la peine de prendre le risque de dévoiler le secret de l'opération qui avait été soigneusement gardé[6] ».

La Fayette arriva à Paris, venant de la Grange, le 27. Il y retrouva Laffitte, accouru, comme lui, « au bruit de l'orage », alors que l'insurrection avait déjà commencé et que de nombreux conciliabules s'étaient tenus aboutissant à la protestation rédigée par Thiers dans les bureaux du *National* et signée par quarante-sept députés. Dupin, avocat des constitutionnels, déclara les ordonnances illégales. Le 28, une réunion se tint chez Casimir Perier avec Laffitte, les généraux

Gérard et Mouton, alors que le drapeau tricolore flottait sur Notre-Dame et que Marmont, commandant de la garnison de Paris, qui ne disposait que de modestes effectifs, tentait de faire face à l'émeute. Sur proposition de Polignac, Marmont signa un ordre d'arrestation de La Fayette qui ne reçut aucune exécution. Une trentaine de députés se retrouvèrent chez Audry de Puyraveau où l'ancien chef de la Garde nationale proposa la constitution d'un gouvernement provisoire. Il semblait d'ailleurs inquiet de la tournure prise par les événements puisqu'il écrit ce jour-là, parlant du roi et de ses ministres : « On ne conçoit pas la folie de leur conduite quand tout le monde ne demandait qu'à rester tranquille sous la Charte et à se borner aux améliorations qu'elle comporte[7]. » Il se rangeait donc parmi les réformistes prudents. Le 28 au soir, l'insurrection avait considérablement gagné de terrain puisque Marmont, de son poste de commandement des Tuileries, ne contrôlait plus guère que les Champs-Élysées, les quartiers du Louvre et du Palais-Royal.

La journée du 29 allait être décisive à beaucoup d'égards, pour La Fayette en particulier. A midi, une nouvelle réunion se tint chez Laffitte, au coin des rues de Provence et d'Artois (aujourd'hui rue Laffitte), qui regroupait l'opposition parlementaire non combattante. La Fayette arriva et annonça qu'un certain nombre de citoyens lui avaient proposé de prendre le commandement de la Garde nationale reconstituée puisqu'elle avait été dissoute en 1827. Il avait accepté et déclaré : « Ma conduite sera à soixante-treize ans ce qu'elle a été à trente-deux. » Comme les officiers et les hommes avaient conservé leurs uniformes et leurs armes, la remise sur pied des unités put se faire très rapidement, et la Garde allait jouer un rôle capital dans le maintien de l'ordre et la protection des bâtiments publics. La Fayette retrouvait le rôle tenu après la prise de la Bastille[8]. Les députés présents chez Laffitte approuvèrent cette mesure, et Guizot proposa la création d'une Commission municipale de cinq membres chargée de pourvoir à la vacance du pouvoir. Sollicité de le faire, le général refusa d'en désigner les membres, car il estimait que celle-ci devait être faite par la Chambre, mais comme il y avait urgence, on désigna Laffitte, Casimir Perier, les généraux Gérard et Mouton et un député de la Seine, Antoine Odier. Laffitte et Gérard refusèrent et furent remplacés par Schonen et Audry de Puyraveau.

La Fayette adressa à la population un ordre du jour annonçant sa prise de commandement et évoquant les souvenirs de 1789 : « J'ai accepté avec dévouement et avec joie les devoirs qui me sont confiés et, de même qu'en 1789, je me sens fort de l'approbation de nos honorables collègues aujourd'hui réunis à Paris. Je ne ferai point de profession de foi : mes sentiments sont connus [...]. La conduite de la population parisienne, dans ces derniers jours d'épreuve, me rend plus que jamais fier d'être à sa tête. » Il s'installa à l'Hôtel de Ville et y convoqua aussitôt les colonels et chefs de bataillon de la Garde pour prendre les mesures indispensables au rétablissement d'un minimum d'ordre. Dans la journée, les régiments stationnés place Vendôme étaient passés à l'insurrection, de sorte que Marmont, débordé, commença à se replier vers Saint-Cloud. Encore une fois, La Fayette se trouvait dans une situation exceptionnelle d'arbitre de la situation. Il fut, dit Odilon Barrot, « investi dans ces quelques jours d'une véritable dictature morale et politique dont le titre n'était écrit dans aucun décret, mais qui paraissait tellement forcée que nul ne se fut avisé de la contester[9] ». Il aurait pu, de son poste de commandement de l'Hôtel de Ville, proclamer la République. Pourquoi ne l'a-t-il pas fait, alors qu'il fut l'objet de sollicitations pressantes en ce sens ? Le 30 juillet, une délégation républicaine de six personnes vint lui proposer de provoquer une consultation populaire appuyée sur un programme de réformes démocratiques : garanties pour les libertés publiques assurées avant la formation d'un gouvernement sur la forme duquel la nation serait consultée. Rémusat vint le sonder et lui exposa que le choix se situait entre lui et le duc d'Orléans. « Prenez-vous, lui dit-il, la responsabilité de la République ? » La réponse fut négative : « Moi non, le duc d'Orléans sera roi, aussi vrai que je ne le serai pas[10]. » Il en avait conféré avec Odilon Barrot et lui expliqua que, comme en 1789, ses sympathies allaient à la République, mais que, dans les circonstances actuelles, une monarchie constitutionnelle était préférable, car elle éviterait ce qu'il redoutait : un retour du jacobinisme détesté. En d'autres termes, ce prétendu républicain considérait que le moment de proclamer la République viendrait peut-être, mais plus tard. Selon Laffitte, cette formule aurait pu prévaloir : « Les républicains étaient les plus à craindre par leur nombre et leur intelligence ; on ne pouvait pas leur refuser d'avoir fait la révolution par leur courage. Si La Fayette fût resté à leur tête, ils l'auraient emporté sur les autres incontestablement, mais, privés du seul chef connu, ils ne pouvaient rien que troubler l'État, ils n'avaient pas un nom à présenter pour le gouverner[11]. »

La meilleure analyse de la position de cet éternel hésitant qu'était La Fayette, toujours se dérobant au dernier moment — peut-être par conscience de ses faiblesses et de ses limites — est donnée par Guizot : « Noblement désintéressé, quoique très préoccupé de lui-même, et presque aussi inquiet de la responsabilité qu'amoureux de la popularité, il se complaisait à traiter pour le peuple et au nom du peuple, bien plus qu'il n'aspirait à le gouverner. Que la république, et la république présidée par lui, fût entrevue comme une chance possible, s'il la voulait, que la monarchie ne s'établît que de son aveu et à condition de ressembler à la république, cela suffisait à sa satisfaction, je ne veux pas dire à son ambition. M. de La Fayette n'avait pas d'ambition : il voulait être le patron populaire de M. le duc d'Orléans, non son rival[12]. » Sur ce point, il réussit, mais sans s'apercevoir qu'on pressait le citron pour le jeter ensuite au plus vite.

Avant d'en arriver à la solution orléaniste, il avait fallu écarter, outre la République, deux autres hypothèses. La Fayette fut-il un instant tenté par un retour de Napoléon II ? Il l'avait dit à Joseph Bonaparte lors de leur entrevue aux États-Unis, et la Société Aide-toi comptait un certain nombre de bonapartistes, mais ceux-ci ne constituaient pas un parti organisé avec lequel il eût fallu compter. D'autre part, Charles X n'avait pas encore définitivement renoncé. Le 29, il avait retiré les ordonnances, nommé le duc de Mortemart Premier ministre en remplacement de Polignac et convoqué les chambres pour le 3 août. Le nouveau chef du gouvernement ne parvint que très difficilement au Luxembourg et envoya Colin de Sussy porter les nouvelles ordonnances à la Chambre, mais celle-ci refusa d'entendre le messager, lequel se rendit ensuite à l'Hôtel de Ville où il remit les textes à La Fayette qui en donna lecture à la foule. Comme on pouvait le prévoir, huées et protestations saluèrent, selon Broglie, « le message et le messager ». Le général dit à l'émissaire royal : « Vous voyez, il faut vous résigner ; c'en est fini des Bourbons. » La commission municipale refusa de le recevoir, et la tentative d'entrevue entre Mortemart et La Fayette échoua aussi. « Le peuple a rapporté lui-même les ordonnances dans les trois journées, délégué du peuple, je ne peux avoir rien de commun avec le représentant de la monarchie absolue. »

Pendant ce temps, une réunion s'était tenue chez Laffitte puis à la Chambre qui avait élu cinq commissaires chargés, avec une même délégation de la Chambre des pairs, d'examiner la situation. Les cinq élus furent Augustin Perier, le général Sébastiani, Guizot, Benjamin Delessert et Hyde de Neuville. Lorsque les délégués des pairs furent arrivés, Sébastiani prit la parole et proposa l'appel au duc d'Orléans qui, mis aux voix, fut adopté. De concert avec Benjamin Constant, il rédigea une déclaration invitant le duc à venir à Paris pour y exercer les fonctions de lieutenant général du royaume en conservant les couleurs nationales et en garantissant la Charte. La Fayette s'était donc rallié à la solution orléaniste. Il semble qu'il ait été très influencé par les délégations provinciales venues le voir à l'Hôtel de Ville. Elles lui avaient prouvé que l'opinion n'était pas mûre pour la République et qu'il fallait trouver une solution transactionnelle. Mais le futur Louis-Philippe manquait pour le moins d'enthousiasme. Dans la nuit du 30 au 31, il avait fait appeler Mortemart au Palais-Royal et lui avait remis pour Charles X une lettre affirmant qu'il ne prendrait pas la couronne et se bornerait à exercer la régence pour le duc de Bordeaux « temporairement et dans l'intérêt de notre Maison. J'en prends ici l'engagement formel envers Votre Majesté[12] ».

Le 31 au matin, le duc reçut au Palais-Royal une délégation de députés qui le pressèrent d'accepter la lieutenance générale, seul moyen d'éviter la guerre civile. Après avoir pris conseil de Talleyrand, il accepta et rédigea avec Sébastiani et Dupin une proclamation aux habitants de Paris pour les informer de sa décision. Dans l'après-midi, la Chambre approuva et, sur proposition de Laffitte, chargea Guizot, Bérard, Benjamin Constant et Villemain de rédiger un deuxième texte précisant les orientations du nouveau pouvoir et les garanties obtenues pour les libertés : rétablissement de la Garde nationale avec intervention des hommes dans le choix des officiers, intervention des citoyens dans la formation des administrations municipales et départementales, jury pour les délits de presse, responsabilité des ministres et des fonctionnaires, état légal

des militaires assuré. La réunion des chambres était annoncée :
« Elles aviseront au moyen d'assurer le règne des lois et le
maintien des droits de la nation. La Charte sera désormais
une vérité. »

Une délégation parlementaire alla porter ce texte au duc
qui, depuis qu'il était arrivé à Paris, s'était rendu compte de
l'extraordinaire confusion qui régnait. Il avait aussi compris
que la désignation par quelques députés n'était pas suffisante
pour asseoir son autorité. C'est à ce moment que le rôle de
La Fayette allait se révéler déterminant. Le matin même du
31, celui-ci avait reçu à l'Hôtel de Ville une visite qui avait
achevé de le décider en faveur du duc, celle du ministre des
États-Unis, Rives. Interrogé sur les réactions américaines à
une éventuelle proclamation de la République, celui-ci répondit que, dans ce cas, « quarante ans d'expérience ont été
perdus par les Français ».

Sans escorte, au milieu d'une foule dont les sentiments
étaient fort loin d'être unanimes, le duc d'Orléans gagna
l'Hôtel de Ville, prenant un très gros risque car, selon Laffitte,
les républicains voulaient se débarrasser de lui : « Armés
jusqu'aux dents, ils présentent au général La Fayette pour le
signer un ordre de l'envoyer à Cherbourg et de le faire
embarquer avec toute la famille. Rien n'était plus facile que
de l'exécuter. Mais La Fayette refusa[13]. » Des cris hostiles
accueillirent le futur roi sur la place de Grève, mais il s'avança
avec beaucoup de sang-froid et descendit de son cheval Clio
devant le perron où l'attendaient La Fayette et les membres
de la commission municipale. Se tenant par le bras, le duc et
le général, la malice appuyée sur la naïveté, montèrent le
grand escalier et, dans la galerie envahie par la foule, le
député de l'Hérault, Viennet, qui avait, paraît-il, « une voix
superbe », lut la proclamation des parlementaires. Le duc
renouvela ses promesses, et La Fayette lui serra la main.
Selon Laffitte, c'est à ce moment que s'échangea le dialogue
célèbre : « Savez-vous que je suis républicain ? — Parbleu, et
moi donc ! » répondit le prince. Et le banquier d'ajouter : « Ni
l'un ni l'autre ne l'étaient. Singuliers républicains en effet !
Le prince était là pour accepter la couronne qu'on lui donnait ;
le général m'avait promis de l'aider à la prendre[14]. »

Restait à obtenir l'approbation populaire. La foule, sur la
place, criait : « Vive la République et à bas le duc d'Orléans ! »
Qui eut l'idée de tendre un drapeau tricolore que le prince et

le général brandirent en s'avançant sur le balcon ? Selon
Broglie, La Fayette mit les couleurs nationales dans les mains
du duc et l'embrassa[14]. Le peuple, avec la merveilleuse
versatilité qui lui est propre, s'écria aussitôt : « Vive La
Fayette ! » puis « Vive le duc d'Orléans ! ». Comme devait
l'écrire Chateaubriand, « le baiser républicain de La Fayette
fit un roi ». Louis-Philippe se trouvait ainsi porté au pouvoir
principalement par l'action de deux hommes : Laffitte et La
Fayette. Dès la séance d'intronisation de l'Hôtel de Ville, le
banquier semblait sans grande illusion et se demandait ce
qu'il adviendrait « si, lorsqu'il serait bien établi, il allait jeter
ses deux béquilles par les fenêtres[15] ».

Ce 31 juillet, le général avait chauffé l'opinion par des
proclamations et ordres du jour consacrant la chute de
Charles X : « Toute réconciliation est impossible. [...] La
famille royale a cessé de régner », incitant l'armée à se rallier
car la population ne conservait à son égard « aucun sentiment
de haine ni d'hostilité », appelant enfin tous les Français à se
ranger dans le sillage du duc d'Orléans, « un des plus jeunes
patriotes de 1789, un des premiers généraux qui firent
triompher le drapeau tricolore[16] ». Le même jour encore, il
accepta ce qu'il avait refusé en 1789, le commandement
général de toutes les gardes nationales du pays, ce qui fut
confirmé le 16 et le 23 août par des ordonnances fixant ses
attributions.

La partie n'était toutefois pas encore totalement gagnée, et
d'assez nombreuses manifestations hostiles se produisirent
encore : affiches lacérées, placards injurieux, etc. Pour affirmer
la position du prince, La Fayette se rendit le 1er août au
Palais-Royal accompagné des membres de la commission
municipale ceints de leurs écharpes tricolores. Il rapporte le
dialogue qui s'établit : « Vous savez, dit-il, que je suis
républicain et que je regarde la constitution des États-Unis
comme la plus parfaite qui ait existé. — Je pense comme
vous, il est impossible d'avoir passé deux ans en Amérique et
de n'être pas de cet avis ; mais croyez-vous, dans la situation
de la France et d'après l'opinion générale, qu'il nous convienne
de l'adopter ? — Non, ce qu'il faut aujourd'hui au peuple
français, c'est un trône populaire entouré d'institutions républicaines, tout à fait républicaines. — C'est bien ainsi que je
l'entends[17]. »

La Fayette nia énergiquement avoir résumé ses vues dans

la phrase qu'on lui attribua : la monarchie constitutionnelle est la meilleure des républiques. Dans une lettre du 17 août adressée au général Bernard, qui continuait à lui servir d'ambassadeur personnel aux États-Unis et assurait la publication de ses discours, il affirmait n'avoir jamais prononcé cette formule, mais il reconnaissait avoir vu dans le nouveau régiment une « *very republican monarchy susceptible of improvement*[18] ».

Après cette audience, le général revint à son quartier général et rassura les auteurs de ce que l'on allait désormais appeler le programme de l'Hôtel de Ville et qui donnera lieu à d'abondantes polémiques[19].

Charles X, retiré à Rambouillet, se décida à abdiquer le 1er août, mais ne semblait guère pressé de quitter la France. Pour achever de le convaincre, un mouvement de foule, plus ou moins spontané, prit le chemin de la ville. La Fayette mobilisa six cents hommes de chacune des douze légions de la Garde nationale pour encadrer le mouvement. Barrot, Schonen et le maréchal Maison précédèrent la colonne hétéroclite dont Maison, lors de son entrevue avec le roi déchu, gonfla considérablement les effectifs, ce qui entraîna le départ de la famille royale vers Cherbourg et l'exil. Le 4 août, Guizot, Broglie et Casimir Perier, après une longue entrevue avec La Fayette, s'attelaient à la rédaction d'une proclamation du nouveau chef de l'État qui devait être une sorte de Charte rénovée, tenant compte du programme de l'Hôtel de Ville. Le climat demeurait tendu, et les abords de la Chambre furent le théâtre de manifestations contre l'hérédité de la pairie. « La foule indignée ne parlait que de jeter les députés dans la rivière et, ma foi, sans La Fayette, sans les promesses qu'il fit, il y avait danger pour ceux qui ne savaient pas nager[20]. » Le général intervint en effet à la tribune : « Disciple de l'école américaine, j'ai toujours pensé que le corps législatif devait être divisé en deux chambres avec des différences d'organisation. Cependant, je n'ai jamais compris qu'on pût avoir des législateurs et des juges héréditaires. » C'était la position à laquelle il resta toujours fidèle et pour laquelle il n'avait cessé de combattre sous la Restauration. Il lui fallut agir aussi à l'extérieur pour tenter de calmer la foule. Il parvint à obtenir

de ses amis républicains de la Société Aide-toi qu'ils cessent
de faire pression sur les parlementaires. Après des tractations
entre Broglie, Casimir Perier et La Fayette, la nouvelle
constitution fut adoptée le 7 par 219 voix contre 33 ; il y eut
environ 150 non-votants. Les chambres appelaient au trône
celui qui, quelques jours plus tôt, refusait cette éventualité.
Une délégation se rendit aussitôt au Palais-Royal où eut lieu
une nouvelle scène du balcon entre Louis-Philippe et le
général, accompagnée d'embrassades. « Voilà, dit-il, le roi
qu'il nous fallait, voilà ce que nous avons pu faire de plus
républicain. » Il insista pour que le nouveau roi prît le nom
de Louis-Philippe Ier et non celui de Philippe VII, un moment
envisagé.

Dans une lettre du 12 août, il se justifiait d'avoir aidé à la
mise en place de cette « république royale » qui lui paraissait
le régime le mieux adapté aux circonstances, celui qui divisait
le moins la nation : « Notre parti républicain, maître du
terrain, pouvait faire prévaloir ses opinions ; nous avons pensé
qu'il valait mieux réunir tous les Français sous le régime d'un
trône constitutionnel mais bien libre et populaire[21]. » Revenant
sur le sujet le 26 novembre, il expliquait à Joseph Bonaparte
sa sympathie pour « le jeune républicain de 1789, le soldat de
Valmy et de Jemmapes, le professeur de Suisse et le voyageur
aux États-Unis ». Il affirmait aussi avoir suivi, comme toujours, le courant, « l'assentiment général », les chambres, le
peuple de Paris, 80 000 gardes nationaux et 300 000 spectateurs
au Champ-de-Mars. « Ce sont toutes les députations des villes
et des villages de France que mes fonctions me mettent à
portée de recevoir en détail, en un mot, un faisceau d'adhé-
sions non provoquées et indubitables qui nous confirment de
plus en plus que ce que nous avons fait est conforme à la
volonté actuelle d'une très grande majorité du peuple français[22]. »

Était-ce aussi certain qu'il le croyait ? Était-ce « enfin le
retour aux idées, aux principes, aux sentiments, aux espérances
de 1789 » ? Il allait rapidement déchanter, mais, pour l'instant,
« il se plaisait dans le concert d'adorations qui lui arrivaient
de tous côtés, il humait le parfum des révolutions, il s'enchantait de l'idée qu'il était l'arbitre de la France, qu'il
pouvait, à son gré, en frappant du pied, faire sortir de terre
une république ou une monarchie[23] ».

Retrouvant à près de quarante ans de distance les mêmes

fonctions, La Fayette fut à nouveau aux prises avec les problèmes de maintien de l'ordre dans un climat heureusement moins difficile qu'en 1789. Il pouvait se féliciter en constatant que les violences incontrôlées qui avaient suivi la prise de la Bastille ne se reproduisaient pas. Il y eut certes des combats et des barricades mais aucun meurtre ni massacre, et la famille royale put quitter la France « sans recevoir la moindre insulte ».

Le mois d'août fut encore marqué par des manifestations populaires aux environs du Palais-Royal, à l'hôtel de ville de Vincennes où la Garde nationale dut intervenir. Lors d'un banquet offert au général le 15 août par la Ville de Paris, réunissant ministres, parlementaires, corps constitués, Garde nationale, étudiants, polytechniciens, qui fut un de ses grands jours de gloire, il rendit hommage à la sagesse de la population et à l'expérience acquise : « Vous n'êtes plus ces générations de l'Ancien Régime, étonnées d'apprendre qu'elles avaient des droits et des devoirs, vous êtes les enfants, les élèves de la Révolution et votre conduite dans les grandes journées de gloire et de liberté vient d'en montrer la différence[24]. »

Ses fonctions ne l'empêchaient pas de prendre position sur les grands problèmes. Le 17 août, il appuya énergiquement la proposition présentée par Victor de Tracy pour l'abolition de la peine de mort : « Quel malheur que l'abolition de la peine de mort n'ait pas été adoptée par l'Assemblée constituante ! Que d'irréparables douleurs nous eussent été épargnées ! [...] Je vous avoue que, depuis nos orages politiques, j'éprouve une invincible horreur pour la peine de mort. » Le projet fut renvoyé en commission, et, le 8 octobre, le ministre de la Justice, Dupont de l'Eure, chargea un groupe de parlementaires de rédiger une adresse au roi demandant la suppression de la peine capitale en matière politique[25].

Le 23 août, il fit nommer son ami le général Mathieu Dumas inspecteur général de la Garde nationale, et, le 29, lors d'une grande revue, 50 000 hommes défilèrent devant le nouveau roi qui distribua les drapeaux et adressa au général une lettre de félicitations évoquant la Fédération et Valmy. De nouvelles difficultés surgirent avec l'arrestation à la mi-août des anciens ministres de Charles X, Polignac, Peyronnet, Chantelauze et Guernon-Ranville, qui furent internés à Vincennes le 26 sous la garde du général Daumesnil. Il y eut quelques troubles le 25, et La Fayette, dans un ordre du jour, demanda à la population « non seulement dans l'exercice de son devoir public, mais comme une marque d'amitié personnelle » de conserver son calme. Mis en accusation le 28 septembre, les anciens ministres furent déférés devant la Chambre des pairs constituée en cour de justice. Les 17 et 18 octobre, il fallut disperser une manifestation qui se dirigeait vers Vincennes, où Daumesnil réagit avec fermeté, et vers le Palais-Royal. Il voyait dans cette agitation un « coup monté » par les partis contre-révolutionnaire et bonapartiste, ce qui était encore une fois s'abuser sur les vrais responsables.

En dépit de ses soixante-treize ans, La Fayette faisait preuve d'une activité incessante. Le 4 septembre, il était intervenu à la Chambre en faveur de la reconnaissance officielle des nouvelles républiques sud-américaines. Le 25 septembre, il réclamait la répression de la traite des Noirs, théoriquement interdite depuis 1815, mais qui se poursuivait clandestinement, l'affranchissement progressif des esclaves et l'extension des droits des gens de couleur. Il demandait à nouveau l'assimilation de la traite à la piraterie[26]. Le 27, il prit parti, après un bref voyage dans le pays, en faveur de l'insurrection belge survenue le 25 août, souhaitant faire de la Belgique « une sorte de Suisse septentrionale sans adopter la partie aristocratique du système helvétique », vue en partie prophétique. Au même moment, il demandait la réhabilitation des Quatre sergents de La Rochelle qu'il proposerait bientôt de transférer au Panthéon. Le 2 octobre, il demanda au roi de recevoir les condamnés pour cause politique depuis 1815 et « les électeurs survivants de la célèbre et vertueuse assemblée de l'Hôtel de Ville en 1789 ». Dans les mêmes jours, il essayait en vain de faire négocier un emprunt en faveur des libéraux espagnols auxquels il donna une somme de 10 000 francs. Le 10, il attira l'attention sur le sort du patriote Palloy qui n'avait jamais pu obtenir effectivement le terrain qui lui avait été donné sur l'emplacement de la Bastille et qui était maintenant « très vieux et très pauvre[26] ».

Ce dimanche 10 octobre 1830 fut encore un jour de gloire pour le général, héros de la « fête maçonnique et patriotique offerte au très illustre Frère général Lafayette, citoyen des deux mondes et patriarche de la liberté par ses frères des deux rites ». Il venait d'être nommé 33e du Rite écossais et serait bientôt membre du Suprême Conseil de France. Le Grand-Orient et le Rite écossais s'étaient unis pour lui offrir à l'Hôtel de Ville un grand banquet présidé par le duc de Choiseul, souverain grand commandeur du Rite écossais, et par Alexandre de Laborde, grand maître adjoint du Grand-Orient. La Fayette devint alors, selon le mot de Pierre Chevallier, « l'idole des maçons et le symbole du nouveau régime[27] ». Une seconde fête fut donnée le 16 octobre au Grand-Orient, et le 31 une nouvelle revue passée par le roi réunit 80 000 gardes nationaux au Champ-de-Mars.

L'agitation survenue à la mi-octobre provoqua la zizanie dans le ministère constitué le 11 août. En effet, dans une proclamation du 19 octobre, le préfet de la Seine, Odilon Barrot, accusait le gouvernement et le Parlement d'être responsables des troubles. Broglie et Guizot demandèrent une sanction et donnèrent leur démission. La Fayette intervint, semble-t-il, dans les négociations qui aboutirent à la composition du nouveau cabinet présidé par Laffitte. Le général Gérard, ministre de la Guerre, démissionna quinze jours plus tard et fut remplacé par Soult sans que l'avis du général ait été sollicité[28].

Le 8 novembre, celui-ci prenait la parole en faveur de la liberté de presse et de la suppression du cautionnement pour les journaux en s'appuyant sur l'exemple américain et anglais. « La pensée humaine, dit-il, n'est pas une matière imposable. » Le 11, la 7ᵉ légion de la Garde nationale lui offrait un banquet au cours duquel, répondant au discours du général Mathieu Dumas, il cita le mot de Louis-Philippe prononcé lors de la première grande revue du 28 août : « Cela vaut mieux pour moi que le sacre de Reims[29]. »

Parmi les nombreuses tâches auxquelles le général dut faire face, figura aussi l'examen des innombrables requêtes qui affluèrent vers le nouveau pouvoir. La « révolution des solliciteurs de places », selon l'expression de D.H. Pinkney, assiégea ministères et commission des récompenses nationales pour tenter de faire valoir des services réels ou bien souvent imaginaires. La Fayette dut ainsi examiner et apostiller 70 000 demandes, certainement loin d'être toutes justifiées. Il ne pouvait suffire à tout, et s'il assista, le 18 novembre, à la réception d'une délégation de la ville de Philadelphie venue féliciter les Parisiens, s'il alla, le 12 décembre, porter aux élèves de Polytechnique une adresse de leurs camarades de West Point, s'il participa, le 13, aux funérailles de Benjamin Constant où il prononça un discours, il dut renoncer à présider la revue de la Garde nationale de Melun. Le 4 décembre, il intervenait à la Chambre en faveur des déserteurs sardes réfugiés en France et demandait que l'on refusât toute extradition. Le 7, il assurait Murphy, agent général du Mexique en France, de son appui total à la cause de son pays et à celle de sa reconnaissance par le gouvernement français.

L'euphorie entre le nouveau roi et le général, qui avait tant contribué à hisser le premier au pouvoir, ne dura pas. Dès le 16 novembre, La Fayette écrivait : « La Chambre résiste aux mesures populaires, le Conseil ménage la Chambre et les puissances étrangères plus qu'il ne conviendrait à mon gré. » Il est vrai que les autres États européens n'avaient fait preuve que d'un enthousiasme des plus mitigés en faveur du nouveau régime. Le drapeau tricolore, la *Marseillaise*, le roi ancien combattant de Jemmapes ne rappelaient pas que de bons souvenirs et, à Paris, certains esprits excités auraient volontiers repris la croisade pour la libération des peuples opprimés. La personnalité de La Fayette inspirait des inquiétudes et ranimait de vieilles rancunes. Recevant à Vienne le général Belliard, envoyé de Louis-Philippe, Metternich lui déclara : « Il y a deux nobles entêtés dont vous et moi devons également nous défier bien qu'ils soient gens d'honneur et nobles gentilshommes, le roi Charles X et le marquis de La Fayette. Vos journées de Juillet ont abattu la folle dictature du vieux roi, il vous faudra bientôt attaquer la royauté de M. de La Fayette ; il y faudra d'autres journées, et c'est alors seulement que le prince lieutenant général sera vraiment roi de France[30]. » Seule la république américaine, sans doute grâce à l'action tenace menée par le général Bernard, se déclara favorable au régime, charmée par la conjonction Louis-Philippe/La Fayette, sans se rendre compte qu'on entrerait très vite dans « l'ère des équivoques[31] ». Heureusement, le nouveau roi était résolument pacifiste et hostile à toute aventure ; il n'avait d'ailleurs pas le choix, le pays n'étant prêt en aucune manière à une guerre éventuelle.

Une affaire importante et délicate restait à régler : le procès des anciens ministres de Charles X. Dans l'état d'excitation où se trouvaient certains éléments de la population, on pouvait redouter des incidents, et c'est pourquoi des mesures de sécurité extraordinaires furent prises dans le quartier du Luxembourg, palais où devaient avoir lieu les audiences. Des bruits de complot ayant circulé, on fouilla minutieusement les anciennes carrières et tous les lieux de nature à abriter des conspirateurs. Durant toutes ces journées tendues, La Fayette allait jouer un rôle capital et rendre encore à Louis-Philippe les services les plus éminents en évitant, avec beaucoup de courage et d'habileté, tout dérapage. Dès le 15 novembre, il donna les instructions nécessaires pour la concentration rapide de la Garde nationale en cas de besoin, sans qu'il soit nécessaire de battre le rappel de manière à ne pas affoler la population. Dans chaque légion, un bataillon devait être prêt à marcher au premier signal, et deux sous-officiers restaient de service pendant vingt-quatre heures auprès du maire de chaque arrondissement. Au début de décembre, La Fayette reçut aussi le commandement des troupes de ligne, de sorte que, comme en 1789-1790, toute la responsabilité du maintien de l'ordre dans la ville de Paris lui incombait.

Le 10, les quatre anciens ministres furent transférés sous forte escorte de Vincennes au Petit-Luxembourg transformé en prison d'État et entouré de troupes. A partir du 14, les gardes nationaux de Paris et de la banlieue reçurent interdiction de quitter l'uniforme. Les audiences commencèrent le 15 et se prolongèrent jusqu'au 21 décembre. Une foule se pressait aux abords du Palais ; La Fayette, presque constamment présent, s'efforça de l'apaiser en dialoguant avec les chefs réels ou apparents. « Il s'épuisait, écrit Broglie, à les pérorer au nom de l'humanité [...], entrant plus ou moins dans leurs mécontentements quant à la marche des affaires[32]. » Le 19, il publiait un ordre du jour exprimant sa confiance dans le peuple parisien, l'appelant au calme et au maintien de la légalité. Il ne fut entendu qu'en partie, car, le 20, une manifestation importante se développa dans les rues de Tournon et de Vaugirard. Avec ce cran et ce sang-froid qui ne le quittaient jamais dans ces circonstances, le commandant en chef traversa la foule à pied pour gagner le Luxembourg et parvint à se faire acclamer. La Garde dispersa les attroupements qui se reformèrent le lendemain et le surlendemain. Il était évident que des agitateurs cherchaient à soulever Paris en répandant des rumeurs absurdes, mais l'habileté de La

Fayette et la solidité calme des gardes nationaux permirent d'éviter que ces mouvements ne dégénèrent en émeutes, ce que La Fayette, toujours traumatisé par les souvenirs de 1789, redoutait par-dessus tout.

La journée du 21, qui devait être la dernière du procès, s'annonçait difficile. Dès 9 heures du matin, une foule immense emplit tout le quartier depuis le Panthéon jusqu'au faubourg Saint-Germain, et des groupes armés circulaient. Il y eut même quelques coups de feu. Dans l'après-midi, après les plaidoiries, le président Pasquier et le ministre de l'Intérieur Montalivet réussirent à faire partir les accusés par les jardins et à les ramener à bride abattue à Vincennes où ils arrivèrent à 15 heures. Le verdict fut rendu à 21 heures. La culpabilité était reconnue à l'unanimité, Polignac condamné à la déportation par 128 voix, 24 seulement s'étant prononcées pour la mort. Pour Peyronnet, Chantelauze et Guernon-Ranville, ce fut la prison perpétuelle. A l'annonce de ces sanctions évitant le pire, certains éléments de la Garde manifestèrent leur réprobation en rompant les rangs et en jetant leurs armes, mais la foule s'était dispersée, et les pairs sortirent sans être menacés et injuriés comme la veille. La Fayette pouvait, dans un ordre du jour, remercier la Garde nationale dont l'efficacité avait réussi à « empêcher que notre révolution ne soit souillée par des crimes et notre honneur compromis ». Le roi lui adressa une lettre de félicitations. Le 23, il parcourut la ville à cheval, accompagné du général Carbonel, chef d'état-major de la Garde, pour constater que le calme régnait.

Le 24, dans un nouvel ordre du jour, La Fayette se félicitait : « L'époque critique, rendez-vous annoncé par tous les projets de désordres, est heureusement traversée. La Révolution est sortie pure de cette nouvelle épreuve : elle a démenti ses calomniateurs de tous les pays : force est restée à la loi, protection aux accusés quels qu'ils fussent, respect au jugement. [...] Les affaires, comme notre service, reprennent leur cours ordinaire, la confiance va se rétablir et l'industrie se ranimer ; tout a été fait pour l'ordre public, concluait-il, notre récompense est d'espérer que tout va être fait pour la liberté. » Guizot, Laffitte, comme Odilon Barrot, témoignent du rôle déterminant joué en ces journées par le général. Sans lui, les anciens ministres risquaient une mort violente par l'émeute, comme Launay, Foulon et Bertier en 1789, ce qui eût sans doute été le signal de nouveaux troubles. « Si, en juillet et en août 1830, le général Lafayette a élevé le trône, en décembre, il l'a préservé d'une catastrophe inévitable[33]. » C'était pour lui un grand succès qui allait être aussitôt suivi d'un des plus magnifiques témoignages d'ingratitude de l'Histoire. Pendant l'instruction du procès, Louis-Philippe avait confié à l'un de ses familiers, effaré et indigné d'un tel cynisme : « Dans peu de temps, les ministres seront jugés, et l'émeute me laissera enfin tranquille. Alors je n'aurai plus que trois médecines à rendre : La Fayette, Dupont et Laffitte. Et ce ne sera pas une chose très difficile[34]. » Ce fut en tout cas rapidement entrepris et mené.

Le 24 décembre, en effet, alors que l'agitation se calmait avec peine — car le pays considérait que le gouvernement agissait avec lenteur —, la Chambre commença à débattre de l'organisation de la Garde nationale et s'avisa soudain que la fonction de commandant en chef de toutes les unités du royaume était inconstitutionnelle. Malgré l'intervention de plusieurs députés qui demandèrent le maintien à vie de La Fayette à ce poste, la majorité se prononça en faveur de la suppression à condition toutefois que l'on donnât au général « quelque marque de regret et quelque compensation ». Le 25, le roi le reçut et il fut convenu avec Laffitte que le gouvernement déposerait un amendement le maintenant en fonction pour la Garde parisienne à titre provisoire. Mais il refusa cet arrangement et envoya sa démission.

Le gouvernement royal prenait des orientations qui s'éloignaient du programme de l'Hôtel de Ville, et La Fayette « se rappelait trop ses engagements avec les républicains qui lui reprochaient déjà les concessions qu'il avait faites, écrit Laffitte. Fier de la part qu'il avait prise à la Révolution, il désirait tenir un peu trop le roi dans sa dépendance[35] ». Le bruit courait en effet que La Fayette avait proposé au roi une modification de la Constitution qui lui aurait donné des pouvoirs quasi dictatoriaux, et l'on recommençait, comme en 1790, à parler de « maire du palais ». Ces rumeurs étaient évidemment absurdes pour qui connaissait le caractère et les convictions du général, mais elles n'en furent pas moins tenaces puisqu'il dut encore les démentir à la Chambre le 22 septembre 1831[36]. Laffitte et Montalivet, lui aussi ancien carbonaro, entamèrent une dure négociation. L'hôtel de la rue d'Anjou était envahi d'une foule qui exprimait son mécontentement et tempêtait contre l'ingratitude et la duplicité du roi.

On allait jusqu'à parler d'ultimatum à envoyer à Louis-Philippe et à la Chambre. Les deux ministres tentèrent de fléchir le général en lui promettant de faire voter des lois électorales conformes à ses désirs, mais il refusa de céder, demanda le changement du ministère, la dissolution de la Chambre, la suppression de celle des pairs et son remplacement par un sénat non héréditaire. Sur le bruit d'une prétendue insurrection en préparation, Montalivet demanda aux colonels de la Garde de venir supplier La Fayette de rester en fonction, mais il fut intraitable, et, le 26 à minuit, confirma sa démission. Le roi lui écrivit une lettre de regret, courte et sèche. Il confia plus tard à un député qui le répéta à Laffitte que « c'est la démission de La Fayette qui lui a procuré sa première nuit tranquille ».

Le 27 décembre, le commandant en chef adressa un ordre du jour d'adieu et s'expliqua devant la Chambre. « Le grand pouvoir dont j'étais investi donnait quelque ombrage [...] [qui] s'était surtout étendu dans les cercles diplomatiques. » Si sa « conscience d'ordre public est pleinement satisfaite », il n'en était pas de même de sa « conscience de liberté ». Il s'en tenait strictement au programme de l'Hôtel de Ville qui « a été accepté, mais nous ne l'entendons pas tous de même ; il ne l'a pas toujours été par les conseils du roi comme par moi qui suis plus impatient que d'autres de le réaliser ». Le 1er janvier 1831, il envoya un message d'adieu aux gardes nationales, précisant qu'en remettant sa démission il avait cédé « non seulement aux volontés de la séance du 24 décembre, mais aux manifestations d'ombrages de diverses sortes et à des scrupules patriotiques ». Dans sa correspondance privée, il montrait qu'il n'était pas dupe : « La conduite de la Chambre était un coup monté par ceux qui ne veulent pas toutes les conséquences de la révolution de Juillet. La marche du Palais-Royal me paraissait dévier de notre système des barricades », écrivait-il à un ami américain, et à un autre : « L'essentiel était de passer sans encombre la grande crise du procès des ministres. On m'aimait tant pendant ce temps-là ! Mais vous voyez qu'ensuite, on n'a pas perdu un jour[37]. »

Le bilan de cette révolution de Juillet était pourtant très satisfaisant pour lui puisque nombre d'idées fayettistes se trouvaient réalisées. Il le reconnut d'ailleurs dans une note restée inachevée : disparition de la monarchie de droit divin, rétablissement de la Garde nationale avec officiers élus —

« c'est certainement la milice la plus universelle et la plus démocratique qui ait jamais existé » —, liberté de la presse, procédure du jury pour les délits politiques, suppression du double vote, abaissement de la limite d'âge pour les électeurs (vingt-cinq ans au lieu de trente) et pour les élus (trente ans au lieu de quarante), élection des conseillers départementaux et municipaux. Ce changement de régime « avait ramené le peuple, particulièrement le peuple de Paris, dans le champ de la politique d'une façon qu'il n'avait pas connue depuis 1790[38] ». Toutefois, il n'était pas encore pleinement heureux. Il aurait voulu un abaissement plus important du cens électoral — curieusement, il n'évoquait pas le suffrage universel —, l'augmentation des pouvoirs des assemblées locales et la réduction de ceux des préfets « qui ne devraient être que des commissaires du pouvoir exécutif », l'élection d'une nouvelle Chambre qu'il espérait plus libérale, la réduction de la liste civile et la réforme du budget, celle aussi du Code pénal[39].

Il allait désormais, après un intermède de quelque mois, se retrouver dans une situation qui lui était familière : l'opposition, celle sans doute qui lui convenait le mieux. Retrouvant son ami Laffitte au début de 1831, il lui dit ainsi : « Convenez que vous avez été un grand niais ! — J'en conviens : moi Niais Ier, vous Niais second et, par ce moyen, justice est rendue à tout le monde[40]. »

## CHAPITRE XXXI

# La « magistrature morale »

L'éviction brutale de La Fayette de ses fonctions de commandant ne marquèrent pas la fin de sa carrière politique, car il conservait son siège de député et continua à s'intéresser passionnément à la vie publique, tant intérieure qu'extérieure, ce qui l'amena à entrer en conflit ouvert avec un gouvernement dont les orientations divergeaient de plus en plus de ses espoirs et de ses illusions. D'une part, Louis-Philippe adoptait une ligne résolument conservatrice, de l'autre il voulait imposer une politique pacifiste évitant tout conflit auquel la France n'était nullement en état de faire face.

La révolution de 1830 avait eu des répercussions dans divers pays européens, en Belgique, en Italie, en Pologne. La Fayette s'enflamma aussitôt en faveur de cette lutte des nationalités sans en soupçonner la complexité ni les dangers. Dès janvier 1831, il présentait au préfet de la Seine une adresse de sympathie rédigée par un groupe d'Irlandais à l'intention du peuple français, ce qui donna à Odilon Barrot l'occasion de définir très lucidement le personnage que le général tenait par-dessus tout à incarner : personnification « de tous les principes qui, depuis quarante ans, sont en lutte contre le despotisme et l'ignorance de toutes les vertus qui rendent un peuple digne de la liberté ». La Fayette avait pu, ajoutait le préfet, renoncer à son commandement, « mais cette magistrature morale que, grâce à cinquante ans d'une vie sans reproche, vous exercez sur tous les esprits, vous ne pourrez jamais l'abdiquer et vous serez toujours le drapeau autour duquel viendront se rallier tous les amis de la civilisation et de la liberté des peuples[1] ». Symboliser la lutte pour le droit des peuples à disposer d'eux-mêmes, tel fut le souci constant qui allait l'occuper pendant ses dernières années.

La première occasion qui se présenta lui fut offerte par la Pologne. A la fin de novembre 1830, Varsovie s'était soulevée contre la domination russe, et le grand-duc Constantin avait dû évacuer la ville. La Fayette réagit avec enthousiasme et s'imagina que la cause de l'indépendance polonaise allait susciter une sorte de croisade européenne. Il eut la naïveté d'écrire à Palmerston, ministre britannique des Affaires étrangères, le 23 février 1831, alors que l'armée russe venait d'envahir le pays, pour le presser d'intervenir en faveur des insurgés. Il ne reçut naturellement aucune réponse. Ses instances auprès du gouvernement français n'eurent pas plus de succès et, contrairement à ce qu'il espérait, Louis-Philippe ne pouvait envisager un seul instant une intervention militaire à laquelle s'opposaient de nombreuses raisons aussi bien diplomatiques que militaires. Il fut donc réduit à des gestes symboliques, accorda tout son appui moral au gouvernement national provisoire présidé par le prince Adam Czartoryski et accepta avec chaleur sa nomination de membre de la Garde nationale polonaise. L'aide à la Pologne ne cessa par la suite de le préoccuper.

Dès février, il avait demandé à son ami Laffitte, qui refusa, de consentir un prêt de 500 000 à 600 000 francs au nouveau pouvoir de Varsovie. Le 9 juillet, il écrivit au président du Conseil Casimir Perier pour lui suggérer de faire passer en Angleterre des commandes d'armes destinées à la Pologne, ce qui, espérait-il, retarderait la livraison de celles achetées par les Russes. Le 15 août, il demanda la reconnaissance officielle de l'indépendance polonaise par le gouvernement français. Le 16 septembre, on apprit à Paris l'écrasement de la révolte et la chute de Varsovie, ce qui provoqua quelques manifestations et plusieurs débats à la Chambre, au cours desquels La Fayette intervint pour attaquer violemment la Prusse — « la Pologne est étranglée par la Prusse » — et pour critiquer âprement « l'égoïsme politique de la France » alors que la cause des insurgés y était très populaire : « Toute la France est polonaise. » Il suppliait le gouvernement d'agir et suggérait qu'on envoyât des navires en Baltique pour porter des secours. Il rédigea une note rappelant qu'au début de l'insurrection deux plénipotentiaires étaient venus à Paris demander la médiation de la France, la reconnaissance du gouvernement national, la neutralité des puissances voisines et l'envoi de secours indirects, mais le gouvernement n'avait donné que des réponses dilatoires, et l'Angleterre avait refusé toute forme d'intervention[2].

Le 29 novembre, il participait, en uniforme de grenadier de la Garde nationale polonaise, à une cérémonie anniversaire de l'insurrection et prononçait un discours dans lequel il rappelait sa fraternité d'armes avec Kosciusko et Pulawski « dès les premiers jours de cette ère américaine, devenue depuis l'ère du monde libre » et le soutien symbolique accordé sous forme de drapeaux par la jeunesse de Boston. Il avait très bien saisi l'importance stratégique de la Pologne, car il émit le vœu que « mes yeux, tout âgés qu'ils sont, ne se fermeront pas avant que la barrière polonaise de l'Europe soit rétablie dans son intégrité primitive[3] ». Il devait revenir sur cette idée l'année suivante dans une lettre au premier lord de la Trésorerie d'Angleterre, Grey : « J'aime à croire qu'à présent vous êtes unis dans le vif désir de relever cette barrière de la civilisation européenne. » Il ne cessait de réclamer l'exécution des traités de Vienne de 1815 consacrant l'indépendance polonaise et de reprocher au gouvernement français sa passivité ; on s'en est tenu, disait-il, « à des conseils timides », et il demandait que des instructions soient données aux missions diplomatiques françaises pour l'accueil des réfugiés polonais. Il prêcha d'ailleurs d'exemple en recevant lui-même un certain nombre de fugitifs à La Grange où ils donnèrent leur nom au « couloir des Polonais ». Le 5 juillet 1832, il protesta avec vigueur auprès de Montalivet, ministre de l'Intérieur, à propos de l'expulsion du comte Ostrowski. Le 3 décembre, il s'indignait des traitements barbares infligés par l'occupant russe : déportations, enrôlement forcés dans l'armée, suppression des universités, spoliations, brimades contre les catholiques, etc. Il plaidait une fois de plus en faveur des « droits imprescriptibles de la nationalité polonaise », et la faiblesse et la complaisance de Louis-Philippe à l'égard de la Russie, dont il se refusait à comprendre les motifs, l'indignaient. Pour lui, le *Moniteur* « se trouve transformé en succursale de la chancellerie de l'ambassade russe pour proclamer et enregistrer les confiscations faites sur nos amis ». Sa fureur redoubla lorsqu'en 1833 la police vint à la Grange arrêter un réfugié, l'ancien ministre du gouvernement provisoire Lelewel[4]. La Pologne demeura toujours chère à son cœur puisqu'elle fit l'objet, le 26 janvier 1834, de sa dernière intervention à la tribune de la Chambre.

Elle ne fut pas le seul pays à bénéficier de sa sollicitude. Il intervint aussi à plusieurs reprises pour la reconnaissance officielle de l'indépendance belge reconnue par la conférence de Londres du 20 décembre 1830 à laquelle participaient la France, l'Autriche, l'Angleterre, la Prusse et la Russie. En février 1832, la légation belge demanda à La Fayette de présenter au président des États-Unis, Jackson, le ministre plénipotentiaire du nouvel État indépendant. Le général écrivit aussitôt une lettre de recommandation chaleureuse en faveur du nouveau royaume qui s'était doté d'institutions libérales et avait élu le roi Léopold Ier le 21 juillet 1831. Le sort de la Crète, qui n'avait pas été réglé par les protocoles de Londres de février 1830, le préoccupait, car un certain nombre d'habitants de Candie l'avaient prié de demander le rattachement de l'île à la Grèce. Il écrivit à ce sujet à Palmerston le 23 janvier 1831.

Les insurrections italiennes de février 1831 en Romagne, rapidement écrasées par les troupes autrichiennes, provoquèrent aussi de sa part de multiples démarches et protestations. Le 18 mars, il reprochait au ministre des Affaires étrangères d'avoir « déclaré officiellement que le gouvernement français ne consentirait jamais à l'entrée des Autrichiens dans les pays actuellement insurgés de l'Italie », mais de n'avoir rien fait pour s'y opposer. Il eut alors une entrevue avec Louis-Philippe, ce qui donna lieu, dit-il, à « des explications très franches de ma part, à la fois affectueuses et sévères. Je ne lui ai rien dissimulé des dangers de son système et de l'impopularité qui en était le résultat croissant ». Il prétendait recevoir chaque jour plus de deux cents lettres et une foule d'adresses « dont plusieurs expriment le mécontentement et la méfiance contre le gouvernement ». Le 6 mai, il envoyait à Casimir Perier une longue lettre très critique sur la politique de non-intervention et de paix à tout prix qui aboutit, selon lui, à laisser la diplomatie « se transformer en gendarmerie pour détruire d'abord chez nous, ensuite partout ailleurs en nous rendant complices, l'indépendance et la civilisation humaine [...], la pusillanimité ne peut qu'enhardir la malveil-

lance et encourager l'invasion[5] ». En janvier 1832, une nou-
velle intervention autrichienne en Romagne l'amena à prononcer le 1er février un discours dans lequel il priait instamment
le gouvernement de prendre « des mesures fermes et de ne
plus se laisser tromper comme il l'a fait jusqu'à présent ». Il
protesta vivement contre une déclaration du garde des Sceaux
prétendant qu'à l'égard des pays étrangers la France ne
pouvait se permettre que des conseils. Il approuva en revanche
l'action, très modeste, d'une petite division navale française à
Ancône le 22 février, mais s'inquiéta du but exact poursuivi :
était-ce pour protéger les Romagnols contre la politique
« terroriste » du légat pontifical Albani ? Le 16 avril, il
écrivait : « J'aimais à trouver dans l'expédition d'Ancône
quelque chose de moins humble et timoré que ce qui avait eu
lieu jusqu'alors », mais il déplorait que les Français aient été
associés à certaines mesures de répression contre les patriotes.
Il s'inquiétait aussi de la situation des Italiens réfugiés en
France qui faisaient quelquefois l'objet de mesures de rigueur,
comme le général napolitain Pepe mis en état de semi-
arrestation par le préfet des Bouches-du-Rhône.

Au Portugal, il soutint de ses vœux l'expédition organisée
en février 1832 par Don Pedro pour rétablir les institutions
constitutionnelles. Il s'y intéressa d'autant plus que son petit-
fils, Jules de Lasteyrie, servait comme aide de camp du roi.
La situation se clarifia l'année suivante, et, le 24 juillet 1833,
le drapeau légitime flottait à Lisbonne pour la plus grande
joie de La Fayette[6]. Il fut moins heureux en Allemagne. En
juin-juillet 1832, la Diète germanique réunie à Francfort prit
toute une série de mesures antilibérales et, une fois de plus,
il trouva honteuse l'indifférence et l'inaction du gouvernement
français. Lors de l'insurrection de Francfort, le 3 avril 1833,
réprimée par les troupes autrichiennes, il intervint à nouveau
en faveur de l'accueil des réfugiés politiques. « Notre cause
commune est devenue européenne » écrivait-il le 7 juin.
Quelques jours plus tard, il reprochait encore au gouvernement « le rôle de préfet de police de la Sainte Alliance exercé
par le roi des barricades de Juillet ». Sous prétexte « qu'il
fallait bien comprimer partout l'anarchie, on a déclaré qu'il
était loisible de violer les constitutions, les lois et le droit
commun pourvu qu'on en convînt avec franchise et la majorité
a trouvé cela très bien[7] ».

Il est enfin une autre affaire que La Fayette contribua à

tenter de débloquer : le règlement d'un contentieux franco-américain qui remontait au temps du blocus continental. Un certain nombre de navires américains avaient été saisis sous l'Empire, et Napoléon avait fini par reconnaître le principe d'indemnités évaluées en 1814 à une quinzaine de millions, mais le régime était tombé avant que la question pût être liquidée. La Restauration avait laissé dormir le dossier, et il semble que c'est sur l'initiative de La Fayette qu'on le tira de ce sommeil. Une commission fut créée dont firent partie le général et son fils pour tenter de trouver une solution satisfaisante pour les deux parties. Le 22 avril 1831, il écrivit au roi et à Casimir Perier pour leur suggérer que le général Bernard, qui repartait pour l'Amérique, fut chargé d'une mission diplomatique en ce sens, ce qui fut fait. C'est à la suite des négociations menées avec le président et le secrétaire d'État qu'on aboutit au traité du 4 juillet prévoyant le paiement d'une indemnité de 25 millions. Pour des raisons obscures, cet instrument diplomatique ne fut pas immédiatement présenté à la ratification des Chambres, et le débat n'eut lieu qu'en juin 1833. La Fayette insista à cette occasion sur deux points qui lui tenaient à cœur : la nécessité d'une coopération entre les marines américaine et française pour assurer la liberté effective des mers et le développement du commerce national aux États-Unis[8]. L'affaire traîna encore, et on parvint presque à un conflit avec le président Jackson ; le roi fut accusé d'agiotage et de spéculation sur ces créances américaines qu'il aurait rachetées à bas prix. Un nouveau débat, du 28 au 31 mars 1834, s'acheva sur un refus de ratification par la Chambre. Lorsque La Fayette mourut le 20 mai, rien n'était réglé.

Toutes ces interventions dans le domaine des affaires étrangères ne l'empêchèrent pas de reprendre une vie mondaine et de se passionner aussi pour la politique intérieure. Son salon de la rue d'Anjou-Saint-Honoré, dont ses petites-filles faisaient les honneurs, devint « le caravansérail de l'Europe révolutionnaire ». On y voyait toute la fleur des libéraux et aussi quelques femmes : la Malibran, devenue ardemment fayettiste, la princesse Cristina Belgiojoso, qui militait pour les patriotes italiens et fut le dernier amour, platonique, du maître des lieux[9]. Il fréquentait aussi divers salons, dont celui de Juliette Récamier, chez laquelle il parlait politique avec Chateaubriand : « Je me moquais un peu de sa meilleure des républiques : je lui demandais s'il n'aurait pas mieux fait de proclamer Henri V [petit-fils de Charles X] et d'être le véritable président de la France pendant la minorité du royal enfant. Il en convenait et prenait bien la plaisanterie, car il était homme de bonne compagnie. [...] Je lui faisais convenir qu'il n'y avait pas eu d'homme plus attrapé que lui par son bon ami Philippe[10]. » Il l'admettait en effet volontiers et s'en montrait très amer. Il confia au romancier américain Fenimore Cooper qu'il avait reçu « plus d'injures personnelles du gouvernement vénal établi en France par la dernière révolution que de la Restauration, de l'Empire et du Directoire réunis à tous les pouvoirs qui les ont précédés[11] ». Cette amertume ne l'empêcha pas de prendre une part active aux luttes politiques et parlementaires qui marquèrent les débuts difficiles de la monarchie de Juillet. Souhaitant sans doute lui donner, après son éviction de la Garde nationale, un lot de consolation, assez dérisoire, Louis-Philippe le nomma, par ordonnance du 18 janvier 1831, conseiller général de Seine-et-Marne, mais, le 6 février, l'intéressé prévint le préfet qu'il ne siégerait que s'il était élu par le suffrage populaire.

Le 14 février 1831, un service funèbre à la mémoire le duc de Berry (petit-fils de Charles X), célébré à Saint-Germain-l'Auxerrois, dégénéra en émeute. L'église et l'archevêché de Paris furent saccagés et pillés. La Fayette offrit aussitôt l'hospitalité à Mgr de Quélen, montrant ainsi son libéralisme et ses attentions à l'égard des victimes de la violence, même lorsqu'elles ne partageaient pas ses opinions. Il exprima sa réprobation à la Chambre et regretta que cette manifestation ait pris un caractère antireligieux « qui pourrait faire croire, en France et hors de France, que le sentiment populaire est contraire à la liberté des cultes », principe auquel il était lui-même plus que jamais attaché[12].

Quelques jours plus tard, s'ouvrit sur la modification de la loi électorale un débat qui donna à La Fayette l'occasion de préciser ses idées. Le cens électoral, abaissé à 200 francs, lui paraissait encore trop élevé, et il aurait voulu que, comme c'était le cas aux États-Unis, tous les contribuables fussent électeurs, mais il ne fut pas suivi et le nouveau texte adopté par 290 voix contre 62. Le 13 mars, Laffitte fut renvoyé par le roi et remplacé par Casimir Perier. Malgré les liens familiaux qui les unissaient — la petite-fille de La Fayette, Nathalie, était devenue par son mariage la nièce du nouveau

Premier ministre —, les relations se révélèrent difficiles en raison de divergences de vues sur presque tous les sujets. Leur opposition éclata à la séance du 29 mai au cours de laquelle on discutait un projet de loi sur les attroupements. Le député de Seine-et-Marne intervint pour prendre la défense de l'Association nationale contre la restauration de la branche aînée à laquelle avaient adhéré un certain nombre de députés et de fonctionnaires et que l'on accusait de conspiration. Il s'étonna qu'on pût ainsi lui prêter de mauvaises intentions et termina son discours en faisant allusion aux « promesses » non tenues. « Quelles sont ces promesses ? répliqua Perier. Je demande à M. de La Fayette de dire si c'est lui ou nous qui avons fait ces promesses ? » Il s'agissait bien entendu des promesses d'institutions républicaines faites dans ce programme de l'Hôtel de Ville dont le gouvernement contestait l'adoption. Pour le Premier ministre, n'existait que la Charte « que nous avons tous jurée après le roi. La Charte, voilà notre programme à nous, le roi n'a rien promis qu'à la France, la France ne demande au roi rien de plus que ce qu'il a promis ». Périer refusait donc de prendre en compte les engagements extérieurs à la Charte, contractés « par qui ? A qui ? Jamais par le gouvernement. Si quelqu'un a parlé au nom et à l'insu de la France, il est de son devoir d'accepter la responsabilité de ses promesses en le déclarant ».

La Chambre fut dissoute le 31 mai 1831, et des élections eurent lieu le 5 juillet. La Fayette se représenta et adressa à ses électeurs de Seine-et-Marne une longue et verbeuse profession de foi dans laquelle il reprenait tous ses thèmes favoris et qui fut reproduite par de nombreux journaux. Il y séparait « une fois de plus la cause sacrée de la liberté d'avec les hérésies qui la dénaturent, les excès qui l'ont retardée, les crimes qui l'ont profanée[13] ». Réélu à Meaux avec une large majorité de 486 voix contre 162, il fut aussi élu à Strasbourg par 117 voix contre 92, mais resta fidèle à la Seine-et-Marne. Il poursuivait aussi ses activités maçonniques en devenant vénérable d'honneur de la loge nouvellement créée sous le nom des Trois-Jours, dans laquelle il retrouvait Alexandre de Laborde, Laffitte, Odilon Barrot. Son attitude y fut assez réservée et ambiguë, et, toujours fidèle à son hostilité aux solutions violentes, il semble s'être retiré lorsque furent envisagées des actions subversives. La loge n'eut d'ailleurs qu'une brève existence puisqu'elle fut dissoute après l'insurrection provoquée le 5 juin 1832 par les funérailles du général Lamarque[14].

La Fayette se trouva, à cette époque, mêlé à un regain de polémique sur un sujet dont il s'était préoccupé depuis plusieurs années et qui restera longtemps d'actualité : le coût des services publics. Lors de son voyage aux États-Unis, il crut constater une différence considérable entre les dépenses de fonctionnement des administrations américaine et française. Il avait, à son retour, parlé de « gouvernement à bon marché » et contribué à répandre l'idée que le système américain se trouvait à la fois plus efficace et moins coûteux, ce qui permettait un allègement de la fiscalité auquel il n'hésitait pas à attribuer la prospérité économique du pays. Ces théories soulevaient des protestations, car certains les estimaient fondées sur des comparaisons incertaines. La discussion reprit de plus belle en 1831 lorsque la thèse pro-américaine fit l'objet d'une critique très vive sous la plume du préfet de police Saulnier qui, dans un gros article paru en septembre 1831 dans la *Revue britannique,* soutint la supériorité et le moindre coût de l'administration française. Furieux, La Fayette appela à l'aide son ami le général Bernard qui, travaillant depuis plus de quinze ans aux États-Unis, connaissait parfaitement le sujet. Avec sa collaboration, il publia en 1832 une *Lettre du général La Fayette à ses collègues de la Chambre des députés* qui réfutait les assertions de Saulnier et analysait avec beaucoup de lucidité les caractères originaux des services américains et les faiblesses des européens. Bernard se révélait précurseur d'une Europe qui unirait ses forces au lieu de ruiner ses finances à s'entredéchirer et à paralyser ainsi ses progrès. Le préfet répliqua par une nouvelle brochure, et la question fut évoquée à la Chambre le 11 mars 1832 par Casimir Perier qui, au vif déplaisir de La Fayette, adopta les thèses de Saulnier. L'affaire dériva vers la polémique partisane et politicienne malgré les efforts d'Émile Péreire qui, dans ses *Considérations sur les finances de France et des États-Unis* parues en mars 1832, tenta de la maintenir sur le plan économique. Malgré cela, le général ne réussit pas à faire prévaloir ses vues et apprit à ses dépens le caractère inexpugnable des « bastilles » administratives[15].

Il eut plus de chance avec ses interventions contre l'hérédité de la pairie ; à l'automne de 1831, celle-ci donna lieu à de longs débats qui lui permirent de lancer de nouvelles diatribes contre les aristocraties, « mauvais ingrédient en politique ». Il s'insurgea aussi contre le choix des pairs par le roi seul : dans ces conditions « cette seconde chambre ne serait réellement pas un pouvoir législatif, ne représenterait personne ». Le 10 octobre, la Chambre rejeta l'hérédité de la pairie, et, le 28 décembre, les pairs prirent la même décision[16]. Le 7 décembre, il avait pris position contre un article du Code pénal qui punissait d'emprisonnement les usurpateurs de titres de noblesse. « Il serait singulier, dit-il, que, sous un régime d'égalité, l'aristocratie héréditaire fût défendue par une pénalité plus sévère que sous l'Ancien Régime. » Il rappelait à cette occasion qu'avant 1789 « les titres de marquis, comte, etc. se prenaient à volonté dans les familles ».

A la fin de l'année, La Fayette accepta d'être nommé maire de la commune de Courpalay, sur le territoire de laquelle se trouvait son château de La Grange. Sa popularité demeurait très grande si l'on en juge par la profusion d'images populaires, de portraits, de médailles et d'objets divers répandue dans le public. Ses amis entretenaient la flamme jusque sous les cieux lointains puisque Victor Jacquemont, en voyage scientifique aux Indes, porta un toast au général lors d'un banquet à Lahore.

L'année 1832 fut marquée pour La Fayette par de nombreuses interventions sur des questions de politique intérieure. L'évolution du gouvernement le choquait de plus en plus. Déjà, en avril 1831, il avait apprécié la publication par le général O'Connor, époux de la fille de Condorcet, d'une *Lettre au général La Fayette sur les causes qui ont privé la France des avantages de la révolution de 1830*. Le 29 mai, 140 députés signaient un manifeste à la rédaction duquel il avait participé et qui stigmatisait la ligne suivie par le pouvoir royal. Deux ans après les journées de juillet, on aboutissait à la coalition des rois à l'extérieur et à la guerre civile à l'intérieur : « La restauration et la révolution sont en présence : la vieille lutte que nous avions crue terminée recommence. Que le gouvernement choisisse ; la position équivoque qu'il a prise n'est pas tenable ; elle ne lui donne ni les forces de la Restauration qu'il sait irréconciliables, ni celles de la Révolution dont il se défie[17]. » Le général Lamarque, l'une des figures principales du parti libéral, étant mort sur ces entrefaites, ses funérailles donnèrent lieu, le 5 juin, à des mouvements de foule qui dégénérèrent en manifestations violentes. La Fayette, ami du défunt, tenait un des cordons du poêle et prononça un bref discours. Il est certain que des éléments républicains cherchèrent à profiter des circonstances pour organiser une émeute en vue de renverser le gouvernement et de proclamer la République. Ils prirent contact avec Laffitte et lui proposèrent d'aller à l'Hôtel de Ville avec La Fayette mais le banquier refusa[18]. Le drapeau rouge fut déployé et un bonnet phrygien déposé sur le cercueil. Le général voulut alors se retirer, mais la foule détela ses chevaux et lui proposa de prendre la tête de l'insurrection. Il se trouva entouré d'un groupe de jeunes excités « qui m'ont demandé avec violence de donner l'ordre de l'attaque, ajoutant que c'était l'ordre du peuple. A quoi j'ai répondu qu'ils n'étaient pas le peuple français et que d'ailleurs le premier ordre pour moi était celui de ma conscience et du bon sens ». Il fut dégagé par un détachement de dragons. Louis-Philippe était venu lui-même à cheval diriger les opérations. La Fayette avait été menacé : « Si nous tuiions le général La Fayette, ne serait-ce pas un bon mort pour appeler aux armes ? » On l'accusa d'avoir déposé une couronne sur le drapeau rouge, mais il démentit ces affirmations ridicules qui n'avaient pu être lancées que par des esprits malintentionnés ou le connaissant bien mal.

Les troubles se poursuivirent pendant plusieurs jours dans le quartier Saint-Merry. Le 7 juin l'état de siège fut proclamé, et diverses mesures de répression prises contre la presse. L'École polytechnique, foyer d'opposition, fut fermée ainsi que l'École vétérinaire d'Alfort, l'artillerie de la Garde nationale dissoute. La veille, Odilon Barrot, Laffitte et Arago avaient été reçus par le roi qui nia avec énergie l'existence du « prétendu programme de l'Hôtel de Ville ». Dans une lettre du 20 juin, La Fayette expliqua sa position et ses sentiments sur ces événements : « 130 000 citoyens de la capitale s'étaient prononcés en faveur de l'opposition ». A son avis, s'il n'y avait pas eu d'incidents graves et sanglants, le roi eût été obligé de tenir compte d'une telle manifestation, mais l'affaire du drapeau et du bonnet rouges avait provoqué une dérive. Il n'hésitait pas à mettre en cause la police mais avec prudence : « Quoique la police ait joué un rôle dans ce qui s'est passé, l'exaltation de quelques jeunes têtes et même le hasard ont eu

leur part. » Il croyait en arrière-plan voir « le détestable
système [...] perfectionné par Fouché, continué sous la Restauration, adopté par les gouvernants actuels ». Il ajoutait :
« Parmi le petit nombre de jeunes enthousiastes qui ont fait
tant de mal à notre cause, il y a eu un courage dont l'emploi
est bien déplorable, mais qui rend bien lâche l'acharnement
avec lequel on tombe sur cette poignée de vaincus. » De ces
événements tragiques, il conclut que « le gouvernement arbitraire a succédé aux engagements de la Charte [...]. Depuis
son avènement au trône, [le roi] a nié ses engagements avec
moi, ce qui est moins important sans doute pour la France
mais l'est beaucoup pour moi, car il existe entre nous un
démenti formel ». Il estimait dans ces conditions qu'il ne lui
était plus possible d'exercer des fonctions non électives, et il
donna le 21 juin sa démission de maire de Courpalay et de
conseiller général de Seine-et-Marne[19].

Toutes ses illusions s'effondraient. Dans une longue lettre
du 12 juillet 1832, il se plaignait de l'arrêt des réformes
souhaitées, selon lui, par l'opinion : conseils élus dans les
communes et les départements, nouvelle loi sur l'instruction
publique, développement de la responsabilité des fonctionnaires, limitation excessive du corps électoral qui ne comprenait que 200 000 personnes contre 1,2 million en Angleterre.
Il constatait avec peine que les initiatives parlementaires
étaient presque systématiquement contrariées : « On voit
évidemment l'intention de revenir à une quasi-légitimité,
quasi-restauration, à la Charte de 1814. » Il lui semblait
revivre les échecs des essais de monarchie constitutionnelle
de 1789-1791, et ceux-ci ne pouvaient conduire qu'à la
République. Pour lui, le système adopté par Louis-Philippe
constituait un « réfrigérant de la liberté intérieure » et un
« éteignoir de notre considération au-dehors ». C'était donc la
rupture totale avec un pouvoir qui l'avait indignement berné.
Comme l'avait vu immédiatement Chateaubriand, il s'était
laissé « jouer comme un vieux maillot par Philippe dont il
croyait être la nourrice[20] ». La lucidité tardive était aussi une
constante du tempérament politique de La Fayette. Il chercha
un dérivatif dans la gestion de ses domaines et fut tout

heureux, le 30 septembre, d'obtenir quatre prix au concours agricole de Rozoy-en-Brie.

Il ne pouvait toutefois se désintéresser de la vie publique. La parution, à l'automne 1832, du livre de Sarrans sur La Fayette et la révolution de 1830 provoqua une série d'articles dans la presse gouvernementale, très hostiles au général et minimisant son rôle pendant toute la seconde moitié de l'année. Il réagit en affirmant l'exactitude des « citations et assertions relatives à moi, dût-on les taxer encore d'invraisemblance[21] ».

Le 19 novembre, lors de la séance royale de la Chambre, un coup de pistolet fut tiré sur Louis-Philippe, qui ne fut pas atteint. « J'avoue, écrit La Fayette, que cela m'a paru une rouerie de police. » De nombreux députés se précipitèrent aux Tuileries pour féliciter le roi, mais lui-même s'abstint de paraître. Le discours royal lui avait déplu, car il avait été très dur pour les fauteurs de troubles républicains et vendéens — l'équipée de la duchesse de Berry en Vendée venait d'avoir lieu —, mais n'avait soufflé mot des problèmes de politique étrangère. Il semble qu'il s'illusionnait, une fois de plus, sur l'état de l'opinion qui était assez loin de partager ses préoccupations et désirait surtout, comme le remarquait Metternich, la stabilité politique et le repos matériel.

L'activité parlementaire de La Fayette fut encore importante en 1833. Dès le début de l'année, il intervint dans la discussion de la loi sur l'organisation départementale suivant un projet présenté le 15 septembre 1831 mais venu en discussion le 2 janvier 1933 seulement. Il s'agissait de régler le fonctionnement des conseils généraux et d'arrondissement. Comme on pouvait le prévoir, le député de Meaux trouvait le texte trop timide. Il ne modifiait guère, en effet, la loi du 28 pluviôse an VIII qui limitait strictement les attributions des conseils à la répartition des contributions directes. Fidèle à ses conceptions décentralisatrices, La Fayette aurait voulu une extension beaucoup plus large des pouvoirs des assemblées locales, mais on conservait, dans les bureaux parisiens, — et on conserva encore longtemps — une véritable terreur de tout ce qui ressemblait à une autonomie régionale, même limitée.

Le 23 janvier, vint en discussion un projet de loi sur les pensions à accorder aux vainqueurs de la Bastille. Dans son intervention, le général présenta un tableau des événements d'une rare inexactitude et dans lequel il prêtait au gouvernement de Louis XVI des intentions sanguinaires qui n'avaient sans aucun doute jamais effleuré son esprit (mais la passion offusquait quelquefois chez lui le souci de vérité historique). Le 26 février, il soutint le projet d'amnistie en faveur des condamnés pour délits politiques sous la Restauration. Au même moment, il soutenait un projet, audacieux pour l'époque, de *Journal étranger* qui devait être un lien et un moyen d'information pour les peuples européens, principalement français et allemand. Les questions de presse continuaient à le préoccuper. Le 8 avril, il intervint en faveur de la liberté en citant Jefferson : « Depuis que la vérité et la raison défendent leur terrain contre les attaques réunies de fausses doctrines et de faits controuvés, la presse n'exige plus guère de restriction légale. Le jugement du public, qui entend toutes les parties, corrigera l'effet des mauvais raisonnements. Voilà la seule limite qu'il faille tracer entre le bienfait inestimable de la presse et les dangers de la licence[22]. »

La Fayette avait accordé son patronage à une Association pour l'instruction populaire présidée par son ami Dupont de l'Eure et qui comptait parmi ses adhérents plusieurs membres de l'Institut. Il se plaignait que « le ministre y mît tous les obstacles qui dépendent de lui ». Il se félicita, dans le même domaine, du vote de la loi Guizot sur l'enseignement primaire qui allait accélérer considérablement l'alphabétisation des jeunes générations. Il la trouvait « imparfaite sans doute, mais meilleure que les précédentes ». Il fut aussi question, à la même époque, du vote d'un texte rétablissant le divorce auquel il semblait très favorable, mais le projet n'aboutit pas[23].

En dehors du Parlement, La Fayette continuait à participer à la vie politique. Le 27 mai, il présida au bois de Vincennes un banquet de républicains allemands, au grand agacement de Metternich, renforcé plus que jamais dans sa conviction que Paris était le « point central de toutes les révolutions ». Le 12 juin, il y eut aussi un grand dîner breton au cours duquel il exalta les souvenirs de l'Assemblée constituante où les députés de cette province avaient défendu « la vraie liberté républicaine ».

Il semble que, profondément déçu par la monarchie orléaniste qui s'obstinait à trahir toutes ses espérances, il soit devenu alors véritablement et totalement républicain. C'est

pourquoi les agitations souvent inconsidérées de certains
éléments du parti l'inquiétaient. Il admettait que « certaines
singeries de 93 » effarouchaient l'opinion publique. Carrel
constatait lui aussi le « mal que fait ce prétendu républicanisme qui tient plus aux mots qu'aux choses, menace la
propriété, la sécurité de tous ». Le 28 août, La Fayette écrivait
à Dupont de l'Eure : « Ces exaltés, trop souvent à froid, nous
ont fait beaucoup de mal par leurs propos et leurs imprudences[24]. » Il avait compris que toute évocation de la Terreur
et de Robespierre exerçait sur l'opinion un puissant effet de
repoussoir. Cette attitude de modération lui aliénait bien des
sympathies des républicains, qui le trouvaient trop mou, et
des orléanistes, pour qui il demeurait un dangereux trublion
et, peut-être, un remords. « Cette position entre les deux
sortes d'hostilités a été la mienne depuis 1789 et je n'en suis
pas fâché. »

Son prestige international semblait quelque peu en baisse
si l'on en juge par une lettre adressée le 8 septembre 1833 à
Éleuthère-Irénée Dupont par un ingénieur français vivant aux
États-Unis où il était l'un des collaborateurs du général
Bernard, Guillaume-Tell Poussin : « Il faut avouer que le
rêve du général La Fayette d'un trône entouré d'institutions
républicaines était une complète anomalie, une utopie provenant d'un cerveau vieux ou fatigué par des combinaisons de
l'impossible. Le pauvre général est à présent entièrement hors
de combat, on ne parle pas plus de lui que s'il n'existait pas,
sa déchéance populaire a été proclamée lors des affaires des 5
et 6 juin 1832, sa tête de vieillard couronné du bonnet rouge
a formé une apothéose dont il ne peut plus jamais se
relever[25]. » La Fayette n'avait, de sa vie, coiffé le bonnet
rouge, mais il est des images, fausses, qui font choc et qui
s'impriment dans les fantasmes collectifs...

Le 3 janvier 1834, lors de la discussion de l'adresse au roi,
il prononça un de ses derniers discours, encore très critique,
déplorant que le gouvernement ait laissé écraser la liberté en
Pologne, en Italie, en Allemagne, soutenant encore les idées
les plus libérales : « Je crois que toutes les opinions sont libres
et plus on en permet la manifestation, moins elles ont
d'inconvénient. » Il avait compris la vanité de la répression
dans le domaine des idées, de même qu'il estimait indispensable une amélioration des conditions de vie dont trop peu
d'hommes d'État se préoccupaient alors : « Lorsque vous

aurez pourvu aux intérêts matériels, je crois que la tranquillité sera beaucoup plus assurée que par l'espionnage et surtout par des provocations[26]. » Il réclamait une réforme du Code d'instruction criminelle pour tenter de remédier au mauvais fonctionnement de la justice, la liberté de réunion, car on ne pouvait s'assembler à plus de vingt personnes sans autorisation.

La Fayette prit froid le 1er février aux obsèques du député Dulong tué en duel par Bugeaud et tomba malade. Il put encore écrire quelques lettres. Le 20 avril, il déplora les conséquences des insurrections de Lyon et de Paris qui avaient été suivies d'une répression d'une extrême brutalité. Il persistait dans sa confiance dans le triomphe de la liberté, en dépit « des retards inattendus et des combinaisons hostiles ou renégates ». La dernière lettre rédigée par cet infatigable épistolier date du 1er mai. Elle était adressée à Murray, président de la Société d'émancipation des Noirs de Glasgow. Il s'y félicitait des mesures prises par le gouvernement et le Parlement anglais en juillet 1833 pour favoriser l'affranchissement des Noirs et déplorait la lenteur avec laquelle la France progressait dans le même sens[27]. Son état de santé s'étant amélioré, il sortit le 9 mai mais reprit froid. Le 20 mai 1834, à quatre heures trente, le général marquis de La Fayette s'éteignit dans sa maison de la rue d'Anjou-Saint-Honoré en serrant dans ses mains un médaillon contenant le portrait d'Adrienne de Noailles.

Les funérailles eurent lieu le 22 au cimetière de Picpus où il rejoignit son épouse et les membres de la famille de Noailles victimes de la Terreur. Suivant son désir, son cercueil fut recouvert de terre américaine. Dans le climat politique extrêmement tendu de ce printemps 1834, le gouvernement, par crainte de manifestations, avait procédé à un grand déploiement de troupes. Il eut la mesquinerie de n'envoyer aucun représentant. L'opposition protesta contre l'importance du dispositif militaire. « La mort de La Fayette, écrit Barère, fut l'occasion d'une parade militaire et non d'un convoi [...]. Il était là mais comme dans les cachots d'Olmütz. [...] Le char funèbre marchait inaperçu au milieu d'un bataillon carré dont les baïonnettes, encore souillées de sang français, empê-

chaient le peuple de rendre hommage à son libérateur[28]. »
Daumier publia un dessin représentant Louis-Philippe se
frottant les mains au passage du cortège funèbre. Une modeste
poétesse, Mme Amable Tastu, rima quelques vers :

> Regardez, regardez ce cortège civique
> Et tel qu'un mort royal l'espérerait en vain
> Où la vieille Pologne et la jeune Amérique
> Marchent en se donnant la main.

En définitive, il n'y eut aucun incident : « Rien ne fut plus
calme et moins imposant que la dernière pompe de cet homme
dont on a tant parlé[29]. »

L'imagerie populaire s'empara vite de la vie du général, et
on répandit une sorte de bande dessinée coloriée accompagnée
d'une biographie sommaire rappelant la guerre d'Amérique,
les « courageux efforts pour arrêter la Révolution sur le
penchant des abîmes, la captivité, l'opposition sous l'Empire
et la Restauration, 1830, où « il concourut au triomphe du
système monarchique » et au maintien de l'ordre et de la loi[30].

Si, en France, l'État refusa tout hommage officiel, il n'en
fût pas de même aux États-Unis où le Sénat et la Chambre
des représentants décidèrent le 24 juin un deuil national de
trente jours. Le 31 décembre, le président John Quincy Adams
prononça, en présence de tous les corps constitués, l'éloge
funèbre du dernier major général de l'armée de l'Indépendance, éloge aussitôt imprimé et diffusé à 60 000 exemplaires.
Avec La Fayette, les États-Unis perdaient en effet un des
hommes qu'ils considéraient, peut-être avec un peu d'exagé-
ration, comme un de leurs pères fondateurs, en tout cas un
ami d'une fidélité absolue, un admirateur sans conditions,
dont le souvenir devait se maintenir vivant jusqu'à nos jours
de mille manières : comtés, villes, institutions, universités,
édifices, navires portent son nom, et certaines cités comme
Lexington (Kentucky) fêtent aujourd'hui encore l'anniversaire
de son passage en 1825. Symbole de l'amitié franco-américaine, le général marquis, s'il reste dans son pays un personnage contesté, a trouvé dans sa chère Amérique ce qu'il
recherchait par-dessus tout : la gloire et la popularité.

# CHAPITRE XXXII

# Un homme, une légende

Au terme de cette étude, il convient d'essayer de cerner la personnalité de La Fayette, de tenter une synthèse de ses idées politiques, de ses thèmes favoris et de démêler enfin les causes d'une popularité dont la permanence peut susciter l'étonnement.

Ses contemporains nous ont laissé de nombreux portraits qui ne brillent pas toujours par l'objectivité. D'une taille haute et élancée, « d'une figure douce et honnête, mais blême, froide et inanimée », selon le comte d'Espinchal, il se distinguait dans sa jeunesse par une certaine gaucherie, un maintien emprunté, dû sans doute à son enfance paysanne qui l'avait peu habitué aux manières de Cour. Son ami Ségur remarque son air embarrassé, son faible talent pour la conversation qui tranchent dans une société exceptionnellement brillante. Ce n'est que beaucoup plus tard qu'il finira par acquérir cette élégance aristocratique qui lui attirera bien des sympathies sous la Restauration. La très légitimiste duchesse de Maillé louera alors son esprit fin et délié, bien que léger et superficiel, son talent de conteur, son attitude bienveillante avec tous ses interlocuteurs. Terne dans sa jeunesse, « il est en deçà de la ligne où on est réputé un homme d'esprit », notait Talleyrand. Il parviendra à se donner le brillant qui lui manquait et que remarquera Sainte-Beuve : « Le vieux levain de gentil-homme » que retrouvait en lui Mme de Maillé se maintint et finit par dominer dans son comportement mondain[1].

Ses études avaient été rapides, et il semble n'avoir jamais fait preuve de goûts prononcés dans le domaine intellectuel. Sa très abondante correspondance ne donne pas l'image d'un homme de grande culture, et il est difficile de préciser l'étendue de ses lectures et de ses connaissances. Imprégné de certaines idées de son temps, il l'était indiscutablement, d'abord dans un idéal de vie familiale qu'il exprima à vingt ans dans une lettre à sa femme écrite du camp de Valley Forge le 6 janvier 1778 : « Ne pensez-vous pas qu'après mon retour nous serons assez grands pour nous établir dans notre maison, y vivre heureux ensemble, y recevoir nos amis, y établir une douce liberté et lire les gazettes des pays étrangers sans avoir la curiosité d'aller voir nous-mêmes ce qui s'y passe ? J'aime à faire des châteaux en France de bonheur et de plaisir. Vous y êtes toujours de moitié, mon cher cœur, et une fois que nous serons réunis, on ne pourra plus nous séparer et nous empêcher de goûter ensemble et l'un par l'autre la douceur d'aimer et la plus délicieuse, la plus tranquille félicité[2]. » Idéal venu tout droit de *La Nouvelle Héloïse*, dont il rêvera toujours et qu'il n'atteindra que rarement.

Après le versant Rousseau, voici le côté Laclos : La Fayette saura, à certains moments tout au moins, jouer les fanfarons de cynisme dans ses relations avec les femmes. Le 23 octobre 1780, il écrivait à son beau-frère Noailles : « J'espère que nos maîtresses ne seront jamais assez exigeantes pour nous empêcher de faire un souper de filles, ni assez bêtes pour rompre une partie par obéissance. Si j'avais une maîtresse, mon sentiment serait en partie fondé sur la délicatesse ou fierté qu'elle montrerait à ne pas témoigner de jalousie et sur la liberté que j'aurais de faire tout ce que je voudrais, même de la négliger, sans la trouver jamais exigeante[3]. » Fanfaronade de jeunesse peut-être, mais qui trahit deux traits fondamentaux de caractère : un égoïsme foncier et une indépendance ne supportant aucune contrainte. Il eut la chance de trouver en sa femme cette absence de jalousie, tout au moins exprimée, et d'exigence qu'il attendait d'une éventuelle maîtresse, mais il l'en remercia trop souvent par un comportement peu chaleureux. S'il l'abreuvait, dans ses lettres, de déclarations enflammées, sa conduite avec cette épouse modèle de tous les dévouements ne fut guère à l'image de ses paroles, et il sut essentiellement lui confier toutes sortes de corvées dont la gestion de sa fortune qu'il était bien incapable d'assurer lui-même. Adrienne s'en acquitta avec une compétence et un succès également remarquables. Mais pourquoi refusa-t-il toujours de l'emmener dans ses voyages alors qu'elle avait été formellement invitée aux États-Unis par Washington ? On a trop souvent le sentiment que c'est seulement lorsqu'il l'eut perdue que La Fayette mesura la valeur de cette épouse exceptionnelle qui exerçait sur lui, dans la mesure du possible, une heureuse influence. Profondément égocentrique, habitué dès son enfance à être choyé par les femmes, il ne semble pas qu'il ait su rendre l'amour et l'affection infinis qu'Adrienne lui porta jusqu'à son dernier jour.

Celle-ci était profondément croyante, contrairement à son mari qui fit toujours preuve d'une parfaite indifférence en matière de religion. Il rapporte dans une lettre à La Tour-Maubourg, une conversation avec elle quelques jours avant sa mort : « Vous n'êtes pas chrétien, me disait-elle un jour. Et comme je ne répondais pas : "Ah ! je sais ce que vous êtes, vous êtes fayettiste". » Probablement déiste, La Fayette était incapable de mesurer l'importance des facteurs religieux et c'est dans cette lacune de son intelligence qu'il faut chercher l'une des principales causes de sa mésentente avec Louis XVI. Pour Gilbert, influencé encore une fois par son expérience américaine, le problème se limitait à une question de tolérance, et son libéralisme était total : « Persuadé qu'aucune puissance au monde ne peut se placer entre le cœur de l'homme et la divinité », ennemi de toutes les intolérances et à plus forte raison de toutes les persécutions, il aurait voulu laisser toutes les religions libres de s'exercer sans en privilégier aucune, chacune entretenant à ses frais ses temples et ses ministres. Son idéal, très en avance sur son temps, il le plaçait dans une séparation de l'Église et de l'État. Il tenta vainement de convertir Bonaparte à ses vues lors des négociations du Concordat[4]. Le libéralisme absolu de La Fayette dans ce domaine rend tout à fait vraisemblable la prétendue querelle entre les époux qui serait survenue en avril 1791, Adrienne ayant refusé d'assister à Saint-Thomas d'Aquin aux offices des prêtres jureurs. Nicolas Ruault, qui colporte cette rumeur, va jusqu'à prétendre que « la dame a pris le parti de se retirer chez M. de Noailles son père[5] ». Il n'en fut certainement rien, car La Fayette n'exerça jamais la moindre pression sur sa femme, d'autant moins qu'il s'efforçait à cette époque d'assurer la liberté du culte non assermenté. Plus tard, sous la Restauration, il aurait voulu voir l'Église se rallier au libéralisme et eut quelques contacts avec les amis de Lamennais.

L'un d'eux lui raconta le scandale provoqué à Rome par un
évêque américain qui, en présence de cardinaux, avait soutenu
dans un sermon « le droit d'insurrection des ci-devant colonies
anglaises, la supériorité des institutions républicaines et le
vœu de les voir adopter par le monde entier. J'y ai reconnu
le programme des sermons auxquels j'ai tant de fois assisté,
mais il n'était pas à l'ordre du jour du Sacré Collège[6] ». Trop
liée aux régimes monarchiques, l'Église catholique n'était,
pour La Fayette, qu'un obstacle au progrès libéral.

S'il fit souvent preuve, dans sa vie privée, d'un égocentrisme
solide, le général sut, dans le domaine public, se montrer
d'une extrême générosité. Toujours prêt à venir en aide à
quiconque vient le solliciter, il restera jusqu'à la fin de sa vie
la proie constante d'un nombre incroyable de solliciteurs, de
pique-assiettes et de victimes de persécutions plus ou moins
réelles. Dépourvu de rancune, il prêtera en 1828 de l'argent
au fils de Brissot alors que celui-ci l'avait attaqué avec une
extrême violence en juillet 1792, cherchant avec insistance à
le faire mettre en accusation[7]. Cette bonté de cœur qui
l'amenait souvent à avoir des réactions plus sentimentales que
rationnelles, le rendait aussi ennemi de toute violence. Dépourvu
de méchanceté — doux jusqu'à la niaiserie, diront ses
détracteurs —, il rêvait d'une révolution pacifique. Personne
ne fut moins sanguinaire que lui, et les premières victimes de
juillet 1789 furent une douloureuse révélation. Car cet homme
qui possédait d'indiscutables qualités de cœur manquait cruellement de celles de l'esprit.

Gouverneur Morris, avec lequel il se lia d'amitié pendant
la guerre d'Indépendance, louait alors sa maturité et son
excellent jugement. Il aurait souvent l'occasion de déchanter
par la suite, mais, en ces années, il est exact que La Fayette
fit preuve de talents assez exceptionnels chez un homme aussi
jeune. Il n'en est que plus étrange de constater qu'il les a trop
souvent perdus au cours des périodes suivantes. Marqué par
cette expérience américaine, il le sera d'une manière indélébile,
et on se condamne à ne rien comprendre à sa personnalité si
l'on néglige le fait que « son esprit politique est pareil à celui
des Américains des États-Unis et sa figure même est plus
anglaise que française[8] ». C'est de son imprégnation améri-

caine que viendront certains traits dominants de son caractère :
respect absolu de la Constitution, passion de la légalité,
attachement à l'inviolabilité des législateurs, esprit de tolérance y compris religieuse. Formé par Washington, autant La
Fayette ne pouvait que s'associer à la partie constructive de
la Révolution, autant il lui était radicalement impossible de
suivre celle-ci dans une dérive qui n'avait plus rien à voir
avec l'idéal américain. Son attitude relève donc d'une logique
parfaite, même si elle repose sur une série d'erreurs d'appréciation qui laissent éclater la faiblesse, sur le théâtre français,
de ce jugement qui s'était montré si aigu outre-Atlantique.

La plupart de ses contemporains, amis ou ennemis, consta-
tent, souvent avec regret et tristesse, son manque de discernement, son esprit étroit, sa méconnaissance étonnante de la
psychologie des hommes et, plus encore, des foules, son
incapacité à apprécier les circonstances et à prévoir les
conséquences de ses actes, ses illusions millénaristes. Dans
une admirable oraison funèbre, Chateaubriand écrit : « M. de
La Fayette n'avait qu'une seule idée, et heureusement pour
lui, elle était celle du siècle ; la fixité de cette idée a fait son
empire ; elle lui servait d'œillère ; elle l'empêchait de regarder
à droite et à gauche ; il marchait d'un pas ferme sur une seule
ligne ; il s'avançait sans tomber entre les précipices, non parce
qu'il les voyait, mais parce qu'il ne les voyait pas ; l'aveuglement lui tenait lieu de génie[9]. »

Optimiste impénitent, constamment dupe de lui-même et
des autres, atteint de ce terrible dérèglement de l'esprit qui
fait, selon Bossuet, que l'on voit les choses non comme elles
sont mais comme on voudrait qu'elles soient, le génie chimérique de La Fayette le conduisit constamment à prendre son
désir pour la réalité, à se nourrir d'illusions et à négliger ce
qui aurait pu être les enseignements de l'expérience. Broglie
notait en 1820 : « M. de La Fayette était toujours de la même
candeur et de la même douceur. Les événements passaient
devant lui, sans exercer sur lui la moindre influence ; il voyait
toujours la faute dans l'émigration et le remède dans la Garde
nationale[10]. » Un des traits dominants de sa pensée sera
toujours un simplisme caractérisé se refusant à mesurer la
complexité des problèmes. Tels ces émigrés qu'il détestait
tant, on peut dire qu'à partir de 1789 il n'avait rien appris et
rien oublié. Il était atteint à un suprême degré d'un travers

fréquent chez les hommes politiques français : le bloquage sur la période qui incarne leur idéal et leur nostalgie.

Contrairement à ce que répètent trop souvent ses ennemis, jamais avares de la calomnie la moins fondée, La Fayette n'avait pas d'ambition. Peut-être par conscience de ses limites, de son caractère en définitive faible et hésitant, il se refusa toujours à créer l'événement et à saisir les occasions qu'une fortune généreuse lui offrit à au moins deux reprises. Amoureux éperdu de la gloire, atteint de cette « faim canine pour la popularité et la renommée » que remarquait Jefferson, de même que les politiques d'aujourd'hui vivent l'œil fixé sur les sondages, il ne concevait son action qu'en fonction de son image populaire. A cet égard, Régis Debray a raison de voir en lui le « précurseur de la politique-spectacle ou du bluff médiatique », mais s'il aimait à parader sur les bords du Rubicon, il n'était nullement homme à le franchir. Rien n'est plus ridicule que les accusations d'aspiration à la dictature portées contre un homme qui détestait par-dessus tout le despotisme et la tyrannie. La Fayette, ni penseur politique, ni homme d'État, ni véritable homme d'action, n'était doué d'aucun des talents — ou des vices — qui font les dictateurs, car, fondamentalement, il se rangeait (et c'est sans doute la cause essentielle de ses échecs) parmi les modérés. « Il veut être à tout prix le modérateur, dira Brissot le 29 juillet 1792, voilà sa passion favorite, voilà la clé de toute sa conduite. » De plus en plus en désaccord avec le cours pris par la Révolution à partir de la fin de la Constituante, il pourra écrire en 1798 : « J'ai au moins la consolation de penser qu'il n'y a pas eu dans la Révolution un seul homme qui ait aussi constamment, aussi hardiment et souvent aussi fructueusement que moi, dans les premières années, employé ses efforts et risqué sa personne pour empêcher et prévenir les crimes de cette Révolution que tant de partis avaient intérêts à souiller[11]. »

Aussi courageux à la guerre que devant l'émeute, La Fayette, Antigone de la liberté, fut le moins machiavélique des hommes. Poursuivi par l'illusion de réconcilier la politique et la morale, il se refusa toujours à concevoir que l'art du gouvernement, surtout dans un régime démocratique, ne pouvait échapper à la « gymnastique des trahisons », ce qui le rendait totalement impropre à toute fonction gouvernementale. Homme du XVIIIe siècle, il cédait volontiers au vertige de l'abstraction et se refusait à voir les caractères originaux des peuples et surtout des Français. Cette fidélité inaltérable à ses principes et à ses serments, en particulier celui de la Fédération qu'il fut sans doute un des seuls à prendre au sérieux, l'a fait accuser de niaiserie. « La Fayette était encore un autre niais, dira Napoléon à Sainte-Hélène, il n'était nullement taillé pour le haut rôle qu'il avait voulu jouer. Sa bonhomie politique devait le rendre constamment dupe des hommes et des choses. [...] Je n'ai point attaqué les sentiments ni les intentions de M. de La Fayette, je ne me suis plaint que de ses funestes résultats. » Cette niaiserie lui sera reprochée aussi bien par Mme de La Tour du Pin que par Chateaubriand ou Laffitte, mais Germaine de Staël prendra sa défense avec noblesse : si c'est être niais que de préférer son pays à soi-même, de rester fidèle à ses idées, « de considérer la race humaine non comme des cartes à jouer qu'il faut faire servir à son profit, mais comme l'objet sacré d'un dévouement absolu [...], si c'est ainsi qu'on peut encourir le reproche de niaiserie, puissent nos hommes d'esprit le mériter une fois[12] » ! Il avait certes beaucoup de naïveté, celle d'accorder trop facilement sa confiance à n'importe quel aventurier, celle aussi d'imaginer les autres à son image et de soupçonner « difficilement dans autrui le mal qui n'était pas en lui » (Odilon Barrot) mais on ne peut lui refuser, dans une époque d'intense corruption, une honnêteté absolue et, au siècle des girouettes, une constance dans ses principes qui émerveilla ses contemporains, même ses ennemis, peu habitués à ce fixisme. « Aucune vie d'homme dans nos temps modernes n'a offert une plus belle et plus parfaite unité. » Déjà, en 1789, Condorcet avait été ébloui : « C'est une espèce de caractère antique que celui de M. de La Fayette[13]. » Au milieu de toutes ses illusions, il eut peut-être le tort, sur certains points tout au moins, d'avoir raison trop tôt et en des circonstances aussi peu propices que possible au triomphe de ses idées.

A cheval sur deux siècles, La Fayette illustre assez bien certains aspects de l'un et de l'autre. Homme des Lumières, il l'est par la nature de ses croyances : scepticisme religieux, mais confiance dans le progrès indéfini de l'homme ; par son

rousseauisme impénitent ; son optimisme invétéré qui résis-
teront à toutes les expériences et à toutes les contradictions.
Il ne faut pas oublier enfin l'importance, chez lui, de
l'initiation maçonnique. L'idéal de fraternité, de bienveillance,
de tolérance cher à la maçonnerie du XVIIIᵉ siècle et plus
encore sans doute aux loges américaines, l'a d'autant plus
profondément marqué que son initiation a été précoce et qu'il
a subi fortement, dans ce domaine comme dans bien d'autres,
l'influence de Washington et de ses amis du Nouveau Monde.
Il restera toujours fidèle à cette conception philanthropique
et presque œcuménique qu'il pourra voir à l'œuvre pendant
son voyage aux États-Unis.

Enfant des Lumières, La Fayette est aussi un homme du
XIXᵉ siècle par sa foi dans l'avenir de la démocratie, dans
l'indépendance des peuples, par bien des vues audacieuses.
Synthèse des deux époques, il donne une image nette de leurs
espoirs, de leurs naïvetés, de leurs illusions.

Quelles étaient exactement les conceptions politiques de La
Fayette ? Il les a exposées maintes fois mais jamais d'une
manière systématique, ce qui montre bien qu'il n'avait rien
d'un théoricien. Il est néanmoins possible de tirer de ses
nombreuses lettres et fragments d'études un certain nombre
de thèmes qui lui sont chers. Il fut d'abord militaire ; il était
donc normal qu'il émit quelques vues sur ces questions :
« J'aime avec passion le métier de la guerre, écrivait-il à
Vergennes le 10 juin 1779, que je me crois particulièrement
né pour jouer ce jeu-là[14]. » Formé surtout sur le terrain
pendant la guerre d'Amérique, il acquit ensuite une assez
bonne culture historique militaire en étudiant quelques auteurs.
On en trouve la preuve dans son étude *Des armées françaises
sous l'ancienne monarchie et pendant les premières années de
la Révolution*, rédigée en 1815[15]. De son expérience américaine, La Fayette a tiré la conviction, alors très moderne, de
la supériorité des armées nationales sur les troupes de métier.
Il ne cessera de soutenir cette théorie : « C'est à l'institution
des gardes nationales que la France a dû ses premiers succès
contre la coalition contre-révolutionnaire », et il déplorait que
Napoléon ait « négligé ou plutôt redouté le principe du peuple
armé ». Ce « peuple de citoyens-soldats » ouvrait de plus la
voie à la supériorité des talents « contre le système trop vanté
des armées automates ». Il tirait aussi argument de la campagne de 1813 qui vit l'Empereur et son armée « repoussés

par l'insurrection allemande » et de la guerre anglo-américaine de 1812-1814 au cours de laquelle l'armée britannique fut battue devant La Nouvelle-Orléans par les milices américaines. Il n'allait pas jusqu'à préconiser la dissolution des armées permanentes, mais il voudrait « les réduire dans de justes bornes, de manière à former le cadre des plus grandes incorporations pour le cas de guerre. Nous considérons l'armée régulière comme devant être l'avant-garde de la nation armée, et nous appelons de nos vœux l'établissement d'un système général de gardes nationales nommant ses officiers[16] ». Il sera certainement l'un des premiers à soutenir la thèse, discutable, selon laquelle « les nations, quand elles le veulent, sont plus fortes que les armées » et que la Garde nationale est « la principale puissance défensive des pays libres[17] ».

Si les affaires militaires présentaient toujours pour La Fayette un certain intérêt, la grande passion de sa vie fut la politique. Il acquit, dans ce domaine, au fil des années quelques éléments de culture et semblait avoir lu Montesquieu, Mably, probablement aussi les œuvres de son ami Condorcet, et réfléchi aux enseignements de l'expérience américaine. Qu'avait-il tiré de tout cela ? Était-il, comme il l'a souvent prétendu, républicain, et que signifiait exactement pour lui ce terme ? Peut-on parler de « fayettisme » ?

Républicain au sens que nous donnons aujourd'hui à ce mot, il le fut peut-être, on l'a vu, dans les toutes dernières années de sa vie lorsqu'il constata la dérive conservatrice et réactionnaire de la monarchie de Juillet, mais en 1789 certainement pas. « Si c'est être républicain que de subordonner toutes les institutions à la Déclaration des droits et toutes les autorités à la souveraineté nationale, de confier la législation à une démocratie représentative, de créer des municipalités, des administrations, des tribunaux populaires, de diviser et définir sévèrement les divers pouvoirs et de ne conserver l'hérédité que dans une présidence, inactive par elle-même, du pouvoir exécutif, on ne peut nier que cette dénomination n'appartienne à l'Assemblée constituante », écrira-t-il en 1799. Lui-même, comme l'Assemblée, souhaitait alors conserver le trône constitutionnel. C'était, écrira-t-il en 1799, « le vœu presque unanime de la nation ». Dans l'esprit de La Fayette, Louis XVI devait adhérer totalement aux conceptions nouvelles et « rallier franchement toutes les volontés autour de l'étendard national », car le rôle du roi est « d'être l'homme du peuple ». C'est ce qu'il exposait dans un mémoire remis vers le 15 décembre 1789, qui contenait une sorte de programme, assez vague comme tout ce qui sortait de la plume du général, mais présentant quand même quelques propositions. Il souhaitait une entente entre le Conseil du roi et l'Assemblée pour préparer une constitution, mais il convenait de « réserver les actes de pure législation à une législature ordinaire et mieux composée ». Un comité de ministres se réunirait deux fois la semaine pour « perfectionner la révolution, faire respecter les lois, nous garantir au-dedans et au-dehors [...], et suivre enfin un système de conduite à la fois nerveux et populaire [...]. Sa première préoccupation sera un bureau de subsistance pour tout le royaume ».

En deuxième lieu, il proposait la formation d'un « conseil de membres influents dans l'Assemblée nationale qui en accélère et en règle la marche ». Mais il ne précise pas comment on choisirait ceux qui devraient y siéger. Le rôle de cette institution projetée serait à la fois de gérer les affaires courantes, en quoi elle empiéterait sur le rôle des ministres, ce qui était déjà la réalité, et de préparer la Constitution. Parmi les attributions qu'il prévoit pour ce conseil figurent : les mesures à prendre pour « le rétablissement du calme et le soutien provisoire des finances », la disposition des biens du clergé, la formation des municipalités et des assemblées provinciales, l'énonciation des premiers principes de commerce et les bases d'un plan d'éducation, mais aussi la définition du pouvoir exécutif assurant au roi le commandement des armées et les négociations avec les puissances étrangères, la réorganisation de l'ordre judiciaire avec un tribunal suprême et un sénat élu, ce qui aboutirait à la rédaction d'une constitution dont la proclamation serait le dernier acte de l'Assemblée. « Cette grande époque serait celle d'un oubli général pour toutes les dissensions et tous les partis ainsi que du retour de tous les absents. » Le rêve irénique n'est jamais absent de l'esprit de La Fayette. Le roi prêterait serment à la Constitution et convoquerait pour l'automne 1790 une nouvelle législature, renforcerait son Conseil et remplirait « les premières places de l'administration de citoyens qui, par leurs talents et leur patriotisme, auraient le plus contribué au succès du plan qui vient d'être tracé ». Quant à lui, il ne songeait qu'à se retirer : « Il importe à ma délicatesse et à ma réputation que la fin de la révolution soit marquée par mon abandon complet de toute existence publique[18]. »

Ce projet comportant bien des lacunes, il le précisera quelque peu dans un autre mémoire du 14 avril 1790 rédigé à la demande du roi. Il y résumait ses conceptions en douze principes qui montrent bien à quel point il était rallié à une monarchie constitutionnelle : le gouvernement français est monarchique ; le trône est indivisible ; la couronne est héréditaire en ligne masculine ; le roi est le chef de la nation, inviolable et sacré ; un attentat contre lui est un crime de lèse-nation ; le roi participe au pouvoir législatif et dispose du veto suspensif pour trois législatures ; la loi est scellée par lui, publiée en son nom ; le roi a le pouvoir exécutif, il choisit les ministres et leurs agents ; il est le chef de la justice qui se rend en son nom ; le roi est dispensateur du trésor destiné au service de l'administration générale dont il ordonne et règle les dépenses conformément à la loi ; le roi est dépositaire de la force publique et dispose des forces armées ; le roi est « conservateur des intérêts du royaume au-dehors. C'est à lui que sont confiées les négociations politiques et le choix de tous les agents des affaires étrangères » ; le roi est le chef de l'administration générale ; les corps administratifs sont sous son autorité et par leur intermédiaire il commande les gardes nationales. « Tout acte nouveau d'administration doit être autorisé par lui. Il dirige toutes les branches de l'instruction publique conformément aux principes établis par la loi. » Le roi est la source des grâces et des honneurs : « Toutes les existences héréditaires qui ne dépendent ni de la nation ni de lui sont abolies[19]. »

Il était donc partisan d'un pouvoir exécutif disposant de pouvoirs réels assisté de deux chambres, la seconde était un sénat « nommé pour six ans ou même plus longtemps si l'on veut, par les assemblées provinciales », doté lui aussi d'un veto suspensif. Comme il l'avait prouvé dès l'assemblée des notables, La Fayette était un partisan résolu d'une certaine décentralisation administrative. En 1789, il préconisait des assemblées provinciales « très multipliées et peu nombreuses afin d'éviter l'esprit de provinces confédérées et de provinces privilégiées. Elles devraient avoir des rapports très directs avec le pouvoir exécutif qui leur renverrait une partie de ses fonctions et dont elles devraient répondre[20] ». Conception très en avance encore une fois sur son temps, puisqu'il faudra

attendre la V$^e$ République pour la voir prendre corps. Cette
idée lui sera constamment présente à l'esprit, et il la défendra
encore énergiquement sous la Restauration, qui ne fera rien
pour revenir sur le centralisme impérial. Il désirait voir élus
conseils municipaux, généraux, d'arrondissement et de préfecture, pour éviter que préfets et sous-préfets ne conservent
« une marche despotique et très dangereuse » et souhaitait
voir leurs attributions élargies : « Je crois, écrivait-il en juin
1815, qu'il faudrait charger les départements de tout ce qu'ils
peuvent faire sans de graves inconvénients, car [...] les
citoyens paient avec plus de plaisir ce qui se dépense sous
leurs yeux[21]. » Il envisagea même d'encourager les regroupe-
ments de petites communes pour les aider à échapper à
l'influence de leurs anciens seigneurs.

Envers et contre tout, La Fayette restera fidèle à ses
positions constitutionnelles, et ses déclarations de loyauté au
roi, sans doute maladroites dans une forme qui trahissait son
absence de courtisanerie, n'en étaient pas moins authentiques :
« Tant que vous serez fidèles à vos devoirs civiques, je
soutiendrai sincèrement la royauté constitutionnelle[22]. » Cette
fidélité à ses principes explique sa position pendant l'été 1792.
Pour lui, le 20 juin et plus encore le 10 août ont représenté
ce qu'il ne pouvait admettre : la violation des serments
constitutionnels et l'abandon de ce libéralisme auquel il était
attaché.

Qu'est-ce donc que le « fayettisme » ? Il repose essentiellement sur deux axiomes fondamentaux : le zèle constant pour
la liberté, pour toutes les libertés sans exception, et le souci
non moins permanent de l'ordre légal. Le développement des
libertés sera toujours le critère essentiel au nom duquel il
jugera les gouvernements. C'est au nom de la liberté qu'il
condamnera la Constitution civile du clergé : « On imposa un
serment aux prêtres salariés, et il s'établit dans le peuple une
funeste confusion des opinions politiques avec ces ergoteries.
[...] Dans le même esprit qui m'avait autrefois dévoué à la
cause des protestants français, je m'obstinai toujours à me
déclarer le défenseur du culte opprimé. » Il mesurait lucidement les dangers d'une « persécution exécrable qui a rendu

au fanatisme le ressort que l'égalité religieuse avait détendu à jamais[23] ».

C'est ce souci de défense des opprimés qui le conduisit dès l'assemblée des notables à s'intéresser à l'administration de la justice et à la réforme des procédures archaïques. Mais s'il critique avec énergie les pratiques de l'Ancien Régime, il n'est pas moins sévère pour la « tyrannie judiciaire » de l'époque révolutionnaire. Pour lui, le roi a été « assassiné par la plus monstrueuse procédure. Tout ce qui devait le protéger comme roi et comme citoyen, l'acte constitutionnel, l'inviolabilité jurée, la nécessité des lois préalables et des formes établies, les amnisties passées, les incapacités légales, les motifs de récusation, la proportion des voix en matière judiciaire, tout fut foulé aux pieds ». S'il rend hommage au Code Napoléon, il déplore certaines pratiques comme le choix des jurys par les préfets et condamne bien entendu les juridictions d'exception de la Restauration. Logiquement, La Fayette sera un adversaire résolu de la peine de mort « que l'incertitude des jugements humains rend si effroyable et qui doit surtout effrayer nos générations auxquelles la fureur des partis a laissé tant d'irréparables douleurs[24] ». L'indépendance de la justice sera une de ses préoccupations permanentes.

Soucieux de l'ordre légal, La Fayette ne voudra jamais sortir de l'État de droit. « J'ai tout essayé, excepté la guerre civile que j'aurais pu faire mais dont j'ai craint les horreurs », écrit-il en juin 1789[25]. Il ne pouvait donc admettre le comportement de tous ceux, aristocrates ou jacobins, qui ne partageaient pas ses scrupules et violaient allègrement et la Constitution et la volonté populaire lorsque les élections n'allaient pas « dans le bon sens » comme lors de ce qu'il appelle « la catastrophe du 18 fructidor ». Mais la loi avait-elle toujours une valeur absolue ? Il s'est posé la question le 8 avril 1833 dans une intervention sur la liberté de la presse : « J'ai été le premier à louer la résistance de la ville de Lyon aux lois de la Convention. Cette méthode qui consiste à dire : c'est la loi, vous pouvez le faire, n'est pas une bonne manière de raisonner. Il y a de telles lois auxquelles on ne doit pas obéissance si elles violent les droits naturels et sociaux. Il y a d'autres lois auxquelles on peut se soumettre comme citoyen, mais dont on ne voudrait pas être l'exécuteur, ni comme législateur, ni comme juge[26]. » Théorie qui peut mener très loin, mais La Fayette n'était pas juriste, et le fayettisme c'est aussi, fréquemment, l'imprécision et la légèreté. Imprécision dans les vues politiques et constitutionnelles trop souvent floues bien que traversées quelquefois d'intuitions anticipatrices. Il aurait souhaité trouver un compromis, un équilibre entre la souveraineté du roi et celle du peuple, entre l'exécutif et le législatif, parvenir à ce que Mme de Staël appelait un pacte raisonnable avec l'esprit du siècle. Si La Fayette avait été un grand homme d'État, peut-être eût-il réussi à imposer une formule viable qui eut fait faire à la France l'économie de la Terreur et de vingt ans de guerres presque ininterrompues. Mais il n'avait pas ce talent et le reconnaissait lui-même : « Je ne suis ni homme d'État ni orateur[27]. »

Légèreté aussi, et vues trop souvent simplistes et naïves. Celles-ci éclateront lors de ses interventions sur la politique extérieure dans les dernières années de sa vie. Le 28 janvier 1831, il déclarait à la Chambre : « La diplomatie, jadis occulte et compliquée, deviendra tous les jours plus simple et plus populaire ; la presse divulgue ses mystères, la tribune les juge, l'opinion publique les modifie, les calculs de famille et les traditions de cabinet céderont aux intérêts et aux volontés des nations. » Il simplifiait hardiment les données des problèmes, ne voyait dans le monde que deux catégories, les oppresseurs et les opprimés, et considérait que « deux principes se partagent l'Europe, le droit souverain des peuples et le droit divin des rois, d'une part liberté, égalité, de l'autre despotisme et privilège ». Emporté par sa passion libératrice, il soutenait que la révolution de Juillet avait « nécessairement annulé » au moins en partie l'œuvre du congrès de Vienne et qu'en conséquence, à chaque fois qu'un peuple ou un pays d'Europe « réclamera ses droits, voudra sa souveraineté, toute intervention des gouvernements étrangers pour s'y opposer équivaudra à une déclaration directe et formelle de guerre contre la France ». Conception sans doute généreuse, mais d'une extravagante légèreté qui, si elle avait été suivie, eût jeté le pays dans une série de conflits interminables que cet adepte de la non-violence ne rejetait pas : « Sans doute il faut la subir et nous aurons pour la soutenir ces 1 500 000 gardes nationaux, ces 500 000 soldats, citoyens aussi[28]. » Heureusement pour la France, Louis-Philippe pratiquait la *Realpolitik* qui correspondait autant à son caractère qu'aux nécessités du moment.

\*\*\*

De tous les hommes de son temps, La Fayette reste l'un des plus populaires chez les Français d'aujourd'hui. Comment expliquer ce phénomène ? Dans un article nécrologique paru le 21 mai 1834 dans *Le National*, Armand Carrel esquisse un parallèle entre lui et Napoléon : « L'un le grand représentant de la Révolution sur les champs de bataille, l'autre la personnification du principe de liberté de 1789. [...] La Fayette et Napoléon, les deux plus grandes renommées françaises de ce siècle. » De nos jours encore, si l'on en croit certains sondages, ces deux hommes conservent dans la mémoire collective les premiers rangs. Bien qu'elle se soit achevée en catastrophe et qu'en définitive le bilan en soit fort lourd, l'aventure napoléonienne ne pouvait manquer de laisser une trace fulgurante, due le plus souvent à ses aspects les plus négatifs, mais La Fayette ? Lui qui ne cessa de s'opposer à l'Empereur ? Héros complémentaires ?

A la persistance de la gloire fayettiste, on peut trouver plusieurs causes rattachées aux principaux épisodes de sa vie. L'indépendance américaine en premier lieu, et le rôle joué dans la fondation d'une amitié qui, à deux reprises, sauvera la France de l'effondrement. Bien qu'il n'ait pas joué dans cette naissance d'une nouvelle puissance le rôle essentiel, il a su avec une grande habileté s'en créer l'image symbolique. Lorsque des aviateurs américains volontaires viendront combattre en France dès les débuts de la Première Guerre mondiale, c'est sous le patronage de La Fayette qu'ils se placeront, et lorsque le général Pershing débarquera en 1917, il ne pensera ni à Louis XVI, ni à Vergennes, ni à Rochambeau, ni à de Grasse, mais encore une fois au marquis.

Parti en croisade pour la liberté, il allait continuer inlassablement : « Aucun obstacle, aucun mécompte, aucun chagrin ne me détourne ou me ralentit dans le but unique de ma vie : le bien-être de tous et la liberté partout[29]. » Cette formule, écrite six mois avant sa mort, résume toute sa vie. Cette liberté qu'il considérait comme le premier des besoins, comme un droit inappréciable que rien ne peut remplacer, comme une condition nécessaire de la vie, il va sans cesse l'exalter et la rechercher.

Par son état d'esprit, La Fayette participe largement à ce qu'Ernest Labrousse appelait la « révolution des anticipa-

tions ». A bien des égards, en effet, il anticipe sur les idées
de son temps. Toujours à l'affût des nouveautés en tous
genres, ne se dit-il pas « tenté de faire en ballon le voyage
d'Amérique » ? Sans voir clairement ce qui se fait et ce qui
se prépare dans les dernières années de l'Ancien Régime, il
souhaite aller plus vite, mais la révolution dont il rêve ne sera
pas celle qui se produira. S'il garde aujourd'hui une telle
popularité, c'est sans doute parce qu'il a attaché son nom aux
aspects positifs de cette époque, à cette déclaration des Droits
de l'homme qu'il a rapportée d'Amérique et à laquelle il tenait
tant. Par son esprit irréaliste, chimérique, que les Français
aiment quelquefois cultiver, il incarne le rêve, le mythe de la
Constitution idéale, harmonieuse, libertaire, la nostalgie de
l'équilibre politique, du consensus, de ce « centre » que l'on
cherche vainement depuis deux cents ans. Sans modestie
excessive, il écrira un jour : « Le bien et le mal de la
Révolution paraissaient, en général, séparés par la ligne que
j'avais suivie[30]. » Ne fut-il pas un des premiers à dénoncer la
terreur jacobine qu'il se refusait à croire fatale ?

Auréolé par une captivité subie avec une dignité parfaite,
il va, pendant toute la dernière partie de sa vie, adopter une
attitude éminemment française : l'opposition. Celle-ci corres-
pond d'ailleurs depuis longtemps à une tendance naturelle de
son esprit que notait Condorcet en juillet 1788 : « Il a le
malheur d'attacher une idée de patriotisme et de noblesse à
être du parti de l'opposition[31]. » Fignolant avec soin sa statue,
il réussira non seulement à reconquérir toute sa popularité
après 1815, mais à l'étendre très largement au-delà des
frontières pour devenir le drapeau de la liberté, de l'indépendance et incarner cette magistrature morale que lui reconnaissait Odilon Barrot. Peut-être fut-il le premier Français à
bénéficier d'un tel prestige international. Toujours fidèle à ses
idées de jeunesse, toujours apôtre de la défense de tous les
opprimés, toujours prêt à partir en croisade contre les
despotismes, La Fayette, s'il a manqué beaucoup de choses
dans sa vie, s'il fut le plus souvent dupe et perdant, a réussi
cette chevauchée dans les siècles à venir que lui prédisait
l'anonyme de la Fédération. En cette année du Bicentenaire,
force est de constater que le chemin à parcourir reste
immense...

# Chronologie

*6 septembre 1757.* — Naissance de Marie-Joseph, Paul, Yves, Roch, Gilbert du Motier de La Fayette, à Chavaniac (Haute-Loire).

*1ᵉʳ août 1759.* — Mort de son père, tué à la bataille de Minden.

*1768.* — Arrivée de La Fayette à Paris.
Entrée au collège du Plessis, rue Saint-Jacques (futur lycée Louis-le-Grand).

*3 avril 1770.* — Mort de Mme de La Fayette, sa mère, et quelques jours plus tard de son grand-père, le comte de La Rivière.

*9 avril 1771.* — Entrée aux Mousquetaires noirs.

*1773.* — Début des négociations en vue de son mariage avec Marie-Adrienne de Noailles, fille du duc d'Ayen.

*7 avril 1773.* — La Fayette obtient son brevet de sous-lieutenant au régiment des Dragons-Noailles.

*26 mars 1774.* — Présentation à la Cour.

*11 avril 1774.* — Mariage de Marie-Adrienne, Françoise de Noailles (née le 2 novembre 1759) et de Gilbert du Motier de La Fayette.

*Mai 1774.* — Le duc d'Ayen obtient pour son gendre une compagnie au régiment des Dragons-Noailles dont il pourra prendre le commandement quand il atteindra ses dix-huit ans.

*Septembre 1774.* — La Fayette se fait inoculer contre la petite vérole à Chaillot.

*Été 1775.* — Départ pour rejoindre son régiment à Metz.

*8 août 1775.* — « Dîner de Metz » chez le comte de Broglie, frère du maréchal ; La Fayette rencontre le duc de Gloucester, frère du roi d'Angleterre, grand admirateur des Insurgents.

*15 décembre 1775.* — Naissance d'Henriette, fille aînée de La Fayette.

*Décembre 1775.* — La Fayette est initié à la franc-maçonnerie à la loge La Candeur.

*11 juin 1776.* — La Fayette est mis en réforme.

*6 novembre 1776.* — Présentation à Silas Deane, l'envoyé américain à Paris.

*7 décembre 1776.* — Signature par La Fayette — ainsi que par ses amis Noailles et Ségur — d'un engagement de partir servir les États-Unis.

*Début 1777.* — Séjour à Londres.

*16 mars 1777.* — Départ pour Bordeaux avec Kalb.

*26 avril 1777.* — La Fayette quitte le port espagnol de Passajès sur le vaisseau *La Victoire* à destination de l'Amérique.

*13 juin 1777.* — *La Victoire* arrive en vue des côtes américaines. Accueil à Georgetown par le major Huger.

*1er juillet 1777.* — Naissance d'une seconde fille, Anastasie.

*Août 1777.* — Confirmation de la commission de major général, promise par Silas Deane.

*11 septembre 1777.* — Baptême du feu pour La Fayette au combat de la Brandywine, au cours duquel il est blessé.

*Novembre 1777.* — La Fayette est attaché au corps du général Greene. Attaque d'un poste tenu par des Hessois près de Gloucester. Prise des quartiers d'hiver à Valley Forge. Il reçoit le commandement de « l'Armée du Nord » à Albany.

*Janvier 1778.* — Le Congrès décide de reprendre l'offensive contre le Canada et confie le commandement de cette opération à La Fayette.

*17 février 1778.* — Arrivée à Albany. Annulation de l'expédition canadienne faute de moyens.

*2 mars 1778.* — La Fayette reçoit un satisfecit du Congrès pour sa conduite. Retour à Valley Forge où il apprend la signature du traité franco-américain.

*Hiver 1777-1778.* — Négociations avec les Indiens Hurons et Iroquois. Signature d'un traité.

*13 avril 1778.* — Départ de Toulon de la flotte commandée par d'Estaing.

*8 mai 1778.* — Conférence d'état-major à Valley Forge avec Gates, Greene, Stirling et Kalb.

*18 mai 1778.* — La Fayette est chargé par Washington de protéger le pays entre la Delaware et la Schuylkill, de couper les communications avec Philadelphie. Combat de Barren Hill.

*16 juin 1778.* — Évacuation de Philadelphie par les Anglais.

*28 juin 1778.* — Combat de Monmouth contre Clinton.

*8 juillet 1778.* — Arrivée de la flotte française devant Philadelphie avec, à bord de *La Chimère*, le premier diplomate accrédité auprès de la nouvelle République : Gérard de Rayneval.

*Août 1778.* — Échec de l'escadre de d'Estaing devant Sandy Hook.

*4 novembre 1778.* — D'Estaing appareille pour les Antilles.

*11 janvier 1779.* — La Fayette embarque sur la frégate américaine *L'Alliance* à destination de Brest.

*6 février 1779.* — Arrivée à Brest de *L'Alliance*.

*12 février 1779.* — Entrevue de La Fayette avec Vergennes et Maurepas.

*3 mars 1779.* — Achat par La Fayette du régiment des Dragons du Roi et promotion de mestre de camp.

*Juin 1779.* — Nomination d'aide-major général des logis de l'armée réunie en Bretagne et Normandie.

*1er juillet 1779.* — La Fayette rejoint son poste au Havre.

*Automne 1779.* — Échec de d'Estaing devant Savannah.

*24 décembre 1779.* — Naissance du fils de La Fayette, prénommé George-Washington.

*29 février 1780.* — La Fayette est reçu, en uniforme américain, par le roi et la reine.

*1er mars 1780.* — Le commandement du corps expédionnaire qui doit partir pour les États-Unis est donné à Rochambeau, fait lieutenant-général.

*20 mars 1780.* — La Fayette embarque à Rochefort sur l'*Hermione* commandée par Latouche-Tréville.

*27 avril 1780.* — Arrivée à Boston.

*2 mai 1780.* — Départ de Brest de l'escadre de Ternay transportant le corps expéditionnaire.

*12 mai 1780.* — Capitulation de Charleston.

*11 juillet 1780.* — Arrivée de l'escadre de Ternay à Newport.

*25 juillet 1780.* — Arrivée de La Fayette à Newport.

*7 août 1780.* — La Fayette prend le commandement d'un corps d'élite : les *riflemen*.

*20 septembre 1780.* — Conférence à Hartford (Connecticut) avec Washington, Rochambeau, le marquis de Chastellux, La Fayette, Knox. Découverte de la trahison du général américain Benedict Arnold.

*15 décembre 1780.* — Réception de La Fayette et de Chastellux en compagnie de Thomas Paine à l'*American Philosophical Society*. Mort de Ternay à Newport. Il est remplacé par Sochet-Destouches.

*Hiver 1780-1781.* — La Fayette le passe à Philadelphie.

*Janvier 1781.* — Mutineries dans l'armée américaine de Pennsylvanie et dans les Jersey.

*Début 1781.* — Ravage de la Virginie par Arnold.

*20 février 1781.* — La Fayette prend le commandement d'un corps de troupes envoyé dans le sud.

*16 mars 1781.* — Combat de Destouches contre l'escadre anglaise d'Arbuthnot à l'entrée de la Chesapeake.

*Printemps 1781.* — Campagne de Virginie.

*6 mai 1781.* — Arrivée de *La Concorde* à Boston avec le comte de Barras de Saint-Laurent nommé commandant de l'escadre française.

*4 juillet 1781.* — Évacuation de Williamsburg par Cornwallis.

*9 juillet 1781.* — Prise de Portsmouth par les Américains.

*16 juillet 1781.* — Arrivée de de Grasse à Saint-Domingue.

*5 août 1781.* — L'escadre de de Grasse appareille pour les côtes américaines.

*Août 1781.* — Washington décide d'envoyer le corps Rochambeau ainsi que 2 500 Américains en Virginie.

Cornwallis se fortifie entre les rivières James et York.

*25 août 1781.* — Barras de Saint-Laurent quitte Newport pour rejoindre de Grasse.

*5 septembre 1781.* — Combat des caps de Virginie : de Grasse repousse l'escadre anglaise de Graves.

*14 septembre 1781.* — Washington et Rochambeau arrivent à Williamsburg.

*28 septembre 1781.* — Commencement du siège de Yorktown.

*19 octobre 1781.* — Capitulation anglaise à Yorktown.

Promotion de La Fayette au grade de maréchal de camp.

*4 novembre 1781.* — L'escadre de De Grasse repart pour les Antilles.

*23 décembre 1781.* — La Fayette quitte Boston sur *L'Alliance* avec mission diplomatique et des lettres de félicitations à remettre à Louis XVI.

*18 janvier 1782.* — Arrivée de *L'Alliance* à Lorient.

*22 janvier 1782.* — Réception à Versailles par le roi.

*24 juin 1782.* — La Fayette est reçu à la loge parisienne de Saint-Jean d'Écosse du Contrat Social.

*30 novembre 1782.* — Signature d'un traité provisoire anglo-américain par John Adams et John Jay sans que les Français en fussent informés.

Reconnaissance de l'indépendance des Treize Colonies.

*Décembre 1782.* — La Fayette rejoint d'Estaing à Cadix où était concentrée la flotte franco-espagnole en vue d'une attaque contre la Jamaïque.

*20 janvier 1783.* — Signature des préliminaires de paix entre la France et l'Angleterre.

*Février 1783.* — Départ de La Fayette pour Madrid en vue d'essayer de régler les relations entre l'Espagne et les États-Unis.

La Fayette est réintégré dans l'armée française comme maréchal de camp avec effet rétroactif à la date de la capitulation de Yorktown.

*Mars 1783.* — Voyage en Auvergne.

*5 avril 1783.* — Réception triomphale à Riom.

*Mai 1783.* — La Fayette est fait chevalier de Saint-Louis.

*13 mai 1783.* — Création de la Society of Cincinnati.

*3 septembre 1783.* — Signature du traité qui met fin à la guerre d'Indépendance.

*23 novembre 1783.* — Les troupes anglaises évacuent New York.

*9 avril 1784.* — La Fayette signe son engagement dans la secte de Mesmer.

*18 juin 1784.* — Départ de Paris et, quelques jours après, de Lorient à destination de l'Amérique sur *Le Courrier de New York.*

*6-27 septembre 1784.* — Réunion avec les tribus indiennes à Fort Schuyler.

*14 octobre 1784.* — Signature d'un traité entre Indiens et Américains en présence de La Fayette.

*Automne 1784.* — Suite du voyage triomphal de La Fayette : Saratoga, Hartford, Water Tour, Boston, puis Providence, Rhode Island, Newport, Williamsburg et Richmond où il retrouve Washington.

*30 novembre 1784.* — Adieu de Washington à La Fayette.

*8 décembre 1784.* — A Trenton : hommage du Congrès à La Fayette.

*21 décembre 1784.* — Embarquement à New York, sur *La Nymphe* à destination de la France.

*20 janvier 1785.* — Arrivée de *La Nymphe* à Brest.

*Juillet 1785.* — Début du voyage en Prusse. Réception par Frédéric II à Postdam.

*4 septembre 1785.* — Présentation à l'Empereur Joseph II, à Vienne.

*Fin octobre 1785.* — Retour à Paris.

*1785.* — Négociations pour l'acquisition par La Fayette de deux habitations en Guyane : La Gabrielle et Saint-Régis.

*8 février 1786.* — Lettre de La Fayette à Washington lui annonçant son intention d'émanciper les Noirs de son habitation de Guyane.

*Juin 1786.* — La Fayette est invité à accompagner Louis XVI dans son voyage à Cherbourg.

*Été 1786.* — Voyage en Auvergne. Prise de possession du domaine de Langeac.

*29 décembre 1786.* — Décision de Louis XVI de réunir une Assemblée des Notables dans laquelle siégera La Fayette.

*30 décembre 1786.* — Signature de l'acte d'achat de l'habitation en Guyane.

*8 avril 1787.* — Disgrâce de Calonne.

*25 mai 1787.* — Clôture de l'Assemblée des Notables.
Élection de Washington à la présidence du Congrès.

*14 août 1787.* — Ouverture de l'Assemblée provinciale d'Auvergne à Clermont-Ferrand.

*1ᵉʳ septembre 1787.* — Réception triomphale de La Fayette à Aurillac.

*4 septembre 1787.* — Réception à Saint-Flour. Admission à la loge maçonnique Sully.

*Novembre 1787.* — Édit de tolérance donnant un statut légal aux protestants.

*8 novembre-11 décembre 1787.* — Nouvelle session de l'assemblée provinciale d'Auvergne.

*1787.* — Création de la Société gallo-américaine par Brissot, Clavière et Bergasse.

*9 février 1788.* — Création de la Société des Amis des Noirs par Brissot. Adhésion de La Fayette et de sa femme.

*1ᵉʳ avril 1788.* — La Fayette est nommé commandant d'une brigade d'infanterie en Languedoc-Roussillon, mais il ne rejoint pas son poste.

*Mai 1788.* — Réforme judiciaire de Loménie de Brienne.

*15 juillet 1788.* — Le roi retire à La Fayette ses lettres de service de maréchal de camp après l'affaire des parlementaires bretons.

*8 août 1788.* — Arrêt du Conseil, fixant au 1ᵉʳ janvier 1789 l'ouverture des États généraux.

*23 septembre 1788.* — Déclaration royale ordonnant la convocation des États généraux.

*6 novembre 1788.* — Seconde Assemblée des Notables.

*3 février 1789.* — Arrivée à Paris de Gouverneur Morris.

*Mars 1789.* — Rédaction des cahiers de doléances en Auvergne.

*25 mars 1789.* — La Fayette est élu député de la noblesse d'Auvergne aux États généraux.

*20 avril 1789.* — Réunion primaire de la noblesse de Paris.

*30 avril 1789.* — Washington est élu président des États-Unis.

*5 mai 1789.* — Ouverture des États généraux.

*20 juin 1789.* — Serment du Jeu de Paume.

*27 juin 1789.* — Les États généraux se constituent en Assemblée nationale.

*8 juillet 1789.* — Motion de Mirabeau — signée par La Fayette — demandant le retrait des troupes qui encerclent Paris.

*Juin-juillet 1789.* — Préparation par La Fayette d'une *Première déclaration européenne des droits de l'homme et des citoyens,* texte imprimé dans la nuit du 11 au 12 juillet.

*13 juillet 1789.* — Élection de La Fayette à la vice-présidence de l'Assemblée.

*14 juillet 1789.* — Prise de la Bastille.

*15 juillet 1789.* — Le roi demande à l'Assemblée de l'aider à rétablir la paix.

La Fayette part pour Paris à la tête d'une délégation. Il est reçu à l'Hôtel de Ville et, par acclamation, nommé commandant général de la milice parisienne.

Bailly devient maire de Paris.

*16 juillet 1789.* — Le roi renonce à partir pour Metz. La Fayette fait proclamer l'ordre de démolir la Bastille.

*22 juillet 1789.* — Assassinat de Foulon et de Bertier de Sauvigny malgré les efforts de La Fayette pour les sauver. Démission de La Fayette qui la reprendra dès le lendemain.

*25 juillet 1789.* — Création de l'Assemblée de la Commune de Paris.

*Fin juillet 1789.* — Organisation de la Garde nationale.

*4 août 1789.* — Abolition des privilèges.

*25 août 1789.* — Bailly et La Fayette se rendent à Versailles avec un détachement de la Garde.

*26 août 1789.* — Adoption de la Déclaration des droits de l'homme.

*30 août 1789.* — La Fayette empêche le marquis de Saint-Huruge, agent du duc d'Orléans, de se porter sur Versailles avec 1 500 hommes.

*27 septembre 1789.* — Cérémonie à Notre-Dame de Paris. Bénédiction des drapeaux de la Garde nationale.

*5 octobre 1789.* — Le matin, la foule envahit l'Hôtel de Ville de Paris avant d'être dispersée. La Fayette est obligé de se rendre à Versailles au milieu des émeutiers et de ses troupes.

*6 octobre 1789.* — Le château de Versailles est envahi par la foule à 6 heures du matin.

Le roi et l'Assemblée viennent s'installer à Paris.

*7 octobre 1789.* — Entrevue de La Fayette et du duc d'Orléans. Décision du départ de celui-ci pour Londres.

*10 octobre 1789.* — Le roi confie à La Fayette le commandement des troupes stationnées autour de Paris.

*11 octobre 1789.* — Entrevue de La Fayette avec Talleyrand organisée par Gouverneur Morris.

*19 octobre 1789.* — Ouverture par La Fayette et Bailly de la première réunion de l'Assemblée nationale à Paris.

*7 novembre 1789.* — Décret de l'Assemblée interdisant à ses membres d'accepter des postes ministériels.

*4 février 1790.* — Le roi se rend à l'Assemblée et fait état de son ralliement à l'œuvre de la Constituante.

*Avril 1790.* — Création du Club de 89, club de rencontres politiques des modérés.

*Mai 1790.* — Troubles à Marseille et à Toulon. Assassinat de Beausset.

*6-22 mai 1790.* — Débat à l'Assemblée qui accorde au roi le droit de décider de la paix ou de la guerre.

*10 juin 1790*. — Arrivée à Paris de la nouvelle de la mort de Benjamin Franklin survenue le 17 avril.

*19 juin 1790*. — Vote par l'Assemblée nationale de l'abolition des titres de noblesse.

*10 juillet 1790*. — Retour du duc d'Orléans à Paris.
La Fayette est proclamé président de l'assemblée des Fédérés.

*12 juillet 1790*. — Vote de la Constitution civile du clergé qui sera approuvée par le roi le 22 juillet.

*14 juillet 1790*. — Fête de la Fédération.

*Août 1790*. — Rébellion des régiments de Nancy.

*31 août 1790*. — Répression des rébellions de l'Est par Bouillé.

*4 septembre 1790*. — Démission de Necker.

*Décembre 1790*. — Contacts du fils de Bouillé avec La Fayette à Paris.

*17 janvier 1791*. — Mirabeau est élu chef du bataillon de la Garde nationale de la Chaussée d'Antin et administrateur du département de Paris.

*28 février 1791*. — Affaire du château de Vincennes et des « Chevaliers du poignard ».

*10 mars 1791*. — Le pape fait connaître son opposition à la Constitution civile du clergé.

*2 avril 1791*. — Mort de Mirabeau.

*18 avril 1791*. — Le roi est empêché par la foule, malgré la harangue de La Fayette, de partir faire ses pâques à Saint-Cloud.

*21 avril 1791*. — Démission de La Fayette du commandement de la Garde nationale.

*26 avril 1791*. — La Fayette reprend sa démission.

*Mai 1791*. — Discussion à l'Assemblée sur les droits juridiques des hommes de couleur libres dans les colonies.

*16 mai 1791*. — Décret instituant l'inélligibilité des députés à la prochaine assemblée.

*2 juin 1791*. — Affaire de l'église des Théatins.

*4 juin 1791*. — Vote de la loi Le Chapelier interdisant toute association professionnelle et tout mouvement de grève.

*20 juin 1791*. — Fuite de la famille royale.

*22 juin 1791*. — Arrestation de la famille royale à Varennes.

*25 juin 1791*. — Retour de la famille royale à Paris.

*15 juillet 1791*. — L'Assemblée vote le maintien de la royauté.

*17 juillet 1791*. — Manifestation contre la royauté au Champ-de-Mars.
Tentative d'assassinat contre La Fayette. Répression de l'émeute par la Garde nationale.

*18 juillet 1791*. — L'Assemblée vote un décret réprimant les incitations à la sédition.

*12 septembre 1791.* — Acceptation de la constitution par le roi.

*14 septembre 1791.* — Le roi prête le serment de respecter la Constitution.

*23 septembre 1791.* — Bailly démissionne de la mairie de Paris.

*30 septembre 1791.* — Dernière séance de l'Assemblée constituante.

*Octobre 1791.* — La Fayette abandonne ses fonctions. Il fait ses adieux à la Garde nationale et remet ses pouvoirs à la Commune de Paris.

*Octobre 1791.* — Départ de La Fayette pour Chavaniac. Voyage triomphal en Auvergne.

*Novembre 1791.* — Retour à Paris. La Fayette pose sa candidature à la mairie de Paris.

*20 octobre et 9 novembre 1791.* — Décrets contre les émigrés.

*13 novembre 1791.* — Élection de Pétion à la mairie de Paris. La Fayette repart pour l'Auvergne.

*14 décembre 1791.* — Le roi décide la formation de trois armées commandées par Luckner, Rochambeau et La Fayette.

*25 décembre 1791.* — La Fayette part rejoindre son poste à Metz.

*2 mars 1792.* — Les trois chefs d'armée sont convoqués à Paris par le ministre de la Guerre Narbonne ; ils assistent au Conseil.

*9 mars 1792.* — Démission de Narbonne et de Molleville. Nouveau ministère avec Dumouriez, Roland, etc.

*20 mars 1791.* — La Fayette repart pour Metz.

*20 avril 1792.* — Déclaration de guerre au « roi de Bohême et de Hongrie ».

*22 avril 1792.* — La Fayette reçoit les instructions de l'Assemblée : marcher sur Bouvines et atteindre Namur.

*27 mai 1792.* — Décret ordonnant la déportation des prêtres réfractaires.

*29 mai 1792.* — Licenciement de la garde constitutionnelle du roi commandée par le duc de Brissac qui est arrêté.

*8 juin 1792.* — Décret sur la formation d'un camp de Fédérés à Paris.

*10 juin 1792.* — Le roi renvoie les trois ministres girondins : Roland, Servan, Clavière.

*11 juin 1792.* — Gouvion, ami de La Fayette, est tué à Mons. Louis XVI oppose son veto aux décrets des 27 mai et 8 juin.

*16 juin 1792.* — La Fayette expédie une lettre à l'Assemblée législative, analysant la situation et attaquant la « faction jacobite ». Il en envoie copie au roi.

*20 juin 1792.* — La foule envahit les Tuileries pour contraindre le roi à lever son veto.

*28 juin 1792.* — Arrivée de La Fayette à Paris ; il demande à se présenter à la barre de l'Assemblée. Il est reçu par le roi et la reine.

*1er juillet 1792.* — La Fayette quitte Paris pour rejoindre son poste à l'armée.

*6 juillet 1792.* — Suspension de Pétion par un arrêté du conseil du département de Paris. Il sera rétabli le 13 par l'Assemblée.

*11 juillet 1792.* — Décret déclarant « la patrie en danger ».

*Fin juillet-début août 1792.* — La Fayette participe à la préparation de projets visant à faire sortir le roi de Paris.

*3 août 1792.* — Le manifeste de Brunswick est connu à Paris.

*7 août 1792.* — L'Assemblée refuse la mise en accusation de La Fayette.

*10 août 1792.* — Invasion des Tuileries par la foule. Louis XVI se réfugie à l'Assemblée. Il est suspendu de ses fonctions.

*14 août 1792.* — Danton demande l'arrestation de La Fayette.

*17 août 1792.* — La Fayette est relevé de son commandement et remplacé par Dumouriez. Il reçoit l'ordre de regagner Paris. Création du Tribunal révolutionnaire.

*19 août 1792.* — Départ de La Fayette qui franchit les lignes autrichiennes.

*25 août 1792.* — La Fayette et ses compagnons sont faits prisonniers et conduits à Nivelle.

*4 septembre 1792.* — La Fayette est transporté à Luxembourg ; sa demande de passeport est refusée.

*10 septembre 1792.* — Arrestation d'Adrienne de La Fayette à Chavaniac. Elle sera libérée.

*18 septembre 1792.* — La Fayette est transféré à Wesel ainsi que les autres prisonniers.

*31 décembre 1792.* — Transfert de La Fayette à Magdebourg. Libération de Lameth.

*13 novembre 1793.* — Mme de La Fayette est de nouveau incarcérée à Brioude.

*3 janvier 1794.* — Transfert de La Fayette, seul, à Neisse.

*16 mai 1794.* — Départ pour Olmütz de La Fayette, Latour-Maubourg et Bureaux de Pusy.

*Mai 1794.* — Transfert de Mme de La Fayette dans les prisons parisiennes.

*Octobre 1794.* — Arrivée de Bollmann à Olmütz.

*8 novembre 1794.* — Échec de la tentative d'évasion de La Fayette.

*Fin janvier 1795.* — Libération de Mme de La Fayette.

*Avril 1795.* — Départ de George-Washington de La Fayette et de son précepteur pour l'Amérique.

*Début septembre 1795.* — Départ de Mme de La Fayette et de ses filles pour Dunkerque puis Altona d'où elles espèrent gagner Olmütz.

*3 octobre 1795.* — Arrivée de Mme de La Fayette à Vienne.

*15 octobre 1795.* — Arrivée de Mme de La Fayette et de ses filles à Olmütz.

*Septembre 1796.* — Arrivée à Vienne de Gouverneur Morris qui commence à négocier la libération de La Fayette.

*15 avril 1797.* — Signature des préliminaires de Leoben avec comme condition la libération de La Fayette.

*18 fructidor an V (4 septembre 1797).* — Coup d'État du Directoire.

*19 fructidor an V.* — Lois violant la Constitution.

*19 septembre 1797.* — Libération de La Fayette et de sa famille.

*4 octobre 1797.* — Arrivée à Hambourg chez le consul américain Parish.

*7 octobre 1797.* — La Fayette s'installe à Wittmold.

*Février 1798.* — Retour de George-Washington de La Fayette. Il passe par Paris avant de venir retrouver son père.

*9 mai 1798.* — Mariage à Wittmold de la fille de La Fayette, Anastasie, avec Charles de Latour-Maubourg.

*Juillet 1798.* — Adrienne de La Fayette quitte Wittmold avec ses filles et son gendre.
Les Latour-Maubourg s'installent en Hollande, Adrienne et sa fille Virginie à Paris.

*Mars 1799.* — La Fayette s'installe près d'Utrecht à Vianen avec les Latour-Maubourg.

*Mai 1799.* — Mme de La Fayette tente de négocier avec Sieyès le retour de son mari.

*31 octobre 1799.* — Entrevue de Mme de La Fayette et de Bonaparte pour le retour de l'exilé.

*9 novembre 1799 (18 brumaire an VIII).* — Coup d'État de Bonaparte qui met fin au Directoire.

*Fin novembre 1799.* — Rentrée de La Fayette à Paris avec un faux passeport.
Installation à Fontenay-en-Brie, le château de La Grange étant inhabitable.

*Début 1800.* — Installation à La Grange restauré par l'architecte Vaudoyer.

*1er mars 1800.* — La Fayette est radié de la liste des émigrés. Il retrouve ses droits civiques.

*Juillet 1800.* — Voyage en Auvergne.

*Septembre 1801.* — Mme de Chavaniac cède à son neveu La Fayette le château de Chavaniac et les terres attenantes.

*Début 1802.* — A sa demande, La Fayette est mis à la retraite en tant qu'officier français.

*3 avril 1802.* — L'État rachète à La Fayette l'habitation Gabrielle, en Guyane.

*Mai 1802.* — La Fayette vote contre le consulat à vie.

*6 juin 1802.* — Mariage de George-Washington de La Fayette avec Émilie Destutt de Tracy.

*20 janvier 1803.* — Chute de La Fayette devant le ministère de la Marine. Il se casse le col du fémur.

*30 avril 1803.* — Traité cédant la Louisiane aux États-Unis.

*Été 1804.* — Séjour de La Fayette à Cirey en Lorraine chez Mme de Simiane.

*Été 1805.* — Séjour en Auvergne.

*24 décembre 1807.* — Mort d'Adrienne de La Fayette à Paris.

*1807-1814.* — La Fayette vit à La Grange où il s'occupe d'agriculture et rédige ses *Mémoires*.

*20 mars 1814.* — Capitulation de Paris.

*6 avril 1814.* — Première abdication de Napoléon.

*Avril 1814.* — La Fayette s'offre pour reprendre le commandement de la Garde nationale.

*31 mai 1814.* — Signature du traité de Paris, qui annule toutes les conquêtes révolutionnaires et impériales.

*21 octobre 1814.* — Loi limitant la liberté de la presse. Vive réaction de La Fayette.

*1er mars 1815.* — Débarquement de Napoléon au golfe Juan.

*20 mars 1815.* — Arrivée de Napoléon à Paris.

*21 avril 1815.* — Entrevue entre Joseph Bonaparte et La Fayette.

*22 avril 1815.* — Acte additionnel aux constitutions de l'Empire.

*8 mai 1815.* — La Fayette est élu député de Seine-et-Marne.

*4 juin 1815.* — La Fayette est élu vice-président de la Chambre des représentants.

*18 juin 1815.* — Waterloo.

*21 juin 1815.* — La Fayette fait adopter par la Chambre une résolution dirigée contre Napoléon. Réunion du Grand Conseil aux Tuileries au cours de laquelle La Fayette demande l'abdication de l'Empereur.

*22 juin 1815.* — Seconde abdication de Napoléon, en faveur du Roi de Rome.
Création d'une commission exécutive (de cinq membres) dont La Fayette est écarté, mais il fait partie de la délégation chargée de négocier avec les Alliés.

*8 juillet 1815.* — La Fayette proteste contre la fermeture du Palais-Bourbon.

*15 décembre 1815.* — La Fayette se réinstalle à La Grange après que le château eut été occupé par les Prussiens.

*1816.* — La Grange devient un centre d'opposition à la Restauration.

*Septembre 1817.* — Échec de La Fayette aux élections à Paris.

*6 octobre 1818.* — La Fayette est élu député de la Sarthe.

*14 septembre 1819.* — La Fayette est élu député de Seine-et-Marne.

*1820.* — La Fayette fait partie du comité directeur du parti libéral. Nombreuses interventions à l'Assemblée.

*1821.* — Fondation de la Charbonnerie.

*Décembre 1821.* — Conspiration manquée dite « complot de Belfort ».

*Février 1822.* — Conspiration dite « de Saumur ». Complot dit des « Quatre sergents de La Rochelle ».

*13 novembre 1822.* — La Fayette est réélu député de Meaux.

*3 mars 1823.* — Incident provoqué par l'expulsion de la Chambre du député Manuel.

*24 décembre 1823.* — La Fayette est battu aux élections à Meaux.

*11 juillet 1824.* — La Fayette quitte Paris pour son voyage en Amérique.

*13 juillet 1824.* — Il embarque au Havre sur le *Cadmus*, navire marchand américain, avec son fils George-Washington et son secrétaire Levasseur.

*15 août 1824.* — Arrivée du *Cadmus* à New York.

*Août 1824-septembre 1825.* — Voyage triomphal de La Fayette à travers les États-Unis.

*6 décembre 1824.* — Le Congrès américain vote une dotation à La Fayette : 200 000 dollars et 24 000 acres.

*8 septembre 1825.* — Départ de New York sur la frégate la *Brandywine*.

*4 octobre 1825.* — Arrivée au Havre. Accueil enthousiaste.

*Août 1826.* — La Fayette participe à l'indemnisation des émigrés.

*23 juin 1827.* — La Fayette est élu député de Meaux.

*1827.* — Adhésion de La Fayette à la Société philanthropique pour l'assistance aux Grecs, présidée par Chateaubriand.

*Janvier 1828.* — Démission du ministère Villèle.

*Été 1829.* — Voyage triomphal de La Fayette en Auvergne et dans le Dauphiné.

*Août 1829.* — Renvoi de Martignac, remplacé par Polignac.

*Janvier 1830.* — La Fayette facilite l'élection de Guizot comme député de Lisieux.

*Début juillet 1830.* — Entrevue entre La Fayette et Laffitte. Le banquier convertit le général à la solution orléaniste.

*12 juillet 1830.* — La Fayette est réélu à Meaux.

*26 juillet 1830.* — Publication des ordonnances portant dissolution de l'Assemblée. Suspension de la liberté de la presse. Modification de la loi électorale.

*27 juillet 1830.* — La Fayette arrive à Paris.

*28 juillet 1830.* — L'ordre d'arrestation lancé contre La Fayette n'est pas exécuté. Celui-ci propose la constitution d'un gouvernement provisoire.

*29 juillet 1830.* — La Fayette accepte de prendre le commandement de la Garde nationale recréée, et il s'installe à l'Hôtel de Ville.

*30 juillet 1830.* — Création d'une commission de cinq membres qui décide l'appel au duc d'Orléans.

*31 juillet 1830.* — La Fayette accepte le commandement de toutes les gardes nationales du pays. Il conduit le duc d'Orléans à l'Hôtel de Ville, et ils paraissent ensemble au balcon brandissant le drapeau tricolore.

*1er août 1830.* — La marche sur Rambouillet décide Charles X à abdiquer.

*7 août 1830.* — Adoption de la nouvelle constitution.

*6 août 1830.* — Internement à Vincennes de quatre anciens ministres de Charles X.

*9 août 1830.* — Grande revue de la Garde nationale, passée par le roi et La Fayette.

*10 octobre 1830.* — Fête maçonnique et patriotique en l'honneur de La Fayette, à Paris.

*Novembre 1830.* — Soulèvement de Varsovie.

*15-21 décembre 1830.* — Procès des anciens ministres de Charles X au Luxembourg. La Fayette est chargé du maintien de l'ordre.

*24 décembre 1830.* — Suppression du poste de commandant général des gardes nationales.

*26 décembre 1830.* — Démission de La Fayette de toute fonction à la Garde nationale.

*18 janvier 1831.* — Nomination de La Fayette comme conseiller général de Seine-et-Marne.

*14 février 1831.* — Service funèbre pour le duc de Berry. Émeute à Paris.

*Février 1831.* — Insurrections italiennes en Romagne.

*4 juillet 1831.* — Traité franco-américain au sujet du paiement des indemnités dues à la suite des saisies de navires américains sous l'Empire.

*5 juillet 1831.* — Élections après dissolution de la Chambre. La Fayette, réélu à Meaux, est élu à Strasbourg.

*16 septembre 1831.* — Écrasement par les Russes de la révolte polonaise.

*10 octobre 1831.* — Rejet par la Chambre, à la demande de La Fayette, de l'hérédité de la pairie.

*Fin 1831.* — La Fayette est nommé maire de Courpalay.

*Janvier 1832.* — Intervention de La Fayette à la Chambre, en faveur des Italiens.

*Février 1832.* — Intervention de La Fayette auprès des États-Unis en faveur de la Belgique.

Expédition de Don Pedro pour rétablir des institutions constitutionnelles au Portugal.

*5 juin 1832.* — Funérailles du général Lamarque qui dégénèrent en émeute et sont suivies d'une répression sévère.

*21 juin 1832.* — Démission de La Fayette de son mandat de maire de Courpalay et de conseiller général de Seine-et-Marne.

*Mars 1833.* — Arrestation à La Grange d'un ancien ministre polonais.

*3 avril 1833.* — Intervention à la Chambre en faveur des insurgés allemands de Francfort.

*3 janvier 1834.* — Dernier discours de La Fayette à la Chambre.

*1er mai 1834.* — Dernière lettre de La Fayette adressée à Murray, président de la Société d'émancipation des Noirs de Glasgow.

*20 mai 1834.* — Mort de La Fayette à Paris.

# Notes

## CHAPITRE PREMIER

1. La Chesnaye-Desbois, *Dictionnaire de la noblesse, t. VII, pp. 850-856* et Moreri, *Grand dictionnaire historique*, t. V, pp. 65-67.
2. Arch. de la Grange. Cité par A. Maurois, *Adrienne ou la vie de Madame de La Fayette*, p. 30.
3. *Idem*, p. 31.
4. L'acte de baptême de La Fayette, établi à la paroisse Saint-Roch de Chavaniac, au diocèse de Saint-Flour, a été publié par Jal, *Dictionnaire critique de biographie et d'histoire*, Paris, 1872, p. 721. Dans une notice sur sa famille rédigée par La Fayette lui-même et publiée par Charavay, *Le général La Fayette*, pp. 531-536, il écrit : « Mon père que je n'ai pas connu, n'ayant que deux ans quand il fut tué. » La légende de La Fayette enfant posthume est sans doute née d'une confusion. Mme de La Fayette était en effet enceinte lors de la mort de son mari. Elle accoucha d'une fille, Marie-Louise-Jacqueline, morte à l'âge de trois mois le 5 avril 1760. Arch. nat. Minutier central. Étude LVIII, liasse 416. *cf.* Ch. de Tourtier-Bonazzi, *La Fayette, Documents conservés en France*, p. 204.
5. A. Maurois, *op. cit.* p. 18.
6. *Idem*, p. 40.
7. Passage inédit des *Mémoires* du marquis de Bouillé cité par M. de La Fuye et E.A. Babeau, *La Fayette, soldat de deux patries*, p. 12.
8. F. de France d'Hézecques, *Souvenirs d'un page de la Cour de Louis XVI*, rééd. 1983, pp. 130-134.
9. Service historique de l'Armée de terre. Dossier Fourreton de Margelay.
10. *Mémoires, correspondance et manuscrits...*, t. I, p. 472.
11. Adrienne de Noailles, *Vie de Madame la duchesse d'Ayen*, p. 47. Le contrat de mariage de La Fayette est aux Arch. nat. Min. central. Étude XXIII, 724. L'acte de mariage a été publié par Charavay, *op. cit.*, pp. 556-559.
12. Comte d'Allonville, *Mémoires*, t. I, pp. 309-316.
13. *Correspondance Mirabeau-La Marck*, éd. de Bacourt, t. I, pp. 62-63. Voir aussi comte de Saint-Priest, *Mémoires*, t. II, p. 68
14. Comte de Ségur, *Mémoires et anecdotes*, t. I, p. 109.
15. Ségur, *op. cit.*, t. I, pp. 43-44.
16. *Idem*, p. 55.

17. Mme de CHASTENAY, *Mémoires*, pp. 56-57.

18. Voir à ce sujet : Louis GOTTSCHALK, *Lady in waiting, the romance of La Fayette and Aglaé de Hunolstein*, Baltimore, 1939.

19. *La Fayette in the age of the American révolution*. Selected letters and papers. t. I, p. 389. Dans ce passage, La Fayette évoque ses amours avec Aglaé d'Hunolstein et avec Mme de Simiane qui se situent après son retour d'Amérique.

20. FINDEL, *Histoire de la Franc-maçonnerie*, t. I, p. 238.

21. BRENGUES (Jacques), « Les francs-maçons français et les États-Unis d'Amérique dans *Annales de Bretagne*, t. 84, 1977, pp. 293-301 et *La Fayette*, *Mém. et corresp.*, t. I, p. 205.

22. Sur ces questions maçonniques, voir FAŸ (Bernard), *La franc-maçonnerie et la révolution intellectuelle du XVIIIᵉ siècle*, Paris, 1942, qui donne la bibliographie américaine, principalement ROTH (Philippe A.), *Masonry in the formation of our government*, 1761-1799, Washington, 1927, et TRATSH (Hugo P.), *Free masonry in the thirteen colonies*, New York, 1929. Voir aussi CHEVALLIER (Pierre), *Histoire de la Franc-maçonnerie*, t. I, et les ouvrages collectifs : *Franc-maçonnerie et Lumières au seuil de la Révolution française*, Paris, 1985, *La Franc-maçonnerie dans la révolution américaine : rites et idéologie* dans *Idéologies dans le monde anglo-saxon*, Grenoble, 1985. Bernard Vincent prépare une étude sur *Les maçons bâtisseurs de la République : rôle et fonction des loges maçonniques dans la révolution américaine*.

## CHAPITRE II

1. Et non 1776, comme La Fayette le dit par erreur dans ses Mémoires. Sur la carrière militaire de La Fayette depuis son entrée aux mousquetaires jusqu'à sa mise à la retraite le 13 avril 1802, voir son dossier personnel aux Arch. de la Guerre : LG 1261. Dans la revue du régiment de Noailles-Dragons du 10 juillet 1776, il est noté : « fort joli sujet ». Arch. Guerre, X¹ᶜ 71.

2. *Mém. corresp.* t. I, p. 9.

3. Il persistera toujours dans cette théorie. En juin 1789, il écrit : « Je suis parti pour le nouveau monde contrarié par tous et aidé par aucun. » *Idem*, t. II, p. 308.

4. Sur les officiers français qui ont participé à la guerre, voir les ouvrages de G. BODINIER et A. LASSERAY, Cf. Bibliographie.

5. Arch. nat. Marine B⁴ 132, Fᴼ 70-79.

6. CONDORCET, *Mémoires*, t. II, p. 157.

7. Comte d'ALLONVILLE, *Mémoires*, t. I, pp. 98-99.

8. T. IV, p. 264. Cité par CHARAVAY, *op. cit.*, pp. 15-16.

9. T. IV, p. 55.

10. Voir la publication fondamentale de OZANAM (Didier) et ANTOINE (Michel), *Correspondance secrète du comte de Broglie avec Louis XV*, Paris, 1956-1961, 2 vol. et l'article de BOITEUX (L.A.) « A propos d'un bicentenaire, La Fayette et le secret du comte de Broglie », dans *Revue maritime*, août-septembre 1957, pp. 1 098-1 108.

11. Arch. nat. Marine C⁷ 34, dossier Du Boismartin et OZANAM et ANTOINE, *op. cit.*, t. 1, p. 246.

12. KAPP (Friedrich), *Leben des amerikanischen general Johann Kalb*, Stuttgart, 1862 et LERVILLE (Edmond), *Un général français peu connu, le*

*baron de Kalb,* 1721-1780, dans *Revue historique des Armées,* n° 1, 1986, pp. 79-87. Les papiers de Kalb sont aujourd'hui conservés par son descendant, M. Guy Soulange-Tessier et contiennent la correspondance qu'il échangea avec sa femme au moment du départ pour l'Amérique. Ces lettres ont été en grande partie publiées par Bernard de LARQUIER, *La Fayette usurpateur du vaisseau La Victoire,* Surgères, 1987, p. 212 et suiv.

13. Arch. Soulange-Tessier, pub. par LARQUIER, *op. cit.,* pp. 145-147.

14. CHARAVAY, *op. cit.* p. 8.

15. LARQUIER, *op. cit.,* publie de nombreux documents relatifs à ces achats. Voir aussi Arch. nat. Colonies E 140, dossier F.A. du Boismartin et CASTEX (Robert), *L'armateur de La Fayette : Pierre de Basmarcin,* dans *Revue des questions historiques,* 3e série, t. VI, 1925, pp. 78-133. Basmarcin fut ruiné et La Fayette intervint en sa faveur auprès de Castries en 1786, Arch. nat. Marine B³ 780, F⁰ 185-191.

16. Ségur raconte en détail la scène dans ses *Mémoires,* t. I, p. 111.

17. Ces précisions sont extraites d'une lettre de Kalb du 7 novembre 1777 publiée par S. Idzerda, *op. cit.,* t. I, p. 448, et par B. de Larquier, pp. 250-252.

18. DONIOL (Henri), *Corresondance inédite de La Fayette,* p. 36. Le fait est confirmé par Montbarey qui écrit : « Toute cette négociation clandestine, non plus que les enrôlements des émissaires américains sur le pavé de Paris n'échappèrent pas à la police mais elle eût ordre de fermer les yeux ». *Mémoires,* p. 263.

19. DUMAS (Mathieu), *Souvenirs,* t. I, p. 16.

20. Cette correspondance semble avoir été en partie connue et utilisée par Charavay.

21. La série O¹ des Archives nationales ne contient aucune trace de la lettre de cachet concernant La Fayette. Il en est de même aux Archives de la Guerre.

23. LARQUIER, *op. cit.,* p. 238. Une version un peu différente est publiée par Charavay, p. 12.

23. LARQUIER, *op. cit.,* p. 84.

24. Mémoire de F.A. du Boismartin conservé à la Maryland Historical Society à Baltimore, publié par LARQUIER, *op. cit.,* pp. 120-121.

25. Arch. nat. AEᴵᴵ 1 018. Publiée par LARQUIER, p. 137.

26. *Vie de Madame la duchesse d'Ayen,* p. 57.

27. DONIOL (Henri), *Histoire de la participation de la France à l'établissement des États-Unis d'Amérique.* On y trouve l'essentiel des documents conservés aux Archives du ministère des Affaires étrangères sur le départ de La Fayette, en particulier les lettres échangées entre Vergennes, Maurepas et le marquis de Noailles, ambassadeur à Londres.

28. MAUROIS (A.), *op. cit.,* pp. 81-82. On trouvera aussi des détails sur cet aspect du voyage dans le livre de B. de Larquier.

## CHAPITRE III

1. Cité par CLARK (Ronald W.), *Benjamin Franklin,* p. 178.

2. *Idem,* pp. 207-223. Sur le système de gouvernement des colonies anglaises d'Amérique avant 1776, voir KASPI (André), *Les Américains,* t. I, pp. 84-85.

3. *Idem,* p. 232.

4. Wilson (Bruce G.), *Identités coloniales, le Canada de 1760 à 1815*, Ottawa, 1988, pp. 48-49.

5. Clark, *op. cit.*, p. 318.

6. Wilson, *op. cit.*, pp. 46-47.

7, On trouvera tous les renseignements souhaitables sur ces tentatives dans Lanctot (Gustave), *Le Québec et les colonies américaines, 1760-1820*, dans *Les Canadiens et leurs voisins du Sud*, Montréal, 1941 et dans Cornell (P.), Hamelin (J.), Ouellet (F.) et Trudel (M.), « Le Canada pendant la Révolution américaine », dans *Canada, unité et diversité*, Québec, 1968.

8. Chinard (Gilbert), *Les réfugiés huguenots en Amérique*, Paris, 1925, p. 214.

9. Clark, *op. cit.*, p. 323, Castries (Duc de), *Beaumarchais*, et Vincent (Bernard) *Thomas Paire ou la religion de la liberté*, pp. 100-110.

10. Arch. nat. Colonies, B 32, F⁰ 419-420.

11. Chambrun (Charles de), *Vergennes*, p. 222.

12. Ozanam et Antoine, *op. cit.*, t. 1, n° 308.

13. Ségur, *Mémoires*, t. I, pp. 154-155.

14. Malouet, *Collection de Mémoires et correspondances officielles sur l'administration des colonies*. Réponses aux questions sur la guerre de la Nouvelle Angleterre, t. III, Paris, an X, pp. 357-384.

15. Boiteux (L.A.), *Un mémoire prophétique de Turgot sur la révolution d'Amérique*, dans *Revue d'histoire diplomatique*, juillet-décembre 1948.

16. Vergennes rédigea des *Considérations sur le parti qu'il convient à la France de prendre vis-à-vis de l'Angleterre dans la circonstance actuelle*, qui fut soumis à un conseil restreint le 31 août 1776. Ce texte est publié en grande partie dans Chambrun, *op. cit.*, pp. 308-310.

17. Turgot, *Œuvres*, t. V, p. 416 et suiv. Voir aussi Doniol, *Histoire de la participation...,*t. I, p. 270 et suiv.

18. Chambrun, *op. cit.*, pp. 304-305.

19. *Mém. et corresp.*, t. I, pp. 67-71.

20. Ségur, *Mémoires*, t. I, p. 77.

21. Dumas (Mathieu), *Souvenirs*, t. I, p. 17.

22. Sur l'importance et l'organisation de cette aide, voir Rouzeau (L.), *Aperçus du rôle de Nantes dans la guerre d'indépendance d'Amérique*, dans *Annales de Bretagne*, t. 64, 1967, pp. 218-278 et Meyer (Jean), *La Bretagne et la guerre d'indépendance américaine*, dans la même revue, t. 84, 1977, pp. 183-202.

23. Frostin (Charles), *Saint-Domingue et la révolution américaine* dans *Bulletin de la Société d'histoire de la Guadeloupe*, n° 22, 2ᵉ trim. 1974, pp. 73-113.

24. Mémoire de l'administration de M. de Bouillé aux Iles du Vent. Arch. nat. Colonies, C⁸ᴬ 82, p. 7.

25. *Mémoires politiques et militaires du général Tercier* (1770-1816), Paris, 1891, pp. 16-17. Tercier était, en 1777, capitaine au Régiment de la Martinique.

26. Mémoire de l'administ. de Bouillé, p. 38.

27. *L'Europe à la fin du XVIIIᵉ siècle*, chapitre rédigé par Jean Béranger, p. 50 et suiv.

## Chapitre IV

1. *Mém. et corresp.*, t. I, pp. 85-89.

2. Larquier (B. de), *op. cit.*, pp. 151-160.

3. Sur ce journal voir Proschwitz (Gunnar von), *Le Courrier de l'Europe et la guerre d'Indépendance*, dans *Annales de Bretagne*, t. 84, 1977, pp. 235-245, et d'Huart (Suzanne), *Brissot*, pp. 29-34 et 71.

4. Sur ce combat et ceux qui le suivirent, voir Tower (Charlemagne), *Le marquis de La Fayette et la révolution de l'Amérique*, t. I.

5. *Mém. et corresp.* t. I, pp. 108-112.

6. *Idem*, t. I, pp. 130-135.

7. *Idem*, t. I, pp. 143-147.

8. Chambrun (Ch. de), *Vergennes*, pp. 293-298.

9. Archives du général d'Esclaibes, publié par Larquier, *op. cit.*, pp. 162-179.

10. *Mém. et corresp.* t. I, pp. 75-76 et Tower, *op. cit.*, t. I, p. 328.

## Chapitre V

1. Sur la campagne de d'Estaing sur les côtes américaines, voir Arch. nat. Marine B⁴ 146 et 147 et Michel (Jacques), *La vie aventureuse et mouvementée de Charles-Henri comte d'Estaing*, Paris, 1976 et Lacour-Gayet (Georges), *La marine militaire de la France au temps de Louis XVI*, Paris, 1905, p. 138 et suiv.

2. Sur le rôle joué par ces officiers, voir Gruber (Ira D.), *The Howe brothers and the american revolution*, New York, Willcox (William B.), *Portrait of a general : Sir Henri Clinton in the war of independance*, New York, 1964.

3. La correspondance échangée entre La Fayette et d'Estaing est conservée aux Arch. nat. Marine B⁴ 141, F⁰ 144 et suiv. Elle a été publiée par Doniol (Henri), *Correspondance inédite de La Fayette. Lettres écrites au comte d'Estaing pendant la campagne du vice-amiral de la Delaware à Boston du 14 juillet au 20 octobre 1778*, Paris, 1892.

4. Doniol (H.), *Histoire de la participation...* t. III, pp. 191-192.

5. *Mém. et corresp.* t. I, p. 188.

6. *Idem*, t. I, pp. 190-209.

7. *Idem*, t. I, pp. 209-219.

8. *Idem*, t. I, pp. 228-235.

9. Doniol (H.), *Correspondance inédite*, p. 31 et Lerville (E.), *art. cité*, dans *Rev. hist. des armées*, n⁰ 1, 1986, p. 83.

10. *Mém. et corresp.* t. I, p. 247.

11. *Idem*, t. I, pp. 234-239. Sur les activités de La Fayette aux États-Unis pendant toute cette période, voir Arch. Aff. étrangères, Corresp. politique. États-Unis, vol. 3 à 26. Supplément, vol. 1, 12 à 15, mémoires et documents, États-Unis vol. 3 à 26, Supplément, vol. 1, 12 à 15, mémoires et documents, États-Unis, vol. 1, 2 et 6. On trouvera l'analyse de ces documents dans l'inventaire préparé par Marie de Montlaur et inséré dans Tourtier-Bonazzi (Ch. de), *La Fayette, Documents...*, pp. 307-325 et 335-343.

12. T. VII, p. 195.

13. Condorcet, *Mémoires*, t. II, p. 49.

14. *Mém. et corresp.*, t. I, p. 65.

15. Maurois (A.) *op. cit.*, p. 102, Charavay, *op. cit.*, pp. 42-45. Sur Rochon de Chabannes, voir Carriat (Amédée), *Dictionnaire bio-bibliographique des auteurs du pays creusois*, Guéret, 1964, pp. 461-463.

16. Sainte-Beuve, *Portraits littéraires*, éd. Pléiade, p. 147, les *Mémoires secrets* des continuateurs de Bachaumont doivent être utilisés avec précaution car ils contiennent « quelques vérités noyées dans des milliers de mensonges et de calomnies ». Ruault (Nicolas), *Gazette d'un parisien sous la Révolution*, p. 21.

17. Badinter (E. et R.), *Condorcet*, p. 159.

18. *Mém. et corresp.*, t. I, pp. 256 et 293-294.

19. Publié par Doniol (H.), *Hist. de la participation*, t. I, pp. 352-358.

20. *Mém. et corresp.*, t. I, p. 301.

21. *Idem*, t. I., pp. 295-298.

22. *Idem*, t. I, pp. 296-304 et Clark (R.W.), *Franklin*, pp. 379-381.

23. *Mém. et Corresp.*, t. I, pp. 307-313 et 481-490.

24. Dumas (Mathieu), *Souvenirs*, t. I, pp. 119-120.

25. Ce chef-d'œuvre de l'orfèvrerie parisienne dont la poignée en or massif portait l'inscription : *From the american Congress to marquis de La Fayette*, fut en août 1792, enterré par Mme de La Fayette au pied d'un marronier à Chavaniac. Après son retour en France, le général la fit déterrer mais la lame avait été détruite par la rouille. Il fit monter une autre lame provenant d'une épée offerte par la Garde nationale. Voir les descriptions détaillées dans Cloquet (Jules), *Souvenirs sur la vie privée du général La Fayette*, p. 210. Cette épée figura à l'exposition de l'Orangerie en 1934. *Cf.* Catalogue, pp. 72-73.

26. *Mém. et corresp.*, t. I, pp. 327-331. Arch. nat. Marine B⁴ 172, F⁰ 105-123.

27. Sur tous ces préparatifs voir Doniol, *Hist. de la participation...*, t. IV. Jean-Baptiste Donatien de Vimeur, comte de Rochambeau (1725-1807) avait de longs et brillants états de services. Colonel à 22 ans, il s'était distingué pendant les guerres de Succession d'Autriche et de Sept Ans, à la prise de Minorque en 1756, à la bataille de Clostercamp. Inspecteur général de l'Infanterie, il avait servi de conseiller à plusieurs ministres et c'est Montbarey qui le proposa au roi pour commander le corps expéditionnaire car il avait la réputation d'un officier général instruit et appliqué. Maréchal de France en 1791, il fut arrêté pendant la Terreur et sauvé de la guillotine par le 9 thermidor.

28. *Mém. et corresp.*, t. I, p. 259.

## Chapitre VI

1. Arch. de la Grange. Cité par Maurois, *op. cit.*, p. 116.

2. Arch. privées, publié par Larquier, *op. cit.*, pp. 162-179.

3. Bowler (R.A.), *Logistics and the failure of the british army in America*, 1773-1783. Princeton, 1975.

4. *Mém. et corresp.*, t. I, pp. 335-342. Arch. nat. Marine B⁴ 153, F⁰ 5 à 19.

5. Arch. Guerre, corresp. de Rochambeau, t. I, p. 96.

6. Sur la campagne de l'escadre de Ternay et du corps expéditionnaire de Rochambeau, voir Lacour-Gayet, *op. cit.*, p. 349 et suiv. Dull (Jonathan R.) *The French navy and American independance*, p. 190 et suiv., la magnifique publication de Howard C, Rice et Anne S. K. Brown, *The american campaigns of Rochambeau's army*, 1780-1783, Princeton, 1973, et Linyer de La Barbée (Maurice), *Le chevalier de Ternay*, Grenoble, 1972, 2 vol. voir aussi *Mémoires militaires, historiques et politiques*

*de Rochambeau,* Paris, 1809, t. I et KENNETT (Lee), *L'expédition Rocham-beau-Ternay: un succès diplomatique,* dans *Revue historique des armées,* n° 4, 1976, pp. 87-106 et COSTANTINI (A.), *Le corps Rochambeau face aux difficultés économiques du royaume et des États-Unis d'Amérique,* dans *Idem,* pp. 108-138. Sur les raisons pour lesquelles Guichen ne put venir avec son escadre sur les côtes américaines, Arch. nat. Marine B⁴ 183, F° 283-291.

7. DUMAS (M), *Souvenirs,* t. I, p. 44.

8. *Mém. et corresp.* t. I,, pp. 256-264 et 347-374.

9. Arch. privées, cité par MAUROIS, *op. cit.,* p. 119.

10. *Mém. et corresp.,* T. I, pp. 378-382.

11. *Cf.* MAUROIS, *op. cit., p. 121.*

12. CHASTELLUX (Mr de), *Voyages dans l'Amérique septentrionale,* pp. 100-108.

13. DUMAS (M.), *op. cit.,* t. I, p. 54.

14. CHARAVAY, *op. cit.,* pp. 67-69 et VINCENT, Thomas Paine, p. 130.

15. *Mém. et corresp.,* t. I, pp. 401-408.

16. *Idem,* t. I, pp. 387-393.

17. *Idem,* t. I, pp. 394-403.

18. *Idem,* t. I, p. 407.

## CHAPITRE VII

1. CLARK, *Franklin,* p. 403. Sur les opérations conduites par Destouches voir BARRON (Bill), *L'amiral Destouches* dans *Amiraux du Bas-Poitou dans la guerre d'Indépendance américaine,* La Roche-sur-Yon, Soc. d'émulation de la Vendée, 1977.

2. Texte rédigé en 1815 intitulé *Des armées françaises sous l'ancienne monarchie et pendant les premières années de la Révolution,* publié dans *Mém. et corresp.,* t. III, p. 273.

3. *Mém. et corresp.,* t. I, pp. 418-425.

4. DUMAS (M.), *op. cit.,* t. I, p. 48.

5. *Mém. et corresp.,* t. I, pp. 429-437.

6. TOWER (Ch.), *op. cit.,* t. II, p. 338 et suiv. Sur cette campagne décisive, voir Arch. Guerre A¹ 3733, Arch. nat. Marine B⁴ 192. STEVENS (B.F.) *Compaign of Virginia, Londres, 1885,* JOHNSTON (Henri), *The Yorktown campaign,* New York, 1881, les ouvrages déjà cités de LACOUR-GAYET, RICE et DULL, GOTTSCHALK (Louis), *La Fayette and the close of the american revolution,* Chicago, 1942, FREEMAN (Douglas S.), *George Washington,* New York, 1952, FLEXNER (James T.), *George Washington in the amerian revolution,* Boston, 1967. On trouvera le point de vue anglais dans WICKWIRE (Franklin and Mary) *Cornwallis, the american adventure.* Pour les participants français, outre les ouvrages déjà cités de G. BODINIER et A. LASSERAY, on peut consulter: NOAILLES (vicomte de), *Marins et Soldats français en Amérique pendant la guerre de l'Indépendance des États-Unis, 1778-1783.* Paris, 1903.

7. Arch. Guerre, Correspondance de Rochambeau, t. II, p. 42.

8. DULL (J.R.),*op. cit.,* p. 239 et suiv.

9. DONIOL (H.), *Hist. de la participation...,* t. IV, p. 640.

10. ROCHAMBEAU, *Mémoires,* t. I, p. 273 et suiv. et DUMAS (M.), *Souvenirs,* t, I, pp. 60-94.

11. *Mém. et corresp.* t. I, , pp. 255-283 et 418-480.

12. DULL (J.R.), *op. cit.,* p. 248.

13. DONIOL (H.), *Hist. de la participation...*, t. IV, *Mém. et corresp.*, t. II, pp. 13-15.

14. SÉGUR, *Mémoires*, t. I, pp. 340, 344, 355, 387-388. Voir KENNETT (Lee), *Le bilan d'une rencontre : l'armée française en Amérique*, dans Annales historiques de la Révolution française, oct. déc. 1976.

## CHAPITRE VIII

1. *Correspondance secrète*, t. XII, p. 273.
2. *Gazette d'Amsterdam*, du 1ᵉʳ février 1782. *Cf.* Charavay, pp. 85-86.
3. *Mém. et corresp.*, t. II, pp. 18-19.
4. *Correspondance secrète*, t. XII, p. 307.
5. FRÉNILLY (baron de), *Mémoires*, p. 52.
6. CHARAVAY, *op. cit.*, p. 91 et LA FUYE, *op. cit.*, p. 55-58.
7. FRANKLIN (B.), *Correspondance*, t. II, p. 154.
8. *Idem*, t. II, pp. 242-267 et *Mém. et corresp.*, t. II, pp. 30-35.
9. *Mém. et corresp.*, t. II, pp. 41-45.
10. *Idem*, t. II, pp. 46-56.
11. *Idem*, t. II, pp. 56-60 et 75.
12. *Idem*, t. II, pp. 64-69. Sur le séjour de La Fayette en Espagne, voir Arch. nat. Marine B⁴ 186, F⁰ 229, 231, 252, 239, 339 et Arch. Aff. étrangères, Corresp. politique, Espagne, vol. 609 et 510.
13. *Mém. et corresp.*, t. II, pp. 69-71.
14. *L'Europe à la fin du XVIIIᵉ siècle*, pp. 50-52, chapitre rédigé par Jean BERENGER.
15. LERVILLE (E.), *art. cité* dans *Rev. hist. des armées*, n° 1, 1986, p. 83.
16. Chazerat, Auvergnat lui-même, né à Clermont-Ferrand en 1729, fut intendant d'Auvergne de 1771 à 790. *Cf.* ANTOINE (Michel), *Le gouvernement et l'administration sous Louis XV. Dictionnaire biographique*, p. 68.
17. DONIOL (H.), *Une correspondance administrative sous Louis XVI, épisode de la jeunesse de La Fayette*, dans *Séances et travaux de l'Académie des Sciences morales et politiques*, 1875, t. CIV, pp. 49-60.
18. *Mémoires secrets*, t. XXII, p. 322.
19. MAUROIS, *op. cit., pp. 139-140.*
20. *Arch. Guerre, dossier La Fayette, publié par* CHARAVAY, pp. 563-564.
21. MAUROIS, *op. cit.*, pp. 127 et 141-146. L'acte d'achat de l'hôtel de la rue de Bourdon daté le 12 novembre 1782 est aux Archives nationales, Minutier central, Étude LVIII, n° 512.
22. Ch. de Chambrun cite le chiffre de 28 millions d'après un état, peut-être incomplet, conservé aux Archives des Affaires étrangères. *Vergennes*, p. 385. Selon Gouverneur Morris, le montant était de 43 millions. FIECHTER (J.J.), *Un diplomate américain sous la Terreur*, pp. 146-153.
23. *Mém. et corresp.*, t. II, pp. 82-84.

## CHAPITRE IX

1. *Mém. et corresp.*, t. II, p. 88.
2. BLANCHARD (Anne), *Les ingénieurs du roy de Louis XIV à Louis XVI*, Montpellier, 1979, p. 410.
3. *Mém. et corresp.*, t. II, pp. 89-92.
4. SÉNAC DE MEILHAN, *Des principes et des causes de la Révolution*

*française*, p. 61. Sur l'histoire de l'ordre voir CONTENSON (Ludovic de), *La Société des Cincinnati de France et la Guerre d'Amérique*, 1778-1783. Paris, 1934.

5. ARNAUD (Claude), *Chamfort*, pp. 163-164.

6. *Mém. et corresp.*, t. IV, p. 39.

7. OBERKIRCH (baronne d'), *Mémoires*, p. 334 et 495.

8. DARNTON (Robert), *La fin des Lumières. Le mesmerisme et la Révolution*.

9. Collection Charavay, publié par lui, *op. cit.*, p. 103.

10. *Mém. et corresp.*, t. II, p. 93.

11. BADINTER (E. et R.), *Condorcet*, pp. 187-188.

12. DARNTON (R.), *op. cit.*, pp. 77-81. On reconnaît aujourd'hui Mesmer comme le fondateur de la psychiatrie dynamique et de la guérison par suggestion. *Cf.* THUILLIER (Jean), *Mesmer ou l'extase magnétique*, Paris, 1988.

13. EVANS (H.R.), *Cagliostro and his egytian rite of free masonry*, New York, 1930, et LE FORESTIER (R.), *Les illuminés de Bavière et la franc-maçonnerie allemande*, Paris, 1915.

14. MAUROIS, *op. cit.*, pp. 150-155. Sur ce voyage, voir Arch. nat. Marine B³ 758, F⁰ 178-180, le *Courrier de New York* appareilla le 30 juin. Sur le séjour aux États-Unis, Arch. Aff. Ét., Corresp. politique, États-Unis, vol. 27, 29 et 30.

15. On trouvera un récit détaillé de ce voyage dans SAINT-JOHN CRÈVECŒUR, *Lettre d'un cultivateur américain*, Paris, 1787, t. III, p. 316 et suiv.

16. *Mém. et corresp.*, t. II, pp. 107-108.

17. SPARKS (J.), *Correspondance de Washington*, t. IX, pp.73-77. Sur les contacts avec les Indiens voir MONTBAS (vicomte de), *Avec La Fayette chez les Iroquois*, Paris, 1929.

18. *Mém. et corresp.*, t. II, pp. 105-107.

19. CHARAVAY, *op. cit.*, p. 116-117 :

20. Sur ces questions commerciales voir un mémoire de La Fayette dans Arch. nat. Marine B⁷ 460, publié par GOTTSCHALK, *La Fayette as commercial expert*, dans *American historical review*, t. XXXVI, 1931, pp. 561-570. Voir aussi Arch. Aff. étrang. corresp. politique, États-Unis, vol 30-32. Sur les Antilles, voir TARRADE (Jean) : *Le commerce colonial de la France à la fin de l'Ancien Régime. L'évolution du régime de l'exclusif de 1763 à 1789*, Paris, 1972, 2 vol. Sur le tabac, voir VIGIÉ (Marc et Muriel), *L'herbe à Nicot, amateurs de tabac, fermiers généraux et contrebandiers sous l'Ancien Régime*, Paris, 1989.

21. *Mém. et corresp.*, t. II, , pp. 121-122. La réalité était heureusement très différente du tableau qu'en trace La Fayette. L'exemple de La Rochelle est frappant. La communauté et le cotte s'étaient reconstitués dès 1715, et les protestants tenaient la réalité du pouvoir économique, y compris la Traite négrière. « Les protestants avaient su installer un pouvoir occulte sur les affaires et jouissaient dans la pratique d'une totale liberté à la Rochelle ». DEVEAU (Jean-Michel), *Le commerce rochelais face à la Révolution. Correspondance de J.B. Nairac*, 1789-1790. La Rochelle, 1989, p. 27 et suiv. Sur ces questions voir READ (Ch.), *La Fayette, Washington et les protestants de France*, 1785-1787. Soc. de l'hist. de protestantisme français, Paris, 1893 et GROSCLAUDE (Pierre), *Malesherbes témoin et interprète de son temps*, Paris, 1961, 1ʳᵉ partie, chap.XV, 2ᵉ partie, ch. VIII surtout p. 568 et suiv.

22. *Mém. et corresp.*, t. II, pp. 131-132.

23. CHARAVAY, *op. cit.*, p. 122.

24. Arch. de la Grange, cité par MAUROIS, *op. cit.* p. 167.

25. CHARAVAY, *op. cit.*, p. 56.

26. *Mém. et corresp.* t. II, pp. 130-150. Sur les baleiniers américains en France voir BONNEL (Ulane), *Les quakers, pêcheurs de baleine à Dunkerque et Lorient sous Louis XVI,* dans *Neptunia,* n° 94, 2ᵉ trim. 1969, pp. 9-15 et RANDIER (Jean), *Yankee whalers,* dans la même revue, pp. 16-23. Sur le commerce avec les États-Unis voir MATHIEZ (Albert), *La Fayette et le commerce franco-américain à la veille de la Révolution,* dans *Annales historiques de la Révolution française,* 1926, pp. 474-484 et GOTTSCHALK (L.), *La Fayette between the american and the french revolution,* p. 242.

27. BADINTER (E. et R.), *Condorcet,* pp. 171-174.

28. DAVIS (D.B.), *The problem of slavery in the age of revolution,* Ithaca, 1975, WOODSON (Carter G.), *La Fayette, friend of the Negro,* dans *Journal of negro history,* vol. XIX, 1934.

29. KREBS (Albert), *La Fayette et le problème de l'esclavage,* dans *Annuaire Bulletin de la société de l'histoire de France,* 1956-1957, pp. 48-60. L'acte d'achat des habitations est du 30 décembre 1786, Arch. d'Outre-mer, minutes Rouxel, notaire à Cayenne. On trouvera des documents sur la gestion de ces domaines dans Arch. nat. Colonies B 198, F⁰ 34 et 52, 199, F⁰ 13 et 30, 221, F⁰ 46, C¹⁴ 62, 63, 81, F³ 89, F⁰ 118, 218, F⁰ 611, 266, F⁰ 120-122. MM. Gabriel Debien et Philippe Guéritault préparent une étude sur cette question.

30. *Mém. corresp.*, t. II, pp. 124-127 et 148-159.

31. Sur ce voyage voir GAUDILLOT (Jeanne-Marie), *Le voyage de Louis XVI en Normandie, 21-29 juin 1786. Textes et documents,* Cherbourg, 1967.

32. MOSNIER (H.), *Le château de Chavaniac-La Fayette,* pp. 24-26, et *Revue retrospective,* 1894, p. 293. La relation des fêtes a été publiée dans les *Tablettes historiques du Velay,* 1872, p. 305 et suiv.

33. BADINTER (E. et R.), *op. cit.*, pp. 217-218.

34. Coll. Charavay, publiée par lui, *op. cit.*, p. 135.

35 Il s'agit du jeune Iroquois Kahenlaka que La Fayette a ramené d'Amérique en 1785.

36. Arch. dép. Yvelines, E 3151, publié par BARDOUX (A.), *La jeunesse de La Fayette,* p. 193.

37. *Mém. et corresp.*, t. II, pp. 160-161.

38. SÉGUR, *Mémoires,* t. II, p. 52.

## CHAPITRE X

1. PUGH (William J.), *Calonne's new deal,* dans *Journal of modern history,* vol. II, septembre 1939.

2. ALLONVILLE (comte d'), *Mémoires,* t. I, p. 225.

3. 27 février 1787, t. XXXIV, p. 166.

4. LACOUR-GAYET (R.), *Calonne,* p. 159.

5. *Revue Rétrospective,* 1894, p. 294, cité par Charavay, *op. cit.*, p. 137.

6. *Mém. et corresp.*, t. II, p. 191. Les procès-verbaux de l'Assemblée des notables sont aux Arch. nat. C 1 à 5. La meilleure étude sur le rôle de La Fayette est celle d'EGRET (Jean), *La Fayette dans la première assemblée des notables* (février-mai 1787) dans *Annales historiques de la Révolution française,* 1952, p. 1-31.

7. *Mém. et corresp.*, t. II, pp. 189-192.

8. SÉGUR, *Mémoires*, t. III, pp. 267-269.

9. *État des logements des notables qui composent l'assemblée indiquée au 22 février 1787*, Paris, 1787.

10. Cité par Charavay, *op. cit.*, pp. 138-139.

11. *Discours de M. le marquis de La Fayette prononcé au bureau des notables présidé par M. le comte d'Artois le 24 (erreur pour 2) Avril 1787*, Paris, 1787, p. 8.

12. *Mém. et corresp.*, t. II, pp. 165-166.

13. LACOUR-GAYET (R), *op. cit.*, p. 98 et 138-141. Sur l'agiotage et la spéculation à cette époque voir LUTHY (H.), *La banque protestante en France de la révocation de l'édit de Nantes à la Révolution*, Paris, 1961, 2 vol., BOUCHARY (J.), *Les manieurs d'argent à Paris à la fin du XVIII^e siècle*, Paris, 1939, PONIATOWSKI (Michel), *Talleyrand et l'ancienne France, 1754-1789*, Paris, 1988.

14. Cité par DOYLE (William), *Des origines de la Révolution française*, p. 58.

15. *Mém. et corresp.*, t. II, pp. 196-198.

16. Arch. de la Grange. Cité par MAUROIS, *op. cit.* p. 172.

17. BESENVAL (baron de), *Mémoires*, t. II, pp. 204-228.

18. On les trouvera dans *Mém. et corresp.*, t. II, pp. 167-177.

19. Voir à ce sujet, par exemple, les récents travaux de Paul BUTEL et de Jean-Pierre POUSSOU sur l'expansion de Bordeaux au XVIII^e siècle.

20. BADINTER (E. et R.), *op. cit.*, pp. 72-74 et 169, HUART (S. d'), *Brissot*, p. 44.

21. Cette circulaire est publiée par d'ALLONVILLE, *Mémoires*, t. II, pp. 352-359.

22. RIVAROL, *Mémoires*, p. 91.

23. ALLONVILLE, *op. cit.*, t. I, pp. 220-227.

24. DOYLE (W.), *op. cit.*, p. 108.

25. *Mém. et corresp.*, t. II, pp. 203-205.

25. *Idem*, t. II, p. 183.

27. Arch. de la Grange, cité par MAUROIS, *op. cit.* p. 182.

## CHAPITRE XI

1. MAUROIS, *op. cit., pp. 175-178*.

2. Arch. nat. C 12. *Procès-verbal des séances de l'assemblée provinciale d'Auvergne à Clermont-Ferrand dans le mois d'août 1787*, Clermont, 1787, et MÈGE (Francisque), *l'assemblée provinciale d'Auvergne, 1787-1789*, Paris, 1867.

3. *Mém. et corresp*, t. II, pp. 184-185 et 213.

4. Cité par Charavay, *op. cit.*, p. 152.

5. DELMAS (Jean), *Les loges maçonniques à Saint-Flour au XVIII^e siècle*, Clermont-Ferrand, 1897.

6. *Mém. et corresp.*, t. II, pp. 208-215.

7. SAINT-PRIEST (comte de), *Mémoires*, t. I, p. 200 et suiv. SÉGUR, *Mémoires*, t. II, p. 208 et suiv., 241 et suiv. DUMAS (M.), *Souvenirs*, t. I, pp. 406-424.

8. *Mém. et corresp.*, t. II, pp. 485-491.

9. SÉNAC de MEILHAN, *Des principes et des causes...*, p. 56.

10. CARRIAT (Amédée), *Les Débuts de la Révolution dans la Creuse*, Guéret, 1988, p. 240.

11. HUART (S. d'), *Brissot*, pp. 94-95 et 100-106.

12. DARNTON (R.), *La fin des Lumières*, pp. 95 et 177-181 du même auteur, *Bohême littéraire et révolution : le monde des livres au XVIIIᵉ siècle*, chap. I et II. Sur la Société des Amis des Noirs, voir PERROUD (Claude) *La Société française des Amis des Noirs* dans *la Révolution française*, t. LXIX, 1916, p. 122-147.

13. *Mém. et corresp.*, t. II, p. 221.

14. VINCENT (B.), *Thomas Paine*, pp. 168-169.

15. *Mém. et corresp.*, t. II, p. 228.

16. EGRET (Jean), *Necker*, pp. 208-209, et *La Pré-Révolution française*.

17. *Mém. et corresp.*, t. II, p. 183. Sur les affaires de Bretagne, voir EGRET (J.), *op. cit.*, les *Mémoires* de Bertrand de Molleville, t. I, et CHARPY (Jacques), « Les protestations de 1788 en Bretagne : une campagne d'opinion du procureur général syndic des États », dans *Actes du 111ᵉ Congrès national des Sociétés savantes*, Poitiers, 1986. Histoire moderne et contemporaine, t. I, fasc. 1, Paris, 1987, pp. 43-56.

18. *Mém. et corresp.*, t. II, pp. 235-236.

19. *Idem*, t. II, pp. 51-52.

20. EGRET (J.), *op. cit.*, ALLONVILLE (comte d'), *op. cit.*, t. II, pp. 103-104, 122 et 143, SÉNAC de MEILHAN, *op. cit.*, pp. 50-59, BERTRAND de MOLLEVILLE, *Mémoires*, t. I, pp. 131 et 151-153, SÉGUR, *Mémoires*, t. I, pp. 98-99, FERRIÈRES, *Mémoires*, t. II, p. 137, BADINTER (E et R.), *op. cit.*, p. 140, STAËL (Mme de), *Considérations sur la Révolution française*, p. 657. FURET (François) et OZOUF (Mona), *Dictionnaire critique de la Révolution française*, article « Necker ».

21. Les procès-verbaux de cette seconde assemblée des notables sont aux Arch. nat. C 6 à 9.

22. *Mém. et corresp.*, t. II, p. 240.

23. *Procès verbal des séances de l'assemblée de l'ordre de la noblesse de la sénéchaussée d'Auvergne tenues à Riom dans le mois de mars 1789*, Riom, 1789, p. 44. *Instructions pour les députés de la noblesse aux États généraux arrêtées dans l'assemblée de la sénéchaussée d'Auvergne séante à Riom*, 1789, 24 p. *Cf.* CHARAVAY, *op. cit.*, pp. 565-566, BRETTE (A.), *Recueil de documents relatifs à la convocation des États généraux*, t. III, pp. 624-641. Sur les élections, voir FURET et OZOUF, *Dictionnaire...* article « États généraux ».

24. Cité par CHARAVAY, *op. cit.*, p. 165.

25. BADINTER (E. et R.), *Condorcet*, pp. 246-247, CHAUSSINAND-NOGARET (G.), *Mirabeau*, p. 125, BREDIN (J.D.), *Sieyès*, p. 93 et suiv.

26. FIECHTER (J.J.), *op. cit.*, pp. 13-39 et 67, BREDIN, *op. cit.*, p. 93.

27. DUMAS (M.), *Souvenirs*, t. I, pp. 425-426. CHASTENAY (Mme de), *Mémoires*, p. 91.

## CHAPITRE XII

1. SÉGUR, *op. cit.*, t. III, , pp. 379-380.

2. MALOUET, *Mémoires*, t. I, pp. 246-252, MARMONTEL, *Mémoires*, t. I, p. 313, DOYLE (W.), *op. cit.*, pp. 185-198.

3. EGRET (J.), *Necker*, p. 268, LEFEBVRE (Georges), *Quatre-vingt-neuf*, p. 83.

4. Egret (J.), *op. cit.*, p. 269.

5. Voir, par exemple, les pages remarquables consacrées à cette période par l'abbé Morellet, *Mémoires*, pp. 265-289.

6. Saint-Priest, *Mémoires*, t. I, p. 212, Rivarol, *Mémoires*, p. 153.

7. Rivarol, *op. cit.*, p. 79. et suiv.

8. Doyle (W.), *op. cit.*, pp. 205-206.

9. *Mémorial de Gouverneur Morris*, t. II, p. 11.

10. Chaussinand (G.), *Mirabeau*, pp. 152-153.

11. Malouet, *Mémoires*, t. I, pp. 276-277, Chaussinand-Nogaret, *op. cit.*, p. 166.

12. *Mémorial*, t. I, p. 253.

13. *Mém. et corresp.*, t. II, pp. 311-312.

14. Besenval, *Mémoires*, t. II, pp. 344-350, Ferrières, *Mémoires*. t. I, pp. 203-205.

15. Rivarol, *Mémoires*, pp. 37-39.

16. *Mém. et corresp.*, t. II, pp. 252-253. Voir sur ce sujet les nombreuses publications récentes citées en bibliographie, en particulier Rials (Stéphane), *La Déclaration des Droits de l'homme et du citoyen*, Paris, 1988, et Arch. nat. C 14 à 27. Voir aussi Chinard (Gilbert) *La déclaration des Droits de l'homme et la déclaration d'indépendance d'après un document peu connu*, dans *Cahiers d'histoire de la Révolution française*, n° 1, 1947, pp. 66-90.

17. Doyle (W.), *op. cit.*, p. 268.

18. Bertrand de Molleville, *Mémoires*, t. I, pp. 158-159, Rivarol, *op. cit.*, p. 120, Furet (F.), *Penser la Révolution française*, p. 245.

19. *Mém. et corresp.*, t. II, p. 313, Allonville, *Mémoires*, t. II, pp. 154-155.

20. Allonville, *op. cit.*, t. II, p. 163.

21. *Mém. et corresp.*, t. II, pp. 256-258 et 315-316. Sur ces journées voir Ruault (Nicolas), *Gazette d'un Parisien sous la Révolution. Journal tenu pendant les journées de juin et juillet 1789*, pp. 409-448. Selon Ruault, la création de la garde était réclamée par l'opinion. Le 1er juillet, il écrivait à son frère : « Le meilleur remède à ce soulèvement des esprits et de la multitude serait une garde bourgeoise, car enfin il faut se garder contre les gens sans frein ni raison. On ne doute pas qu'elle ne soit établie sous peu de jours. Les soldats sont nuls aujourd'hui pour la sûreté publique » (p. 145). Dans ses Mémoires, Théodore de Lameth prétend que c'est son frère Alexandre qui eut l'idée d'organiser une garde nationale incorporant les gardes-françaises et désirait en confier le soin à Mathieu Dumas. Moreau de Saint-Méry, président des électeurs de Paris, voulait en donner le commandement à Alexandre de Lameth, mais celui-ci refusa et déclara : « Puisque vous tenez à un Français qui soit dévoué pour les Américains, il faut choisir le plus marquant sous ce rapport ; il faut prendre La Fayette. » Lameth (Th. de), *Mémoires*, pp. 108-111.

22. Bailly, *Mémoires*, t. I, pp. 266-267.

23. *Mém. et corresp.*, t. II, p. 318. Mousset (Albert), *Un témoin ignoré de la Révolution*, Paris, 1924, p. 83.

24. Doyle (W.), *op. cit.*, pp. 242-244. Celui-ci ne met pas en doute le rôle du duc d'Orléans dans l'agitation : « De toute évidence, le Palais-Royal était devenu une espèce de quartier général d'où les actions patriotiques à Paris et à Versailles étaient mises sur pied et coordonnées. »

25. *Notice sur Mme de La Fayette* par Mme de Lasteyrie, sa fille, pp. 215-216.

26. *Mémorial,* t. I, p. 264.

27. *Mém. et corresp.,* t. II, p. 281.

28. Arnaud (Cl.), *Chamfort,* p. 200.

29. Ferrières, *op. cit.,* t. I, pp. 159-163, Saint-Priest, *op. cit.,* t. I, chap. VII.

30. Il convient de souligner cet aveu capital.

31. Dumas (M.), *Souvenirs,* t. I, pp. 435-443.

32. *Mém. et corresp.,* t. II, pp. 320-321.

33. Bluche (Frédéric), *Danton,* p. 87 et suiv.

34. Nous soulignons ce nouvel aveu. La Fayette n'est donc pas dupe du caractère artificiel de la disette qui régnait alors à Paris. « La disette factice augmentait chaque jour ; tous les partis contribuaient à l'entretenir car tous voulaient une insurrection. » Ferrières, *op. cit.,* t. I, pp. 264-268. Voir aussi Allonville, *op. cit.,* t. II, pp. 177-178. Egret, *Necker,* pp. 229-233 et 337, insiste sur les pillages des convois de grains le long de la Seine et sur les vains efforts de Necker, soulignés aussi par Mme de Staël, *Considérations,* p. 165. Sur ces problèmes et ceux du maintien de l'ordre, voir de nombreux documents aux Arch. nat. O$^1$ 500, 501, C 28, 32, 38 AF$^2$ 48, plaquettes 375-376, et Arch. Guerre, A$^4$ 55-57, 61-69.

35. *Mém. et corresp.,* t. II, pp. 272-273 et 286.

36. Dusaulx, *Mémoires sur le 14 juillet,* pp. 418-420.

37. Staël (Mme de), *Considérations,* pp. 193-194.

38. Dusaulx, *op. cit.,* p. 330.

39. Cité par Fiechter *op. cit.,* pp. 49-50

40. *Mém. et corresp.,* t. II, pp. 298 et 325.

41. Tourzel (Mme de), *Mémoires,* pp. 20-21.

42. Malouet *op. cit.,* t. I, pp. 301-305. Sur toute cette période, voir aussi les *Mémoires* de Bailly, t. II et III.

## Chapitre XIII

1. Ferrières, *op. cit.,* t. I, pp. 233-234, Saint-Priest, *Mémoires,* t. II, pp. 1-6. Sur le caractère prémédité de l'émeute, voir Condorcet, *Mémoires,* t. II, pp. 83-88, Chaussinaud-Nogaret (G.), *Mirabeau,* p. 217 et les travaux de Mathiez (A.), *Étude critique sur les journées le 5 et 6 octobre 1789,* dans *Revue historique,* t. 67, 1898 et t. 68, 1899, Gottschalk (L.) et Maddox (M.), *La Fayette in the French Revolution,* pp. 307-387.

2. *Mém. et corresp.,* t. II, p. 329 et suiv. Une brochure d'un certain Peltier, *Domine salvum fac regem,* parue quelques jours plus tard, développe ce thème et félicite La Fayette d'avoir déjoué ce plan. Charavay, *op. cit.,* p. 192.

3. Dumas (M.), *Souvenirs,* t. I, p. 450, La Tour du Pin (Mme de), *Mémoires,* pp. 110-113.

4. Condorcet, *op. cit.,* p. 83.

5. Saint-Priest, *op. cit.,* t. II, p. 6. Guy Chaussinand considère le complot orléaniste comme vraisemblable mais impossible à prouver, ce genre d'opération ne laissant aucune trace dans les archives quand elle est menée par des gens qui connaissent leur métier. Sur le rôle de Danton, voir Bluche, *op. cit.,* pp. 66-68

6. Sainte-Beuve, *Portraits littéraires,* éd. Pléiade, p. 162.

7. Chastenay (Mme de), *op. cit.,* p. 103.

8. Publiée par Charavay, *op. cit.* p. 189.

9. *Mémorial*, cité par FIECHTER, *op. cit.*, p. 115.

10. MALLET du PAN, *Mémoires*, t. I, p. 184. SAINT-PRIEST, t. II, p. 6-25.

11. LA TOUR du PIN (Mme de), *op. cit.*, pp. 114-118.

12. *Correspondance Mirabeau-La Marck*, t. I, p. 117.

13. CHASTENAY (Mme de), *op. cit.*, p. 102.

14. LAVOLLÉE (René), *Portalis, sa vie et ses œuvres*, Paris, 1869, pp. 116-117.

15. DUMAS (M.), *Souvenirs*, t. I, pp. 450-465.

16. FERRIÈRES, *op. cit.*, t. II, p. 294 et suiv.

17. Mémoires inédites du marquis de Bouthilier cité par LA FUYE, *op. cit.*, p. 99. Mme de CHASTENAY, p. 102. Témoignage confirmé par Saint-Priest.

18. *Mém. et corresp.*, t. II, pp. 329-358.

19. *Procédure criminelle instruite au Châtelet de Paris sur la dénonciation des faits arrivés à Versailles dans la journée du 6 octobre*, Paris, 1790.

20. *Histoire de France depuis la fin du règne de Louis XVI*, t. II, p. 161.

21. FERRIÈRES, t. I, p. 498.

22. *Mémorial*, cité par FIECHTER, *op. cit.*, p. 118.

23. CONDORCET, *Mémoires*, t. II, pp. 83-88, qui dit tenir ces détails de La Fayette lui-même. Voir *Mém. et corresp.*, t. II, pp. 355-358.

24. FERRIÈRES, t. I, p. 344. Voir aussi pp. 479-495 un *Exposé de la conduite du duc d'Orléans dans la Révolution de France*, rédigé par lui-même à Londres dans lequel il donne un récit de ses négociations avec La Fayette.

25. *Mém. et corresp.*, t. IV, pp. 137-142. Sur Laclos voir POISSON (Georges), *Choderlos de Laclos ou l'obstination*, Paris, 1985.

26. *Mém. et corresp.*, t. III, pp. 233-234.

27. MOUNIER, *Recherches sur les causes qui ont empêché les Français d'être libres*, t. I, p. 291 et t. II, p. 61. *Cf.* EGRET (Jean), *La révolution des notables. Mounier et les monarchiens*, Paris, 1950 et BREDIN (J.D.) *Sieyès*, p. 128.

28. *Mém. et corresp.*, t. II, pp. 415-418.

29. Cité par EGRET, *Necker*, p. 377.

30. *Mém. et corresp.*, t. II, pp. 373-378.

## CHAPITRE XIV

1. TULARD (Jean), *Les Révolutions*, dans *Histoire de France* dirigée par Jean FAVIER, p. 61.

2. CHAUSSINAND-NOGARET (G.), *Mirabeau*, p. 215.

3. Voir une longue lettre à ce sujet dans *Mém. et corresp.*, t. VI, p. 10 et suiv.

4. *Idem*, t. II, pp. 369-371.

5. JAURÈS (Jean), *Histoire socialiste de la Révolution française*, p. 487.

6. *Correspondance Mirabeau-La Marck*, t. I, p. 128.

7. *Mém. et corresp.*, t. II, pp. 334-365 et MAUROIS, *op. cit.*, pp. 213-215.

8. *Mémorial*, t. I, pp. 273-276.

9. CHAUSSINAND (G.). *op. cit.*, p. 179.

10. *Correspondance Mirabeau-La Marck*, t. I, pp. 389-400.

11. *Correspondance de Washington*, éd. J. Sparks, t. X, p. 45.

12. *Correspondance Mirabeau-La Marck*, t. I, p. 417.

13. CHAUSSINAND-NOGARET (G.), *op. cit.*, pp. 228-235.

14. Le discours de Mirabeau est publié dans CHAUSSINAND (G.), *Mirabeau entre le roi et la Révolution*, pp. 296-299. Voir aussi MALOUET, Mémoires, t. II, p. 27.

15. BOUILLÉ (marquis de), *Mémoires*, pp. 84-88. La Fayette prétend que c'est Bouillé qui prit l'initiative de ces conversations. Une partie de la correspondance échangée entre les deux cousins est aux Arch. nat. 252 AP 1, n° 9 à 39.

16. Cette lettre est publiée à la fois dans *Mém. et corresp.*, t. II, pp. 421-424 et dans BOUILLÉ, *op. cit.*, pp. 93-94.

17. MALOUET, *Mémoires*, t. II, pp. 28-73, DU BUS (Charles), *Stanislas de Clermont-Tonnerre et l'échec de la Révolution monarchique*, p. 222 et suiv.; GRIFFITHS (R.H.), *Le Centre perdu. Malouet et les monarchiens dans la Révolution française*, p. 81 et suiv.; RIALS (Stéphane), *Essai sur le concept de monarchie limitée*, dans *Révolution et contre-révolution au XIXᵉ siècle*, pp. 88-25.

18. MALLET du PAN, *Considérations sur la Révolution française*.

19. *Mém. et corresp.*, t. IV, p. 91.

20. Voir à ce sujet la correspondance échangée entre Bailly et La Fayette, Bibl. nat. ms fr. 11697.

21. *Mém. et corresp.*, t. II, pp. 425-433.

22. *Idem*, t. II, pp. 427-430.

23. *Correspondance Mirabeau-La Marck*, t. I, pp. 423-425.

24. FIECHTER, *op. cit.*, p. 125.

25. *Mémorial*, t. I, p. 286.

26. Sur cette affaire voir *Mém. et corresp.*, t. II, p. 390 et suiv. et t. VI, p. 19. CLERAY (E.), *L'affaire Favras, 1789-1790*, Paris, 1933, LECOQ (M.), *La conspiration du marquis de Favras*, Paris, 1955, CHAUSSINAND (G.), *Mirabeau*, pp. 238-240. Le frère de Favras, Mahy de Cormené a publié en 1791 une *justification de M. de Favras*. Cette affaire occupa l'opinion si l'on en juge par les commentaires de RUAULT, *Gazette...*, pp. 173-182.

27. SÉGUR, *Mémoires*, t. III, pp. 485-492.

## CHAPITRE XV

1. *Mém. et corresp.*, t. II, pp. 439-440.

2. *Idem*, t. II, pp. 13-48.

3. *Idem*, t. II, pp. 494-495.

4. *Idem*, t. II, p. 441 et t. III, p. 30. ÉGRET, *Necker*, pp. 390-394, CHAUSSINAND, *Mirabeau, p. 243.

5. *Mém. et corresp.*, t. II, pp. 381-387.

6. *Idem*, t. II, pp. 444 et 497-498.

7. *Idem*, t. II, pp. 446-448.

8. *Idem*, t. II, pp. 396-397.

9. BADINTER (E. et R.), *Condorcet*, pp. 285-287, BREDIN (J.-D.) *Sieyès*, p. 184, ARNAUD (Cl.), *Chamfort*, pp. 217-219, FERRIÈRES, *Mémoires*, t. II, pp. 122-130.

10. *Mém. et corresp.*, t. II, pp. 397-402. *Corresp. Mirabeau-La Mark*, t. II, pp. 1-15.

11. *Mém. et corresp.*, t. II, pp. 458-461, BOUILLÉ, *Mémoires*, pp. 118-120.

12. *Idem*, t. II, pp. 403-405.

13. *Coresp. Mirabeau-La Mark*, t. II, pp. 19-32, CHAUSSINAND-NOGA-RET (G.), *Mirabeau entre le roi...*, pp. 21-24. C'est la personnalité de ces négociateurs qui alimenta la légende du « Comité autrichien ».

14. TOURZEL (Mme de), *Mémoires*, pp. 79-80, CONDORCET, t. II, p. 95.

15. *Mém. et corresp.*, t. II, pp. 464-465.

16. CHAUSSINAND (G.), *Mirabeau*, pp. 247 et 250 et *Mirabeau entre le roi...*, pp. 38-43.

17. *Mém. et corresp.*, t. II, pp. 367 et 496.

18. *Idem*, t. II, pp. 473-474 et 408-410, FERRIÈRES, *op. cit.*, t. II, p. 71, CHAUSSINAND (G.), *Mirabeau entre le roi...*, pp. 43-47, ÉGRET (J.), *Necker*, pp. 420-423.

19. Arch. nat., Y 10 509.

20. CHARAVAY, p. 225.

21. *Mém. et corresp.*, t. II, pp. 472-483.

22. CHAUSSINAND, *Mirabeau entre le roi...*, pp. 55-57. La popularité du duc d'Orléans était bien diminuée, si l'on en croit N. Ruault qui écrit le 2 juillet : « Les démocrates se réjouissent fort du retour du citoyen Philippe Capet. Les aristocrates en enragent. Pour moi, cela m'est presque indifférent. Au fond, cet homme-là ne vaut rien. On ne lui connaît aucune bonne qualité mais en revanche de grands vices. » *Gazette...*, pp. 206-207.

23. *Mém. et corresp.*, t. III, pp. 3-6.

## CHAPITRE XVI

1. FERRIÈRES, *Mémoires*, t. II, pp. 95-103.

2. LA TOUR DU PIN (Mme de), *Mémoires*, p. 130.

3. TOURZEL (Mme de), *Mémoires*, pp. 100-103.

4. CHAUSSINAND (G.), *Mirabeau*, pp. 264-266 et *Mirabeau entre le roi...*, pp. 66-67 et 74. *Corresp. Mirabeau-La Mark*, t. II, p. 103.

5. STAËL (Mme de), *Considérations...*, p. 227.

6. *Mém. et corresp.*, t. III, pp. 10-11.

7. Le libelle fut saisi le 29 juillet, Arch. nat., Y 10 506.

8. BOUILLÉ, *Mémoires*, pp. 126-131.

9. *Mém. et corresp.*, t. III, pp. 49-50, FERRIÈRES, t. II, pp. 129-130.

10. *Mém. et corresp.*, t. III, pp. 130-133, FAŸ (Bernard), *Washington*, pp. 280-281, VINCENT (B.), *Thomas Paine*, p. 175. La clé et la gravure sont toujours exposées à Mount Vernon.

11. BADINTER (E. et R.), *Condorcet*, p. 282, CHÉNIER (André), *Œuvres en prose*, éd. Becq de Fouquières, p. 18.

12. CONDORCET, *Mémoires*, t. II, p. 153.

13. CHAUSSINAND (G.), *Mirabeau entre le roi...*, pp. 93-94.

14. Sur l'affaire de Nancy, voir *Mém. et corresp.*, t. III, pp. 130-135, BOUILLÉ, pp. 133 et suiv., FERRIÈRES, t. II, pp. 139-147, LEBASTART DE VILLENEUVE (Pierre), *André Desilles, un officier dans la tourmente révolutionnaire*, Paris, 1977 et Arch. nat., 252 AP 1, nos 48-56.

15. *Mém. et corresp.*, t. III, pp. 137-140.

16. *Correspondance inédite de Condorcet avec Mme Suard*, p. 251.

17. ÉGRET, *Necker*, p. 439, FERRIÈRES, t. II, p. 130.

18. CHAUSSINAND, *Mirabeau entre le roi...*, pp. 98-100, *Correspondance Mirabeau-La Marck*, t. II, pp. 170-186.

19. Arch. nat., Y 15 103.

20. CHASTENAY (Mme de), *op. cit.*, pp. 109-119.

21. BOUILLÉ, *op. cit.*, pp. 169-184.
22. CHAUSSINAND, *Mirabeau entre le roi...*, pp. 104-107.
23. *Idem*, pp. 94-98.
24. Sur cette affaire, voir *Mém. et corresp.*, t. III, p. 136, FERRIÈRES, t. II, pp. 79-93 et 106, TOURZEL (Mme de), pp. 104-105.
25. TOURZEL (Mme de), p. 64.
26. CHAUSSINAND, *Mirabeau entre le roi...*, pp. 114-119.
27. SELIGMAN (E.), *La justice en France pendant la Révolution*, Paris, 1901, t. I, p. 202.
28. CHAUSSINAND, *Mirabeau*, pp. 280-284 et *Mirabeau entre le roi...*, pp. 124-138. Sur Fleurieu, voir les actes à paraître du colloque *Fleurieu et la marine de son temps*, tenu à Paris en juin 1989.
29. SAINT-PRIEST, *Mémoires*, t. II, pp. 43-46.
30. CHAUSSINAND, *Mirabeau entre le roi...*, pp. 149-153.
31. *Mém. et corresp.*, t. III, pp. 152-155.
32. *Corresp. Mirabeau-La Marck*, t. II, p. 354. Arch. nat. 252 AP 1, n° 6.
33. Cité par FIECHTER, *op. cit.*, pp. 135-137.
34. ALLONVILLE (comte d'), *Mémoires*, t. III, pp. 217-224.
35. BOUILLÉ, *Mémoires*, pp. 187-191.
36. CHAUSSINAND, *Mirabeau entre le roi...*, pp. 168-169.
37. *Idem*, pp. 173-193.

## CHAPITRE XVII

1. DU BUS (Ch.), *Stanislas de Clermont-Tonnerre...*, pp. 353 et 386.
2. *Mémoires du comte Louis de Bouillé*, Paris, 1827, pp. 30-32.
3. *Corresp. Mirabeau-La Marck*, t. III, p. 10, CHAUSSINAND, *Mirabeau entre le roi...*, pp. 234-235.
4. *Mém. et corresp.*, t. III, pp. 158-159.
5. BOUILLÉ, *op. cit.*, pp. 198-201.
6. *Idem*, pp. 210-212 et *Mém. et corresp.*, t. III, pp. 158-161.
7. *Mém. et corresp.*, t. IV, pp. 9 et suiv. et 394-395.
8. ARNAUD (Cl.) *Chamfort*, p. 231. L'anecdote a dû courir tout Paris car elle est citée dans la *Gazette* de N. Rouault, pp. 221-222.
9. FERRIÈRES, *Mémoires*, t. II, pp. 241-242.
10. *Idem*, t. II, pp. 243-251. *Mém. et corresp.*, t. III, pp. 55-57 et 163-166, ALLONVILLE (comte d'), *Mémoires*, t. II, pp. 228-230. La lettre de protestation des ducs de Duras et de Villequier est publiée dans les *Mémoires* de Mme de Tourzel, pp. 161-164. Voir aussi RUAULT, *Gazette...*, pp. 223-224 et Arch. nat. C 184, n° 44 et 47.
11. *Correspondance secrète*, éd. Lescure, t. II, p. 511.
12. *Mém. et corresp.*, t. III, pp. 167-168.
13. *Idem*, t. III, pp. 170-172.
14. FRÉNILLY, *Mémoires*, p. 109.
15. BLUCHE (Frédéric), *Danton*, pp. 120-121.
16. MALOUET, *Mémoires*, t. II, p. 123.
17. FURET (F.), *Dictionnaire critique de la Révolution française*, pp. 554-562, donne une orientation bibliographique.
18. *Mém. et corresp.*, t. III, pp. 66 et 173, t. IV, pp. 159 et 263, FERRIÈRES, t. II, pp. 272-274, TOURZEL (Mme de), pp. 171-173, BLUCHE (Fréd.), *Danton*, pp. 118-119.

19. *Mém. et corresp.*, t. III, pp. 175-176.

20. *Idem*, t. III, p. 71.

21. FERRIÈRES, t. II, pp. 289-290.

22. *Cf.* article « Élections » de Patrice Gueniffey, dans FURET et OZOUF, *Dictionnaire critique...*, pp. 63 et suiv. et *Mém. et corresp.*, t. III, p. 178.

23. *Idem*, t. III, p. 71.

24. *Idem*, t. III, pp. 178-181.

## CHAPITRE XVIII

1. HÉZECQUES (d'), *Souvenirs d'un page de la Cour de Louis XVI*, pp. 350-351.

2. RUAULT (A.), *Gazette d'un Parisien...*, p. 246.

3. FERRIÈRES, t. II, pp. 329-404, BOUILLÉ, pp. 200-247. C'est également l'avis de Pasquier qui, le lendemain du départ du roi, dînant avec Beauharnais, président de l'Assemblée, Barnave, Menou, un des frères Lameth et Lepeletier de Saint-Fargeau, constata que ces messieurs étaient dans un « absolu découragement... Ils ne savaient où donner de la tête, et je vis clairement qu'ils étaient dans une complète ignorance de la route suivie par le roi. J'ai par conséquent la conviction que M. de La Fayette, dans l'intimité duquel ils vivaient tous, n'en savait rien non plus et que toutes les suppositions qu'on a bâties à ce sujet sont sans aucun fondement ». *Mémoires du chancelier Pasquier*, t. I, p. 63.

4. *Mém. et corresp.*, t. III, pp. 73-102, 252-255, t. IV, pp. 162-164.

5. Cité dans *Mém. et corresp.*, t. IV, p. 121.

6. LOMBARÈS (Michel de), *Enquête sur l'échec de Varennes*, pp. 103-105.

7. BLUCHE, *Danton*, pp. 124-126 ; voir l'article de Mona OZOUF dans FURET et OZOUF, *Dictionnaire critique...*, pp. 247-256.

8. Mathieu Dumas donne le récit d'un témoin direct sur le retour du roi à Paris, *Souvenirs*, t. I, pp. 486 et suiv.

9. TOURTIER-BONAZZI (Chantal de), *La Fayette vu par ses contemporains*, p. 29.

10. TOURZEL (Mme de), *op. cit.*, pp. 218-219.

11. Sur les réactions d'une région française à la fuite du roi, voir le chapitre rédigé par Paul SAILLOL dans *Les débuts de la Révolution dans la Creuse*, Guéret, 1988, pp. 250-259. Sur les conséquences politiques de l'affaire de Varennes voir l'excellente synthèse de Mona OZOUF dans *Dictionnaire critique...*, pp. 175-184. Il ne manquait pas de royalistes, même chez les protestants. J.-B. Nairac, député du commerce de La Rochelle, écrivait : « Nous avons le meilleur des rois, son amour pour ses peuples lui coûte en quelque sorte l'Empire, faisons nos efforts pour le lui rendre. » DEVEAU (Jean-Michel), *Le commerce rochelais face à la Révolution*, p. 61.

12. CONDORCET, *Mémoires*, t. II, p. 54.

13. FERRIÈRES, t. II, pp. 464-478, *Mém. et corresp.*, t. III, pp. 103 et suiv. RUAULT, *Gazette...*, pp. 252-258, raconte les pressions exercées sur les passants pour leur faire signer la pétition.

14. *Mém. et corresp.*, t. IV, p. 138. On trouvera plusieurs récits contradictoires en annexe aux *Mémoires* de Mme Roland, t. I, pp 397-425.

15. Lettre publiée par d'ALLONVILLE, t. III, pp. 144-145.

16. Cité par Ch. de TOURTIER-BONAZZI, *op. cit.*, p. 29.

17. BADINTER (E. et R.) *Condorcet*, pp. 339-344.

18. *Mém. et corresp.*, t. III, pp. 182-184.

## CHAPITRE XIX

1. Lettre adressée à Bouillé et publiée par celui-ci dans ses *Mémoires*, p. 284.
2. MALOUET, *Mémoires*, t. II, p. 159.
3. *Mém. et corresp.*, t. III, pp. 110-119 et 286-287.
4. Cette lettre est publiée dans les *Mémoires* du comte d'ALLONVILLE, t. II, pp. 273-285.
5. *Idem*, t. II, pp. 309-312.
6. FERRIÈRES, t. II, pp. 502-507. Sur le double-jeu de Louis XVI, voir entre autres, LACOUR-GAYET (R.), *Calonne*, chap. XIII à XIX.
7. FURET (François), *La Révolution, de Turgot à Jules Ferry, 1770-1880*, pp. 104-107.
8. TULARD (Jean), *Les Révolutions*, pp. 75-76.
9. FERRIÈRES, t. II, pp. 288 et 382.
10. TULARD (Jean), *Joseph Fiévée*, p. 113.
11. DUMAS (M.), *Souvenirs*, t. II, pp. 6-7.
12. *Mém. et corresp.*, t. III, pp. 188-189.
13. Cité par MAUROIS, p. 238.
14. MATHIEZ (Albert), *La Révolution française*, t. I, p. 227.
15. MALOUET, *Mémoires*, t. II, pp. 194-195.
16. LA TOUR DU PIN (Mme de), *Mémoires*, p. 138.
17. CHÉNIER (André), *Œuvres en prose*, pp. 110-111.
18. MATHIEZ, *op. cit.*, t. I, p. 228.
19. *Mém. et corresp.*, t. III, pp. 110-126.
20. Lettre publiée d'ALLONVILLE, t. II, p. 300.
21. DUMAS (M.), *op. cit.*, t. II, pp. 12-17.
22. MALLET DU PAN, *Mémoires et correspondance*, t. I, p. 248, MALOUET, *Mémoires*, t. II, p. 199.
23. CHAUSSINAND, *Mirabeau entre le roi...*, p. 145.
24. Arch. de la Grange, cité par MAUROIS, p. 242.

## CHAPITRE XX

1. BOUILLÉ, p. 434.
2. DUMAS (M.), t. I, pp. 510-516.
3. *Idem*, t. II, pp. 65-66 et *Mém. et corresp.*, t. III, pp. 281-290.
4. *Mém. et corresp.*, t. III, pp. 418-420.
5. FIECHTER, *op. cit.*, pp. 210-211 et 415-423.
6. HUART (S. d'), *Brissot*, pp. 153-162 et 213-217. Sur lui, voir aussi DARNTON (R.), *Bohême littéraire et Révolution*, pp. 43-69.
7. CHÉNIER (A.), *Œuvres en prose*, pp. 119-130 et 171-172.
8. TOURZEL (Mme de), pp. 260-261.
9. *Mém. et corresp.*, t. III, pp. 421-422, BERTRAND DE MOLLEVILLE, *Mémoires*, t. II, pp. 51-80.
10. *Mém. et corresp.*, t. III, pp. 302-305.
11. *Idem*, t. III, pp. 422-426. VINCENT, *Thomas Paine*, pp. 176 et 281.
12. AULARD (A.), *La Société des Jacobins*, t. III, pp. 465 et suiv.

13. Coll. Charavay, publié par lui, pp. 574-575. Voir S. d'HUART, *op. cit.*, pp. 163-165.

14. *Mém. et corresp.*, t. III, pp. 428-430.

15. DUMAS (M.), t. II, pp. 118 et suiv.

16. AULARD, t. III, p. 528.

17. Les instructions aux trois généraux sont publiées dans DUMAS, t. II, pp. 508-516 et les états d'effectifs, pp. 500-502. Sur le passage de Narbonne au ministère et les dégats provoqués dans l'armée par « l'indiscipline, l'insubordination protégées alors ouvertement par les sociétés populaires et par contre-coup par le corps législatif », voir ROCHAMBEAU, *Mémoires...*, t. I, pp. 394 et suiv.

18. DUMAS, t. II, pp. 521-526.

19. *Journal de Paris* du 25 avril, *cf.* CHARAVAY, p. 294.

20. *Mém. et corresp.*, t. III, p. 433. La Fayette lui-même avait la réputation de manquer de réserve. Lors de l'affaire Favras, Mme de Chastellux disait à Gouverneur Morris le 1er janvier 1790 : « Il faut naturellement ne pas dévoiler ce secret à M. de La Fayette qui a l'habitude de faire des confidences au monde entier. » FIECHTER, *op. cit.*, p. 126.

21. La correspondance de La Fayette aux armées est aux Arch. Guerre, B¹ 2 et 3, Armées du Nord, B² 1 à 5, Armées du Centre B² 108, 114. Voir aussi Arch. nat. C 358.

22. *Mém. et corresp.*, t. III, pp. 316-322.

23. MATHIEZ (A.), *L'intrigue de La Fayette et des généraux au début de la Guerre de 1792*, dans *Annales révolutionnaires*, t. XIII, 1921, pp. 89-105 et VIVENOT, *Quellen zur politik der deutschen Kaiserpolitik Osterreiches*, Vienne, 1874, t. II, cité par CHARAVAY, p. 299.

24. *Mém. et corresp.*, t. III, pp. 300-301, DUMAS (M.), t. II, pp. 155-196 et 529, MALOUET, *Mémoires*, t. II, p. 337.

25. DUMAS (M.), t. II, pp. 173-187.

26. *Mém. et corresp.*, t. III, p. 330.

27. MALOUET, t. II, p. 343.

28. *Mém. et corresp.*, t. III, pp. 441-447.

29. DUMAS, t. II, pp. 395-396, TOURTIER-BONAZZI (Ch. de), *op. cit.*, pp. 31-32.

## CHAPITRE XXI

1. *Mém. et corresp.*, t. III, pp. 323-331 et 438-440.

2. DUMAS (M.), t. II, pp. 197-208.

3. *Cf.* BALOSSIER (J.), *La Commission extraordinaire des Douze*, Paris, 1986.

4. AULARD, *op. cit.*, t. IV, pp. 11-15.

5. CHARAVAY, *op. cit.*, pp. 304-305. BADINTER (E. et R.), *Condorcet*, pp. 416-428.

6. SAINTE-BEUVE, *Portraits littéraires*, éd. Pléiade, p. 167.

7. Arch. nat. C 358.

8. CHARAVAY, pp. 576-577. *Mém. et corresp.*, t. III, pp. 359 et suiv., 441-442, 488.

9. Le texte intégral de ce discours est publié dans les *Mémoires* de FERRIÈRES, t. III, pp. 437-439 et dans les *Souvenirs* de Mathieu DUMAS qui donne une analyse du débat qui suivit, t. II, pp. 239-247.

10. Staël (Mme de), *Considérations...*, p. 274. Bertrand de Molleville, *Mémoires*, t. II, pp. 84-85.

11. Malouet, t. II, p. 213, Dumas (M.), t. II, pp. 247-248.

12. *Mém. et corresp.*, t. III, p. 336, Malouet, t. II, pp. 198-199.

13. Aulard, *op. cit.*, t. IV, pp. 51-57, Condorcet, *Mémoires*, t. II, pp. 201-202.

14. *Mém. et corresp.*, t. III, pp. 333-337, Ferrières, t. III, pp. 132 et suiv.

15. Bardoux (A.), *Les dernières années de La Fayette*, pp. 73-74. Voir aussi Lameth (Th. de), *Mémoires*, pp. 112 et suiv.

16. Chénier (A.), *Œuvres en prose*, pp. 306-307. Arch. nat. C 147, 154, 156, 157, 159 contiennent des documents relatifs aux attaques à l'Assemblée contre La Fayette.

17. Ruault, *Gazette...*, pp. 294-300.

18. *Mém. et corresp.*, t. III, p. 338, Ferrières, t. III, pp. 127-136.

19. Dumas (M.), t. II, pp. 265-335.

20. Charavay, *op. cit.*, p. 319.

21. Dumas (M.), t. II, pp. 370-380.

22. Selon Ferrières, t. III, p. 97, Dumouriez était convaincu de la « nullité de La Fayette ».

23. Arch. nat. C 147, n° 227, publié par Charavay, pp. 580-581.

24. Dumas (M.), t. II, pp. 374-392, *Mém. et corresp.*, t. III, pp. 351-353.

25. Dumas (M.), t. II, pp. 404-416.

## Chapitre XXII

1. *Mém. et corresp.*, t. III, pp. 449-457 et 489-502.

2. Malouet, t. II, pp. 216-233.

3. Bertrand de Molleville, *Mémoires*, t. II, pp. 91-93 et 284-296.

4. Fiechter, *op. cit.*, p. 228.

5. *Mém. et corresp.*, t. III, pp. 344 et suiv. et 502-515.

6. Dumas (M.), t. II, pp. 359-363. Voir aussi Staël (Mme de) *Considérations...* p. 277 et Tourtier-Bonazzi (Ch. de), *op. cit.*, pp. 34-35.

7. *Mém. et corresp.*, t. III, pp. 89-90, d'Allonville, t. II, p. 318.

8. Malouet, t. II, pp. 436-437. Sur ces ultimes tentatives pour sauver le roi, voir Griffiths (R.H.), *Le Centre perdu...*, pp. 142 et suiv., qui montre comment la menace monarchienne fut artificiellement fondée par la propagande jacobine.

9. *Mémorial*, t. II, p. 158.

10. Voir le récit de la séance dans M. Dumas, t. II, pp. 426 et suiv.

11. Dumas, t. II, pp. 444-451, Ferrières, t. III, pp. 175-176. Voir Arch. nat. AA 56 doss. 1 522. Documents relatifs à l'agression dont ont été victimes plusieurs députés à la sortie de la séance du 8 août.

12. *Mém. et corresp.*, t. III, pp. 381-385.

13. *Idem*, t. III, pp. 415-416.

14. Arch. nat. D XV 1, 2, 4. *Mém. et corresp.*, t. III, pp. 391 et suiv., Malouet, t. II, p. 249.

15. Mallet du Pan, *Correspondance*, t. I, pp. 75-76.

16. La Tour du Pin (Mme de), *op. cit.*, p. 145. Sur la mise en accusation de La Fayette, voir Arch. nat. DXL, 5, 7, 11, 14 à 17, DXL* 48, AF[III]* A, pp. 9, 27, 40, A 122, n[os] 220, 232. L'envoi du maire de Sedan,

Desrousseaux devant le tribunal révolutionnaire le 23 avril 1794, pour avoir tenté de soulever l'armée et épargné « l'infâme La Fayette » est dans AF$^{II}$* 254, p. 42.

17. LA TOUR DU PIN (Mme de), *op. cit.*, pp. 454-455.
18. BÜDINGER (M.), *La Fayette in Oesterreich*, Vienne, 1878.
19. *Mém. et corresp.*, t. III, pp. 412 et 465-476.
20. G. MORRIS, *Mémorial*, t. I, p. 365, FIECHTER, pp. 264-266.
21. CHAMBRUN (René de), *Les prisons de La Fayette*, pp. 66 et suiv.
22. BADINTER (E. et R.), *Condorcet*, pp. 465-466.
23. *Idem*, p. 589.
24. MALOUET, t. II, p. 249.
25. STAËL (Mme de), *Considérations...*, p. 287.
26. *Idem*.
27. *Idem*.

## CHAPITRE XXIII

1. VIVENOT, *Quellen zur Politik...* cité par CHARAVAY, p. 341. Pour toute cette période, voir le livre de R. de CHAMBRUN déjà cité.
2. *Mém. et corresp.*, t. IV, pp. 225-230.
3. *Idem*, t. IV, pp. 234-238.
4. *Idem*, t. IV, pp. 241-243.
5. *Idem*, t. IV, p. 247.
6. KAPP (Friedrich), *Justus-Erich Bollmann*, Berlin, 1880.
7. *Mém. et corresp.*, t. IV, pp. 249-254. CHARAVAY, pp. 583-584.
8. *Idem*, t. IV, pp. 270-284.
9. FIECHTER, *op. cit.*, pp. 303-304, MAUROIS, *op. cit.*, pp. 275 et suiv.
10. Arch. de la Grange, cité par MAUROIS, p. 312.
11. LA TOUR DU PIN (Mme de), *Mémoires*, p. 145.
12. MALLET DU PAN, *Correspondance*, t. I, p. 256.
13. STAËL (Mme de), *Considérations...*, p. 299.
14. CHARAVAY, pp. 356 et 584-585.
15. *Mémorial*, t. I, pp. 417-424, FIECHTER, pp. 374-377.
16. MALOUET, t. II, pp. 481-493.
17. BARRAS, *Mémoires*, t. III, pp. 50 et suiv.
18. MALLET DU PAN, *Correspondance*, t. II, pp. 275-276. PONIATOWSKI (Michel), *Talleyrand et le Directoire*, pp. 136-137.
19. *Mém. et corresp.*, t. IV, pp. 294-301.
20. FIECHTER, pp. 386-387 et G. MORRIS, *Mémorial*, t. I, p. 439. Voir documents concernant la libération des prisonniers dans Arch. nat. AF$^{III}$ 445, doss. 2 610, p. 28 et Arch. Aff. étr. Corresp. politique, Autriche vol. 366, 367 et Hambourg, vol. 112.
21. STAËL (Mme de), *Considérations...*, p. 298.
22. BREDIN (J.-D.), *Sieyès*, p. 408.

## CHAPITRE XXIV

1. CHAMBRUN (R. de), *op. cit.*, p. 292.
2. BREDIN (J.-D.), *op. cit.*, p. 393.
3. BROGLIE (duc de), *Souvenirs*, t. I, pp. 31-33.

4. CALLET (A.), *Anne-Paule de Noailles, marquise de Montagu*, pp. 304-305.

5. *Mém. et corresp.*, t. IV, pp. 380-386.

6. *Idem*, t. IV, p. 387.

7. MALLET DU PAN, *Correspondance*, t. I, p. 48.

8. *Mém. et corresp.*, t. IV, pp. 388-392.

9. *Idem*, t. IV, pp. 395-398.

10. *Idem*, t. IV, pp. 19-60, 125-130, 168.

11. DUMAS (M.), t. III, p. 165.

12. Arch.de la Grange, cité par MAUROIS, p. 382.

13. *Mém. et corresp.*, t. IV, pp. 403-404.

14. *Idem*, t. IV, pp. 399-401.

15. *Idem*, t. IV, pp. 441-443 et BONNEL (Ulane), *La France, les États-Unis et la guerre de course*, Paris, 1961, PONIATOWSKI (Michel), *Talleyrand et le Consulat*, Paris, 1986.

16. *Mém. et corresp.*, t. IV, pp. 412-424.

17. LA RÉVEILLÈRE-LÉPEAUX, *Mémoires*, t. I, p. 429.

18. *Mém. et corresp.*, t. V, pp. 7-13.

19. *Correspondance inédite de La Fayette*, éd. J. Thomas, pp. 373-375.

20. *Mém. et corresp.*, t. V, pp. 15-22.

21. *Idem*, t. V, pp. 25-35.

22. *Idem*, t. V, pp. 54-81.

23. BREDIN (J.-D.), *Sieyès*, p. 478.

24. *Mém. et corresp.*, t. V, pp. 99-139.

25. *Idem*, t. V, pp. 141-147.

26. Arch. de la Grange, cité par MAUROIS, p. 431.

## CHAPITRE XXV

1. *Mém. et corresp.*, t. V, pp. 154-155.

2. Arch. de la Grange, cité par MAUROIS, p. 439.

3. Le partage des biens de la duchesse d'Ayen fut définitivement réglé par un acte du 11 avril 1800 devant le notaire Péan de Saint-Gilles. La part de Mme de La Fayette se montait à 545 716 francs sur lesquels la Grange représentait 36 000 francs. CHARAVAY, p. 378.

4. *Mém. et corresp.*, t. V, pp. 245-248.

5. *Idem*, t. V, p. 185. La Fayette fut rayé de la liste des émigrés le 21 avril 1800. Arch. nat. F⁷ 5 790, n° 5, p. 53.

6. Souvenirs de Stanislas de Girardin, cité par M. PONIATOWSKI, *Talleyrand et le Consulat*, p. 178.

7. Coll. particulière, cité par CHARAVAY, p. 379.

8. *Idem*, pp. 381 et 586-587. *Mém. et corresp.*, t. V, pp. 230-231 et 533-534.

9. STAËL (Mme de), *Considérations*, p. 373.

10. *Mém. et corresp.*, t. V, p. 148 et suiv. Mémoire intitulé *Mes rapports avec le Premier Consul.*

11. Arch. nat. Minutier central. Étude VII, liasse 533. Sur les tractations qui deuraient depuis 1801 voir AF⁴ 48, 103, 276, n° 20, 58, doss. 332, n° 14, 60, doss. 345, n° 11 et AF⁴* 2O4, n° 3328 et 3391, 215, n° 1831.

La question de la fortune de La Fayette et de sa gestion mériterait une étude particulière qui n'a jamais été entreprise. Nombreux documents dans

Arch. nat. 252 AP 1, n° 102-207 et au Minutier central les notaires. Voir Ch. de TOURTIER-BONAZZI, *La Fayette. Documents...*, pp. 201-219.

L'arrêté de mise à la retraite de La Fayette avec une pension de 6 000 francs est du 13 avril 1802. AF⁴ 60, doss. 342, n° 11.

12. Arch. de la Grange, cité par MAUROIS, pp. 471-476.

13. *Mém. et corresp.*, t. V, pp. 193-195.

14. *Idem*, pp. 170 et 202-203.

15. *Idem*, t. V, pp. 199-200.

16. ALLONVILLE, *Mémoires*, t. IV, pp. 323-324.

17. MALLET du PAN, *Correspondance*, t. II, p. 432. Voir aussi, entre bien d'autres, le témoignage de Charles NODIER, *Portraits de la Révolution et de l'Empire*, t. I, p. 299 et les études de Pierre BESSAND-MASSENET, *De Robespierre à Bonaparte*, Paris 1970 et *Quand la France attendait Bonaparte*, Paris, 1978.

18. *Cf.* TOURTIER-BONAZZI (Ch. de), *La Fayette et les Bonaparte*, dans *Almanach de Brioude*, 1985, pp. 67-88 et l'article *La Fayette* dans le *Dictionnaire Napoléon*, sous la direction de Jean Tulard.

19. *Mém. et corresp.*, t. V, pp. 203-209.

20. *Idem*, t. V, pp. 220-223 et 256-263.

21. *Idem*, t. V, pp. 210-216.

22. LA TOUR du PIN (Mme de), *Mémoires*, pp. 130-131.

23. *Mém. et corresp.*, t. V, pp. 270-273 et 286-292.

24. BARDOUX (A.), *Les Dernières années de La Fayette*, p. 198. LENÔTRE (G.), *Le jardin de Picpus*, Paris, 1928.

25. *Mém. et corresp.*, t. V, pp. 275-281, MAUROIS, pp. 507-521. L'original de cette lettre est aux Archives de la Grange.

26. *Mém. et corresp.*, t. V, pp. 239 et 277.

27. *Idem*, t. IV, pp. 302-347. A certains moments, La Fayette faisait l'objet d'une surveillance policière. *Cf.*, Arch. nat. AF⁴ 1503 et 1506.

## CHAPITRE XXVI

1. ALLONVILLE (comte d'), *Mémoires*, t. V, p. 300. *Mém. et corresp.*, t. V, p. 300 et suiv. BERTIER de SAUVIGNY (G. de), *Metternich*, pp. 268-269.

2. LA TOUR du PIN (Mme de), *op. cit.*,, pp. 130-131.

3. ALLONVILLE (comte d'), *op. cit.*, t. V, pp. 227 et 296.

4. LA TOUR du PIN (Mme de), *op. cit.*, p. 339.

5. *Mém. et corresp.*, t. V, pp. 485-495.

6. *Idem*, t. V, pp. 319 et 360.

7. *Idem*, t. VI, pp. 775-781.

8. *Mémoires du chancelier Pasquier*, t. III, p. 46. G. Godlewski, *Trois cents jours d'exil, Napoléon à l'Ile d'Elbe*, Paris, 1961.

9. *Idem*, t. III, p. 48.

10. *Mém. et corresp.*, t. V, pp. 350-380.

11. *Idem*, t. V, p. 384.

12. PASQUIER, *op. cit.*, t. III, p. 218.

13. *Mém. et corresp.*, t. V, pp. 406-410.

14. PASQUIER, *op. cit.*, t. III, chap. X.

15. BLUCHE (Frédéric), *Le plébiscite des Cent-Jours*, Paris, 1974, et *Le Bonapartisme*, Paris, 1981, p. 35.

16. *Mém. et corresp.*, t. V, p. 503.

17. *Idem*, t. V, pp. 439-440.

18. *Idem*, t. V, pp. 504-505.

19. *Idem*, t. V, pp. 441-449.

20. *Idem*, t. V, pp. 505-522.

21. *Idem*, t. V, pp. 452-475. Sur cette mission diplomatique, voir Arch. nat. CC 22 et Papier Caulaincourt, 95 AP dossier 3.

22. *Idem*, t. V, pp. 541-542.

23. DUMAS (M.), *Souvenirs*, t. III, p. 583. PASQUIER, *op. cit.*, t. III. Sur cette période, voir BERTIER DE SAUVIGNY (G. de), *Au soir de la monarchie. Histoire de la Restauration*, qui donne une abondante bibliographie.

24. *Mém. et corresp.*, t. V, p. 480.

## CHAPITRE XXVII

1. *Mém. et corresp.*, t. VI, p. 29.

2. *Idem*, t. VI, pp. 18-31.

3. BROGLIE (duc de), *Souvenirs*, t. I, pp. 385-286. LA FUYE (M. de), *La Fayette*, p. 208.

4. Cité par CHARAVAY, p. 411.

5. PLANCHOT-MAZEL (Françoise), *Un général français aux États-Unis de 1816 à 1831 : Simon Bernard*, pp. 57-59, 75-76, 99, 147-148.

6. BROGLIE, *op. cit.*, t. II, p. 90. Sur l'élection de La Fayette dans la Sarthe, voir Arch. nat. C 1290. Sur la surveillance policière dont il faisait l'objet, voir F7, 6718 et 6720.

7. BROGLIE, t. II, pp. 82-84.

8. *Mém. et corresp.*, t. VI, p. 42.

9. *Idem*, t. VI, pp. 52-53.

10. FRÉNILLY, *Mémoires*, p. 345. Sur l'élection en Seine-et-Marne, voir Arch. nat. C 1303.

11. BROGLIE, t. II, p. 98.

12. *Idem*, t. II, pp. 39, 64, 95.

13. CHARAVAY, pp. 589-590.

14. BROGLIE, t. II, p. 137, *Mém. et corresp.*, t. VI, pp. 70-74.

15. *Idem*, t. VI, pp. 67-70.

16. BROGLIE, t. II, p. 142, *Mém. et corresp.*, t. VI, pp. 75-92.

17. BERTIER de SAUVIGNY, *op. cit.*, pp. 168-171.

18. MANSEL (Philip), *Louis XVIII*, p. 394 et suiv.

19. BERTIER de SAUVIGNY, *op. cit.*, pp. 180-184. CHEVALLIER (Pierre), *Histoire de la Franc-maçonnerie*, t. III, pp. 164 et suiv.

20. Arch. nat. BB30 192, doss. 5. *Mém. et corresp.*, t. VI, pp. 99-102.

21. *Mém. et corresp.*, t. VI, pp. 106-126.

22. BROGLIE, t. II, pp. 194-198, 226-228 et 257-269. Le duc estime que le gouvernement préféra « laisser dans l'ombre la partie ésotérique du drame en se bornant à poursuivre les personnes engagées dans le coup de main ». A propos du complot de Belfort, il souligne « l'absence de tout but réel, de tout but avoué par ceux mêmes qui risquaient à ce jeu leur fortune et leur tête ». Mais La Fayette risquait-il vraiment quelque chose ?

23. *Mémoires de Laffitte*, pp. 134-135, sur l'affaire Berton, voir Arch. nat. BB18 1268, dossier 643.

24. Chateaubriand, *Mémoires d'outre-tombe*, t. IV, pp. 559, GUIZOT, *Mémoires*, t. II.

25. *Mém. et corresp.*, t. VI, pp. 144-148.

26. *Idem*, t. VI, pp. 94-98.

27. *Idem*, t. VI, pp. 155-158, BROGLIE, t. II, pp. 318 et suiv. BERTIER de SAUVIGNY, p. 185 et suiv.

28. *Mém. et corresp.*, t. VI, p. 159.

29. BROGLIE, t. II, p. 278. BERTHIER de SAUVIGNY, p. 192.

30. MANSEL (Ph.), *op. cit.*, pp. 421-422.

31. *Mémoires de Laffite*, p. 124.

## CHAPITRE XXVIII

1. *Mém. et corresp.*, t. VI, pp. 162-163.

2. LA FUYE (M. de), *op. cit.*, p. 227.

3. Ce voyage, au cours duquel La Fayette fut reçu comme un chef d'État, a fait l'objet de plusieurs récits ou études : LEVASSEUR (A.), *La Fayette en Amérique...* Paris, 1829, 2 vol. BARBAROUX (C.O), *Voyage du général La Fayette aux États-Unis...* Paris, 1825. BENETT NOLAN (J.), *La Fayette in America, day by day*, Baltimore, 1934, KLAMKIM (Marian), *The return of La Fayette*, 1824-1825, New York, 1975. Sur la partie du voyage dans le sud : BRANDON (Erwing), *A pilgrimage of liberty. A contemporary account of the triomphal tour of general La Fayette through the southern and western states in 1825 as reported by the local newspapers*, 1944. Sur les aspects politiques du voyage, voir RÉMOND (René), *Les États-Unis devant l'opinion française*, Paris, 1962, pp. 617-618. Sur le rôle du général Bernard, voir la thèse déjà citée de Mme Planchot-Mazel.

4. Coll. Charavay, publié par lui, p. 436.

5. MURAT (Inès), *Napoléon et le rêve américain*, Paris, 1976, p. 253.

6. PLANCHOT-MAZEL (F.), *op. cit.*, pp. 296-297, *Mém. et corresp.*, t. VI, p. 176.

7. Gilbert CHINARD évoque cette rencontre dans son étude : *When La Fayette came to America. An account from the Duboismartin papers in the Maryland historical Society*, dans *The american friends of La Fayette*, 1949.

8. Les discours prononcés à cette occasion par le président de la Chambre des représentants, Clay, et les réponses sont publiés dans *Mém. et corresp.*, t. VI, pp. 187-191.

9. *Idem*, t. VI, pp. 202-203. Il est à noter que le futur chancelier Pasquier, qui ne partageait guère les sentiments politiques de La Fayette, émet une opinion assez voisine lorsqu'il écrit en 1822 : « Quand j'interroge ma raison et ma conscience sur ce que serait la France de 1789 si la Révolution n'avait pas éclaté, si les dix années de destruction qu'elle a enfantées n'avaient pas pesé sur ce beau pays, si Saint-Domingue, par exemple, avait continué de verser sur lui ses trésors, si les améliorations progressives n'avaient pas été entravées par de grandes catastrophes, je reste convaincu que la France sans révolution serait, au moment où j'écris, encore plus riche, plus forte qu'elle n'est aujourd'hui. » *Souvenirs du chancelier Pasquier*, t. I, p. 43.

10. *Mém. et corresp.*, t. VI, p. 207. Les lettres adressées à sa famille par La Fayette pendant le voyage sont dans le t. VI, pp. 170-221,

11. PLANCHOT-MAZEL (F.), *op. cit.*, p. 312. Arch. nat. BB[18] 1131, doss. 6381.

12. Arch. Aff. étr. Corresp. politique États-Unis, vol. 80, F[o] 305-319, 348-349, 382-386, vol. 81, F[o] 11-16, 100-101, 187-188, 197-199, 212-215, 255-259. *Cf.* TOURTIER-BONAZZI (Ch. de), *La Fayette, Documents...*

pp. 332-335. Le discours d'adieu du président Adams et la réponse de La Fayette sont publiés dans *Mém. et corresp.*, t. VI, pp. 214-221.

13. BROGLIE, *op. cit.*, t. II, pp. 416-420.

14. CHARAVAY, p. 452.

15. BROGLIE, t. II, p. 488.

## CHAPITRE XXIX

1. CHARAVAY, *op. cit.*, pp. 453-454. ALLONVILLE, *Mémoires*, t. VI, p. 357.

2. *Mém. et corresp.*, t. VI, pp. 231-241.

3. *Idem*, t. VI, pp. 249-250. Arch. nat. C 1303, F⁷ 6741, doss. 35.

4. Arch. dép. Jura, 35 J 200. Copie de cette lettre interceptée par la censure se trouve sur un fonds d'archives privées. Je remercie mes amis Michel Duchein, inspecteur général des Archives, et Henri Hours, directeur des services d'archives du Jura, de m'en avoir signalé l'existence. Voir aussi BROGLIE, t. III, pp. 102-104.

5. *Mém. et corresp.*, t. VI, pp. 241-246.

6. *Idem*, t. VI, pp. 251-255. Sur le ministère Villèle, voir BERTIER de SAUVIGNY, *op. cit.*, et FOURCASSIÉ, *Villèle*, Paris, 1964.

7. *Mém. et corresp.*, t. VI, pp. 264-269, BERTIER de SAUVIGNY, *op. cit.*, pp. 278-279.

8. *Mém. et corresp.*, t. VI, pp. 262 et 277.

9. *Idem*, t. VI, pp. 321-323.

10. *Idem*, t. VI, pp. 286-287.

11. CHARAVAY, *op. cit.*, pp. 459 et 591-592.

12. *Mém. et corresp.*, t. VI, p. 310.

13. *Idem*, t. VI, pp. 311-317. Sur les innombrables interventions de La Fayette en faveur de tous ceux, de nationalités variées, qui lui demandaient son aide, voir Arch. nat. 252 AP 3, n° 239 à 286 et 316 à 386.

14. Le voyage donna lieu aussitôt à de nombreuses publications locales. *Arrivée du général La Fayette dans l'arrondissement de Brioude*, Clermont-Ferrand, 1829, *Arrivée du général La Fayette au Puy* le 11 août 1829, *Itinéraire du général La Fayette de Grenoble à Lyon précédé d'une notice historique sur cet illustre citoyen*, par J. Morin, Lyon, 1829, *Banquet offert au général La Fayette le 18 août 1829 par les citoyens de Grenoble*, Lyon, 1829, *Fête donnée au général La Fayette par la maçonnerie lyonnaise le 6 septembre 1829*, Lyon, 1829. Sur le caractère maçonnique du voyage, voir P. CHEVALLIER, *Histoire de la Franc-maçonnerie*, t. IV p. 193 et suiv. On trouvera une partie des discours prononcés par La Fayette pendant son voyage dans *Mémoires et correspondances*, t. VI, pp. 325-337. Voir aussi TOURTIER-BONAZZI (Ch. de), *La Fayette vu par ses contemporains*, p. 44 et suiv. Sur la surveillance policière voir Arch. nat. F⁷ 6769, doss. 13, Isère, 6770 doss. 1 Loire, 2 Haute-Loire, 6771 doss. 5 Puy-de-Dôme, 11 Rhône.

15. BROGLIE, t. III, pp. 219-220.

16. STENDHAL, *Souvenirs d'égotisme*, éd. Martineau, Paris, 1941, pp. 40-41.

17. CARNÉ (L. de), *Souvenirs de ma jeunesse au temps de la Restauration*, Paris, 1872, p. 42 et TOURTIER-BONAZZI (Ch. de), *op. cit.*, pp. 45-47.

18. *Mém. et corresp.*, t. VI, pp. 343-347.

19. *Idem*, t. VI, p. 341, Guizot, *Mémoires*, t. I, p. 343.

20. *Mém. et corresp.*, t. VI, , pp. 350-352. Sur La Fayette et la Pologne,

voir LEWAK (Adam), *Le général La Fayette et la cause polonaise, lettres, discours, documents,* Varsovie, 1934.

21. *Mém. et corresp.,* t. VI, pp. 365-372.

## CHAPITRE XXX

1. Sur la Révolution de 1830, outre les ouvrages de G. de BERTIER de SAUVIGNY, voir PINKNEY (D.H.), *La Révolution de 1830 la France,* Paris, 1988, qui constitue la mise au point la plus récente et donne une abondante bibliographie. Sur la vie à la Grange au moment de la Révolution de 1830, voir BERTIER de SAUVIGNY (G. de), *La France et les Français vus par les voyageurs américains,* 1814-1848, t. II, , pp. 95-98.

2. *Mém. et corresp.,* t. VI, pp. 358-363.

3. *Idem,* t. VI, pp. 374-379. Sur la surveillance policière de La Fayette, Arch. nat. F⁷ 6772, doss. 1-3 et 5. Seine et Seine-et-Marne.

4. LAFFITTE, *Mémoires, pp. 125-133.*

5. CHEVALLIER (Pierre), *Histoire de la Franc-maçonnerie,* t. II, pp. 197-199.

6. PINKNEY (D.H.), *op. cit.,* p. 58.

7. *Mém. et corresp.,* t. VI, pp. 379-384. Sur cette journée, voir VIDALENC (J.), *La journée du 28 juillet 1830,* dans *Annuaire-bulletin de la société de l'Histoire de France,* 1948-1949.

8. *Mém. et corresp.,* t. VI, pp. 387-290, GIRARD (Louis), *La Garde nationale,* Paris, 1964, CARROT (G.), *La Garde nationale (1789-1871),* Nice, 1979, PINKNEY (D.H.), *op. cit.,* pp. 171-178, voir Arch. nat. F⁹ 399-400, 401-411 et 424-740 (dossiers classés par départements) et 252 AP 2, n° 64-209.

9. BARROT (Odilon), *Mémoires,* t. I, p. 112. Voir de nombreuses lettres de La Fayette à O. Barrot dans les papiers de celui-ci aux Arch. nat. 271 AP 1-4, 21-22, 24, 44.

10. BARROT (O.), *op. cit.,* t. I. p. 127. RÉMUSAT (Ch. de), *Mémoires,* t. II, p. 345 et suiv.

11. *Mémoires de Laffitte,* pp. 169-170.

12. PINKNEY, p. 192.

13. *Mémoires de la duchesse de Maillé,* pp. 334-335. On y trouve le texte de la lettre de Louis-Philippe qu'elle dit tenir de Mortemart lui-même.

14. *Mémoires de Laffitte,* p. 190.

15. BROGLIE, *Souvenirs,* t. III, p. 346 et suiv. BARROT, *op. cit.,* t. I, p. 125.

16. *Mémoires de Laffitte,* p. 201.

17. *Mém. et corresp.,* t. VI, p. 408 et suiv.

18. *Idem,* t. IV, p. 411. Laffite affirme, p. 329, que La Fayette et le duc s'étaient mis d'accord sur cette formule le 31 juillet.

19. PLANCHOT-MAZEL (F.), *op. cit.,* p. 408. PINKNEY, *op. cit.,* pp. 198-199.

20. *Programme de l'Hôtel de Ville ou récit de ce qui s'est passé depuis le 31 juillet jusqu'au 6 août 1830.* Extrait de la *Tribune politique et littéraire,* article du 7 avril 1831, non démenti par le gouvernement (par Armand Marrast), Paris, 1831, 8 p.

21. *Mémoires de Laffitte,* p. 214. BROGLIE, t. III, p. 374 et suiv.

22. *Mém. et corresp.,* t. VI, p. 422.

23. *Idem,* t. VI, p. 468.

24. CHATEAUBRIAND, *Mémoires d'outre-tombe*, t. III, p. 669.

25. *Mém. et corresp.*, t. VI, pp. 421-424.

26. *Idem*, t. IV, pp. 424 et 443.

27. Voir à ce sujet DAGET (Serge), *Les croisières françaises de répression de la traite des Noirs sur les côtes occidentales d'Afrique*, Paris-Nantes, 1987, 2 vol., thèse dactyl., et *Répertoire des expéditions négrières françaises à la traite illégale*, (1814-1850), Nantes, 1988.

28. *Mém. et corresp.*, t. VI, 439 et suiv. CHARAVAY, p. 482.

29. CHEVALLIER (P.), *Histoire de la Franc-maçonnerie*, t. II, pp. 209-213. La fête du 10 octobre fut racontée en détail dans une brochure publiée aussitôt. *Cf. Catalogue de l'exposition le Général La Fayette*, mai 1934, n° 496.

30. PINKNEY, pp. 386-387.

31. *Mém. et corresp.*, t. VI, p. 459.

32. BROGLIE, t. IV, p. 25.

33. PLANCHOT-MAZEL (F.), *op. cit.*, pp. 408 et suiv. Sur les débuts du nouveau régime, voir VIGIER (Philippe), *La monarchie de Juillet*, p. 14 et PINKNEY, pp. 358-359 et 395.

34. BROGLIE, t. IV, pp. 144 et suiv. *Mém. et corresp.*, t. VI, p. 489 et suiv. PASQUIER, *Mémoires*, t. VI, BASTID (Paul), *Le procès des ministres de Charles X*, dans *Rev. d'hist. moderne et contemporaine*, 1957, pp. 188-193, et PINKNEY, pp. 391-397.

35. BARROT (O), *op. cit.*, t. I, p. 197.

36. *Mémoires de Laffite*, p. 247.

37. *Idem*, pp. 252-256. Arch. nat. 300 AP III 32, doss. 1 et 2.

38. *Mém. et corresp.*, t. VI, pp. 614-615.

39. *Idem*, t. VI, p. 511-518.

40. PINKNEY, p. 433.

41. *Mém. et corresp.*, t. VI, p. 514 et suiv.

42. *Mémoire de Laffite*, p. 141.

## CHAPITRE XXXI

1. *Mém. et corresp.*, t. VI, pp. 519-521.

2. *Idem*, t. VI, pp. 569-570, 594-595, 601-603, 616-617.

3. *Idem*, t. VI, pp. 629-630.

4. *Idem*, t. VI, pp. 650-655, 662, 681, 699-701, 712-719.

5. *Idem*, t. VI, pp. 526-530, 561-562, 571-574, 589, 638-640, 649, 656.

6. *Idem*, t. VI, pp. 636 et 742, *Mémoires de la duchesse de Maillé*, pp. 34-35.

7. *Idem*, t. VI, pp. 690, 728, 735-736.

8. *Idem*, t. VI, pp. 739-740, *Mémoires de la duchesse de Maillé*,, pp. 123-124. RÉMOND (R.), *op. cit.*, BLUMENTHAL (H.), *France and the United States. Their diplomatic relations*, 1789-1914, Univ. of North Carolina Press, 1970, PLANCHOT-MAZEL (F.), *op. cit.*, pp. 421-424.

9. BROMBERT (B.A.), *La princesse Belgiojoso*, Paris, 1989.

10. CHATEAUBRIAND, *Mémoires d'outre-tombe*, t. IV, p. 41, La Correspondance échangée entre Louis-Philippe et La Fayette sur des sujets très variés de politique intérieure et extérieure est aux Arch. nat. 252 AP 2, n° 9 à 59.

11. ALLONVILLE (comte d'), *Mémoires*, t. VI, p. 374.

12. *Mém. et corresp.*, t. VI, p. 533 et 541.

13. *Idem*, t. VI, pp. 563, 576-592. BROGLIE, t. IV, pp. 219-251.

14. CHEVALLIER (Pierre), *Histoire de la Franc-maçonnerie*, t. II, pp. 251-253.

15. RÉMOND (R.), *op. cit.*, t. II, pp. 684-695. PLANCHOT-MAZEL (F.), *op. cit.*, pp. 433 et suiv.

16.. *Mém. et corresp.*, t. IV, pp. 618-626, 630-632. BROGLIE, t. IV, pp. 300-325.

17. *Mém. et corresp.*, t. VI, p. 663.

18. *Mémoire de Laffitte*, p. 297. Voir aussi BOIGNE (comtesse de), *Mémoires*, t. II, pp. 272-273. Elle fut témoin de l'ovation populaire faite à La Fayette qui fut reconduit jusqu'à son domicile « dans un fiacre dont on avait enlevé l'impériale et où s'était attelée une cohue de vagabonds... Je l'ai vu se présenter au balcon, pâle, tremblant, et adresser d'une voix émue une allocution paternelle à ses "chers camarades", en les suppliant surtout de se retirer bien vite. Il avait grande hâte à s'en débarrasser, d'autant qu'il les avait entendus délibérer s'il ne serait pas opportun de le tuer pour faire de son cadavre un appel à la révolte et qu'il les en savait bien capables dans l'excès de ces vertus républicaines où il les avait nourris. » Mme de Boigne ajoute : « Il ne s'est jamais relevé de son humiliant triomphe du 5 juin. Il était de trop bon bout pour n'en point savourer péniblement tout l'opprobre. »

19. *Mém. et corresp.*, t. VI, , pp. 669-678.

20. *Idem*, t. VI, p. 686. Chateaubriand, *op. cit.*, t. IX, p. 700.

21. *Mém. et corresp.*, t. VI, pp. 694 et 749.

22. *Idem*, t. VI, pp. 705-723.

23. Lettre du 3 mai 1833 à la princesse Belgiojoso publiée par CHARAVAY, pp. 593-595.

24. *Mém. et corresp.*, t. VI, pp. 731-744.

25. Lettre conservée à Eleutherian Mills Historical Library à Winterthur (U.S.A.), publiée par F. PLANCHOT-MAZEL, *op. cit.*, p. 447, G.T. Poussin sera nommé ambassadeur de France aux États-Unis en 1848.

26. *Mém. et corresp.*, t. VI, pp. 753-757.

27. *Idem*, t. VI, pp. 762-767.

28. BARÈRE, *Mémoires*, t. IV, p. 272. HARTMANN (G.), *L'hôtel de la rue d'Anjou où mourut La Fayette*, dans *Bull. de la Société historique et archéologique des VIIIe et XVIIe arrondissements*, 1921. Sur les obsèques, voir Arch. nat. F7 6783, doss. 4.

29. *Mémoires de la duchesse de Maillé*, p. 97.

30. CHARAVAY, pp. 598-599.

## CHAPITRE XXXII

1. Voir de nombreux témoignages dans l'excellente étude déjà citée de CHANTAL de TOURTIER-BONAZZI, *La Fayette vu par ses contemporains*.

2. *Mém. et corresp.*, t. I, p. 147.

3. *Lettres inédites du général La Fayette au vicomte de Noailles*, Paris, 1924, p. 26. Cité par MAUROIS, p. 124.

4. *Mém. et corresp.*, t. III, p. 62-63.

5. RUAULT (A.), *Gazette...*, p. 233.

6. *Mém. et corresp.*, t. VI, p. 741.

7. HUART (S. d'), *Brissot*, p. 228.

8. STAËL (Mme de), *Considérations...*, pp. 180-182.

9. *Mémoires d'outre-tombe*, t. IV, p. 559 et suiv.

10. BROGLIE, t. II, P. 132.

11. Lettre à Mme de Tessé, 25 mars 1799. Dans cette même lettre, il écrivait : « Mon ambition fut toujours d'être supérieur à l'ambition et vous savez que d'être honoré dans une ferme de la France vraiment libre me paraitrait un plus haut degré d'élévation que si j'étais président de la République ». *Mém. et corresp.*, t. IV, p. 407.

12. STAËL (Mme de), *op. cit.*, p. 181.

13. BARROT (O.), *Mémoires*, t. I, p. 275. CONDORCET, *Mémoires*, t. II, p. 54.

14. DONIOL (H.), *Hist. de la participation...*, t. IV, p. 291.

15. *Mém. et corresp.*, t. III, pp. 271 et suiv.

16. Lettre à Jeremy Bentham, 18 novembre 1828. *Idem*, t. VI, pp. 283-284 et t. III, p. 228.

17. *Idem*, t. VI, p. 47-48.

18. *Idem*, t. II, pp. 436-439.

19. *Idem*, t. II, pp. 449-456. Le roi sembla se rallier à ces vues puisqu'il annota ainsi le texte : « J'ai lu avec attention le mémoire de M. de La Fayette. J'en adopte les principes et les bases et quoiqu'il y ait du vague sur plusieurs applications de ces principes, je crois pouvoir être pleinement rassuré à cet égard par la loyauté de son caractère et son attachement à ma personne. Je promets donc à M. de La Fayette la confiance la plus entière sur tous les objets qui peuvent regarder l'établissement de la Constitution, mon autorité légitime telle qu'elle est énoncée dans le mémoire et le retour de la tranquillité publique. »

20. *Idem*, t. II, pp. 323-324.

21. *Idem*, t. V, pp. 516-520.

22. *Idem*, t. III, p. 212. Son extrême maladresse dans sa manière d'exprimer ses convictions ressort dans cette déclaration de principe qu'il prétend avoir faite à Marie-Antoinette : « Si je croyais que la destruction de la royauté fût utile à mon pays, je ne balancerais pas, car ce qu'on appelle les droits d'une famille au trône n'existe pas pour moi, mais il m'est démontré que, dans les circonstances actuelles, l'abolition de la royauté constitutionnelle serait un malheur public. Il y a plus de fond à faire sur un ami de la liberté qui agit par devoir, par patriotisme, par conviction, que sur un aristocrate entraîné par un préjugé. » Il est évident que la reine pouvait difficilement apprécier un langage aussi provocant.

23. *Mém. et corresp.*, t. III, p. 245.

24. *Idem*, t. VI, pp. 265 et 782-794.

25. *Idem*, t. II, p. 308.

26. *Idem*, t. VI, p. 724.

27. *Idem*, t. IV, p. 360.

28. *Idem*, t. VI, pp. 527-529.

29. *Idem*, t. VI, p. 751.

30. *Idem*, t. IV, p. 359.

31. *Correspondance inédite de Condorcet avec Mme Suard*, p. 238.

# Sources

Les sources qui permettent d'étudier la carrière de La Fayette sont extrêmement abondantes mais désormais dispersées entre les dépôts d'archives français et américains.

Une partie très importante des archives familiales avait été vendue en 1913 par Gaston de Sahune, marquis de La Fayette, propriétaire du château de Chavaniac à l'antiquaire parisien Dieudonné Élie Fabius. Celui-ci enrichit encore ce fonds par des achats en vente publique ou provenant de membres de la famille, de sorte que l'ensemble finit par comprendre 53 cartons et plus de 10 000 documents. En 1962, Mme Fabius et ses enfants mirent en vente cette magnifique collection que le gouvernement français ne jugea pas utile d'acquérir. C'est donc l'université américaine Cornell à Ithaca (New York) qui, grâce aux fonds mis à sa disposition par l'ambassadeur Arthur H. Dean, l'acheta par acte signé à Paris le 20 décembre 1962 et à New York le 14 janvier 1963.

Il fut toutefois stipulé que trois cartons présentant un intérêt particulier pour l'histoire française seraient remis aux Archives nationales où ils sont conservés sous la cote 252 AP 1-3. D'autre part, un échange de microfilms était prévu, de sorte que les documents partis pour les États-Unis peuvent être consultés sous cette forme aux Archives nationales (217 MI 1 à 55).

En 1971, la Commission nationale américaine décidait la mise en chantier d'un catalogue des papiers relatifs à La Fayette et en confiait le soin à l'éminent spécialiste qu'était le professeur Louis Gottschalk. Comme il avait été prévu lors des accords de 1963, Guy Duboscq, alors directeur général des Archives de France, décida d'associer l'institution qu'il dirigeait à ce travail.

Grâce à ces efforts conjugués, l'accès aux documents concernant le général est grandement facilité.

La Fayette, pendant toute sa vie, fut un épistolier très actif; il rédigea de plus, des fragments de *Mémoires*. Quelques années après sa mort, sa famille fit paraître en avril 1837 et juillet 1838, six volumes intitulés *Mémoires, correspondance et manuscrits du général La Fayette* qui constituent une base indispensable à toute étude. Cette publication n'est toutefois pas intégrale, tant s'en faut, et il convient de la compléter par les instruments de recherche récemment élaborés aux États-Unis et en France.

Trois ouvrages sont essentiels :

L. GOTTSCHALK, P. PESTIAU, L. PIKE, *La Fayette. A guide to the letters, documents and manuscripts in the United States*, Cornell University Press, Ithaca, 1975.

*La Fayette in the age of the american revolution. Selected letters and papers. 1776-1790.* Edited by Stanley J. Idzerda, Cornell University Press. Cette monumentale publication doit comprendre six volumes. Le premier a paru en 1977.

Pour la France, un élément fondamental est constitué par *La Fayette. Documents conservés en France*, Catalogue par Chantal de Tourtier-Bonazzi. Paris, 1976. Ce volume contient une analyse de tous les documents conservés à Paris aux Archives nationales, au Service historique de l'armée et aux Archives du ministère des Affaires étrangères. C'est donc le guide indispensable de toute recherche sur La Fayette. Il est enrichi d'une substantielle introduction et d'une excellente bibliographie critique des nombreux ouvrages publiés sur la vie du héros des deux mondes.

Les archives du château de la Grange contiennent un certain nombre de documents concernant La Fayette, mais leur consultation est impossible.

Un certain nombre de lettres de La Fayette ont été publiées dans les ouvrages ou articles suivants :

*The letters of La Fayette and Jefferson*, edited by Gilbert CHINARD, Baltimore, 1989.

CLOQUET (Jules), *Souvenirs de la vie privée du général La Fayette*, Paris, 1836.

DONIOL (Henri), « Correspondance inédite de La Fayette. Lettres écrites au comte d'Estaing pendant la campagne de la Delaware à Boston du 14 juillet au 20 octobre 1778 » dans *Revue d'histoire diplomatique*, 1892, pp. 395-448 ; *Histoire de la participation de la France à l'établissement des États-Unis d'Amérique*, Paris, 1886-1899. 6 vol.

GLACHANT (Victor) « Quelques lettres inédites du général marquis de La Fayette (1822-1830) » dans *Annales romantiques*, 5e année, 1908, pp. 347-366.

GOTTSCHALK (Louis) *The letters of La Fayette to Washington*, 1777-1799. New York, 1944, 417 p.

HARPAZ (Ephraïm) *Benjamin Constant et Goyet de la Sarthe. Correspondance. 1818-1822.* Genève, 1973.

HAUSSONVILLE (comte d'), « La Fayette et Mme de Staël. A propos d'une correspondance inédite. Lettres inédites de La Fayette à Mme de Staël », dans *Revue des Deux mondes,* nov.-déc. 1921, pp. 295-337 (vingt-deux lettres écrites de novembre 1797 à juillet 1817).

LELAND (Waldo G.) « Letters from La Fayette to La Luzerne », dans *The American historical review,* t. XX, 1915, pp. 341-376, 577-612.

LEWAK (Adam), *Le général La Fayette et la cause polonaise,* lettres, discours, documents, Varsovie, 1934.

MATHIEZ (Albert) « La Fayette et le commerce franco-américain à la veille de la Révolution » dans *Annales historiques de la Révolution française,* t. III, 1926, pp. 474-484.

PATOU (Jean) *Lettre inédites du général de La Fayette au vicomte de Noailles, écrites des camps de l'armée américaine durant la guerre de l'Indépendance des États-Unis* (1780-1781), Paris, 1924.

PSICHARI (Jean) « Lettres inédites du général de La Fayette », dans *La Revue, ancienne Revue des revues,* vol. XLIII, décembre 1902, pp. 529-544 et 662-671 (vingt-six lettres à Ary et Arnold Scheffer, 1817-1833.)

ROBIQUET (Paul) « Documents inédits : la correspondance de Bailly et de La Fayette », dans *La Révolution française,* t. XIX, 1890, pp. 52-76.

THOMAS (Jules) *Correspondance inédite de La Fayette. 1793-1801. Lettres de prison. Lettres d'exil. Précédé d'une étude psychologique,* Paris, s.d. [1903].

*La Fayette in Virginia, Unpublished letters from the original manuscript in the Virginia State Library and the Library of Congress,* Baltimore, 1928.

# Bibliographie

Les publications extrêmement nombreuses et de valeur très inégale concernant La Fayette ont fait l'objet de deux recensements, l'un américain, l'autre français.

JACKSON (Stuart W.), *La Fayette. A bibliography*, New York, 1930.

OLIVIER (Philippe), *Bibliographie des travaux relatifs à Gilbert du Motier, marquis de La Fayette et à Adrienne de Noailles*, Clermont-Ferrand, 1979.

## Biographies de La Fayette

Partielles ou globales, elles sont, elles aussi, très nombreuses et d'un intérêt inégal. Deux d'entre elles demeurent essentielles :

CHARAVAY (Étienne) *Le général La Fayette. 1757-1834*, Paris, 1898, 655 p. Ce monumental ouvrage rend inutiles tous ceux publiés avant lui et peut être considéré aujourd'hui comme une source car on y trouve publiés de nombreux documents dont certains faisaient partie des collections personnelles de l'auteur.

Inachevée bien que comportant six volumes est l'œuvre de Louis Gottschalk, professeur à l'Université de Chicago, assisté pour les deux derniers tomes par Margaret Maddox, qui s'arrête au 14 juillet 1790.

GOTTSCHALK (Louis), *La Fayette comes to America*, Chicago, 1935, 184 p. — *La Fayette joins the American army* Chicago, 1937, 364 p. — *La Fayette and the close of the American revolution*, Chicago-Londres, 1942, 458 p. — *La Fayette between the American and the French Revolution* (1783-1789), Chicago, 1950, 461 p.

GOTTSCHALK (Louis) et MADDOX (Margaret), *La Fayette in the French Revolution through the october days*, Chicago-Londres,

1969, 414 p. — *La Fayette in the French Revolution from the october days through the Federation*, Chicago-Londres, 1973, 586 p.

Ce travail, plus monumental encore que celui de Charavay, constitue l'étude la plus minutieuse et la plus exhaustive des trente-trois premières années de la vie de La Fayette, utilisant toutes les sources manuscrites et imprimées, françaises et américaines. Il n'existe malheureusement pas de traduction française de cet ouvrage qui semble avoir été peu utilisé par les historiens français.

Les autres biographies sont loin de présenter le même intérêt, et restent beaucoup plus succinctes. Sans parler de celles dont les auteurs n'ont pas hésité à se laisser aller au roman, on peut citer :

LATZKO (Andreas), *Le général La Fayette*, Paris, 1935, 433 p.

LA FUYE (Maurice de) et BABEAU (Émile-Albert), *La Fayette, soldat de deux patries*, Paris, 1953, 293 p.

DEBU-BRIDEL (Jacques), *La Fayette*, Paris, 1957.

CASTRIES (duc de), *La Fayette, pionnier de la liberté*, Paris, 1974.

LEBEY (André), *La Fayette ou le militant franc-maçon*, Paris, 1937, 2 vol.

RIBADEAU-DUMAS (François), *La destinée secrète de La Fayette*, Paris, 1972. Ces deux derniers ouvrages insistent sur l'importance de la maçonnerie dans la vie de La Fayette.

Deux ouvrages récents n'apportent aucun élément nouveau :

SAINT-BRIS (Gonzague), *La Fayette, la stature de la liberté*, Paris, 1988.

BERNIER (Olivier) *La Fayette, héros des deux mondes*, New York, 1983, trad. fr. Paris, 1988.

## Catalogues d'expositions

Trois expositions consacrées à la vie du général ont fait l'objet de catalogues qui constituent de précieux instruments de recherche. Les deux premières avaient été organisées pour le centenaire de la mort de La Fayette, la troisième pour le bicentenaire de sa naissance :

*Le général La Fayette*. Catalogue des livres, estampes, autographes et souvenirs composant la collection de M. Blancheteau exposée à l'occasion du centenaire de la mort du général La Fayette (20 mai 1834), Paris, 1934. Rédigé par Georges Coquard, ce catalogue, très détaillé contient une véritable bibliographie critique. Il est d'autant plus précieux que la collection Blancheteau a été, elle aussi, achetée par Cornell University où elle a été intégrée dans la collection Fabius.

*Exposition du centenaire de La Fayette 1757-1834*. Catalogue par André Girodie, Musée de l'Orangerie, Paris, 1934.

*La Fayette.* Exposition organisée par les Archives nationales du 4 juillet au 10 octobre 1957. Catalogue par Chantal de Tourtier, avec la collaboration de Jean-Pierre Babelon et de Monique Sarotte, Paris, 1957.

## Mémoires

ALLONVILLE (comte d'), *Mémoires secrets de 1770 à 1830*, Paris, 1845, 6 vol.

BACHAUMONT et *alii*, *Mémoires secrets pour servir à l'histoire de la République des lettres en France depuis 1762 jusqu'à nos jours*, Londres, 1777-1789, 31 vol.

BAILLY (Jean-Sylvain), *Mémoires*, Paris, 1821, 3 vol.

BARRAS (Paul, vicomte de), *Mémoires*, éd. G. Duruy, Paris, 1895-1896, 4 vol.

BARROT (Odilon), *Mémoires posthumes*, Paris, 1875-1876, 4 vol.

BÉRARD (Auguste-Simon-Louis), *Souvenirs historiques sur la Révolution de 1830*, Paris, 1834.

BERTRAND DE MOLLEVILLE (Antoine-François), *Mémoires secrets pour servir à l'histoire de la dernière année du règne de Louis XVI, roi de France*, Londres-Paris, 1797, 3 vol.

BESENVAL (baron de), *Mémoires*, Paris, 1821, 2 vol.

BEUGNOT (comte), *Mémoires, 1783-1815*, Paris, 1866, 2 vol.

BOIGNE (comtesse de), *Mémoires*, Paris, 1979, 2 vol.

BOUILLÉ (François-Amour, marquis de), *Mémoires*, Paris, 1821.

BRISSOT (J.-P.), *Mémoires (1754-1793)*, éd. Cl. Perroud, Paris, 1911, 2 vol.

BROGLIE (duc de), *Souvenirs*, Paris, 1886, 4 vol.

CARNOT, *Mémoires historiques et militaires sur Carnot rédigés d'après ses manuscrits, sa correspondance inédite et ses écrits*, Paris, 1824.

CHASTENAY (Mme de), *Mémoires*, Paris, 1987.

CHATEAUBRIAND (François-René de), *Mémoires d'outre-tombe*, éd. M. Levaillant, Paris, 1969, 4 vol.

CONDORCET (marquis de), *Mémoires sur la Révolution française extraits de sa correspondance et de celle de ses amis*, Paris, 1824, 2 vol.

DUMAS (Mathieu), *Souvenirs du lieutenant général comte Mathieu Dumas de 1770 à 1836, publiés par son fils*, Paris, 1839, 3 vol.

DUSAULX (Jean), *Mémoires sur le 14 juillet*, Paris, 1821.

FERRIÈRES (marquis de), *Mémoires*, Paris, 1831, 3 vol.

FRÉNILLY (baron de), *Mémoires (1768-1848). Souvenirs d'un royaliste*, Paris, 1987.

GUIZOT, *Mémoires pour servir à l'histoire de mon temps*, Paris, 1858, 8 vol.

HÉZECQUES (Félix, comte de France d'), *Souvenirs d'un page de la Cour de Louis XVI*, rééd., 1983.

LAFFITTE, *Mémoires, 1767-1844*, éd. P. Duchon, Paris, 1932.

LAMETH (Théodore, comte de), *Mémoires*, Paris, 1913-1914, 2 vol.

LA REVELLIÈRE-LÉPEAUX (L.-M.), *Mémoires publiés par son fils*, Paris, 1829.

LA TOUR DU PIN (marquise de), *Mémoires. Journal d'une femme de cinquante ans*, (1778-1815) suivis d'extraits inédits de sa correspondance (1815-1846) présentés par Ch. de Liedekerke-Beaufort, Paris, 1983.

MAILLÉ (duchesse de), *Souvenirs des deux Restaurations*, Paris, 1984. — *Mémoires (1832-1851)*, Paris, 1989.

MALLET DU PAN (J.), *Mémoires et correspondance pour servir à l'histoire de la Révolution française*, Paris, 1851, 2 vol.

MALOUET (Pierre-Victor), *Collection de mémoires et correspondances officielles sur l'administration des colonies*, Paris, an X, t. III — *Mémoires publiés par son petit-fils le baron Malouet*, Paris, 1874, 2 vol.

MARMONTEL (Jean-François), *Mémoires*, éd. Tourneux, Paris, 1891, 3 vol.

MAZAS (Alexandre), *Mémoires pour servir à l'histoire de la Révolution de 1830*, Paris, 1833.

MÉTRA (F.), *Correspondance secrète politique et littéraire, ou Mémoires pour servir à l'histoire des Cours, des sociétés et de la littérature en France depuis la mort de Louis XV*, Londres, 1787-1790, 18 vol.

MORELLET (abbé), *Mémoires sur le XVIII<sup>e</sup> siècle et la Révolution*, Paris, 1988.

MORRIS (Gouverneur), *Mémorial*, trad. A. Gandais, Paris, 1842, 2 vol. Autre édition par E. Pariset, Paris, 1901.

OBERKIRCH (baronne d'), *Mémoires*, Paris, 1970.

PASQUIER (Étienne-Denis), *Histoire de mon temps. Mémoires du chancelier Pasquier*, publiés par M. le duc d'Audiffret-Pasquier, Paris, 1894-1895, 6 vol.

RIVAROL, *Mémoires*, Paris, 1824.

ROCHAMBEAU (maréchal comte de), *Mémoires militaires, historiques et politiques de Rochambeau*, Paris, 1809, 2 vol.

ROLAND (Mme), *Mémoires*, Paris, 1966.

RUAULT (Nicolas), *Gazette d'un parisien sous la Révolution*, Paris, 1976.

SAINT-PRIEST (comte de), *Mémoires, publiés par le baron de Barante*, Paris, 1929, 2 vol.

SÉGUR (comte de), *Mémoires ou souvenirs et anecdotes*, Paris, 1824-1826, 3 vol.

TALLEYRAND, *Mémoires*, éd. J. de Bonnot, Paris, 1967.

TILLY (Alexandre de), *Mémoires pour servir à l'histoire des mœurs de la fin du XVIIIᵉ siècle*, Paris, 1965.

TOURZEL (duchesse de), *Mémoires*, Paris, 1986.

WEBER (Joseph), *Mémoires concernant Marie-Antoinette*, Paris, 1822, 2 vol.


Pour l'utilisation de tous ces mémoires, voir :

TULARD (Jean), *Bibliographie critique des mémoires sur le Consulat et l'Empire*, Genève-Paris, 1971, nouv. édition en préparation.

BERTIER DE SAUVIGNY (G. de) et FIERRO (A), *Bibliographie critique des mémoires sur la Restauration*, Genève-Paris, 1988.


## Ouvrages et articles

AFTALION (Florin), *L'économie de la Révolution française*, Paris, 1986. — *Amérique des Lumières (L')*, Partie littéraire du Colloque du bicentenaire de l'indépendance américaine (1776-1976), Genève-Paris, 1977.

AMIABLE (Louis), *Une loge maçonnique d'avant 1789, la Révérende loge des Neufs sœurs*, Paris, 1897.

*Armorique à l'Amérique de l'Indépendance (De l')*, Colloque du bicentenaire de l'Indépendance américaine, *Annales de Bretagne et des pays de l'Ouest*, t. 84, 1977, nᵒ 2.

ARNAUD (Claude), *Chamfort*, Paris, 1988.

AULARD (Alphonse), *Histoire politique de la Révolution française*, Paris, 1901. — *La Société des Jacobins. Recueil de documents pour l'histoire du Club des Jacobins de Paris*, Paris, 1889-1897, 6 vol. — *L'éloquence parlementaire pendant la Révolution française. Les orateurs de la Constituante*, Paris, 1882.

ASPREY (Robert B.), *Frédéric le Grand*, Paris, 1989.

BADINTER (E. et R.), *Condorcet, un intellectuel en politique*, Paris, 1988.

BADINTER (E.) *Correspondance inédite de Condorcet et de Mme Suard*, Paris, 1988.

BAECQUE (Antoine de), *La caricature révolutionnaire*, Paris, 1988. — *L'an I des droits de l'homme. Le débats de 1789 à l'Assemblée nationale*. Textes présentés par A. de Baecque, W. Schmale et M. Vovelle, Paris, 1988.

BAKER (Keith M.), *Condorcet. From natural philosophy to social mathematics*, Chicago, 1975.

BARBAROUX (Charles) et LARDIER (Alexandre), *Voyage du général La Fayette aux États-Unis en 1824 et 1825*, Paris, 1826.

BARDOUX (Agénor), *La jeunesse de La Fayette*, Paris, 1892. — *Les dernières années de La Fayette*, Paris, 1893.

BERTAUD (Jean-Paul), *Les origines de la Révolution française*, Paris, 1971. — *La Révolution armée, les soldats citoyens et la Révolution française*, Paris, 1939. — *Les amis du Roi, journaux et journalistes royalistes en France de 1789 à 1792*, Paris, 1984. — *Initiation à la Révolution française*, Paris, 1989. — *La vie quotidienne des soldats de la Révolution 1789-1799*, Paris, 1985. — *La vie quotidienne des Français au temps de la Révolution 1789-1795*, Paris, 1983. — *C'était dans le journal pendant la Révolution française*, Paris, 1988.

BERTIER DE SAUVIGNY (Guillaume de), *Au soir de la monarchie. Histoire de la Restauration*, Paris, 1974. — *La Révolution de 1830 en France*, Paris, 1970. — *Nouvelle histoire de Paris, La Restauration*, Paris, 1977. — *Metternich*, Paris, 1986. — *La France et les Français vus par les voyageurs américains, 1814-1848*, Paris, 1982-1985, 2 vol.

BIVER (M.L.) *Fêtes révolutionnaires à Paris*, Paris, 1979.

BLUCHE (François), *La vie quotidienne au temps de Louis XVI*, Paris, 1980. — *La vie quotidienne de la noblesse française au XVIIIᵉ siècle*, Paris, 1973.

BLUCHE (Frédéric) *Danton*, Paris, 1984. — *Le bonapartisme*, Paris, 1981. — *Le plébicite des Cent-Jours*, Genève-Paris, 1974. — RIALS (Stéphane) et TULARD (Jean), *La Révolution française*, Paris, 1939. — RIALS (Stéphane) et *alii*, *Les Révolutions françaises*, Paris, 1989.

BODINIER (Gilbert), *Les officiers de l'armée royale combattants de la guerre d'Indépendance des États-Unis de Yorktown à l'an II*, Paris, 1983. — *Dictionnaire des officiers de l'armée royale qui ont combattu aux États-Unis pendant la guerre d'Indépendance*, Paris 1982.

BOITEUX (Louis A.), « Un mémoire prophétique de Turgot sur la Révolution d'Amérique » dans *Revue d'histoire diplomatique*, juillet-septembre 1958.

BORDES (Maurice), *L'administration provinciale et municipale en France au XVIIIᵉ siècle*, Paris, 1972. — « Les intendants éclairés de la fin de l'Ancien Régime », dans *Revue d'histoire économique et sociale*, 1951.

BOSCHER (John F.), *French Finances. 1770-1795. From business to bureaucracy*, Cambridge, 1970.

BOTTIN (M.) *La réforme constitutionnelle de mai 1788. L'édit portant établissement de la Cour plénière*, Nice, 1982.

BOUILLÉ (René de), *Essai sur la vie du marquis de Bouillé*, Paris, 1853.

BOUTIER (J.) et BOUTRY (P.), « La diffusion des sociétés politiques en France (1789-an III) », Une enquête nationale, dans *Annales historiques de la Révolution française*, 1986.

BREDIN (Jean-Denis), *Sieyès, la clé de la Révolution française*, Paris, 1988.

BRETTE (A.), *Recueil de documents relatifs à la convocation des États généraux de 1789*, Paris, 1894-1915, 4 vol.

BRISSOT (Jacques-Pierre), *De la France et des États-Unis ou de l'importance de la Révolution de l'Amérique pour le bonheur de la France...* Londres, 1787.

BROGLIE (Gabriel de), *L'orléanisme*, Paris, 1981.

BRUGUIÈRE (Michel), *Gestionnaires et profiteurs de la Révolution*, Paris, 1986.

BÜDINGER (Max) *La Fayette in Oesterreich*, Vienne, 1878.

CADART (J.), *Le régime électoral des États généraux de 1789 et ses origines*, Paris, 1952.

CALLET (A.), *Anne-Paule Dominique de Noailles, marquise de Montagu*, Paris, 1869.

CAREY (J.-A.), *Judicial reform in France before the Revolution of 1789*, Cambridge (USA)-Londres, 1981.

CARRÉ (H.), « Un précurseur inconscient de la Révolution française : le conseiller Duval d'Eprémesnil *(1787-1788)* » dans *La Révolution française*, juillet-septembre 1897, pp. 349-373 et 405-437.

CARROT (G.), *La Garde nationale (1789-1871)*, Nice, 1979.

CASTELOT (André), *La Révolution française*, Paris, 1987. — *Charles X*, Paris, 1988.

CASTRIES (René duc de), *Mirabeau*, Paris, 1986. — *La Terreur blanche*, Paris, 1981.

CHAGNIOT (Jean), *Paris et l'armée au XVIIIᵉ siècle*, Paris, 1985.

CHALLAMEL (A.), *Les clubs contre-révolutionnaires : cercles, comités, sociétés, salons, réunions, cafés, restaurants et librairies*, Paris, 1905.

CHALON (Jean), *Chère Marie-Antoinette*, Paris, 1988.

CHAMBRUN (Charles de), *Vergennes*, Paris, 1944.

CHANSON (P.), *La Fayette et Napoléon*, Paris 1924.

CHASTELLUX (François-Jean de), *Voyages dans l'Amérique septentrionale dans les années 1780, 1781 et 1788* rééd. Paris, 1980.

CHAUMIÉ (Jacqueline), *Le réseau d'Antraigues et la contre-révolution*, 1791-1793, Paris, 1965.

CHAUNU (Pierre), *La civilisation de l'Europe des Lumières*, Paris, 1971.

CHAUSSINAND-NOGARET (Guy), *La noblesse au XVIII* siècle, de la féodalité aux Lumières*, Paris, 1976. — *Mirabeau*, Paris, 1982. — *Mirabeau entre le roi et la Révolution*, Paris, 1986. — *Mme Roland, une femme en révolution*, 1985.

CHEVALLIER (Jean-Jacques), *Barnave ou les deux faces de la Révolution*, Paris, 1936.

CHEVALLIER (Pierre), *Loménie de Brienne et comte de Brienne, journal de l'assemblée des notables de 1787*, éd. par P. Chevallier, Paris, 1960. — *Histoire de la Franc-maçonnerie française*, Paris, 1974-1975, 3 vol.

CHIAPPE (Jean-François), *Louis XVI*, Paris, 1987-1989, 3 vol.

CLARK (Ronald W.) *Benjamin Franklin*, Paris, 1986.

COBB (Richard), *La protestation populaire en France*, 1789-1820, Paris, 1975.

COBBAN (Alfred), *Le sens de la Révolution française*, Paris, 1984.

COCHIN (Augustin), *Les sociétés de pensée et la démocratie moderne*, Paris, 1921. — *La Révolution et la libre pensée*, Paris, 1924.

CONWAY (M.-D.), *Thomas Paine (1737-1809) et la Révolution dans les deux mondes*, Paris, 1900.

COURSON (J.-L. de), *1830, la Révolution tricolore*, Paris, 1965.

COUTY (Mathieu), *La vie aux Tuileries pendant la Révolution de 1789 à 1799*, Paris, 1988.

CREUZÉ-LATOUCHE (J.-A.), *Journal des États généraux, 18 mai-29 juillet 1789*, éd. J. Marchand, Paris, 1946.

DARD (Émile), *Le comte de Narbonne, un confident de l'Empereur*, Paris, 1943.

DARNTON (Robert), *La fin des Lumières. Le mesmérisme et la Révolution*, Paris, 1984. — *Bohême littéraire et Révolution. — Le monde des livres au XVIII* siècle*, Paris, 1983.

DAUDET (Ernest), *La Terreur blanche*, Paris, 1906. — *La Révolution de 1830 et le procès des ministres de Charles X*, Paris, 1907.

DEBBASCH (Roland), *Le principe révolutionnaire d'unité et d'indivisibilité de la République*, Paris, 1988.

DIESBACH (Ghislain de), *Necker ou la faillite de la vertu*, Paris, 1978. — *Madame de Staël*, Paris, 1983.

DONIOL (Henri), *La famille, l'enfance et la première jeunesse du marquis de La Fayette*, Orléans, 1876. — « Une correspondance administrative sous Louis XVI, épisode de la jeunesse de La Fayette », dans *Séances et travaux de l'Académie des Sciences morales et politiques*, t. CIV, 1875.

DOYLE (William), *Des origines de la Révolution française*, Paris, 1988.

Du Bus (Charles), *Stanislas de Clermont-Tonnerre et l'échec de la Révolution monarchique*, Paris, 1931.

DULL (Jonathan R.), *The French navy and american independance. A study of arms and diplomacy*, 1774-1787, Princeton, 1975.

DUPUY (Roger) et LEBRUN (François), sous la dir. de, *Les résistances à la Révolution*, Paris, 1987.

DUQUESNOY (Adrien), *Journal* (3 mai 1789-avril 1790), Paris, 1894, 2 vol.

ÉGRET (Jean), *La pré-révolution française*, Paris, 1962. — *Necker, ministre de Louis XVI*, Paris, 1975. — *La révolution des notables. Mounier et les monarchiens*, Paris, 1950. — « La Fayette dans la première assemblée des notables », dans *Annales historiques de la Révolution française*, janvier-mars 1952. — *La Seconde assemblée des notables*, dans *idem*, 1949.

ESPINCHAL (comte d') « La Fayette jugé par le comte d'Espinchal » dans *Revue rétrospective*, 1894.

FABRE-LUCE (Alfred), *Benjamin Constant*, Paris, 1978.

FAURÉ (Christine), *Les déclarations des droits de l'homme de 1789*, textes présentés par Ch. Fauré, Paris, 1988.

FAVIER (Jean), dir., *Chronique de la Révolution française*, Paris, 1988.

FAŸ (Bernard), *L'esprit révolutionnaire en France et aux États-Unis à la fin du XVIIIᵉ siècle*, Paris, 1925. — *Franklin*, Paris, 1930, 3 vol. — *George Washington, gentilhomme*, Paris, 1932. — *Louis XVI ou la fin d'un monde*. Paris, 1981. — *La Franc-maçonnerie et la révolution intellectuelle du XVIIIᵉ siècle*, Paris, 1942.

FAYARD (Jean-François), *La justice révolutionnaire*, Paris, 1988.

FERRERO (Guglielmo), *Les deux révolutions françaises 1789-1796*, Neufchâtel, 1951.

FIECHTER (Jean-Jacques), *Un diplomate américain sous la Terreur. Les années européennes de Gouverneur Morris*, 1789-1798, Paris, 1983.

FITZ-PATRICK (John C.), *The writings of George Washington*, Washington, 1931-1944, 39 vol.

FITZ-PATRICK (Richard), *Motion faite le 16 décembre 1796 dans la Chambre des Communes du Parlement de la Grande-Bretagne en faveur du général La Fayette*, Paris, 1797.

FLAMMERMONT (Jules), *La journée du 14 juillet 1789*, Paris, 1892.

FOHLEN (Claude), *L'Amérique anglo-saxonne de 1815 à nos jours*, Paris, 1969.

FORD (Worthington C.), *Journals of the continental congress*, 1774-1789, Washington, 1904-1937, 37 vol.

FRANKLIN (Benjamin), *Correspondance*, trad. E. Laboulaye, Paris, 1866, 2 vol.

FURET (François), *Penser la Révolution française*, Paris, 1978. — *La Révolution, 1770-1880*, Paris, 1988. — et RICHET (Denis), *La Révolution française*, nouv. éd., Paris, 1986. — et OZOUF (Mona), sous la direction de, *Dictionnaire critique de la Révolution française*, Paris, 1988.

GAUCHET (Marcel), *La Révolution des droits de l'homme*, Paris, 1989.

GAUTIER (P.), *Mme de Staël et Napoléon*, Paris, 1902.

GAXOTTE (Pierre), *La Révolution française*, éd. J. Tulard, Paris, 1987.

GÉRARD (Alice), *La Révolution française, mythes et interprétations*, Paris, 1970.

GIRARD (Louis), *La Garde nationale, (1814-1871)*, Paris, 1964.

GODECHOT (Jacques), *Les institutions de la France sous la Révolution et l'Empire*, Paris, 1968. — *Les constitutions de la France*, Paris, 1970. — *Les Révolutions*, Paris, 1970. — *La Contre-révolution*, 1789-1804. Paris, 1984. — *La pensée révolutionnaire en France et en Europe*, Paris, 1964. — *La prise de la Bastille, 14 juillet 1789*, Paris, 1965. — *La Révolution française. Chronologie commentée*, Paris, 1988. — *Le comte d'Antraigues : un espion dans l'Europe des émigrés*, Paris, 1986.

GOODWIN (A.) « Calonne, the assembly of French notables of 1787 and the origins of the révolte nobiliaire », dans *English historical rewiew*, LXI, 1946.

GRANGE (Henri), *Les idées de Necker*, Paris, 1974.

GRIFFITHS (Robert H.), *Le Centre perdu. Malouet et les monarchiens dans la Révolution française*, Grenoble, 1988.

GUIZOT (François), *Vie de Washington. Histoire de la guerre d'indépendance et de la fondation de la République des États-Unis d'Amérique*, Paris, 1851, 2 vol.

GUSDORF (Georges), *La conscience révolutionnaire, les idéologues*, Paris, 1978. — *Les révolutions de France et d'Amérique. La violence et la sagesse*, Paris, 1988.

HALÉVI (Ran), *Les loges maçonniques de la France de l'Ancien Régime*, Paris, 1984.

HARPAZ (Ephraïm), *Benjamin Constant publiciste, 1825-1830*, Paris-Genève, 1987.

HARRIS (R.D.), *Necker and the revolution of 1789*, Londres, 1986.

HAUSSONVILLE (vicomte d'), *Le salon de Madame Necker*, Paris, 1885, 2 vol.

HOFMANN (Étienne), *Les « principes de politique » de Benjamin Constant*, Genève, 1980.

HOUSSAYE (Henri), *1815*, Paris, 1893, 3 vol.

HOWARD (Dick), *Naissance de la pensée politique américaine,
1763-1787*, Paris, 1987.

HUART (Suzanne d'), *Brissot, la Gironde au pouvoir*, Paris, 1986.

HUBLOT (Emmanuel), *Valmy ou la défense de la nation par les
armes*, Paris, 1987.

HUME (Edgar E.), *La Fayette and the society of the Cincinnati*,
Baltimore, 1934. — « Indépendance des États-Unis d'Amérique »,
*Revue historique des armées*, 1976, n° 4.

JAURÈS (Jean), *Histoire socialiste de la Révolution française*, éd.
A. Soboul, Paris, 1983-1986, 6 vol.

JEFFERSON (Thomas), *Jefferson's complete works*, New York,
1854-1855, 9 vol.

JOHNSON (J. A.), *Calonne and the counter-revolution*, Londres,
1955.

KAPP (Friedrich), *Leben des amerikanisches general Johann Kalb*,
Stuttgart, 1862. — *Justus-Erich Bollmann*, Berlin, 1880.

KASPI (André), *L'indépendance américaine, 1763-1789*, Paris,
1976. — *Les Américains. I. Naissance et essor des États-Unis*, Paris,
1986.

KENNEDY (Melvin D.), *La Fayette and slavery from his letters to
Thomas Clarkson and Granville Sharp*, The American friends of
La Fayette, Easton (Penn.), 1950.

KENNET (Lee), *The french forces in America, 1780-1783*, Greenwood press, 1977.

LABROUSSE (Ernest), *La crise de l'économie française à la fin de
l'Ancien Régime*, Paris, 1944.

LABROUSSE (E.), LÉON (P.) et *alii*, *Histoire économique et sociale
de la France*, tome II : *Des derniers temps de l'âge seigneurial aux
préludes de l'âge industriel*, 1660-1789, Paris, 1970.

LACOUR-GAYET (Georges), *La marine militaire de la France
sous le règne de Louis XVI*, Paris, 1905.

LACOUR-GAYET (Robert), *Histoire des États-Unis, des origines à
la fin de la guerre civile*, Paris, 1976. — *Calonne, financier,
réformateur, contre-révolutionnaire, 1734-1802*, Paris, 1963.

LACROIX (Sigismond), *Actes de la Commune de Paris pendant la
Révolution*, Paris, 1894-1897, 6 vol.

LALLY-TOLLENDAL (Trophime-Gérard, comte de), *Mémoire au
roi de Prusse pour réclamer la liberté de La Fayette*, Paris, 1795.

LANGLOIS (Claude), *La caricature contre-révolutionnaire*, Paris,
1988.

LARQUIER (Bernard de), *La Fayette, usurpateur du vaisseau la
Victoire*, Surgères, 1987.

LASSERAY (André), *Les Français sous les treize étoiles, 1775-
1783*, Paris, 1935, 2 vol.

LASTEYRIE (Virginie de), *Vie de Madame de La Fayette*, Paris, 1868.

LATREILLE (André), *L'Église catholique et la Révolution française*, tome I, Paris, 1970.

LAVERGNE (Léonce de), *Les assemblées provinciales sous Louis XVI*, Paris, 1863.

LEBON (Gustave), *La Révolution française et la psychologie des révolutions*, Paris, 1912.

LEDRE (Charles), *La presse à l'assaut de la monarchie, 1815-1848*, Paris, 1960.

LEFEBVRE (Georges), *La Révolution française*, nouv. éd., Paris 1963. — *Études sur la Révolution française*, Paris, 1963. — *La Grande Peur de 1789*, Paris, 1932. — *Napoléon*, Paris, 1969. — et POPEREN (Jean), « Études sur le ministère de Narbonne », dans *Annales historiques de la Révolution française*, 1947, pp. 1-36, 193-217, 289-321.

LE GALLO (E.), *Les Cent-Jours*, Paris, 1924.

LEMAY (Edna H.), *La vie quotidienne des députés aux États généraux*, Paris, 1987.

LESSAY (Jean), *L'Américain de la Convention : Thomas Paine, professeur de révolutions*, Paris, 1987.

LEVASSEUR (A.), *La Fayette en Amérique en 1824-1825. Journal d'un voyage aux États-Unis*, Paris, 1829, 2 vol.

LEVER (Évelyne), *Louis XVI*, Paris, 1985. — *Louis XVIII*, Paris, 1988.

LEWAK (Adam), *Le général La Fayette et la cause polonaise, lettres, discours, documents*, Varsovie, 1934.

LIGOU (Daniel), *Dictionnaire de la franc-maconnerie*, Paris, 1987.

LINYER DE LA BARBÉE (Maurice), *Le chevalier de Ternay*, Grenoble, 1972, 2 vol.

LOMBARÈS (Michel de), *Enquête sur l'échec de Varennes*, Paris 1988.

LOMÉNIE (Louis de), *Beaumarchais et son temps*, Paris, 1873, 2 vol.

LUCAS-DUBRETON (J.), *Les quatre sergents de La Rochelle*, Paris, 1929.

MADELIN (Louis), *Fouché*, Paris, 1913. — *Histoire du Consulat et de l'Empire*, Paris, nouv. éd. 1976, 16 vol.

MAINTENANT (G.), *Les Jacobins*, Paris, 1984.

MALLET DU PAN, *Correspondance inédite avec la Cour de Vienne, (1794-1798)*, éd. A. Michel, Paris, 1894, 2 vol.

MANSEL (Philip), *Louis XVIII*, Paris, 1982.

MARIENSTRAS (Élise), *Naissance de la République fédérale (1783-1828)*, Nancy, 1987.

MARION (Marcel), *Le garde des Sceaux Lamoignon et la réforme judiciaire de 1788*, Paris, 1919. — *Dictionnaire des institutions de la France aux XVII<sup>e</sup> et XVIII<sup>e</sup> siècles*, rééd., Paris, 1976.

MARTIN (Germain), *La Fayette et l'école pratique de tissage de Chavaniac*, Le Puy, 1898.

MATHIEZ (Albert), *La Révolution française*, Paris, 1922-1927, 3 vol. — *Le Club des Cordeliers pendant la crise de Varennes et le massacre du Champ-de-Mars*, Paris, 1910. — « Étude critique sur les journées des 5 et 6 octobre 1789 », dans *Revue historique*, t. 67, 1898, pp. 241-281, t. 68, pp. 258-294 et t. 69, 1899, pp. 41-66.

MAUROIS (André) *Adrienne ou la vie de Madame de La Fayette*, Paris, 1960.

MAZAURIC (Claude), *Jacobinisme et Révolution*, Paris, 1984.

MÈGE (Francisque), *Les premières années de la Révolution dans la Basse-Auvergne*, Clermont-Ferrand, 1897.

MIQUEL (Pierre), *La Grande Révolution*, Paris, 1988.

MORNET (Daniel), *Les origines intellectuelles de la Révolution française*, 1715-1817, Paris, 1933.

MOSNIER (Henry), *Le château de Chavaniac-La Fayette*, Le Puy, 1883.

MOUSNIER (Roland), *La société française de 1770 à 1789*, Paris, 1970.

NICOLET (Claude), *L'idée républicaine en France. Essai d'histoire critique*, Paris, 1982.

O'DONNELL (William E.), *The chevalier de la Luzerne, French minister to the United States, 1779-1784*, Bruges, 1938.

OLIVIER (Léopold), *Le général La Fayette en Seine-et-Marne*, Paris, 1901.

OLIVIER (Paul), *Iconographie métallique du général La Fayette. Essai de répertoire des médailles, médaillons, jetons frappés à son effigie tant en France qu'en Amérique*, Paris, 1933.

*Orateurs de la Révolution française. Les Constituants*. Textes établis et annotés par François Furet et Ran Halévi, Paris, 1989, « Bibl. de la Pléiade »

OZOUF (Mona), *La fête révolutionnaire*, 1789-1799, Paris, 1976. — *L'école de la France. Essais sur la Révolution, l'utopie et l'enseignement*, Paris, 1984.

PAINE (Thomas), *Common sense*, Éd. B. Vincent, Paris, 1983.

PEYSTER (H. de), *Les troubles de Hollande à la veille de la Révolution* 1780-1795, Paris, 1905.

PICHON (René), *Contribution à l'étude de la participation de la France à la guerre d'indépendance des États-Unis*, thèse 3<sup>e</sup> cycle dactyl., Paris, 1976.

PINKNEY (David H.), *La Révolution de 1830 en France*, Paris 1988.

PLANCHOT-MAZEL (Françoise), *Un général français aux États-*

*Unis de 1816 à 1831. Simon Bernard,* thèse d'État multig. Paris, 1988, 2 vol.

PLONGERON (Bernard), *Conscience religieuse en révolution. Regards sur l'historiographie religieuse de la Révolution française,* Paris, 1969.

POISSON (Georges), *Choderlos de Laclos ou l'obstination,* Paris, 1985.

PONIATOWSKI (Michel), *Talleyrand et l'ancienne France,* Paris, 1988. — *Talleyrand et le Directoire,* Paris, 1982. — *Talleyrand et le Consulat,* Paris, 1986.

QUÉTEL (Claude), *La Bastille, histoire vraie d'une prison légendaire,* Paris, 1988.

QUOY-BODIN (Jean-Luc), *L'armée et la Franc-maçonnerie au déclin de la monarchie sous la Révolution et l'Empire,* Paris, 1987.

RAISSON (Horace-Napoléon), *Histoire populaire de la Garde nationale de Paris, juillet 1789-juin 1832,* Paris, 1832.

RAIN (Pierre), *La diplomatie française d'Henri IV à Vergennes,* Paris, 1945.

*Recueil de documents relatifs aux séances des États généraux,* préparés sous la direction de G. Lefebvre et A. Terroine, Paris, 1953.

REINHARD (Marcel), *La chute de la royauté,* Paris, 1969.

RÉMOND (René), *Les États-Unis devant l'opinion française 1815-1852,* Paris, 1952, 2 vol.

RENOUVIN (Pierre), *L'assemblée des notables de 1787. — La conférence du 2 mars,* Paris, 1920. — *Les assemblées provinciales de 1787, origines, développement, résultats,* Paris, 1921.

RETAT (Pierre), *Les journaux de 1789. Bibliographie critique,* Paris, 1988.

RIALS (Stéphane), *Révolution et contre-révolution au XIXᵉ siècle,* Paris, 1987. — *La déclaration des droits de l'homme et du citoyen,* Paris, 1988.

RICE (Howard) et BERTHIER (L. A.), *The american compaigns of Rochambeau's army. 1780-1783,* Princeton, 1972, 2 vol.

ROYAUMONT (Louis de), *La Fayette et Rochambeau au pays de Washington. La guerre d'indépendance américaine, 1776-1783,* Grenoble, 1919.

RUDÉ (Georges), *La foule dans la Révolution française,* Paris, 1982.

SAINT-JOHN CRÈVECŒUR, *Lettres d'un cultivateur américain...,* Paris, 1787, 3 vol.

SAINTE-BEUVE, *Premiers lundis,* éd. Pléiade, Paris, 1949. — *Portraits littéraires, ibid,* 1960.

SARRANS (Bernard-Alexis), *La Fayette et la révolution de 1830. Histoire des choses et des hommes de juillet,* Paris, 1832, 2 vol. — *Louis-Philippe et la contre-révolution de 1830,* Paris, 1834, 2 vol.

SAULNIER (Sébastien-Louis), *Nouvelles observations sur les finances des États-Unis en réponse à une brochure adressée par le général La Fayette aux membres de la Chambre des députés*, Paris, 1831.

SCHAMA (Simon), *Citizens*, Harvard, 1989.

SCOTT (Samuel F.), *The response of the Royal Army to the French Revolution*, Oxford, 1978. — et ROTHAUS (Barry), *Historical dictionary of the French Revolution, 1789-1799*, Greenwood Press, 1985.

SÉNAC DE MEILHAN, *Des principes et les causes de la Révolution française*, rééd., Paris, 1987.

SOBOUL (Albert), *Histoire de la Révolution française*, Paris, 1967. — *La civilisation et la Révolution française*, Paris 1970-1982, 2 vol.

SOLÉ (Jacques), *La Révolution en questions*, Paris, 1988.

SOREL (Albert), *L'Europe et la Révolution française*, Paris, 1903-1904, 8 vol.

SPARKS (Jared), *The writings of George Washington*, Boston, 1838, 12 vol. — *Diplomatic correspondance*, Boston, 1829-1830, 12 vol.

STAËL (Germaine de), *Considérations sur la Révolution française*, éd. J. Godechot, Paris, 1983.

SUTHERLAND (Donald M.G.), *France 1789-1815, Revolution and Counter-Revolution*, Londres, 1985.

TACKETT (Timothy), *La Révolution, l'Église, La France*, Paris, 1986.

TAILLEMITE (Étienne), *Dictionnaire des marins français*, Paris, 1982.

TAINE (Hippolyte), *Les origines de la France contemporaine*, rééd., Paris, 1986, 2 vol.

TARLETON (colonel), *A history of the campaigns of 1780 and 1781 in the Southern provinces of North America*, Londres, 1987.

THUILLIER (Jean), *Mesmer ou l'extase magnétique*, Paris, 1988.

TOCQUEVILLE (Alexis de), *L'Ancien Régime et la Révolution*, éd. J.-P. Mayer, Paris, 1971.

TOURTIER-BONAZZI (Chantal de), *La Fayette vu par ses contemporains*, dans Comité des travaux historiques et scientifiques. Orientations de recherches, Bulletin d'histoire moderne et contemporaine, fasc. 13, Paris, 1989.

TOWER (Charlemagne), *Le marquis de La Fayette et la Révolution d'Amérique*, trad. fr., Paris, 1902, 2 vol.

TRUDEL (Marcel), *Louis XVI, le Congrès américain et le Canada, Québec, 1949*.

TUETEY (Alexandre), *Répertoire général des sources manuscrites de l'histoire de Paris pendant la Révolution*, Paris, 1890-1912, 10 vol.

TULARD (Jean), *Les Révolutions*, t. IV de l'*Histoire de France* dirigée par Jean Favier, Paris, 1985. — *La Révolution 1789-1799* dans *Nouvelle Histoire de Paris,* Paris, 1989. — *Napoléon,* Paris, 1977. — FAYARD (J.F.) et FIERRO (A.), *Histoire et dictionnaire de la Révolution française, 1789-1799,* Paris, 1987. — (sous la dir. de), *Dictionnaire Napoléon,* Paris, 1988.

VAULABELLE (Achille de), *Histoire des deux restaurations jusqu'à l'avènement de Louis-Philippe,* Paris, s.d. (v.1880), 10 vol.

VIGIER (Philippe), *La monarchie de Juillet,* Paris, 1962.

VINCENT (Bernard), *Histoire documentaire de la Révolution américaine,* Nancy, 1985. — *Thomas Paine ou la religion de la liberté,* Paris, 1987.

VOVELLE (Michel), *La mentalité révolutionnaire. Société et mentalité sous la Révolution française,* Paris, 1985. — *La chute de la monarchie, 1787-1792.,* Paris, 1978. — (sous la dir. de), *L'état de la France pendant la Révolution, 1789-1799,* Paris, 1988.

WATTINE (A.), *L'affaire des trois roués. Étude sur la justice criminelle à la fin de l'Ancien Régine. (1783-1789),* Paris, 1921.

WINOCK (Michel), *1789, l'année sans pareille,* Paris, 1988.

WOOD (Gordon S.), *The creation of the american republic 1776-1787,* New York, 1972.

ZWEIG (Stephan), *Marie-Antoinette,* rééd., Paris, 1987.

# Index

# Table des matières

TABLE 623

*Cet ouvrage a été réalisé sur*
*Système Cameron*
par la SOCIÉTÉ NOUVELLE FIRMIN-DIDOT
*Mesnil-sur-l'Estrée*
*pour le compte des Éditions Fayard*
*en septembre 1989*

*Composition réalisée*
*par C.M.L., Montrouge.*

*Imprimé en France*
Dépôt légal: septembre 1989
N° d'édition : 2904 – N° d'impression : 12964
35-65-8112-01
ISBN 2-213-02340-9

**35-8112-1**